ISRAËL

HERMAN WOUK

ISRAËL

Roman

Traduit de l'anglais (Etats-Unis) par Pierre Grandjouan

PLON
76, rue Bonaparte
Paris

Titre original

The Hope

ISBN Edition originale (Little, Brown and Company) 0-316-95519-1
ISBN Librairie Plon : 2-259-00356-7

A

צה"ל

.....

La Force de Défense d'Israël
D'abord à ceux qui sont tombés
Et à ceux qui ont survécu, à ceux qui montent
Aujourd'hui la garde jusqu'à ce qu'Israël,
Par la grâce de Dieu,
Vive en paix avec tous ses voisins

Est dédié ce récit d'espoir

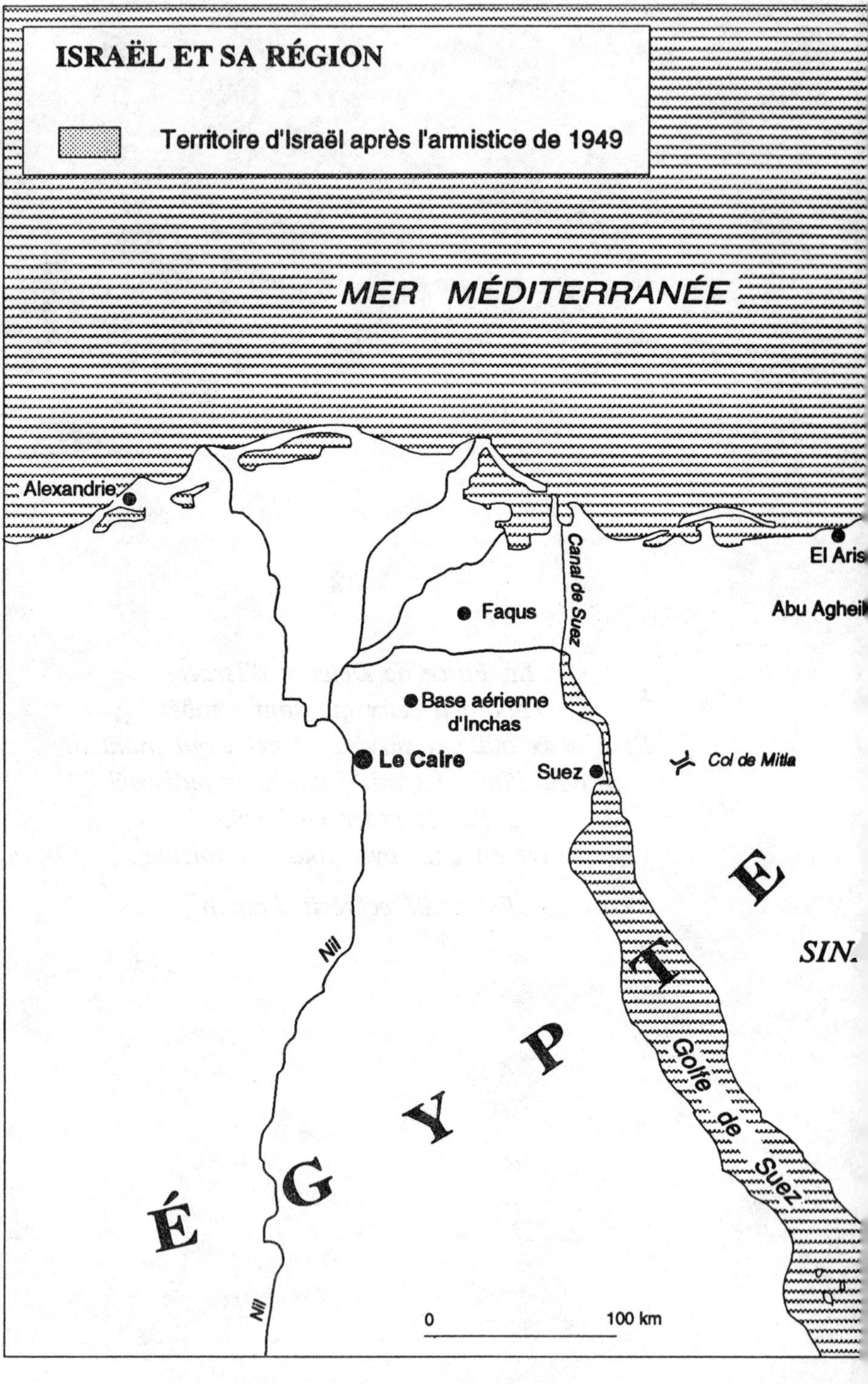

ISRAËL ET SA RÉGION
Territoire d'Israël après l'armistice de 1949
MER MÉDITERRANÉE
Alexandrie
El Aris
Canal de Suez
Faqus
Abu Aghei
Base aérienne
d'Inchas
Le Caire
Suez
Col de Mitla
ÉGYPTE
SIN.
Nil
Nil
Golfe de Suez
0
100 km

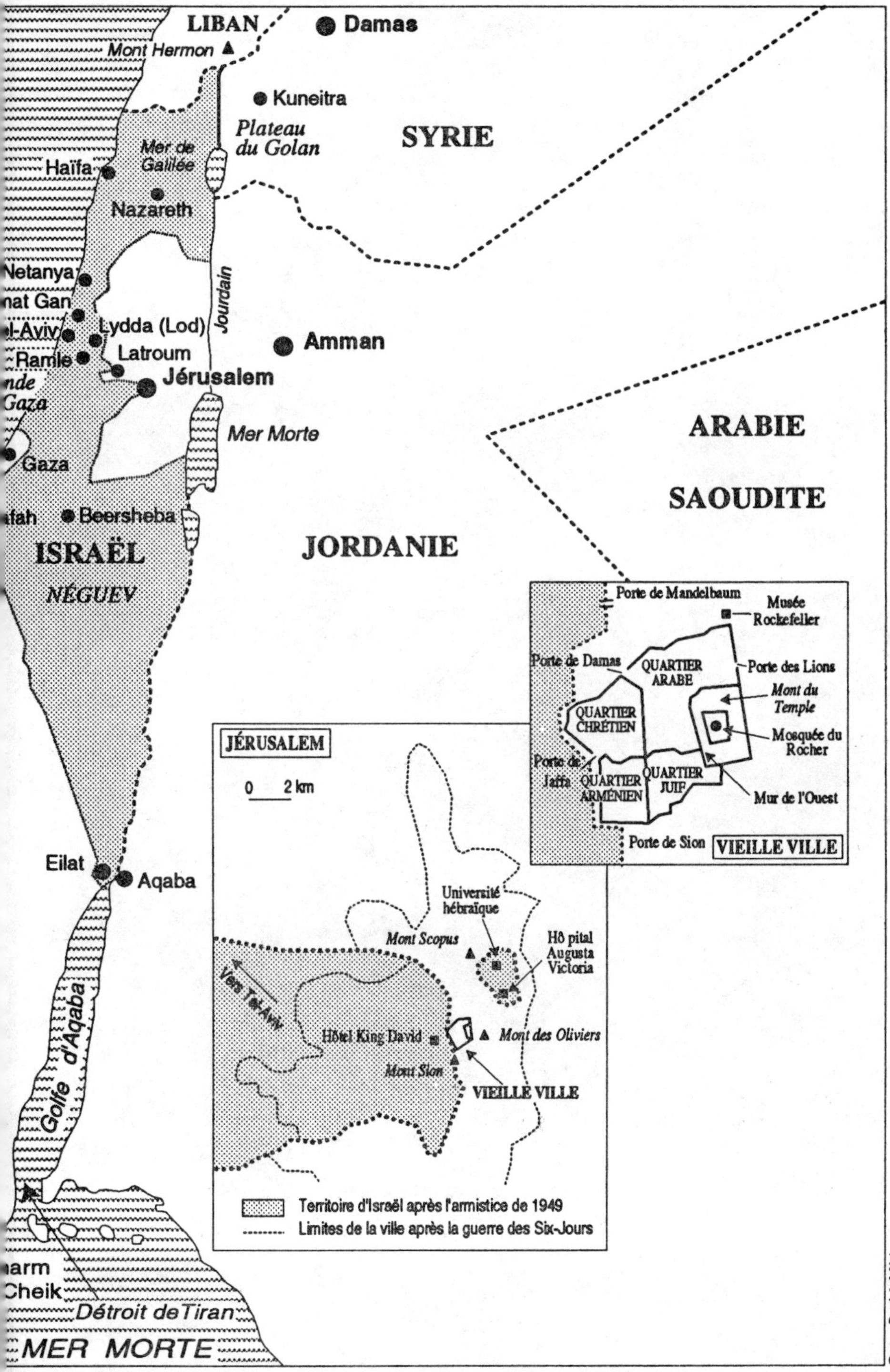

Carte : Patrick Mérienne

Prologue

L'avant-poste

« Ha'm'faked! »

Pas de réponse.

« Ha'm'faked! » « Ha'm'faked! » (« Commandant! Commandant! »)

Le sergent de garde secoue rudement l'épaule du commandant de la compagnie. Le capitaine Zev Barak, de la Haganah, né Wolfgang Berkowitz, roule sur le côté et entrouvre ses paupières lourdes. « Quoi encore?

– Commandant, ils reviennent. »

Barak s'assied, consulte sa montre. *L'Azazel!* En dix minutes de sommeil, à peine, comment a-t-il pu faire un rêve aussi précis et aussi fou : lui-même et sa femme marocaine, Nakhama, dans la Vienne de son enfance, qui ramaient sur le lac, faisaient un tour sur la grande roue et mangeaient des gâteaux dans un café de la Ringstrasse? Autour de lui, les miliciens dorment par terre, et des sentinelles armées, au-delà des sacs de sable, arpentent le sommet de la colline et fouillent du regard la route étroite de Tel-Aviv à Jérusalem, éclairée par la lune, qui serpente dans le défilé montagneux.

Fatigué, Zev Barak se lève dans le vent froid de la nuit. Le capitaine de vingt-quatre ans, sale, mal rasé, dans un uniforme fripé sans galons, ne paraît guère plus âgé que ses soldats. Il suit le sergent jusqu'à un entassement rocheux parmi des arbres rachitiques, où la sentinelle, un gosse décharné avec une casquette en laine du Palmakh, leur désigne la route. Barak se glisse sur le rocher et scrute les ombres mouvantes avec ses jumelles. « Très bien, dit-il au sergent, le cœur serré. Va réveiller les hommes. »

En quelques minutes, ils forment un demi-cercle autour de lui : une trentaine de jeunes gens ébouriffés, souvent barbus, tous en train de bâiller et de se frotter les yeux. « Cette fois, ils sont assez nombreux, peut-être une centaine. » Barak parle d'un ton ordinaire, essayant de réprimer toute trace d'inquiétude, bien que dans ce combat inégal, après avoir frôlé la catastrophe pendant des mois, il puisse effectivement trouver la mort. Ces derniers temps, il a plus d'une fois entendu cette voix intérieure. Mais il est encore vivant, simplement épuisé et terrifié, et il doit avant tout soutenir le moral de ces jeunes déjà harassés. « Mais cette fois nous avons plein de munitions, et on les a déjà battus. Cette colline est la clef de Kastel, alors on tient la position, quoi qu'il arrive ! Compris ? Préparons-nous. »

En quelques minutes, armés et casqués, les soldats de Barak l'entourent à nouveau. Plus de bâillements : des visages jeunes mais sévères sous des couvre-chefs dépareillés – depuis les bonnets en tôle de la Première Guerre mondiale aux casques en acier des armées anglaises et allemandes, avec aussi quelques bonnets en laine effrangés.

« Soldats, vous êtes une unité de valeur. Vous avez fait vos preuves. Combattez comme vous l'avez déjà fait, et vous les repousserez une fois de plus. Rappelez-vous, les Russes avaient une devise, *" Si tu dois mourir, entraîne dix Allemands dans la tombe "*. Alors, si l'un de nous doit mourir, qu'il emporte vingt de nos ennemis avec lui ! Nous sommes sur la hauteur, et nous nous battons pour notre vie, notre foyer et l'avenir du peuple juif. »

La colère éclate sur le visage rond et mal rasé du capitaine, blanchi par le clair de lune.

« Mais je dois vous dire encore une chose. Quand nous avons perdu cette position, hier, et que nous avons dû reculer au bas de la colline, deux simulateurs ont prétendu que de simples écorchures, à peine quelques gouttes de sang, étaient de véritables blessures. Ils ont même laissé des hommes valides les porter jusqu'en bas ! » La voix du capitaine monte et se durcit. « Alors, je vous préviens, si un homme tombe en pleurant qu'il a été touché, j'inspecterai aussitôt sa blessure, et si je crois qu'il fait semblant, je l'abattrai sur place. Vous m'entendez ? » Silence. « Je dis que *je l'abattrai sur place* ! »

Aux regards effarés des jeunes qui se dispersent, Barak suppose qu'ils l'ont cru. Dans le désert d'Afrique du Nord, quand il était dans l'armée anglaise, parmi les volontaires de la Brigade juive, un lieutenant dur à cuire de Glasgow avait fait la même menace, laquelle avait mis fin aux simulations sans que l'officier eût à tirer sur quiconque. D'humeur sombre et pessimiste, Barak se sent tout à fait capable d'abattre un simulateur. Cela fait des mois qu'il ramène des victimes, lors des accrochages, et lui-même pourrait très bientôt être à son tour mort ou blessé et en avoir besoin. Presque invisible à la lueur de la lune, la sentinelle, sur son rocher, signale : *Pas encore.* Attendre le combat, c'est le plus dur. Trop de temps pour penser aux possibilités désagréables.

Or, depuis le vote des Nations unies qui a recommandé la partition de la Palestine, et les brèves réjouissances qui se sont ensuivies dans le Yishuv – le réseau de colonies juives – il y a eu bien peu de possibilités agréables. La division entre un État juif et un État arabe était un rétrécissement extrême et cruel du rêve sioniste, mais bon, s'était dit Barak, qu'il en soit ainsi, et que les massacres s'arrêtent! Les Juifs avaient accepté la résolution, mais les Arabes l'avaient rejetée avec mépris, et depuis cinq mois des hostilités éclataient sporadiquement entre les Arabes de Palestine et la Haganah, l'armée juive clandestine.

Pourtant, le pire est encore à venir. Car dans trois semaines – le 15 mai 1948, une date officielle fixée depuis longtemps – le Mandat britannique va prendre fin, le gouvernement et l'armée anglaise évacueront la Palestine *in toto*, et l'explosion aura sûrement lieu. Cinq pays arabes voisins ont fait le serment d'envoyer leurs armées en Palestine ce même jour, pour liquider l'entité sioniste en une semaine ou deux. La déclaration Balfour, qui encourageait le sionisme, a toujours été considérée par les Arabes comme une illégalité monstrueuse, et c'est pour eux l'occasion de la balayer. Le Yishuv éparpillé pourra-t-il vraiment tenir longtemps, se demande Barak, contre toutes ces forces armées mécanisées?

Mais le capitaine de la Haganah a appris depuis longtemps à vivre au jour le jour, une bataille après l'autre. Les Arabes ont coupé la route, plus bas. Les Juifs sont assiégés dans la Ville sainte. L'avant-poste qu'il défend au sommet d'une colline a été pris, perdu et repris par la Haganah dans un effort désespéré pour rouvrir cette route. Depuis l'époque romaine, ce col montagneux est l'accès principal de Jérusalem – la ville où habite Barak – depuis la côte. Toute sa vie, il a monté les quinze kilomètres jusqu'à Kastel en partant de la forteresse de Latroun, où commencent les gorges; mais maintenant, dès que les convois pénètrent dans le défilé, ils sont décimés ou détruits. Ainsi donc la Haganah a lancé une opération pour lever ce siège, avec un nom de code que Barak trouve trop bien choisi : NACHSHON, d'après le prince de Judée qui sauta le premier dans la mer

Rouge, lorsque Moïse commanda aux eaux de s'ouvrir. Les Juifs avaient terriblement besoin d'un autre miracle de ce genre pour reprendre espoir, mais...

Soudain, le signal de la sentinelle : *Ils arrivent*! Barak crie ses derniers ordres, son cœur s'emballe et cogne, ses troupes se mettent en position et se durcissent devant l'assaut. Très vite les Arabes arrivent en masse, crevant les sacs de sable à coups de rafales de mitrailleuse, jetant des grenades qui font jaillir des flammes et des gerbes terreuses. Des attaquants tombent et roulent sur la pente, les autres continuent à monter. Debout sur une hauteur, un peu en arrière des garde-corps, Barak dirige la manœuvre, mais garde en réserve certains de ses meilleurs combattants. Dans l'action, il redevient calme. Quand les premiers Arabes submergent leurs défenses, il lance des petites escouades sur eux en criant : *« Chaïm, va soutenir Roni... Arthur, attention, ils encerclent la position d'Avi, fonce dessus... Moshe, bouche ce trou au centre, vite! »* Cela devient un entremêlement de coups de feu, un furieux corps à corps ponctué par des cris surexcités en hébreu et en arabe, par les hurlements des blessés. Barak est pris de rage en voyant ses gars tomber ou agoniser. Pas de simulateurs cette fois, c'est sûr! Une brève fusillade confuse et assourdissante au clair de lune, des couteaux qui luisent, et tout d'un coup l'ennemi dévale la pente. « On les suit! » crie Barak, qui plonge vers le bas au milieu de ses troupes tout en tirant, quand soudain une douleur brûlante lui déchire le bras gauche.

PREMIÈRE PARTIE

L'Indépendance

1

Don Quichotte

Son coude fracassé était toujours dans le plâtre, après un mois d'opérations compliquées, quand Zev Barak émergea d'un bâtiment sombre et rougeâtre sur les quais de Tel-Aviv, retrouvant le soleil aveuglant de midi et un vent d'une chaleur suffocante. L'invasion des cinq armées arabes durait depuis dix jours, et en plus il y avait ce *khamsin*, le vent brûlant du désert! De mauvaises, de très mauvaises nouvelles pour cette Septième Brigade faite de bric et de broc, mélange d'immigrants et de divers éléments de la Haganah, en route depuis l'aube vers la forteresse de Latroun. Après quinze jours à peine de guerre pour leur survie, les dépêches des autres fronts étaient plutôt inquiétantes, mais le silence de Latroun était réellement menaçant; cette attaque n'aurait pas pu être plus mal conçue, et c'était entièrement la faute du Vieux. *« Il faut prendre Latroun A TOUT PRIX! »*

Alors que faire, une fois plongé dans l'air suffocant? Essayer de rappeler Nakhama? Mais le réseau téléphonique était en plein chaos, comme la poste et l'électricité. Nul doute que les Anglais n'avaient prévu la situation. Pas de passation des services essentiels sur un plateau d'argent : si les Juifs veulent tellement un État, qu'ils transpirent un peu!

Il prit une petite rue jusqu'au boulevard Ben Yehuda, fronçant les narines devant les ordures répandues un peu partout. Des civils anxieux couraient à leurs affaires, alors que les Égyptiens étaient à trente kilomètres de Tel-Aviv, que des unités de la Légion arabe transjordanienne occupaient les casernes de Lydda et de Ramle, dans la banlieue est de la ville, et que les Syriens s'abattaient sur les colonies du nord. Quoi qu'il arrive, la vie continuait! Dans la salle des opérations de la Maison Rouge, le vieux quartier général de la Haganah qu'il venait de quitter, la situation apparaissait encore plus grave que ne le savaient les civils, car près de Netanya, à mi-chemin de Haïfa, les Irakiens étaient déjà à quinze kilomètres de la mer et menaçaient de couper tout le Yishuv en deux, tandis qu'à Jérusalem les quartiers tenus par les Juifs tremblaient jour et nuit sous les bombardements de l'artillerie de la Légion arabe – les cent mille Juifs de la ville buvaient de l'eau rationnée apportée par camions et allaient manquer de vivres.

Combien de temps cela pouvait-il durer? Dans les squelettiques journaux hébreux, il y avait abondance de récits victorieux ou héroïques, certains parfaitement véridiques; mais on ne manquait pas non plus, dans cette période terrible, d'exemples lamentables – des lâches, des déserteurs, des profiteurs – dont on ne pouvait rien dire. Zev Barak essayait de voir les choses comme elles étaient, une habitude mentale apprise sur le champ de bataille, et il craignait que ce nouvel « État hébreu », si fragile, ne survive pas au mois de mai où il avait été fondé. Et pourtant, depuis que Ben Gourion avait foncé dans l'histoire comme un taureau et hissé le drapeau, il n'y avait plus rien à faire, sinon s'accrocher et se battre. *En brera!* (Pas le choix!)

Son plâtre le gênait, et de temps en temps les démangeaisons le rendaient fou, mais son coude cicatrisait et il pouvait à nouveau tenir un fusil. Pour le meilleur ou pour le pire, la bataille fatidique de la route de Jérusalem avait été engagée à Latroun. Mais le Vieux l'avait nommé officier de liaison entre la vieille salle des opérations de la Maison Rouge et le nouveau QG inachevé à Ramat Gan. En fait, il n'était plus qu'un *jobnik*, portant pour le Premier ministre des messages secrets en jeep, à l'abri loin du front. Être le fils de l'ami d'enfance de Ben Gourion avait ses avantages et ses inconvénients!

Quand Ben Gourion l'avait convoqué, le 15 mai, le jour de l'invasion des armées arabes, on ne lui avait pas dit pourquoi. Le Vieux voulait le voir dans son bureau de Ramat Gan, sans plus. Il avait quitté son lit d'hôpital et laborieusement remis son uniforme. A son arrivée, Ben Gourion lui avait simplement fait signe de s'asseoir, sans un regard pour son plâtre, et avait continué sa conversation avec le chef des opérations, le colonel Yadin.

« Je te dis que c'est un ordre, Yigal! Tu vas former une nouvelle brigade, et avec ça tu vas rouvrir la route de Jérusalem une fois pour toutes! Et, pour commencer, tu vas prendre Latroun. »

Les derniers soldats anglais étaient encore en train d'évacuer Haïfa. La veille, Ben Gourion avait solennellement proclamé que le petit patchwork du Yishuv était désormais un État appelé « Israël ». Hier encore, David Ben Gourion n'était qu'un vieux politicien sioniste et coriace sous le Mandat britannique, aujourd'hui c'était le Churchill des Juifs et il donnait des ordres retentissants à son chef d'état-major. L'ennui, c'était que l'armée était toujours la même vieille milice, neuf brigades amoindries et usées jusqu'à la trame, déployées sur cinq fronts ou faisant la navette de l'un à l'autre pour enrayer la progression des armées arabes. Au contraire de Ben Gourion, les forces armées n'avaient pas été transformées du jour au lendemain; et lui-même, d'ailleurs, avec sa chemise kaki délavée au col ouvert n'avait pas l'air d'avoir vraiment changé.

« Former une nouvelle brigade? Prendre Latroun? » Le chef des opérations scruta le visage du Premier ministre, jeta un coup d'œil à Barak et s'épongea le front. Archéologue de formation, le colonel Yigal Yadin, à vingt-neuf ans, était un combattant et un stratège confirmé de la clandestinité. « Cette forteresse? Avec quoi? Avec qui?

– Ce sera fait! *B'khal m'khir* (A tout prix), je dis! Laisserons-nous Jérusalem crever de faim et se rendre?

– Ben Gourion, le camp des recrues est vide. Et où allons-nous trouver des véhicules blindés, des canons...

– Vide? Pourquoi vide? » Barak vit que le vieil homme bedonnant tendait le menton d'un façon qui annonçait l'orage. Ses épais sourcils se hérissaient, les grandes mèches de cheveux blancs se soulevaient sur la peau tannée de son crâne. « Wolfgang, n'étais-tu pas chargé d'entraîner les réfugiés des camps d'internement à Chypre?

– Monsieur, j'ai effectivement dirigé l'entraînement dans plusieurs camps, mais...

– Bien, c'est ce que je pensais. Est-ce que ce ne sont pas ces Juifs-là qui se précipitent à Haïfa par navires entiers? Ha, Yigal! Qu'est-ce qu'ils vont faire au milieu d'une guerre : cueillir des oranges? Forme une brigade avec eux.

– Avec ces immigrants? Leur entraînement, à Chypre, c'était le néant, Ben Gourion, ils défilaient avec des manches à balai...

– Quels manches à balai? Absurde. » Le Vieux se tourna vers Barak. « Dis-moi, Wolfgang, en rentrant de Chypre tu m'as fait de très bons rapports à leur sujet. Est-ce qu'ils s'exerçaient avec des manches à balai? C'est vrai?

– Eh bien, des fusils en bois, monsieur. C'est tout ce que les Anglais autorisaient. Nous en avons entraîné clandestinement certains avec des armes légères, et... »

Le colonel Yadin l'interrompit. « Ben Gourion, il n'ont jamais tiré un coup de fusil, ces réfugiés! Ils n'ont aucune expérience du combat, pas même du tir à la cible, et...

– Alors entraîne-les une semaine ou deux, Yigal. Distribue-leur des armes et montre-leur comment on tire! Tu seras étonné. Ils ont une raison de se battre, maintenant, ils ont un pays.

– Tu me dis de former une nouvelle brigade d'immigrants pour prendre la forteresse de Latroun? » Yadin tira sur sa moustache. « Je ne ferai pas ça.

– Qui t'a dit de faire ça? Tu me prends pour un fou? Bien sûr que non. Prends un bataillon par-ci, un bataillon par-là, quelques escouades de réservistes, mélange-les avec quelques soldats expérimentés, et tu verras, ils vont prendre Latroun. »

Le colonel hésita, regarda Barak, qui garda un visage impassible, puis se leva et quitta le bureau.

Le Premier ministre se détendit, et il lui indiqua une chaise. « Assieds-toi, Wolfgang. Non, c'est Zev, maintenant, n'est-ce pas? Zev Barak. Très joli. » Une mémoire de politicien, pensa le capitaine, est toujours étonnante. « Tu sais, j'ai parlé avec ton père, hier soir. La ligne avec ce motel de Long Island est affreusement mauvaise, mais je lui ai dit que tu allais mieux. Zev, il m'apprend que les Nations unies sont en émoi à cause de la reconnaissance immédiate d'Israël par le président Truman, et on s'attend à ce que les Russes en fassent autant dès demain. C'est une ère nouvelle! Un nouveau monde! Alors, qu'est-ce qui est arrivé à ton bras? »

Barak lui raconta, et le Premier ministre poussa un soupir. « Oui, et maintenant nous avons perdu Kastel et toute une série de places fortes. *En brera*, on a besoin de tous nos garçons sur le front. Mais peu importe, on les récupérera quand on aura pris Latroun et rouvert cette route une fois pour toutes. Alors, maintenant, qu'est-ce que tu vas faire?

– Rejoindre ma compagnie.

– Avec ton bras?

– Monsieur, je peux tenir un fusil, je me suis exercé. » Barak remua les doigts qui dépassaient du plâtre. « Je dois commander un bataillon. »

L'air sceptique, Ben Gourion poussa vers lui une pile de papiers ronéotés. « Jette un coup d'œil là-dessus. Tu connais l'armée anglaise. Je veux que tu me donnes ton avis. Et je vais te dire une chose, Zev. Pour le moment, dès que les médecins t'auront libéré, tu iras faire ton rapport à la Maison Rouge, et tu vas les aider. Ils deviennent cinglés, dans cette vieille salle des opérations.

– Premier ministre (bizarre, de prononcer lui-même ce titre), j'ai l'ordre de rejoindre mon bataillon, et ma guérison ne devrait pas tarder. »

Le téléphone sonna. Ben Gourion prit l'appareil d'un air entendu et le renvoya d'un geste de la tête. « Pas de problème. Je te réserve quelque chose de plus important. »

En sortant, Barak feuilleta le dossier – des manuels militaires rédigés par un certain colonel Stone. Ce devait être le conseiller militaire américain de Ben Gourion, se dit Barak, un diplômé de West Point, et, d'après la rumeur, un Juif de Brooklyn ne parlant pas hébreu et ne connaissant pas *bopkess* (que dalle) aux Arabes.

Tout avait commencé comme ça, et dix jours plus tard Barak ignorait toujours ce que pouvait être « quelque chose d'important ».

Derrière le comptoir d'un stand minuscule sur le boulevard Ben Yehuda, le beau-père de Barak, un Juif marocain corpulent et en sueur, avec des bajoues poilues et un énorme nez crochu, servait le petit déjeuner à une foule formée principalement de soldats en permission. « Wolfgang! » Il salua Barak d'un geste de sa fourchette. « Miriam, un café pour Wolfgang! » La mère de Nakhama, un foulard sur la tête, prit une cafetière sur le fourneau qui fumait et lui remplit une tasse avec un sourire fatigué. C'était une petite femme informe, toujours à la tâche, mais elle avait la bouche et le sourire aimables et chaleureux de Nakhama. Il s'assit à une petite table, sous sa photo de mariage exposée depuis quatre ans et masquée par la suie : Barak en uniforme britannique, très élégant, avec le sourire plein de fierté d'un jeune marié, et Nakhama dans la robe toute simple de leur mariage improvisé, l'air ahurie.

Il avait vingt ans, à l'époque, et Nakhama dix-sept; ils s'étaient connus à peine une semaine plus tôt, lui-même était sur le point d'être embarqué pour le nord de l'Italie, et le sang leur brûlait les veines. Alors Wolfgang Berkowitz, fils d'éminents socialistes sionistes, avait été emporté par la passion et avait épousé la fille d'immigrants marocains qui tenaient une sorte de restaurant en plein air sur Ben Yehuda. Ce mariage express durait depuis quatre ans et un enfant, et il n'avait aucun regret, malgré le déplaisir persistant de ses propres parents; il aurait bien voulu, pourtant, que ses beaux-parents laissent tomber le « Wolfgang » d'Europe de l'Est, qu'ils trouvaient si prestigieux. Cela faisait un bon bout de temps qu'il s'appelait Zev Barak, selon les préférences de Ben Gourion pour les noms hébraïsés.

« Avez-vous des nouvelles de Nakhama? » Il éleva la voix pour couvrir les bruits de la rue et le bavardage des clients. Sa femme et son fils avaient quitté Jérusalem dans un car blindé qui s'était traîné en queue du dernier convoi, et il les avait mis à l'abri chez ses parents, à Herzliyya, un quartier chic.

Sa belle-mère lui lança un regard étrange, indéchiffrable. « Tu n'as pas parlé avec elle?

– Tu sais comment c'est, le téléphone. Je n'arrête pas d'essayer, mais...

– Tu n'as pas le temps d'aller à Herzliyya? Vingt minutes?

– Pourquoi, il y a quelque chose qui ne va pas?

– Oh, elle va bien.

– Et Noah? Comment va-t-il?

– On l'a renvoyé du jardin d'enfants à cause d'une bagarre.» Encore un coup d'œil en biais. «Tu ferais mieux d'aller voir Nakhama, Wolfgang.»

Un jeep s'arrêta contre le trottoir et une fille blonde en treillis militaire descendit d'un bond en lui faisant signe par-dessus les soldats agglutinés au comptoir. «Zev! Zev!» c'était Yael Luria, une messagère de la Maison Rouge. Encore des ennuis.

«Alors quoi, que diable? Écoute, dit-il à sa belle-mère, si tu vois Nakhama, dis-lui que je suis venu et que j'ai essayé de la joindre. Mon coude va mieux, je n'arrête pas de courir jour et nuit, et j'irai à Herzliyya dès que je pourrai.»

Pour tout réponse, un haussement d'épaules par-dessus les œufs et la viande en train de frire, et un «*b'seder* (okay) Wolfgang», marmonné dans son dos.

«Yigal veut que tu ailles à Latroun», lui dit Yael en parlant du colonel Yadin. Dans la clandestinité, ils appelaient les officiers supérieurs par leur prénom, et l'habitude était restée.

«Qu'est-ce qui se passe là-bas?

– C'est justement ce que voudrait savoir Ben Gourion. Il a dit à Yigal de t'y envoyer. Tout de suite.

– Je n'ai pas pris mon arme, et j'ai dit à mon chauffeur d'aller dormir.

– Je vais te conduire, et j'ai apporté ton arme.

– Alors allons-y.»

Il sauta dans la jeep derrière Yael, dont le corps souple et les longs cheveux dénoués suscitaient des sourires et des coups de coude parmi les soldats en train de manger. C'était une créature séduisante, au pedigree garanti, et ses parents auraient été ravis qu'il l'épouse. Yael Luria, du *moshav* de Nahalal, apparentée à la famille Dayan. Parfait! Avec cette fille de dix-huit ans, pleine d'énergie et au menton volontaire, Barak gardait ses distances. Il se disait qu'elle aurait des problèmes, un de ces jours, avec un officier marié – sans parler de lui – mais que les problèmes ne lui faisaient pas peur. En tout cas, elle conduisait vite et bien, et savait se servir du Mauser qu'elle avait sur les genoux. Elle avait rechargé la mitraillette tchèque de Barak et mis le cran de sûreté.

Quand la jeep fila sur la route de Jérusalem, traversant les orangeraies et les villages arabes déserts aux volets clos, Zev repensa aux problèmes brutalement posés par la guerre : Israël était un cauchemar de stratège, une bande côtière bosselée, avec à l'est une mince langue de terre tendue sur soixante kilomètres à travers les montagnes, jusqu'à Jérusalem. Dans le lointain, au-delà des terres cultivées, des nuages de fumée s'épanouissaient dans un ciel voilé. Les bruits sourds ne pouvaient être que les canons anglais de la Légion arabe. La Haganah n'avait pas d'artillerie digne de ce nom.

Comment les nouvelles recrues allaient-elles réagir au tonnerre des obus? Et à la chaleur, surtout à la *chaleur?* Dans la jeep découverte, l'air qui les giflait semblait sortir d'une fournaise. Même pour les soldats aguerris qui crapahutaient sous un soleil chauffé à blanc, harcelés par les mouches, cela devait ressembler à l'Afrique du Nord aux pires moments. Alors, qu'est-ce que ce devait être pour des réfugiés désorientés, jetés pour la première fois de leur vie sur un champ de bataille, portant de lourds fusils de six modèles différents, munis de baïonnettes? Hier encore, il y avait eu un grand mouvement d'affolement à propos des gourdes, dont on manquait. Les nouvelles recrues devaient s'attaquer à une forteresse perchée sur une montagne avec des bouteilles d'eau, en verre, accrochées au ceinturon!

On payait deux générations d'imprévoyance sioniste, se dit amèrement Barak, qui avaient laissé les crêtes et les collines aux mains des Arabes. La guerre, c'est les communications! Les routes! Commander les hauteurs qui dominent les routes! Les Arabes s'étaient installés dans la montagne à cause de la malaria des plaines, où les sionistes avaient fécondé et assaini la terre. Très bien, mais les pères fondateurs n'avaient pas pensé à l'avenir. Le plan d'attaque de Ben Gourion sortait peut-être d'un cerveau brûlé, mais il avait raison sur un point : si Jérusalem devait faire partie de l'État hébreu – et comment pourrait-il en être autrement? – Latroun devait tomber.

De la route, à trente kilomètres, on voyait parfaitement la forteresse et le monastère de Latroun, ainsi que les bouffées de fumée dues aux obus qui s'abattaient sur les murs brunâtres. Dans les rues du kibboutz de Hulda, il y avait des rangées d'autobus vides venus de Tel-Aviv amener la Septième Brigade à pied d'œuvre. La guerre des Juifs! Yael quitta la route, traversa les blés en cahotant vers la tente du QG de campagne, où ils tombèrent sur Sam Pasternak. Trapu, en maillot de corps trempé de sueur, le capitaine criait dans un téléphone, entouré par des soldats discutailleurs et dégoulinants comme lui au milieu d'un nuage de mouches qui bourdonnaient férocement.

« Zev, Dieu merci ! » Pasternak tendit l'appareil à une jeune soldate grassouillette aux boucles brunes aplaties par la sueur. « Essaye encore, Dina. » Il serra brièvement Barak dans ses bras. Ils avaient été camarades de classe au lycée de Tel-Aviv, et avaient servi dans la même unité paramilitaire des jeunes de la Gadna. « Tel-Aviv ne répond pas, Zev. Jérusalem ne répond pas, et Latroun nous arrose d'un foutu déluge de feu ! C'est un échec total des renseignements ! Toute la Légion arabe doit être là-haut ! Quand est-ce qu'ils se sont infiltrés ? Pourquoi ne nous a-t-on rien dit ? »

Barak fut abasourdi. Lui-même avait fait passer à la Septième Brigade, *en extrême urgence*, l'information selon laquelle la Légion arabe était revenue en force à Latroun. De quel genre de panne s'agissait-il ? Il fit semblant de rester calme. « Que se passe-t-il ?

– *Balagan* (pagaille) total et absolu ! Voilà ce qui se passe ! Shlomo fait de son mieux, mais on est dans le pétrin, dans un sacré pétrin. »

Il indiqua d'un geste le commandant de la brigade, une silhouette mince et nette perchée sur un monticule, à cent mètres, qui surveillait attentivement la bataille dans ses jumelles et donnait des ordres dans un talkie-walkie. Barak avait déjà servi sous Shlomo Shamir, dans l'armée anglaise ; c'était un colonel compétent qui avait pris ce commandement sur l'insistance de Ben Gourion et accepté le plan d'attaque, qu'il considérait prématuré, avec beaucoup d'hésitations. Pasternak était son second.

« Où sont les blindés, Sam ? » Les « blindés », c'étaient quelques camions et fourgons doublés avec des « sandwiches » – une plaque de bois entre deux plaques de tôle.

« Coincés au carrefour. Ils ne peuvent pas bouger. La moitié sont hors d'usage, il y a des morts et beaucoup de blessés. »

Un soldat barbu dans un maillot de corps déchiré et taché de sang arriva en courant, réclama de l'eau en balbutiant comme un fou. Un officier l'emmena plus loin.

« Et le bataillon d'infanterie ? insista Barak. Les immigrants de Chypre ?

– Zev, *on n'en sait rien !* Ils sont partis en chantant en yiddish, et il y a une demi-heure qu'on essaye de les joindre. Les communications sont pourries, pourries ! »

Ici, les mouches étaient effroyables. Il en avait dans les yeux, sur la langue dès qu'il ouvrait la bouche, jusque dans la gorge. « Écoute, Sam, Ygal Yadin m'envoie pour lui faire un rapport de première main sur la bataille. »

Pasternak pointa son pouce vers le colonel Shamir. « Voilà ton homme. Demande-lui. »

Non loin du monticule où se tenait le colonel, il y avait un « Napoléonchik », un ancien petit canon français, inactif, dont les servants étaient assis ou couchés aux alentours, occupés à écraser des mouches. Barak s'arrêta pour demander à l'artilleur pourquoi le canon ne tirait pas.

« Plus d'obus. On m'a ordonné de commencer à tirer à l'aube. Je l'ai fait. On a réveillé les Arabes, c'est tout. Quelle connerie. »

Barak emprunta ses jumelles, vit les zébrures rouges des balles traçantes qui tombaient de la forteresse. D'en bas, les ripostes étaient faibles et clairsemées. A travers la poussière, il apercevait vaguement des véhicules en feu, des hommes qui trébuchaient dans les blés, sur les contreforts de Latroun. Il courut rejoindre le colonel Shamir, qui ne lâchait pas ses jumelles tandis que son talkie-walkie crachait des parasites. « Zev ! De bonnes nouvelles ? Des renforts ? » Il était ravi de le voir. « J'ai essayé sans arrêt de joindre Ygal pour demander des renforts ! Est-ce qu'il se rend compte de la situation où on est ? »

A contrecœur, Barak lui dit que les communications étaient coupées, et qu'il était venu lui demander un rapport. Le colonel lui fit une lecture brève et compétente du champ de bataille. L'attaque se déroulait très mal, en gros, et le moins clair était encore le statut des nouvelles recrues. Les immigrants étaient quelque part par là, dans la poussière et la fumée, mais ne répondaient pas aux signaux. « Dis à Yadin ce que je t'ai dit, Zev, pour l'amour du ciel. J'attends les ordres, et je me battrai tant que je pourrai, mais les choses se présentent mal, très mal. »

En revenant à la tente du QG, Zev trouva Pasternak et les autres en train de contempler un grand garçon maigre et couvert de poussière, d'environ seize ans, portant un casque anglais en tôle rouillée, et monté à cru sur une mule blanche couverte de boue. L'animal faisait fouetter de la queue, secouait les oreilles et piaffait dans un bourdonnement de mouches enragées, tandis que le gosse tapait sur les insectes avec un manche à balai.

« Qui est cet imbécile ? demanda Barak.

– Don Quichotte, j'imagine, répondit Pasternak. (Il prononçait Quichotte avec l'accent hébreu, *Key-shoat.*) Il vient d'arriver. Nos renforts ! »

Malgré la gravité de la situation, Barak fut obligé de sourire. « Qu'est-ce que tu viens faire ici, Don Quichotte ? »

La réponse vint en hébreu, avec un accent polonais très marqué. « Mon père m'a envoyé de Haïfa pour savoir comment va mon frère. On m'a dit au camp d'entraînement qu'il était allé à Hulda. Je ne savais pas qu'il y avait une bataille.

– Alors, tu es volontaire? demanda Pasternak.

– Pourquoi pas? J'ai dix-huit ans. Donnez-moi un fusil. »

Malgré la chaleur, les ronflements des haut-parleurs et les mouches qui grouillaient, cet intermède comique fit rire les soldats. « Et tu es venu de Haïfa sur ta mule? demanda Barak en essayant de prendre une voix sévère.

– J'ai trouvé la mule en route (le jeune fit un geste en arrière) par là-bas. »

La voix du colonel Shamir éclata dans l'appareil. « Sam! Sam! Ici Schlomo. »

Pasternak prit le micro. « Ici Sam.

– Sam, j'ai enfin pu joindre le commandant de l'infanterie. Il dit que les recrues qui viennent de débarquer ne parlent que le yiddish, que son traducteur a une insolation et qu'ils ne comprennent pas les ordres en hébreu. Il y a des obus qui commencent à leur tomber dessus, et ils ne font que tourner en rond, pousser des hurlements où avancer dans tous les sens en tirant. C'est un *balagan* total! »

Un gros soldat avec la tête bandée intervint : « Sam, c'était exactement comme ça quand on est descendu du bateau. Ils n'arrêtaient pas de se gueuler dessus : *" Voss, voss, voss? Voss shreit err vi a meshugener? Voss tute men yetzt? "* (Quoi, quoi, quoi? Pourquoi cet officier crie comme un cinglé? Qu'est-ce qu'on fait maintenant?)

– Je parle yiddish, dit le garçon sur sa mule.

– Sam, viens ici. » Barak prit Pasternak par le coude, l'emmena à l'écart et lui dit à voix basse : « Shlomo devrait annuler cette attaque.

– L'annuler? » Hagard, dégoulinant de sueur, Sam se frotta le menton d'une main boudinée. « Et qu'est-ce qu'il va dire à Ben Gourion?

– Écoute, la brigade s'en tire bien, Shlomo aussi, mais les choses ont très très mal tourné, et...

– Dieu sait que c'est vrai! Je ne te dis même pas, Zev. La moitié des munitions ne sont pas arrivées, en plus...

– Sam, ce n'est pas ton jour. Arrête ça, épargne la brigade pour d'autres batailles. »

Un silence. « Viens avec moi, dit Pasternak.

– D'accord. Je viens. »

Shamir écouta les deux jeunes officiers d'un air sombre, hocha tristement la tête. « Est-ce que j'essaye encore de joindre Yadin, ou Ben Gourion? »

Barak regarda Pasternak. « Monsieur, c'est vous qui êtes sur le terrain. A vous de choisir.

– Très bien. » Shamir se décida de façon abrupte. « Commençons par le commencement, Sam. Fais-moi sortir de là ces immigrants.

– Très bien. Allons-y, Zev. »

Ils retournèrent en hâte vers la tente, où Pasternak décrocha le téléphone de campagne. Il ordonna au commandant de l'infanterie d'arrêter l'offensive, de marcher au sud jusqu'à une hauteur, hors de portée de l'ennemi, de regrouper la troupe et de reculer vers Hulda. Sam répéta cet ordre plusieurs fois, d'un ton de plus en plus exaspéré. Barak, à côté, les jumelles à la main, l'informait que les nouvelles recrues continuaient à avancer.

« C'est toujours le même foutu truc, s'écria Pasternak. Le commandant ne parle pas yiddish, et ils ne savent que ça. Il ne peut rien leur faire comprendre, quoi qu'il fasse...

– Hé! cria soudain Barak. Don Quichotte! Reviens ici! Où diable vas-tu? »

Mais le cavalier et sa monture étaient déjà hors de portée de voix et trottaient vers les nuages de poussière du champ de bataille, le manche à balai cognant allégrement sur la bête. « Ce gosse est fou à lier », dit Pasternak.

Barak pensa que ce devait être vrai. Une mule n'avait aucune chance de survivre en pleine bataille, en supposant même qu'il arrive à mener l'animal jusqu'aux premières lignes. Qu'est-ce qui ne tournait pas rond, chez cet invraisemblable Don Quichotte?

Pour Don Quichotte, qui s'appelait Joseph Blumenthal, tout allait bien. Il était attiré par la fumée, le son du canon, le spectacle de la bataille, il avait envie que son yiddish serve à quelque chose et espérait aussi retrouver son frère. Il dépassa des soldats ensanglantés qui gémissaient, allongés dans les blés, d'autres qui hoquetaient, réclamaient de l'eau, et continua sans se troubler. L'odeur étrange où se mêlait la poudre et le blé mûr l'excitait, et pour lui les corps souffrants qui répandaient leur sang sur la terre étaient presque les figurants d'un film de guerre. De la guerre, la vraie, il savait très peu de choses. Il avait vu des avions de chasse, en Europe, il avait souffert des privations, s'était fait brutaliser dans les camps de réfugiés, mais n'avait jamais connu les bombardements. Son père avait fait passer sa famille de Pologne en Roumanie, puis en Hongrie et en Italie, fuyant la progression ininterrompue des Allemands. Maintenant, voilà qu'il était au beau milieu d'une bataille. Youpie!

On trouve des choses bizarres sur un champ de bataille, des zones de bruit affolant, des coups de chance insensés, des horreurs ou bien la mort. Le gosse et la mule (qu'en fait il venait de voler) réussirent à traverser les blés, à rejoindre la cohue des nouvelles recrues qui criaient en yiddish et brandissaient leurs fusils tandis que le commandant du bataillon, sur une hauteur, braillait dans un mégaphone et indiquait à grands gestes une colline dans son dos. Les balles sifflaient et miaulaient, les obus soulevaient le sol avec des détonations assourdissantes, certains soldats tiraient futilement sur la forteresse, et il régnait une confusion totale. De nombreux hommes gisaient ici et là sur les épis, dans des nuages de mouches; certains perdaient leur sang, d'autres essayaient de se lever, la plupart pleuraient : « *Vasser!Vasser! In Gott's nommen, VASSER!* (De l'eau, de l'eau! Au nom de Dieu, DE L'EAU!) »

« Quoi? Tu parles yiddish? » L'officier, harcelé de tous les côtés, ne s'étonna même pas de cette apparition à lunettes sur sa mule. « Bien, bien, dis à ces lunatiques d'arrêter d'avancer et de rejoindre cette colline! Au pas de course! Fais passer! »

Mais la chance étonnante du jeune homme le lâcha dès qu'il se mit à brailler des ordres en yiddish. Une explosion projeta sur lui et sa mule une masse de terre et d'épis déchiquetés; l'animal le jeta par terre avant de s'enfuir, et il atterrit sur un soldat qui se mit à gémir. Le sang de l'homme, qui était blessé à la jambe, le tacha quand il roula sur le côté.

« Relève-moi, je veux sortir de là », dit le soldat dans l'hébreu sec et précis que Don Quichotte avait admiré à Chypre, chez les instructeurs de la Haganah. « Si je m'appuie sur toi, je crois que je pourrai marcher. »

Beaucoup plus petit que le jeune homme, les épaules très larges, le soldat boita sur une centaine de mètres parmi la cohue des nouvelles recrues. « Attends, il vaut mieux que j'arrête l'hémorragie, si c'est possible. » Il essaya de nouer un foulard autour de sa jambe, et tomba à la renverse. « Tu peux peut-être y arriver, grogna-t-il.

– Je pense que oui. » Le gosse posa un tourniquet improvisé. « Ça va?

– C'est mieux. Allons-y. Tu es quoi, un des gars de Chypre?

– C'est ça, je suis un gars de Chypre.

– Tu es plutôt jeune pour ça. Comment t'appelles-tu?

– Joseph.

– Ici, alors, ce sera Yossi. » Ils boitillèrent encore un peu. « C'est la chaleur, je crois, dit le soldat d'une voix plus faible. Je me sens très mal, Yossi. » Ses jambes ne le portaient plus.

« Essayons comme ça. » Don Quichotte se baissa et le prit sur son dos. « Tu peux t'accrocher?

– Hé, je suis trop lourd pour toi », marmonna le soldat en le serrant avec ses jambes et ses bras musclés. Le jeune homme le porta à travers les champs parsemés d'hommes allongés qui gémissaient ou suppliaient les brancardiers, secouant sans arrêt la tête pour chasser les mouches, parfois aveuglé par elles et par la sueur au point qu'il manquait tomber. Les insectes et la chaleur l'épuisaient plus encore que son fardeau. Le soldat sur son dos appela d'une voix rauque : « Une civière ! » Un brancardier arriva en courant. Don Quichotte, ou Yossi, se mit à un bout de la civière, et ils emportèrent le blessé à l'hôpital de campagne, un endroit en plein air, près du quartier général, où les victimes ensanglantées étaient alignées à même le sol.

Zev Barak allait partir dans une jeep. « Regarde, Yael, voilà cet imbécile de gosse qui était monté sur une mule. Arrête-toi, on l'emmène. »

En freinant près de Don Quichotte, elle regarda bouche bée la civière qu'il posait et s'écria : « *L'Azazel*, c'est mon frère ! » Elle sauta au bas de la jeep et se pencha vers lui. « Benny ! Benny, comment vas-tu ?

– Yael ? répondit le soldat avec une sorte d'agacement. Que diable fais-tu ici ? »

Barak s'approcha. « Alors, Benny, tu t'es fait avoir ? » Le frère de Yael avait fait partie d'une équipe de jeunes qu'il avait commandée. « C'est grave ?

– J'ai des shrapnels dans la jambe, Zev, mais c'est surtout la chaleur qui m'a démoli. J'ai donné toute mon eau aux nouveaux. Ils étaient tous en train de pleurer et de s'évanouir. Elohim, quel *balagan*.

– Mettons-le dans la jeep, Quichotte. Yael, assieds-toi à côté de lui et soutiens-le.

– Moi ? Et qui va conduire ?

– Moi. » Barak glissa ses doigts sous le plâtre.

– Quichotte, on y va. » Ils soulevèrent Benny Luria et le posèrent à l'arrière, près de sa sœur. Barak prit le volant, maladroitement, et conduisit d'une main à travers champs. « Tu sais te servir d'un revolver ? demanda-t-il au jeune homme.

– Je me suis entraîné à Chypre.

– Donne-lui le tien, dit Barak à Yael. Et où est passé ton casque, Quichotte ? Il t'allait tellement bien.

– La lanière s'est cassée, je l'ai perdu.

– Où est-ce que tu l'avais trouvé ?

– Une gentille vieille dame, à Hulda, m'a obligé à l'accepter. Je m'étais arrêté pour prendre de l'eau. Elle a dit que c'était celui de son mari, il y a longtemps, et que j'étais fou d'aller me battre, mais de le prendre si j'y allais quand même.

– Le gosse m'a porté de là où j'étais tombé, dit Benny d'une voix faible. Il s'appelle Yossi. Il est *b'seder*. » La jeep rebondit lourdement dans le champ de blé. « Doucement, Zev, gémit Benny.

– On rejoint la route dans une minute. » Barak jeta un coup d'œil à Quichotte. « Tu l'as porté ?

– Jusqu'à ce qu'on trouve un brancard. Je suis tombé sur lui quand la mule m'a envoyé promener. Et je suis couvert de sang.

– Ne te plains pas, ce n'est pas le tien. » La voix de Benny faiblissait.

« Tais-toi », dit Yael.

Pendant qu'ils fonçaient vers Tel-Aviv, Barak interrogea le jeune homme sur sa famille et ses voyages. Quichotte avait un frère, dit-il, quelque part sur le champ de bataille de Latroun. Sa mère était morte d'une pneumonie dans un camp de réfugiés en Italie. Son père était dentiste, en Pologne, et espérait recommencer ici, mais il ne parlait pas hébreu et il faudrait qu'il l'apprenne.

« Où l'as-tu appris toi-même, Yossi ? demanda Yael de la banquette arrière.

– Ma mère était sioniste et religieuse. Papa plutôt socialiste. Maman nous a envoyé dans des écoles religieuses où on parlait hébreu.

– Es-tu vraiment religieux ? dit-elle.

– Beaucoup plus que mon frère Léopold. Léo dit que Dieu est mort en Pologne.

– Je crois que Benny s'est évanoui », dit Yael après un silence.

La jeep fut secouée, se balança, et Benny s'exclama d'une voix cassée : « Je ne suis pas évanoui, idiote. J'ai juste fermé les yeux. J'ai mal à la jambe.

– Rien à faire, de toute façon (Barak accéléra), à part l'emmener à l'hôpital. » Il regarda en arrière, et Benny lui fit signe de continuer.

Assis côte à côte, Yael et Benny Luria auraient presque pu être des jumeaux, pensa Barak : le même menton volontaire, le même visage carré, bien que celui de Yael fût plus doux, plus séduisant. En fait ils n'avaient qu'un an d'écart – et la même force de caractère, sinon que Yael était capricieuse, impulsive, et Benny très sérieux, très rigoureux. Un soir, devant le feu de camp de leur unité, quand la conversation était venue sur ce qu'ils voudraient faire plus tard, Benny Luria avait dit : « Chef d'état-major de l'armée juive. » Les autres avaient ri, mais pas lui.

Ils déposèrent Benny à l'hôpital militaire, et Yael emmena Barak au nouveau quartier général de Ramat Gan. « Alors, Quichotte, demanda-t-il en arrivant, tu veux rentrer à Haïfa ?

– Mon père ne m'attend pas. Je lui ai dit que j'essaierai de m'enrôler dans la compagnie de Léopold. »

Barak fit un clin d'œil à Yael. « Et tu as dix-huit ans.

– Bientôt dix-huit ans.

– Accompagne-le au bureau de recrutement, dit-il à Yael, et trouve-lui un uniforme. S'il y en a un à sa taille, ajouta-t-il en regardant la grande carcasse osseuse de haut en bas.

– Et puis? demanda Yael.

– Et puis emmène-le à la Maison Rouge. On a besoin d'une estafette supplémentaire.

« Dix-huit ans! dit Yael d'un ton sarcastique en repartant. Quel âge as-tu, Yossi?

– Et toi? » répliqua Quichotte. Il repoussa ses lunettes de l'index et lui lança une œillade d'adolescent insolent. Elle haussa les épaules sans rien dire. Un fils de dentiste polonais, seize ans à tout casser, ne valant même pas la peine de le moucher. Si Zev Barak le voulait comme estafette, parfait! Ce gosse avait aidé son frère sur le champ de bataille. Il était *b'seder.*

2

Le « colonel Stone »

Dans le petit bureau du colonel Yadin, l'air était alourdi par la fumée grise de sa pipe. Il interrompit Barak, qui avait à peine commencé son rapport. « Zev, qu'est-ce que tu dis ? Nous savions que la Légion arabe avait renforcé Latroun. Pourquoi Shlomo ne le savait-il pas ?

– Ça, je voudrais mettre le doigt dessus ! Il affirme n'avoir jamais reçu notre signal. Ygal, c'est un *balagan* incroyable. Une attaque frontale en plein jour dans le *khamsin*...

– En plein jour ? *Mah pitom* ? Ils étaient censés débarquer la nuit, et attaquer la forteresse à l'aube. Toute l'opération tenait là-dessus !

– Tout s'est mal passé. Je ne sais pas par où commencer. Des bleus tout juste incorporés essayant de monter la pente sous le soleil, je ne te dis pas, à travers champs et contre un barrage d'artillerie...

– Alors, ces nouveaux ? Ils ont tourné les talons ?

– Ils ont avancé droit sous le feu ennemi.

– Ils ont fait ça ? » Un pâle sourire rendit un instant ses vingt-neuf ans au chef d'état-major harassé, qui en paraissait au moins quarante.

« Je l'ai vu de mes yeux. Ils ne savaient pas quoi faire d'autre. Ils auraient essayé de grimper sur la montagne si Shlomo n'avait pas annulé l'attaque. C'était ce qu'il fallait faire. La seule chose à faire.

– J'approuve ! » Yadin hocha vigoureusement la tête, ralluma sa pipe à courtes bouffées incandescentes. « Bon ! Au moins Ben Gourion avait raison, pour ces immigrants.

– Ils ont été superbes. C'est nous qui leur avons fait défaut, Yigal. Il y aura beaucoup plus de victimes de la soif et des insolations que du feu ennemi. C'est une honte. Nous ne sommes pas encore une armée. Les communications étaient désastreuses... »

A mesure que Barak parlait, le colonel Yadin se tassait sur son siège et fumait en silence. « J'étais contre cette opération, tu le sais bien, finit-il par lui confier. C'est irréaliste, suicidaire, et je l'ai dit, mais Ben Gourion a ordonné la prise de Latroun *à tout prix*. Bon, on a payé le prix, et on n'a pas eu Latroun. » Il consulta sa montre. « Il va falloir que tu répètes tout ça à la conférence d'état-major. Sois clair, et sois bref. Tu connais Mickey Marcus?

– Ce ne serait pas le " colonel Stone "?

– C'est lui.

– Pas encore.

– Tu vas le connaître. Viens.

– Pourquoi ce nom de code?

– Les Anglais pourraient faire des histoires en apprenant qu'un type de West Point est conseiller du Vieux. »

Dans la salle des opérations, tout en longueur, beaucoup plus vaste que celle de la Maison Rouge, des officiers décoiffés étaient assis ou debout autour de la table, et l'air humide était brassé par de grands ventilateurs. Une homme chauve et musclé, en short kaki et chemise à manches courtes, faisait un exposé en anglais, tapant du bout de sa règle une carte d'état-major épinglée au mur, s'interrompant pour laisser un jeune militaire traduire ses paroles. Ben Gourion, qui toussait, l'air fiévreux, était vautré au bout de la table. « Un moment, Mickey », dit-il en voyant Barak. L'homme s'arrêta. « *Nu*, Zev, dis-nous ce qui se passe à Latroun, et en anglais, à cause du colonel Stone. »

Quand Barak décrivit le fiasco, le Premier ministre grimaça, lèvres serrées. Marcus s'adossa à la carte, calme et déterminé, les bras croisés. Les officiers qui comprenaient l'anglais écoutèrent son récit d'un air morose. Les autres griffonnaient ou bâillaient.

« Très bien, nous allons encore une fois attaquer. Immédiatement! s'écria Ben Gourion en abattant son poing massif sur la table. Et cette fois nous allons prendre Latroun. » Silence. Les couches de fumée grise s'étalaient dans la pièce, soulevées par les ventilateurs. « Mickey, continue ton analyse. »

Marcus reprit la règle et fit de nouveau face aux militaires expérimentés et endurcis d'Israël... qui avaient la moitié de son âge. Barak voyait sur leurs visages fatigués une sorte de défi cynique : que diable peut-il savoir de notre situation, ce gros civil américain, ce vieil homme? Marcus, bronzé par le soleil du désert, avait acquis un certain crédit dans l'armée en prenant part aux raids contre les lignes égyptiennes, dans le Néguev. Mais ses manuels de stratégie n'avaient suscité que des ricanements. Il était venu des États-Unis participer à la défense du Yishuv, ce qui était en sa faveur, mais les officiers savaient tous qu'après son diplôme de West Point il avait étudié le droit, et n'avait donc fait qu'un bref passage comme officier de réserve dans la Seconde Guerre mondiale.

« Okay, dit Marcus. Tactiquement, donc, Israël est une tête de pont, comme le débarquement de Normandie, et les Arabes ont fait la même erreur que les Allemands avec Eisenhower. Après le départ des Anglais, l'ennemi avait sur vous un avantage écrasant : Israël à moitié désarmé par le Mandat, attaqué de tous les côtés, son approvisionnement bloqué sauf par mer. C'était la clef de la guerre. L'ennemi aurait déjà dû vous couper en deux au niveau de Netanya. Les Irakiens avaient moins de quinze kilomètres à faire quand ils se sont arrêtés, Dieu sait pourquoi. Ensuite ils auraient pu envelopper vos deux ports, Haïfa et Jaffa, et vous étrangler. »

Autour de la table, l'impatience grandissait : des doigts tambourinaient, des officiers remuaient sur leurs chaises, échangeaient des regards sceptiques.

« Cela n'aurait dû prendre qu'une semaine, comme l'avaient prédit la plupart des experts militaires à l'étranger. Vous avez prouvé qu'ils avaient tort. En établissant vos défenses intérieures autour des lignes de communication, vous avez survécu, conservé vos ports, assuré vos approvisionnements. La tête de pont est consolidée. »

Un tel discours militaire dans le style d'une grande puissance fascinait visiblement Ben Gourion, qui l'écoutait avec des yeux brillants de fièvre. Mais pour ces officiers, comprit Barak, surtout les Palmakhniks qui affrontaient depuis des années les maraudeurs arabes au cours d'embuscades nocturnes dans les dunes et la rocaille, ce ne pouvait être que du vent. De plus, traiter Israël de « tête de pont » impliquait que le sionisme était une invasion du sol arabe, et non un retour sur la Terre promise. Un parfait Juif américain, ce type, quelles que soient ses bonnes intentions.

Il y avait même un côté positif à l'échec de Latroun, continua Marcus. L'attaque avait ôté beaucoup de sa force au siège de Jérusalem par la Légion arabe du roi Abdullah, et peut-être empêché la Légion d'aider la percée des Irakiens vers la mer. Des batailles à l'apparence de défaites pouvaient mener à la victoire finale. « A la prochaine bataille de Latroun, dit-il avec bonne humeur, vous prendrez la citadelle et vous lèverez le siège de Jérusalem ! » Sur ce, il posa sa règle et reprit sa chaise.

Ben Gourion toussa sèchement, se moucha, s'essuya les yeux. « Exactement ! Merci, Mickey. » Il se mit à parler très vite en hébreu. « Messieurs, l'idée d'imposer un cessez-le-feu est dans l'air, aux Nations unies. Quand il viendra, Jérusalem ne doit pas être isolée ! La route de Jérusalem doit être ouverte, et nos convois doivent y passer librement! *Autrement l'ONU attribuera la ville au roi Abdullah de Transjordanie par droit de conquête.* Ce projet absurde d'internationaliser Jérusalem doit être abandonné, oublié! » Il s'interrompit et foudroya les assistants du regard. « Absolument inévitable! C'est le but essentiel de la guerre menée par Abdoullah. Il sait, comme moi, que sans Jérusalem l'État Juif n'aura pas de cœur et ne pourra pas vivre. »

Les visages sombres, autour de la table, ne firent aucun commentaire. Après un silence, Zev Barak rassembla son courage et leva la main. « Premier ministre, Shmulik vous a-t-il parlé d'un détour possible?

– Tu veux dire, les trois soldats qui se sont faufilés dans les bois derrière Latroun? Et alors?

– Monsieur, ils sont allés de Hulda à Jérusalem par une route de campagne dissimulée par une crête rocheuse.

– Oui, oui, mais quel genre de route? grogna Ben Gourion. Un sentier à vaches? A chèvres?

– Ils sont passés en jeep, Premier ministre.

– Et alors? Les Arabes nous laisseraient élargir une nouvelle route pour Jérusalem, sans rien faire? Ils nous prêteraient peut-être quelques bulldozers et rouleaux compresseurs? Ha. Attends ton tour pour parler, Wolfgang, et ne dis pas de bêtises. »

Les voyant s'échauffer, Marcus demanda de quoi il s'agissait. Pendant que Barak traduisait, Ben Gourion se tassa sur lui-même, dit qu'il se sentait très malade, et laissa la réunion aux mains du colonel Yadin. « A la fin, dit-il à Barak un peu plus aimablement, viens me voir, Wolfgang. Je rentre chez moi.

– Oui, Premier ministre.

– Mais d'abord, j'ai quelque chose à vous annoncer, qui va intéresser tout spécialement le colonel Stone. » Ben Gourion se redressa, toussa violemment et lança sur l'état-major un regard sévère. « Le front de Jérusalem, messieurs, a un besoin urgent d'une consolidation de toutes nos forces. Le débat est terminé! On ne discute plus! Un nouveau commandement unifié, un nouveau commandant! Le gouvernement provisoire a décidé que ce serait le colonel Stone, qui prendra le rang de *aluf.* » Il se tourna vers Marcus, qui souriait légèrement. « En hébreu, c'est une sorte de duc ou de général, Mickey. Tu seras le premier général de l'armée juive depuis Bar Kochba! Naturellement, tu auras une nomination écrite. »

Marcus répondit brièvement, avec dignité. « Premier ministre, j'accepte. Je servirai du mieux que je pourrai. » Il était clair que tout ceci était prévu depuis longtemps. « Messieurs, nous nous retrouvons à 20 heures pour discuter mes plans en vue de la prochaine attaque de Latroun. »

Ben Gourion se leva, imité par tout le monde, et sortit avec Marcus, laissant les officiers échanger des regards stupéfaits.

« Nous allons chez Ben Gourion, dit Barak à son chauffeur.

– Oui, monsieur. »

A une demi-heure de route de Latroun, Tel-Aviv frémissait sous le soleil de l'après-midi. Guerre ou non, les gens étaient installés sous les marquises des cafés, dans la chaleur torride, buvant du thé, mangeant des glaces et discutant. Les passants en sueur entraient et sortaient des boutiques, les vendeurs proposaient cigarettes et journaux à leurs clients alignés sous le ciel aveuglant. Comment Tel-Aviv réagirait-elle au fait que le premier général d'une armée juive, depuis l'époque romaine, était un avocat américain ?

Barak était encore sous le coup de la surprise. C'était du pur Ben Gourion ; trancher à coup de hache un nœud gordien politique. A Jérusalem, même sous le déluge d'obus arabes, les commandants de plusieurs groupes sionistes gaspillaient des vies et des munitions en se chamaillant. Les deux principaux étaient l'armée elle-même, anciennement la Haganah, s'appuyant sur les socialistes de Ben Gourion, et la grande troupe armée des révisionnistes, l'Irgoun ; il y avait encore l'élite palmakh, les commandos des kibboutzim d'extrême gauche, et la fraction nationaliste, le Lehi. Si Marcus, cet outsider absolu, pouvait fondre ces querelleurs en une seule force armée, quelle merveille ! Barak en doutait, mais il pouvait comprendre pourquoi le Vieux l'avait décidé. Aucune de ces factions n'accepterait jamais d'être commandée par l'un d'entre eux, et la nomination du « colonel Stone », du moins, aplanirait les différences.

Ben Gourion s'était déjà couché. Adossé à une pile d'oreillers, il feuilletait des dépêches. Sa femme, dans une robe d'intérieur fanée, tâtait son front fiévreux. Le colonel Marcus était dans un fauteuil à bascule, près du lit, occupé à consulter des documents et à prendre des notes sur son calepin. Jetés pêle-mêle sur le couvre-lit, on voyait des cartes, des dossiers et des rapports ronéotés.

« Il faut que tu manges quelque chose », insista Paula Ben Gourion. Elle était petite et trapue, comme son mari, les cheveux noirs sévèrement rassemblés dans un chignon, et son visage aux traits rudes était aussi volontaire que celui du Premier ministre.

« Très bien. Des œufs, alors. Zev, quelles nouvelles de Deganya, et où en sont les obusiers français ? On les a débarqués ? » Le Vieux avait la voix complètement cassée.

« Comment veux-tu tes œufs ? demanda Paula.

– Peu importe. Sur le plat. Ces obusiers doivent aller directement à la Septième Brigade.

– Sur le plat, ça te fera du mal. Je vais te faire des œufs durs. » Paula sortit de la pièce.

Barak tendit au Premier ministre la liasse des dernières dépêches. Il les lut, les signa de ses initiales, ajouta de brefs commentaires et lui en fit traduire quelques-unes à l'intention de l'Américain. Marcus secoua la tête. « D'abord, il faut réorganiser la logistique, Premier ministre. Et il faut stabiliser les fronts. A voir comment vont les choses...

– Les fronts ? Quels fronts ? Tout le pays est un front », dit Ben Gourion avec humeur.

Paula passa la tête dans la chambre. « On n'a plus d'œufs.

– Peu importe. Je prendrai du thé avec de la confiture. Zev, je veux voir ce manifeste au sujet des Messerschmitt...

– Tu as besoin de manger. Zevi, sois gentil, cours chez Greenboïm et rapporte-moi quatre œufs.

– Paula, on a une réunion importante, dit Ben Gourion, agacé.

– Ça va lui prendre quoi ? Deux minutes ? »

Barak se leva. « Pas de problème. Je vais chercher les œufs. » Elle le traitait souvent comme s'il faisait partie de la famille, et quand il était petit, Zev l'appelait tante Paula.

« Reste où tu es ! lui dit Ben Gourion avec un geste du menton, avant de se tourner vers sa femme. Donne-moi n'importe quoi. Un bol de soupe, ça va ?

– Ce n'est pas grave, Zevi. Je vais chercher les œufs, dit Paula, qui disparut.

– Montre-lui ton plan », dit le Vieux à Marcus.

L'Américain tendit à Barak une carte opérationnelle des environs de Latroun. Des flèches rouges et vertes esquissaient une nouvelle attaque, une variation de la première, en fait, avec une diversion des Palmakhs au sud-ouest. Marcus expliqua son plan, disant qu'il enverrait tous les nouveaux armements, dès leur arrivée, à la brigade de Shamir.

« Alors, Zev ? insista Ben Gourion en voyant que Barak ne disait rien.

– Tire à vue, dit Marcus, si tu as des critiques à faire.

Barak crayonna des cercles autour de deux villages de la montagne. « Avant tout, les Arabes ont dû revenir ici. Ce matin, les blindés de Laskov se sont fait salement arroser sur ce flanc-là. Je dirais, reprenons ces villages avant de lancer une nouvelle attaque. »

Marcus hocha lentement la tête. « Bonne idée. »

Paula reparut. « Greenboïm n'a plus d'œufs non plus.

– On a une discussion importante, lança sèchement Ben Gourion. Pour l'amour de Dieu, oublie ces œufs.

– Il en aura peut-être un peu plus tard. Tu as parlé de soupe? Il y a cette bonne soupe en boîte rapportée d'Amérique par Yizhak.

– Bon. Donne-moi ça.

– Mais c'est pimenté. Ça va t'irriter la gorge. Je vais te faire moi-même de la soupe. » Elle posa la main sur sa joue rose vif. « Tu as déjà moins chaud. »

Marcus griffonnait sur la carte. Il jeta un coup d'œil à Barak, comme pour le jauger. « Et maintenant, Zev, cette idée de détour dont tu as parlé. C'est quoi?

– Si tu prends Latroun, Mickey, interjeta Ben Gourion, pourquoi un détour? Je ne veux pas que les troupes entendent parler d'un détour. Ils faut qu'elles aillent à l'attaque.

– C'est un terrain très dur, monsieur », dit Barak. Il résuma plusieurs rapports qu'il avait reçus. Certains trouvaient cette idée de détour absurde, d'autres auraient voulu l'essayer.

« La soupe, dit Paula en apportant un plateau.

– Merci, Paula.

– Goûte-la. Assez chaude?

– Ça me brûle la langue, dit Ben Gourion en prenant une cuillerée de liquide verdâtre.

– Bon. Je l'ai faite très vite. J'ai pensé que ce ne serait peut-être pas assez chaud. » Elle ressortit.

« Elle est froide, dit le Vieux.

– Allez, Zev, insista Marcus, quelle est ton opinion? C'est du pipeau ou non?

– C'est du *bobbeh-myseh*, Mickey, lança Ben Gourion. Tu sais ce que ça veux dire? »

L'expression yiddish fit sourire Marcus. « Bien sûr, un conte de bonne femme, mais pourquoi?

– Peu importe! Concentre-toi sur Latroun. » Il prit une dépêche sur le couvre-lit. « Ces transports de troupes blindés français, Mickey, qui doivent arriver demain – la brigade de Shamir devrait les prendre directement sur le quai.

– Tu peux arranger ça? demanda Marcus à Barak.

– Si on m'en donne l'ordre. » Barak savait que dans l'invraisemblable confusion du port de Haïfa, les véhicules avaient très peu de chances d'arriver, encore moins d'être déchargés à temps pour l'attaque, mais il ne voyait pas l'intérêt d'en parler. Ben Gourion se faisait déjà suffisamment de mauvais sang.

« Du matériel français. C'est très bien, dit Marcus. Ne comptez pas trop sur la Tchécoslovaquie. Staline peut fermer le robinet d'un jour à l'autre.

– Oui, Staline n'est pas sioniste, continua le Premier ministre. Il laisse les Tchèques nous en vendre pour virer les Anglais du Moyen-Orient. On le sait. C'est aussi pourquoi il vote contre nous aux Nations unies. Pendant ce temps-là nous payons les Tchèques en dollars, et ils vendent aussi aux Arabes, tu comprends. Les communistes ne savent pas ce que c'est qu'un embargo. »

Marcus désigna le papier jaune d'un télégramme, sur le lit. « Bon, et cette idée anglaise de cessez-le-feu à l'ONU ? C'est pour de vrai ? »

Le Premier ministre agita les deux mains. « Du bluff, du bluff. Une ruse déjà éventée. » Il entonna une sorte de mélopée talmudique en se tournant les pouces. « L'ONU demande un cessez-le-feu. On obéit. Les Arabes l'ignorent et prennent un peu de terrain. La guerre recommence et on regagne le terrain perdu. » Il secoua la tête. « Mais c'est fini ! S'ils arrêtent de se battre, on s'arrête. Pas avant, et ils ne sont pas près de s'arrêter. »

Le Premier ministre, adossé à ses oreillers, écouta poliment les commentaires de Marcus, mais son visage et son crâne chauve étaient de plus en plus rouges. Si le cessez-le-feu n'était pas imminent, remarqua Marcus, l'attaque de Latroun devrait être retardée. La nouvelle Septième Brigade avait terriblement besoin de s'exercer. En attendant, les obusiers et les transports de troupes pouvaient aller sur d'autres fronts pour gagner du terrain. Car si un cessez-le-feu était réellement appliqué, ces fronts pourraient devenir les frontières définitives d'Israël.

« Mickey, rends-moi service, garde une seule chose en tête. » Ben Gourion éleva la voix et brandit son index. « Ta responsabilité, c'est Jérusalem. *Jérusalem !* Et ça veut dire une chose. Latroun ! *Latroun !* Sans délai ! Jérusalem meurt de faim ! Les lignes de cessez-le-feu ne sont pas ton problème, pas maintenant ! »

Paula entra d'un pas décidé. « Qu'est-ce qui se passe, maintenant ? Pourquoi tu cries ? Tu veux avoir une attaque ? Greenboïm vient de livrer des œufs, finalement. Tu les veux durs ou sur le plat ?

– Durs », dit le Premier ministre, absolument calme.

– Tu es rouge comme une betterave. Tiens-toi ! » Elle lui tâta le front, hocha la tête, et se tourna vers les deux autres. « Vous pourriez peut-être le laisser dormir un peu ? Il n'a pas dormi de la nuit, il a transpiré et gigoté dans tous les sens. »

Marcus se leva quand elle sortit de la pièce. « Elle prend bien soin de toi, Premier ministre. Comme fait ma compagne. »

Ben Gourion indiqua Barak. « Et Zev ?
– Ah, oui. Zev, puisque je dois commander tout le front de Jérusalem, il va me falloir un aide de camp qui parle anglais. Ça t'intéresse ? »
Pris de court, Barak ne répondit pas.
« Tu as une objection, Zev ? demanda Ben Gourion. C'est ce que j'avais en tête, pour toi. Extrêmement important. »
Paula apparut dans l'embrasure de la porte. « Et des œufs brouillés avec des oignons ? On a de beaux oignons verts.
– Voilà qui est mieux », dit le Premier ministre avec un début d'appétit.

« Il y a un bar dans le coin ? demanda Marcus en s'abritant les yeux.
– Un bar ? » Barak regarda les immeubles en béton grisâtre, les balcons couverts de linge à sécher. « Je n'en suis pas sûr.
– Un verre me ferait du bien.
– On peut prendre une bouteille de cognac chez Greenboïm.
– Ça ira. »
Dans le *makolet* de Greenboïm, une petite épicerie où s'entassaient casseroles, marmites, légumes, boîtes de conserves, magazines, miches de pain, lessive, articles de toilette, chapeaux, sous-vêtements, passoires, planches à laver, bibles et chaises pliantes, une quantité infinie d'objets se perdaient dans l'ombre de l'arrière-boutique, mais pas d'alcool. Le propriétaire était sur le devant, près d'un comptoir où des poissons morts et des poulets étaient recouverts d'un torchon, lui-même couvert de mouches.
« Du cognac ? Du meilleur ? » Greenboïm, un petit gros barbu, sortit une bouteille poussiéreuse de cognac palestinien d'un bac plein de pommes de terre germées.
« Fantastique, dit Marcus, pendant que Barak payait. Et maintenant, où allons-nous boire ?
– Chez Mme Fefferman, la boulangère d'à côté, il y a une table et des chaises.
– Parfait. »
Sur une table branlante, près de l'éventaire des pâtisseries, Mme Fefferman apporta des verres ordinaires pour leur cognac et des tranches de cake. Marcus remplit à moitié son verre et le vida d'un trait. Barak avait vu ce genre de soiffards dans l'armée anglaise, mais il fut tout de même choqué. Prudemment, il but son cognac à petites gorgées en grignotant son gâteau. Marcus se resservit en murmurant, avec un coup d'œil vers la boulangère qui bâillait : « On peut parler ?
– Mme Fefferman ne comprend pas l'anglais.

– Okay. Pour Latroun, mon plan va-t-il marcher ou non ? » Barak cligna des yeux. « Si tu as des doutes, dis-le. Je ne veux pas que mes premiers ordres soient de lancer une opération bidon.

– Bon, c'est une attaque de nuit, monsieur. C'est une bonne chose. Commencer par compléter l'entraînement des hommes, c'est excellent. Indispensable. » Il hésita. « Quant au bataillon palmakh que vous faites attaquer par le sud-ouest...

– Quoi donc ?

– Colonel, ils ont combattu les Égyptiens depuis le début de la guerre, et ils ont durement souffert.

– Yadin me dit qu'ils sont disponibles. Les Palmakhs sont absolument contre l'attaque de Latroun. Pourquoi ?

– Il y a beaucoup d'opinions chez les Palmakhs. » Le cognac lui brûlait la gorge et l'estomac. Barak buvait rarement, et jamais avant la nuit.

Marcus le regarda dans les yeux. « Zev, avec Ben Gourion, tu as parlé sans détours. Fais pareil avec moi. Tout le monde n'en fait pas autant, ici. »

En quelques phrases sèches et précises, Barak résuma la discussion stratégique qui empoisonnait cette guerre : l'obsession de Ben Gourion pour Jérusalem, et sa préférence pour les opérations militaires tirées des manuels, venant d'avoir lu trop vite des sommités tels que Liddell Hart et Fuller, par opposition à la conception palmakh : expulser les armées arabes grâce à des tactiques adaptées à la Palestine et au tempérament versatile de l'ennemi. Marcus l'écouta tout en buvant.

« Bon, Zev, il n'y a ici qu'un seul commandant en chef, et c'est Ben Gourion. Regarde George Washington. Tu connais notre guerre d'Indépendance ? Washington a fait des erreurs épouvantables. A subi des défaites terribles. Mais c'était le commandant, c'était notre chef, et il a gagné.

– Monsieur, Washington était un soldat. Ben Gourion est un grand homme, mais il ne connaît que la politique.

– Il faut faire avec le chef qu'on a. C'est votre Washington.

– Et vous, notre La Fayette », dit Barak en portant son verre à ses lèvres, étonné de le trouver vide. Marcus rit et le lui remplit, bien que Barak, d'un geste, essayât de l'en empêcher.

« La Fayette avait amené une armée de métier, rectifia Marcus, et fait en sorte que la flotte française se batte dans le camp des Américains. En réalité, c'est grâce à ça que le vieux George a battu les vestes rouges. Je vous apporte *bopkess*, si vous connaissez cette expression militaire.

– Un terme napoléonien, je crois, pour soutenir le moral.

– Exact. » Marcus grimaça un sourire. « Vous allez devoir gagner cette guerre tout seuls. Et vous le ferez. Tu sais pourquoi ? Deux raisons. Un, vos soldats veulent se battre.

– Oh, c'est qu'il le doivent, monsieur. Pas le choix.

– Okay, quelle que soit leur motivation, ils sont aussi bons que les meilleurs foutus soldats que j'ai jamais vus. L'autre, c'est votre arme secrète. » Une grande gorgée de cognac. « Le Haut Commandement arabe. Zev, sacredieu, qu'est-ce qui leur a pris ? Pourquoi ne vous ont-ils pas balayés, il y a quinze jours ?

– Vous savez, monsieur, dit Barak au bout d'un moment, leurs armées n'ont pas beaucoup d'expérience.

– Et alors ? Ils ont été bien entraînés par les Anglais, ils vous avaient complètement encerclés, ils avaient l'avantage du nombre et trois fois plus de canons.

– Eh bien, monsieur, voilà. Dans le manuel que nous a donné l'armée anglaise, en Afrique du Nord, trois mots étaient imprimés en gras : *définir la mission*, et...

– C'est dans tous les manuels de stratégie, l'interrompit Marcus. C'est dans celui que j'ai dicté pour votre armée.

– Je l'ai vu, monsieur. Bon, dans cette guerre, la mission des Arabes était de liquider le Yishuv, n'est-ce pas ? En finir avec cette petite excroissance qui s'appelle Israël ! Seulement trois mots : définir la mission. Au lieu de quoi ils ont mis en pièces le territoire accordé aux Arabes palestiniens par l'ONU – l'Égypte s'est emparée de Gaza et de la région d'Hébron, la Syrie a dévoré le nord, Abdullah a englouti la rive gauche et essayé d'avaler Jérusalem. Ils se méfient les uns des autres. Ils se mentent les uns aux autres. Ils ne reconnaissent pas leurs défaites. Ils continuent à proclamer des victoires inexistantes. En bref, la mission n'est pas claire, monsieur.

– Veux-tu vraiment être mon aide de camp ? demanda Marcus. Personne ne t'y oblige.

– Colonel Stone, c'est un honneur pour moi.

– Bon, alors tu es engagé.

– Bien. Je demande quelques heures de permission, à partir de maintenant.

– Vraiment ? Pourquoi faire ?

– Pour aller voir ma femme. Elle n'est pas loin, à Herzliyya. Ça fait longtemps.

– Vous êtes mariés depuis combien de temps ?

– Quatre ans.

– Des enfants ?

– Un fils. »

Marcus soupira. « Emma et moi n'avons pas pu en avoir. Une Israélienne?

– Oui.

– Dans l'armée?

– Non.

– Comment vous êtes-vous rencontrés?

– Dans une fête, quand je suis venu d'Afrique du Nord en permission. Un type de la brigade m'a dit qu'il venait avec la plus belle fille de Tel-Aviv. Ce n'était pas une blague. Une semaine plus tard, on était mariés.

– Fantastique. Je te donne trois heures. Ensuite rejoins-moi à Ramat Gan. Laisse la bouteille. Ce soir, on va définir la logistique de Latroun. Vous autres, vous avez beaucoup à apprendre sur la logistique.

– Sur tout. On est encore des guérilleros, et même des amateurs. »

Marcus lui tapa sur l'épaule. « C'est toi qui l'as dit, pas moi, jeune homme. Dans le Néguev, les gosses se battaient pieds nus, sans casques, dans des uniformes légers, et il gelait la nuit. » Pendant qu'ils sortaient de la boulangerie, il continua. « Ta femme doit t'en faire voir des vertes et des pas mûres, comme ma chérie à moi. C'est sacrément dur, pour Emma. » Il poussa un profond soupir, presque un gémissement. « Bon, j'ai récolté une étoile de général, ce que je n'aurais jamais eu dans l'armée américaine, ça va peut-être lui faire plaisir. » Il fit quelques pas en silence. « Et ma première mission est de défendre *Jérusalem*, la Ville sainte! Voyez-vous ça! Tu sais une chose, Zev? Emma m'a dit, la veille de mon départ : " Pourquoi toi? Ce n'est pas ta guerre. " Et je lui ai demandé : " Après ce qui s'est passé en Europe, tu ne crois pas qu'il doit y avoir un État juif? "

– Qu'est-ce qu'elle a répondu, colonel? »

Marcus laissa passer un moment. « Elle a dit : " Si mon mari doit y aller pour se battre, peut-être qu'il ne devrait pas y en avoir. "

– Elle est juive?

– Oui. » Un rire bref. « Pas religieuse, vois-tu. Pas plus que moi. »

Ils arrivèrent à la petite Vauxhall grise attribuée à Marcus. Le chauffeur était endormi au volant. Marcus le réveilla en sursaut d'un grand coup sur le capot.

« Va voir ta femme, Zev.

– Merci, colonel.

– Appelle-moi Mickey. Bon, et cette idée de détour. Ben Gourion dit que c'est du *bobbeh-myseh*. Il y a quelque chose derrière, ou pas?

– Monsieur, je peux aller reconnaître le terrain demain.

– Toi-même, tu veux dire? Plutôt risqué, par là-bas, non. Des tireurs embusqués et ainsi de suite?

– Pas de problème. J'irai avec une patrouille.

– Bon, mais pas demain. A ce soir, dans la salle de guerre. »

En roulant vers Herzliyya, Barak s'aperçut qu'il était moins déprimé. Pourquoi? La guerre allait toujours aussi mal. A l'idée de voir Nakhama et son fils? Cela pouvait suffire, mais sa bonne humeur avait une autre origine. C'était grâce à Marcus. Barak connaissait tous les commandants de Jérusalem, et il avait été témoin de leurs rivalités. Marcus avait beaucoup de présence, il était énergique et sympathique, mais un commandant en chef ignorant l'hébreu, s'il n'avait pas un interprète assez malin, resterait un outsider privé de parole. Barak était certain de pouvoir l'aider à défendre Jérusalem et soulager ses habitants – un travail important : là-dessus, le Vieux avait raison. Il y avait peut-être des avantages et des inconvénients à être si proche de Ben Gourion, mais ce transfert surprise était une bonne chose. Et une autre était de bientôt pouvoir passer son bras valide autour de la taille exquise de Nakhama.

La maison était silencieuse, et sentait toujours les cigares Schimmelpfennig de son père, même si Meyer Berkowitz était depuis plusieurs mois en Amérique, chef de la délégation israélienne aux Nations unies. « Il y a quelqu'un? »

Des pas dévalèrent l'escalier, puis la voix de Nakhama, vibrant de joie. « Toi! Enfin, *toi*! »

Elle entra en dansant dans le salon tapissé de livres, vêtue d'une robe d'intérieur défraîchie, bras et jambes partant dans tous les sens comme une gamine. « Maman m'a dit au téléphone qu'elle t'avait parlé, mais elle ne pensait pas que tu viendrais aujourd'hui! Comment va ton coude? »

Il lui prit la taille du bras droit, et la tira vers lui avec son plâtre. « Tu vois, ça marche! »

Un rire, un ou deux petits baisers, puis une longue étreinte et un baiser passionné. « Oh-ah, chéri, s'écria-t-elle en se penchant en arrière. Qu'est-ce que c'est? Tu pues l'alcool! En plein jour, en service? Toi?

– Ça fait partie de mon nouveau travail.

– Un nouveau travail? Quel nouveau travail? Biberonner comme un goy fait partie de ton travail? Tu veux quelque chose à manger?

– Comment va le gamin?

– Très bien, il fait la sieste, mais écoute...

– Je n'ai pas faim. Toi, écoute! »

Il l'attira sur le canapé en peluche rouge que ses parents avaient acheté à Vienne avant de partir en emportant tous leurs biens, sur un pressentiment, avant l'arrivée de Hitler. Les meubles remplissaient l'appartement, et les livres n'avaient jamais vraiment perdu la légère odeur de moisi qu'ils avaient prise au cours de la longue traversée maritime. Barak lui apprit son affectation auprès de Marcus. Nakhama avait entendu des potins sur le conseiller américain de Ben Gourion, mais elle voulait surtout savoir si cela signifiait qu'elle verrait plus souvent son mari..

« Eh bien, je crois. Il ne va pas me faire courir jour et nuit comme Ben Gourion.

– Mais... le commandement de Jérusalem ? Comment vas-tu faire pour aller à Jérusalem ? Et si tu étais bloqué là-bas ?

– Tu es très belle, tu sais.

– Arrête ça (elle écarta son bras) et dis-moi ! »

Barak lui expliqua que des Piper Club faisaient encore la navette avec la capitale et assuraient les communications de l'armée.

« Oh, alors tu vas voir notre appartement ? Peut-être qu'il n'a pas été bombardé, que tu peux y habiter.

– C'est mon intention.

– Zev, j'ai encore honte à l'idée de m'être enfuie. S'il n'y avait pas eu Noah, je serais restée.

– C'est pour ça que je t'ai fait partir.

– Mais, dis-moi la vérité, chéri, est-ce qu'on est mieux ici ? Avec les Égyptiens ? Les Irakiens ? Il y a quinze jours on dansait dans les rues, et maintenant c'est un vrai cauchemar !

– Moi, je n'ai pas dansé, Nakhama, je savais ce qui allait venir. Et le Vieux aussi. J'ai vu son visage quand il a lu la Déclaration. Si on montait jeter un coup d'œil à Noah ? »

L'enfant était en sueur, son corps maigre uniquement vêtu d'un caleçon. Nakhama se mit tout près de son mari. « Ses amis lui manquent, chuchota-t-elle, mais il est très sage.

– On m'a dit qu'il avait des problèmes à la maternelle.

– Pas vraiment. C'est un nouveau, alors les autres le tourmentent. Il ne le supporte pas, et il se défend. C'est le fils de son père. Qu'est-ce qu'il y a ? Où m'emmènes-tu ? » Il la menait par la main vers leur chambre, son ancienne chambre d'enfant, de l'autre côté du couloir. « Qu'est-ce que tu fais, Zevi ? Jamais de la vie ! En plein soleil ! » Elle s'arc-bouta sur ses talons.

« Quel est le problème ?

– Ta mère...

– Pourquoi, où est-elle ?

– Elle est à Ramat Gan, et ne rentrera pas avant le dîner, mais tout de même... » A contrecœur, elle se laissa entraîner dans la chambre. Une valise ouverte était sur le lit, pleine de vêtements. Il se tourna vers Nakhama, qui le défia du regard, l'air un peu coupable. « Très bien, j'allais te le dire. Je pars chez mes parents avec Noah.

– Du diable, oui ! Pourquoi ? Il n'y a pas de place pour vous, là-bas.

– Pour moi, ma mère a toujours de la place.

– Nakhama, ton frère dort sur le canapé, et il n'y a rien d'autre.

– Alors je dormirai par terre avec Noah. Maman a des matelas. Au moins je me sentirai chez moi. Ta mère ne supporte pas que je sois là. »

Oh, Dieu, ça recommence, pensa Barak. « Et quoi encore ? Vous vous êtes disputées ?

– Ta mère ne se dispute jamais, tu sais bien. Elle n'a pas à le faire, je n'en suis même pas digne. Je ne suis qu'une servante qui porte ton nom et ton fils. »

Cela durait depuis le jour de leur mariage. *« Wolfgang, elle n'est pas pour toi ! Je sais qu'elle est belle, je sais que tu es amoureux, mais elle n'a pas de culture, pas d'éducation, tu vas le regretter ! »* Et, à vrai dire, les livres et les disques de musique classique qui remplissaient la maison n'avaient aucun sens pour Nakhama, et ne faisaient que l'humilier. Mais il ne servirait à rien d'en parler. Nakhama était nerveuse à cause de la guerre, voilà tout. Barak referma la valise et la poussa par terre. « Attends, dit-elle, attends, qu'est-ce que tu as dans la tête ?

– Écoute, *motek* (ma douce), le colonel n'est pas un esclavagiste comme Ben Gourion. Je vais essayer de revenir passer la nuit ici, qu'en penses-tu ? »

Ses grands yeux marron s'agrandirent de plaisir. « Vraiment ? Tu vas venir ?

– Oui. Je vais essayer.

– Alors, si tu reviens vraiment ce soir, pourquoi tires-tu les rideaux ?

– Ce n'est pas toi qui t'es plainte du soleil ?

– Oh-ah ! Alors c'est *z'beng v'gamarnu* (pan pan, c'est fini), ha ? Et tout de suite, hein ? La vie amoureuse d'une femme de soldat, ha ? » Elle ferma la porte de la chambre. « Zev, Zev, attention à ton bras ! Doucement, doucement, chéri ! »

3

Fort Alamo

Deux jours plus tard, plusieurs jeeps, dont une armée d'une mitrailleuse, rebondissaient entre les buissons et les rochers sur la piste qu'un pont en bois mettait hors de vue de Latroun. Droit devant, un soleil blanc, éblouissant, se levait. Les véhicules firent halte au bord d'un grand ravin. Sam Pasternak et Zev Barak descendirent de leur jeep. Un sentier zigzaguait le long d'une pente abrupte, presque verticale, semée de broussailles et de pierres coupantes. Le fond du ravin était plongé dans l'ombre. « Quand les Arabes ont commencé à miner la grande route, dit Sam, leurs villageois ont pris cette piste à dos d'âne ou à pied. Mais pas ces derniers mois, d'après ce qu'on m'a dit au kibboutz de Hulda. »

De leurs jeeps, des soldats se mirent à lancer des pierres de l'autre côté du ravin. Parmi eux, Quichotte, vêtu d'un uniforme lui allant affreusement mal, et Yael Luria, dont la tenue kaki lui allait un peu trop bien. C'est Quichotte qui lançait le plus loin, grâce à ses longs bras osseux, mais Yael montrait une force étonnante.

« Bon, qu'est-ce que tu en penses, Sam ?

– Je pense qu'on ferait mieux de prendre Latroun », répondit sèchement Pasternak. La Septième Brigade s'entraînait déjà de façon intensive en prévision de l'attaque.

« Je suis censé dire au colonel Stone si ce détour est praticable ou non, insista Barak.

– Bon, écoute, Zev, le terrassement est probablement faisable, même si c'est un travail gigantesque. Mais la Légion fera aussitôt des sorties pour massacrer les ouvriers, tu ne crois pas ? »

Barak examinait le fond du gouffre. « Vraiment ? Suppose qu'on travaille seulement de nuit, Sam. Un minimum de lumière, un minimum de bruit, pas de dynamite? On est à plus de trois kilomètres de Latroun, en pleine campagne.

– Tu parles de construire *en secret* une route empierrée? Hmm. » Pasternak avait les yeux mi-clos, une expression rusée que Barak connaissait bien. Sam était spécialisé dans l'action secrète. « Mais tu as ici un trou de plus de cent vingt mètres, Zev. Un boulot énorme! Et ensuite cinq ou six kilomètres de terrain accidenté. Pas vraiment faisable. » Il se frotta le menton avec un petit sourire malin. « Mais je vais te dire une chose. Pense plutôt à des mulets, et ça peut devenir intéressant. Surtout si le cessez-le-feu n'arrive pas trop tôt... »

Barak s'abrita les yeux pour examiner le terrain caillouteux, profondément raviné, parsemé de rochers. « Écoute, Sam, le coupa-t-il, dans le désert africain, mon bataillon a franchi des pentes plus raides que ça avec des jeeps et des camions. Si je n'avais pas mon plâtre, j'essaierais aujourd'hui même.

– Je t'emmène, Zev. » Yael avait abandonné le concours de lancer pour les écouter.

« Elle essaiera sûrement, si tu la laisses faire, dit Pasternak. Que tu arrives vivant, c'est une autre histoire.

– Allons-y », dit Barak en montant dans la jeep. Quand Yael se mit au volant, Quichotte sauta sur le siège arrière. « Dehors, Yossi! » Barak leva le pouce. « Dehors!

– Supposez que la jeep se retourne? demanda Quichotte. Je pourrais vous aider.

– Bonne idée.

– Zev, même si vous arrivez vivants au fond, insista Pasternak, comment ferez-vous pour remonter? Tu y as pensé?

– Un chose à la fois, répondit Barak. Allons-y, Yael. »

La jeep rampa en première le long du bord, tourna et tomba brutalement sur le sentier en lacets. Elle heurta un rocher caché par un buisson et faillit se retourner, mais Yael se cramponna au volant et redressa le véhicule. Elle continua à descendre en zigzaguant pour éviter les affleurements rocheux, de plus en plus bas, finit par quitter la piste et fit plonger la jeep droit vers le fond du ravin. Quichotte, agrippé à la caisse, poussait des cris sauvages et s'amusait comme un fou. Barak maintenait son plâtre en espérant qu'il n'y aurait pas de casse. Après mille secousses, la jeep trouva le terrain plat et s'arrêta. Il mit ses mains en porte-voix et cria : « Pas si dur que ça, Sam!

– Et maintenant? » Les rochers renvoyaient en écho la voix de Pasternak *« ...nan...nan. »*

« Fais descendre le gosse, et j'appellerai le colonel Stone de Jérusalem. Je continue. » Le « gosse » était un des soldats qui avait déjà emprunté ce détour en jeep. « Toi, dit Barak à Yael avec un geste du pouce, tu vas au QG.

– Quoi? Non! Qui va conduire?

– Allez, va-t'en.

– Oh, je t'en prie, laisse-moi venir. » Les yeux bleus de Yael s'agrandirent quand elle le gratifia d'un doux regard humide. « J'ai de la famille à Jérusalem, tu sais, une tante malade, et ma mère s'inquiète tellement pour elle...

– Yael, tu m'entends? *Zuz* (Remue-toi). »

Quand Yael Luria fronçait les sourcils en serrant la mâchoire, cela n'avait rien à voir avec une moue de petite fille. « Zev, tu es ridicule.

– Sergent Luria, magne-toi le cul et remonte là-haut. »

Elle le foudroya du regard ainsi que Quichotte, qui ouvrait de grands yeux innocents derrière ses lunettes, et grimpa la pente avec ses longues jambes brunes en s'accrochant aux broussailles.

Tenant le volant d'une main, Barak suivit lentement le lit asséché du torrent. Le « gosse » bâillait, son fusil sur les genoux. C'était une jeune homme basané, avec une grosse moustache tombante et une petite calotte accrochée à ses épais cheveux noirs. Il dit qu'il venait de Tunis. Quichotte n'avait encore jamais rencontré de Juif ressemblant autant à un Arabe. Mais tout, pour lui, dans ce voyage, était nouveau : le fusil qu'il portait, le trajet cahoteux au fond d'un ravin interminable, où un ennemi pouvait être embusqué derrière chaque rocher, chaque touffe d'herbe sèche, et par-dessus tout l'exaltation d'être en route pour Jérusalem! Le terrain, trop sec et caillouteux pour servir de pâturage aux Arabes, et hors de vue de Latroun, était un no man's land inhabité. Barak roulait vers l'est, en se guidant sur le soleil, évitait les rochers et devait parfois s'arrêter net au bord d'une crevasse. A certains endroits, il se guida sur des traces de jeep aperçues dans le sable. Ils montèrent une côte en tressautant sur environ trois kilomètres; finirent par arriver sur une route de terre creusée d'ornières, assez large pour le passage d'un seul véhicule et couverte de déjections animales. « Ça doit être la route de Hartuv, dit Barak au soldat.

– Oui, et ici on s'est fait tirer dessus.

– Sûr. La grande route n'est pas loin. Ouvrez l'œil, tous les deux! »

Barak suivit la chaussée défoncée à travers des prés vallonnés, parsemés de cailloux, dépassa des fermes à l'abandon, couvertes de ronces, où paissaient des chèvres et des moutons. Aucune trace d'Arabes. Quand la jeep émergea sur la route à deux voies asphaltée, il leur sembla qu'elle voguait comme un navire. Une odeur de goudron montait du revêtement crevassé qui fondait au soleil, avec de l'herbe qui poussait dans les fentes et des carcasses de camions et de « sandwiches » renversées de chaque côté. Ils montaient toujours, et commencèrent à croiser des camions qui crachaient une fumée malodorante : l'un transportait des moutons, l'autre était chargé de foin, un autre encore emmenait des soldats mal rasés qui s'ennuyaient. Dans une longue côte, la jeep se retrouva coincée derrière un camion-citerne poussif.

« De l'essence ? demanda Quichotte.

– De l'eau, dit Barak. L'eau potable de Jérusalem prise aux citernes des environs. »

Le camion atteignit le sommet de la colline, commença à redescendre, et Barak tendit le bras vers une crête, au loin.

« Jérusalem, Quichotte.

– Vraiment ? » Une vraie déception, cette ligne de bâtiments bas en haut de la crête. Pourtant, il porta la main à sa tête dépourvue de casque. « Alors il faut que je fasse une prière. *Sois béni, Dieu notre Seigneur, Maître du Monde, toi qui nous as gardés en vie, qui nous as secourus et qui nous as menés à cette époque.*

– Amen », dirent le jeune Tunisien religieux et Barak, l'agnostique.

Quand la jeep se mit à dévaler vers Jérusalem, Zev eut le cœur serré de voir à quel point la ville était endommagée. Tous les jardins et les parcs étaient envahis par les mauvaises herbes. Les grandes artères étaient sales, barricadées, défoncées par les obus, encombrées de fils de fer. Des immeubles avaient été réduits à un tas de gravats. Il lui fallait sans cesse contourner des barrages en béton et des rues fermées par des barbelés. La plupart des boutiques avaient baissé leur rideau de fer, et de longues queues s'étiraient devant les rares qui vendaient encore des vivres rationnés. Derrière les camions-citernes, la file d'attente des femmes munies de seaux, de brocs, ou même de boîtes de conserve, beaucoup tenant un enfant par la main ou portant leur bébé, faisait le tour des pâtés de maisons.

Mais tout cela, Don Quichotte le voyait à peine. Les années de guerre en Europe et dans les camps de réfugiés l'avaient habitué aux barricades, aux barrages, aux maisons bombardées, aux queues, aux patrouilles de soldats. Il était enchanté par ce premier aperçu de la Ville sainte. C'était bien la Jérusalem de ses visions ! Où qu'il portât ses yeux, il voyait une beauté radieuse et différente : une cité de pierre taillée dans une roche de couleur pâle, pas vraiment rose ni brune, mais avec un peu des deux. Aucune des images qu'il avait vues ne restituait la teinte lumineuse de cette pierre. Le soleil, l'air translucide, le ciel d'un bleu profond, si différent du ciel voilé de Tel-Aviv, lui donnait son éclat. Partout des fleurs s'enlaçaient aux palmiers, aux arbres eux-mêmes en fleurs ou dispensant une ombre bienfaisante : Eden sur terre, la Cité de Dieu.

Yerushalayim !

Dès ses premières prières, qu'il avait répétées comme un perroquet, Yossi avait prié pour retrouver Jérusalem. Même lorsqu'on avait mangé un gâteau, il fallait dire une longue action de grâce : *« Nous Te remercions pour les produits des champs, pour la vaste et belle terre que tu as donnée à nos pères... Reconstruisons Yerushalayim la Ville sainte rapidement de nos jours, allons nous retrouver en son sein et nous réjouir de la rebâtir... »* Pour une simple bouchée de gâteau, il devait la réciter en entier. Au *heder*, l'école primaire, il avait appris que Yerushalayim était la porte du Paradis, où les prières montaient directement jusqu'à Dieu. Plus tard, chez les scouts sionistes, il y avait eu des chansons sur Yerushalayim, des projections de photos, des films. Et maintenant il était lui-même dans la Ville sainte, à Sion, à Yerushalayim ! Les paroles d'un psaume jaillirent dans son esprit : *« Quand Dieu nous ramena dans Sion, nous étions comme dans un rêve... »*

Quand ils tournèrent dans la rue Ben-Yehuda, Quichotte fut jeté à bas de son rêve. Ils furent bloqués par un énorme cratère entouré d'immeubles éventrés, aux entrées bouchées par des barrières et de grands rouleaux de barbelés. « Mon Dieu, qu'est-ce qui s'est passé ici ? » demanda-t-il à Barak.

– Une voiture piégée, il y a plusieurs mois. Des déserteurs de l'armée anglaise, payés par les Arabes. »

Des ouvriers fouillaient lentement les ruines, mais elles dégageaient encore une odeur de catastrophe et d'égouts crevés, comme si l'explosion colossale avait eu lieu le jour même. Barak se gara dans une petite rue. Le jeune Tunisien sauta de la jeep et partit au petit trot. « Attends-moi, Quichotte. » Barak entra dans un immeuble en béton et monta cinq étages à l'aveuglette – l'ascenseur ne marchait pas, la lumière non plus.

« Zev ! Tu es à Jérusalem ? Depuis quand ? » Le secrétaire de Hermann Loeb, jadis joyeux et grassouillet, paraissait inquiet et amaigri comme au sortir d'une longue maladie.

« Il est là, Rivka ?

– Il est au téléphone.

– Donc, le téléphone marche. Bien.

– Son téléphone sera le dernier à être coupé. » Un petit rire amer. « Il est chargé du ravitaillement, tu sais.

– On peut joindre Tel-Aviv ?

– Quelquefois. Je peux essayer.

– C'est la voix de Zev ? » Un petit homme mince, en costume noir et cravate, surgit du bureau et passa un bras sur les épaules de Barak. « Qu'est-ce que tu as au coude ? Qu'est-ce que tu fais ici ? Comment va Nakhama ?

– Hermann, il faut que je joigne Tel-Aviv.

– Donne le numéro à Rivka, et viens avec moi. »

Pour Jérusalem, le bureau de Hermann Loeb était luxueux : des meubles allemands massifs, des tableaux abstraits, des vitrines d'objets cananéens. C'était un archéologue amateur, et en temps de paix un négociant prospère de produits alimentaires ; un *Yekke*, un Juif suisse-allemand, que nul n'avait jamais vu sans veston ni cravate, sauf peut-être sa femme à l'heure de se mettre au lit. Le téléphone sonna au moment où il faisait signe à Barak de s'installer sur le canapé.

« Loeb ! *Ja ?* » Son visage se durcit, et il aboya en allemand : « Faites sauter les serrures ! Videz l'entrepôt ! Le moindre sac de farine... Quelle autorité ? Mon autorité. » Un silence. « Pourquoi ? Parce que ce sont des marchandises abandonnées, voilà pourquoi... C'est abandonné parce que *je dis* que c'est abandonné ! Dites-lui d'attaquer la municipalité après la guerre, s'il est encore en vie ! » Il raccrocha brutalement. « Un sale profiteur, dit-il à Barak, la plus grande boulangerie de Jérusalem, prétend être à court de farine. Il stocke pour vendre au marché noir, le porc. On a trouvé où il cache sa farine ! C'est grave, ton coude ? »

Le téléphone sonna, Loeb se remit à crier à propos de sucre. Barak l'interrompit. « Hermann, j'ai un appel prioritaire à faire, pour l'armée. »

Loeb raccrocha et dit au secrétaire de refuser tous les appels et de joindre Tel-Aviv.

« Hermann, où en êtes-vous pour le carburant, ici ?

– Pour les camions ? Tolérable, puisque les convois ne passent plus et ne peuvent pas faire le plein. Pourquoi ?

– Et le carburant pour la centrale ? Et la situation alimentaire ? »

Hermann lui jeta brièvement quelques chiffres. Les cent mille Juifs de Jérusalem, la plupart habitant la ville neuve, consommaient environ deux cents tonnes par jour de carburant, nourriture, munitions, médicaments et autres. On avait diminué les rations, une première fois, une deuxième fois. L'électricité ne marchait que deux heures par jour. Les restrictions devenaient de plus en plus inquiétantes. Le pire, c'était la farine. Il n'y avait plus que onze jours de farine pour le « pain quotidien » des habitants. Après quoi, ce serait le début de la famine. Les Juifs se comportaient en héros, ils avaient reçu dix mille obus sans baisser la tête, mais la famine signifierait la chute de la Jérusalem juive.

Loeb était le beau-père de Pasternak, et Barak le connaissait bien. Le mariage de Ruth Loeb et de Sam Pasternak, fils de pionniers de Mishmar Ha'emek, avait été un événement mondain pour Jérusalem – mais maintenant Ruth vivait à Londres avec ses deux enfants, et le couple était brisé. Autant pour les beaux mariages! Hermann Loeb était arrivé en Palestine dans les années vingt, et il adorait Jérusalem, mais il passait le plus clair de son temps en voyages d'affaires. Désormais, comme tous les habitants, il était pris au piège avec sa famille, et il réglait l'alimentation d'une main de fer.

C'était quelqu'un d'une honnêteté absolue, totalement digne de confiance, et capable de tenir sa langue. « Hermann, écoute-moi bien. On peut emprunter un détour routier évitant Latroun. Je viens d'y passer en jeep. » Loeb, excité, poussa une exclamation, mais Barak leva la main. « Pas pour des convois. Il y a un long passage impossible pour les camions. Mais ils pourraient aller de Tel-Aviv à Hulda et même un peu plus loin, et on chargerait des mulets. Les mulets iraient jusqu'à la route de Hartuv, où tes camions pourraient se trouver. Je ne pense pas que des mulets puissent transporter deux cents tonnes par jour sur une piste pareille, mais ça pourrait aider... »

Loeb approuva, enthousiaste. « Mais oui, mais oui! Plus qu'une aide, une bénédiction! On peut s'y mettre tout de suite? » Il décrocha le téléphone. « Tiens, voilà Tel-Aviv. »

Le joyeux accent américain de Marcus réjouit le cœur de Barak. « Salut, Zev! Alors tu es à Jérusalem, hein? Ce détour est vraiment possible?

– En tout cas, ce n'est pas du *bobbeh-myseh*. J'espère qu'on va prendre Latroun, mais on devrait commencer à tracer et à construire cette route de toute urgence. » Il décrivit très vite le plan intermédiaire de Pasternak: le transport à dos de mulets.

« Fantastique. Ça ira, dit Marcus. De A à Z. J'en parle à Ben Gourion dès que j'ai raccroché, et je fais partir les convois de mulets dès ce soir. C'est une idée splendide. Maintenant écoute, Zev, je suis fichtrement content que tu sois à Jérusalem. Ben Gourion est en train de piquer sa crise. On vient d'apprendre que le Quartier juif de la Vieille Ville à l'intention de se rendre. Tu as entendu parler de ça?

– Je viens d'arriver. Je suis dans le bureau d'un des responsables de la municipalité. Reste en ligne.

– Je ne bouge pas. »

Barak relança la question à Loeb, qui hocha tristement la tête, tendit le doigt vers le plan de la Vieille Ville accroché au mur, de la forme d'un diamant. En bas, le petit Quartier juif était coloré en bleu. Des hachures rouges indiquaient que la Légion arabe occupait tout le reste, et des traits rouges pénétraient déjà la zone bleue.

« C'est un siège à l'intérieur d'un siège, le Quartier juif, dit Loeb. Si nous avions seulement un vrai commandement, Zev, on pourrait reprendre toute la Vieille Ville, nous avons les soldats pour ça! Mais nos quatre commandants tirent chacun d'un côté. Ils ont fait des tentatives communes pour briser le siège du Quartier, mais toutes ont échoué. »

Barak en informa Marcus, dont le ton se fit pressant. Le Quartier juif, d'après lui, n'avait aucun intérêt militaire; il l'avait inspecté avant le siège, c'était un dédale de vieilles maisons et de synagogues où vivaient seulement quelques centaines de familles ultra-orthodoxes. Mais un petit détachement de la Haganah et de l'Irgoun le défendait contre la Légion et Ben Gourion voulait qu'ils tiennent à tout prix, parce que des Juifs vivaient là depuis plus de deux mille ans et que sa chute serait politiquement catastrophique. Après un tel triomphe, le roi Abdullah pourrait même demander un cessez-le-feu alors que Jérusalem serait toujours isolée.

« Ben Gourion est notre commandant en chef, dit Marcus. J'ai reçu mes ordres, et je vais donc soulager le Quartier juif. Nous attaquons demain, le 28 au soir. A l'aube, je viendrai en avion avec mon plan et je prendrai le commandement de toutes les forces disponibles. Tu seras mon officier délégué. Convoque une réunion de l'état-major combiné de Jérusalem pour 7 h 30.

– Oui, général.

– Et puis, Zev, il y a un jeune leader de la Haganah dans le Quartier juif – Motti quelque chose...

– Je le connais. Motti Pinkus, un bon gars.

– Tu le connais? Génial! Le QG de Jérusalem a des problèmes avec ce type. Il faut l'informer que je vais attaquer, et qu'il doit se tenir tranquille jusqu'à demain soir.

– J'irai le lui dire. Moi, il me croira.

– Fantastique. Je me mets au travail sur cette histoire de détour. »

Barak demanda à Loeb comment pénétrer dans le quartier assiégé. Le tzar de l'alimentation fit la grimace « Eh bien, peut-être de nuit, mais c'est très risqué... et qu'est-ce que tu pourrais faire? C'est une position intenable. Les vieux habitants de Jérusalem sont charmants, pittoresques, le sel de la terre, mais ils vivent au dix-septième siècle. » Il secoua tristement la tête. « Ils pensent que le sionisme est un blasphème, qu'il a l'ambition de remplacer le Messie. Ils cohabitent avec les Arabes depuis des centaines d'années, ne comprennent pas cette guerre et ne veulent s'en mêler d'aucune façon. Ce sont eux qui parlent de se rendre, et ce n'est qu'une question de temps.

– Il faut que j'y aille, Hermann. »

Loeb jeta un coup d'œil par la fenêtre. « Je vais te dire. Il y a un vieux bonhomme à qui tu peux en parler, de l'autre côté de la rue. La boutique du tailleur, avec des volets verts. »

Quichotte venait d'entrer dans le petit magasin obscur. A cause des secousses et des cahots de la jeep dans le ravin, le fond de son pantalon s'était complètement déchiré. Derrière son établi, un vieux à barbe grise, avec calotte et *talit katan* à longues franges, leva les yeux de mauvaise grâce. « Je suis très occupé, dit-il en hébreu. Je ne peux rien prendre de plus.

– Petit père, lança Quichotte en yiddish, aie pitié d'un garçon juif. » Il se retourna et montra sa mésaventure au tailleur. Au même moment, un éclat de rire argentin le fit sursauter. Une petite fille aux cheveux noirs, de onze ou douze ans, était à la porte de l'arrière-boutique, pliée en quatre.

« Shayna, tu n'as pas honte! s'écria le vieillard, qui riait lui aussi.

– Pardon, grand-père. » Elle disparut.

Le vieil homme alla fermer la porte et se mit à recoudre le pantalon. Quichotte, en caleçon, jetait des coups d'œil inquiets vers l'arrière-boutique. « Shayna ne viendra pas, ne t'inquiète pas, dit le tailleur. Elle n'est pas sans pudeur. D'où viens-tu?

– De Chypre. Avant, de Katowice.

– Katowice? » un sourire amical adoucit le visage sévère du vieil homme. « Nous avons de la famille à Katowice. Et comment t'appelles-tu? Qu'est-ce que fait ton père? »

Ils parlaient encore de Katowice, et Quichotte était en train de remettre son pantalon, quand Barak entra dans la pièce mal éclairée. « Alors, Quichotte, tu es là? » Il plissa les yeux en voyant le tailleur. « Sur ma vie, mais c'est Reb Shmuel? »

La tailleur cligna des yeux. « Et c'est le soldat danseur? »

Zev Barak n'avait pas gardé grand-chose de la religion de son enfance, mais les jours de fête, comme Pourim ou la Célébration de la Loi, il aimait venir danser dans le Quartier juif où les religieux l'entraînaient dans leurs pieuses farandoles sans poser de questions. Pour eux, il n'était que le « soldat danseur », et pour lui le tailleur n'était que Reb Shmuel, un patriarche imposant, très droit, avec un nez énorme, un caftan de soie et un chapeau fourré. Le vieil homme voûté en maillot de corps, bretelles et *talit katan* était visiblement la même personne en vêtements de travail, mais il lui paraissait moins réel que Reb Shmuel.

« Yossi, attends-moi dans la jeep. » Quichotte s'en alla. Barak baissa la voix. « Reb Shmuel, on m'a dit que vous gardez une sorte de contact avec la Vieille Ville. Que même le gouverneur militaire vient chercher des informations chez vous.

– *Nu, nu.* » Le tailleur, impassible, haussa les épaules.

– Maintenant, Reb Shmuel, je suis l'aide de camp du nouveau commandant militaire de Jérusalem. C'est un officier américain, un colonel.

– Un *Américain*? » L'expression du tailleur changea du tout au tout. « Jérusalem reçoit un commandant *américain*? Vraiment? Grâce à Dieu, un miracle! Comment puis-je vous aider? »

Finalement Barak émergea de la boutique, conduisit la jeep en plein centre de la ville, évita des rues barrées et arriva au pied d'un immeuble. « Voilà où j'habite, Yossi. » Il sauta de la voiture. « Je ne serai pas long. » En revenant, il avait une grosse lampe torche à la main. « Maintenant on va manger quelque chose à la cantine de l'armée. La nuit risque d'être longue. Tu as faim?

– Je suis affamé, dit Quichotte. mais je ne veux surtout pas vous déranger. »

Presque invisible, la corniche longeait la paroi courbe de la citerne. Aux yeux de Barak, elle avait à peine dix centimètres de largeur. Tout en bas, une eau noire reflétait faiblement le faisceau de la lampe. Cramponné au mur humide avec son bras valide, il tenait maladroitement la torche de sa main gauche en se glissant derrière la fille qui trottait à quatre pattes comme un rat. Derrière lui, Quichotte avançait en crabe, prudemment, pas à pas. « Plus lentement, Shayna! » La voix de Barak résonna entre la voûte et la surface de l'eau. La fille avait mentionné qu'elle était très froide et très profonde.

« *B'seder* », souffla-t-elle.

Barak ne pensait pas être jamais tombé sur cette gigantesque citerne, quand lui et sa troupe de scouts avaient exploré les souterrains de Jérusalem. Elle pouvait remonter à l'époque asmonéenne, ou même au règne de David, car le sous-sol de la Vieille Ville était un labyrinthe creusé par les guerres et l'histoire ancienne. En revanche, ce devait être de l'eau fraîche, parce qu'en prévision du siège, les ingénieurs municipaux avaient rempli tous les réservoirs de Jérusalem, dont certains étaient vides depuis plusieurs générations. Chancelant au bord du vide, il eut un soupir de soulagement en arrivant au fond d'une conduite en pierre. « Une partie de plaisir », dit Quichotte dans son dos.

La fille leur fit suivre des couloirs bas et voûtés où planait une odeur de terre, de tombe, de pourriture et de moisi. Barak déchira sa veste en rampant à sa suite dans le trou d'un mur à moitié écroulé. Une barrière en bois massif couverte de champignons et de toiles d'araignées faillit les arrêter. Shayna et Quichotte se glissèrent par une fente étroite, mais Barak manqua rester coincé. Finalement, ils escaladèrent un escalier en ruine, couvert de gravats, pour émerger dans les vapeurs de la nuit, entourés par des débris, des ordures, le crépitement des armes légères et la lueur des incendies. Ils suivirent la fille dans des ruelles tortueuses jusqu'à une cave glaciale en béton noirci par la suie, où un jeune homme mal rasé en pull déchiré était assis et annotait une carte à la lueur d'une lampe à pétrole. « Je ne sais pas du tout où est passé Motti, dit-il en scrutant Barak de ses yeux cernés, au regard hagard. Peut-être à l'hôpital. Demande à côté. »

Dans la cave suivante, éclairée à la bougie, des adolescents assis en cercle sur le sol en ciment bourraient des boîtes de conserve avec du plastic jaune. Barak avait déjà fabriqué ce genre de grenades artisanales, et l'odeur aigre de la gélignite réveilla des souvenirs d'enfance...

... des jeunes gens, un soir d'été à la lueur des bougies, fabriquant des grenades, des « pamplemousses », assis sur un tas de foin dans la grange de Mishmar Ha'emek, le kibboutz de Sam Pasternak, pendant qu'une fille, dehors, marchait de long en large pour guetter les soldats britanniques. Des moments d'angoisse et de passion! Sam lançait des blagues morbides et irrésistibles sur le fait qu'ils allaient tous sauter, jusqu'à ce que leur instructeur, un Jeune Garde dépourvu d'humour, perde son sang-froid et lui hurle dessus : « Ces pamplemousses n'ont rien de drôle, Pasternak, ils sont faits pour tuer des Arabes, et c'est une affaire sérieuse! » Sam, seul Tchèque au milieu des Polonais, était plutôt isolé dans ce kibboutz, et détesté par l'instructeur parce qu'il allait dans une école « bourgeoise » de Tel-Aviv; c'était probablement pour ça qu'il avait fait venir Barak, cet été-là, quand ils étaient devenus amis intimes...

« Shoshana, Shoshana, Shoshana! » Dehors, la fille se mit à chanter à tue-tête, et la valse populaire déclencha une activité frénétique pour tout cacher sous le foin, de sorte que les soldats trouvèrent les gosses autour d'un feu de camp, devant la grange; certains mangeaient, ou chantaient, d'autres dansaient au son d'un harmonica...

« Où est Motti? » demanda Barak à un gosse portant trois poils de barbiche et qui avait l'air d'être le chef.

« Aux dernières nouvelles, il est allé à Hurva. »

Dehors, Shayna et Quichotte regardaient les obus miauler et strier le ciel obscurci par la fumée. « Hurva? *B'seder* », dit la fille. Elle leur fit traverser un brouillard qui piquait les yeux jusqu'à la grande et majestueuse synagogue où étaient venue s'abriter une foule de pauvres religieux. Les mères essayaient de calmer les enfants qui pleuraient, des barbus à papillotes étaient accroupis devant leurs livres, et des hommes en cercle récitaient des psaumes d'une voix monocorde. Partout des visages blancs trouaient l'ombre, apathiques ou terrifiés. Quand Barak entra, laissant les deux autres l'attendre à l'extérieur, une explosion fit trembler le bâtiment massif et naître un concert de gémissements.

A la porte, un tout jeune soldat lui dit que Motti était à une réunion du conseil dans la *beit medrash*, la salle d'études.

« Que font tous ces gens ici?

– Oh, ils viennent s'entasser dès qu'il y a des obus. C'est de la folie. Si le toit était touché, ils pourraient tous être tués. Ils seraient plus à l'abri dans leurs caves. Mais non, ils rappliquent en courant. »

Plusieurs civils âgés sortaient de la salle d'études quand il y entra. Dans la pièce tapissée par les grands volumes du Talmud, au bout d'une longue table, la tête entre les mains, Motti Pinkus était resté seul. Il leva les yeux, et le désespoir de son visage mal rasé laissa la place à une joyeuse surprise. « Zev Barak! Elohim, c'est une percée? Où sont les troupes? »

Barak lui expliqua comment et pourquoi il était venu. Pinkus fut frappé par la nomination de Marcus. « Vraiment, un Américain? Un colonel de West Point? C'est un sacré changement! J'espère seulement qu'il n'est pas trop tard.

– Motti, tu n'as pas répondu aux messages urgents des commandants de Jérusalem. Pourquoi?

– Ne me parle pas de ces chiens! De ces porcs! » Pinkus frappa du poing sur la table en grinçant des dents. « Des menteurs! Des lâches! Des promesses bidon, et rien ne vient! » Il tendit le bras vers un mur. « A quelques centaines de mètres, Zev, juste après la porte de Sion, les Palmakhs restent assis sur leur cul! Tranquilles peinards sur le mont Sion! Ils ont forcé le passage, apporté quelques provisions minables, et ils sont repartis! Ici, on se bat pour empêcher un massacre, et sur cent mille Juifs, les commandants de Jérusalem ne peuvent même pas nous envoyer une escouade en renfort! Nos gosses s'entassent à l'hôpital, les médecins mettent le surplus dans la synagogue voisine, c'est horrible! Zev, dans ces ruelles, vingt-cinq types de plus feraient l'effet d'un bataillon, mais si les renforts ne viennent pas, on est foutus!

– Bon, il vous reste combien de combattants?

– Je ne sais même plus. J'ai perdu le compte. Les blessés n'arrêtent pas de reprendre leur poste. Comme combattants efficaces, entre l'Irgoun et la Haganah, peut-être soixante. Y compris les filles. Tous épuisés, mais... »

Barak savaient que les défenseurs étaient peu nombreux, mais il fut stupéfait. « *Soixante?* Contre la Légion arabe?

– Écoute, Zev, ces Arabes, une fois qu'ils ont occupé une rue, même les légionnaires, ils ne valent plus rien. Ils se mettent à piller, à mettre le feu, à danser et à brailler. Aucune discipline. On se regroupe, on trouve de nouveaux emplacements pour les mitrailleuses. Quelquefois on peut même contre-attaquer. Chaque rue qu'ils prennent, ils la payent très cher.

– Pouvez-vous tenir jusqu'à demain soir? »

Pinkus leva les mains. « Qui sait? Eau et ravitaillement, ça va. Les munitions, il en reste un peu. C'est l'artillerie, Zev, les obus. Ça affole les pauvres civils. Ils tournent en rond, paniqués, sèment le désordre, proposent des pots-de-vin, stockent la nourriture, supplient pour un tour de faveur...

– Il y en a qui parlent sérieusement de se rendre?

– S'il y en a? Tu as vu la sortie du conseil? Ils sont prêts à marcher sur la Croix-Rouge avec un drapeau blanc! Ils l'ont voté! J'ai mis mon veto, et j'ai dû être sacrément dur. Je n'aime pas tirer sur des Juifs, mais j'y serai peut-être obligé, si je suis censé tenir plus longtemps. » Il se leva, poussa un grognement et secoua la tête. « Tu connaissais Kobi Katz? On a été élevés ensemble. La crème de la crème, et il vient de se faire tuer.

– Je le connaissais, Motti. je suis désolé.

– Il faut que je... » La voix de Pinkus se brisa. « ...que j'aille prendre son poste. Viens. »

Barak renvoya Shayna à la cave du QG. Quichotte et lui suivirent Pinkus dans une ruelle où une douzaine de garçons et de filles vêtus d'uniformes en lambeaux étaient accroupis derrière une barricade faite de meubles et de gravats. Plus loin, Barak reconnut la petite synagogue où il avait dansé avec Reb Shmuel, les jours de fête. « Nous savons où est le tireur qui a tué Kobi », dit un jeune homme en treillis britannique, alourdi par une grappe de grenades artisanales. « On a essayé d'avancer par ici, et on aurait pu tenir tout le secteur si on y était arrivé. Mais Kobi est passé le premier, comme toujours, et ce salopard l'a descendu. Il a fallu qu'on le remporte. » Il désigna le toit de la synagogue. « Trop loin pour lancer une grenade. On a essayé. C'est parce que la ruelle tourne... »

Pinkus et Barak regardaient tous les deux la synagogue quand deux boîtes de conserve volèrent au-dessus de leurs têtes. Une tomba dans la ruelle, l'autre toucha un mur, les deux explosèrent dans un rugissement.

« Que diable ! » s'exclama Barak, se retournant à temps pour voir Quichotte ramasser une troisième grenade et la lancer. La boîte de conserve roula dans l'air enflammé, clairement visible, et atterrit en explosant sur le toit de la synagogue. Une mitraillette dégringola du toit et tomba dans la ruelle. « On l'a eu ! On l'a eu ! » crièrent les filles.

Le soldat en uniforme regarda Quichotte. « Qui es-tu ? Comment t'appelles-tu ?

– Yossi. »

Le soldat lui donna une claque dans le dos et se tourna vers les autres. « Suivez-moi ! » Il se glissa le long du mur, suivi par son escouade, pendant qu'une fille fourrait les grenades dans un sac. « Je prends ça », dit Quichotte en le ramassant.

« Quichotte, où vas-tu ? Reviens ici ! » cria Barak.

Avec un geste et un sourire, Don Quichotte enfila la ruelle, se fondit dans l'ombre et les nuages de fumée.

« Qui est ce gosse, demanda Pinkus, ton estafette ? Tu veux le récupérer ?

– Oh, on dirait qu'il a envie de se battre. » Barak haussa les épaules et secoua la tête. « Qu'il y aille !

– Okay. Je retourne dans mon trou.

– Motti, je m'en vais. Il faut que je fasse ce soir mon rapport au colonel américain. Écoute, *ne désespère pas !* Demain soir à cette heure-ci, la Légion aura du pain sur la planche. Ils ne vont pas comprendre ce qui va leur tomber sur la tête ! »

Pinkus le regarda d'un air sceptique et amer. « Peut-être. En tout cas, tu vois comment nos gosses se battent. Ce sont les civils, Zev. Je ferai de mon mieux pour qu'ils se tiennent tranquilles.

– Encore un jour, Motti. » Barak jeta son bras valide sur les épaules de Pinkus et le serra contre lui. « Vingt-quatre heures.

– Je ne peux rien promettre. Je fais ce que je peux. »

Dans le noir, devant la cave QG, Shayna lui demanda : « Où est le grand imbécile à lunettes ?

– Il est allé se battre avec d'autres soldats.

– Encore plus bête que je ne croyais », dit la fille, qui détala. Il s'empressa de la suivre.

Quand l'aube apparut aux fenêtres sans vitres de sa chambre, Barak se leva. Il avait dormi tout habillé. Nakhama aurait piqué une crise, pensa-t-il, en voyant l'état de l'appartement. Des éclats de verre et des débris étaient répandus partout, eux-mêmes couverts d'une épaisse couche de plâtre pulvérisé. Pas d'électricité, pas d'eau, pas de gaz. Épouvantable, et pourtant ils avaient eu de la chance. De l'autre côté de la rue, un immeuble avait été entièrement éventré ; des meubles fracassés gisaient sur le trottoir ou pendaient par les ouvertures béantes.

Il avait très peu dormi, hanté par des visions du Quartier juif en flammes ; inquiet pour ce fou de Don Quichotte ; et le fracas des obus le réveillait dès qu'il se mettait à sommeiller. Quichotte avait-il survécu à cette nuit ? Quel vaillance, chez ce petit Polonais évadé de son pays ! Ben Gourion avait vu juste, à propos des immigrants venus de Chypre : poser le pied sur le sol de la Palestine leur avait fait quelque chose.

Des coups précipités frappés à la porte le sortirent de sa rêverie. Il alla ouvrir, et le premier général juif depuis deux mille ans entra dans l'appartement, tête nue, portant la même chemise fripée et le même short kaki, une carte roulée sous le bras. « Salut. Prêt pour la réunion ?

– Oui, général, à 7 h 30. Au QG de la Haganah.

– Excellent. Superbe trajet en avion à deux places, un vrai saut de puce ! » Il déroula sa carte sur le parquet poussiéreux, écarta les éclats de verre. « Je vois que vous avez été bombardés. Jérusalem a reçu une sacrée raclée, Zev. Ça brise le cœur, de voir ça d'en haut. Et, au fait, Yadin te félicite pour ta reconnaissance dans le Quartier juif. Moi aussi. Bon boulot ! Maintenant regarde, et dis ce que tu penses. »

Barak, qui avait étudié la carte pendant que Marcus parlait, avait tout de suite eu de grandes réserves à propos du plan : l'encerclement de toute la Vieille Ville, comme dans un manuel militaire, exigerait des forces importantes et risquerait d'entraîner de lourdes pertes. Lui-même aurait plutôt choisi une attaque frontale contre la porte de Sion, à une centaine de mètres à peine du Quartier.

« Des commentaires ?

– Non, chef. » Parler franchement, là où en étaient les choses, ne pourrait pas améliorer le plan, encore moins le transformer du tout au tout.

« Bien. J'ai circonvenu Ben Gourion au sujet du détour, Zev, il est d'accord. La Septième Brigade a repris les deux villages en hauteur que tu as signalés, et elle se prépare pour la prochaine attaque de Latroun. Les choses se mettent vraiment à bouger. »

Quand ils arrivèrent dans la rue, Marcus s'arrêta près d'une palissade en planches éclaboussée de soleil, où des affiches venaient d'être collées à la hâte. « J'ai presque entièrement oublié l'hébreu, depuis ma *bar mitzvah*, dit-il. C'est vraiment frustrant. Dis-moi ce qu'il y a dessus. »

Barak commença par la liste bordée de noir des soldats de la Haganah tombés durant la dernière semaine. Sur l'affiche voisine, le gouverneur militaire annonçait un rationnement accru de l'eau et de l'alimentation; et en grandes lettres imposantes, avec de nombreux points d'exclamation, il menaçait de sévères punitions les profiteurs ou les accapareurs. Il y avait enfin des affiches politiques, les partis dénonçant chacun la lâcheté et le comportement suicidaire des autres, et l'annonce d'un concert de musique de chambre par le « Conseil culturel municipal d'urgence ».

Marcus ricana en lisant la dernière. « Rafraîchissant. La culture, quoi qu'il arrive, hein? Tout ce goulasch est très israélien, n'est-ce pas? Surtout de la politique, avec une bonne dose de piment.

– Dans notre politique, il n'y a que ça qui ait du goût. »

Ils montèrent dans un command-car boueux garé derrière la jeep de Barak. C'étaient les seuls véhicules de la rue déserte. « Passons d'abord à l'hôtel King David, dit Marcus, voir si on ne peut pas rafler un peu de cognac.

– C'est fermé, général.

– Je sais, mais il reste quelques employés. Allons faire le plein. Je n'ai pas dormi de la nuit. »

L'entrée de l'hôtel était déserte, les meubles cachés sous des housses. Barak réussit à trouver un serveur en bras de chemise, qui apporta un verre de cognac à Marcus, en haussant les sourcils, et une tasse de café tiède à Barak. Ils s'installèrent sur la terrasse. De la fumée montait derrière les murs de la Vieille Ville, et le bruit de crécelle des armes automatiques résonnait dans la vallée.

« Dieu, Jérusalem est si belle, soupira Marcus. Mais quelle foutue situation pour un siège.

– Depuis des temps immémoriaux, dit Barak. Depuis Sennacherib. Et je ne vivrai nulle part ailleurs.

– Ce Quartier, là-bas (Marcus désigna la fumée avec la main qui tenait le verre), c'est le Fort Alamo des Juifs. Tu as entendu parler de Fort Alamo?

– Au Texas? L'avant-poste qui s'est fait massacrer jusqu'au dernier?

– Exact. A West Point on discutait pour savoir si c'était de l'héroïsme ou de la folie. Fort Alamo était militairement indéfendable. Le Quartier l'est aussi. Le patron veut qu'on s'accroche pour des raisons d'État, alors c'est comme ça. Allons-y. »

Des officiers d'état-major de plusieurs armes se pressaient dans la salle des opérations de Jérusalem. Le plan d'attaque de Marcus, traduit mot à mot par Barak sur la carte, provoqua chez eux des échanges de regards, des toux étouffées et des bruits sous la table. Un officier commençant à grisonner remarqua dans un anglais châtié que la Haganah proposait depuis longtemps ce genre d'opérations, mais que les autres commandants avaient traîné les pieds. Un chef de brigade palmakh protesta très vite en hébreu, un officier de l'Irgoun éleva la voix pour dénoncer la Haganah, et la réunion allait dégénérer quand une femme soldat apporta en coup de vent une dépêche griffonnée et la tendit au commandant de la Haganah. Il la lut en hébreu, d'une voix étranglée. Silence total. Visages accablés. Marcus demanda d'un regard qu'on lui traduise. « Le Quartier se rend, dit Barak.

– Qui a signé cette dépêche, demanda froidement Marcus, et que dit-elle d'autre ? »

Barak prit le papier et lui traduisit chaque phrase. Motti Pinkus les informait qu'une délégation civile, qu'il avait autorisée à contrecœur, avait demandé ce matin à la Croix-Rouge les termes que proposaient les Arabes. Le commandement de Jérusalem avait trop tardé à envoyer des renforts. Une offre de dernière minute de leur parachuter des munitions était considérée comme futile. *« Il n'y a plus personne pour utiliser ces munitions. »* Une délégation sortirait du Quartier juif avec un drapeau blanc à 9 h 30 pour rencontrer les Arabes et la Croix-Rouge à la porte de Sion.

Marcus consulta sa montre. « C'est dans un quart d'heure. » Un geste abrupt vers la carte. « Le dégagement du Quartier est annulé.

– Mon poste est sur le mont Sion, colonel, dit un officier trapu du Palmakh. Vous pouvez y assister, si vous voulez.

– J'y vais. »

Du haut du monastère, un petit groupe de militaires et de civils regarda la délégation, sous un drap sale tendu entre deux piquets, sortir du Quartier et se diriger vers la porte de Sion. Hermann Loeb était tout contre Barak. « J'étais sur la montagne, et j'ai vu les gens d'Etzion se faire massacrer, murmura-t-il. Maintenant, je regarde ça. »

Des soldats arabes émergèrent de l'ombre, sous la porte, et emmenèrent la délégation hors de vue. Sur le toit, la foule se dispersa comme à un enterrement, sans sourire et presque sans rien dire. « Eh bien, voilà, dit Marcus à Barak quand ils redescendirent les marches en pierre profondément usées. Cela signifie probablement qu'on se précipite vers un cessez-le-feu. Donc Latroun *et* la route sont des urgences de vie ou de mort, Zev. Je repars en avion pour Tel-Aviv. Reste ici pour faire la liaison avec le commandement de Jérusalem. Accompagne-moi jusqu'à la piste. »

Quand le command-car le ramena chez lui et se gara de nouveau derrière sa jeep, Zev Barak se retrouva plus désespéré qu'il ne l'avait été depuis la proclamation de l'État d'Israël. Le secrétaire d'État américain, le général Marshall, avait gravement déconseillé à Ben Gourion de faire ce plongeon fatidique. Est-ce que Ben Gourion avait conduit le peuple juif, déjà décimé par le massacre nazi, à une erreur ultime et suicidaire?

Un soldat avait rampé sur le siège arrière de la jeep, et il dormait, roulé en boule. Rien d'anormal à ça, mais quand Barak alla le réveiller, il fut stupéfait. Couvert de boue, le visage écorché, ensanglanté, une petite lampe torche dépassant de sa poche, c'était Don Quichotte.

4

De la farine pour Jérusalem

« Où allons-nous, chef? demanda Quichotte.

– Fais attention à ce que tu fais, c'est tout. » Barak, agacé, plissait les yeux sous le soleil de l'après-midi. « Je te guiderai.

– Oui, chef. »

Une fois sur la route, que Don Quichotte eût ou non conduit une benne à ordures à Chypre – et Barak savait qu'il avait souvent tendance à romancer – il ne se débrouilla pas trop mal avec la jeep. Ces derniers jours, depuis qu'ils avaient dû ramper dans les tunnels de la Vieille Ville, la blessure de Barak s'était enflammée sous son plâtre. La douleur et les démangeaisons l'exaspéraient, de sorte que Quichotte avait pris le volant, tandis que lui soutenait son coude en essayant de ne pas y penser. A part les camions militaires, il y avait très peu de circulation, et Quichotte conduisait de façon risquée mais supportable. Marcus avait demandé à Barak de le rejoindre à Hulda pour la deuxième attaque de Latroun, et au lieu de quitter Jérusalem dans un Piper Club, il avait choisi de revenir par le détour pour voir ce qui s'y passait. Les convois de mulets étaient déjà partis, il le savait, mais il ne voyait pas encore un seul véhicule.

« Quichotte, pour l'amour du ciel!

– Pardon, chef. » Quichotte, qui venait de doubler un transport blindé, donna un grand coup de volant juste à temps pour éviter un camion plein de soldats qui arrivait en face.

« Arrête ça. On n'est pas pressés. Compris?

– Compris, chef », dit-il avec un sourire ravi.

Ce jeune homme est un original, pensa Barak. En tout cas, il ne manque pas de culot ni d'astuce. Voler une lampe torche dans un hôpital en état de siège n'était pas le fait d'un petit saint (Quichotte prétendait l'avoir « trouvée » par terre) mais signalait une présence d'esprit sans faille ; par ailleurs, il s'était rappelé en détail l'itinéraire de Shayna *via* la citerne, l'autre soir, et avait réussi à rentrer dans le noir. Barak se dit qu'il en ferait un chef d'escouade, s'il avait une compagnie sous ses ordres, et qu'il le nommerait très vite chef de peloton. Si ce Quichotte réussissait à ne pas se faire tuer, il deviendrait sûrement quelqu'un.

Le soleil se couchait quand ils furent bloqués par un embouteillage de camions garés sur la route de Hartuv, à l'entrée du détour. Dans la lumière crépusculaire, on déchargeait des mules en train de braire et de piétiner dans tous les sens, et on rangeait leurs chargements sur les camions au milieu des cris et des injures des conducteurs et de leurs aides, ainsi que dans la puanteur considérable du crottin. « Ce n'est pas un mauvais boulot, dit à Barak un chauffeur de l'armée, solide et moustachu. Ces types des mulets nous donnent des cigarettes, quelquefois un coup à boire...

– De quoi manger pour les enfants, dit un autre. Des sardines, du fromage...

– Oui, ajouta un troisième, à Tel-Aviv c'est la belle vie, c'est sûr, alors qu'on crève de faim sous les obus. Et où est Ben Gourion ? Pas à Jérusalem ! »

Tant qu'il resta un peu de jour, Quichotte descendit vers le ravin sur les traces des mulets. Ensuite, il alluma les lanternes. La jeep sautait sur les rochers, manquait souvent de se renverser, heurtait douloureusement le coude de Barak. Ils dépassèrent une quantité extraordinaire d'engins de terrassement alignés sur des kilomètres, qui grondaient et cognaient dans des nuages opaques, à peine éclairés par des lampes à pétrole. Des mulets lourdement chargés remontaient la piste, avec des troupeaux de vaches qui beuglaient et soulevaient une telle poussière que Quichotte devait parfois s'arrêter, ou quitter la piste pour un oued à sec, rebondissant par-dessus les pierres et les crevasses.

C'était un trajet tortueux, interminable, et Barak eut largement le temps de réfléchir, de s'inquiéter à l'idée que tout cet effort prodigieux allait peut-être rester inachevé, accompli en pure perte. Militairement, Ben Gourion pouvait faire des erreurs, mais son instinct politique était infaillible. Le roi Abdullah avait déjà annoncé qu'une trêve n'était pas pour lui déplaire ! Et pourquoi non ? Avec la Vieille Ville entre ses mains et Jérusalem cernée par la Légion arabe, il apparaissait comme le gagnant de cette guerre. Les superpuissances soutenaient depuis longtemps l'idée d'une trêve. Même si les autres pays arabes continuaient à tenir des discours discordants, il restait visiblement très peu de temps pour sauver Jérusalem.

Derrière la crête, du côté de Latroun, on entendait une canonnade intermittente, et quand la poussière retombait on voyait l'éclair des explosions : un barrage d'artillerie précédant l'assaut. La Septième Brigade avait effectivement récupéré des obusiers, des véhicules blindés, même des lance-flammes et des mortiers. Les nouvelles recrues avaient reçu le baptême du feu et s'étaient entraînées avec acharnement toute une semaine. Alors peut-être, cette fois, allaient-ils réussir ! Mais le plan de Marcus était essentiellement une réédition de la première attaque, à part la diversion sur l'arrière de Latroun, menée par un bataillon Givati retiré du front égyptien. Barak n'avait guère d'espoir, et plutôt de mauvais pressentiments. L'ordre de repartir à l'assaut « immédiatement » était une décision politique, devant être mise en œuvre avec les moyens du bord.

Finalement, ils furent en vue de la dernière montée en pente raide, une haute falaise noire et presque verticale. Une silhouette munie d'une lampe traversa les tourbillons de poussière et les rugissements des bulldozers. « C'est Zev ?

– C'est moi.

– Okay. Je prends le volant. » La silhouette conduisit la jeep à quelques mètres, sur la droite, et s'arrêta.

« Et puis quoi ? demanda Barak.

– *Rega* (Un moment). » L'homme disparut dans un nuage particulièrement dense. Barak et Quichotte attendirent en toussant. Trois formes sombres s'approchèrent. Deux se mirent à cogner sur l'avant de la voiture. « Vous êtes accrochés, dit celle qui tenait la lampe. Pas de problème, cramponnez-vous. L'essentiel, c'est de... Ah, c'est parti. »

Avec une secousse, le nez de la jeep se redressa, les roues touchant à peine le sol. Au-dessus de leurs têtes, le câble du treuil se mit à grincer, et ils grimpèrent la pente rocheuse en tressautant. En émergeant du nuage de poussière, ils virent une double rangée d'hommes courbés sous le poids de grands sacs, qui descendaient au clair de lune la ligne sinueuse du sentier. Certains portaient aussi des armes, d'autres des lampes. Le treuil hissa la jeep en haut de la pente et s'arrêta avec un dernier grincement. Sam Pasternak était à côté de l'engin, souriant, couvert de poussière. « Que penses-tu de la route, Zev ? Ça avance, hein ?

– Stupéfiant. L'attaque est toujours à la même heure ?

– Absolument. Ça démarre à minuit. Aucun retard. » Il indiqua les porteurs d'un geste. « Je venais juste inspecter les gars.

– De la farine ?

– Des sacs de vingt-cinq kilos. Une idée à moi. Deux cents

hommes, deux voyages par personne, dix tonnes de farine par nuit à Jérusalem, c'est quelque chose.

– C'est génial, Sam. Des soldats ou des civils?

– Surtout des civils. Volontaires.

– Quichotte, dit Barak, va avec eux porter de la farine. Au lever du jour rentre chez moi et attends-moi.

– *B'seder*, chef, répondit Yossi, malheureux. Je suis volontaire. » Il descendit de la jeep et se traîna vers une queue, à l'arrière d'un camion d'où on sortait des sacs de farine.

« Tu as bien vu les travaux de terrassement, en bas? demanda Pasternak.

– En fait, avec la nuit et la poussière, pas grand-chose.

– Eh bien, c'est incroyable! Cinq cents ouvriers et tailleurs de pierre au travail, Zev, avec tous les conducteurs de bulldozers et de rouleaux compresseurs du pays! On a envoyé en plus pas mal de patrouilles pour écarter les tireurs arabes. Je jurerais que la Légion arabe ne soupçonne pas encore ce qui se prépare.

– Dans combien de temps les camions pourront passer?

– D'ici une semaine, peut-être.

– D'ici une semaine, ce sera peut-être trop tard.

– Qui sait? » L'exaltation de Pasternak disparut. « Après tout, Abdullah peut encore refuser la trêve, si on prend Latroun cette nuit.

– Où est le colonel Stone?

– A Hulda. Il t'attend. Allons-y. Je conduis. » Pasternak l'entraîna entre les camions entassés et vers une jeep des communications où Yael Luria s'occupait d'un émetteur-récepteur. La jeune fille ôta ses écouteurs. « Suis-nous », lui cria Pasternak.

Elle approuva de la tête. « Où est ton imbécile favori? Quichotte? demanda-t-elle à Barak.

– En train de porter de la farine jusqu'à Jérusalem. »

Elle éclata de rire.

« Zev, qu'est-ce qui se passe dans le Quartier depuis qu'il est tombé? dit Pasternak en repartant. On n'a plus aucune nouvelle.

– Bon, en un sens ça se passe mieux qu'on ne l'avait craint. Ils pillent les maisons, bien sûr, et ils dynamitent les synagogues. J'étais sur le mont Sion quand la synagogue Hurva a sauté en plein ciel. Bon Dieu, ils avaient mis assez d'explosifs pour démolir une pyramide! Sous mes pieds, le sol a été secoué comme par un tremblement de terre, et...

– Alors, en quoi ça se passe bien, pour l'amour du ciel?

– Laisse-moi terminer! Juste avant de partir j'ai rencontré une femme de la Croix-Rouge. Très gentille, belge, les cheveux gris. Elle m'a rassuré, je peux te le dire. »

Il n'y avait pas eu de massacre, souligna Barak. Les officiers anglais de la Légion avaient veillé à ce que les civils soient évacués vers un village voisin, sans qu'on leur fasse de mal, et insisté pour que les combattants ayant survécu soient traités d'après la Convention de Genève. Le commandant de la Légion avait été stupéfait de voir qu'ils étaient si peu nombreux, si jeunes, et si mal armés. La femme l'avait cité : *« Si on avait su, on aurait donné l'assaut avec des pierres et des bâtons. »*

« Ils ont intérêt à bien traiter ces gosses, grommela Pasternak. On a des prisonniers, nous aussi. Sacrément plus qu'ils n'en ont.

– Qu'est-ce que fait ici Yael Luria, Sam?

– Mon sergent des transmissions est tombé malade. J'ai coopté Yael, répondit Sam avec un coup d'œil en biais. Maligne, cette môme. Elle pige vite.

– Trop maligne.

– As-tu vu mon beau-père, par hasard?

– Oui, en tout premier. Il dirige l'approvisionnement comme un vrai Yekke. Discipline! *Befehl!*

– Avec Hermann, ça va. Le problème, c'était Ruthie. » Pasternak grimaça un sourire. « Une femme Yekke. » Il y eut des éclairs, dans la direction de Latroun, suivis de roulements sourds. « Zev, nos équipes d'artilleurs sont très bonnes. Cette fois, nous avons une chance. »

Pour ne pas perdre son chemin dans la poussière étouffante, Quichotte ne quittait pas des yeux le sac qui sautillait devant lui. Le sien était mal fixé, les sangles lui meurtrissaient les épaules, mais la sueur, l'effort, la marche lente et cadencée, lui faisaient plutôt du bien. Après tout, il apportait du pain à Jérusalem assiégée, juste derrière un petit gros aux cheveux gris, et pouvait-il faire moins que ce vieillard? Les terrassiers qu'ils dépassaient les saluaient avec de grosses plaisanteries. A un bidon monté sur un chariot, il but autant de grandes tasses d'eau qu'il voulut. Jamais, pas même dans le pire des camps de transit, l'eau n'avait eu aussi bon goût.

A pied, il voyait beaucoup mieux que de la jeep. Une semaine plus tôt, il n'y avait ici que des broussailles rabougries, et maintenant c'était une vraie route – étroite, sinueuse, coupée par des affleurements rocheux, mais quand même une route. Les tailleurs de pierre s'attaquaient aux obstacles à la lueur des lampes, les bulldozers poussaient les débris sur le côté. On construisait la route par les deux bouts, comme un tunnel : au milieu, le travail était beaucoup plus avancé que près de la descente, et vers la fin la chaussée s'élargissait à nouveau et s'aplanissait, tandis que sur les côtés des rouleaux compresseurs grondaient entre des tas de cailloux. Pour rejoindre les camions, les porteurs durent traverser un troupeau de vaches en train de meugler; Quichotte avait marché dans tellement de bouses et de crottin qu'il s'était résigné à glisser à chaque pas. Son seul souci était de ne pas tomber dedans, comme l'avait fait l'homme qui le suivait en injuriant longuement la nature fondamentale de la merde.

Quichotte, au retour après avoir lourdement clopiné pendant trois kilomètres, crut avoir des ailes, tant il se sentait léger avec vingt-cinq kilos en moins sur le dos. En un rien de temps, apparemment, il remonta la dernière côte d'un pas leste. Après avoir bu et mangé à volonté à la roulante de l'armée, les porteurs reprenaient un sac de farine. Quichotte se rendit compte que ses épaules étaient à vif et devaient saigner sous son uniforme. Mais on ne se plaint pas! L'artillerie tonnait sans discontinuer derrière la crête obscure, et le ciel nocturne était un incendie rouge et jaune: la deuxième bataille de Latroun avait commencé. A côté des types qui attaquaient la forteresse, son sort était enviable.

Aux premières heures de la matinée, sous les rayons obliques du soleil, si sale et loqueteux qu'il était à peine reconnaissable, Quichotte se traînait dans une rue de Jérusalem, totalement à bout de forces. En le voyant, Shayna faillit lâcher son seau plein à ras bord. Était-ce vraiment la grande perche à lunettes au visage de carême qui était resté au Quartier? « Toi! Tu es vivant! Tu n'es pas prisonnier! »

Un vague sourire amusé passa sur son visage, où la sueur avait changé la poussière en boue. « Petite Shayna, dit-il d'une voix cassée. Quoi de neuf?

– Pourquoi es-tu si sale? Quand es-tu sorti du Quartier, et comment? Je croyais que tu étais fichu. Tu veux un peu d'eau?

– Sûr et certain! »

Elle lui tendit le seau, qu'il porta à ses lèvres.

« Houh! cria-t-elle, tu as dormi dans une étable?

– C'est vrai, je ne dois pas sentir très bon. » Il souleva le seau, tendit son visage vers le ciel et se renversa toute l'eau sur le corps. « Ah, s'exclama-t-il. C'est bon. » Ce fut un merveilleux soulagement pour ses épaules meurtries.

« *Iik!* Ne fais pas ça! *Arrête!* NON! Tu es fou! Tu es un criminel! C'était pour toute ma famille!

– J'irai te chercher de l'eau.

– Où? Comment? La citerne est repartie! Elle ne revient pas avant ce soir! Espèce de cinglé, c'était notre eau pour laver, pour faire la cuisine, pour tout!

– Rentre chez toi. Dis à ton grand-père que le garçon de Katowice va apporter de l'eau. » Il souriait, boueux et dégoulinant, le seau à la main, et elle avait envie de le bourrer de coups de poing, mais à quoi bon? « Shayna, si je ne t'apporte pas de l'eau, dit-il pour rassurer la fille abasourdie, que je tombe raide mort.

– Amen! » Elle s'enfuit en courant.

Son grand-père et sa mère furent stupéfaits de son récit. « Ce petit Yossi est un fou », dit la mère, une femme d'une quarantaine d'années, maigre, portant la perruque obligatoire des Juives pieuses, et le foulard obligatoire par-dessus la perruque. « Tu ne le reverras jamais, et tu as perdu notre seau. »

Reb Shmuel, à la table, relisait comme chaque matin le passage de la Torah convenant à la semaine en cours. « Si c'est un fou, comment est-il sorti de la Vieille Ville sans Shayna? Est-ce que c'est un ange? Est-ce qu'il vole?

– Il n'a pas l'odeur d'un ange, dit la petite.

– Tu ne sais pas ce que sentent les anges, lança la mère, contrariée.

– Je sais qu'un ange ne sent pas le... *ça* de mulet », répondit Shayna. L'euphémisme yiddish fit froncer les sourcils aux deux adultes.

« Eh bien, s'il n'y a pas d'eau pour faire du thé ou le petit déjeuner, lui ordonna sa mère, va dire tes prières, va faire tes devoirs, et tiens ta langue. »

Peu après, on frappa à la porte de la boutique. Shayna se précipita pour aller ouvrir à Don Quichotte, toujours mouillé de la tête aux pieds, avec deux seaux pleins d'eau.

« Encore toi? » La petite essaya de dissimuler son soulagement par un ton sévère. « Bon, alors entre. »

Le jeune homme avait préparé un mensonge anodin pour expliquer l'origine de l'eau et du deuxième seau – venant en réalité du dépôt secret des camions, où il y avait une réserve spéciale pour les porteurs et les chauffeurs – mais Reb Shmuel l'invita à se mettre à table en souriant et sans poser de questions. Shayna leur servit du thé, de la galette de pommes de terre, et aida sa mère à faire la lessive.

Quichotte mit dans sa poche le vieux tailleur de trois façons différentes : il savait quel était le passage de la Torah pour la semaine, il mit sa casquette de soldat en loques pour prononcer une bénédiction, et il employa la bonne formule pour bénir une galette faite avec des pommes de terre au lieu de farine. Pour le récompenser, le vieillard lui fit une interprétation subtile du texte saint, qu'il écouta sérieusement en hochant la tête de temps en temps. Au bout d'un long moment, Reb Shmuel s'aperçut que sa tête ne bougeait plus, et que son regard attentif était devenu fixe et vitreux. En fait, Quichotte s'était endormi sur sa chaise, les yeux grands ouverts, sans cesser de sourire.

Longtemps avant l'aube, Barak comprit que la deuxième attaque de Latroun avait échoué, elle aussi. Il observait l'action, avec Marcus, d'une colline près de la zone de feu – trop près, à son avis. Pendant quelque temps, la victoire parut être à portée de la main : le bataillon blindé réussit à pénétrer en force dans la forteresse, et les combats à l'intérieur de Latroun illuminaient le ciel. Mickey Marcus, surexcité par la vaillante percée des blindés, buvait du cognac à même sa gourde en marchant de long en large, en offrait aux autres officiers et buvait chaque mot provenant du champ de bataille. Mais deux des autobus transportant l'infanterie sur le champ de bataille prirent feu, touchés par des mines ou des obus, les autres firent demi-tour, et peu après ce fut le coup décisif. Barak réussit à joindre le colonel Shamir au téléphone de campagne, et dut transmettre les mauvaises nouvelles à Marcus.

« Chef, Shlomo Shamir a fini par joindre le commandant du bataillon Givati.

– Oui, oui, eh bien? Comment se passe l'attaque à revers?

– Ils ont rencontré une résistance acharnée, subi des pertes inacceptables sans pouvoir avancer, et ils se retirent. »

Marcus ne dit rien pendant un long moment, tandis que les canons de Latroun tonnaient à l'intérieur de la forteresse. « Et quoi encore, Haïm? » dit-il d'une voix changée. Le lieutenant colonel Haim Laskov, qui commandait les blindés, menait la bataille depuis la hauteur où ils se trouvaient.

« Il va faire jour dans une heure, monsieur. Sans appui de l'infanterie, je dois retirer mes blindés de Latroun ou risquer de les perdre. Je dois demander au colonel Shamir d'en donner l'ordre. L'attaque n'a pas réussi. Vous êtes d'accord, monsieur? »

Marcus regarda Barak, qui hocha la tête. Haim Laskov était peut-être le meilleur officier de carrière de l'armée, et il n'était pas question de le contredire. L'Américain, après une pause et un sourire étrange, sarcastique, hocha lui aussi la tête et se laissa tomber sur l'herbe. *« Pour l'amour de Dieu, asseyons-nous par terre,* récita-t-il, *et racontons-nous des histoires tristes sur la mort des rois... »* Barak avait déjà entendu Marcus citer des poèmes, surtout des vers comiques ou martiaux. Mais jamais de telles paroles, ni avec ce ton lugubre.

« Je vais boire un coup, maintenant, monsieur. Merci. » Laskov porta la gourde à ses lèvres, but une longue gorgée, et la rendit à Marcus.

Ce matin-là, les kibboutzniks de Hulda prenaient comme d'habitude leur petit déjeuner dans la salle à manger, dans le vacarme des couverts et des assiettes en fer-blanc. La plupart des plans et du matériel de signalisation apportés pour le QG provisoire de Marcus avaient été enlevés. Marcus faisait les cent pas dans un coin, près d'une carte murale, et dictait à Barak, d'un ton amer, un résumé de la bataille. Le colonel Shamir et Haïm Laskov buvaient un café et échangeaient des regards à mesure que le récit de leur défaite se mettait en forme. Sur les faits, Marcus avait raison, pensait Barak, mais pas sur les fautes commises. La bataille s'était déroulée plus ou moins comme il l'avait redouté. On avait pris un risque énorme avec des forces inadéquates, et on avait échoué. C'était tout. La seule faute, c'était la décision politique d'attaquer.

« Conclusion ! » aboya Marcus, les yeux injectés de sang, la voix éraillée. Sa gourde était vide depuis longtemps, mais il n'était pas ivre. « J'étais là, du début à la fin. Ai observé la bataille. Peux résumer clairement. Plan – correct ! Artillerie – bonne ! Blindés – excellents ! Infanterie... » Il fit une pause, puis gronda : « Une honte !

– C'est trop violent, dit Laskov.

– Je ne pense pas. Je trouve ça plutôt charitable.

– Nous n'avons pas tous les éléments, monsieur, intervint Shamir. Une enquête est certainement nécessaire, mais...

– Sacrément vrai, et il va y avoir une enquête, qui commence aujourd'hui. Nous avons déjà une quantité d'éléments. La réserve a tourné casaque quand quelques autobus ont pris feu. Les Givati ont fait demi-tour parce qu'ils avaient *deux* tués. Le commandant du bataillon l'a lui-même signalé ! Deux !

– Dans les deux cas, chef, glissa Barak, ce sont surtout des compagnies de nouvelles recrues, lancées à l'assaut de la montagne sous un feu nourri. Pas une performance extraordinaire, certes, mais...

– C'est mon rapport, dit Marcus. Maintenant on essaye tous de dormir un peu. Ensuite on cherche à voir comment on va recommencer. Le Vieux veut Latroun, et je vais lui donner Latroun, mais la prochaine fois ce sera un nouveau plan, et ce sera le *mien,* de A à Z ! »

Quelques jours plus tard, au milieu de la nuit, dans des tourbillons de poussière, Marcus et Barak allèrent inspecter un goulot d'étranglement sur la nouvelle route. Les mulets et les porteurs devaient escalader ou descendre les pentes d'une large crevasse, parce que les ingénieurs avaient décidé que les camions ne pourraient pas la traverser. Ils avaient ordonné qu'on creuse en plein milieu d'une saillie de granit. Des douzaines de tailleurs de pierre, tout ceux qu'on avait pu trouver en Israël, tapaient à grands coups de massette. Comme les explosifs étaient exclus, on ouvrait ce passage, ainsi que d'autres, à la main, comme dans l'Antiquité. Derrière la crête, les balles et les obus fusaient, tonnaient et explosaient, annonçant les préliminaires de la troisième attaque de Latroun.

« Par Dieu, dis à ces gars que je suis fier d'eux ! s'écria Marcus. Je veux leur serrer la main à tous. »

Le général passa au milieu des tailleurs de pierre, leur serra la main, leur donna des tapes dans le dos, examina leurs outils, faisant jaillir des réactions passionnées en plusieurs langues – hébreu, yiddish, italien, polonais, allemand, russe, arabe, et même un baragouin inconnu de Barak. Marcus parlait anglais, Barak traduisait, et le son de sa voix paraissait exciter ces Juifs venus du monde entier. C'était l'ami légendaire, le général juif qui avait quitté la sécurité de l'Amérique pour risquer sa peau, construire cette route magnifique et libérer Jérusalem ! Sa bonne humeur enthousiasmait les ouvriers tout le long de la route.

Mais, en rentrant à Tel-Aviv, Marcus retomba dans un silence funèbre, que Barak ne comprenait que trop bien. L'état-major n'avait pas le cœur de s'attaquer encore une fois à la forteresse. La Septième Brigade, démoralisée et démantelée, se contentait de protéger la route et de transporter de la farine, et on avait retiré une brigade aguerrie du front nord pour essayer à nouveau de prendre Latroun. Seul Ben Gourion avait pu obliger l'état-major à dégarnir le nord exposé aux assauts syriens, mais cette brigade était elle aussi affaiblie et décimée, les vides comblés par de nouvelles recrues, comme on avait fait pour le bataillon Givati. Or les Givati avaient échoué, lors de la seconde attaque, parce que leurs meilleurs combattants étaient tombés devant les Égyptiens et que les nouveaux avaient cédé à la panique. A vrai dire, l'armée était presque à bout de souffle.

« Je suis coincé, Zev, dit Marcus. D'après ce que j'ai vu du détour, je ne peux pas dire au Vieux d'annuler cette opération. Ces ouvriers se donnent à fond, mais la route ne suffira pas : les camions ne peuvent pas la prendre.

– Pas encore. Mais bientôt.

– Ça ne compte pas. Pour l'instant c'est encore un chemin pour mulets, et l'assaut doit être donné, ou non, dans les quarante-huit heures. Là, je suis coincé. L'idée d'envoyer encore des petits gars juifs à l'assaut de Latroun ne me passionne pas, mais je suis un soldat et je vais le faire. »

Les murs du bureau de Marcus, à part des portraits de Herzl et de

Ben Gourion, étaient couverts de cartes d'état-major. Il s'installa sous le visage de Herzl, tendit à Barak l'ordre commandant la troisième attaque, et se mit à feuilleter une pile de lettres et de dépêches. Ses yeux étaient creusés par de grands cernes noirs, encore soulignés par la lumière crue du néon. Il n'était jamais du genre tiré à quatre épingles, mais il avait besoin de se raser, et si le peu de cheveux qui lui restaient étaient brunâtres, les poils qui poussaient étaient gris. En lisant, il se tassait de plus en plus sur sa chaise, secouait la tête, serrait les lèvres et bâillait. Ni l'un ni l'autre n'avaient dormi de la nuit.

Barak avait mal au dos et aux épaules, et il accrocha son plâtre au dossier de son siège pour lire l'ordre de Marcus. C'était le travail d'un parfait officier d'état-major, comme les manuels militaires écrits par Marcus à la demande de Ben Gourion. Les pages ronéotées rappelaient l'époque de l'armée anglaise. Il y avait des cartes détaillées de chaque secteur, des annexes pour la logistique, les transports et le renseignement, un ordre de bataille détaillé de façon méticuleuse. L'*Azazel*, quel boulot! Mais ce document n'était qu'un rêve. Le formidable déploiement des forces, sur le papier, était en fait une liste d'unités affaiblies ou brisées, certaines au point d'être à peine plus qu'un souvenir. Les fournitures disponibles ne correspondaient pas, et de loin, à l'annexe logistique. Le plan d'attaque – encore un assaut frontal, mais cette fois pour faire diversion, tandis que le choc surprise viendrait des brigades autour de Jérusalem – était conçu par un professionnel, mais il n'y avait pas de troupes fraîches pour le mettre en œuvre. Voilà ce que Barak ruminait tristement.

« Pas vraiment de quoi se réjouir, dans tout ça. » Marcus lui passa les dépêches de plusieurs unités affectées à cette opération, signalant les difficultés, les retards, les pannes et les pénuries. Un commandant recommandait un ajournement, un autre proposait un plan pour soulager Jérusalem avec les troupes déjà sur place. « N'ont pas les tripes de se battre, Zev, voilà ce qu'ils me disent tous. Comme si Latroun, c'était une idée à moi », dit Marcus, frustré. Il ouvrit un tiroir de son bureau, en sortit une bouteille et deux verres, grimaça un sourire. « De l'eau de feu?

– Pourquoi pas?

– Qu'est-ce que tu connais comme poèmes sur la Première Guerre mondiale, Zev?

Si je dois mourir, pensez cela de moi :
Qu'il existe, à l'étranger, un coin de terre
Qui est à jamais l'Angleterre.

– Rupert Brooke. L'ai entendu suffisamment en Afrique du Nord, dit Barak, morose. Devant les tombes qu'on venait de creuser. »

Marcus remplit son verre, but une grande gorgée, et récita le poème tout entier d'une voix fatiguée, les yeux humides. « *...Nos cœurs en paix, sous un ciel anglais.*

– C'est très beau, dit Barak.

– Il y a un autre poème qui me trotte dans la tête depuis plusieurs jours :

J'ai rendez-vous avec la Mort
A quelque barricade disputée... »

L'air sombre, tendu, il regarda Barak au fond des yeux. « Déjà entendu ça ? »

Barak dégusta son cognac à contrecœur, éprouvant une sorte de pitié pour le premier général juif depuis deux mille ans. Comment redonner du cœur au ventre à cet outsider assailli de tous côtés, à ce poisson hors de l'eau, plein de bonnes intentions, chargé par David Ben Gourion d'un commandement ingrat et d'une mission sans espoir ?

« Chef, puis-je vous dire quelque chose ?

– Vas-y. » Marcus remplit à nouveau son verre et but longuement.

« Ces attaques sur Latroun ont largement déséquilibré la Légion. Autrement, ils auraient sûrement fait une sortie pour abattre les terrassiers de la route et faire sauter notre détour.

– Eh bien, c'est probable.

– C'est un fait, chef. Vous avez empêché ça. Et maintenant ils doivent savoir ce qu'on prépare. Ils ont même semé des mines pour essayer de nous arrêter, mais ils n'en ont pas été capables. De plus, la Légion n'a pas fait un pas pour aller prendre Jérusalem. Leur meilleure chance s'épuise à ne pas s'en servir, parce qu'ils sont divisés entre Jérusalem et Latroun. »

Avec un sourire triste, Marcus but une grande gorgée. « Okay, Zev, tu essayes de me remonter le moral. Ce que j'apprécie. Je pourrais juste sauter dans un avion et rentrer chez moi, tu sais. Ma femme pense que ce n'est pas ma guerre. Je te l'ai déjà dit. J'envoie de plus en plus de gosses se faire tuer à Latroun pour une raison. Je crois que le Vieux est coriace et malin, probablement un grand homme, et je suis juif, alors j'exécute ses ordres. » Il recommença à réciter :

Quand le printemps revient, dans l'ombre bruissante,
Que les fleurs du pommier embaument les prairies,

J'ai rendez-vous avec la Mort
Quand le printemps ramène les geais bleus et les beaux...

Son air souffrant et sa voix désespérée firent peur à Barak. Il posa son verre sur le bureau, pensant demander la permission de se retirer. Marcus avait l'étrange sourire sarcastique qu'il avait eu sur la hauteur en comprenant que sa première bataille en tant que commandant en chef était un fiasco. L'Américain déclama le poème en entier, et aux derniers mots :

Et, pour rester fidèle à mon serment passé,
Je ne manquerai pas ce rendez-vous juré...,

il leva son verre en l'honneur de Barak, du portrait de Herzl, de celui de Ben Gourion, et le vida d'un trait. « Zev, tu ne bois pas ton eau de feu.

– Merci, colonel, j'ai beaucoup bu.

– Probablement pas un grand poème, dit Marcus. Je ne suis pas bon juge de la poésie. mais, par Dieu, cela dit ce que pense un soldat qui va mal. Maintenant, et mon ordre d'opérations?

– Le premier du genre, dans cette armée. »

Marcus hocha la tête, satisfait. « Vous allez devoir apprendre, vous autres. Vous avez un pays, maintenant, et par Dieu vous allez devoir vous battre pour lui. Vos enfants aussi. Et peut-être vos petits-enfants. Après 1776 il y a eu 1812, tu sais. La guerre de Sécession, la Première Guerre mondiale, la Seconde... » Il jeta un coup d'œil à la lueur grise des fenêtres. « ... Christ, c'est le matin, mon gars. Occupons-nous de nos affaires. »

5

La route est à nous

Yael Luria sortait de douze heures de service en tant que messagère, épuisée et trempée de sueur. Au mois de juin, les nuits de Tel-Aviv étaient de plus en plus chaudes et humides. Dans la salle de bains du quartier des femmes, couverte de savon de la tête aux pieds, elle soutirait une douche au maigre filet d'eau tiède qui coulait encore, lorsqu'un cri résonna. « Yael, téléphone. La Maison Rouge.

– A tous les diables! »

Vite et mal rincée, elle plongea sur l'appareil mural. « Peux-tu être là d'ici un quart d'heure? lui demanda Zev Barak.

– Quoi? Je viens d'arrêter mon service. Je te croyais à Jérusalem.

– Mets un uniforme propre et arrange-toi au mieux.

– Qu'est-ce que c'est que ça?

– C'est un ordre. »

Yael mit un peu plus d'un quart d'heure, mais en arrivant à la Maison Rouge elle s'était fait une beauté comme pour l'affiche d'un meeting en faveur d'Israël, et les soldats qui traînaient près du bureau de Barak se mirent à siffler. Zev était au téléphone, et des civils à l'air peu commode se pressaient autour de lui. Ygal Yadin était à ses côtés, la pipe à la bouche. « Le convoi de camions est prêt, colonel Stone, disait Barak. La plupart des chauffeurs sont ici avec moi. Il peut partir n'importe quand. Des petits camions, environ vingt-cinq, à peu près soixante-dix tonnes de ravitaillement. »

Un silence. Yael savait que le « colonel Stone » était au quartier général près de Jérusalem et se préparait à lancer l'attaque de Latroun, mais qu'est-ce qu'elle venait faire là-dedans?

« Oui, monsieur, bien sûr qu'il y a un risque. Mais si la presse mondiale annonce demain qu'il y a une route et que le siège a été levé, nous aurons créé un extraordinaire fait nouveau. »

Un long silence. Barak secoua la tête en regardant Yadin. « Il a des doutes. Si quoi que ce soit arrivait à ces correspondants, dit-il – une mine, un tireur embusqué, un accident, n'importe quoi – le secret serait éventé, nous aurions provoqué une catastrophe, et probablement perdu la route.

– Je vais lui parler... Mickey? Ygal. La brigade de Shlomo Shamir est sortie en force et garde le détour. Il signale que la voie est libre. La trêve ne prend pas effet avant trente-six heures, alors... Non, j'ai raison, monsieur, le 11 à dix heures du matin. Après la trêve les Arabes vont sûrement prétendre que ce n'est pas une voie praticable. La commission de l'ONU va les soutenir, naturellement – cela va sans dire – et accorder la ville de Jérusalem au roi Abdoullah. Mais on peut empêcher tout ça avec des grands titres sur un convoi de camions qui brise le siège et entre dans Jérusalem à la veille de la trêve. Monsieur, je recommande de prendre ce risque. »

Une longue pause, des bruits indistincts au téléphone. Yadin raccrocha. « Feu vert », dit-il, et il quitta la pièce.

« On y va, dit Barak aux chauffeurs, en regardant l'horloge murale qui marquait minuit et demi. « Rassemblez le reste des gars et finissez de charger. On part à deux heures. » Ils se dépêchèrent de sortir en parlant tous à la fois. Barak regarda Yael de haut en bas. « Déjà eu affaire aux correspondants étrangers?

– Non.

– Suis-moi, et sois très douce. Essaye, en tout cas.

– A vos ordres, major, dit-elle d'une voix suave en battant des paupières de façon burlesque.

– Parfait. »

Dans la rue, Don Quichotte était au volant de la jeep.

Le jeune homme releva ses lunettes sur son nez du bout de l'index et fit un grand sourire. « Oh-ah! Rita Hayworth! »

Elle reprit son battement de cils et sa voix sexy. « N'exagère pas, Quichotte.

– Comment va ton frère Benny?

– Très bien. Il a repris du service.

– Génial. »

Le long des rues vides, aux lumières éteintes, Barak expliqua à Yael qu'elle servirait de liaison avec deux correspondants de guerre dans le premier convoi pour Jérusalem depuis des mois. Quichotte serait son homme à tout faire. Ils prendraient le command-car de Shlomo Shamir, et Yael ferait jouer son charme féminin pour égayer les journalistes. « Je ne connais pas ce type de Reuter, St. John Robley, dit Barak. C'est un de ces grands Anglais avec des joues rouges et des cheveux gris. Reuter s'est plutôt montrée hostile envers nous. Naturellement, c'est une agence britannique. Mais elle est très importante, et couvre le monde entier. Le type du *Los Angeles Times* s'appelle Saul Schreiber. Un petit rouquin. Juif, parle yiddish. Pas un poids lourd comme Robley, mais malin. »

Les journalistes les attendaient comme convenu dans un coin obscur, à l'entrée de l'hôtel où la presse était cantonnée. Schreiber avait un appareil photo et un sac avec quelques affaires. Robley n'avait qu'un cigare, qu'il alluma quand Barak lui apprit ce dont il s'agissait.

« Vous mentionnez des risques. Quels risques ? » demanda l'Anglais en louchant d'un air sceptique sur ce bizarre trio qui prétendait lui offrir un scoop de première importance : un jeune officier avec le bras dans un plâtre noirci de suie, une jolie fille soldat peinturlurée en uniforme tout neuf, et un grand gosse à lunettes, dégingandé, en treillis très fatigué, avec le bonnet en laine du Palmakh.

« Eh bien, monsieur, il y aura une bataille en cours dans la région. Nous roulerons très à l'écart de la zone de feu, mais c'est un risque. La route est neuve, et inachevée. Le convoi roulera tous feux éteints. Il n'y a pas de lune. »

Robley poussa un grognement. Schreiber se gratta la tête.

« En plus, même si la route est un secret bien gardé – et protégé par des patrouilles – ce convoi vient briser un siège prolongé, et l'ennemi est toujours sur place.

– Major, qu'appelez-vous un convoi ? demanda Schreiber.

– Une trentaine de camions, dit Barak, trichant sur les chiffres comme un attaché de presse, qui emportent environ cent tonnes de ravitaillement. »

Robley haussa des sourcils broussailleux. « Cent tonnes ? Partant *ce soir* pour Jérusalem ?

– Partant dans une heure. Arrivant à Jérusalem au lever du soleil.

– Ainsi donc votre gouvernement est prêt à lever le secret sur cette route ?

– Pourquoi pas ? Désormais la route de Jérusalem est ouverte, et elle le restera. »

Un autre grognement, et l'Anglais tira longuement sur son cigare. Prenant le plus charmant des accents britanniques, Yael lui effleura le bras : « Monsieur, Yossi peut vous aider pour vos bagages.

– Des bagages ? dit-il sans sourire, mais avec un regard un peu plus amical. Pourquoi faire ? Si j'y vais, et s'il y a une histoire à raconter, je devrai aussitôt revenir pour la télégraphier.

– Nous avons une installation télégraphique à Jérusalem, dit Barak. Une dépêche datée de Jérusalem, ça peut vous intéresser.

– Et la censure militaire? demanda Schreiber.

– Disponible également à Jérusalem, affirma Barak. Bien sûr, nous pouvons aussi vous ramener aussitôt à Tel-Aviv, par la route ou en Piper Club. Mais nous pensons que la levée du siège de Jérusalem est une histoire importante, et que vous voudrez y passer la nuit, voire un jour ou deux. En ce cas, vous disposerez d'une suite à l'hôtel King David. Il est fermé, mais un service spécial peut être assuré à votre intention.

– Je suis prêt à y aller », dit Schreiber.

Robley écrasa son cigare, se leva et s'adressa à Quichotte : « Venez avec moi, jeune homme. »

A la lueur des étoiles, la file de camions garés au sud-est de Tel-Aviv s'étendait très loin sur la route de Jérusalem. Quand la jeep de Barak arriva en tête du convoi, la nouvelle bataille de Latroun illuminait le ciel, plus loin, comme un orage d'été. « Vous croyez vraiment, lui demanda Robley, que les Arabes ne vont pas essayer d'arrêter ce convoi? Il y a des villages arabes tout le long du trajet! Ils vont sûrement se donner le mot...

– Nous utilisons ce détour depuis quelque temps, monsieur, avec des véhicules légers. C'est grâce à cela que Jérusalem a pu tenir, et l'ennemi ne s'en est pas mêlé. De toute façon, notre Septième Brigade garde la route. Je ne m'attends pas à être bloqué. » Par-dessus son épaule, il regarda la banquette arrière, où Yael était coincée entre les deux journalistes. « Mais, franchement, il ne s'agit pas d'une balade dans les jardins de Kew à l'éclosion des lilas. Si vous voulez changer d'avis. »

Silence à l'arrière. Un grognement, puis un rire aigu venant de Robley. « Il se trouve, major, qu'à l'éclosion des lilas, on se promène à pied dans ces jardins, et pour ce qui est des risques, on peut se faire piétiner par la foule. »

Les moteurs se mirent à rugir tout le long de la file et le convoi s'engagea sur la route. Tous feux éteints, son ombre noire et indistincte rampa le long de la vallée d'Ayalon. Les camions étaient parfois éclaboussés de lumière par les explosions lointaines. Au kibboutz de Hulda, ils rejoignirent Shlomo Shamir et son chauffeur dans le command-car du colonel, sauf Quichotte, qui les suivit avec la jeep remplie de soldats armés de mitraillettes. Ils dépassèrent d'énormes engins de terrassement, des troupeaux de vaches, des gros camions qu'on déchargeait sur des mulets, et les deux correspondants n'arrêtaient pas de griffonner des notes à la lueur de leurs lampes de poche, De ce côté, les abords du détour avaient été aplanis, élargis, et la pente adoucie. Derrière la crête, l'artillerie tonnait et cognait, et par moments le ciel s'enflammait comme en plein jour. On voyait à quel point la route était bien construite, et Schreiber fit part de son admiration, tandis que l'Anglais ne dit pas un mot.

Le seule endroit du détour qui inquiétait vraiment Barak, c'était l'amorce de la grande descente. « Hé ! Des montagnes russes ! » cria Schreiber en voyant les véhicules blindés qui les précédaient disparaître l'un après l'autre.

« C'est ça, la grande roue, accrochez-vous et amusez-vous bien », dit Zev avec une gaieté un peu tremblante. A Hulda, les premiers rapports sur la troisième attaque n'avaient rien auguré de bon. Maintenant, tout dépendait peut-être de cette route.

Le command-car arriva au bord et plongea en première avec une plainte métallique avant de rebondir en cahotant sur un filet en mailles d'acier. Ce n'était pas pour rire que Barak leur avait dit de s'accrocher : on aurait dit que le capot piquait verticalement dans l'obscurité, même s'il savait qu'il leur restait une marge de sécurité. Ils étaient tous cramponnés à quelque chose. Schreiber répétait sans arrêt : « Hé-oh ! Hé-oh ! » Yael riait continuellement, se serrant contre les deux journalistes avec une terreur feinte, et Robley poussait de temps en temps un grognement. Au passage, ils voyaient les porteurs et les mulets qui faisaient jaillir la poussière sur les virages en épingle à cheveux de la piste. Les ingénieurs n'avaient pas pu aménager ce tronçon pour le passage des camions ; à la place, ils avaient taillé un raccourci très raide qu'ils avaient recouvert d'un filet métallique. Barak y était passé plusieurs fois dans les deux sens, mais un jour il avait fallu le sortir d'affaire avec un treuil. C'était l'endroit le plus risqué, surtout en montant. Il pariait que les correspondants rentreraient à Tel-Aviv en avion, ou peut-être *via* Latroun, après le cessez-le-feu. Finalement, le command-car rebondit sur le fond de l'oued où les blindés attendaient. « Une sacrée balade, dit Schreiber, un peu essoufflé.

– Les camions peuvent passer par là ? demanda Robley.

– Bien sûr.

– Si on en regardait quelques-uns ?

– Pourquoi pas ? » répondit Barak, obligé de se souvenir que certains Anglais avaient tendance à être fichtrement trop malins.

L'un après l'autre, les camions pointèrent leur museau au-dessus du gouffre et descendirent dans des hurlements de mécanique martyrisée. Ils traversaient un à un le filet métallique, tandis que le suivant attendait en haut, et chaque descente était un suspense vertigineux.

Un camion trop chargé qui allait trop vite se retrouva sur deux roues et oscilla quelques secondes de façon terrifiante avant de se redresser et de plonger vers le fond.

« Eh bien, lâcha Robley après une douzaine de miracles de ce genre, j'imagine que nous pouvons continuer.

– On y va », dit Barak. Le command-car, suivi par la jeep, cahota en tête du convoi.

« Et tout ceci, m'a-t-on dit, fit remarquer Robley alors qu'ils étaient dans le nuage de poussière soulevé par les blindés, est l'œuvre de ce général américain ? »

Il y eut un long silence embarrassé. « Un général américain ? » demanda Barak, l'air stupéfait.

« Oui, on m'a dit qu'un gradé de West Point, un Juif, sous un nom d'emprunt, a pris secrètement votre guerre en main, et que c'est pour cela qu'elle se passe mieux.

– Cela se passe mieux, lança sèchement le colonel Shlomo Shamir du siège avant (il n'avait encore rien dit), parce que nos soldats mettent une raclée à leurs soldats. Nous l'emportons sur l'ennemi bien que nous soyons envahis sur cinq fronts, et de loin inférieurs en nombre et en armement.

– J'ai lu vos dépêches, monsieur, dit Barak à Robley, d'un ton plus aimable. Vous affirmez que les généraux n'ont pas grand-chose à faire dans une guerre aussi diffuse, et vous avez probablement raison. Si nous avons des succès, ce qui reste à voir, c'est parce que nous nous battons pour nos foyers, nos fermes et nos familles, le dos à la mer. Un peu comme votre pays devant Hitler en 1940.

– Rien de vrai, alors, insista froidement l'Anglais, à cette rumeur de général américain ?

– Oh, c'est vrai, dit Yael, et pourquoi ne pas le reconnaître ? C'est un général américain qui dirige toute cette guerre.

– Quoi ! s'écria Schreiber, tandis que Barak se tournait vers la jeune femme.

– Oui, en réalité David Ben Gourion est un général américain. Il a roulé tout le monde depuis des années », ajouta-t-elle en gloussant comme une petite fille et en donnant un coup de coude dans les côtes de l'Anglais.

St. John Robley poussa un grognement, les autres se mirent à rire, et Barak nota de féliciter Yael. Parfaite, pour ce genre de travail. Il ne fut plus question du général américain.

A mesure que les véhicules se traînaient sur la piste, la conversation se fit plus rare et s'interrompit. A cause de l'obscurité et de la pous sière omniprésente, il n'y avait presque rien à voir. L'excitation de Yael fit place à la fatigue qu'elle avait accumulée ; malgré les secousses et les cahots, elle s'endormit. Quand elle rouvrit les yeux, les vitres du command-car n'étaient plus noires, mais violettes. Une tête était posée sur son épaule : l'envoyé du *Los Angeles Times* dormait profondément. St. John Robley était toujours aussi droit, et fumait un cigare dont le bout rougeoyait à chaque bouffée.

« Qu'est-ce qui se passe ? bâilla-t-elle. On n'est même plus secoués.

– Nous sommes sur la route de Jérusalem, répondit Barak.

– Sur la grande route ? C'est vrai ? »

Saul Schreiber se réveilla. « La grande route ? Sans blague !

– Nous sommes sortis du détour depuis quelque temps, dit Barak. J'espère que vous êtes reposés.

– Par ma vie, s'écria Yael en regardant la route qu'ils venaient de franchir, quel spectacle ! »

A l'aube, la procession de camions s'étendait sur les deux voies de la courbe, recouvrait une côte et disparaissait hors de vue. « Par Dieu, dit Schreiber en fixant la lunette arrière, vous avez réussi votre coup. Absolument fantastique !

– Mmmf », fit St. John Robley.

Il faisait grand jour quand le command-car fit son entrée à Jérusalem. Barak se demandait comment les gens avaient pu apprendre l'arrivée du convoi. Une nouvelle pareille, se dit-il, ne peut pas être gardée secrète. Une foule amassée sur les trottoirs saluait les camions et agitait des fanions avec l'étoile de David ; jeunes et vieux, militaires et civils, des femmes avec des seaux et des bébés dans les bras, des enfants qui cabriolaient le long du convoi comme des dauphins près d'un navire. Dans la jeep de Quichotte et les véhicules blindés, les soldats se redressèrent et se mirent à chanter. Yael, en saluant la foule, eut des sanglots étouffés.

« Pourquoi diable vous mettez-vous à pleurnicher ? s'exclama Robley, qui restait de marbre, voire un peu méprisant, devant le bonheur des loqueteux de Jérusalem.

– Qui pleurniche ? Vous, les journalistes, vous êtes attendus à l'hôtel King David, monsieur, par les commandants de Jérusalem. Un petit déjeuner vous sera servi dès votre arrivée.

– Je prendrai un café et j'irai taper mon article dans ma chambre, dit Schreiber. Ensuite, peut-être, un petit déjeuner. »

Robley hocha la tête. « On m'a dit, ajouta-t-il en jetant un coup d'œil sur la façade de l'hôtel quand ils entrèrent dans l'allée, que vous autres Juifs aviez fait sauter le King David et tué un tas d'Anglais. Vous avez réparé l'hôtel, à ce que je vois.

– Nous autres Juifs avons trouvé cela désastreux, dit Barak, et nous avons condamné les coupables.

– Le prix de l'Empire. » Robley haussa les épaules et descendit de voiture. « Rien à voir avec l'Inde, voyez-vous. Hindous et musulmans se massacrent les uns les autres par milliers en ce moment même, et nos tommies sont pris entre les deux. »

La jeep de Quichotte stoppa derrière eux. Le jeune homme vint voir Barak et Yael, accompagné par un soldat. « Devinez quoi ? Voici mon frère Léopold. Il était à Hulda, en train de surveiller la route. Son escouade a été affectée au convoi. »

Léopold Blumenthal, beaucoup moins grand que son frère, paraissait un peu plus âgé. Il avait d'épais cheveux noirs bien coiffés, un uniforme à sa taille, l'air malin et très éveillé. Pas de lunettes, des yeux verts et perçants – il ressemblait à Yossi en plus beau. A vingt ans, c'était un homme du monde. Les gosses de réfugiés grandissent vite, pensa Barak, qui montra les bagages à Yossi. « Ton frère pourra peut-être t'aider. Ces types de la presse sont pressés.

– Qui sont-ils ? » demanda Léopold.

Yael le renseigna.

« Okay. » Il passa à un anglais mêlé d'accent polonais et s'adressa à Schreiber avec un sourire déférent. « Quels sont vos trucs, mister ? » Léopold parlait beaucoup mieux anglais que son frère. Il prit les sacs du journaliste et son matériel photographique, suivit les correspondants en haut d'un escalier jusqu'à une chambre aux stores baissés qui sentait excessivement le moisi. « Vous êtes vraiment de Los Angeles, mister ? C'est là que j'ai l'intention d'aller. »

Schreiber se débattit vainement avec les stores antiques, en lamelles de bois. Léopold n'arriva pas à les décoincer, lui non plus. « Yael entra. « Tout va bien ? Oh, laissez-moi faire. » Elle débloqua facilement les stores qui remontèrent en cliquetant, et aperçut pour la première fois depuis plusieurs mois la Vieille Ville, les anciens murs dorés par le soleil sous le ciel bleu, le no man's land, plus bas, dans le ravin, plein de fils de fer barbelés, de trous d'obus, d'abris détruits, de sacs de sable et autres détritus de la guerre. « Pauvre Jérusalem », dit-elle après un silence. Elle sortit en se tamponnant les yeux avec son mouchoir.

Schreiber sortit un appareil photo d'un sac en cuir. « Quelle vue magnifique ! s'écria-t-il.

– Mister, on a eu une vraie occasion d'aller en Amérique, dit Léopold pendant que l'autre prenait photo sur photo, quand on était dans un camp de personnes déplacées en Italie. Mais non, mon père voulait uniquement la Palestine, la Palestine, alors nous avons atterri à Chypre. Et nous voilà. »

Le journaliste rangea son appareil, ouvrit sa machine à écrire portable et la posa sur une table. « Et vous préféreriez être à Los Angeles qu'ici ? Vous n'êtes pas sioniste ?

– Plein de sionistes en Amérique, mister, non ?

– Oh, c'est dur, à Los Angeles. Ne vous laissez pas avoir par le cinéma.

– Je pourrai venir vous voir là-bas, à votre journal ? »

Schreiber ouvrit le robinet d'un lavabo. Rien ne se passa, et il s'aspergea le visage avec l'eau d'une cuvette. Pendant qu'il s'essuyait avec une serviette défraîchie, et voyant que le jeune homme n'avait pas l'air de vouloir s'en aller, il dit : « Écoute, soldat, j'ai du travail.

– Je ne suis pas vraiment un soldat. » Le journaliste s'installa et commença à taper très vite. Léopold sortit de la chambre.

Habitué à l'urgence, Schreiber écrivit son article en une demi-heure, le glissa dans une grande enveloppe et l'apporta à Barak qui attendait dans l'entrée, sur un des canapés recouverts de housses. « Le petit déjeuner, c'est là, dit Zev en indiquant la salle à manger, si cela vous intéresse.

– Sacredieu, oui. Vous faites passer ce texte à la censure ?

– Oui, monsieur. Dès que M. Robley me donne le sien.

– Très bien. Dites-moi s'il y a un problème. »

Barak ne quittait pas l'ascenseur des yeux ; ses doigts tambourinaient sur l'enveloppe et ses pieds tapotaient le sol. De la salle à manger, où l'envoyé de Los Angeles avait rejoint le Haut Commandement de Jérusalem, des bouffées de rires masculins exprimaient la bonne humeur, mais Barak pensait que ce devait être une gaieté forcée. Les rapports de Latroun empiraient continuellement. Ce qui était clair, en tout cas, c'était que les Arabes avaient une fois de plus tenu leur position, même s'il ne savait pas encore exactement comment le plan de Marcus avait déraillé.

Les jambes vêtues de flanelle de St. John Robley descendirent l'escalier, suivies par la veste en tweed, la cravate en laine, le visage rougeaud et les cheveux gris. Barak s'avança à grands pas et reçut une liasse de papiers agrafés. « Voici mon article. Si le censeur le laisse passer, veuillez le faire partir par câble, de toute urgence. Sinon rapportez-le, et je me battrai avec lui après avoir pris mon petit déjeuner. Le type de Tel-Aviv peut être exaspérant, mais on est tout de même arrivés à se débrouiller, tous les deux. » Barak ne l'avait jamais entendu parler si longuement. « A propos, si vous voulez le lire, vous pouvez.

– Je vous remercie.

– Oh, j'imagine que vous le feriez de toute façon. » Les rires de la

salle à manger attirèrent son regard. « Y a-t-il quelque chose de convenable à manger?
– Du hareng et des œufs, en tout cas.
– Du hareng! Mmmf. »
Barak fila aux lavabos pour feuilleter l'article. Dès le premier paragraphe, il se sentit tellement soulagé qu'il eut envie de pousser des cris de joie. Il se salua lui-même dans le miroir, courut à la jeep et dit à Quichotte de foncer au quartier général. Le frère de Yossi dormait sur la banquette arrière.
« Tu as l'air content, major, dit Quichotte, comment se fait-il? J'ai appris qu'on a perdu la bataille.
– Qui t'a dit ça? »
Un pouce désigna l'arrière de la jeep.
« Comment diable ton frère peut-il l'avoir appris, et que sait-il?
– Oh, des fois il se trompe. »
Le censeur était un major de la Haganah pourvu d'un long nez, qui s'appelait Podotzur. Barak le connaissait bien. Il avait été un médiocre chef de peloton et un exécrable commandant de compagnie. Écarté du combat, il se sentait mis sur la touche et faisait un censeur pointilleux. Podotzur examina les articles en grommelant toutes sortes d'objections, jusqu'à ce que Barak décroche le téléphone. « Opératrice, ici le major Zev Barak. Avez-vous le numéro personnel du colonel Stone à Abu Ghosh? Bien, passez-le-moi immédiatement.
– Attends, attends, Zev, s'écria Podotzur. Qu'est-ce qu'il y a?
– Laisser passer ces articles tels quels est une priorité nationale. Je dois signaler que tu les gardes sous le coude. »
Podotzur savait, comme désormais toute l'armée, que Zev Barak était aussi proche du Vieux que du colonel Stone, ce drôle d'Américain que certains aimaient et d'autres non, mais qui était le chef indiscuté du Haut Commandement de Jérusalem. « Raccroche. Tu acceptes de mettre ça par écrit?
– Mettre quoi?
– Que c'est une priorité nationale. Et de signer au nom du colonel Stone? »
Barak prit un bloc-notes et griffonna une attestation. Podotzur l'agrafa à un long formulaire ronéoté qu'il se mit à remplir méthodiquement.
« Écoute, Podotzur, je dois discuter de quelque chose de secret avec le colonel Stone. Tu peux m'attendre dehors? Je vais signaler ta coopération et te féliciter. » Le censeur ramassa les formulaires avec un haussement d'épaules, vaincu, et sortit de la pièce.
Marcus avait l'air épuisé, vieilli, la voix brisée. « C'est très dur,

Zev, bien pire que la dernière fois. Un plan génial, mais des bavures terribles dans les communications, des effectifs insuffisants...

– Colonel, le convoi est arrivé à Jérusalem sans encombre, les gens l'ont acclamé dans les rues...

– Oui, oui, on nous a dit ça. Mais d'après nos renseignements les Arabes vont contre-attaquer ce soir, au sud de Latroun. S'ils atteignent Hulda, la route est kaputt. On va les attendre, mais...

– Colonel, j'ai ici les comptes rendus de la presse sur le convoi. Podotzur vient de les approuver. Écoutez donc celui de Reuter. Juste le début. C'est très théâtral...

– Bon, vas-y.

– “*Dans une remarquable démonstration de leur faculté d'improviser, les Israéliens ont ouvert en secret une nouvelle route contournant Latroun pour relier Jérusalem au front de Tel-Aviv. Cette opération donne un autre signification à la trêve, et peut constituer un tournant de cette guerre...*”

– Zev, c'est bien Reuter?

– Reuter, chef. La bonne vieille agence anti-israélienne! Le *Los Angeles Times* est encore mieux.

– Par Dieu, continue avec Reuter, Zev.

– “*Notre correspondant a voyagé dans un command-car en tête d'un convoi qui a transporté la nuit dernière une centaine de tonnes à Jérusalem, brisant le siège de façon décisive. Il n'y a pas eu d'interférence de l'ennemi...*”

– Par Dieu, je n'arrive pas à y croire! Continue, c'est de l'adrénaline!

– “*Un trajet difficile, heurté et mouvementé sur un route fraîchement tracée, qui grimpe, plonge et serpente dans les montagnes désertiques de la Judée. Les combats autour de Latroun illuminaient le ciel, mais les soldats, sur la route, menaient des troupeaux et des mulets chargés, tandis que des chaînes de porteurs avançaient paisiblement dans les deux sens...*” »

Barak lut les trois pages suivantes, sans cesse coupé par les interjections de Marcus. « Merveilleux!... Superbe!... Fantastique! »

« Écoutez comment il conclut, monsieur. “*Quoi qu'on puisse penser de la politique d'Israël, la construction de cette ‘Route de Birmanie’ en miniature à l'ombre de la défaite est un éblouissant tour de force militaire. Avec la démonstration de leur compétence sur le champ de bataille, cela confirme que les Juifs sont désormais au Moyen-Orient une force avec laquelle il faut compter.*”

– C'est ça? C'est la fin? On dirait presque un éditorial.

– C'est ça. Il a un scoop, et il en tire le maximum. Reuter! Demain en première page dans toutes les capitales du monde ! Tu veux écouter le *Los Angeles Times* ?

– Peu importe. La “ Route de Birmanie ” ! » Marcus rit comme un gosse. « Fantastique ! Garde l'appareil, Zev, il faut que je le dise au colonel Allon. »

Barak entendit la voix grave d'Allon, un paysan de kibboutz ayant un peu plus de vingt ans, et un commandant palmakh expérimenté, avoir une discussion animée avec Marcus qui reprit bientôt l'appareil. « Allon est extrêmement ému, Zev, et tu sais quoi ? Nous allons défier le Vieux ! Il nous tarabuste pour qu'on attaque encore une fois Latroun ! Ce soir ! Pour la quatrième fois ! Il est fou ! Yitzhak Rabin est à Tel-Aviv en train de discuter avec lui Cela fait des heures que ça dure. Maintenant je peux lui dire “ Oubliez ça ”, et je vais le faire ! Jérusalem est sauvée, et il n'y aura plus un seul garçon juif pour aller se faire tuer à Latroun !

– C'est grâce à vous, colonel. C'est vous qui avez fait passer la route.

– Oh, on doit ça à pas mal de gens. En attendant il y a l'attaque arabe de ce soir, mais Allon m'affirme qu'on va les écraser ! Écoute, viens à mon quartier général d'Abu Gosh, Zev, pour qu'on se parle.

– J'ai ces types de la presse sur les bras, monsieur. Je dois faire le baby-sitter.

– D'accord, mais viens quand tu peux.

– Oui, monsieur. Nous avons donc rendez-vous à Abu Gosh. »

Marcus s'esclaffa. « Bonne mémoire, mon gars, et un rendez-vous sacrement différent, pas vrai ? Un rendez-vous avec la vie ! Une nouvelle partie de foot, Zev ! Vous êtes merveilleux, les gars, vous avez fait un miracle, vous vous êtes accrochés à l'objectif avec vos ongles ! » Marcus était de plus en plus exalté, sa voix résonnait. « Par Dieu, j'étais peut-être né pour sauver Jérusalem, mais si c'est le cas, c'est déjà fait ! Maintenant, tout commence. »

Les frères Blumenthal entrèrent dans la salle à manger du King David au moment où Yael vérifiait l'addition avec le maître d'hôtel et où Barak discutait avec le directeur. Officiers et journalistes étaient partis, et il restait beaucoup de choses sur la table : du poisson, du fromage, de la viande et des gâteaux. « Léopold veut vous poser une question », dit Quichotte à Yael, qui les ignora et continua de discuter le prix des plats. Léopold se servit largement dans les restes, mais un vieux serveur en tablier sale vint lui aboyer dessus, et il se retira en raflant une dernière tranche de fromage.

« *Mah ha'inyan?* (Qu'est-ce qu'il y a ?) » demanda-t-elle à Léopold en signant l'addition.

« Comment puis-je quitter l'armée? »

Elle lui lança un regard glacial, de très haut. « Tu ne peux pas.

– Pourquoi pas? Je n'étais pas volontaire, on m'a mis sous l'uniforme le jour où j'ai débarqué à Haïfa. Il faut que je trouve du travail pour nourrir mon père, qui est en mauvaise santé. Demain, il y une trêve. Si la guerre reprend, bon, je m'engagerai.

– Ne m'ennuie pas. Parles-en à ton commandant.

– Cette tête de nœud? Je crois qu'il ne sait ni lire ni écrire. »

Yael décida d'être offensée. Léopold avait un peu de la légèreté singulière de son frère, mais il était beaucoup trop insolent. Elle haussa une épaule et s'en alla.

« *Ayzeh hatikha!* (Quel morceau!) » lança Léopold à Quichotte dans un argot qu'il venait d'apprendre.

Après avoir raccompagné Barak, Quichotte eut la permission de prendre la jeep, et il alla chez le vieux tailleur. « Attends, dit-il à son frère en portant deux gros sacs en papier à l'intérieur. Reb Shmuel, des provisions de Tel-Aviv.

– Alors! Tu es venu avec le convoi! » Le vieil homme montra la porte de derrière avec un sourire. Shayna et sa mère sont dans la cuisine. »

Quichotte n'était entré qu'une fois dans le petit appartement obscur. Il suivit un couloir mal éclairé et ouvrit ce qu'il prit pour la porte de la cuisine. Shayna était debout dans un baquet en zinc, lui tournant le dos, pressant voluptueusement une grosse éponge au-dessus de sa tête – une Ève mince et rose, jolie comme une fleur. *« Ai! »* Elle l'aperçut dans le miroir et lança l'éponge par-dessus son épaule. Il la reçut en pleine figure, recula et claqua la porte.

« Imbécile, rends-moi mon éponge! » Elle avait roulé par terre, mais Yossi, sans ses lunettes, les yeux pleins d'eau, était aveugle.

« D'abord rends-moi mes lunettes!

– Elles ne sont pas là, imbécile. Oh si, elles sont là. » Un bras blanc dégoulinant sortit par l'entrebâillement. « Prends-les, imbécile. »

La mère de Shayna apparut dans le couloir. « Qu'est-ce qui se passe? Salut, Yossele. » Elle ramassa l'éponge mouillée et cria à travers la porte : « Shayna, qu'est-ce que c'est que ces bêtises?

– Oh, maman, va-t'en », cria la fille d'une voix étonnamment adulte, et son bras nu attrapa l'éponge.

Peu après, les deux frères se mirent à engloutir du pain et de la soupe à la table de la cuisine. « Alors dis-moi, Léopold, demanda la mère, qu'est-ce que tu penses de Jérusalem, maintenant que tu l'as vue?

– Beaucoup de dégâts.

– Oui, mais on va les réparer.

– C'est joli. Mais c'est juste une petite ville, pas comme Tel-Aviv. »

Shayna entra, séchant ses longs cheveux avec une serviette. « Dieu du ciel, cria-t-elle à sa mère, cet imbécile est encore là?

– Je te présente mon frère Léopold, dit Quichotte, sans s'offenser. Ce n'est pas un imbécile.

– Pouah! » Elle sortit en tapant du pied.

« Shayna est troublée par la guerre, dit la mère. Ne faites pas attention. »

Léopold la remercia et partit rejoindre son unité. Elle eut un sourire approbateur quand Yossi dit les grâces en fin de repas. « Comment se fait-il que tu sois religieux et pas ton frère? Il a mangé sans dire la bénédiction, sans chapeau et sans dire les grâces.

– Léopold est troublé par la guerre. »

L'après-midi, Barak emmena les deux correspondants au mont Sion pour qu'ils voient les synagogues dynamitées, le grand cimetière antique du mont des Oliviers transformé en carrière, les pierres tombales chargées sur des camions pour servir au pavage ou à la construction. Le commandant palmakh de l'endroit, David Elazar, était un charmant Juif yougoslave, petit mais imposant, qui ne parlait presque pas anglais et ne pouvait pas être interrogé de trop près. Elazar les fit monter presque jusqu'au sommet. « Nous avons pu avancer jusque-là (Barak traduisait à mesure), mais nous n'avions pas assez d'hommes pour tenir le passage, et nous avons dû reculer. Le Quartier est tombé.

– Alors vous avez perdu la Vieille Ville pour de bon, dit Schreiber, si cette trêve apporte la paix.

– Nous avons un proverbe : " Si ma grand-mère avait des roues, ce serait un carrosse. "

– Vous ne croyez pas que la trêve va tenir? » demanda St. John Robley d'un ton inquisiteur.

Avant de répondre, Elazar prit son temps. Les soldats de son unité les entouraient, les yeux brillants de respect pour leur commandant. « Eh bien, je pense que nous allons récupérer la Vieille Ville, laissa-t-il tomber, mais j'admets que je ne sais ni quand ni comment. »

Jusqu'à la nuit, Barak promena les journalistes sur les nombreux champs de bataille de la ville assiégée, pour discuter avec les commandants qui continuaient à monter la garde. A l'heure où ils rentrèrent au King David, des obus jaillissaient de la Vieille Ville dans des éclairs rougeoyants et allumaient de nombreux brasiers en explosant. Les correspondants parurent apprécier ce feu d'artifice.

« Les Arabes finissent en beauté avant la trêve, n'est-ce pas? demanda Schreiber.

– Ils en font tout un spectacle, ajouta Robley, et pour pas grand-chose. »

Dans l'hôtel barricadé, on leur avait servi un excellent dîner, étant donné l'austérité du siège. Les officiers qui vinrent les rejoindre étaient de très bonne humeur, car on disait que la contre-attaque arabe se faisait repousser avec de lourdes pertes. Le dîner, grâce au vin, devint une sorte de revue déboutonnée de toute la guerre; les correspondants harcelaient les officiers de questions, prenaient des notes, et les Israéliens, euphoriques, se laissaient aller à raconter leurs propres combats. Cela dura des heures, au prix de quelques brèches mineures dans la sécurité, mais Barak sentait que les journalistes étaient fascinés, et il n'essaya pas de s'en mêler. Il était très tard quand il put s'échapper et se rendre en jeep à Abu Gosh.

« *Haderekh shelanu* (La route est à nous) », répondit-il à la question d'une sentinelle, devant le portail obscur du quartier général, encore un monastère abandonné. C'était le mot de passe du jour. En entrant dans la vaste salle voûtée, trois officiers l'aperçurent et arrêtèrent de parler, l'air bizarrement gênés.

« Zev, c'est toi? *Mah ha'inyan?* lui demanda un de ses anciens commandants de bataillon.

– Le colonel Stone m'a demandé de venir le voir ici, mais j'ai été retardé. S'il est en train de se reposer, ne le dérangez pas. »

Le commandant le prit par le bras. « Tu ne vas pas déranger le colonel Stone. » Il conduisit Barak dans une petite pièce. Un corps enroulé dans une couverture blanche était allongé par terre, éclairé par une bougie. Il souleva un coin de la couverture. C'était le visage de Mickey Marcus, les yeux fermés, étrangement calme. Muet de surprise, Barak eut un frisson.

« Il est allé faire un tour à l'extérieur de l'enceinte, visiblement drapé dans cette couverture. Personne ne sait pourquoi, ni exactement à quelle heure. » La voix du commandant tremblait. « Quelqu'un a entendu tirer il y a environ une demi-heure et est allé vérifier. Il était par terre, dans sa couverture, une balle dans la poitrine.

– Comment? Par qui? Un tireur embusqué, si loin de tout?

– Quoi d'autre? » Le commandant écarta les mains, l'air malheureux. « Il est mort. »

Un officier vint à l'entrée de la pièce. « L'ambulance est arrivée. Le médecin attend à Abu Gosh.

– Trop tard pour les médecins », dit le commandant.

Barak suivit la civière jusqu'à l'ambulance, et regarda ensuite le véhicule disparaître au bas du chemin de terre. Les étoiles pâlissaient dans un ciel indigo lorsque ses pas le ramenèrent au camp.

« Mi sham?! » Une voix jeune, inquiète, une silhouette armée, tendue, dans la lumière du crépuscule.

« Haderekh shelanu », répondit Barak en retenant ses sanglots. A voix basse, il ajouta : « Ah, Dieu! Mickey, la route est à nous. »

Le cessez-le-feu entra en vigueur quelques heures plus tard. Une trêve d'un mois était déclarée. Avant qu'elle s'achève, la Terre sainte vacillerait au bord d'une autre guerre civile, cette fois entre Juifs et Juifs.

6

A bon chat bon rat

Au bout de dix belles journées de juin, pendant la trêve, l'appartement avait repris forme humaine. Vêtu d'un vieux short, chaussé de pantoufles, le bras sorti de son plâtre et de nouveau utilisable bien qu'il soit raide et plié, Barak mastiquait la vitre d'une fenêtre, content de se détendre grâce au travail manuel. Nakhama était allée faire des courses, Noah avait retrouvé son ancienne maternelle et la maison était silencieuse. En une semaine de dur travail, Nakhama et Barak lui avaient rendu sa belle apparence, et la guerre aurait pu n'avoir jamais existé; sinon que le téléphone était toujours coupé, que l'eau ne coulait que par intermittence et que le gaz venait d'être remis le matin même. Il n'y avait d'électricité que deux heures par jour, mais les bougies et les lampes à pétrole diffusaient une lueur romantique, le soir, bien accordée à cette seconde lune de miel qu'ils passaient chez eux, dans leur propre lit.

On frappa à la porte, et un soldat lui tendit une dépêche qui le fit gémir à haute voix. Quand il sortit de la douche, en peignoir, il y avait un canard égorgé sur la table, les plumes ensanglantées. Dans la cuisine, Nakhama faisait un bruit de casseroles et fredonnait un chant arabe de son enfance, signe qu'elle était de très bonne humeur. « Par tous les diables, où as-tu trouvé ça? demanda-t-il en brandissant l'animal par les pattes.

– Peu importe! A peine tué! Ce soir on fait la fête, *motek*.

– La fête pour quoi?

– Parce que le gaz est revenu, voilà tout. »

Barak reposa le canard et lui montra la dépêche. *Ai*! Mais il avait promis! Il t'avait promis quinze jours!

– Je sais, et c'est un homme de parole. Il faut que j'aille voir de quoi il s'agit, en tout cas.

– L'*Azazel*! » Elle posa brutalement une casserole sur l'évier. « Pourquoi l'ai-je fait tuer ? Un canard vivant, ça ne se gâte pas. Noah aurait pu jouer avec lui, en attendant.

– Mais alors il ne t'aurait pas laissé le tuer. Il l'aurait appelé Joshua ou Izthak, et il t'en aurait empêché.

– Ha ! C'est sûr. Bon, alors il va dans le réfrigérateur des Bluestein. » La voisine faisait l'envie de tous les locataires, parce que ses cousins d'Amérique lui avaient un jour apporté un Kelvinator. « Mais ne le laisse pas nous voler nos quinze jours, tu entends ? Reviens à la maison ! »

Au lieu de faire des zigzags pour éviter les batteries antiaériennes, le Piper Club passa au ras de la forteresse de Latroun, et le jeune pilote montra du doigt les légionnaires qui se promenaient en petite tenue. « Très contents de ne pas se battre, hein ? cria-t-il pour couvrir le bruit du moteur. Pareil que nous ! » Dans les beaux champs verdoyants d'Ayalon, de chaque côté d'une ligne de démarcation invisible, les paysans juifs et arabes se courbaient sur leur tâche et les tracteurs rampaient paisiblement. Le petit avion se cabra et bascula en descendant dans les vents marins, au nord de Tel-Aviv. Devant le hangar du terrain d'aviation, un petit homme robuste avec veston, cravate et chapeau mou, qui mangeait un gros sandwich dans un sac en papier, intercepta Barak au passage. « Qu'est-ce qui t'arrive, gros bonnet, on ne parle plus aux civils ?

– Sam ! Tu émigres, c'est ça ? Très sage de ta part ! » Pasternak se contenta de rire et de reprendre une bouchée. « Allons, Sam, tu vas où, à un moment pareil ? »

Pasternak baissa la voix sans s'arrêter de mâcher. « A Prague. Mission spéciale. Le marché tchèque des armements s'est ouvert en grand, Zev. Des Messerschmitt de surplus, des chars, des canons, des mitrailleuses, des fusils, des munitions ! Tout ce qu'on peut payer et emporter, on peut l'avoir. »

Comme les Pasternak étaient des Juifs tchèques, et que Sam avait fait du trafic d'armes dans la clandestinité, sa mission n'avait rien d'étonnant. « Mais l'embargo, Sam ? Les termes de la trêve ? On ne peut pas importer ce genre de trucs. »

Pasternak eut un sourire sans joie. « Non, bien sûr que non. Les Arabes font entrer des tonnes d'armes, parce que les observateurs de l'ONU ne peuvent pas surveiller toutes les frontières et les côtes, alors que ces mêmes fouineurs de l'ONU s'abattent sur nous comme des mouches, pas vrai ? » Son vieil air rusé lui plissa le visage. « Pourtant, quelquefois un Juif peut trouver un moyen, hein ? Et toi ? Je te croyais en permission.

– C'est vrai. Ben Gourion m'a convoqué par avion, Dieu sait pourquoi.

– Je sais pourquoi.

– Alors dis-moi ! »

Pasternak passa le bras au creux de son coude et l'attira de côté. « Il n'a pas parlé de Begin ?

– Begin ! Pas un mot. »

L'opposant de droite à Ben Gourion, le virulent Menahem Begin, dirigeait l'Irgoun Tsvaï Leumi, le Front national uni, la fraction droitiste du sionisme.

« Eh bien, les gars de Begin ont acheté en Amérique un vieux LST de surplus, un gros navire de débarquement, et l'ont rempli jusqu'à la gueule de munitions françaises à Marseille. Maintenant il est dans nos parages, prêt à décharger. Mais qui reçoit les armes, l'armée ou l'Irgoun ? Voilà ce qui se passe, Zevi, et c'est une bombe à retardement, je te préviens. Bonne chance ! »

Le Vieux était à son bureau, courbé sur sa tasse de thé et son biscuit, ses mèches de cheveux blancs soulevées par un ventilateur bruyant. « On a finalement la réaction des Américains à propos de Marcus, dit-il sans préambule. L'histoire est sortie, a fait beaucoup de bruit dans les journaux, et ils veulent l'enterrer avec tous les honneurs militaires. Funérailles à West Point, très grandioses. Il n'en mérite pas moins. Un vrai héros. Moshe Dayan accompagnera le corps, mais j'essaye encore de louer un avion en Europe. Tellement cher ! Et l'assurance ! Terrible ! » Ben Gourion poussa un grand soupir, but une gorgée de son thé, et lui jeta le regard en biais d'un initié. « Eh bien, tout ça est très triste. Tu sais ce qui s'est vraiment passé ?

– Oui, un tireur embusqué. »

Le Vieux secoua la tête. *« Bobbeh-myseh !* Si Mickey avait un peu parlé l'hébreu, le pauvre, il serait encore en vie. » Il fit une pause pour savourer la perplexité de Barak. « Ces Palmakhniks d'Abu Gosh ont donné une grande fête, le soir. Pour célébrer la route, la trêve, la levée du siège et ainsi de suite. Tu sais qu'il aimait boire un verre, et j'imagine qu'il en a bu beaucoup ! Il a dû s'écarter, avec sa couverture blanche, pour aller se soulager. En tout cas, une sentinelle l'a questionné, une nouvelle recrue qui ne parle pas anglais. Comme le pauvre Mickey n'a pas pu prononcer *Haderekh shelanu,* ni simplement lui dire qui il était, le jeune imbécile lui a tiré dessus et l'a tué. Cru que c'était un Arabe infiltré, tout en blanc comme il était. Et quand ce gosse a découvert ce qu'il avait fait, il a essayé de se suicider.

– Non ! » Barak avait le cœur serré. « Tué par une sentinelle !

– Oui. Bien sûr, c'est un grand secret. Officiellement, c'est un tireur ennemi. Bon, Dayan ne parle pas très bien anglais, alors tu vas l'accompagner à West Point dès qu'on aura trouvé un avion. Il va falloir un bout de temps. »

C'était donc pour cela qu'on l'avait convoqué, et pour une fois Pasternak, qui savait tout, s'était trompé. On allait peut-être pouvoir faire cuire le canard, et Barak se sentit soulagé. Mais alors Ben Gourion repoussa le plateau à thé, empoigna son bureau à deux mains. Dans un de ces changements d'humeur subits qui lui étaient familiers, il entra dans une fureur épouvantable. « Alors, tu sais qu'on risque la guerre civile, et que ça peut éclater d'une heure à l'autre ? »

Barak connaissait le style mélodramatique du Vieux, et il avait été prévenu, mais il fut tout de même secoué. « Qu'est-ce qui se passe, Premier ministre, et où ? » *(Un point pour Pasternak.)*

Ben Gourion leva une main courtaude. « Tu vas bientôt le savoir. Je forme une cellule de crise. Tu en écriras le compte rendu.

– Premier ministre, excuse-moi. Tu as dit deux semaines, et Nakhama...

– Je sais, je sais ce que j'ai dit, lança sèchement le Vieux. Il s'agit d'une urgence. »

Quand Ben Gourion apprit l'existence du LST à la demi-douzaine d'officiers de la cellule de crise, ils furent de toute évidence stupéfaits et très inquiets. Le premier à briser un lourd silence fut le chef palmakh, Yigal Allon. A près de trente ans, il avait l'air plus jeune que Barak ; ses épais cheveux bouclés d'adolescent encadraient un visage rouge et tanné de paysan. « Premier ministre, depuis combien de temps le gouvernement connaît-il cette affaire ?

– Je négocie avec l'Irgoun là-dessus depuis plusieurs jours. Depuis que le grand Menahem Begin m'a appris cette chose », dit Ben Gourion d'un ton agacé. Allon n'était pas un de ses favoris, parce que l'élite palmakh, les durs, venait surtout des kibboutzim beaucoup plus à gauche que son propre parti socialiste. « J'ai dû le garder top secret, parce que c'est une violation grossière de la trêve. Je croyais qu'on pourrait arranger un déchargement clandestin, mais ils sont impossibles ! Ils n'arrêtent pas de mettre des conditions, pas moyen de faire affaire... »

Le colonel Yadin entra, la pipe à la bouche, son grand front chauve creusé par les rides. « Bien. J'ai le rapport des renseignements militaires. »

Son rapport était atterrant. Le LST, ancré dans une crique près de Netyana, était déjà en train de débarquer sa cargaison, et les types de l'Irgoun qui avaient manœuvré l'*Altalena* – comme ils avaient baptisé le navire – ou qui étaient venus aider à décharger les armes, contrevenaient à tous les ordres de l'armée et du gouvernement. « Mais je vous assure que l'armée a bouclé la côte, Premier ministre. Nous avons installé des barrages routiers, et pour l'instant aucune arme ne va quitter cette plage, c'est net. » Ben Gourion hocha la tête, l'air sombre. « Néanmoins, monsieur, je dois ajouter que des unités militaires fidèles à l'Irgoun ont déserté leurs postes et se dirigent vers les lieux. »

Les officiers se regardèrent. Le chef palmakh parla d'une voix calme et sèche. « Il faut désamorcer cette affaire. Que veut réellement l'Irgoun, Premier ministre, quelles sont vos conditions minimum, et comment peut-on réduire l'écart ?

– Le navire et sa cargaison doivent être livrés à l'armée, grinça Ben Gourion, ou confisqués de force. Rien d'autre. »

Par contraste avec Allon, le colonel Yadin parla lentement, d'une voix grave. « Et si l'Irgoun essaye de passer en force, Premier ministre ?

– Alors je vous ordonne de répondre aux armes par les armes ! » Il abattit son poing sur le bureau. « *Il ne peut y avoir qu'une seule force armée dans un pays !* Et le gouvernement doit contrôler cette armée ! Sur ces deux points, je ne peut faire aucun compromis. L'Irgoun a signé un accord pour intégrer ses unités à l'armée, n'est-ce pas ? Les irgounistes qui abandonnent leur poste sont des déserteurs !

– Premier ministre, dit Barak, les troupes qui sont sur la plage n'obéiront peut-être pas à l'ordre de tirer sur des Juifs. L'Irgoun doit compter là-dessus.

– Zev a raison, dit le chef palmakh. C'est une possibilité, une possibilité sérieuse. »

Ben Gourion, le visage tordu par la colère, regarda Barak, puis les autres officiers, les yeux réduits à des fentes. « Messieurs, êtes-vous tous en train de me dire que ce gouvernement n'a pas le pouvoir de régler une menace de soulèvement armé ? De guerre civile ? Qu'il n'y a pas de soldats dans l'armée israélienne pour m'obéir ? »

Le colonel Yadin tira longuement sur sa pipe. « Premier ministre, dit-il en rejetant un nuage gris, envoyons donc Moshe Dayan sur cette plage. »

Moshe Dayan commandait les blindés légers de la nouvelle brigade blindée basée près de Tel-Aviv. En fait, ce n'était un bataillon blindé que de nom, un assemblage hétéroclite de jeeps et de half-tracks couverts de plaques d'acier, capables tout juste de raids éclair, n'étant armés que de mitrailleuses et de mortiers. Il y avait tout de même le prestige du mot *blindé*, et les soldats avaient rivalisé pour s'engager dans les « commandos Dayan ». Moshe Dayan avait volontiers accepté Benny Luria, un jeune de son propre *moshav*, et, profitant du recrutement informel et hâtif dû à la trêve, Benny avait amené avec lui Don Quichotte. Benny était déjà chef de peloton, grâce à ses dons, à la faveur de Dayan, ou un peu des deux.

« Devine ? » dit-il au retour d'une réunion de sous-officiers, en entrant dans leur petite tente surchauffée où Quichotte nettoyait son fusil. « Alerte au combat, demain on fait une sortie.

– Pourquoi ? Où allons-nous ?

– Au village de Vitkin.

– Où est-ce ?

– C'est un *moshav* de la côte, au nord de Netanya.

– Sur la côte ? Pourquoi sur la côte ? On attend un débarquement surprise des Arabes ?

– C'est tout ce que je sais.

– Tu ne sais pas grand-chose.

– Je sais ce qu'on m'a dit. C'est tout ce qu'on a à savoir, toi ou moi. »

Au matin, le bataillon dépassa le *moshav* en ferraillant et fit halte au bord de la descente donnant sur la mer. « Tiens, regarde, c'est un LST, dit Don Quichotte en désignant un énorme vaisseau à l'ancre, avec une peinture de camouflage. J'en ai vu plus de cent dans le port de Naples. Que diable un LST vient-il faire ici ? »

Leur half-track dominait toute la scène. En bas, un demi-cercle de militaires cernait la plage face à l'*Altalena*. A l'intérieur, une quantité d'hommes à demi nus déchargeaient des grosses caisses sur un ponton branlant, tandis que d'autres pataugeaient vers la rive avec des fardeaux sur leurs têtes. Les munitions entassées sur la plage étaient chargés sur des camions, gardés par des hommes de l'Irgoun semblables aux militaires, mais qui leur faisaient face, l'arme à la main.

Dans le talkie-walkie de Benny, la voix cassante de Dayan : « Bataillon, avancez et prenez position.

– On y va », dit Benny. Les engins blindés roulèrent au bas de l'escarpement. Sur la plage, les hommes s'arrêtèrent, les discussions s'interrompirent, et tous fixèrent les véhicules qui approchaient. « Okay, Yossi, quand on arrive sur la plage on prend position entre l'armée et les types de l'Irgoun, tu piges ?

– Qu'est-ce qu'on est en train de faire, Benny, de protéger nos propres soldats ?

– Ils viennent de la brigade locale, l'Alexandroni. Nous sommes des renforts.

– Mais qu'est-ce que vous avez contre l'Irgoun, vous autres ? Les combattants de l'Irgoun dans la Vieille Ville étaient des bons gars, je peux te le dire.

– Oh, c'est de la politique. Très compliqué. »

Une voiture découverte roulait au bord de la mer sur le sable durci. « Oh-ah! s'écria Benny, ça devient intéressant! C'est le maire de Netanya, et regarde, ce petit homme à lunettes en chemise blanche, qui descend de voiture? C'est Begin.

– Le petit? On dirait plutôt un professeur.

– En fait, c'est un orateur et un combattant féroce. Begin, c'est l'Irgoun. On va commencer à s'amuser. »

Le petit homme à lunettes en chemise blanche trotta le long du ponton pour monter sur le navire, puis revint sur la rive discuter véhémentement avec le maire et un groupe d'officiers de l'armée. La scène se répéta plusieurs fois. Les heures se traînaient. Des deux côtés, les soldats prenaient des attitudes détendues. Le soleil baissait, et Quichotte avait envie de dormir. « Tout ça est absurde, dit-il. Des mots, des mots, des mots. On ne va pas se battre contre les nôtres, Benny. Tu le sais bien.

– Écoute, tu connais Dayan. S'il nous ordonne de tirer, on tire. »

Quichotte bâilla, se tassa sur son siège et s'endormit la tête sur les genoux. Il fut réveillé par des coups de feu. Comme un chat, il se redressa, attrapa son arme et se jeta à plat ventre près de Benny qui était aplati sur le sol, l'œil au viseur d'une mitrailleuse posée sur un trépied. Il faisait presque nuit. « Benny, qu'est-ce qui se passe?

– Tu n'entends pas? Je ne sais pas qui a commencé ou quoi, mais ouvre l'œil, c'est sérieux! »

Les commandos Dayan tiraient comme ils avaient appris à le faire, couchés par terre ou abrités par les blindés. La fusillade venue de la plage était sporadique, mais les balles miaulaient et sifflaient au-dessus de leurs têtes. Moshe Dayan, qui avançait le long d'une élévation de terrain, tomba sur Quichotte, debout, qui ripostait. « Couche-toi! » Malgré l'obscurité et la fumée, on ne pouvait pas manquer de reconnaître le bandeau noir et la voix cassante.

« Chef, j'y vois mal en étant couché », cria Quichotte.

Dayan lui frappa l'épaule. « Par terre, toi! » Le colonel continua son chemin.

Quichotte se laissa tomber à côté de Benny qui rechargeait sa mitrailleuse. « Dis-moi, beugla-t-il, ce n'est pas une drôle de façon de diriger un pays?

– Ouais, à crever de rire », gueula Benny.

Quand la fusillade retomba et qu'ils osèrent s'asseoir, ils virent l'ombre du LST qui s'éloignait et entendirent le claquement sourd de la chaîne de l'ancre qu'on relevait.

Le même soir, au quartier général de Ramat Gan, Zev Barak passa une nuit blanche à essayer de suivre à la trace ces événements bizarres. Une corvette de l'armée poursuivit l'*Altalena* le long de la côte; les deux capitaines discutèrent toute la nuit sur ondes courtes – en anglais, car c'étaient tous les deux des officiers de réserve de la marine américaine – et Barak fit son possible pour noter leur dialogue, un mélange de défis et de menaces en jargon nautique et juridique. Juste avant le lever du soleil, l'*Altalena* se dirigea vers le port de Tel-Aviv, mais fit halte en face du Dan, un hôtel sur la plage, tandis qu'une pile de rapports signalaient des unités de l'Irgoun fonçant à toute allure vers Tel-Aviv.

Très tôt, à la réunion de la cellule de crise, les yeux larmoyants, Ben Gourion commença par donner une volée de bois vert au chef des opérations navales, une jeune homme à barbe rousse en pull-over à col roulé, parce que la corvette n'avait pas intercepté et saisi le LST. S'en prenant aux autres officiers, il exigea un plan pour neutraliser ou détruire immédiatement le navire s'il refusait de se rendre.

« Premier ministre, fit remarquer Ygal Allon, d'un ton sec et menaçant, un seul coup d'obusier de 75 peut liquider ce LST. C'est une coquille d'œuf, impuissante, qu'on peut tirer à bout portant.

– Une coquille d'œuf pleine de munitions, dit le colonel Yadin. Un obus peut tout faire sauter et tuer tous ceux qui sont à bord. »

Ben Gourion modéra ses gestes et son ton de voix. « Personne ne parle encore de ça. Quel est le rapport des forces à Tel-Aviv?

– Hautement défavorable, répondit Yadin. C'est une ville de l'Irgoun, monsieur, comme vous le savez, et nos unités de l'armée on besoin de temps pour arriver sur place.

– Zev, tu t'occupes de la presse étrangère. » Ben Gourion se tourna vers lui. « Le monde entier va assister à cette débâcle. Le monde entier! Rédige un communiqué gouvernemental – prudent, discret, mais énergique. Dis que le gouvernement israélien ne tolérera pas cette violation flagrante de la trêve. Le navire est tenu par des dissidents et des terroristes. Il sera saisi, les armes seront livrées à l'ONU, et ainsi de suite... Maintenant, messieurs, qu'est-ce que vous avez comme idées? »

Barak se retira dans un petit réduit et travailla dur au communiqué. Quand il l'apporta à Ben Gourion, le Vieux était dans son bureau personnel, en train de discuter du style des nouveaux uniformes de l'armée avec le chef de l'intendance et deux industriels du vêtement. Des échantillons de chemises et de pantalons étaient drapés sur les chaises et sur le bureau. « Les revers ne vont pas, dit le Vieux en louchant vers les vêtements. Où est le panache militaire? Ah, Zev. Tu as le communiqué?»

Il jeta un coup d'œil aux griffonnages de Barak, biffa quelques mots et en rajouta d'autres. «Parfait, parfait. Apporte-le au bureau de presse, fais-le distribuer, et tiens-moi au courant.

«Je n'aime pas non plus les boutons. Combien ça coûterait, des boutons en métal?»

St. John Robley, de l'agence Reuter, un lève-tôt, vit de sa fenêtre, à l'hôtel Dan, l'étrange spectacle d'un LST qui entrait au port suivi de près par une corvette. Il s'habilla en hâte, prit ses jumelles, descendit sur la terrasse du restaurant qui donnait sur la mer et commanda un café. Le LST s'arrêta au large au lieu de toucher terre et d'abaisser sa rampe. Dans ses jumelles, l'Anglais vit l'équipage signaler aux hommes de l'Irgoun massés sur le rivage que le navire avait heurté un obstacle et s'était échoué.

Peu après, Zev Barak apparut, une serviette à la main. «Ah, bonjour, monsieur.

– Bien, bien, bonjour, major. Qu'est-ce que fait ce navire de débarquement ici?»

Zev avait posté Yael Luria dans l'entrée de l'hôtel avec une liasse de communiqués ronéotés pour les correspondants, mais c'était bien dans le style de cet Anglais que de monter la garde avec ses jumelles. «En fait, monsieur (Barak sortit un exemplaire du communiqué de sa serviette), voici ce dont il s'agit.»

Robley lut rapidement les deux pages. «Un compte rendu gouvernemental, major. Pas fiable. Pourquoi l'*Altalena*? Qu'est-ce que cela signifie?

– Le nom de plume de Jabotinski, monsieur, le premier leader du sionisme révisionniste, fondateur et idole de l'Irgoun.

– Ces types de l'Irgoun sont du genre susceptible, hein?

– Ce sont des patriotes, monsieur. Tout va s'arranger.»

Le restaurant du Dan se remplit de journalistes, de civils curieux et d'observateurs de l'ONU avec des brassards bleus. Sur le navire échoué, on s'agitait frénétiquement, tandis que des hommes de l'Irgoun continuaient d'arriver sur la plage et qu'au-dessus, sur le remblai, les unités de l'armée se renforçaient elles aussi.

«Major Barak, vous savez quoi? dit Robley en montrant du doigt l'affrontement armé. C'est à nouveau l'an 70 en Terre sainte. Vous, les Juifs, étiez en train de vous entredéchirer quand Titus a pris Jérusalem.»

Un cri en plusieurs langues: *«Les voilà!»* Une péniche de débarquement se détachait du LST. Lourdement chargée de caisses et de mitrailleuses, couverte d'hommes armés accroupis, l'embarcation avançait péniblement. Dans le restaurant, les voix se turent. La tension grimpa d'un seul coup.

« Il n'y a aucun doute, vous êtes devenus des soldats, vous autres Juifs, continua Robley, ses jumelles braquées sur la péniche, et c'est remarquable. Pourtant, je me demande si on peut vraiment vous confier des armes. »

Barak n'écoutait qu'à moitié, les yeux fixés sur l'embarcation. « Je ne vois pas bien ce que vous voulez dire.

– Je veux dire que les armes sont faites pour la guerre. Elles ne devraient pas devenir une forme plus bruyante de discussion talmudique.

– Puis-je emprunter vos jumelles ? » Barak examina longuement la péniche qui approchait. « Merci, monsieur. » Après les avoir rendues, il quitta la terrasse en courant et descendit l'escalier jusqu'au vestiaire donnant sur la plage. Celui qui commandait cette péniche était un vieil ami de l'époque du scoutisme, Zoulou Levy.

De peau très foncée, Levy avait joué un jour le rôle d'un cannibale avec un os en travers du nez, dans une pochade scolaire, et depuis on l'appelait Zoulou. Devenu directeur d'hôtel, c'était un irgouniste chauffé à blanc, proche de Menahem Begin. Il y avait donc une faible chance, se dit Barak, d'éteindre cet incendie en parlant avec lui, et – à travers lui – avec son leader de caractère difficile. Il s'agissait de traverser le no man's land sablonneux séparant les fusils de l'armée et ceux de l'Irgoun. Aucune raison pour qu'on me tire dessus, pensa-t-il, mais il y a toujours des imbéciles à la gâchette facile. En trottant lourdement autour de l'hôtel et sur la plage déserte, il se rappela tristement le sort de Marcus et cria en mettant ses mains en porte-voix : « Zoulou ! Zoulou ! C'est moi, Barak ! *Ma nishma ?* (Quoi de neuf ?) »

Levy regarda autour de lui, sourit et lui fit signe de venir. « Zev ! Tu viens de la part de Ben Gourion ?

– En un sens, oui.

– Alors, où est ton drapeau blanc ? » De gros rires vinrent des hommes qui déchargeaient l'embarcation. Un éclair sauvage dans les yeux, Levy serra brutalement Barak dans ses bras. « Content de te voir ! Zev, tu peux dire à ton patron qu'il y a encore quatre cargaisons de cette ferraille qui nous attendent à Marseille. Quatre de plus ! L'Irgoun fait venir plus de meilleur armement qu'il n'a pu en fournir pour toute son armée de *Yiddisheh-mammeh !*

– Écoute, Zoulou, ça ne va pas marcher. C'est impossible. Si vous vous rendez tranquillement, on peut encore arranger ce foutu gâchis. Ygal Allon a été chargé du front de mer, et il fait venir un canon.

– Ha, ha! » Zoulou eut un rire indécis. « Du bluff.

– Zoulou, tu connais Ygal Allon?

– Au nom de Dieu! s'écria Levy. Qui a trouvé l'argent en Amérique pour ce navire? Qui a négocié pour ces montagnes d'armes françaises? Cette brute de Ben Gourion demande l'impossible, il a refusé tous les compromis, et maintenant... »

Brusquement un tonnerre de mots anglais déferla sur la plage. *« Ici le capitaine de l'*Altalena. *Menahem Begin va bientôt s'adresser au peuple de Tel-Aviv et d'Israël tout entier depuis le pont de ce navire historique... »*

– C'est parti, dit Zoulou en donnant une petite tape sur l'épaule de Barak. Écoute, et va dire à ton crétin de Premier ministre qu'il s'est fait rouler dans la farine! »

« Le cabinet se réunit dans dix minutes. » Ben Gourion était seul avec Barak dans son bureau personnel. « Dis-moi ton impression. La situation est très mauvaise, là-bas?

– Pas bonne, chef. Quand je suis parti, Begin avait un haut-parleur, il pressait tous les gens de Tel-Aviv de venir aider à décharger les armes, et on montait de plus en plus de mitrailleuses sur le pont.

– Ils ont déchargé autre chose?

– Pas depuis la première péniche, mais ils en mettaient d'autres à l'eau, déjà chargées.

– Tout ça sous les yeux des observateurs de l'ONU et de la presse?

– Oui, les balcons de l'hôtel sont bourrés de types de l'ONU, de photographes et de cameramen d'actualités... »

Ben Gourion se tassa un peu plus sur son siège, ses poings fermés posés sur le bureau. « C'est une mutinerie d'inspiration politique, dirigée par des politiques. Si on ne la réduit pas, l'État sera détruit. » Il se leva. « Attends ici, Zev. »

Seul dans la petite pièce lugubre, Barak regarda le mur par-dessus la table jonchée de documents, et Théodore Herzl lui rendit son regard – une barbe frisée noire et carrée, des yeux noirs autoritaires, un défi perpétuel et silencieux. *Si tu le veux, ce n'est pas un rêve.* A côté du portrait, il y avait le rêve transformé en réalité : le contour d'Israël tracé à l'encre sur une carte du Mandat britannique, défigurée par les graffiti de la guerre et de la politique : des schémas de batailles rouges et bleus, d'épaisses lignes vertes de cessez-le-feu sur les différents fronts. La fatigue et le désespoir firent tomber la tête de Barak sur son bras replié. N'ayant jamais été optimiste à propos du jeune État juif où il vivait et qu'il aimait, Barak le sentait maintenant vaciller sous ses pieds.

Le problème de l'ex-Wolfgang Berkowitz devenu Zev Barak, lui semblait-il, c'était qu'il était resté suffisamment Juif d'Europe centrale pour ne pas voir qu'un seul point de vue. Begin n'avait pas totalement tort, et Ben Gourion était loin d'avoir absolument raison. Une paire de politiciens d'un ghetto d'Europe de l'Est s'affrontaient pour un minuscule pays neuf et en grand danger. Après dix-neuf siècles de diaspora, les Juifs étaient rentrés chez eux. L'État juif, le rêve de Herzl, n'existait que depuis cinq semaines, avec l'ennemi à ses portes, et les Juifs avaient des Juifs dans leurs viseurs! C'était trop pour lui. Que Ben Gourion s'en occupe, puisqu'il s'occupait de tout, jusqu'aux boutons des uniformes de l'armée.

Il y eut une sonnerie dans le bureau. Barak alla frappa à la porte du cabinet. « Entre! » Le Premier ministre était assis avec huit membres du parti sioniste, vieux ou d'âge moyen, en chemise ouverte sauf un rabbin en costume noir avec cravate. Barak les connaissait tous. Quelques-uns, sans sourire, le saluèrent d'un signe de tête. Silence pesant dans la pièce. Tristesse, inquiétude et peur sur les visages tirés et pâles autour de la table, sauf celui de Ben Gourion. « Notre bon Menahem Begin est devenu fou à lier, grinça-t-il, le teint frais et l'expression hargneuse. La question du moment, c'est si Allon doit ou non utiliser son obusier au cas où la situation sur place se détériorait. Dans ce cas, Zev, tu t'occuperas de la presse sans te référer à moi. Compris? Tu vois le tableau?

– Oui, Premier ministre. »

En sortant, avant de refermer la porte, il entendit le Vieux dire encore : « Qu'il soit clair que *passer à l'action* signifie tuer des Juifs. Si c'est la décision du gouvernement provisoire, très bien, mais je veux un vote, et je le veux maintenant... »

En revenant vers le bord de mer, il dut manœuvrer la jeep parmi des voitures qui klaxonnaient et une horde de civils qui couraient dans l'autre sens. Un policier lui dit qu'on faisait évacuer les environs de la plage. Barak voyait des soldats se frayer un chemin dans la foule : des irgounistes qui désertaient l'armée et venaient se battre pour ce foutu LST plein d'armes.

Quand une fusillade infernale éclata brusquement dans le port tout entier, les spectateurs des balcons se bousculèrent pour rentrer à l'intérieur du restaurant. Serveurs et clients se jetèrent par terre. Saul Schreiber, le reporter du *Los Angeles Times*, avait rejoint St. John Robley à sa table, et ils ne quittèrent pas leur siège en regardant la seconde péniche, lourdement chargée, zigzaguer entre les rafales qui faisaient jaillir l'écume. L'embarcation bascula dans les hauts-fonds près de la plage et s'arrêta. Ils virent les hommes qui tiraient à leur tour, les blessés tirés sur le sable par des gens entrés dans l'eau pour les aider.

« De ma vie, fit remarquer l'Anglais, je n'ai rien vu de plus fantastique, et j'ai couvert pas mal de guerres.

– Frère contre frère, dit tristement Schreiber. Pure folie. »

La fusillade se ralentit. Les gens couchés dans le restaurant, gênés, se relevèrent et s'époussetèrent. Les armes restèrent dans la péniche désertée. Un grand calme oppressant s'abattit sur la plage. Le soleil baissait, jetait un long scintillement sur la mer. Un lieutenant de l'armée entra et leur dit : « Messieurs, un porte-parole du gouvernement est annoncé. » Journalistes et envoyés de l'ONU se regroupèrent à l'intérieur.

« Eh bien, le major Barak devrait avoir des renseignements pour nous », dit Schreiber, mais ce fut Yael Luria qui arriva, dans un uniforme sur mesure et maquillée de frais. Elle leur fit un grand sourire en les reconnaissant, de sorte que Schreiber s'ouvrit le passage à coups d'épaule et lui trouva une chaise. Yael commença par bégayer, puis sa voix se raffermit en lisant :

« Les Forces armées d'Israël annoncent que le navire Altalena *a demandé et s'est vu accorder un cessez-le-feu pour évacuer les blessés. Une issue pacifique de la crise est actuellement négociée en priorité. En aucune circonstance les armes illégales ne seront débarquées en Israël au mépris de la trêve et des ordres du gouvernement. »*

Les questions fusèrent de tous côtés, mais Yael eut un geste d'impuissance. « C'est tout ce que j'ai, cria-t-elle. Il y aura très bientôt un exposé détaillé par le major Zev Barak. »

Quand elle partit, Schreiber la suivit aussitôt. Très astucieux, de la part de Barak, de contenir la presse avec cette jolie blonde, mais elle devait en savoir beaucoup plus, et un journaliste juif avait une chance de la faire parler. Mais Yael n'était plus dans le hall, ni dans l'avenue silencieuse. Partie. Bon Dieu !

Yael n'avait jamais vu Tel-Aviv aussi déserte, et, malgré quelques rafales éparses – aussi silencieuse. Devant une nouvelle barricade improvisée avec des bidons d'essence près de la Maison Rouge, des irgounistes armés, en civil, l'arrêtèrent, et l'un d'eux, qui ressemblait à son frère Benny, demanda brutalement à voir ses papiers. Yael les montra, sous la menace de son arme, avec une impression d'incroyable étrangeté. Ces types blaguaient entre eux en argot militaire hébreu, sa propre langue, mais on la traitait comme une Arabe. Les irgounistes lui rendirent ses papiers avec un sourire amical qu'elle ne leur retourna pas. En courant vers la Maison Rouge, elle tomba devant une école sur un peloton de soldats désarmés gardés par d'autres, munis de mitraillettes. Un prisonnier lui fit signe. « Salut, Yael, dit-il en anglais. On m'a arrêté. Nous tous. »

Au bout d'un moment elle reconnut Léopold, le frère de Don Quichotte, qui avait l'air d'une bonne humeur étonnante, par rapport au reste du peloton qui faisait grise mine. « Salut! cria-t-elle. Qu'est-ce qui t'arrive? » Un garde, intrigué et irrité par le dialogue en anglais, poussa un grognement. Elle l'ignora. « Qu'est-ce que vous avez fait de mal?

– Nous avons refusé de tirer! J'ai été le premier à dire non. J'ai jeté mon fusil, et tout le peloton en a fait autant. J'ai dit que je n'étais pas venu en Palestine pour tuer des Juifs. J'ai vu assez de Juifs tués en Pologne.

– *Asur l'daber!* (Taisez-vous!) » gronda le garde.

Une femme, l'air effrayée, ouvrit la porte de l'école. Les gardes firent entrer les prisonniers à l'intérieur.

« Préviens Yossi, cria Léopold.

– Je le ferai. »

En passant la porte, il cria un dernier mot : « L'an prochain à Los Angeles! »

Des rafales brisèrent encore une fois le silence, suivies cette fois par le bruit sourd d'un canon. Longeant les murs des immeubles, Yael se glissa vers le front de mer. En apercevant le port, elle fut saisie d'horreur. Le LST était en feu. Des hommes jetaient des radeaux par-dessus bord, sautaient dans l'eau ou descendaient le long de cordes et de filets. Un drapeau blanc en loques flottait au mât, à peine visible dans la fumée des flammes qui bondissaient.

« Oh, Dieu! » Les mots lui échappèrent. « Nous sommes fichus! Israël est fichu, le sionisme est fichu. Tout est fini. »

C'était le meilleur canard qu'il avait jamais mangé de sa vie, se dit Barak, et Nakhama avait tout fait pour être belle. A moins que ce ne soit la lumière des bougies? Noah mangea deux portions comme un petit tigre, puis s'endormit à table. Nakhama le porta dans son lit, et Barak eut un soupir de plaisir. Quel festin! Un dîner parfait, une femme adorable, un gosse génial, une maison chaleureuse, un merveilleux refuge après le fiasco mélancolique de l'*Altalena* et ses contrecoups de la journée. Une crise liquidée dès qu'elle avait éclaté; tout était bouclé! Aujourd'hui, le pire avait été évité : il n'y aurait pas de guerre civile. Question : parler ou non à Nakhama de son prochain voyage en Amérique? Le lui dire maintenant pourrait refroidir la soirée et ses promesses de délices nocturnes. Mais quand il devrait partir, il y aurait une flèche empoisonnée : « Ah bon ! Pourquoi ne me l'as-tu pas dit plus tôt ? »

« L'heure des informations », dit Nakhama en revenant pour allumer la radio à piles. Finalement, Begin avait exhorté ses troupes, leur avait ordonné de retourner à leurs postes et d'obéir aux ordres de l'armée. Son discours était cité par une chaîne de l'Irgoun : *« Nous ne nous engagerons pas dans une guerre fratricide, notre ennemi n'est pas l'armée israélienne, mais les Arabes... »* Nakhama hocha la tête pour approuver. Comme la plupart des Marocains, qui connaissaient bien les Arabes, elle était tacitement du côté de l'Irgoun. A ce moment, Zev décida de pas la prévenir. Pourquoi gâcher la magie de ce dîner ? Elle souriait en desservant la table, et la flamme des bougies faisait briller ses yeux. « Tu as passé un dur moment, Zevi. On se couche tôt.

– Absolument, *motek.* »

Dernier paragraphe de l'analyse par St. John Robley de l'affaire de l'*Altalena* :

> ... Bien sûr, le gouvernement Ben Gourion avait l'avantage des armes et l'a emporté, mais Menahem Begin a créé un martyrologe et une légende. Il a quitté en dernier le vaisseau en flammes, et il a fallu l'emmener de force. Puis il s'est élevé à la hauteur des circonstances en ordonnant aux unités de l'Irgoun de reprendre leur poste et d'obéir aux ordres de l'armée de Ben Gourion. Ainsi, il a évité une guerre civile, et c'était le seul homme en Israël qui pouvait le faire. Si la victoire est revenue à David Ben Gourion, les lauriers ont été décernés à Menahem Begin. A bon chat, bon rat.

7

L'Amérique

« La statue de la Liberté, cria le pilote. »

Il désigna la petite silhouette verte, sur une île, qui levait un bras au milieu d'un port grouillant de navires.

« Je la vois », dit Barak. Quel spectacle, plus loin, ces hautes, si hautes tours de Manhattan entre deux fleuves étincelants, et quels fleuves ! Le Jourdain n'était qu'un ruisseau, et même le Danube un simple torrent, comparés à ces deux cours d'eau. L'Amérique !

Une voix rauque dans le haut-parleur du cockpit : « Un-six-cinq Jig Baker, atterrissage autorisé. Douane et police sur place avec tous les documents d'entrée. Prévenir le général Dayan. Terminé.

– Wilco. Terminé. »

Dans la soute malodorante, Moshe Dayan dormait encore sur un matelas, à côté du cercueil enveloppé d'un drapeau et attaché aux anneaux prévus pour des chevaux de course. Même dans la cabine, cela sentait l'étable. On n'avait pas pu trouver un autre avion, et déjà l'assurance et la location coûtaient un prix exorbitant. Zev Barak pouvait seulement espérer que ceux qui escortaient le général américain ne dégageraient pas une odeur de crottin à leur arrivée.

« Moshe, on commence à descendre. » Barak toucha l'épaule de Dayan. L'œil valide s'ouvrit, clair et vif. « Pour la douane et la police, tout est réglé.

– Parfait. Les comités de réception savent-ils qu'on a été retardé par des vents contraires ?

– On les a prévenus à chaque instant. Tout est *b'seder.* »

Dayan hocha la tête, bâilla et consulta sa montre. « C'était long. »

L'avion atterrit, roula au bout de la piste. Par une porte latérale, le soleil envahit l'habitacle. Trois jeunes officiers en uniforme couvert de décorations, les cheveux en brosse et raides comme des piquets, sautèrent à l'intérieur et saluèrent. Avec respect, ils ôtèrent le drapeau du cercueil. Deux d'entre eux drapèrent à la place une gigantesque bannière étoilée pendant que le troisième repliait l'étoile de David et la rendait à Barak. Sur le tarmac, sous de grands drapeaux américains et israéliens qui claquaient au vent, il pouvait voir une longue file de limousines noires. Une garde d'honneur de policiers en uniforme bleu – au moins une centaine, pensa Barak – salua à l'unisson lorsque le cercueil quitta l'avion, car Marcus avait été jadis commissaire de l'administration pénitentiaire à New York. Dayan et Barak eurent également droit à un salut collectif quand ils émergèrent, vêtus de l'uniforme étincelant imaginé d'un jour à l'autre par les tailleurs de Tel-Aviv sur l'ordre de Ben Gourion, ce qui avait à la fois amusé et dégoûté Barak : une tunique vert foncé avec des épaulettes et des boutons dorés, un béret noir avec d'autres dorures et un large ceinturon luisant. Un officier les suivait en portant leurs bagages.

Un officier grisonnant s'approcha, les salua et leur serra la main. « Mme Marcus aimerait que l'aide de camp du général Marcus fasse le trajet avec elle. Je serais honoré, dit-il à Dayan, que vous veniez avec moi. »

Sur la banquette arrière de la première limousine, une jolie femme d'environ quarante ans, au visage énergique, en tailleur noir avec un grand chapeau de paille noire, tendit la main à Barak. « Vous êtes Zev, dit-elle sèchement quand il monta en voiture. Mon mari m'a parlé de vous dans ses lettres. » Elle jeta sur le drapeau un regard si glacial qu'il le posa de côté sans dire un mot.

Le cortège se forma, tous phares allumés, serpenta dans les rues de Brooklyn remplies de spectateurs jusqu'à un temple bondé, où Barak escorta la veuve à un bref service délivré par un rabbin en robe bleue et un chœur vêtu de blanc. Ensuite la procession traversa le fameux pont de Brooklyn, que Barak reconnut grâce aux films et aux photos, dépassa un stand installé devant la mairie où des dignitaires étaient alignés, le chapeau posé à l'endroit du cœur. Encore d'énormes drapeaux qui flottaient au vent, encore des policiers qui saluèrent, ainsi que des rangées de soldats et de marins. La veuve, pendant tout ce temps, resta muette, les yeux secs. Barak avait encore les oreilles bourdonnantes à cause du bruit de l'avion. Il était abasourdi et un peu écrasé par l'énormité de tout cela : le temple, les ponts, le fleuve, les canyons entre les gratte-ciel. Le silence de la veuve le glaçait. La pompe grandiose le stupéfiait. C'était comme les actualités des funérailles du président Roosevelt. Tout cela pour le pauvre colonel Stone!

Le long des rives de l'Hudson, bordées par des falaises, les soixante limousines se dirigèrent vers West Point. Mme Marcus, sans un mot, le visage blême, garda les yeux sur le fleuve. Malgré toute ces nouveautés, et la beauté verdoyante de la vallée de l'Hudson, Barak dut s'efforcer de ne pas s'endormir : il avait à peine dormi depuis son départ d'Israël, et traversé six fuseaux horaires. Le directeur de l'Académie militaire, un général à trois étoiles resplendissant, attendait à l'entrée d'une chapelle imposante, flanqué par la haute silhouette funèbre de l'ancien secrétaire au Trésor, Henry Morgenthau, et par le gouverneur Dewey de New York, petit et vif. Mme Marcus ouvrit la bouche pour dire à Barak qui ils étaient, sans un mot de plus. Dix porteurs de la promotion de Marcus, tous colonels ou généraux en grand uniforme avec leurs décorations, portèrent le cercueil jusqu'à la tombe. Ayant du mal à garder une voix ferme, Barak lut la longue citation louangeuse de l'armée israélienne et le chaleureux télégramme de condoléances adressé à la veuve par Ben Gourion. Dayan se tenait près de lui.

Adieu, Mickey Marcus, disparu parce qu'il était sorti la nuit à Abu Gosh pour pisser et ne savait pas l'hébreu. Comme le Vieux avait raison de leur cacher la vérité ! Les Américains voulaient honorer un héros de la guerre, non prendre en pitié une victime du *balagan* israélien. Et qui pourrait dire, pensa Barak lorsque le cercueil s'enfonça dans la terre au son des clairons jouant la sonnerie aux morts et douze coups de canon, *balagan* ou pas *balagan*, que cet adieu au héros n'était pas la vérité ? Oui, c'était de bonne politique, pour le gouverneur, d'être venu : il se présentait contre le président Truman, et le vote juif comptait beaucoup à New York. Truman n'était pas un imbécile, lui non plus, il avait envoyé un ministre célèbre et juif. Tout cela n'enlevait rien au colonel Stone. Il était mort au champ d'honneur, un volontaire américain s'étant joint aux Juifs dans leur combat pour la Palestine. La mort, c'est la mort, d'où qu'elle vienne.

Quand le cortège repartit vers le sud, le long de l'Hudson, Mme Marcus regarda droit devant elle, serrant le drapeau américain plié sur ses genoux. « Écoutez, Zev, dit-elle brusquement, si vous voulez, vous pouvez m'aider.

– Vous n'avez qu'à demander, madame Marcus.

– Merci. L'épouse d'un des meilleurs amis de Mickey est la directrice de la Hassadah pour New York. Ils ont aujourd'hui une réunion de riches donatrices, afin de réunir des fonds pour la guerre. J'avais accepté d'y venir en tant qu'invitée d'honneur avant que... » Elle s'arrêta, se mordit la lèvre. « Bon, je ne pourrai pas y aller. Elles me comprennent. Mais elles n'ont pas pu décommander la réunion, c'est trop tard. Voulez-vous y aller, et lire ce message de Ben Gourion ainsi que la citation? »

Riches donatrices... Zev Barak, mendiant sur scène... « Bien sûr, je le ferai, madame Marcus.

– Emma. » Elle l'effleura d'une main glacée. « Vous êtes gentil. Ce sera une assemblée de femmes, sans un homme en vue. Vous êtes sûr de pouvoir?

– Oh, dans notre armée nous avons parfois des missions presque aussi dangereuses. »

Elle eut un sourire hivernal. « Mickey vous aimait beaucoup. Je vois pourquoi. »

Barak se jeta à l'eau. « Puis-je vous dire quelque chose, Emma? » Elle tourna vers lui des yeux humides et hocha la tête. « Le colonel Marcus, un jour, m'a cité un poème de Rupert Brooke... “ *Qu'il existe à l'étranger un coin de terre / Qui est à jamais l'Angleterre...* ”

– Mickey citait toujours les poètes. » Son regard s'adoucit un peu. « Il aimait celui-la, c'est vrai.

– Emma, il y a un coin de West Point qui est à jamais Israël. »

Elle serra les lèvres, ne pleura pas, mais désigna le drapeau bleu et blanc sur le siège et tendit la main. Il lui donna le drapeau. Quand elle le quitta, devant un grand immeuble à l'ouest de Central Park, elle tenait les deux drapeaux contre son corps.

Depuis son enfance viennoise, Barak mangeait et adorait toutes les sortes de gâteaux à la crème, mais il fut tout de même surpris par les pâtisseries éléphantesques de la réunion à Brooklyn. En Israël, deux auraient suffi pour un grand mariage, et là il y en avait dix pour une vingtaine de femmes, toutes habillées à la perfection et avec de grands chapeaux à la dernière mode. Minces ou corpulentes, elles dévoraient ces gâteaux comme des affamées. Il se mit de côté, près d'une fenêtre, pour manger sa part, émerveillé par le grand rectangle du parc dont les bords se hérissaient de gratte-ciel. Une des femmes les plus âgées, ronde mais toujours avenante, avec des cheveux striés de gris sous un chapeau emplumé comme celui d'un hussard, n'arrêtait pas de lui lancer des coups d'œil. Chaque fois qu'elle croisait son regard, elle souriait. Incertain, il lui rendit son sourire, et elle s'approcha de lui presque au trot. « Alors tu m'as reconnue! Tu ne m'as vue qu'en photo.

– Eh bien... tu es tante Lydia?

– Lydia Barkowe. C'est moi, Wolfgang! Je veux dire Zev, bien sûr. » Elle rit, lui prit la main et lui posa un baiser sur la joue. « Quelle surprise quand Emma a téléphoné pour dire que tu venais à sa place! Ton père habite chez nous, tu sais. Je t'emmène dîner à la maison.

– Je ne savais pas que mon père était chez vous. On m'a dit que la mission avait loué quelque chose près des Nations unies.

– Oui, mais il nous rend visite pour sortir de Lake Success et respirer un peu. Il va très bien. Ton oncle sera ravi de te voir. Mes gosses aussi, ils sont tous là. Des gosses, écoute-moi ça! L'un est déjà père, les autres ont dix-sept et vingt et un ans! » Ses yeux étincelaient. « Tu as tellement *d'allure*, Wolfgang. Je veux dire Zev. »

Pour l'écouter, les donatrices s'installèrent sur des rangées de chaises pliantes. Leur présidente, une femme en tailleur, à forte poitrine, le présenta de quelques mots surexcités, visiblement ravie, comme toutes ces matrones aux yeux brillants, qu'il vienne transfigurer une réunion lugubre grâce à son éblouissante présence martiale. Sa tante, au premier rang, le couvait d'un sourire de propriétaire. Il y avait longtemps qu'il ne s'était senti aussi jeune, aussi gêné et aussi emprunté.

Pourtant, en lisant les messages et en voyant s'embuer les yeux de ces femmes, ce sentiment s'estompa. Zev était ému de parler de Marcus, du front de Jérusalem, de la Route de Birmanie qui avait brisé le siège, et il dit ce qui lui passa par l'esprit. Il en vint à parler de la guerre elle-même, de la trêve, de la géographie pleine de dangers d'Israël, de la bravoure des soldats victorieux ou battus. Quand il décrivit comment les nouveaux immigrants de Chypre étaient montés au feu devant Latroun, il les entendit reprendre leur souffle. Jugeant qu'il avait parlé trop longtemps, il s'interrompit, termina au hasard, de façon boiteuse, et fut stupéfait de les voir se lever pour l'applaudir.

« Maintenant, je t'emmène, dit sa tante Lydia en venant le serrer dans ses bras. Magnifique. La directrice va les pressurer dès que tu seras parti. Elle n'aura pas à insister beaucoup. »

Zev posa son sac à l'arrière d'une Cadillac marron aussi longue que les limousines des funérailles. Sa tante conduisit négligemment la voiture dans les embouteillages de Central Park. « Bien sûr, j'ai téléphoné à ton père dès qu'Emma Marcus m'en a parlé. Il veut que tu le retrouves aux Nations unies, alors je vais te déposer et rentrer avant vous. Il n'y a que vingt minutes de trajet, et il t'accompagnera. C'est le soir de congé de la cuisinière, et on allait manger chinois, mais peu importe. On va te préparer quelque chose.

– Écoute, tante Lydia. Le chinois me va très bien. Ne fais pas d'histoires, de toute façon, je ne peux pas rester longtemps.

– Chinois? Un invité comme toi? *Zev Barak?* » Elle reprit son sourire de propriétaire, prononçant son nom comme celui d'un comé-

dien. « On peut toujours faire griller des côtes d'agneau. J'en garde toujours des tonnes, mes enfants sont des vrais carnassiers. Tu aimes l'agneau? Ce n'est pas ce qu'on mange au Moyen-Orient, de l'agneau?
– Oui, tante, on mange de l'agneau. »

« *Nissim v'niflaot!* (Miracles et merveilles!) » s'exclama Meyer Berkowitz en poussant son fils vers les vastes demi-cercles de sièges vides dans la grande salle de l'Assemblée à Lake Success. Barak dépassait son père, qui était encore plus petit que Ben Gourion et avait un peu la même silhouette bedonnante et les mêmes cheveux blancs indisciplinés, un trait distinctif des socialistes. De plus, il avait un style presque aussi flamboyant. « Miracles et merveilles! Voilà exactement où j'étais assis – sur ce fauteuil, Zev – quand le Venezuela a voté oui et a fait la majorité des deux tiers. Assieds-toi là! Tu pourras dire à tes petits-enfants que tu l'as fait. »

Barak n'avait pas vu son père depuis de longs mois, et avait un peu honte de rester insensible. Des choses irréversibles s'étaient passées dans sa famille, et pas seulement son mariage avec Nakhama. Du moins, il pouvait se laisser faire. Il s'installa, mais sans rien éprouver, sans entendre les accords grandioses de l'histoire. Ce n'était qu'un fauteuil dans une salle vide. Son père fit donner les grandes orgues, d'une voix sonore qui se répercuta dans l'espace. « Oui, la renaissance de l'État juif! Au bout de deux mille ans! De mon vivant! Et j'étais assis là, représentant cet État! “ *Bien que je n'en sois pas digne, ni qualifié...* ” » Il cita la liturgie de Yom Kippour avec son vieil accent yiddish. Il était pétri de contradictions : un fourreur aisé et un socialiste doctrinaire, un incroyant qui observait les fêtes religieuses et ne mangeait pas de porc, un hébraïste qui adorait le yiddish et refusait d'hébraïser son nom, un égalitaire qui désapprouvait le mariage de son fils avec une pauvre Marocaine. Dans la famille, ces incohérences allaient de soi, sauf lorsqu'elles provoquaient des disputes féroces.

« *Ai*, comme les Anglais ont eu tort! dit-il en conduisant Barak dans le foyer. Miracles et merveilles! Comment ces maudits Juifs pourraient-ils avoir les deux tiers des votes pour la partition, se disaient-ils, puisque le bloc soviétique et le bloc arabe voteraient non? Seulement Staline, que son souvenir soit béni et son nom effacé, les a enterrés six pieds sous terre en ordonnant à toute sa bande de voter oui! Miracles et merveilles!

– Écoute, papa, quels miracles, quelles merveilles? Staline veut seulement foutre les Anglais hors du Moyen-Orient une bonne fois pour toutes. C'est pour ça qu'il l'a fait, et c'est pour ça qu'on reçoit de Tchécoslovaquie des armes soviétiques.

– Oui, oui, il croit peut-être que c'est pour ça, tonna son père, mais la main de Dieu était sur lui – façon de parler, bien sûr. Bon, tante Lydia nous attend. Moi, Zev, je n'ai pas de Cadillac. »

En quittant Lake Success dans une Ford brinquebalante, Barak dit à son père que les chefs militaires préparaient une nouvelle offensive dès la fin de la trêve, à supposer qu'Israël accepte l'extension de la trêve que proposaient Anglais et Américains, et que les Arabes la refusent. Ce serait l'occasion de reprendre l'initiative avant que l'ennemi ne puisse bouger, et de gagner des frontières rationnelles auxquelles Israël pourrait s'accrocher quelques années et reprendre son souffle. Son père secoua la tête, véhément. « Ben Gourion va faire une erreur terrible. Encore du sang, encore des morts! Un demi-million de Juifs ne peuvent pas conquérir soixante-dix millions d'Arabes. S'ils attaquent à nouveau, nous devons nous défendre, bien sûr, jusqu'à ce qu'ils négocient.

– Leurs conditions sont très simples, papa. Qu'on meure ou qu'on s'en aille.

– *Prends trop, et tu n'as rien pris.* » Son père cita le Talmud. « *Prends un peu, et tu as pris.* C'est ce qu'a oublié Begin dans cet affreux gâchis de l'*Altalena*.

– Les journaux en ont beaucoup parlé, ici?

– On a eu de la chance. Krouchtchev a pris toute la place avec son blocus de Berlin. »

Les maisons et les propriétés devenaient de plus en plus vastes et riches à mesure qu'ils approchaient de Great Neck. La Ford traversa en cahotant une voie ferrée. « Quels palais! s'exclama Barak devant les demeures pressées les unes contre les autres. Il y a beaucoup de Juifs qui habitent ici?

– Des cabanes, répondit son père. Des cahutes. Des taudis. Harry habite Kings Point. Tu vas voir. »

Ils passèrent dans une zone boisée, une sorte de parc, où on apercevait de grands édifices à travers les feuillages. « Voici Kings Point », dit Berkowitz. La Ford remonta une allée en gravier jusqu'à une maison blanche avec une immense véranda fermée par une colonnade. Cinq voitures rutilantes – trois petits cabriolets et deux grosses Cadillac – ne laissaient pas beaucoup de place à la Ford, mais son père la glissa entre la Cadillac marron de tante Lydia et une grande haie fleurie. Tante Lydia déboula de la maison avec Barry, l'oncle de Barak, qui ressemblait beaucoup à Meyer, à part ses cheveux courts. Leur fille et leurs deux fils les suivaient de près. Accolades, baisers, rires, plaisanteries de toutes parts, il furent bientôt assis derrière le treillis d'une véranda, face à une grande pelouse, pendant que le fils aîné faisait griller des côtelettes avec l'aide de sa sœur, et qu'eux-mêmes buvaient des boissons fortes et fruitées qu'on appelle des *old fashioned.*

Barak, peu habitué à l'alcool, sentit son humeur s'améliorer, mais maintenant il était réellement épuisé. Même si le soleil brillait encore à travers les arbres, il mourait d'envie de dormir. A Great Neck, il faisait aussi chaud et humide qu'à Tel-Aviv. La demeure d'oncle Harry à Kings Point avait quelque chose d'irréel, avec ses colonnes sorties d'*Autant en emporte le vent* et ses cinq automobiles. Il ne ressentait aucune envie, mais il voulait qu'on leur serve ces côtes d'agneau qui sentaient délicieusement bon, puis partir et aller s'allonger quelque part.

Tante Lydia, pétillante, raconta sa performance à la réunion. « Sensationnel ! Marcie Cochen m'a téléphoné. Quatre-vingt-treize mille dollars, Wolfgang ! Je veux dire Zev, bien sûr. Te rends-tu compte que c'est trois fois ce que Golda Meyerson a tiré du même groupe ?

– Tu as vu beaucoup de combats ? demanda le plus jeune fils. J'ai loupé notre guerre de peu. J'étais dans un camp d'entraînement de l'armée, prêt à être envoyé dans le Pacifique, quand on a lâché la bombe.

– Bon, Arthur, en Israël, c'est différent. Nous sommes étirés le long de la côte et le pays n'est pas plus grand que le New Jersey, alors on prend une jeep ou un camion de chez soi, et on est tout de suite dans la guerre. J'ai vu quelques combats, oui.

– Dis-moi une chose, est-ce que les filles se *battent* vraiment ? demanda tante Lydia. J'ai vu leurs photos en uniforme. Suppose qu'elles soient capturées par les Arabes ? Ce ne serait pas une *horreur* ?

– Habituellement, elles ne sont pas là où on peut les capturer, tante. Beaucoup sont dans les transmissions.

– Qu'est-ce qu'on dit en Israël du pont aérien de Berlin ? dit l'oncle Harry. Croient-ils que les Russes vont reculer ?

– C'est un vrai gâchis, glissa Meyer Berkowitz. A l'ONU, on parle de la Troisième Guerre mondiale.

– Des bêtises, affirma l'oncle.

– Harry, Berlin a besoin de vingt-cinq tonnes de ravitaillement par jour, répliqua Meyer. Les Américains ne peuvent pas transporter tout ça, et on dit maintenant que Truman se prépare à envoyer un convoi armé pour forcer les barrages des Russes. Là, on verra qui va reculer !

– Oh, mais c'est tout comme Jérusalem et la Route de Birmanie, s'écria tante Lydia. C'était tellement fascinant, Wolfgang, la façon dont tu nous l'a expliqué. Je veux dire Zev. Il faut que tu le racontes en détail à mes enfants.

– C'est probablement Betty qui m'appelle, dit le plus jeune fils en filant vers le téléphone qui sonnait, près de son père. Allô... Papa, c'est un M. Perlman qui appelle de Los Angeles.

– Dave Perlman, dit l'oncle Harry à Zev, un grand producteur de cinéma. Un vieil ami... Allô, Dave!... Oui? Oui, Dave. On va tous très bien. Si je peux faire quelque chose, pourquoi pas? Oui... » Un long silence. L'oncle Harry jeta un coup d'œil vers Barak. « Eh bien, il se trouve que mon neveu est assis juste à côté de moi. Il est venu dîner chez nous. Ne quitte pas. » Il posa la main sur le micro. « Wolfgang, tu connais un Israélien qui s'appelle Pasternak? Sam Pasternak?

– Oui, je le connais.

– Il veut te parler.

– De Los Angeles? » C'était encore plus irréel. Pasternak n'était pas à Prague?

L'oncle Harry hocha la tête et lui passa l'appareil, d'où sortit une voix bourrue. « Zev! Tu vis la grande vie à Kings Point, hein? » Une voix de bétonneuse, un Pasternak blagueur.

« Quoi de neuf?

– Tu es déjà allé en Californie?

– Non, pourquoi?

– C'est bien, ici. Viens donc.

– Oui, bien sûr. Quoi d'autre?

– Écoute, je parle sérieusement. Prends un avion et viens ici. Je t'attendrai à l'aéroport de Los Angeles. Dis-moi sur quel vol tu seras.

– Tu es cinglé? Je suis avec Dayan, et on rentre par le même avion. Je dois aller commander un bataillon. On attend seulement une cargaison de billets de banque, la nouvelle monnaie israélienne, qu'on doit charger demain dans l'avion.

– Zev, j'ai déjà parlé avec Dayan. Il y a une fille, Bonnie, au bureau de la mission à Lake Success. Elle va te prendre un billet. Voilà son numéro de téléphone, et le mien. »

Barak nota les numéros pour ne pas avoir à discuter. « Qu'est-ce qui se passe?

– Ton oncle te le dira. » La voix se durcit en passant à l'hébreu. « C'est plus que je ne peux dire au téléphone. » Et puis, en anglais : « Comment s'est passé l'enterrement?

– Très émouvant.

– *Ai*, ce pauvre vieux Marcus. Bien, fais bon voyage. »

Ils s'installèrent sur la véranda, autour d'une longue table en osier, devant des cocktails de crevettes. On était vendredi soir, mais tante Lydia ne prit pas la peine d'allumer des bougies, comme l'avait pensé Barak. Chez lui, Nakhama insistait pour le faire.

Dave Perlman était venu de Minsk, lui apprit Harry, et ils s'étaient liés d'amitié sur le navire polonais qui avait fait la traversée. Perlman, à New York, n'avait cessé de passer d'un emploi à un autre, et il avait fini par aller en Californie. Au bout de quelques années, pendant lesquelles Harry avait réussi comme fourreur, l'ancien métier de la famille, avant de changer pour l'immobilier, Perlman lui avait écrit et lui avait emprunté de l'argent pour faire un film.

« J'ai toujours cru en Dave, dit Harry. Sans demander à voir le scénario, j'ai envoyé l'argent. Trente mille. Un beau paquet, à l'époque. Il a fait un petit film dont vous n'avez pas entendu parler, un western. Ça a bien marché. Il en a fait d'autres. Un jour il m'a rendu les trente mille, avec les intérêts. Maintenant, là-bas, c'est quelqu'un qui compte. Je ne lui avais jamais rien demandé, jusqu'à maintenant. Je lui ai demandé de donner dix mille dollars à ce Pasternak et il l'a fait, *comme ça.* » Il fit claquer ses doigts.

Les côtes d'agneau étaient plus épaisses que toutes celles que Barak avait jamais vues : trois os par côtelette. La viande était savoureuse, le vin rouge excellent, et il se sentait revivre. « Oncle, tu connais Sam Pasternak?

– Jamais entendu parler de lui. On a un groupe, à quelques-uns, et on essaye d'aider Israël pour ses achats. Tu sais, avec l'embargo sur les armes et tout. Le directeur m'a appelé et m'a dit que les Israéliens de Los Angeles avaient besoin de dix plaques, alors j'ai appelé Dave.

– Il faut que tu fasses attention, papa, dit le fils déjà marié qui avait fait cuire les côtelettes, à la loi sur l'embargo. Ne va pas remonter le vent de trop près. » C'était un juriste spécialisé dans l'immobilier, à peu près du même âge que Barak.

« On fait attention, Kenneth.

– Pourquoi Pasternak, lui demanda Barak, ou Perlman veulent-ils que je vienne à Los Angeles? »

L'oncle Harry grimaça un sourire à tante Lydia. « Eh bien, Zev, il semble que la femme de David fasse un appel de fonds samedi. Betty Grable va venir, juste pour les attirer. Pasternak était censé parler, mais Marcie Cohen a prévenu tout le monde de ton succès d'aujourd'hui avec ses femmes. Elle a même appelé Selma Perlman à Los Angeles pour s'en vanter, ce sont de vieilles rivales. Alors Dave est allé demander à Pasternak de te faire venir. Il a dit que tu devrais être en uniforme.

– C'est un uniforme super, dit sa fille. Arthur, je peux prendre ta voiture quelques heures? Mes freins ont lâché.

– Désolé, j'en ai besoin.

– Je croyais que tu travaillais à ta thèse.

– Betty a téléphoné.

– Ne me demande pas la mienne, dit l'autre frère, je vais chercher ma femme et mon gosse à huit heures et demie. »

Il s'ensuivit une discussion complexe sur l'emploi des automobiles. Oncle Harry s'énerva en disant qu'on empruntait trop souvent sa Cadillac, et il y eut un silence embarrassé. La conversation se porta sur les nouveaux best-sellers et les pièces jouées à Broadway. Comme ces trois jeunes Barkowe sont bien informés, pensa Barak en les écoutant, bien élevés et pleins d'assurance. En Israël, ils seraient tous en uniforme, laminés par la fatigue, ne s'inquiétant pas pour leur voiture puisqu'ils n'en auraient pas ; ils auraient l'esprit plus étroit et la parole plus rude, s'estimeraient heureux d'être en vie et indemnes. Leurs études auraient été interrompues, ils auraient peu d'opinions sur la politique mondiale, ou même aucune. Barak n'avait rien à reprocher à ces trois-là, mais il s'étonnait de leur manque d'intérêt pour Israël. Le plus jeune lui avait posé une question sur les combats, et c'était tout.

« Ce sont de bons gosses, lui dit Meyer Berkowitz en le ramenant à Lake Success. Ils travaillent dur, ont fait de bonnes études. Ce Kenneth sera un jour un grand avocat. Il te ressemble un peu, tu as remarqué ? Peggy écrit des nouvelles, qui sont publiées dans des magazines. Le petit Arthur est un génie des math, il vient de gagner une bourse.

– Ils se fichent sacrement d'Israël, n'est-ce pas ? dit Barak sans amertume.

– Oh, ils ont leurs propres intérêts.

– Pourtant Harry et Lydia se sentent concernés. »

Meyer Berkowitz haussa les épaules. « Une autre génération. »

Dans un minuscule bureau de la mission israélienne, rempli de livres et de dossiers, avec une forte odeur d'encre à ronéoter, Bonnie lui donna un billet aller et retour pour Los Angeles. C'était une petite jeune fille de Haïfa avec des cheveux frisottés, des gestes vifs et un hébreu argotique. « Moshe Dayan vous a laissé un message. » Elle ramassa un bout de papier. « *Nous ne rentrons pas avant trois jours. Problèmes avec l'impression des billets. Salue Sam de ma part. Attention aux starlettes de Hollywood.* Vous avez besoin qu'on vous emmène à l'aéroport ?

– Je vais l'accompagner, dit Meyer Berkowitz.

– Dieu merci, s'écria Bonnie. Il n'y a que moi, ici. »

Ils restèrent silencieux pendant presque tout le trajet jusqu'à La Guardia, mais non parce qu'ils n'avaient plus rien à se dire, au contraire. La situation diplomatique et militaire d'Israël ne se prêtait pas à un bavardage en voiture. Leurs problèmes et leurs désaccords familiaux étaient stabilisés, et il valait mieux les passer sous silence.

Berkowitz et son fils étaient depuis longtemps d'accord sur le fait que le snobisme obsédant de sa mère, ses efforts constants pour s'introduire dans la petite élite israélienne – les socialistes nés sur place de la Seconde Alya, les vieilles familles de Jérusalem, les diplomates étrangers – étaient de la folie, mais Barak trouvait que cette folie avait suffisamment déteint sur son père pour les empêcher de parler facilement de Nakhama, de ses parents, ou même de Noah. Le sujet du plus jeune frère de Zev, Michael, qui s'était tourné vers la religion sans qu'on sache pourquoi, était aussi un sujet sensible. Plus sensible encore, la liaison que Meyer, ce petit gros, avait eu quelques années plus tôt avec une secrétaire de son bureau de l'Histadrout, scandale qui avait jeté une ombre sur toute la famille et failli la faire voler en éclats. Dans cette lamentable affaire, Barak avait pris le parti de sa mère. D'après lui, son père avait vu trop de pièces de Schnitzler, parce que cette femme était stupide et moche.

« Je suppose, dit Meyer, qui brisa brusquement le silence quand ils aperçurent les projecteurs de l'aéroport, que si j'étais venu en Amérique comme ton oncle, je m'en serais bien tiré. On habiterait peut-être Kings Point, et tu aurais une Cadillac décapotable. » Il eut un rire moqueur. « Quand on était gosses, à Plonsk, David Gruen était mon ami, pas celui de Harry. Maintenant c'est David Ben Gourion, et je suis aux Nations unies, pas à Kings Point.

– Je trouve ça bien comme ça, papa, », dit Barak, épuisé, en revoyant soudain, presque comme en rêve, la colline rocheuse près de Kastel, le choc brûlant qui lui avait fracassé le coude. « Je ne voudrais rien y changer. »

A la barrière, Meyer Berkowitz dut lever les bras pour serrer son fils contre lui. « Bon, tu verras ta mère avant moi. Dis-lui que je l'aime. Meilleurs vœux à Nakhama et à mon petit-fils. Bon atterrissage, et si la guerre reprend, fais attention à toi. »

8
Sam Pasternak

Des orages secouèrent l'atmosphère jusqu'à Chicago, où l'avion tourna en rond pendant une heure avant d'atterrir sous une pluie noire et turbulente. Ensuite, le voyage parut n'en être qu'à son début et durer un temps infini. Dans sa vie, Zev Barak avait déjà connu des nuits interminables – couché par terre à la frontière syrienne pour prendre en embuscade les infiltrateurs, faisant les cent pas dans un hôpital pendant l'accouchement de Nakhama, souffrant le martyre dans un lit à cause de son coude brisé – mais celle-ci lui parut la plus longue de toutes. Comment un pays pouvait-il être aussi gigantesque? Il ne se souvenait pas de s'être endormi, mais tout d'un coup une hôtesse lui toucha le bras pour lui offrir du café. L'appareil ronronnait par-dessus des pics rocheux coiffés d'une neige éblouissante.

« C'est la Californie? » demanda-t-il en prenant le café.

Elle sourit. « Ce sont les montagnes Rocheuses, monsieur. Nous serons en Californie dans deux heures.

– Est-ce que nous survolons Pasadena, par hasard?

– Pasadena? » Elle jeta un coup d'œil par le hublot. « Sur ce vol, je n'en suis pas sûre. Pourquoi?

– Je me demandais, c'est tout. »

Parmi ses rêves abandonnés du temps de paix, il y avait des études de chimie à l'Institut de Technologie de Californie. Il avait encore un an d'université à finir, et qui pouvait dire quand ce serait possible? Son professeur préféré était sorti de Cal Tech, et il en avait tellement parlé que Barak voyait un peu cette école comme l'Académie de Platon dans une Athènes fleurie du nom de Pasadena.

« Où diable as-tu trouvé cet uniforme? » Sam Pasternak l'accueillit en le serrant très fort dans ses bras. « Tu ressembles au portier du Ritz.

– Je suis là. Quoi, maintenant?

– Maintenant on t'emmène à l'hôtel, et tu prends une douche. Tu as envie d'une douche?

– Pour une douche, je me fais chrétien.

– Intéressant que tu parles de Christian. C'est un sacré type.

– Christian? Christian qui?

– Cunningham. Il faut que tu le rencontres. Un gars du contre-espionnage dans l'OSS, maintenant une huile de la CIA...

– Écoute, Sam, qu'est-ce que tu fais ici? Qu'est-ce qui s'est passé à Prague? Pourquoi m'as-tu traîné ici, en fait? Qu'est-ce que j'ai à voir avec les services de renseignement?

– Plus tard. Cunningham est important, crois-moi. Je t'attends à la sortie, dans la Lincoln blanche de Perlman. » Pasternak sourit, plissant ses yeux de Tartare. « Il y aura peut-être d'autres Lincoln. Dans celle-ci, il y a une dame. une belle dame en robe rouge. Ça ne te gêne pas?

– J'aime les robes rouges. Nakhama en met souvent.

– Ah, Nakhama! Comment va-t-elle?

– Très bien.

– Tu crois que je t'ai pardonné de m'avoir volé Nakhama? » Pasternak agita son gros doigt. « Je me vengerai. » Il lui fit un clin d'œil et s'en alla.

Pendant que Barak attendait au toboggan des bagages, il revit en un éclair sa rencontre avec Nakhama grâce à Pasternak...

A peine rentré d'Afrique du Nord, en permission, et alors qu'il allait louer une voiture pour monter à Tibériade où sa petite amie Tamar passait le week-end, il était tombé sur Sam à la terrasse d'un café. Avec le même clin d'œil, son ami lui avait parlé de « la plus belle fille de Tel-Aviv », une serveuse d'un restaurant *amami*; il l'accompagnait à la fête d'anniversaire d'un de leurs condisciples de l'École Herzl, et il proposait à Wolfgang de s'inviter. Ce qu'il avait fait, et après un coup d'œil sur la serveuse de Sam, il avait oublié son voyage à Tibériade...

Il n'avait pas été le seul à être frappé par Nakhama, lors de cette fête fatidique. Sans même essayer, la jeune fille de dix-sept ans avait fait sensation, dans sa robe rouge toute simple, en se contentant de sourire et de se déplacer dans la pièce. Elle avait la beauté électrique et la présence naturelle qui attirait les yeux des garçons et faisait froncer les sourcils des filles, même si c'étaient surtout des étudiants et que cette noiraude, fille d'émigrants marocains, n'était pas du tout leur genre. Le lendemain, quand Barak était entré dans le restaurant où elle travaillait, elle était beaucoup moins séduisante, avec son foulard et son tablier, en train de courir pour servir les plats préparés par ses parents ou de desservir la vaisselle sale. Mais il n'était plus capable de voir la différence, et quand elle lui avait fait un bref mais chaleureux sourire pour l'accueillir, le sort en fut jeté. A la fête, pendant les quelques minutes où ils s'étaient parlé, elle aussi avait été prise au piège...

... Premier baiser, en se promenant à minuit sur la plage de Tel-Aviv, Nakhama qui avait sursauté. « Oh, non! Moi et ma faiblesse pour les uniformes anglais! Fini! » Mais il y en avait eu beaucoup d'autres... La demande en mariage, à une semaine de la fin de sa permission, un soir, très tard, dans le restaurant désert; ses parents faisaient le ménage et prétendaient ne rien voir, voulant surtout ne pas s'en mêler. « Alors, Nakhama, quand est-ce qu'on se marie? » Première fois que l'un ou l'autre parlait mariage. Les mots lui avaient échappé : lui, Wolfgang Berkowitz, très sérieux lieutenant britannique, futur chimiste d'avenir, jouant sa vie sur le coup de dés de la passion...

« As-tu dit quand, Wolfgang? *Quand?* C'est tout? Je dois être trop bête. Demain? »

Le pauvre mariage dans l'appartement d'un rabbin marocain, les deux couples de parents se regardant à peine, les épouvantables sanglots de sa mère à la dernière minute... et, de son point de vue, pourquoi pas? Tamar Rubenfeld, jolie et intelligente, fille du recteur de l'Université hébraïque, un ancien professeur berlinois, rejetée pour ça... pour une *serveuse*?

Ensuite, la lune de miel incandescente au bord de la mer, à Ashkelon... Ah, Dieu, quelle splendeur... Sa valise dégringola dans une pile de sacs. Barak la ramassa.

La femme en rouge au volant de la Lincoln crème n'avait rien d'extraordinaire, par rapport aux consolatrices habituelles de Pasternak. Si ce type moche et courtaud manquait de quelque chose dans la vie, ce n'était pas de jolies femmes. Il s'était séparé de son épouse, partie pour Londres avec leurs deux enfants au début des émeutes arabes, en novembre, mais il y avait abondance de belles dames pour le réconforter. Celle-ci avait entre trente et quarante ans, teinte en blond, élégante, mais amaigrie par un régime plutôt que mince, avec des yeux brillants d'affamée. « Voici madame Shugar, dit Pasternak. Ellen, voici Zev. Ellen coordonne les réunions des Perlman.

– Les filles sont tout excitées à votre sujet, Zev, dit Mme Shugar en jetant un regard avide sur la banquette arrière où était Barak. On dit que vous êtes électrisant.

– *Oy, vey*, répondit-il quand elle démarra, électrisant? Si je ne dors pas un peu, j'irai à cette réunion avec ma batterie à plat.

– Ce n'est que demain après-midi. Vous serez merveilleux. »

Elle bavarda gaiement tout le long du trajet jusqu'à l'hôtel. Betty Grable avait attiré du monde, mais ce qu'on se disait de bouche à oreille sur le bel officier israélien, l'aide de camp de Mickey Marcus, avait complètement embouteillé la liste des invités, même si le don minimum était de mille dollars. Quand la Lincoln traversa Beverly Hills, Barak fut distrait de son babillage ininterrompu par les demeures spectaculaires qui se pressaient le long des rues bordées de palmiers; des ranchs, des manoirs style Tudor ou colonial hollandais, des châteaux français, des chalets suisses, tous énormes, tous avec des pelouses rasées de près et des arbres taillés, pas deux du même genre, tous serrés par leurs voisins. La maison d'oncle Harry à Kings Point, à côté, sortie d'une plantation, aurait l'air lilliputienne, pensa-t-il, mais du moins son oncle pouvait bâiller ou s'étendre sans dépasser chez ses voisins.

« Tout va bien, Zev? demanda Mme Shugar d'un air anxieux.

– Absolument! » répondit Barak à tout hasard.

« Oh, super! Elle sera tellement contente. » Elle les laissa devant les bâtiments bas d'un hôtel en stuc rose et agita les doigts. « Ne vous en faites pas, les garçons.

– Qui paye pour tout ça? » s'écria Barak quand ils entrèrent dans un pavillon niché au milieu des palmiers et des arbres en fleurs, puis dans un grand salon avec cheminée, bar, piano à queue et bouquets de fleurs à foison.

« La société de Dave Perlman loue cette villa à l'année pour recevoir les gros bonnets – des stars, des metteurs en scène, etc. Il se trouve qu'elle est libre. Ça va? Alors va prendre ta douche.

– Tout de suite. » Barak alla dans la salle de bains et en ressortit en brandissant un négligé en dentelle rouge. « C'était accroché au robinet.

– Cette Ellen! » Pasternak haussa les épaules et se mit à rire. « Gentille, mais un petit pois dans la tête. Je le lui rendrai. »

Barak se laissa tomber sur une chaise près de la table, prit une énorme poire jaune dans une coupe de fruits et y planta ses dents. « Quels fruits! La Californie! Sam, sois franc avec moi, qu'est-ce qui se passe ici? Pourquoi faire, les dix mille dollars?

– Oh, tu es au courant de ça? Bon, je t'expliquerai, mais si tu dois dîner avec Betty Grable il faut que tu dormes.

– Dîner avec Betty Grable ? Moi ?
– Tu n'as pas écouté ce qu'a dit Ellen ? Tu as pourtant accepté. Un dîner en petit comité.
– Nous deux ?
– Toi seul. Le *Los Angeles Times* a fait un grand papier sur les funérailles de Marcus. Tu as été cité. Pour l'instant, tu es une vedette.
– Pourquoi n'es-tu pas en Tchécoslovaquie ?
– Problèmes de transport aérien. » Pasternak s'assit à côté de lui et se mit à manger une grappe de raisin violet, mâchant et avalant les pépins. « Maintenant qu'on peut acheter par grandes quantités, Ben Gourion a ordonné qu'on augmente notre capacité de transport. Ici, nos gars ont aligné six Constellation des surplus militaires. Pour une nouvelle ligne aérienne au Panama, ont-ils raconté. Ces Connies sont géants, Zev, ils peuvent emporter dix tonnes d'un coup. Dix tonnes ! Mais le secrétariat d'État s'en est douté et tout a été foutu par terre. L'administration de l'aviation civile, le FBI, la CIA, les douanes – matériel dangereux, violation de l'embargo, papiers confisqués, appareils saisis – tout le tralala ! Pourtant, nos gars ont réussi à faire passer un Connie au Panama avant que tout soit bouclé. Je suis venu l'emmener en Tchécoslovaquie, et c'est là où intervient Cunningham. L'argent de Perlman doit servir à graisser des pattes au Panama. Il me fallait ça en main... Tu t'endors. »

Effectivement, Barak dodelinait de la tête devant sa poire à moitié mangée. « Je prendrai ma douche plus tard. Betty Grable... réveille-moi quand c'est l'heure.
– *B'seder*, et je fais repasser ton superbe uniforme. Il est complètement froissé.
– Sam, dis-moi une chose, répondit Barak en se levant et en bâillant. Comment as-tu appris le coup de l'*Altalena* ? »

Pasternak répondit par un clin d'œil et se mit à éplucher une banane.

Edward G. Robinson accueillit Barak dans le grandiose patio dallé de Betty Grable, dominant la ville de Los Angeles au clair de lune. « *Shalom ! Ani ohaive Yisrœl !* (J'adore Israël !) » Avec son grand cigare, et même avec un nœud papillon, il avait tout à fait l'air des gangsters qu'il incarnait souvent au cinéma. Les mots hébreux, grommelés avec un terrible accent américain, prirent Zev de court. Robinson continua : « *Ani no-sane har-bay kesef.* (Je donne beaucoup d'argent.) »

« C'est très gentil », répondit Barak.

Robinson repassa à l'anglais, lui raconta ses cours d'hébreu et lui parla de sa collection de tableaux. Il dut parler longtemps : le dîner était retardé parce que le plat principal était un jambon et que Betty Grable l'avait changé contre un roastbeef en apprenant que le passionnant major israélien serait des leurs. « J'espère que ça ira, dit-elle, resplendissante dans une robe du soir moulante, sans épaulettes, en battant des cils et en le fixant de ses grands yeux bleus. Quel magnifique uniforme. Nous brûlons d'entendre parler de Mickey Marcus et de la Route de Birmanie. »

Elle le plaça à sa droite. En écoutant les gens bavarder, il comprit qu'à part Robinson et le mari de Betty Grable, un chef d'orchestre, les hommes étaient tous des producteurs ou des agents. Les femmes étaient toutes très jolies, même si aucune n'aurait pu rivaliser avec l'hôtesse, avec des robes et des coiffures qui tendaient au grotesque – Barak supposa que ce devait être la haute couture californienne. Il fallut un certain temps pour que la conversation tombe sur lui. Il répondit à quelques questions au sujet de Marcus, puis on lui demanda son avis sur l'avenir du pont aérien de Berlin, l'impact de la télévision sur l'industrie du cinéma, les préférences d'Israël pour Dewey ou Truman, le résultat probable des massacres en Inde, le rôle comparé des États-Unis et de l'Union soviétique dans la victoire sur l'Axe. « Vous pouvez décider d'un pari, dit un grand type qu'on appelait Shorty, l'agent de Betty Grable. La Palestine est-elle au nord ou au sud de la Syrie ?

– Au sud.

– Tu me dois un biffeton », gronda Robinson. Shorty sortit un billet de cent dollars d'une liasse en disant qu'il le regagnerait le soir même au gin-rummy.

« *A-ni no-sane zeh l'Yisroel* (Je le donne à Israël) », dit Robinson à Barak en brandissant le billet.

« C'est très gentil. »

Barak, le lendemain, en short et chemise à manches courtes, s'installa avec Mme Perlman dans une bibliothèque lambrissée sur deux niveaux, qu'elle appelait « l'antre de Dave ». La pièce entourée d'un balcon était tapissée de livres reliés en cuir : les auteurs habituels, plusieurs rangées de grands livres d'art, des best-sellers à l'état de neuf, et décorée avec des photos chaleureusement dédicacées par des stars du cinéma, des plaques et des parchemins complimentant Perlman, deux lettres encadrées signées par Franklin Roosevelt et Henry Morgenthau, le remerciant pour sa contribution à l'effort de guerre. Deux statuettes des Oscars, sous verre, flanquaient une section spéciale avec les cinquante-deux volumes de Winston Churchill en édition originale reliés en maroquin rouge. Mme Perlman lui montra toutes ces choses avec une admiration non déguisée avant de s'asseoir devant une tasse de café pour parler de la réunion. C'était une femme au cheveux gris et en robe d'été orange clair, maternelle, qui lui rappelait sa tante Lydia.

« *Ça me met dans une putain de rage!* » Un homme en costume noir entra en coup de vent et jeta son feutre noir à l'autre bout de la pièce. « S'il y a quelque chose que je déteste, c'est les rabbins. Ça me met dans une putain de rage!

– Dave, très cher, dit sa femme, voici le major Barak. Tu sais, de l'armée israélienne. »

Barak se leva pour lui serrer la main. David Perlman fut aussitôt d'une amabilité exquise. « Oh, oui, vous êtes le type qui va faire le discours. Content de vous voir. » Sa colère le reprit. Corpulent, bronzé, avec d'épais cheveux grisonnants, Perlman produisait de grandes comédies musicales. « Ça me met dans une putain de rage, répéta-t-il à sa femme. J'ai besoin de boire un verre.

– Le temple était-il plein? » Pour lui servir un whisky, elle prit une carafe en cristal sur un bar roulant.

« Que des places debout. Sid avait quarante-deux ans, Selma. Tu savais ça? C'est le rabbin qui l'a dit. Un gosse! Il était gros et chauve, alors c'était difficile à dire, mais il n'était pas plus vieux que ça! Il avait trois films en production. Probablement ce qui l'a tué. Bon Dieu! c'était *quelqu'un* dans cette ville. Et pouf! Ce maudit rabbin, dégoisant toutes ses conneries comme quoi Sidney n'est pas mort, qu'il est vivant dans ses films, bla bla bla, et le vieux Sid allongé sous nos yeux dans son cercueil ouvert, une affreuse momie en smoking avec une tartine de maquillage et les yeux fermés. Selma, j'ai joué au gin rummy avec lui au Hillcrest *samedi dernier*! » Il se rongeait les ongles. Sa femme lui tendit son verre. « Merci. Je suis dans une de ces putains de rage!

– Excusez-moi, madame Perlman. » Une bonne en tablier amidonné passa la tête. « Mme Shugar sur votre ligne privée. »

Perlman alluma un gros cigare. « Très cher, lui dit sa femme en sortant, pas si tôt dans la journée.

– Au diable, je suis salement ému. » Il but une grande gorgée de whisky. « Major, Sid Feller n'a jamais été malade un seul jour de sa vie. Un vrai talent. Pouf! Eh bien! » Il fit un grand sourire à Barak. « Une sacrée histoire dans le *Los Angeles Times* sur votre patron Marcus. Un vrai héros, hein? Encore un peu de café? Ou un verre?

– Merci, non. Vous avez une maison splendide. Très aimable de votre part d'y accueillir cette réunion. »

Perlman fit un geste de dénigrement avec son cigare. « Pour être franc, je ne suis pas sioniste. C'est Selma qui s'occupe de ces trucs-là. Je m'intéresse aux hôpitaux juifs et ce genre de choses. Il y a un hospice de vieux à Yonkers qui porte le nom de mon père, j'ai payé un sacré paquet pour ça. Il est encore vivant, et ça lui a fait un sacré plaisir. Votre oncle Harry, le sioniste – un type fantastique – m'a mis le pied à l'étrier, et je n'oublie pas ces choses-là. Je resterai peut-être vous écouter parler.

– Eh bien, je l'espère.

– Je suppose qu'il fallait un pays pour les Juifs, pourquoi pas? Je n'y ai jamais tellement réfléchi. Cette histoire de Route de Birmanie pourrait faire un sacré film. Avec Marcus et tout. Sauf qu'ici personne ne sait où est vraiment Jérusalem, et que tout le monde se fout des Juifs. C'est ça, le problème. Les films bibliques, naturellement, c'est autre chose. »

Mme Perlman reparut, l'air troublé. « Betty Grable ne vient pas à la réunion. »

Son mari reposa brutalement le verre qu'il portait à sa bouche, et le whisky déborda. « Quoi? Qui t'a dit ça?

– Shorty Goldfarb a appelé. Betty a une grippe intestinale, d'après lui. En tout cas, elle ne vient pas. »

Perlman sauta en l'air. « Je vais parler à Shorty.

– Dave, très cher...

– Bon Dieu, c'est le comble! Je vous demande un peu! » Il se tourna vers Barak. « On *vous* amène à Betty, parce que l'ambassadeur français s'est décommandé chez *elle*, et maintenant elle se décommande chez *nous*! Quelle putain de ville! Bon, je vais passer les couilles de Shorty à la moulinette!

– Mon chou, ne t'emporte pas, je t'en prie! » Mme Perlman semblait prendre très à cœur la mort de Sidney Feller. « On se passera très bien d'elle. Nous avons le major Barak. Betty n'est même pas juive. »

Mais Perlman franchit la porte-fenêtre en criant : « Tu ne vas pas faire une réunion de crotte dans cette maison! » Sa femme le suivit dans une autre pièce, où on entendit le mari crier au téléphone avec une putain de rage. A ce moment, Sam Pasternak, bâillant et mal rasé, vint retrouver Barak. « Zev, Dayan vient de m'appeler. J'ai pensé qu'il valait mieux que je vienne te voir.

– Quoi encore?

– L'imprimeur a livré son camion de billets avec un jour d'avance. Dayan s'en va.

– Il s'en va? Il s'en va quand?

– Les formalités vont prendre quelques heures. Cette nuit. Ben Gourion lui a envoyé un télégramme pour qu'il se dépêche de reprendre le commandement de Jérusalem. Les Arabes rejettent la prolongation de la trêve. »

Barak s'extirpa convulsivement des profondeurs de son fauteuil en cuir bleu. *Adieu, la visite rêvée à Cal Tech!* « Alors c'est encore la guerre, d'un jour à l'autre. Il faut que je rentre à New York. Je vais voir les avions qu'il y a.

– Attends. » Pasternak le retint par le bras. « J'ai vérifié. Tu ne peux pas y arriver.

– Bon, alors j'appelle Dayan pour lui dire de retarder l'avion.

– Retarder l'avion? Quand Ben Gourion lui a donné l'ordre de décoller?

– Sam, j'ai le commandement d'un bataillon qui m'attend.

– Tu t'es engagé à parler aujourd'hui ici-même, et Zev, on lui doit bien ça, à Perlman. Je te renverrai à ton bataillon, peut-être même plus vite que dans l'avion de Dayan, cette vieille casserole hollandaise.

– Toi? Comment?

– Sur notre Constellation de Panama. Ces Connies filent comme des balles.

– Salut, Sam. » Perlman reprit son verre en entrant, le remplit de whisky. « Goldfarb jure que Betty a plus de quarante de fièvre. Peut-être que oui, peut-être que non. Je sais que si c'était un dîner pour les Oscars, elle viendrait même si elle était *morte.* Et ferait des claquettes si elle gagnait. » Il vida son verre d'un trait. « Bon, ça ne mange pas de pain. On vous a, *vous.* Vous valez un million de fois Betty Grable. Vous êtes pour de vrai. Mettez bien votre uniforme, on m'a dit que ça donne de la température aux dames. Plus de quarante. » Il eut un rire enroué et toussa longuement.

En répétant son discours sur Marcus, Zev avait l'impression d'être un ours en train de danser pour une carotte. Ensuite, les femmes s'agglutinèrent autour de lui, mais Ellen Shugar se cramponna à son bras d'un air possessif en se donnant de l'importance, expliquant que le major devait s'envoler immédiatement pour Washington en mission secrète et urgente, ce qui mit fin à son épreuve. Dave Perlman les accompagna à la Lincoln blanche où Pasternak s'était déjà installé. « Je vais vous dire : je vais mettre un ou deux écrivains sur cette histoire de Marcus. C'est duraille, mais vous m'avez intéressé. Des écrivains goys. Des Juifs ne seraient peut-être pas objectifs. »

Ellen Shugar arrêta la Lincoln devant l'entrée de la TWA, jeta un coup d'œil gêné vers Barak, sur la banquette arrière, puis prit Sam dans ses bras pour l'embrasser. « Sammy, prends soin de toi. » Barak vit des larmes couler sur les joues maigres et bronzées.

« Gentille dame. Un peu triste, dit Pasternak quand ils entrèrent dans le terminal. Elle a deux gosses, des vauriens. La fille traîne avec des motards, le garçon a quitté l'école et fait du surf. Son mari est un entrepreneur, fait du terrassement. Ils étaient religieux jusqu'à ce qu'ils passent de Long Island à la Californie. Je vais nous enregistrer, je te retrouve à l'embarquement. »

Quand Barak se glissa dans la foule, sa valise à la main, il entendit qu'on l'appelait de loin : « *Adon Barak, shalom !* » Un peu plus loin, sur un banc, vêtu d'un méchant costume gris avec une cravate filiforme, c'était Don Quichotte ! Non, en regardant mieux, pas Quichotte, mais son frère. La dernière fois que Zev en avait eu des nouvelles, ce type était dans une prison militaire. « Blumenthal, que diable fais-tu là ?

– Pour l'instant, répondit Léopold en anglais, toujours aussi culotté, j'attends mon patron.

– Qui est-ce ?

– Sheva Leavis. »

Barak avait vaguement entendu parler d'un habile affairiste de Tel-Aviv portant ce nom. « Comment es-tu arrivé ici ? »

C'est en prison, expliqua Léopold, qu'il avait rencontré Leavis, dont le neveu faisait partie du peloton des mutins. Leavis était un Juif irakien qui faisait le trafic de munitions venues des surplus militaires ; il payait cash, s'arrangeait pour contourner l'embargo et faire passer le matériel en Israël. « Il a été étonné que j'en sache autant sur les monnaies. Ça lui a plu. Quand j'avais quinze ans, je changeais les devises étrangères sous le nez des Allemands. Mon père nous a fait sortir de Katowice en payant les SS avec des francs suisses que j'avais récupérés. Bon, Leavis a fait libérer son neveu, et moi avec, et me voilà.

– Et les papiers nécessaires ? Passeports, visas, tout ça ? »

Léopold eut un sourire narquois. « Sheva.

– Et l'armée t'a laissé partir ?

– Bon, je suis parti, c'est tout. » D'un grand geste, il lui offrit un paquet de Camel.

« Non merci. Tu es un déserteur, alors. »

Léopold alluma sa cigarette avec un Zippo. « Si tu le dis.

– Reviens, Blumenthal. je te paierai ton billet. Tout de suite ! Déserter, c'est un mauvais truc. »

Une moue obstinée durcit le visage de Léopold. « Je pars en avion avec Sheva pour les Philippines. Il y a là-bas des centaines de chars américains en train de rouiller. Les Philippins n'acceptent pas les dollars : les transactions en dollars sont toutes enregistrées. C'est compliqué, il faut pas mal jongler avec les monnaies. »

Le haut-parleur de l'aéroport annonça d'une voix éraillée le vol pour Washington. « Tu auras un sacré problème en rentrant chez toi.

– C'est ici, chez moi.

– L'Amérique? Tu ne peux pas y rester. L'immigration ne te laissera pas faire. »

Avec un sourire entendu, condescendant, Léopold fit un anneau de fumée. « Yossi aime Israël? *Kol ha'kavod* (honneur) à lui.

– Ce n'est pas si important (Barak ramassa sa valise) mais tu serais peut-être mort, et tu ne serais sûrement pas ici si les nôtres ne t'avaient pas fait sortir en fraude d'Italie et...

– Je n'étais pas volontaire pour venir en Israël, Adon Barak, ni pour m'engager dans votre armée, l'interrompit Léopold. On m'a trimballé comme un cheval, et à Haïfa on m'a attelé comme un cheval. Je suis toujours sioniste, mais j'en ferai plus à partir d'ici. Tu verras. »

Barak haussa les épaules et s'éloigna.

« Salue Yossi, et Yael Luria », cria Léopold dans son dos.

Pasternak l'attendait à l'embarquement. « Viens, viens, on monte à bord. On a de la chance, notre avion est un Constellation.

– Qu'est-ce que tu sais sur un dénommé Sheva Leavis? » lui demanda Barak quand ils furent installés dans les vastes sièges des secondes classe.

– Sheva? Pourquoi? » Zev décrivit sa rencontre avec Blumenthal. Pasternak hocha la tête. « C'est bien Sheva.

– A-t-il été utile à quelque chose?

– Pour Sheva, oui. Pour Israël, bon, je ne dirai pas qu'il n'a rien fait. Il joue son propre petit jeu et prend quelque chose au passage. Tout peut servir, j'imagine. »

Le rugissement du décollage brisa le fil de leur dialogue. Après quoi Sam se mit à parler en hébreu, très vite et à voix basse, de son trafic de Constellation et d'autres du même genre. Quelques Juifs américains et canadiens qui avaient commencé leur vie d'immigrants comme brocanteurs étaient maintenant des ferrailleurs. Comme l'administration des surplus militaires vendait des quantités incalculables de munitions au rebut et de machines-outils à fabriquer les armes, détritus de la dernière guerre mondiale, ces négociants savaient où étaient les choses et comment les obtenir à un prix ridicule.

Mais ils connaissaient aussi la loi sur l'embargo. La revente pour une zone de combats était illégale, dit Pasternak, et c'était là le problème. Les ferrailleurs étaient des sympathisants, mais ils ne pouvaient pas risquer de perdre leur affaire ou même d'aller en prison.

C'était donc aux Juifs du Yishuv de se procurer les surplus – chars, camions, TNT en gros, tours pour fraiser les canons de fusils, transmissions électroniques, vieux bombardiers, chasseurs et Constellation – sans compromettre personne. Il raconta le recrutement des aviateurs, des ingénieurs des transmissions, des spécialistes en armement, des cryptologues, fit le récit insensé d'un avion de ligne acheté pour être transformé en hydravion, le tout en vain. Pasternak continua pendant des heures. Dans ses anecdotes, couronnées par des succès magnifiques ou des échecs calamiteux, couraient deux fils, rouge et or, l'audace et l'argent ; trop de rouge et de bravoure, pas assez d'or. Sam décrivit le vague « quelques types qui nous aident » de l'oncle Harry : un petit cercle d'hommes d'affaires se consacrait à trouver l'argent pour les plans les plus échevelés pouvant mettre des armes dans les mains des Juifs en Terre sainte ; et ils étaient actuellement tellement démunis que l'oncle de Barak avait dû demander à Dave Perlman d'avancer dix mille dollars.

« Pendant qu'on se battait tous les deux sur les routes, dit Pasternak, les trucs les plus fous se passaient outre-Atlantique. Ben Gourion savait qu'il y aurait la guerre dès la fondation de l'État. Il voulait qu'on se procure des armes entreposées à l'extérieur, pour les faire entrer dès le départ des Anglais. Il espérait en avoir suffisamment, et à temps, pour repousser les envahisseurs.

– Ce qu'il a fait.

– Oh, tout juste. Maintenant on peut en faire venir de Tchécoslovaquie. Une base plus solide. Voilà pourquoi (il donna un coup sur le fuselage) il nous faut un Constellation ! Et on l'aura.

– Quand ?

– Cela dépend de Christian Cunningham. Tu ne trouves pas qu'on vole bien ? Comme un rêve. Dix tonnes d'un coup, Zev, dix tonnes ! »

9

Le Terrible Tigre

Pasternak, en sous-vêtements, fumait une cigarette, assis près d'une fenêtre ouverte ayant une vue de Pennsylvania Avenue jusqu'au dôme du Capitole, blanc et brillant sous le soleil de l'après-midi. Le climatiseur asthmatique de l'autre fenêtre ne refroidissait pas sensiblement la petite chambre de l'hôtel Willard. Barak, en costume de velours, chapeau de paille, chemise blanche et cravate rouge, fit son entrée avec une boîte dans les mains.

– Regarde-moi ça ! Yankee Doodle !

– Je n'allais pas porter ce déguisement imbécile (il brandit la boîte) chez ton copain Cunningham. Si ce n'était pas propriété du gouvernement, je le brûlerais. Quand y va-t-on ?

– Je m'habille. » Pasternak tourna autour de lui. « Te va pas mal. Un peu serré aux épaules.

– Pas pu trouver mieux pour sortir avec du magasin. Pas cher du tout.

– C'est pas cher, l'Amérique. Ils ont tout, et ils n'ont jamais été bombardés. »

La voiture de location tournait vers le pont du Mémorial d'Arlington quand Barak dit soudain : « Arrête-moi là. » Sam trouva une place. Zev monta les marches du Mémorial, contempla plusieurs minutes la statue géante de Lincoln, et revint. « Être américain, dit-il, l'air sombre, ça doit être merveilleux.

– La plupart n'en savent rien. » Pasternak démarra.

« Ils doivent bien le savoir, dit Barak en secouant la tête. Peut-être qu'ils n'en parlent pas. »

Sur l'autre rive du Potomac, ils suivirent quelque temps des routes et des rues ombragées, puis serpentèrent au bas d'un petit chemin de terre, jusqu'à une allée circulaire en gravier donnant sur une maison de brique avec une petite véranda en bois peinte en jaune. Pasternak appuya sur la sonnette. Venant d'une coupole, plus haut, une voix sombre et frémissante les fit sursauter. « Qui est-ce?

– Sam Pasternak et un ami.

– Qui est Sam Pasternak? Et comment savoir que c'est toi? » La voix coupante se teintait d'une vague moquerie.

« On a mangé du calmar ensemble à Gênes, Chris, et tu as été malade comme un chien. »

Un gloussement sépulcral. La porte s'ouvrit avec un bourdonnement. « Bonsoir. Par ici, s'il vous plaît », leur dit une jolie domestique noire.

Un grand type maigre et anguleux se leva pour les accueillir dans une pièce toute en longueur donnant sur le fleuve, avec des meubles anciens dominés par un piano à queue en bois de rose. Il avait d'épais cheveux grisonnants, de grosses lunettes en écaille, une mâchoire osseuse et proéminente, et malgré la chaleur il portait un costume gris avec une chaîne en or qui barrait son gilet. « Saleté de calmar, Sam, il a failli avoir ma peau. » Une voix grave, presque enrouée.

« Chris, voici Zev Barak.

– Salut à vous. » Une main sèche et froide serra fortement la sienne. « Le soleil a passé le haut du mât, messieurs, que diriez-vous d'un mint julep? La dame de la maison ne boit pas, alors suivez-moi. »

Sur une terrasse arrondie en brique qui s'ouvrait largement sur le Potomac et d'où on l'apercevait au loin le monument de Washington et le Capitole, ils s'installèrent autour d'une table en verre, sur des chaises en fer forgé. La bonne leur apporta des chopes en étain givrées couronnées de feuilles de menthe, disposa des coupes avec des bretzels et des cacahuètes. « Attention Zev, lui dit Sam, si tu n'as jamais bu de mint julep, ça peut t'assommer.

– Vous autres Israéliens ne tenez pas l'alcool, dit Cunningham en sirotant son verre. Les Juifs américains, en revanche, boivent comme des hommes, dans l'ensemble. C'est intéressant. » Il examina Barak. « Zev Barak. Quel est votre vrai nom? » Zev cligna des yeux. Avec un mince sourire, l'autre insista. « Cette question vous offense?

– Non, mais c'est mon vrai nom. Je suis né Wolfgang Berkowitz, si c'est ce que vous voulez dire.

– Que signifie Zev Barak en hébreu? Je sais qu'en Palestine vous prenez souvent des noms hébreux. »

Barak répondit de bonne grâce. « Zev, c'est loup. » Pasternak l'avait prévenu : Cunningham était un drôle de type avec des façons bizarres. « Wolfgang en abrégé, pourrait-on dire.

– Je vois. » Cunningham hocha la tête. « Et Barak, un abrégé de Berkowitz?

– Eh bien, oui, mais c'est un nom courant en Israël. Cela signifie : la foudre.

– Loup l'Éclair. Pas mal! Pourrait presque être indien américain. » Il se tourna vers Pasternak. « Ton ami est-il vraiment Loup l'Éclair?

– Zev est okay. » Sam buvait son verre, mais après y avoir goûté Barak faisait semblant.

« C'est intéressant. En Amérique, les Juifs changent de nom pour avoir l'air moins juif. Vous, vous hébraïsez les vôtres pour être encore plus juifs. Et pourquoi ça?

– Pour quitter l'Europe, j'imagine, dit Pasternak, dans un sens ou dans l'autre.

– Aha! » Pour la première fois, Cunningham eut un sourire moqueur, découvrant des dents régulières jaunies par le tabac. « Bien dit. Pas toute la réponse, mais intéressant. Et voici la dame de la maison. »

Une fille maigre d'environ douze ans, en tenue de tennis, arriva en courant. « Je l'ai battu, père. Il a quinze ans, c'est un vantard, et j'ai gagné deux sets. » Elle s'arrêta en voyant les Israéliens. Un peu intimidée, mais toujours gaie, elle se présenta. « Hello. Je m'appelle Emily.

– Dîner à 7 h 30, Emily, avec M. Pasternak et M. Barak. »

Elle leur sourit et s'éclipsa. Les manières de Cunningham changèrent du tout au tout. Ses yeux se fermèrent à moitié, il accrocha ses pouces à sa chaîne de montre et se tassa sur son siège. Sa voix se durcit. « Sam, je pense que le coup du Constellation va passer, du côté de notre ambassade. Après dîner, nous devons passer voir un type qui habite près d'ici. Ça prendra peut-être une demi-heure.

– Okay, Chris.

– Quant aux gens de Panama, on peut vous aider un peu, mais c'est surtout votre affaire.

– Nous nous sommes préparés. »

Cunningham se redressa et reprit son ton de mondanité acerbe. « Pendant que nous serons absents, la dame de la maison aura la charge de distraire M. Loup l'Éclair.

– Un programme agréable, dit Zev.

– Vous verrez qu'elle sait parler, même quand elle dit des bêtises. Sa mère est allée en Angleterre, voyez-vous, rendre visite à notre fils à Oxford. Si j'étais juif (il se tourna vers Pasternak après une grande gorgée de mint julep), j'aurais sûrement envie de m'éloigner le plus possible de l'Europe. Spécialement de la Russie. “ *Du nord viendra le mal.* ” » Il citait le prophète Jérémie. « La Russie a fait votre malheur.

Hitler est votre bête noire, mais il a été à l'école de la Russie, vous savez. »

Pasternak hocha la tête. « Je ne suis pas sûr de comprendre », dit Barak.

Ravi, de toute évidence, d'avoir un nouveau public, Cunningham pointa sur lui son index acéré. « Grâce aux pals et aux pogroms des tsars, monsieur Loup l'Éclair, Adolf Hitler a compris que le libéralisme occidental n'était que de la blague. Qu'il pouvait traiter les Juifs comme des sous-hommes sans aucun problème international, à part quelques glapissements futiles et quelques mines horrifiées. De Lénine, il a appris l'utilité des camps de concentration et de la terreur totalitaire. De Staline, il a appris qu'on pouvait étouffer et nier effrontément de gigantesques massacres, et que le monde ne lèverait pas le petit doigt. »

Il fit une pause, le temps de vider sa chope d'un trait. « La seule innovation de Hitler a été de faire passer ces horreurs du gouffre de la nuit slave à la lumière d'Europe centrale. Que Hitler se soit retourné contre ses maîtres, c'est l'ironie de l'histoire. Une ironie plus grande encore, c'est que nous avons sauvé la Russie des nazis avec le Prêt-bail – la Russie, seule menace mortelle de la planète. Messieurs, prendrez-vous avec moi un autre mint julep ? » Les Israéliens se lancèrent un coup d'œil, refusèrent tous les deux. Cunningham remplit son verre et continua à disserter sur les iniquités et les dangers de l'Union soviétique.

Pasternak avait prévenu Barak que Cunningham était obsédé par la nature maléfique des Russes, et effectivement, pendant que le soleil couchant rougissait les eaux du fleuve, l'homme de la CIA poursuivit sur le même thème. Le christianisme était arrivé trop tard en Russie, d'après lui, plus de mille ans après le Christ, et sous une forme corrompue, *via* Byzance. Il n'avait jamais touché le cœur tartare des Slaves, en avait fait des masses schizophrènes, féroces conquérants d'une part, idéalistes en mie de pain de l'autre, puis leur côté sauvage avait refait surface et dominait inexorablement leur société et leur politique.

« Cette double personnalité nationale se voit également chez Tolstoï et Dostoïevski. C'est la seule façon de comprendre des génies aussi lointains et torturés, major Barak, la seule façon de les relier l'un à l'autre, nationalement et rationnellement. Cette faille se trouve aussi dans leur musique. Dans leur architecture. Dans leur art. Déjà vu le portrait d'Ivan le Terrible par Repine, son fils aîné en train de mourir à ses pieds parce qu'Ivan lui a brisé le crâne avec une canne à pommeau d'or ? Le visage d'Ivan, le visage du fils ? Toute l'histoire est là, en une seule image sanglante.

– Le dîner est servi », annonça la bonne, de la porte-fenêtre.

Emily, vêtue de gris, s'installa dignement en bout de table, à la place de sa mère, parlant peu, sonnant la bcnne pour lui donner des ordres *sotto voce*, incitant calmement les invités à se resservir de vichyssoise, de poulet rôti ou de sorbet. Barak et Pasternak mangèrent en silence, échangeant quelques regards quand Cunningham leur exposa franchement l'estimation que la plupart des services américains faisaient d'Israël. Les succès militaires juifs étaient considérés, les prévint-il, comme une surprise ayant dans l'ensemble des conséquences négatives. Les Arabes n'accepteraient jamais les sionistes en leur sein, pas pendant de nombreuses générations. S'ils étaient chaque fois vaincus, ils passeraient leur frustration sur les Occidentaux et se tourneraient vers les Russes. Ce qui pouvait bouleverser tout l'équilibre des forces au Moyen-Orient. Des gouvernements arabes hostiles pourraient nationaliser les compagnies pétrolières occidentales, voire même fermer les bases stratégiques anglaises et américaines de la région. Quant aux Israéliens, ajouta-t-il, ses collègues avaient tendance à les trouver profondément agressifs et expansionnistes. Le pire, du point de vue des intérêts américains, c'est qu'on y voyait surtout des socialistes ou même des marxistes. Israël était plein de Juifs russes, se faisait armer par la Tchécoslovaquie avec des munitions contrôlées par les Russes. On pouvait très bien envisager un tournant politique d'Israël en faveur des Russes.

« Ce sont des sornettes, dit Pasternak. Nous connaissons les Russes. Nos fondateurs ont fui la Russie pour créer Israël.

– Bien sûr, mais le travail de nos services, c'est de prévoir le pire. Je perds patience, je dois dire, devant la myopie de mes collègues. Quand j'ai travaillé pour le FBI, il y a des années, avant la guerre, j'ai contribué à démasquer les réseaux d'espionnage de l'Union soviétique. Pourtant, de 1941 à 1945, nous avons déversé les dollars du Prêt-bail à notre ennemi mortel. Oh, attention (Cunningham brandit son sorbet pour le souligner), le programme Prêt-bail était juste. Il fallait écraser Hitler. Mais d'avoir fait complètement volte-face, jusqu'à aimer les Russes, les hollywoodiser, nous allons le regretter pendant un siècle. Ce fut un désastre colossal qui a duré quatre ans, du point de vue de la sécurité. Selon moi, Israël peut devenir notre bastion stratégique au Moyen-Orient. A l'OSS, j'avais des supérieurs qui m'écoutaient, même avec scepticisme, et certains d'entre eux sont passés à la CIA.

– Bon, c'est rassurant, lâcha Barak.

– Pas nécessairement. Beaucoup dépend de votre M. Ben Gourion. On me dit qu'il vous écoute, major Barak, alors je vais être brutal. »

Cunningham s'adressait directement à lui, et Zev commença à comprendre pourquoi Sam l'avait fait venir et pourquoi cet homme les avait reçus. « Votre Premier ministre est une formidable personnalité, mais l'épreuve de vérité approche. Il doit changer très vite, passer de révolutionnaire à homme d'État. Toutes ces années de luttes politiques intestines dans le sionisme l'ont rendu coriace, brutal, obstiné, étroit d'esprit. Sa rhétorique trahit ses origines russes, on y voit partout la faucille et le marteau. Est-ce que Ben Gourion croit en Dieu? »

Ce coup soudain, accompagné d'un regard perçant, lui coupa le souffle. Pasternak le surveillait avec un sourire en coin, et Emily le fixait sans rien dire. « Eh bien, les partis religieux d'Israël l'exaspèrent, je peux vous le dire ça.

– Ce n'est pas ce que je vous ai demandé. » Cunningham se tassa sur sa chaise. « Le retour des Juifs en Terre sainte est une anomalie de l'histoire. A long terme, Ben Gourion est soit un instrument de la providence à l'aube d'un nouveau commencement dans les affaires du monde, soit quelqu'un sans importance, un accident insignifiant, un caprice du hasard. En ce cas, probablement, votre pays aussi.

– Il n'est pas le moins du monde religieux, dit Barak. Il mange n'importe quoi, et il ne célèbre pas les fêtes, rien de tout ça.

– Là encore, ce n'est pas ce que je vous ai demandé. »

Barak haussa les épaules, et, au bout d'un moment, Cunningham continua : « Êtes-vous religieux?

– Vous recevez de façon grandiose, monsieur Cunningham, et vous tenez des discours fascinants, mais cela ne vous regarde pas le moins du monde. »

Christian Cunningham se redressa, puis éclata de rire. « Pour un homme du renseignement, tout le regarde. Sam, il faut qu'on y aille. Emily, ressers un peu de café à M. Loup l'Éclair, et essaye de ne pas l'ennuyer. »

Quand ils furent partis, la jeune fille le regarda. « Voulez-vous encore du café?

– Je vous en prie.

– Un cognac?

– Non, merci.

– En Israël, vous avez des lucioles?

– Des lucioles? Je n'ai jamais vu de lucioles. On a des vers luisants. »

Elle appuya sur la sonnette. « Estelle, sers-nous le café sur la terrasse, s'il te plaît... Venez. » Barak ressortit par la porte-fenêtre et descendit un escalier tournant en brique, où elle lui prit la main. « Les fichues lampes sont kaputt, par ici. Ne vous cognez pas aux plantes en pot... Nous y sommes. » Arrivés sur la terrasse dallée, elle lâcha sa main et ils s'assirent ; lui sur une chaise longue rembourrée, elle sur le coussin d'une balancelle. « Juste pour me faire mentir, les lucioles vont probablement rester dans leur trou... Oh, en voilà une. Et une autre. »

Les lueurs vertes et mouvantes, en fait, piquetaient la pelouse qui descendait vers la ligne noire des arbres. Derrière, l'eau du fleuve reflétait le clair de lune. « En tout cas vous avez passionné mon père. Il adore qu'on lui tienne tête. Quand on a raison, bien sûr.

– Ce merveilleux parfum... qu'est-ce que c'est ?

– Les gardénias. Tout le long de la terrasse. La fleur préférée de ma mère. Qu'est-ce que vous avez au bras ? »

Son ton direct dérouta Barak, comme l'avait fait celui de son père. Il avait cru se servir normalement de son bras. « Pourquoi demandez-vous ça ?

– La façon dont vous le bougez. » Dans la lumière qui filtrait du balcon, plus haut, il la vit balancer son bras, un peu replié, d'un geste exagéré. « Vous avez été blessé ?

– Oui, mais c'est guéri. »

La bonne arriva avec le café. Emily remplit deux tasses. « Avez-vous lu les poèmes d'Emily Dickinson ? Mon nom vient d'elle. Ma mère a grandi à Amherst, son village natal.

– N'est-ce pas en Nouvelle-Angleterre ? Votre père parle comme un sudiste.

– Oh, oui. Il vient de Georgie. Ils se sont rencontrés sur un bateau. Romantique. J'écris des vers, mais pas comme Emily Dickinson. Elle a des émotions constipées. »

Cette vantardise un peu embarrassée le laissa sans voix. Silence. « Eh bien, ces lucioles sont très jolies. Vous devriez écrire un poème à leur sujet.

– Je l'ai fait. Parlez-moi de votre blessure.

– Vous voulez écrire un poème dessus ?

– Je n'ai jamais parlé avec un guerrier. C'est juste que ça m'intéresse.

– Bon, très bien. » Elle ne le quitta pas des yeux pendant qu'il lui décrivait l'escarmouche nocturne, et il se mit lui-même à la revivre, à raconter en détail l'assaut et la retraite des Arabes, la balle qu'il avait reçue.

« Vous êtes sûr que c'était un accident ? Est-ce qu'un de vos soldats vous en voulait ? »

Futée, la fille, se dit-il. D'avoir été touché par-derrière, il avait d'abord pensé qu'un paresseux ou un lâche de sa compagnie avait pu lui tirer dessus. « Non, ce pauvre type est un *shlemiehl* – un imbécile maladroit – mais il m'adore. Il a tout de suite couru vers moi pour me dire que c'était lui. Il était catastrophé. »

Ils admirèrent les lucioles. La balancelle d'Emily grinçait. Un vent venu du fleuve souleva une senteur de feuillage et de gardénia. « Et je ne suis pas un guerrier, vous savez. Nous devons tous nous battre, parce que les Arabes ne veulent pas de nous là-bas. J'étudiais la chimie. C'est ce que j'espère faire un jour, de la chimie.

– Comme c'est affreusement ennuyeux. Ça me fait penser aux pharmacies.

– Excusez-moi, Emily, mais c'est très puéril. La chimie, c'est la base de tout. Vous et moi, par exemple, nous sommes deux petits moteurs chimiques en train de faire du bruit. Ces lucioles brillent grâce à la chimie. Les étoiles aussi. »

Elle baissa les yeux et se tordit les doigts. « Pardon. En fait, quand on parle de chimie, entre filles, ça veut dire qu'on aime un garçon ou pas.

– J'ai un petit frère, dit Barak, qui étudie la physique. Un jour, ce sera peut-être un grand physicien. La physique et la chimie, c'est ce dont le monde est fait, Emily. Y compris la guerre.

– Non, la guerre, c'est les hommes, dit-elle, et vous le savez. Je suis content que votre bras soit guéri. Vous connaissez *Othello*?

– Oh, j'ai lu la pièce.

– " *Elle m'aimait pour les dangers que j'ai connus,* récita Emily d'une petite voix haut perchée, tendue, *et je l'aimais de les prendre en pitié.* "

– A votre âge, dit-il maladroitement, vous pensez beaucoup à l'amour?

– Juliette avait douze ans et demi. » Un silence, les grincements de la balancelle. « Je pourrais vous parler de mes propres blessures, mais je crois que j'entends mon père qui revient. La plupart de mes poèmes parlent de ça.

– Alors c'est triste.

– Non, il y en a qui sont très joyeux. Même drôles. » Quand ils se levèrent pour remonter l'escalier obscur, elle lui reprit la main. « Par ici... D'ailleurs, ils parlent toujours d'une autre fille que moi. Vous avez aimé les lucioles?

– C'est magique. »

« Alors, dit Cunningham quand ils arrivèrent sur le balcon, est-ce qu'elle vous a fait mourir d'ennui? Ou s'est-elle montrée trop curieuse?

– C'est une hôtesse aussi agréable que vous-même.

– Oh ? Quel compliment ambigu !

– Bonne nuit, dit Emily aux deux Israéliens. Ravie de vous avoir rencontrés. » En la voyant sous la lumière, Barak remarqua que c'était une enfant, pas encore formée. « Bonne nuit, père. » Elle embrassa Cunningham et sortit, presque en courant.

« Il faut qu'on s'en aille, Zev, dit Pasternak. On a un avion à prendre à New York, avec correspondance au Panama.

– Vous attraperez la navette », dit Cunningham en consultant sa montre. Il tendit la main à Barak. « J'espère que mes petites plaisanteries sur Loup l'Éclair ne vous ont pas gêné, ni mes questions indiscrètes. C'est comme ça que je suis.

– Tout m'a beaucoup plu. Ainsi que la compagnie de votre fille.

– C'est gentil. » Ses lèvres minces s'étirèrent. « Si ce que je vous ai dit laisse le moindre souvenir, vous êtes libre d'en parler à M. Ben Gourion. »

En roulant vers l'aéroport, Pasternak lui parla plus librement de Christian Cunningham. « Maintenant que tu l'as rencontré, je vais te compléter le tableau. C'est un type unique. En 1945 il travaillait en Italie, dans l'OSS, et j'étais dans la clandestinité, occupé à envoyer des Juifs en Palestine par bateau. C'est là qu'on a mangé du calmar. On s'était déjà connus en France, mais en Italie on a tous les deux été plongés dans un marché entre l'OSS et des généraux allemands qui voulaient se rendre séparément aux Anglo-Américains. Ça n'a rien donné, mais on a appris à se connaître, lui et moi. Il m'a même aidé à trouver un navire, à Gênes, qui a réussi à traverser deux fois le blocus anglais, bourré de réfugiés. Moi, je lui ai fait passer des renseignements sur les mouvements de troupes allemands, les dépôts de munitions et ainsi de suite. Sur un coup de chance, nos gars en Provence ont mis la main sur une machine à coder de la Wehrmacht, et je la lui ai donnée. C'était vers la fin de la guerre. Je ne sais pas si ça a été vraiment utile, mais il m'en a été reconnaissant. J'imagine que ça l'a fait bien voir de ses patrons... Dis donc, pourquoi es-tu si agité ? Qu'est-ce qu'il y a ?

– Il n'y a rien. C'est vraiment une drôle de façon de rentrer en Israël, voilà tout, dit Barak, énervé, *via* Panama, le Brésil et la Tchécoslovaquie.

– Détends-toi, Loup l'Éclair. »

Au volant d'une jeep à l'arrêt, transpirant dans la chaleur humide du soir, Yael Luria vit l'avion des chevaux de course approcher de Tel-Aviv à basse altitude, virer vers l'est sous les rafales de mitrailleuse et les nuages noirs de la DCA arabe, puis rebondir sèchement sur la piste. Dayan traversa le tarmac à grands pas, vêtu d'un étrange uniforme chamarré. « *Dode Moshe!* » cria Yael. Depuis son enfance à Nahalal, elle l'appelait *Dode*, oncle.

Il passa la barrière, regarda de tous les côtés. « Salut, Yael.

– Zev Barak n'est pas avec toi?

– Non.

– J'avais l'ordre de l'accueillir.

– Eh bien, tu m'as accueilli. » Il sauta dans la jeep. « Je ne vois pas mon chauffeur. Emmène-moi à Tel Hashomer. »

Les deux pilotes de l'avion les dépassèrent, l'air secoués. « Ces pauvres Hollandais ont dû passer au-dessus des Arabes, dit-il, parce qu'il n'y avait pas de vent. Bon, ils seront payés double.

– Et le voyage?

– On a été secoués. Des orages tout du long. » Dayan bâilla, mit les mains derrière la tête et s'installa sur son siège. « Je serai content d'arriver au camp et dans mon lit. » Il s'endormit en quelques instants. Yael roula vers la base militaire, faisant un détour quand la route passait à portée de l'ennemi. La pleine lune était déjà haute quand ils arrivèrent au portail de Tel Hashomer. Des scout-cars, des jeeps et des half-tracks en sortaient à petite vitesse, conduits par des soldats casqués en tenue de combat. Dayan se réveilla en sursaut. « Qu'est-ce que c'est que ça? C'est mon bataillon! » Il sortit d'un bond et lança un ordre à l'officier d'un half-track, qui le répercuta sur son talkie-walkie. Les véhicules s'arrêtèrent dans un fracas métallique et il courut en tête de colonne. Le chauffeur d'une jeep surmontée d'une mitrailleuse salua Yael et repoussa ses lunettes sur son nez. « Quichotte! Où est Benny?

– Trois voitures derrière. » Il tendit le bras, et Yael vit son frère debout dans un half-track, près de la mitrailleuse. Elle trotta vers lui. « Benny, comment vas-tu?

– Moi? Très bien. Qu'est-ce qui t'amène?

– J'ai ramené Dode Moshe de l'aéroport.

– Dode Moshe? Alors il est revenu! *Shiga'on!* (Dingue, merveilleux). On croyait qu'on allait faire cette guerre sans lui.

– Où allez-vous?

– A la base avancée. Dès la fin de la trêve, on fonce.

– Bonne chance, Benny. A vos succès! »

La chaleur était étouffante, et Yael s'épongea le visage avec son mouchoir en retournant vers sa jeep. « Ah, tu es revenue. Bon, donne-moi quelque chose qui t'appartient. Donne-moi ce mouchoir.

– De quoi tu parles?

– Je pars à la bataille. C'est une ancienne coutume. Tu n'as jamais lu Walter Scott? Je suis censé porter les couleurs d'une dame.

– Uniquement d'une dame que tu aimes, imbécile.

– *B'seder*, je t'aime. Tu sais que tu es la plus jolie dame du monde. » Il tendit la main en souriant. « Un mouchoir, c'est parfait. »

Yael hésita en riant. « Tu te moques de moi.

– Je parle sérieusement. Donne-le moi. »

Cette déclaration d'amour, même par jeu, la toucha réellement. Les hommages, mêmes vulgaires, lui faisaient un plaisir immense, et Quichotte ne la laissait pas complètement indifférente. Depuis qu'il avait sorti Benny du champ de bataille, à Latroun, son propre frère s'y était attaché, et la lueur parfois peu civilisée qui traversait ses lunettes répondait à sa propre nature impulsive.

« Okay, okay. » Elle lui donna son mouchoir. « Il est trempé, mais le voilà. Bonne chance !

– J'ai droit à un baiser, en plus ?

– Oh, pars à la guerre, sale gosse ! »

Il le fourra dans son casque et courut à sa jeep blindée. La colonne se remettait en branle au milieu des cris et du vacarme.

« Tu seras le serveur du canon », lui dit Benny Luria le lendemain. Ils examinaient l'intérieur obscur et encombré d'un véhicule blindé pris à la Légion arabe, qui puait comme un pot de chambre cassé. Des soldats à moitié nus, en sueur sous un soleil impitoyable, branchaient frénétiquement une autre radio, soudaient des pièces sur les trous d'obus, graissaient et ravitaillaient l'engin. Il était encore attaché par un câble au half-track de Dayan, qui l'avait lui-même remorqué sous le feu de l'ennemi. Benny avait été volontaire pour aller fixer le câble, ce qui lui avait valu le commandement du véhicule.

« Moi ? Je ne connais rien aux canons.

– Moi non plus. Un artilleur doit venir de Tel-Aviv. »

Les commandos, dans l'odeur des gerbes de millet écrasées, changeaient les pneus déchiquetés, bouchaient les trous faits par les balles dans les radiateurs qui fuyaient, remplaçaient les chenilles et autres pièces cassées, tandis que les médecins pansaient les blessés. Le bataillon de blindés légers, s'enfonçant dans la saillie ennemie qui menaçait Tel-Aviv, avait déjà surpris et réduit deux petit villages du sud-est en chargeant sans le moindre barrage de mortiers et en tirant à tout va, sous la conduite de Dayan. Les villages, pris de court, étaient vite tombés, mais il y avait eu des pertes.

« Qui peut lire ces trucs, de toute façon ? » Quichotte montra les instructions en arabe, à moitié effacées, marquées au pochoir à l'intérieur du véhicule. « Comment vas-tu conduire ce machin ?

– Une voiture, c'est une voiture, et un canon c'est un canon, dit

Luria. On va le faire marcher. Dayan dit que ce canon double notre puissance de feu. »

L'artilleur finit par arriver – un solide *sabra* enroué à force de crier après les nouvelles recrues. Il serina des rudiments d'artillerie à Don Quichotte, lui fit pivoter la tourelle, pointer et braquer le canon, viser des cibles proches et lointaines. Quichotte était coincé dans un espace minuscule, étouffé par les odeurs d'essence et de pisse, déboussolé par les hurlements gutturaux de l'instructeur, d'autant qu'on continuait autour de lui à cogner, à scier et à limer sans arrêt. Au bout d'un moment, Moshe Dayan vint les voir. « Bon, eh bien, est-ce qu'il peut tirer ?

– Donne-lui un ordre », dit Luria.

Dayan désigna un grand arbre au bout d'un champ. « Coupe-moi la branche du bas. »

Don Quichotte déclencha un rugissement et une bouffée de gaz enflammés. La branche fut coupée à ras.

« C'est ça, dit Dayan. Maintenant, nous sommes invincibles. On entre dans Lydda. »

Le bataillon fonça vers l'ouest, traversa les fortifications de la ville, fossés antichars, épaisses haies de cactus, sous le feu nourri des redoutes, au risque de sauter sur les mines, qu'ils eurent la chance d'éviter. Les ennuis commencèrent quand la colonne atteignit le centre de la ville. Les ordres de Dayan étaient clairs. La moitié du bataillon irait au nord, menée par le véhicule blindé rebaptisé Terrible Tigre, et lui-même conduirait le reste vers le sud. Après avoir mitraillé la ville dans les deux sens pour semer la peur et le chaos, ils se rassembleraient et repartiraient en trombe par où ils étaient venus. En fait, Dayan lui-même n'avait reçu aucun ordre : il avait improvisé ce raid sur la foi d'un vague renseignement, et il savait très bien que son bataillon n'avait pas une puissance de feu suffisante pour tenir la ville.

Le Tigre chargea vers le nord de Lydda, comme convenu. Les habitants eurent en effet un choc, en voyant un blindé de la Légion arabe semer la terreur dans les rues, mais ils se ressaisirent bientôt et attaquèrent le Tigre à coups de fusil et avec des grenades. Il fallut quelque temps pour que Benny, qui dirigeait le véhicule de la tourelle et tirait à la mitrailleuse, s'inquiète réellement de leur audace. Grâce aux hurlements à peine intelligibles de Dayan dans ses écouteurs, il finit par comprendre. Ils firent halte au milieu d'une place, et Quichotte, épiant la foule des Arabes à travers une fente du blindage, cria par-dessus le bruit du moteur : « Dis-moi, je me demande où sont les autres ?

– Ils sont tous allés au sud avec Dayan, à travers Lydda et en direction de Ramle.

– Quoi, tous? Jusqu'à Ramle? Comment ça se fait?

– *Balagan*, c'est tout. »

Des rafales claquaient sur le blindage, des grenades explosaient en secouant violemment le véhicule.

« Tu ne veux pas dire qu'on est venus ici tout seuls? » cria Quichotte. Le conducteur, un jeune kibboutznik blond qui s'était porté volontaire, tourna ses yeux exorbités vers Luria.

« C'est exactement ça! Tout seuls. Alors ferme-là et tire sur le toit, à gauche! Tu vois la fumée? Un nid de mitrailleuses! Tire! »

Quichotte tira. Le recul lui faisait mal à la poitrine, sa chemise se tachait de sang, la fumée des obus l'empêchait de respirer, mais l'ivresse de la bataille lui faisait tout oublier. « Ne t'arrête pas, on ne s'arrête plus, cria Luria au conducteur, on avance et on tire, on avance et on tire, et quand je donne l'ordre, on revient en arrière pour rejoindre Dode Moshe! »

La vision du Terrible Tigre dut mettre du baume au cœur de Dode Moshe qui refaisait passer son bataillon meurtri à travers Ramle et Lydda, prenant des coups sévères tout le long du chemin. Le blindé était en train de démolir au canon et à la mitrailleuse un poste de police fortifié qui vomissait des balles et barrait la sortie de la ville.

« Bon, les voilà! cria Benny. On les couvre jusqu'à ce qu'ils soient passés, ensuite on fonce et on se met derrière! »

Quichotte se précipita sur la fente pour regarder le retour des commandos. Après le déluge inoffensif des balles sur le blindage, il se sentait à l'abri, mais il se trompait. Un choc, une brûlure à la tempe. Étourdi, il y porta la main, la retira toute poisseuse, tachée de sang frais.

« La barbe! s'écria Benny. C'est grave?

– Non, non, je vais bien. Ça m'a frôlé.

– Bon, continue à tirer! Hé, voilà Dode Moshe qui passe! Elohim, nos gars ont pris une dégelée! Un tas de blessés dans ces voitures, Quichotte, Dieu sait combien de morts... »

Quichotte tira obus après obus sur le fortin. Les munitions du Tigre étaient presque épuisées quand le feu ennemi finit par diminuer. Les derniers véhicules du bataillon défilèrent, des half-tracks poussant des scout-cars, des scout-cars poussant des jeeps – les radiateurs bouillaient, les pneus étaient crevés, c'était un spectacle lamentable. Benny dit au conducteur de tourner pour suivre la dernière jeep, et Quichotte sortit de son casque le mouchoir de Yael pour étancher le sang qui coulait le long de sa joue.

« C'est grâce au mouchoir de ta sœur. Il m'a porté chance. C'est pour ça que la balle m'a raté. On peut compter sur Walter Scott.

– Tu veux croire ça? *Kol ha'kavod*, dit Benny. Mais dans ce cas, pourquoi la balle est-elle passée par la fente? Pourquoi elle n'a pas rebondi comme des centaines d'autres? Voilà un mouchoir sacrément inefficace. »

Tout ça en criant, dans le bruit du moteur et le grondement des roues sur un sol inégal. Ils s'éloignaient du danger, ils étaient vivants et pleins d'exaltation.

« Ton problème, c'est que tu es superstitieux, cria Quichotte. Suppose que là-bas je sois sorti tout nu avec son mouchoir? Est-ce que toutes les balles auraient dû me rater? Stupide. Tu ferais mieux de relire Walter Scott. J'ai une question : est-ce qu'on a gagné la bataille?

– Dode Moshe le sait peut-être, répondit Benny. A partir de maintenant je veux un blindage, le plus épais possible.

– Pas moi. Je suis pour l'aviation, si on m'accepte. Sortir de ce boucan et de cette poussière. »

10

Le Constellation

Avant que le Constellation ne finisse par décoller de Panama, Barak n'était pas sûr de ne pas rester bloqué indéfiniment en Amérique centrale, dans un petit aéroport étouffant bordé par des plantations de bananes. Son passeport avait disparu, ramassé par un officier avec un uniforme encore plus voyant que la folie des tailleurs de Tel-Aviv. Un camion-citerne garé devant le nez de l'avion géant l'empêchait d'avancer d'un millimètre. Pourtant le pilote et l'équipage, un mélange d'Israéliens, de volontaires américains et de Canadiens, continuaient à bichonner les énormes moteurs et les instruments de bord. Ils laissaient en paix la cabine des passagers, luxueusement garnie par la Panama Airline de longues rangées de sièges beiges, tout neufs, tapissée de gris et de marron avec des vues du Panama moderne, y compris les écluses du canal.

Sam entra, l'air confiant. « Inutile de rester là, dit-il à Barak, qui transpirait, inquiet, en buvant un Coca-Cola. Pourquoi ne vas-tu pas te promener? Le canal vaut le coup d'œil.

– Mais qu'est-ce qui se passe? Quand partons-nous?

– Très bientôt. N'aie pas peur. On ne partira pas sans toi.

– Sam, la trêve est finie. La guerre a peut-être déjà recommencé.

– Impossible. Ils sont obligés de t'attendre. »

Un chauffeur de taxi l'emmena admirer les immenses écluses, et il eut la chance de voir un porte-avions américain se faire remorquer dans le bassin et descendre lentement à mesure que l'eau s'écoulait. A son retour, en fin d'après-midi, les moteurs du Constellation rugissaient, les roues poussaient contre les cales, mais le camion-citerne l'empêchait toujours de bouger. Sam l'accueillit en lui rendant son passeport. « *B'seder*, content de te voir. Ce ne sera pas long, maintenant.

– Et ce camion-citerne?

– Oui, c'est le problème. On est juste en train d'essayer les moteurs. »

Ils étaient debout dans la porte ouverte de l'avion, en haut de la passerelle. « Quel problème? Vous avez l'autorisation de partir, non?

– Eh bien, oui et non. C'est un drôle d'endroit, avec de drôles de règlements. Ah, nous y voilà. »

Un gros bonhomme en salopette s'approchait du camion-citerne. « Entre vite. »

Pasternak fit claquer la porte et verrouilla le sas. L'appareil se mit à avancer. Par un hublot, Zev vit le camion sortir du terrain. Au milieu des cris en anglais et en hébreu qui remplissaient la cabine, mêlés au caquetage aigu des transmissions radio en espagnol et en anglais, l'avion prit de la vitesse, vira sur la piste principale et ouvrit les gaz en grand. Une voiture de police fonça sur le tarmac, sa sirène couvrant presque le bruit des moteurs, et faillit rattraper l'appareil qui accélérait. Un policier braqua un fusil par une des portières, mais le Constellation laissa la voiture sur place et s'élança vers le ciel.

« Bon, c'est fait. » Pasternak, contre son épaule, regarda par le hublot pendant que l'avion montait et virait au-dessus d'une plantation verdoyante. « Le type qui conduit le camion a reçu un ordre erroné, je suppose, ou il a mal compris. Première escale au Brésil pour faire le plein, ensuite Dakar. *Parlez-vous français?* » Il indiqua les rangées de sièges vides. « Il faudra que les gars arrachent tout ce camouflage avant d'arriver en Tchécoslovaquie. Dommage! Ça nous a coûté une fortune à installer. Quand on atterrira à Zatec, il faudra que ce soit prêt à être largué, pour qu'on puisse charger, faire le plein et rentrer chez nous.

– Combien t'a coûté le chauffeur du camion-citerne?

– En fait, la voiture de police a coûté plus cher. » Le sourire de Sam lui plissa les yeux. « Mais il m'en reste pas mal, sur les dix mille. Une bonne chose, en plus. On ne sait pas sur quoi on va tomber à Natal ou à Dakar. » Il se laissa tomber sur le siège voisin, et l'inclina en arrière. « Jeter un intérieur aussi chic, c'est une honte, tu ne trouves pas? Première qualité. Si l'ambassade américaine n'a pas fait saisir l'appareil – et si on nous a rendu nos passeports il y a une heure – on le doit à Christian Cunningham. »

« Sam, la cuisine tchèque est toujours aussi abominable? » demanda Barak en faisant la grimace devant le poisson bouilli qui sentait mauvais et les patates bouillies servis sur des assiettes ébréchées.

« Ce n'est pas de la cuisine tchèque, c'est de la cuisine marxiste, et comme tout le reste du système, ça pue. » Pasternak, qui parlait couramment le tchèque, continua à draguer la grosse serveuse trop maquillée.

Les assiettes étaient aux armes de l'hôtel Masaryk, mais dehors, une nouvelle enseigne annonçait l'hôtel Staline. Visiblement, ce vieux bâtiment moisi, près de la base militaire de Zatec, était fermé depuis des années, et on ne l'avait rouvert que pour isoler l'équipage de l'avion israélien. Toutes leurs activités étaient cantonnées dans un coin de la base, très loin des hangars de l'aviation tchèque. Pour le gouvernement tchécoslovaque, même si la presse internationale avait depuis longtemps dénoncé cette opération « secrète », elle n'avait pas d'existence officielle.

La serveuse, décidément d'humeur à flirter, servait gauchement leurs tristes victuailles, montrant son manque de métier. « Écoute, Zev, elle a une amie, lui glissa Sam, et elle a très envie de s'amuser un peu, ce soir. Elle m'a dit qu'elle adorait les Israéliens, et que nous sommes mignons. Son appartement n'est pas loin.

– Sam, les putains tchèques ne m'intéressent pas.

– Allons, ce n'est pas gentil. Pourquoi des putains ? Ce sont juste des mouchardes. Ne parle pas politique ou transport aérien avec elles, c'est tout.

– Amuse-toi bien, Sam. »

Dans la salle à manger bondée et enfumée, on parlait surtout anglais, rarement l'hébreu. Après dîner, Barak rejoignit quelques aviateurs dans l'entrée pour boire du faux café et du mauvais cognac. Leurs histoires, comme les récits de Pasternak, contribuèrent à lui ouvrir les yeux. Récemment, lui-même s'était uniquement battu dans le Yishuv, où les plans de bataille et les déplacements se mesuraient en dizaines de kilomètres. Ce pont aérien englobait toute la planète, et dépassait par son étendue, sinon par son tonnage, l'opération colossale à Berlin qui monopolisait les grands titres des journaux.

Il en avait vaguement entendu parler, mais il y avait là les hommes qui le réalisaient, des pilotes de la Première Guerre mondiale venus du monde entier. Surtout des Américains, en majorité des Juifs, mais pas seulement, et avant tout des volontaires – français, canadiens, sud-africains, australiens – les goys parce qu'ils sympathisaient avec la lutte du peuple juif, ou par goût de l'aventure, ou encore, comme les durs à cuire américains qui pilotaient les plus grands avions, en tant que mercenaires. Cette bande hétéroclite, sur toute la surface du globe, ramassait toutes les armes disponibles parce qu'aucun gouvernement n'acceptait d'aider ouvertement Israël.

« Je te dis que tu as de la chance, camarade, avec ce Constellation, lui dit un Australien dégingandé. Tu peux aller tout droit en Oklahoma et sauter ce maudit ravitaillement de Jockstrap. Un fichu embêtement.

– Oklahoma? Jokstrap? demanda Barak.

– Jockstrap, c'est la Corse, précisa un Américain aux cheveux gris coupés en brosse qui lampait une grosse chope de bière. Seul foutu coin en Méditerranée où un zinc pour Israël peut faire le plein. Oklahoma, c'est Israël. »

Il resta éveillé très tard pour écouter le récit de leurs aventures avant la fondation de l'État d'Israël. Les écrasements évités ou non, les avions décollant sans autorisation ou plongeant sans instruments de navigation dans les nuages ou le brouillard, pilotés par des types qui n'étaient jamais montés dans ce modèle d'avion, et ainsi de suite. Ce genre de choses n'arrivait plus, disaient-ils; maintenant le plan aérien était dompté, routinier, et relativement efficace. Barak alla se coucher en titubant vers deux heures du matin, ayant beaucoup appris et retrouvé son moral. Sam n'était pas encore rentré, et il ne sut jamais si son ami avait dormi ou non, parce qu'au réveil il le trouva en train de se raser, tout habillé, et de chanter une plaintive mélodie tchèque.

Un taxi à bout de souffle les déposa à la base aérienne au moment où l'aube griffait le ciel. A côté de l'avion géant, les aménagements de luxe étaient empilés en vrac, presque aussi haut que les ailes. Un camion-citerne pompait régulièrement le carburant, des équipes en file indienne chargeaient des caisses prises sur des camions plateaux. « Des mitrailleuses, dit gaiement Pasternak, n'ayant pas l'air d'avoir souffert de sa nuit. Des mitrailleuses solides et leurs munitions, pour ce voyage. Du bon matériel, ultra-prioritaire. »

Un peu plus loin, des ouvriers bruyants essayaient de pousser un fuselage à l'intérieur d'un avion. « Des chasseurs Messerschmitt, dit Pasternak en désignant un alignement de fuselages effilés. Il faut qu'on enlève les ailes pour les transporter séparément. Les Tchèques faisaient ces M-109 pour les Allemands, et nos gars nous disent que ce ne sont pas de très bons avions. Très délicats à piloter. Et quant au prix, les Tchèques nous arrachent la peau du cul. Mais on achète ce qu'on trouve. »

Pendant le chargement, Barak fit le tour des hangars de la base – nom de code Zebra – notant pour son rapport à Ben Gourion les énormes tas de caisses d'armes avec des inscriptions en russe, en tchèque et en français, l'activité incessante des camions et des grues, les différents modèles d'avions, le travail frénétique des mécaniciens et des porteurs. L'aéroport était bordé par de beaux champs de blé en train de mûrir, tandis qu'à un kilomètre de là les appareils tchèques étaient enfermés dans leurs hangars. Rien ne bougeait, sauf quelques sentinelles. Quand Sam et lui finirent par remonter à bord, il y avait tellement de caisses encordées les unes aux autres qu'ils durent rester debout, pliés en deux, pendant le décollage. Les pilotes étaient les mêmes Américains qui les avaient amenés de Panama, mais le radio-navigateur était désormais un Israélien. L'appareil dut rouler jusqu'au bout de la piste avant de s'élever lourdement en frôlant les lignes téléphoniques.

« Dis-le à Zev, pour Dayan », dit le navigateur à Pasternak lorsque le Constellation s'élança vers le soleil levant par-dessus des prés verdoyants et le ruban argenté d'une rivière.

« Dayan ! Il est rentré chez nous ?

– Rentré chez nous ? » Sam grimaça un sourire. « Il a renversé le cours de la guerre.

– De quoi parles-tu ?

– Dayan a lancé un raid fantastique sur Lydda et Ramle. Je ne connais pas les détails, mais on tient ces villes, maintenant, et l'aéroport de Lydda, en plus ! L'ONU n'arrête pas de crier et de se tortiller, comme les toilettes des dames quand un type y rentre par erreur. Il y a une semaine, les Arabes ont refusé la prolongation de la trêve. Maintenant les Anglais beuglent qu'ils en veulent une autre, ce qui veut dire naturellement que les Arabes la réclament. Donc elle va sûrement être annoncée bientôt.

– Sam, d'où sors-tu tout ça ? demanda Barak, à la fois ravi et incrédule.

– J'ai téléphoné à nos gars de Londres pendant que tu faisais ta promenade, pour leur dire qu'on chargeait et qu'on partait. Là-bas, les journaux ne parlent que du fringant commandant borgne de l'armée juive. Pareil en Amérique, me dit-on. » Il tapota le bras du navigateur. « Dis-moi, est-ce qu'on va rester debout comme ça jusqu'à Tel-Aviv ? On va être bossus pour la vie. »

L'homme leur montra un espace entre les caisses, derrière le cockpit, où il y avait des matelas et des gourdes pleines d'eau. « Et tu devais me ramener chez nous avant Dayan, dit Zev en s'allongeant.

– C'est le retard pris à Dakar. Comment prévoir que notre contact aurait rendez-vous avec une dame à Tanger ? Ces Français ! Ne t'inquiète pas, Zev, tu ne vas pas manquer de guerre. »

« Alors, cette fois tu es là, lui dit Yael d'un ton provocant, en ignorant Pasternak, quand ils montèrent dans la jeep. Quel avion énorme ! *Shiga'on!* Il est à nous, maintenant ?

– Pas tes affaires, Yael. Dépose Sam chez lui, et emmène-moi à Jérusalem.

– Pardon, chef, j'ai l'ordre de vous amener aussitôt tous les deux à Ben Gourion.

– Oh? Alors vas-y. »

Pasternak, assis à côté de la jeune femme, sourit en la regardant du coin de l'œil quand elle démarra. « Tu sais, Yael, ça fait des années que je ne suis pas allé à Nahalal. Comment va ta famille?

– Tout le monde va très bien, monsieur. Je ne me souviens pas de vous avoir vu là-bas.

– Mais j'y étais. Je me souviens très bien de toi, la grosse petite sœur de Nahum Luria.

– Vraiment? Eh bien, j'ai maigri. » Elle secoua la tête, fit voler ses épais cheveux blonds et fit bondir la jeep sur la route.

« Oui et non », dit Pasternak. Barak, en voyant le regard admiratif qu'il posait sur Yael, repensa à Mme Shugar et à la serveuse de l'hôtel Staline. Pourtant, se dit-il, si une fille était capable de mater Sam Pasternak, c'était bien Yael Luria. Comme St. John Robley l'avait exprimé dans un autre contexte : à bon chat, bon rat.

Elle les conduisit au bureaux de Ben Gourion à Ramat Gan et se rangea contre le trottoir. Yael était en train d'essuyer son rétroviseur quand Moshe Dayan arriva devant l'immeuble. Elle bondit pour l'embrasser sur la joue. « Dode Moshe! Le héros d'Israël! Le héros du monde entier!

– *Al tagzimi!* (N'exagère pas!) » Avec un sourire de travers, satisfait, il lui tapota l'épaule et entra. C'est seulement alors qu'elle vit qui était son chauffeur.

« Alors, qu'est-ce qui t'es arrivé?

– Salut, toi. » Quichotte lui montra le mouchoir, plein de sang noir et coagulé. Il avait un gros pansement sur la tempe. « Hugh! Comment est-ce arrivé? Dis-moi! »

Il avait à peine commencé qu'elle l'interrompit. « Toi? Tu étais dans le Tigre? L'histoire est dans tous les journaux!

– Yael, c'est ton frère qui commandait le Tigre. Il m'a nommé canonnier.

– Benny l'a vraiment commandé? Il va bien?

– Pas une égratignure. Benny a été cool, coriace et génial. »

Elle écouta son histoire, les yeux brillants, puis tendit la main. « Très bien, donne-moi cette idiotie de mouchoir.

– Sur ta vie, jamais.

– Imbécile, je veux seulement te le laver.

– Non. Il m'a sauvé, je le garde.

– Tu es vraiment cinglé. Ta blessure est grave? »

Il prit une voix de fausset pour l'imiter. « Oh, mais je suis le chauffeur du héros d'Israël! Du monde entier! Comment cela pourrait-il être grave? »

Elle lui fit la grimace. « Je suis contente que ce ne soit pas grave, mais ne dis pas que c'est grâce à mon mouchoir.

– Uniquement grâce à lui. »

Elle haussa les épaules, lança au ciel un regard désespéré et revint à sa jeep.

« Dix tonnes de mitrailleuses! » Les cheveux en désordre de Ben Gourion, qui flottaient dans le courant d'air de la fenêtre ouverte, trahissaient son excitation. « Dans un seul appareil, venu d'un trait de Tchécoslovaquie! Alors *ça*, c'est un avion! Et pour quinze mille dollars! Pasternak, c'est péché, pour les autres Constellation. Pas moyen de les faire venir? »

Sam et Zev étaient en face de lui. Pasternak écarta les mains, les paumes vers le ciel. « Premier ministre, avez-vous un ami au secrétariat d'État américain? L'État doit donner son autorisation pour une vente à l'étranger à tout avion pesant plus de dix-huit tonnes. On a sorti celui-ci grâce à une astuce qui ne marchera pas deux fois.

– Un ami au secrétariat d'État? » Ben Gourion fit la grimace. « Le général Marshall, peut-être? » Sur son bureau, le téléphone sonna au moment où entrait Dayan, accompagné d'Ygal Yadin, le front chauve entièrement plissé et la pipe entre les dents. « *Ken* (Oui)... *ken*, Yadin vient d'arriver avec Dayan. » Il jeta sur Dayan un regard étrangement glacé. « Je vois. Bon, mieux vaut lui parler. » Il passa le téléphone au chef des opérations. « Pour toi. Des ennuis à Lydda. Un soulèvement. Les Arabes attaquent nos soldats. »

Le Vieux se leva lourdement et marcha de long en large pendant que Yadin parlait à voix basse. « Et voilà, dit-il aux autres. Les gens de Lydda se sont rendus. Mula Cohen leur a accordé des termes particulièrement généreux. Pas d'expulsions, pas de rassemblement des hommes valides, juste la remise de leurs armes. Ils ont prétendu l'avoir fait, en plus. Maintenant ils hurlent dans les rues avec des fusils, des couteaux, des grenades, et ils attaquent nos soldats. Pour le moment, ça tient à un fil.

– Non, pas vraiment. » Yadin, fatigué, raccrocha. « Mula contrôle la situation. Ce qui s'est passé, c'est qu'une patrouille blindée de la Légion s'est montrée sur une colline voisine, alors les habitants ont voulu aller à la curée. La patrouille s'est retirée, et maintenant ils se rendent à nouveau. Cette fois, les conditions seront plus dures. »

Ben Gourion se tourna vers Dayan. « Tu vois? Ce que tu as fait, ce n'est pas la guerre. Tu n'as choisi aucun objectif, tu n'as détruit aucune force ennemie. Tu leur as fait peur un petit moment, c'est tout. Ce n'est pas une conquête, c'est une farce.

– Premier ministre, excusez-moi, dit le colonel Yadin, mais le raid de Moshe a été le fait d'armes le plus audacieux de cette guerre, et le plus réussi.

– Une farce, je vous dis. » Ben Gourion tendit le menton vers Dayan. « Quand tu prendras le commandement de Jérusalem, j'espère que tu seras plus sérieux. En attendant, on a besoin de tes commandos dans le sud. Avant le cessez-le-feu, il faut qu'on ouvre et qu'on maintienne un corridor à travers les lignes égyptiennes. Les colonies du Néguev ne peuvent plus rester isolées. Est-ce que ton bataillon peut encore se battre, ou as-tu détruit son aptitude au combat?

– Mes hommes sont splendides. Un moral fantastique, répliqua vivement Dayan. Ils croient qu'ils ont remporté une grande victoire. En revanche, nos véhicules sont foutus.

– On te fournira des véhicules, dit Yadin.

– Alors j'attends les ordres. » Son visage se détendit le temps de sourire à Barak. « Zev, on m'a dit que tu as eu beaucoup de succès chez les dames californiennes. » Il se tourna vers Yadin. « Mon second a été gravement blessé. Est-ce que Zev peut venir avec moi dans le sud et le remplacer? Ensuite, quand j'irai à Jérusalem, il pourra reprendre le bataillon. »

Yadin jeta un coup d'œil à Ben Gourion, qui répondit d'un ton un peu maussade : « Pas d'objection.

– J'accepte, dit aussitôt Barak.

– C'est réglé. Pasternak, tu retournes à Prague?

– Non monsieur, si vous le permettez, intervint Dayan. Je l'ai demandé comme assistant au commandement de Jérusalem.

– C'est confirmé », dit Yadin.

Ben Gourion regarda durement Dayan. « Un bon choix. Et je n'ai pas dis que ce que tu avais fait n'étais pas courageux ou exaltant. J'ai dit que ce n'était pas de la guerre. Nous ne sommes plus des partisans.

– Malgré le respect que je vous dois, Premier ministre, vous êtes un grand politicien, et vous connaissez bien les Arabes. Ce que je sais, c'est comment les combattre. C'est tout ce que j'ai fait, à part travailler la terre, depuis que je suis gosse. »

Ben Gourion tendit une main, et au bout d'un bref instant Dayan la lui serra. « Tu vas faire du bon travail dans le Néguev, je n'en doute pas.

– Je ferai de mon mieux. »

En sortant, Barak et Pasternak trouvèrent Quichotte, la tête bandée, assis sur le capot de la jeep de Yael, en train de bavarder avec elle. « Quichotte ! lança Barak. Tu as été touché, c'est ça ?

– Rien du tout. Je suis okay.

– J'ai vu ton frère à Los Angeles. »

Yael ouvrit de grands yeux, et Quichotte sauta de la jeep. « Léopold ? Tu l'as vu ? Il a réussi à y aller ?

– Oui, et il dit qu'il va y rester.

– Alors c'est probablement vrai. Léo fait ce dont il a envie.

– Et tu vas peut-être le rejoindre, hein ?

– Pourquoi je ferais ça ? Ici, c'est chez moi. » Il toucha son pansement. « Regarde, j'ai déjà payé mes impôts.

– La prochaine fois que tu vas à Nahalal, dit Sam à Yael, salue ton père et aussi mon oncle Avram de la part de Sam Pasternak.

– J'essaierai de m'en souvenir, mais j'y vais rarement.

– Je vais te dire, Zev, continua Sam. Tu vas dans le Néguev avec les commandos. » Il montra Yael. « Je veux un chauffeur pour le commandement de Jérusalem. C'est bon pour toi ?

– Hautement recommandé », dit Barak.

Pasternak sourit à la jeune femme. « Cette mission vous plaît ? »

Lentement, calmement, elle lui fit un clin d'œil. « Pourquoi pas ? »

En peignoir de bain, Nakhama, à moitié endormie, faisait frire des œufs et des pommes de terre à trois heures du matin pendant que Zev prenait une douche. Il entra dans la cuisine, vêtu d'un uniforme propre. « Alors, j'ai l'air d'un commandant de bataillon blindé ? »

Elle lui jeta un regard admiratif, et fit signe avec sa fourchette. « Le café est chaud. Tu aurais eu le commandement d'un bataillon depuis longtemps, s'il n'y avait pas eu ta blessure, et toutes ces cavalcades pour Ben Gourion, partir en avion en Amérique et je ne sais quoi...

– Pas un bataillon blindé, *motek*. J'étais par hasard dans la pièce quand Dayan et le Vieux discutaient, et les yeux de Dayan sont tombés sur moi. Alors tout se termine pour le mieux, même les cavalcades. » Il but son café à table. « C'est une grande chance. Les blindés, c'est l'avenir, et cette mission est vitale.

– Tu peux en parler ? » Elle posa une assiette devant lui.

« Pourquoi pas ? Ce n'est pas un secret. » Il parla en mangeant. « Les Égyptiens sont assis sur les lignes de trêve qui barrent presque tout le Néguev. Nous devons ouvrir de force un corridor assez large pour que le Néguev reste relié à Israël, et il n'y a pas moyen de construire une Route de Birmanie, c'est presque partout du sable plat.

– Alors, encore une longue et dure bataille? dit-elle en feignant l'indifférence.

– Dure, peut-être. Longue, non. Nous nous battons au bout d'une laisse, et...

– Une laisse?» Nakhama s'assit avec une tasse de café. «De quoi parles-tu, une laisse pour chien?

– Je veux dire qu'aussi longtemps que les Arabes avancent, le Conseil de Sécurité s'ajourne ou fait du sur place. A l'instant où nous renversons la marée et que nous essayons de gagner – BLAM, une résolution de cessez-le-feu! Depuis que Dayan a semé la panique à Lydda et Ramle, les Anglais n'arrêtent pas de réclamer un cessez-le-feu. Les Américains ont tendance à les suivre, et donc ça va passer d'un jour à l'autre. Il faut que nous fassions le boulot avant qu'on tire sur notre laisse.»

Nakhama secoua la tête. «C'est un point de vue tellement amer!

– L'amère vérité, *motek.*

– *Abba*, pourquoi t'habilles-tu?» Noah apparut en pyjama, se frottant les yeux. Son babillage devenait plus compréhensible d'une semaine à l'autre. «Ne pas partir.

– Il le faut, mon fils.

– Pourquoi?

– Il faut que je sois sûr que tu n'auras pas à te battre quand tu seras grand.

– Moi fort, dit Noah. Je bats les Arabes.»

Par-dessus sa tête, les parents se regardèrent. Ils ne lui avaient jamais parlé des Arabes ou de la guerre. Nakhama expliqua, dans son français rudimentaire: «C'est la crèche.»

Barak haussa les épaules. «C'est dans l'air.»

Elle fit rentrer le petit, revint pour servir le reste du petit déjeuner. «Alors, parle-moi un peu de l'Amérique, au moins. Et la Californie? C'est vraiment si beau que ça? Et tu es allé à Hollywood! Passionnant, non?

– J'ai bien aimé Washington», dit Zev.

11

Un métier de goy

Pendant la soi-disant guerre de dix jours, entre les deux trêves, les Juifs obtinrent des avantages notables. L'ennemi fut plus ou moins chassé du nord du pays, le front du Jourdain fut stabilisé, et ils gagnèrent un peu de territoire au centre, ce qui rendait plus viable la géographie étroite et contournée d'Israël. D'un autre côté, Latroun résista à deux autres assauts, et au sud le cessez-le-feu laissa d'importantes forces égyptiennes à l'intérieur d'Israël, certaines à trente kilomètres seulement de Tel-Aviv. Le corridor du Néguev fut ouvert, mais tout juste. Le commandement égyptien refusa de négocier un véritable armistice, se contentant de camper sur les lignes pendant de long mois de face à face : les pertes dues aux accrochages intermittents coûtaient beaucoup plus cher au minuscule Yishuv qu'à l'Égypte surpeuplée.

Mais, fin décembre, les forces du général Ygal Allon, qui commandait maintenant le front sud, ébahirent le monde en faisant une percée à l'ouest, à travers le Sinaï, pour revenir ensuite au nord, vers la Méditerranée, dans le but d'imposer un armistice en isolant toute l'armée égyptienne installée dans ce qui avait été la Palestine du Mandat britannique. Jadis menacés d'être eux-mêmes rejetés à la mer, les Juifs avaient tourné les tables et s'avançaient en trombe vers la mer : les envahis étaient devenus des envahisseurs ! Résultat : l'ONU exigea frénétiquement qu'ils se retirent aussitôt du territoire égyptien, appuyée par un ultimatum menaçant des Anglais transmis par l'ambassadeur américain à Tel-Aviv. Quand Allon approcha des faubourgs d'El Arish, capitale côtière du Sinaï et clef de la retraite ennemie, le gouvernement égyptien et son armée – disaient les experts – étaient sur le point de s'effondrer, et c'est à ce moment que Ben Gourion céda aux menaces anglaises et ordonna à Allon de reculer.

Le général Allon prit l'avion pour rencontrer le Premier ministre et plaida vainement pour faire annuler cet ordre. Pendant ce temps, pour préserver les fruits de sa victoire, il envoya des troupes s'emparer du carrefour crucial qu'était Rafah – au bord de la mer, mais plus au nord, sur la frontière entre le Sinaï et la Palestine. Les demandes de l'ONU ne concernaient pas cet endroit, prétendit-il, l'armée égyptienne pourrait encore être bloquée par ce verrou et contrainte de se rendre. Or, brusquement, devant cette menace, les Égyptiens cédèrent et proposèrent pour la première fois un véritable armistice. L'offensive d'Allon ayant ainsi atteint son but original, Ben Gourion accepta sur-le-champ.

Furieux et désespéré, Ygal Allon décida d'envoyer un émissaire au Premier ministre pour le supplier une fois encore de lancer sur Rafah une attaque rapide, afin de terminer la guerre et d'établir une paix durable.

« Je le lui ai dit ! » s'écria Allon. Barak et lui étaient devant une carte du Sinaï accrochée dans la tente de son quartier général, tandis qu'une tempête de sable s'acharnait sur la paroi en toile. « Je lui ai *dit* que cette retraite d'El Arish serait une catastrophe que pleureraient d'innombrables générations à naître ! Il n'a pas voulu m'écouter. Zev, pour l'amour de Dieu, persuade-le que si nous ne prenons pas Rafah pour boucler toute leur armée, nous nous condamnons, ainsi que nos enfants, à vingt ans de guerre supplémentaires. Si nous le faisons, l'Égypte va peut-être vouloir discuter d'une paix réelle. Pas autrement !

– Je ferai ce que je pourrai. » Barak s'était battu pour ne pas y aller, avait perdu, mais il avait toujours les plus grands doutes sur l'utilité de quitter son bataillon meurtri pour essayer de faire changer d'avis le Vieux. Il était d'accord avec la stratégie d'Allon, mais il voyait aussi le problème : on avait tiré un bon coup sur leur laisse.

« Je compte sur toi. Tu es un de ses préférés. Pas moi, Dieu sait. Tiens, en plus ce salopard a dissous mon Palmakh ! On réglera ça au couteau après l'armistice, mais en attendant on a une guerre à gagner. Et on l'a gagnée, Zev, s'il ne fout pas tout en l'air ! »

Il y avait encore du sable qui venait griffer légèrement le pare-brise et le toit du command-car, lorsque Don Quichotte conduisit Barak au terrain d'aviation le plus proche à travers un brouillard brunâtre. Zev était d'humeur noire. Il ne voulait surtout pas se refaire piéger, en rencontrant le Vieux, se retrouver à l'état-major ou dans une mission politique. Il adorait ses commandos, le bataillon de blindés légers, il adorait l'air pur, le ciel bleu, les étendues vierges du Sinaï ; en un sens il adorait même le général Allon, pourtant froid et exigeant. Wolfgang Berkowitz, pensait-il parfois, se trouvait enfin lui-même en tant que Zev Barak, dans l'interminable ennui du désert, brisé par de rares combats au milieu des sables. Harassé par la maintenance, les patrouilles et l'entraînement, et par les batailles intermittentes, il se sentait bien dans sa peau.

Une expérience entre toutes, peu avant la grande offensive du Sinaï, avait cristallisé ce sentiment d'identité, cette impression d'avoir un but. Le plan d'Allon reposait sur la prise initiale par les commandos d'une position égyptienne clef sur la frontière du Sinaï. La route qui serpentait vers le sud, du côté de la frontière, avait été fortifiée par des casemates ennemies, et les véhicules légers de Barak ne pourraient pas les contourner dans le sable du désert. Cette mission promettait d'être brutale et sanglante de bout en bout.

Mais le soldat-archéologue qu'était Ygal Yadin informa le général Allon qu'il y avait une ancienne route romaine sous les sables mouvants du désert, et que si elle était utilisable elle mènerait directement et rapidement de Beersheba à l'objectif de Barak. Allon lui ordonna d'aller en reconnaissance, et Barak passa un jour entier avec les ingénieurs de l'armée à inspecter ce qui restait de la route. Étonnamment, il en résulta qu'en bouchant les nids de poule les plus gros avec des planches, il pourrait effectivement faire avancer son bataillon sur cette piste antique inégalement pavée, oubliée depuis longtemps ; une autre sorte de Route de Birmanie, en fait, construite par des hommes morts depuis deux mille ans, et dont certains étaient peut-être des esclaves juifs.

Quelques jours plus tard, quand la colonne de blindés légers s'avança sur la chaussée rudimentaire, sous la lumière froide de l'aube, Barak ouvrait le chemin dans un command-car de fabrication américaine qui rebondissait sur les pierres posées par les Romains, afin d'ouvrir l'offensive destinée à chasser les Égyptiens de la Terre sainte. Les étoiles pâlirent, le mince éclair d'un soleil blanc éclaboussa les rochers du Sinaï, et Barak fut envahi par un torrent de joie mystique. Son impression de chevaucher la vague majestueuse de l'histoire, seul un Juif pouvait l'éprouver, un Juif de la nouvelle armée juive surgie du sol sacré. Cette exaltation dura pendant toute la charge grandiose, jusqu'à El Arish. Lorsque le général Allon dut s'arrêter au seuil d'une victoire assurée et que l'occasion d'une paix durable – Allon l'affirmait et Barak le croyait – se mit à vaciller, son propre esprit s'éclaircit une fois pour toutes.

Adieu, Cal Tech ! Il était un officier de Tsahal, l'armée d'Israël. Il donnerait ses meilleures années à la carrière militaire, monterait en grade aussi vite que possible, garderait l'uniforme pour protéger son pays.

Ben Gourion le reçut cordialement dans son bureau, écouta sans rien dire son argumentation véhémente, exposée à l'aide d'une carte du Sinaï étalée sur la table. « Premier ministre, on pourra toujours se retirer de Rafah, mais en attendant, qu'on le prenne et qu'on le garde! conclut Barak en levant les bras pour le supplier. Votre position à la conférence de paix n'en sera que plus forte, monsieur. Ygal a parfaitement raison là-dessus.

– Oui, oui, Zev, c'est aussi ce qu'il a dit pour El Arish. » Voûté, le visage triste, relevant à peine d'une grave maladie, le Premier ministre le regarda de ses yeux fatigués. « Il est jeune, c'est un officier brillant, mais il ne saisit pas encore que ce qu'il peut faire, militairement, je ne le peux pas, politiquement. » Il secoua lentement la tête. « Les Anglais ne bluffent pas, je t'assure, quand ils parlent d'entrer en guerre. Ils n'ont jamais cru qu'on pourrait gagner, Zev. Ils croyaient que ce serait le chaos et que l'ONU les ferait revenir en Palestine. En ce moment, on ne peut pas leur donner le moindre prétexte pour intervenir. » Il le fixa d'un regard hanté, que Zev ne lui avait encore jamais connu. « C'est la seule façon dont nous pouvons tout perdre, tu ne vois pas? A la dernière minute, après tous nos sacrifices, tous nos morts, nous pouvons perdre l'État!

– Mais les Égyptiens ne respectent pas l'armistice, Premier ministre. Nous observons des mouvements de troupes, nous essuyons des tirs d'artillerie... pourquoi nous arrêter?

– Tu sais pourquoi. Parce que nous sommes des Juifs. » Avec un soupir qui était presque un gémissement, Ben Gourion continua lentement, pesamment : « Et c'est pourquoi je ne vais pas ordonner de reprendre la Vieille Ville, même si je crois que nous en avons maintenant les moyens. Nous les avons tous battus, Zev. Au nord, au sud, à l'est, on les a chassés. Nous avons gagné la guerre. Notre État est assuré. Partout, je vois des gens qui ont perdu un fils, un frère, un mari. C'est terrible. Six mille morts dans notre petit Yishuv! Assez de sang, pour le moment. Assez de morts.

– Premier ministre, je dis cela entre nous, insista Zev d'une voix basse et tendue. Si le commandant qui assiège Rafah ne m'entend pas dire avant minuit “ *Ne bougez pas* ”, il va attaquer et prendre ce carrefour “ par erreur ”. Ensuite, une fois la position conquise, Allon le réprimandera, pour avoir mal compris ses ordres. Mais on y sera. »

Ben Gourion ôta ses lunettes, se frotta durement les yeux et contempla le plafond, les lèvres de sa grande bouche réduites à un fil. Barak connaissait bien cette expression. Un début d'intérêt! « Et il lui faudra combien de temps pour le prendre?

– Ce sera fini au matin.

– Où seras-tu d'ici une heure?

– A l'hôtel Parks. J'ai appelé Nakhama pour qu'elle m'y retrouve. » Un petit geste de la main boudinée le renvoya. « Alors va voir Nakhama. »

Environ une douzaine de soldats, leur casquette penchée à un angle absurde, entrèrent lourdement dans le bar tranquille de l'hôtel Parks, en chantant et en brandissant des bouteilles de bière. Ils s'agglutinèrent au comptoir, commandèrent du cognac, se donnèrent de grandes claques dans le dos, se mirent à rire, à crier, à mimer à grands gestes des combats aériens. L'un d'eux bondit sur le petit piano droit et les accompagna bruyamment.

Fais-moi rouler dans le trèfle,
Fais-moi rouler, couche-moi, fais-le encore une fois!

« Notre aviation », dit Barak à Nakhama. Il était avec elle dans une stalle, en train de boire du Coca-Cola, et Nakhama riait de leur gaieté tumultueuse.

« Mais ils parlent anglais, dit-elle. Et quelle est cette chanson?

– Ne fais pas attention, ce n'est pas convenable. Bien sûr, anglais, ce sont surtout des volontaires venus d'ailleurs. Nos propres pilotes sont entraînés à l'étranger, eux aussi. » Il fit signe à un officier de haute taille avec une moustache en brosse à dents. « Ezer, salut! C'est Ezer Weizman, le grand type. Tu en as entendu parler, le neveu de Chaim Weizman. Il a été pilote dans la RAF.

– Zev! Toi ici? » Weizman s'approcha, un verre de cognac à la main. « Pas dans le Sinaï? Et qui est cette beauté ravageuse?

– Je te présente ma femme, Nakhama, Ezer, et oublie ces trucs de beauté ravageuse.

– Salut Nakhama, vous gâchez votre vie avec ce rat du désert. » Il eut un charmant sourire, qu'elle lui rendit. « Puis-je vous l'emprunter un moment? »

Dans un coin sombre, Weizman but une grande gorgée de cognac. « Bon, Zev, écoute-moi, et écoute-moi bien. Aujourd'hui notre escadrille a eu un accrochage avec des Spitfire anglais, et *nous en avons abattu cinq.* » Ses yeux brillaient d'une lueur sauvage. « Cinq chasseurs de la RAF! Nous les avons vus s'écraser! Tous confirmés! Et nous sommes tous rentrés jusqu'au dernier. Incroyable? C'est la vérité! » Il serra le bras de Barak. « C'est historique, non? Ce n'est pas sensationnel?

– Dieu, oui. Où est-ce arrivé? Quand?

– A midi. Au-dessus de Nirim. Ils ont violé notre espace aérien, sans aucun doute, et on les a descendus!

– Ce devaient être des Égyptiens.

– La RAF, je te dis! Quatre d'entre nous ont servi chez eux pendant la guerre, tu crois qu'on ne connais pas leurs marques?... Ha ha, Zev, regarde-moi ce cinglé! Vas-y, Scotty! » Weizman claqua des mains au rythme de la musique. « C'est Scotty Hubbard, né à Glascow, sa famille s'est installée en Rhodésie. Un type génial, un pilote né, il a eu un des Spitfire! »

Le petit aviateur basané exécuta une gigue échevelée sur la petite piste de danse, au son d'un air écossais martelé au piano. Tout d'un coup Nakhama sauta sur ses pieds et le rejoignit, faisant voler son manteau sans que cela gêne l'agilité de ses jolies jambes. Barak fut stupéfait de voir que sa femme connaissait une danse écossaise. Les aviateurs se rassemblèrent autour du couple qui bondissait, en riant et en applaudissant, et Weizman serra Barak dans ses bras. « Viens, Zev, on va faire la fête! Nakhama est géniale! Bon Dieu, on a plein de choses à fêter! L'armistice est déclaré. Qu'on s'amuse un peu. »

Le barman s'approcha. « Major Barak, le téléphone. »

C'était l'assistant militaire du Premier ministre. Ben Gourion était rentré chez lui, se sentant très malade. Pas d'autre message.

Qui ne dit mot consent. La prise « par erreur » de Rafah était décidée.

Avec Don Quichotte au volant, la jeep filait vers Jérusalem sous un ciel sans étoiles, sur une route étroite fraîchement goudronnée. Barak n'avait aucun moyen de retourner au Sinaï à temps pour l'attaque de Rafah; ce serait terminé avant qu'il y soit. C'était la première fois qu'il revoyait Nakhama depuis longtemps, et il avait sauté sur l'occasion de passer une nuit avec elle et de voir son fils. « Alors, Nakhama, dit-il en lui serrant la main très fort, c'est la nouvelle Route des Héros, hein? Quand a-t-elle été terminée?

– Il y a quelque temps, *ahoovi* (mon amour), mais je l'ai prise aujourd'hui pour la première fois en bus.

– On se sert toujours de la Route de Birmanie?

– Pour les mulets, peut-être. En tout cas, elle a atteint son but, n'est-ce pas, Zev? Elle a sauvé Israël.

– C'est ce que disent les journaux, chérie.

– Ce que disent les journaux? Pourquoi?

– Bon, la route a été un véritable exploit, mais ce sont nos soldats qui ont renversé le cours de la guerre, pas les terrassiers. Pendant tout ce temps, on s'est durement battu. Si un seul des fronts avait cédé, les Arabes auraient pu nous déborder et nous achever, *chick-chack*, et la Route de Birmanie n'y aurait rien changé.

– Vous dites ça, monsieur, lança Quichotte de la place du conducteur, parce que vous n'avez pas enfoncé jusqu'aux genoux dans la crotte des mulets, en portant vingt-cinq kilos de farine sur six kilomètres, deux ou trois fois par nuit. Sauver Jérusalem a sauvé Israël.

– Personne ne t'a rien demandé, répondit Barak. Occupe-toi de la route. »

Quand ils entrèrent dans la ville obscure, Quichotte demanda la permission de s'arrêter chez Reb Shmuel. Barak prit le volant et le déposa. En garant la jeep devant chez lui, il vit un soldat qui attendait à l'entrée.

« Major Barak?

– Oui.

– Le général Dayan veut que vous vous présentiez au Haut Commandement de Jérusalem de toute urgence.

– L'*Azazel*! s'écria Nakhama. Inévitable. Tu ne verras même pas Noah.

– Je vais le voir, *motek*, quoi qu'il arrive. Je te le promets. »

Malgré le froid, les rues de Jérusalem étaient pleines de voitures et de piétons, probablement à cause des rumeurs d'armistice. En freinant devant le quartier général de Dayan, il vit Ezer Weizman qui partait, la tête basse, la casquette bien droite. « Toi aussi? lui demanda Weizman, toute sa gaieté évaporée. Quand es-tu arrivé? Il m'a convoqué il y a une demi-heure, et je suis venu en avion.

– Qu'est-ce qui se passe?

– Mieux vaut que ce soit Moshe qui te le dise.

– Allons, Ezer!

– Okay. » Il regarda la rue déserte, puis baissa la voix. « Ben Gourion est paniqué. Encore un bluff des Anglais, une note sacrément dure adressée sur son lit de malade à propos des Spitfire. Prétendant qu'ils n'étaient pas armés, en mission photographique au-dessus du territoire égyptien.

– Il y a du vrai là-dedans?

– De la merde! Ils nous ont pénétrés au-dessus de Nirim. Ils ont essayé de nous descendre. On peut le prouver, ils se sont écrasés sur notre territoire, qu'est-ce que tu veux de plus? Il y les débris! L'ambassadeur américain peut venir les voir lui-même ce matin!

Mais les Anglais exigent des réparations et menacent encore une fois d'entrer en guerre.

– Qu'est-ce que tu croyais? dit Barak, en tâchant ne ne pas laisser voir son inquiétude. Que l'Empire britannique ne réagirait pas si des Juifs volants lui descendaient cinq avions?

– Ils peuvent aller au diable! Je ne crois pas que les Américains les laisseront faire la guerre. Ou, s'ils attaquent, bon, on descendra d'autres avions! Et on arrêtera aussi leurs foutus soldats à nos frontières. Compte sur Allon pour ça! » Il lui donna un coup sur la poitrine. « Et tu l'aideras! » L'aviateur sauta dans une voiture de l'armée et démarra en trombe.

Dans le bureau de Dayan, tapissé de cartes, Sam Pasternak était en train de crier en anglais dans un téléphone.

« Ah, te voilà, Zev, dit Dayan. Un avion t'attend pour t'emmener à Rafah. J'ai déjà parlé avec Allon. Sur l'ordre du Premier ministre, tu dois personnellement bloquer tous les préparatifs d'attaque, organiser la retraite immédiate de toutes nos troupes de cette position, et lui faire directement ton rapport.

– Pourquoi? Pourquoi cette panique? s'écria Barak. Ezer m'a parlé de la note britannique, mais...

– Ils regroupent des troupes à Akaba. Ce n'est pas une menace, c'est un fait. Les renseignements militaires viennent de nous mettre en alerte. »

Un bref silence. « Bon, Moshe, un fait peut aussi être du bluff. »

Pasternak raccrocha. « Salut, Zev. Je viens d'avoir Christian Cunningham. Par chance, il était chez lui. Je lui ai donné la version de Weizman sur la bagarre. Il a tout noté, me l'a relu, et a promis que le secrétariat d'État et la Maison-Blanche le recevraient aussitôt.

– Ce type de la CIA a des relations si haut placées? demanda Dayan, incrédule. Cunningham? Je n'ai jamais entendu parler de lui. »

Pasternak secoua la tête. « Normal. Il connaît les gens qui comptent, dans l'équipe. C'est comme ça que ça marche, à Washington.

– C'est un ami, alors, dit Dayan.

– On verra. » Le visage de Sam fut éclairé par le sourire qu'il fit à Barak. « En fait, il prenait le thé avec sa fille quand j'ai appelé. Il est quatre heures de l'après-midi, là-bas. Emily veut savoir si Loup l'Éclair a reçu son poème.

– Quel poème? Je n'ai jamais rien reçu.

– Elle t'a envoyé un poème à propos de lucioles ou je ne sais quoi. »

Dayan, une lueur dans l'œil, eut un sourire en coin. « Loup l'Éclair? Une luciole? Quel âge au juste a cette fille, Zev?

– Ne soyez pas ridicule. Elle a dix ou douze ans.

– Elles grandissent, dit Sam.

– Zev, prends cet avion, descends là-bas et fais ton rapport à Ben Gourion. A n'importe quelle heure de la nuit, tu l'appelles! Compris? »

Dayan sortit de la pièce. « Sévère, dit calmement Sam, la dernière note britannique.

– Mais ils ne peuvent pas vraiment intervenir, n'est-ce pas, Sam, à ce point? C'est irréel. » Barak se cramponnait encore à l'espoir que le carrefour de Rafah pouvait être pris « par erreur »; de même que Guderian avait foncé vers la Manche en 1940 « par erreur », obligé les Français à se rendre et poussé les Anglais à la mer à Dunkerque.

– « Pourquoi irréel? Leurs troupes sont à nos frontières, en ce moment même, répliqua Pasternak, l'air sombre. En force.

– Écoute, réfléchis un peu! En Angleterre, le peuple ne va pas accepter des pertes supplémentaires en Palestine. C'est pour ça qu'ils ont dû abandonner le Mandat! Le gouvernement Attlee serait renversé.

– Tu parles de bon sens. Attlee a un ministre des Affaires étrangères qui est un taureau fou furieux, Bevin, et ce Bevin est tellement en rage contre nous, parce qu'on a survécu et qu'on gagne, qu'il peut faire une énorme bêtise. Attlee ne peut pas le contrôler. C'est ce que sent Ben Gourion dans ses tripes, Zev, et c'est lui le patron! »

Barak fonça chez lui, fut surpris de trouver Nakhama d'excellente humeur, venant de récupérer Noah chez une voisine et de le mettre au lit. Il alla épier le petit garçon endormi, puis dit à sa femme qu'il repartait pour le Sinaï. Elle haussa les épaules, se mit à rire, et lui caressa le visage. « Tu es si mince et si bronzé, maintenant. Ah, bon, je suppose que la paix viendra avant qu'on soit trop vieux pour obéir à ce commandement-là. » L'ancien euphémisme juif pour le sexe conjugal, Dieu commandant à Adam et Ève : « Croissez et multipliez. »

« C'est la paix, en ce moment, Nakhama. En tout cas l'armistice. Ben Gourion vit sur les nerfs, c'est tout. Il a remporté une grande victoire et il veut désespérément la consolider à tout prix. Je regrette, chérie.

– Eh bien, comme tu dis, c'est encore la laisse du chien. Mais comme il compte sur toi! Un jour tu seras chef d'état-major. Rappelle-toi que je te l'ai dit.

– Nakhama, où et quand as-tu appris à danser la gigue écossaise? »

Elle prit un air rusé. « Pourquoi me poses-tu cette question, mon amour?

– Eh bien, c'était tout à fait imprévu.

– Oh? Crois-tu que Sam et toi étiez les premiers soldats à venir manger dans le restaurant de papa? Il y a même eu des tommies qui aimaient notre cuisine.

– Intéressant! Il faudra que tu m'en dises plus.

– C'est tout ce que tu sauras jamais, répondit Nakhama avec un plaisir pervers, sur la gigue écossaise. Si tu veux, je t'apprendrai. Tu veux manger quelque chose? Tu as le temps?

– Il vaut mieux que je parte. Je dois aller chercher mon chauffeur fou. »

Sous la lumière crue des ampoules nues d'un lustre placé au-dessus de la table, il trouva Shayna en train de faire ses devoirs avec l'aide de Michael, le frère de Zev, bien qu'il fût près de minuit. Elle était tellement absorbée par une équation, le visage voilé par ses cheveux noirs, qu'elle ne leva pas les yeux à son arrivée. Quichotte, recroquevillé sur un fauteuil, était profondément endormi.

« Wolfgang! *Ma nishma?* s'écria son frère. La guerre est vraiment finie?

– Pour le moment, Michael, oui. »

Le jeune homme ajusta sa calotte sur son épaisse chevelure et bénit la bonne nouvelle.

« Amen », dit Zev. Shayna lui fit écho sans cesser de travailler.

Michael Berkowitz était tellement différent de son frère soldat tanné par le désert, que les gens avaient souvent du mal à croire à leur parenté. Il était menu, le teint pâle, avec de grosses lunettes, légèrement voûté, et il portait habituellement un jean délavé et un vieux pull. Ses deux cannes étaient appuyées sur une chaise : Michael était infirme de naissance. Plus jeune que Zev, c'était le seul Berkowitz religieux – leur « mouton blanc », comme ils disaient en riant – dans une famille de socialistes invétérés. A douze ans il avait exigé sa *bar mitzvah*, parce qu'un ami passait la sienne, et son professeur lui avait fait aimer le Talmud et le rituel. A seize ans, élève prodige en mathématiques et en physique, il avait été admis au Technion. Comme il venait parfois assister à des séminaires ou des cours de haut niveau à Jérusalem, Barak lui avait dit d'aller voir Reb Shmuel, et de temps en temps il venait étudier le Talmud avec le vieux tailleur.

« Que je ne vous interrompe pas, dit Zev à son frère. Ses devoirs, c'est important. Je suis juste venu récupérer le guerrier endormi.

– J'ai fini, s'écria Shayna en sautant sur ses pieds, et j'ai promis à l'imbécile endormi de lui faire à dîner. » Elle passa dans la cuisine. Quichotte continuait à dormir.

« A quoi l'aides-tu?

– De l'algèbre.

– Cette petite fille? Elle est si avancée que ça?

– En maths, beaucoup! Elle a en plus un esprit ouvert et inquisiteur. Je ne sais pas comment elle fait, dans la Vieille Ville. Mais elle a aussi une langue acérée.

– Amen, dit Yossi sans ouvrir les yeux.

– Quichotte, on prend un avion très bientôt. »

Pas de réponse.

« J'ai une lettre de maman, dit Michael. Père va mieux, mais il ne reviendra pas à l'ONU avant février. Sur l'ordre du médecin. » Il résuma la lettre, et ils discutèrent des problèmes de leurs parents. Meyer Berkowitz avait eu une attaque lors d'un dialogue enflammé avec le représentant d'Arabie Saoudite. « Pour l'instant, ils ont pris un appartement à Manhattan, et elle en est folle. Presque aussi cultivé que Vienne, d'après elle.

– Bon, ça c'est maman. Peut-être ne reviendra-t-elle jamais.

– Qu'est-ce qu'il en est vraiment de l'armistice, Zev? Il peut mener à la paix?

– Non, pas maintenant. On les a battus une fois de plus, c'est tout. Un face à face sans coups de feu pendant quelque temps. C'est ce que je pense. Mais je passe pour un pessimiste.

– Aucun espoir de paix, alors, jamais?

– Oh, si. Deux espoirs, Michael. A long terme, les Arabes vont se lasser de se faire tuer pour rien et vont choisir de nous laisser tranquilles. A court terme, les grandes puissances vont nous laisser finir une guerre, une seule, et persuader les Arabes que nous sommes là pour de bon.

– Réveille-toi, imbécile, dit Shayna, en apportant une assiette pleine de crêpes à la pomme de terre qui fumaient encore et en lui donnant un coup de coude, si tu veux vraiment manger. »

Il se redressa gaiement. « *Shiga'on!*

– Il faut qu'on y aille, Yossi, dit Zev.

– Pas le temps de manger une crêpe, chef? Elle les a faites spécialement pour moi.

– Certainement pas, répliqua Shayna. Le docteur Berkowitz et moi avions faim, et il se trouve que tu es là.

– Ne lui ai-je pas demandé de les faire, demanda Quichotte à Michael, parce qu'elles étaient tellement bonnes le jour de Hanoukkah? »

Michael sourit sans répondre.

« De toute façon, j'avais les pommes de terre. Elle se gâtaient, elles étaient en train de germer, dit Shayna. C'est péché de jeter de la nourriture.

– Eh bien, ces crêpes sentent bon, dit Zev en prenant une chaise.

– Pensez donc, s'envoler Dieu sait où au milieu de la nuit! s'exclama Shayna en les servant. Quelle vie de fou! Maintenant que c'est la paix, tu vas devoir trouver un moyen de te rendre utile, Quichotte. Peut-être ramasser les ordures de Jérusalem... Attends une minute! Dis la bénédiction avant de manger cette crêpe. » Quichotte se mit la main sur la tête. Elle lui donna une tape sur l'épaule. « Pas comme ça. Avec un chapeau! »

Soumis, il mit son béret militaire, prononça la bénédiction, mangea sa crêpe. « Mmm, excellent. La paix ne changera rien pour moi, Shayna. Je suis un soldat.

– Tu veux dire que c'est ça que tu vas *faire*? Être un soldat? Un vrai soldat?

– Un vrai soldat, et pourquoi fais-tu cette drôle de tête? »

De fait, la fille grimaçait comme une gargouille.

« Un *goyishe parnosseh!* (Un métier de goy!) » Le nez en l'air, elle sortit de la pièce, les laissant interloqués devant leurs crêpes.

« Tu as entendu, Zev, dit Michael. Mieux vaut revenir à la chimie.

– Pas moi, Michael. C'est terminé. Pour moi, ce sera un métier de goy. Pour de bon.

– Vraiment? *Kol ha'kavod* », répondit son frère.

La version Weizman de la bataille aérienne l'emporta. Le président Truman publia un communiqué très sec, critiquant les Anglais d'avoir aventuré des avions de combat dans une zone de guerre et blâmant Israël de les avoir abattus. A la Chambre des Communes, le gouvernement Attlee dut essuyer une tempête et retira ses menaces. De sorte que la guerre d'indépendance prit fin et que les canons se turent début janvier 1949, même si les négociations sur le désengagement durèrent plusieurs mois. Israël existait, et les envahisseurs arabes, l'un après l'autre, signèrent des armistices avec un pays qui, affirmaient-ils énergiquement, n'était pas là.

DEUXIÈME PARTIE

Suez

12

Lee Bloom

Pendant les quatre ans qui suivirent la guerre, le pays qui n'était pas là dut se battre durement pour y rester.

Ces années, de 1949 à 1953, furent les pires de toutes, écrit Moshe Dayan dans ses Mémoires. L'armée se désagrégea plus ou moins. Le mélange improvisé de milices incompatibles, de conscrits, d'immigrants et de volontaires étrangers avait mieux résisté aux Arabes qu'à la victoire. Même s'ils étaient incapables de se battre, les gouvernements arabes refusaient tout traité avec le pays invisible. L'armistice n'apporta pas la paix, mais un siège. Des terroristes baptisés fedayin traversaient des frontières mal gardées, faisaient dérailler les trains, incendiaient des autobus, faisaient sauter des immeubles et assassinaient des civils insouciants. Logements, voitures, vêtements, nourriture et carburant manquaient. La vie était misérable et précaire. Des quantités d'Israéliens émigraient au Canada ou à Los Angeles. En 1953, Dayan fut nommé chef d'état-major des armées, et il raconte qu'à cette date les choses commencèrent à s'améliorer.

Ces mêmes années, de 1949 à 1953, furent les plus belles de toutes, écrit Ben Gourion dans ses Mémoires : les années héroïques d'Israël, « les plus grandes années de notre histoire depuis la victoire de Macchabée sur les Grecs, il y a 2 300 ans », parce qu'au cours de ces quatre ans la population juive d'Israël fit plus que doubler. Retour miraculeux et Rassemblement des Exilés, la vision radieuse au centre du sionisme se mit à prendre corps. Les gouvernements arabes frustrés, tout autour de la Méditerranée, se retournèrent contre leurs Juifs et les chassèrent, et le nouveau petit État assiégé de 600 000 habitants dut accueillir 700 000 réfugiés ! Cet événement, peut-être sans précédent dans l'histoire du monde, provoqua des pénuries, l'épuisement du Trésor, le marché noir, le rationnement et déçut les pusillanimes. Néanmoins, Israël réussit à survivre et même à prospérer jusqu'en 1953, lorsque Ben Gourion, Premier ministre et ministre de la Défense, dut démissionner. Ensuite, écrit-il, les choses commencèrent à se détériorer. Elles allèrent même de mal en pis, si bien qu'en 1955 le peuple fut obligé de le rappeler au pouvoir, et pas trop tôt.

Car quelques mois plus tard le dictateur égyptien Gamal Abdel Nasser nationalisa le canal de Suez, ce qui mit en fureur les gouvernements britannique et français, et une fois de plus le Moyen-Orient fit les grands titres des journaux. L'Égypte interdit à Israël d'emprunter le canal, et la possibilité d'une autre guerre généralisée fit passer une secousse sismique dans toute la région.

Christian Cunningham avait remarqué le jeune homme sur le Stratocruiser New York-Paris, assis seul au bar bondé du pont inférieur, lisant un magazine, qui ne s'était pas mêlé aux plaisanteries avinées quand l'avion géant avait été secoué par un orage d'octobre dans l'Atlantique Nord. Il le retrouva sur le vol El Al Paris-Tel-Aviv deux jours plus tard ; même pantalon en flanelle grise, même élégant blazer bleu, lisant des dossiers et des revues venant de la même serviette en veau. Il mangeait peu, buvait des sodas, ne flirtait pas avec l'hôtesse, se conduisait en fait beaucoup comme Cunningham lui-même sur un vol au long cours. Les passagers aériens tuent le temps ou l'utilisent, et ce jeune homme l'utilisait. Un type venu de Hollywood, aurait pensé Cunningham à voir ses vêtements à la mode, ses bijoux en or massif et ses cheveux longs et ondulés, si ce n'était qu'il lisait des magazines sur l'aviation, les armements et l'immobilier.

De son côté, le frère de Don Quichotte s'interrogeait sur le goy émacié en costume trois pièces qui avait reparu sur l'appareil d'El Al, chaîne de montre en travers du gilet et tout, lisant la *Revue d'Archéologie biblique*. Les deux hommes avaient la première classe pour eux seuls. En classe touriste, il y avait surtout des Israéliens, car le tourisme n'allait pas fort, et Lee Bloom – comme il s'appelait désormais – se demandait pourquoi un archéologue venait en Terre sainte à une période aussi troublée. Au bout de quelque temps l'homme à la chaîne de montre sombra dans le sommeil, ses lunettes d'écaille repoussées en haut du front.

Lee Bloom étudia le mémorandum de Sheva Leavis, le relut plusieurs fois, puis alla aux toilettes le déchirer et jeter les morceaux dans la petite boîte à ordures.

Ils furent réveillés tous les deux par la voix rocailleuse du pilote, en hébreu guttural et en mauvais anglais. Cunningham regarda par le hublot. « Eh bien, voici enfin la Terre sainte. »

Lee Bloom tendit le cou pour voir plus loin. A travers des lambeaux de nuages la descente laissait apercevoir une étendue urbaine, grise et irrégulière, le long de la mer bleue. « N'a pas l'air tellement sainte, n'est-ce pas? Étonnant, comme on a construit!

– Vous êtes déjà venu?

– Une fois, pas longtemps. » Lee Bloom indiqua la revue sur les genoux de Cunningham. « Est-ce que l'archéologie continue, pendant une guerre?

– Cette région a toujours connu des troubles. On fouille quand ça se calme. Vous pensez qu'il va y avoir la guerre?

– Oh, les Français et les Anglais vont-ils pouvoir laisser ce Nasser s'emparer du canal sans rien faire?

– Le nationaliser, vous voulez dire.

– Même chose, monsieur.

– Qu'est-ce qu'ils peuvent y faire?

– Parachuter des troupes et reprendre le canal, j'imagine. Je crois qu'ils vont le faire, en plus. C'est juste une question de temps.

– Et les Russes?

– Tout devrait être fini en quarante-huit heures. Ensuite les Russes pourront crier toutes les méchancetés possibles aux Nations unies. Ce sera de la roupie de sansonnet. »

Lee Bloom parlait anglais avec un très léger accent, mais il prononça « roupie de sansonnet » avec les guillemets d'un étranger.

« Vous pouvez bien avoir raison. » Cunningham ouvrit sa revue d'archéologie. Le frère de Quichotte ne fit rien pour prolonger la conversation. Un goy de la haute, se dit-il, pas un Californien, peut-être un type de la côte Est.

A la porte de la sortie des bagages, dans le petit terminal sale et glacé de l'aéroport de Lydda, désormais hébraïsé en Lod, Lee Bloom reconnut Zev Barak qui attendait en uniforme, un peu alourdi, les cheveux prématurément poudrés de gris. « Adon Barak! » le salua-t-il avec un peu d'ironie.

Zev le fixa, essayant de réconcilier cette silhouette élégante avec le déserteur amaigri qu'il avait quitté huit ans plus tôt à l'aéroport de Los Angeles. « C'est vraiment Blumenthal? » Léopold sourit, et ils se serrèrent la main. « Sam, dit Barak à Pasternak, qui fouillait la file d'attente du regard, voici Lee Bloom. J'imagine que tu as entendu parler de lui.

– Lee Bloom? Bien sûr, comme tout le monde! On m'a dit que Sheva Leavis et vous, à deux, vous possédez la moitié de Los Angeles.

– Ha! Trois immeubles. Ici les journaux écrivent n'importe quelle dinguerie. » Lee Bloom examina les gens qui saluaient et appelaient les passagers. « Mon frère a dit qu'il venait me chercher, mais... Oh, le voilà. Joe! Yossi! »

Quichotte arriva par l'entrée de la police, et quand les frères s'embrassèrent, Zev remarqua qu'il était beaucoup plus grand que Léopold. Sa longue carcasse maigre s'était étoffée, et ses bottes de parachutiste le grandissaient encore. Par contraste, Léopold était maigre et un peu voûté.

« Okay, Zev, voilà Cunningham. » Pasternak avança pour accueillir l'homme de la CIA. « Salut, Chris. Vous vous souvenez de Zev Barak?

– Eh bien, eh bien. Loup l'Éclair! Salut! » Cunningham lui serra brièvement la main d'une poigne osseuse. « Et maintenant, où est-ce que je prends mes bagages?

– Suivez-moi », dit Zev.

Pasternak se rapprocha de Lee Bloom, et malgré les annonces des haut-parleurs et les clameurs des passagers, parla tout doucement. « Blumenthal, ce problème dont Sheva Leavis m'a parlé au téléphone de Paris...

– Oui? » Léopold, alarmé et anxieux, se tourna vers lui.

« Je m'en suis occupé. J'allais vous appeler à votre hôtel, mais puisque vous êtes là... » Il sortit de sa poche une carte de visite et la tendit à Yossi. « Quichotte, tu sais où trouver ce type? Section du personnel, à Kirya?

– Bien sûr, dit Yossi au premier coup d'œil.

– Emmène-le directement là-bas. » Pasternak sourit à Léopold. « Voilà. Bon, maintenant, est-ce que Sheva bluffe à propos de ce laminoir, ou est-ce qu'il y a quelque chose derrière? » Même si Pasternak était désormais le premier assistant de Dayan pour les renseignements, les fournitures militaires aux frontières de la légalité étaient toujours de son ressort.

Léopold répondit en homme d'affaires. « C'est sérieux. Il y a une société juive à Canton, dans l'Ohio. Quatre frères. Leur père a commencé comme brocanteur, maintenant ils sont dans le fer et l'acier. Ils ont les finances et l'expérience de la production. C'est clair. Ce sont des négociateurs très coriaces, et ils ne sont pas sionistes. On peut conclure le marché si le paysage fiscal, ici, est adapté. Ils trouvent ça trop beau pour être vrai, et que donc il doit y avoir un sacré traquenard. Je suis venu pour m'occuper de ça, entre autres.

– Dites-moi si je peux vous aider. Et, Yossi, appelle-moi si tu as des ennuis au Personnel. » Il alla rejoindre Cunningham.

Lee Bloom prit sa serviette et sa valise. « Voilà tout ce que j'ai apporté, Yossi. J'ai laissé le reste à Paris.

– Alors allons-y. Combien de temps restes-tu ?

– Ça dépend. » Léopold le suivit à travers la foule. « Trois ou quatre jours, pas plus. Tu as pris quinze kilos, tu sais ? Tout en muscles, on dirait.

– Ils nous font bosser dur, chez les parachutistes.

– Tu t'es souvent battu ? Tu n'écris jamais.

– Toi non plus.

– Je sais. »

A l'extérieur, la poussière et le sable du parking étaient soulevés par un vent humide. Sur le siège arrière d'une voiture de l'armée, une blonde en uniforme fit signe à Yossi. « C'est Yael Luria. Tu te souviens d'elle ?

– Bien sûr, la dure à cuire que j'ai rencontrée à l'hôtel King David.

– C'est ça. C'est l'aide de camp du lieutenant Pasternak.

– Pas mariée ?

– Non. Elle a des petits amis de temps en temps.

– Y compris toi ? »

Yossi éclata de rire. « Aucune chance. C'est une terreur. Et puis, comme tu sais bien, j'ai une amie. »

A un stand branlant de location de voitures, en plein vent, Léopold donna un ticket à une grosse fille qui mâchait du chewing-gum, et elle leur parla en hébreu avec un débit de mitrailleuse. « Ton chauffeur a mal aux dents, dit Yossi. Ils téléphonent pour en trouver un autre. »

Léopold le regarda de haut en bas, notant le béret rouge, les pattes d'épaule et les lourdes bottes rougeâtres. « Trois galons. C'est quoi, l'équivalent d'un major américain ?

– Capitaine. *Seren*, ici. Je suis chef de peloton, bientôt commandant de compagnie.

– Il faudra que tu me racontes tes aventures.

– Il faudra que tu me dises comment tu en es arrivé à posséder la moitié de Los Angeles. » Yossi remonta ses lunettes sur son nez et sourit. « Il y a du vrai dans ces blagues ?

– Assez pour que je t'invite à Paris avec ton amie. Hé, où en êtes-vous ? As-tu obtenu ta permission ? Est-ce qu'elle viendra ?

– La permission, je m'en occupe. Shayna meurt d'envie d'y aller. Ses parents lui font des histoires. Ils sont très religieux, rappelle-toi.

– Shayna l'est encore ?

– Mister, voilà votre voiture », dit la fille en anglais. Une vieille Peugeot bleue arriva en cliquetant, conduite par un vieil homme édenté, avec une barbe grise de trois jours et un bonnet en laine déchiré, qui les salua en un hébreu incompréhensible.

« Qu'est-ce que c'est que ça? dit Léopold à la femme. Mon ticket me garantit une Oldsmobile neuve avec un chauffeur parlant anglais. »

Ta-rat-rat-ta en hébreu, que Quichotte traduisit. « L'Oldsmobile neuve est au garage. Le chauffeur a mal aux dents. Tu peux avoir ton Oldsmobile jeudi.

– Rien ne change, ici. Allons-y. »

« A Kirya, dit Yossi au chauffeur qui hocha la tête et démarra. Si Shayna est toujours religieuse? Absolument. Ne travaille pas le samedi, strictement kasher pour la cuisine et les fêtes, étudie la Torah tous les jours. Mais elle est okay, si tu vois ce que je veux dire. Veut devenir ingénieur aéronautique. Porte des jeans, et dans sa bande de *dati* (Juifs orthodoxes), c'est un scandale. Elle s'en moque.

– Et elle est vraiment devenue si jolie que ça? Je me souviens d'une petite morveuse toute maigre.

– Tu verras toi-même. Tu vas d'abord à Jérusalem, pas vrai?

– Oui, un jour là-bas, peut-être deux à Tel-Aviv, et retour à Paris.

– Bon, on passera la prendre à l'université. Elle est en train de finir ses examens. »

Barak chargea les vieilles valises de l'homme de la CIA dans une voiture de l'armée, et Sam présenta Cunningham à Yael. « Chris, voici le capitaine Luria, mon bras droit. »

Yael eut un sourire guindé, une sèche poignée de main, et lui dit poliment : « A votre service, M. Cunningham, pour le temps que vous passerez ici.

– Très aimable de votre part. » Yael sentit que ce vieil Américain avait compris du premier coup d'œil, à travers ses épaisses lunettes, ses rapports avec Pasternak. Sam n'avait pas voulu qu'elle vienne, mais ayant tellement entendu parler de Cunningham, et peut-être aussi pour s'imposer, elle avait insisté et gagné la partie. Pasternak réservait ses engueulades aux choses sérieuses, et elle savait jusqu'où elle pouvait le pousser. Comme elle était là, il leur était impossible de parler sérieusement. Ils traversèrent des champs labourés et des bosquets d'orangers dans un silence pesant, puis Cunningham prit la parole.

« La dernière fois que je suis venu, c'est en 1936. Le Mandat était une époque intéressante. Tout était beau, élégant, et si paisible! Les Anglais savaient y faire, il faut le reconnaître. Et puis les émeutes arabes ont recommencé. Très dur, très dur.

– J'avais cinq ans en 1936, glissa Yael. Je me souviens des émeutes. Papa a quitté le *moshav* et s'est battu pendant des mois. Nous, les gosses, on était terrorisés. Maintenant, c'est un autre monde.

– Pas tant que ça », répondit Cunningham, ce qui mit fin à la conversation jusqu'à ce qu'ils déposent Yael à Kirya, aux locaux du quartier général en plein centre de Tel-Aviv.

« Très belle jeune femme, dit l'homme de la CIA.

– Yael s'occupera de ce dont vous aurez besoin », lui indiqua Pasternak.

Cunningham bâilla, se couvrant la bouche de son poing maigre. « Ce chauffeur comprend l'anglais ?

– Non, dit Barak.

– Très bien. D'après nos renseignements, l'armée israélienne est prête à marcher sur le canal de Suez dans les vingt-quatre heures. C'est exact ? »

Pasternak et Barak se jetèrent un coup d'œil. « C'est un grand compliment, dit Sam. Parfait, si c'était vrai. Est-ce le Président Eisenhower qui détermine la politique des États-Unis, Chris, ou bien Dulles, le secrétaire d'État ?

– Bon, c'est un vaste sujet. J'ai besoin de faire la sieste, juste une heure ou deux, ensuite on pourra discuter. Ça ira, Sam ?

– Bien sûr. » Quand la voiture se rangea devant un hôtel en bord de mer, il ajouta : « Entre-temps, le Premier ministre va peut-être se demander si vous êtes porteur d'un message de votre gouvernement.

– Sans doute. » Cunningham descendit de voiture. « A propos, Barak, ma fille Emily m'a demandé de saluer Loup l'Éclair de sa part, si je tombais sur vous.

– Vraiment ? C'est gentil, qu'elle se souvienne de moi.

– Oh, ça oui. Elle est à la Sorbonne pour faire sa maîtrise, et elle s'est trouvé un petit ami, un poète français. Vous avez des filles ?

– Une.

– Je parie qu'elle est très douce et facile à vivre.

– Très. Elle a un an.

– Attendez un peu. » Il regarda sa montre gousset à bout de bras. « Disons qu'on se retrouve à quatre heures ? »

« Sam, dit Zev quand la voiture s'éloigna de l'hôtel, est-ce qu'on avait besoin de Yael ?

– Tu la connais ? » grommela Pasternak.

Les cloisons en placoplâtre du petit bureau sinistre, à la section du Personnel, était couvertes de diagrammes organisationnels et de listes ronéotées, et Ben Gourion, en chemise ouverte, fronçait les sourcils sur une vieille photo. Un lieutenant presque chauve, derrière une table étroite et tachée d'encre, leur indiqua deux chaises inconfortables, chaussa des lunettes en écaille et fouilla dans une pile de dossiers multicolore. « Vous parlez hébreu ? demanda-t-il à Léopold.

– Bien sûr, mais je suis un peu rouillé.

– Très bien, nous y voilà. Blumenthal, Léopold. » Il feuilleta les pages abîmées et jaunies en hochant la tête sans arrêt. « Bon, le dossier est en ordre. Pas de problème. » Il joignit les mains sur ses papiers et jeta un coup d'œil aux deux frères, l'air sec, officiel et lointain. « Bien. Que puis-je faire pour vous ? »

Léopold regarda Quichotte, puis répondit maladroitement en hébreu. « J'aimerais connaître précisément mon statut actuel.

– Précisément votre statut actuel. » Le lieutenant rouvrit le dossier et lut la première page. « *" Résumé : pas trace de l'inscription ou de l'engagement du susnommé dans Tsahal. De nombreux dossiers de 1948 sont incomplets ou disparus. Qu'il ait combattu à Latroun avec la Septième Brigade dans une unité d'immigrants, comme il le prétend, n'est pas confirmé. Il est arrivé en Israël sur le* Nordau, *venant de Chypre, le 20 mai 1948, et l'a quitté six semaines plus tard pour les États-Unis d'Amérique, où il est resté et dont il a obtenu la nationalité. Pas d'obligation ni de pénalité militaire en vigueur. Qu'il dise avoir servi au combat, et qu'il désire régulariser sa situation avec Tsahal est considéré comme favorable. "* Voilà. Est-ce que je lis trop vite pour vous ?

– Pas du tout. » Léopold pointa un doigt tremblant sur le dossier. « J'aimerais avoir une copie de ce document.

– Pourquoi pas ? » Le lieutenant dégagea soigneusement la feuille des pointes en acier. « Dora ! Un duplicata. » Une femme soldat en pull et pantalon apparut, glissa un formulaire identique dans une machine à écrire et se mit à taper. Avec un sourire, le lieutenant ôta ses lunettes. « Alors ! Vous êtes Lee Bloom, le sorcier de l'immobilier à Los Angeles. » C'était une transformation complète. Il était devenu un jeune homme au front dégarni, plein de curiosité admirative, comme s'il avait enlevé son uniforme avec ses lunettes. « J'ai un cousin dans l'immobilier à Toronto. Rien à voir avec vous et Sheva Leavis, bien sûr. »

Léopold, lui aussi, avait changé d'allure. Redevenu un homme du monde plein d'assurance, il posa des questions sur le cousin de Toronto, dit qu'il le connaissait, et raconta des histoires de marchand de biens jusqu'à ce que la dactylo tende le formulaire au lieutenant et disparaisse. Le jeune homme relut le papier, le corrigea ici et là à l'encre rouge, et le parapha. « Pas une grande dactylo, notre Dora.

– C'est parfait, merci. » Léopold glissa la feuille dans sa poche intérieure. Les frères ressortirent à la lumière du soleil. « Yossi, dit-il d'un ton hésitant, tu sais que je suis désolé de ne pas être venu à l'enterrement de papa. C'était à cause de ça, tu comprends. J'en remercie énormément Sam Pasternak.

– Pas de quoi le remercier, dit Yossi, le visage neutre. Ton dossier était en ordre. »

Quand la Peugeot descendit la longue côte courbe donnant sur la vallée d'Ayalon, Lee Bloom raconta à son frère comment Leavis et lui étaient devenus promoteurs. Soudain, il montra du doigt une montagne, au loin. « Tiens, tiens, voilà ce maudit Latroun.

– Oui. On n'a jamais pris la forteresse. La nouvelle route doit faire un détour pour la contourner. Alors, tu dis qu'il était moins cher de construire votre entrepôt que de le louer?

– Exactement. Ce sont tous des voleurs, ces types des entrepôts. Sheva Leavis achetait des tonnes de surplus militaires. On allait à Manille, Tokyo, Hong Kong et Singapour trois fois par an. Un tas de trucs en Europe, en plus. Il faut de la place, pour entreposer des quantités pareilles le temps de chercher un acheteur. C'est ça, le truc – acheter pour un penny, attendre, revendre pour un dollar. C'est aussi comme ça qu'on s'est mis dans le textile, les paniers, les jouets, les chapeaux – je te le dis, en Orient, Joe, acheter en gros, c'est fantastique, si tu as le liquide et si tu sais ce que tu fais. » Il lui donna un léger coup de poing. « Mais écoute, les affaires, ça m'ennuie. Je voudrais que tu me parles des parachutistes.

– Tu n'as construit que trois entrepôts, dis-tu?

– Pour l'instant. Mais des grands. En fait, on vient de vendre le dernier pour en faire une usine. On a acheté pas mal de terrain, aussi, mais pas la moitié de Los Angeles. Ça, c'est les bêtises des journaux israéliens. Au bon endroit, à un bon prix. J'ai surveillé la construction du premier, vu comment les entrepreneurs gaspillaient l'argent ou prenaient leur pourcentage. J'ai demandé à Sheva de me laisser faire, pour le deuxième, et je suis arrivé à presque la moitié du prix au mètre carré. Au diable tout ça, connais-tu un type, dans les parachutistes, qui s'appelle Ben Menachem? »

Quichotte, vautré sur le siège arrière, en train de manger des graines de tournesol pris dans un sac en papier, se redressa brusquement, cligna des yeux et releva ses lunettes sur son nez. « Pourquoi cette question?

– L'Appel juif unifié a fait venir ce type grand et fort et incroyablement beau lors d'un dîner à Los Angeles. Pas un bon orateur, mais on nous a raconté des histoires fantastiques à son sujet.

– Il a fait des discours dans tous les États-Unis, parce qu'on le lui avait ordonné. Il détestait ça. Il aurait préféré faire des raids en Syrie tout seul, disait-il, plutôt que de recommencer cette tournée.

– Eh bien, j'aimerais le rencontrer.

– Il est mort. » Yossi se remit à manger ses graines.

« Oh? Désolé. Un ami à toi, ce Menachem?

– On l'appelait Gulliver. Comme on m'appelle toujours Don Quichotte. Il y avait tout le temps des blagues sur Don Quichotte et Gulliver.

– Don Quichotte. C'est vrai. » Léopold essaya de sourire. « Je m'en souviens. Ton ami s'est fait tuer au combat? »

Quichotte avait absorbé dans ses os le déplaisir qu'avaient les soldats israéliens à parler de la guerre avec des civils, surtout les étrangers. Son frère était devenu Lee Bloom de Los Angeles, et il ne voulait pas partager ses souvenirs de Gulliver avec Lee Bloom. « Un raid de représailles, répondit-il de façon laconique, du côté syrien de la mer de Galilée. J'en faisais partie. C'était lui qui commandait. Partout, il passait le premier. Il n'a pas eu de chance. » Yossi se tassa sur son siège et puisa dans le sac en papier. « Je ne trouve pas que c'était un mauvais orateur. Gulliver avait fait du droit. Il adorait l'histoire, et pouvait réciter par cœur les discours d'Abraham Lincoln. Très cultivé. Mais, dans les banquets américains, il n'avait pas envie de parler. »

Il pleuvassait quand ils arrivèrent à Jérusalem, et le chauffeur tendait le bras hors de la voiture pour essuyer le pare-brise avec son bonnet. « La voilà », dit Yossi. La Peugeot crachota en direction d'un groupe d'étudiants tassés sous un abri à l'arrêt d'autobus.

« Laquelle?

– En jean et sweat-shirt blanc.

– Celle-là? Oh, elle est grande.

– Elle ne fume pas, alors elle a grandi. »

Shayna n'embrassa pas Quichotte en montant près d'eux, mais le regard qu'elle lui lança fit l'envie de Léopold. Il avait eu droit à des aventures, à des liaisons passionnées, mais jamais à un tel regard amoureux dans les yeux brillants d'une fille. « Alors, voilà Léopold! » Elle lui tendit une main longue et mince. « Salut, Lee Bloom! C'était mon plan, vous savez : épousez un type ayant un frère américain et riche.

– Pourquoi pas un riche Américain, tout simplement?

– Parfait! Présentez-m'en un, je vous en prie. » Elle se frotta le visage contre l'uniforme de Yossi, et Léopold sentit une pointe de jalousie. « Je ne supporte pas les soldats, surtout les parachutistes. Ils ne pensent tous qu'à la même chose.

– N'est-ce pas qu'elle est sophistiquée? dit Yossi avant de donner l'adresse de Shayna au chauffeur.

– Y a-t-il un téléphone chez vous? lui demanda Léopold. Il faut que je confirme des rendez-vous.

– Notre voisine en a un. Son oncle est membre de la Knesset. Il y a sept ans de liste d'attente.

– Chauffeur, dit Léopold en hébreu, savez-vous où sont le ministère de la Défense et le Trésor ? »

L'homme répondit dans une bouillie d'anglais. « Moi sais, emmène m'sieur là-bas », et se retourna avec un sourire d'orgueil édenté après sa prouesse linguistique.

« Après tout, tu as un chauffeur qui parle anglais, remarqua Quichotte.

– Je trouvais que vous vous ressembliez beaucoup, dit la jeune femme en scrutant le visage de Léopold. Ce n'est plus vrai. Plus maintenant.

– Il a du prestige, maintenant, dit Yossi, du vernis. C'est un riche Américain.

– C'est exactement ça, dit Shayna en effleurant son visage bronzé. Et tu n'es qu'un soldat crasseux. Pouah ! Et moustachu. » Elle sourit à Léopold. Shayna avait la bouche plutôt grande, les dents parfaites, les lèvres minces et très rouges, et n'était pas du tout maquillée. « Quand j'ai dit à ma mère que vous veniez, elle a dit, " Oh oui, c'est celui qui a mangé la crêpe sans bénédiction ni chapeau. " Vous avez déjà rencontré des stars du cinéma ? demanda-t-elle avec une gaieté naïve.

– Quelques-unes. Est-ce que vous allez venir à Paris ? »

Shayna se rembrunit. « J'espère. Grand-père dit que je devrais. Maman est inquiète. Papa est impossible.

– Inquiète de quoi ? dit Léopold. Vous êtes une grande fille.

– Papa veut savoir si vous êtes marié, Léopold, et si votre femme vous accompagne, et où je vais habiter à Paris. Il travaille à Tibériade. On s'est beaucoup téléphoné. Vous n'êtes pas marié, n'est-ce pas ?

– Ma petite amie m'a accompagné. En ce moment, elle est à Paris.

– Je vois. Bon, est-ce que j'habiterai avec elle ?... Nous y sommes. »

Les frères échangèrent un coup d'œil et secouèrent la tête en sortant de la voiture. Dans la rue étroite aux vieilles maisons d'un seul étage, des garçons portant calotte et papillotes se couraient après tandis que des petites filles en robes longues gazouillaient et jouaient à une sorte de marelle. « Ce n'est pas comme si on était fiancés ! continua la jeune fille en les conduisant dans un couloir obscur donnant sur des marches grinçantes. Yossi n'est qu'une peste que je dois supporter. Pas de fiançailles avant mon diplôme, et encore. Mes parents insistent, et ils n'ont pas tort.

– Qui a parlé de fiançailles ? demanda Yossi. Tu vas juste passer quelques jours à Paris. Et tu vas le faire, assez de bêtises, Shayna. *Paris !*

– On verra. » Elle présenta Léopold à sa voisine, une femme ordinaire, l'air surmené, un foulard sur la tête. Elle ouvrit de grands yeux inquisiteurs en voyant le sorcier de l'immobilier de Los Angeles et lui indiqua le téléphone.

Autour de la table, un peu plus tard, chez Shayna, alors qu'ils bavardaient en yiddish, sa mère, qui avait maintenant les cheveux blancs, apporta du thé et des gâteaux. Léopold mit la main sur sa tête et marmonna une bénédiction, la première depuis plusieurs années. La vieille dame sourit. « Bien, c'est gentil, Léopold. Mais nous avons des amis libres penseurs, nous sommes habitués à toutes sortes de gens. »

Il fut soulagé de ne pas l'entendre parler du voyage à Paris. Une actrice de second rang, Isobel Connors, partageait sa suite au George V, et il aurait été délicat de prévoir où logerait Shayna. Pendant que Reb Shmuel, en peignoir élimé et n'ayant pas l'air d'avoir changé depuis huit ans, interprétait un passage de la Torah devant Yossi – ce qu'il faisait invariablement chaque fois que le parachutiste venait chez eux – la mère parla de ses cousins de Los Angeles, lui posa des questions sur leur quartier, sur le climat, sur la vie que menaient les Juifs. « Demain, vous savez, c'est l'anniversaire de Yossi, dit-elle. Le soir, nous recevons de la famille, des cousins de nos cousins de Los Angeles, pas beaucoup de gens. Restez donc.

– Ah, répondit Léopold, j'avais oublié, mais je crains d'être pris. Je viens seulement d'arriver.

– Ce n'est rien, dit Shayna. Bien sûr que vous êtes pris. »

Yossi raccompagna son frère à la voiture. « Je reste dîner, expliqua-t-il, et j'arrange le coup de Paris. Inquiets! As-tu jamais vu quelque chose d'aussi ridicule? »

Léopold lui lança un regard sceptique. « Mon gars, on m'a raconté des choses, à Los Angeles, sur les parachutistes. Sur toi, en fait. Elle est adorable, fraîche comme une rose, et elle est folle de toi. Donc ils sont inquiets.

– L'*Azazel*, s'exclama Yossi, en colère, avec un geste de refus, de quoi ils ont peur, que je baise Shayna à Paris? Shayna? Est-ce que j'aurais besoin de l'emmener à Paris, pour ça? Je suis fou d'elle, moi aussi, et il n'est pas plus question d'essayer que... D'abord, je n'y arriverais pas. Et puis, écoute, Léopold, une fille est comme elle est. Il y en a qui aiment s'amuser, alors on s'amuse. Pourquoi pas? Mais Shayna? Des bêtises!

– Okay, alors arrange le coup.

– Ne t'inquiète pas. Je le ferai. Parle-moi de ta petite amie.

– Tu la verras à Paris. Isobel est une actrice de cinéma. Shayna, pas vraiment. Demain soir, à Tel-Aviv, je donnerai peut-être une vraie fête d'anniversaire en ton honneur.

– Pourquoi pas ? »

Léopold monta dans la Peugeot. Le chauffeur mâchonna ses gencives pour sourire à Yossi, et la voiture s'éloigna en pétaradant.

Christian Cunningham buvait un café, seul dans la salle à manger, devant une fenêtre dominant le port. C'était le milieu de l'après-midi, et, comme la plupart des hôtels, le sien était presque vide. Les bottes des deux officiers résonnèrent sur le sol en marbre. « N'est-ce pas l'endroit où le navire contrebandier s'est échoué, dit l'Américain en tendant le bras, quand vous avez failli avoir une guerre civile ? Et maintenant, ce monsieur Begin est le leader de l'opposition à la Knesset.

– Tout à fait vrai, dit Pasternak en faisant signe à un serveur qui attendait de leur apporter du café.

– Les Juifs ne ressemblent à personne. *Un peuple qui reste à l'écart, qu'on ne doit pas compter parmi les nations.* C'est Balaam qui a dit ça, vous savez. Balaam était un prophète

– Pour Balaam, je ne sais pas. L'âne de Balaam y voyait mieux que lui, et a dû le sermonner. Le Premier ministre m'a dit de vous demander si vous souhaitez le voir ? »

Cunningham sortit une blague à tabac rayée bleu-blanc-rouge, bourra sa pipe et l'alluma lentement, avec des gestes mesurés. « Je suis un fonctionnaire bien trop subalterne pour ça. Ma femme et moi sommes venus à Paris pour rencontrer le type dont notre fille est amoureuse. » Son long visage osseux s'allongea, morose. « J'ai pensé que j'irais visiter les fouilles de Capernaum, pour tirer quelque chose de ce voyage, pendant que ma femme se console en achetant des chapeaux français. »

Il fuma en silence, puis sa voix se durcit. « Les Anglais et les Français vont faire une erreur épouvantable, Sam, s'ils attaquent l'Égypte. Israël aussi, s'il se joint à eux. J'espère que vous ne prenez pas vraiment Eisenhower pour le bon vieil Ike avec son grand sourire. Il est fait de glace et d'acier, Dwight Eisenhower, et il n'aime pas qu'on le contrarie. En colère, il devient redoutable. Il a jadis envoyé cent millions d'hommes affronter la mort. N'oubliez jamais ça. »

Pasternak soutint le regard sévère de Cunningham. « Si les Anglais et les Français préparent vraiment une attaque, et si vraiment ils ne se mettent pas préalablement d'accord avec M. Ike, ils prennent effectivement des risques. Alors ? »

Les trois hommes restèrent quelque temps silencieux, remuant leur café. « Au début de cette année, dit Cunningham, les Français ont déclaré à notre secrétariat d'État la vente à Israël de douze chasseurs, des Mystère. Bien nommés ! Ici, mystérieusement, ils se multiplient comme des amibes. Nous savons que vous en avez maintenant près de cent. » Un long silence, il tira plusieurs fois sur sa pipe. Aucun commentaire de Pasternak. « Cela ne suggère-t-il pas qu'Israël pourrait participer à une attaque sur Suez ?

– Ce qui rendrait M. Ike très mécontent du petit Israël ?

– Très.

– Chris, votre secrétaire d'État, ce M. Dulles, est une catastrophe. *Représailles massives... jusqu'à l'extrême limite...* » Cunningham fit la grimace quand Pasternak cita ces expressions. « Des mots, des mots, alors que la Russie conclut avec l'Égypte le " contrat tchèque " sur les armes ! Douze Mystère ! Qu'est-ce que nous sommes censés faire quand Nasser entraîne des pilotes pour deux cents chasseurs russes, et des équipages pour cinq cents chars russes – réciter des psaumes ? C'est ce que les Juifs faisaient en Pologne, en montant dans les trains.

– La cible des Russes n'est pas Israël.

– Non, bien sûr que non. Ils jouent au bon vieux Grand Jeu, pas contre Disraeli, cette fois, mais contre John Foster Dulles. Pourquoi, au nom de Dieu, ce M. Ike laisse-t-il cette vieille folle pompeuse diriger votre politique étrangère ? »

Cunningham mit longtemps à répondre, et parla lentement, en choisissant ses mots. « M. Dulles considère l'Union soviétique comme la grande menace pour la civilisation occidentale. Là-dessus, il a raison. Quant à la manière d'affronter cette menace, il est naïf. C'est un avocat d'affaires, qui sait rédiger les projets et les traités.

– A New York, il a été battu au Sénat par un Juif, Herbert Lehman, intervint Barak. Pas une bonne chose pour nous, semble-t-il.

– Oh, mais les Français n'adorent pas précisément les Juifs, n'est-ce pas ? » Cunningham prit une voix coupante. « Effectivement, Israël pourrait contribuer au succès d'une opération contre Suez. En ce cas, vous serez condamnés par les Américains. Les Russes pourront intervenir et prendre les armes contre vous. De plus, au premier revers, vous pouvez être sûrs que les Anglais et les Français vous lâcheront. Ce sont les suppositions d'un modeste fonctionnaire. La seule chose dont je suis certain, c'est la fureur d'Eisenhower.

– Il est occupé par sa campagne pour se faire réélire, dit Pasternak, et New York est un vaste État avec beaucoup de Juifs.

– C'est un calcul idiot, Sam. Une menace de guerre va faire aussitôt ressortir le chef de guerre sous le brave type au grand sourire, élection ou pas. » Il sortit sa montre, plissa les yeux. « J'avais espéré rouler jusqu'à Jérusalem, voir le coucher de soleil sur les murailles de la Vieille Ville. Il commence à se faire tard.

– Le spectacle va peut-être vous décevoir, le prévint Barak. Barrières en bois, sacs de sable et barbelés gâchent un peu la vue. »

Cunningham les suivit jusqu'à l'entrée de l'hôtel. « Monsieur, dit Barak, mes hommages à votre fille, et dites-lui, je vous prie, que son poème sur les lucioles était très bien.

– Un poème sur les lucioles?

– Elle me l'a envoyé après que nous fûmes venus vous voir à propos des Constellations. Il est arrivé un an et demi plus tard. La poste israélienne de l'époque. Maintenant, ça va mieux.

– Je ne manquerai pas de le lui dire. Ces temps-ci, elle écrit des poèmes en français. » En les voyant passer la porte à tambour, l'Américain sentit revenir sa tristesse. Quelle différence, entre ces deux types et le poète aux cheveux longs traînant la nuit dans les cafés à la mode avec un imperméable à la Sartre, des lunettes à la Sartre, sans le talent de Sartre!

« Conversation non concluante, dit Zev à Sam en sortant. Peux-tu me dire pourquoi on m'a arraché à ma brigade pour écouter ça?

– Le Vieux voulait avoir ta réaction. »

« Il parlait au nom de son gouvernement? » demanda Ben Gourion. Ils étaient dans la salle des cartes de Kyria, au sous-sol, et il était debout avec Dayan devant une grande carte murale de la péninsule du Sinaï, tailladée par les larges traits, les flèches et les symboles militaires de l'Opération KADESH. Le nom de code était noté au crayon noir dans un coin.

« Je ne saurais dire, répondit Sam, mais le secrétariat d'État est forcément au courant de sa visite. Avait-il un message à transmettre? Je ne pense pas. Comme il le dit, il est d'un rang trop subalterne. »

Ben Gourion regarda Barak. « Je ne connais pas son rang, mais je dirais qu'il a parlé comme un ami – un ami très inquiet – pas comme un émissaire.

– C'est tout? Alors pourquoi prendre cette peine? Nous avons déjà eu assez de messages menaçants de la part d'Eisenhower et de Dulles. Cela n'a rien de nouveau. Je suis bien plus inquiet que ce M. Cunningham. »

Barak souffrait de voir le Premier ministre à ce point malade et vieilli. Dayan, quant à lui, avait bonne mine et rayonnait d'optimisme. Il les poussait depuis plus d'un an à attaquer le Sinaï – depuis le « contrat tchèque » : écrasons l'armée égyptienne, soutenait-il, avant qu'elle puisse absorber le flot énorme des armes soviétiques et le diriger contre Israël! Abattu, Ben Gourion se laissa tomber lourdement sur une chaise. « Que les Anglais et les Français nous lâcheront au premier revers, cela va sans dire. Et comment la guerre va finir? Qui va remplacer Nasser, sinon un autre Nasser?

– Quoi qu'il arrive, Premier ministre, insista Dayan, c'est pour nous une occasion politique. Nous pouvons éliminer les bases terroristes du Sinaï, ouvrir le détroit de Tiran, assurer la liberté de passage sur le canal. Et, avec la France, nous y gagnons un important fournisseur d'armement. C'est beaucoup pour une guerre. »

Ben Gourion resta silencieux une longue minute, respirant bruyamment, le regard terne et vide. « Je vais aller moi-même à Paris, finit-il par dire, rencontrer les Premiers ministres britannique et français en face-à-face, et savoir ce qu'il en est. S'ils refusent de me rencontrer, je conclurai à leur mauvaise foi et j'annulerai l'Opération KADESH. » Ses yeux troubles se tournèrent vers Barak et Pasternak. « Moshe m'accompagnera, bien sûr, et vous aussi, messieurs. »

13

Vers Paris

A la petite fête des fiançailles de Faiga, la cousine de Shayna, tous les garçons portaient la calotte, sans exception, et toutes les filles étaient en robe longue tombant bien au-dessous du genou. Les familles religieuses de Jérusalem tendent à favoriser les mariages précoces, et c'était particulièrement vrai pour les amis de Shayna, qui s'appariaient comme des tourtereaux. La robe en soie bleu marine de Shayna, qu'elle avait faite elle-même, était sa plus belle tenue, car elle devait aller à Tel-Aviv, à la fête donnée par Lee Bloom à l'hôtel Dan ; perspective aussi déprimante que la réunion actuelle était joyeuse.

Ces jeunes gens, c'était la bande de son enfance. Même si elle portait un jean et sortait avec un parachutiste, elle n'avait jamais brisé avec eux et n'en avait pas envie. Les autres regardaient Don Quichotte de travers, mais il y avait toujours l'espoir qu'elle pourrait en faire un *mentsch* (un homme convenable) ; quoique plus d'un de ces jeunes encalottés espérait plutôt qu'elle retrouverait la raison et laisserait tomber le parachutiste. Elle avait eu des histoires platoniques avec plusieurs d'entre eux, mais aucune n'avait duré.

« Dois-tu partir si vite ? » Faiga, radieuse, tout excitée par ses fiançailles, embrassa Shayna sur le pas de la porte, à contrecœur.

« J'aimerais ne pas y aller du tout. Tu le sais bien. » Faiga était sa confidente, et Shayna lui avait parlé du rendez-vous à Tel-Aviv.

Sa cousine la prit à part et lui chuchota, les yeux brillants : « Et Paris, Shayna ? Tu vas vraiment y aller ? »

Avec un grand soupir qui n'engageait à rien, la jeune fille sortit. Il fallait en plus qu'il pleuve et qu'il vente, pensa-t-elle en se battant contre un parapluie pris de folie, tandis qu'elle courait vers le *sherut*, le taxi collectif pour Tel-Aviv. Elle regrettait que sa mère ait parlé de l'anniversaire de Yossi devant Bloom. Ce n'était pas pour son frère, qu'il donnait une fête. C'était un prétexte pour inviter des gros bonnets à son hôtel, et ils y venaient parce que Sheva Leavis était présenté par la presse en hébreu comme un Israélien qui avait fait fortune dans le vaste monde, sujet idéal pour les éditions du week-end, et habituellement Lee Bloom était décrit comme le jeune et brillant associé de Leavis qui avait combattu à Latroun. Ces articles n'évitaient pas complètement le statut délicat de Bloom, qui était peut-être un déserteur, car les journalistes israéliens étaient passés maîtres dans l'art de l'allusion, et ils effleuraient le sujet.

Le bas de sa robe taché de boue, puisqu'il dépassait de son manteau, elle grimpa dans le *sherut* bondé, atterrit sur un strapontin en face d'un hassidim à barbe et chapeau noirs, très contrarié des efforts qu'il dut faire pour ne pas que leurs genoux se touchent. Shayna, de tout cœur avec lui, fit de son mieux pour coopérer, mais comme le véhicule penchait et sautait follement en fonçant sur la descente menant à Tel-Aviv, le hassidim dut endurer quelques contacts répugnants à travers la robe et le manteau de la jeune fille. Non que Shayna fût elle-même répugnante; si le hassidim s'était permis de remarquer ce genre de choses, il aurait admis qu'elle avait un beau visage et de magnifiques yeux noirs. Il aurait alors pu remarquer aussi la lueur anxieuse de son regard. En fait, Shayna avait presque l'impression de marcher à la potence, car elle allait devoir dire à Don Quichotte qu'elle n'irait pas à Paris avec lui. D'habitude, elle en faisait ce qu'elle voulait, de son bouffon parachutiste, mais elle l'avait déjà vu en colère et très dur avec d'autres – jamais avec elle – et cette facette de son caractère l'intimidait.

Don Quichotte n'était revenu en fanfare dans son existence que l'an passé, alors qu'elle l'avait quasiment oublié. Il avait tellement changé, sauf pour sa façon de repousser ses lunettes sur son nez, qu'elle aurait pu ne pas le reconnaître. La synagogue du voisinage, après le jeûne de Yom Kippour, offrait des repas aux *hayalim bodedim* – soldats esseulés, loin de chez eux ou sans famille, volontaires étrangers. Les femmes et les filles faisaient le service. Et il était là, avec le soldat qui l'avait fait venir : grand, musclé, bronzé, droit et solennel comme jadis. Quand elle lui chuchota d'un ton hésitant : « Serait-ce Quichotte ? » il l'avait regardée d'un air perplexe, avait remonté ses lunettes et lui avait fait son fameux sourire farceur. Elle avait grandi de plus d'une tête, depuis l'époque du siège, et acquis un corps de femme, mais, sans en tenir compte, il lui avait répondu tout de go : « Comme tu vois, faisant un métier de goy. » Et ce n'était pas allé plus loin. Il avait demandé une fois des nouvelles de sa famille, avait confirmé qu'effectivement le Lee Bloom des journaux était son frère Léopold, mais il n'y avait pas eu d'étincelle.

Elle avait jailli des mois plus tard, à l'université, où l'armée l'avait envoyé faire un discours pour recruter des soldats. Tous les garçons et les filles valides étaient soumis à la conscription, sauf exemptions religieuses ou autres, mais l'armée voulait que les meilleurs s'engagent et fassent carrière. Les parachutistes devenaient une infanterie d'élite, presque à l'égal des pilotes de chasse, car leurs raids de représailles nocturnes détruisaient des bases de fedayin en Jordanie et dans le Sinaï, diminuaient l'activité terroriste et faisaient beaucoup pour améliorer le moral de la nation.

Quichotte avait décrit de façon frappante et avec beaucoup d'humour son service dans la légendaire Unité 101, créée par Moshe Dayan pour accélérer la politique de représailles et dirigée par Ariel Sharon. Les parachutistes avaient absorbé cette 101, et avec elle, selon lui, une bonne partie de l'esprit du célèbre Palmakh. Il ne minimisa pas les risques et les lourdes pertes subies lors de ces raids. Quand il avait parlé des sièges vides dans les cars, en revenant de mission, de ses amis qui étaient morts, sa voix s'était enrouée, et ses jeunes spectateurs avaient gardé un profond silence. Après les applaudissements prolongés, elle était allée le féliciter. « Oh, encore toi ? Bon. Ramène-moi chez toi. Je voudrais voir le vieux Reb Shmuel. » Mais ses yeux avaient dit à Shayna que cette fois elle lui avait tapé dans l'œil, de même qu'il l'avait fascinée avec sa présence martiale et son langage imagé.

Elle ne regrettait pas vraiment que son père ait tapé du poing et interdit Paris, même si elle avait horreur d'avoir à le dire à Quichotte. Shayna n'était jamais sortie de la Terre sainte, et le « Gay Paris » était un grand saut dans l'inconnu, qui lui faisait peur. Comment s'habillerait-elle ? Qu'est-ce qu'elle mangerait ? Comment ferait-elle avec Quichotte ? On murmurait dans sa bande, et les murmures avaient filtré jusqu'à elle, que dès qu'elle avait mis un jean, elle avait glissé sur la mauvaise pente, et qu'ensuite n'importe quoi pouvait lui arriver ; or un *hevrehman* (malin) comme ce parachutiste était sûrement de mauvais augure. Shayna avait déjà trop entendu parler des escapades amoureuses de Don Quichotte, d'une fameuse chambre qu'il avait louée avec d'autres chefs de peloton dans une petite ruelle tortueuse au centre de Tel-Aviv.

Pourtant, ce genre de bavardages glissent sur une fille amoureuse comme les gouttes d'eau sur un canard. En plus, ses parents aimaient bien Yossi, qui avait gardé assez de religion pour se conduire convenablement en leur présence, et Reb Shmuel s'en était entiché parce qu'il écoutait et appréciait ses commentaires sur la Torah. Shayna envisageait encore à peine d'épouser un jour quelqu'un faisant un « métier de goy », mais maintenant elle savait que la vie ou la mort d'Israël tenait à ses soldats. La vérité vraie, c'était qu'elle adorait Don Quichotte avec son béret rouge et ses grosses bottes rouges, qu'elle ne voyait ni ne pensait rien au-delà de cet amour touchant à la déraison.

Paris, maintenant que son père avait parlé, c'était fini. Shayna ne se sentait pas trop déçue ou privée, elle était inquiète. En un sens, la jeune fille s'était sortie d'un piège. Ce n'était pas une innocente. Elle avait lu avec avidité des auteurs tels que Balzac, Zola, Lawrence ou Joyce, ainsi que Boccace, Hemingway, Colette, et beaucoup d'autres de moindre envergure. Sa nature passionnée était contenue par sa foi et son éducation. Certains soirs, elle ne pouvait pas dormir en pensant à Don Quichotte, en se demandant quelles diableries l'attendaient dans cette chambre de la rue Karl-Netter tandis que la religieuse qu'il aimait était couchée seule, les yeux grands ouverts, dans un petit lit étroit. Supposons qu'ils se retrouvent seuls dans le « Gay Paris » ? Est-ce qu'elle resterait sage ? Oh, comme elle saurait l'étonner, ce Quichotte libertin, si seulement elle s'y mettait ! Son esprit était hanté par les images scandaleuses de ce qui aurait pu se passer à Paris, et dont elle n'aurait pu parler à personne, pas même à Faiga.

Heureusement, le jour où ils avaient prévu de partir, elle avait ses examens. C'était vrai, et c'était ce qu'elle allait dire à Yossi. Shayna avait demandé si elle pouvait les passer plus tard, et en tant qu'excellente élève, exceptionnellement, on le lui avait permis. Cela, elle ne le lui dirait pas. Une fille a droit à ses petits mensonges, et parfois elle en a grand besoin.

« Il n'y a probablement rien que tu veuilles manger », dit Quichotte en se taillant un chemin dans le vacarme et la fumée de la fête pour venir embrasser Shayna avant qu'elle n'ait enlevé son manteau ou posé son parapluie. Il montra d'un geste le buffet : au milieu des viandes et des salades, un saladier glacé était rempli de grosses crevettes roses qui ressemblaient à des pouces coupés. « J'ai dit à Léopold : pas de *shratzim* (fruits de mer), puisque tu venais. Il dit qu'il l'a dit à l'hôtel, mais...

– Regarde ça, tu veux ? » le coupa Shayna. Benny Luria, en uniforme de l'aviation, avec sa femme enceinte au dernier degré et sa sœur Yael, se servaient de pleines assiettes de fruits de mer. « Ce n'est pas leur troisième qui est en train ? »

Quichotte eut un sourire moqueur. « Oui. Ces moshavniks ne perdent pas de temps. Pas plus que Léopold. Il a acheté nos billets pour Paris ! Qu'en penses-tu ? Par El Al, départ dimanche matin, retour jeudi. Pas de problème pour *shabbat*, tout est parfait, non ? »

Craintive, elle ne dit rien. Rouge et joyeux, leur hôte vint prendre son frère par le bras. « Devine un peu, l'ambassadeur américain est venu avec le directeur d'El Al! Shayna, viens rencontrer l'ambassadeur.

– Dans une minute, Léopold », répondit-elle, car Benny lui souriait et lui faisait signe de venir en brandissant une crevette au bout de sa fourchette. « Benny, sais-tu que je ne connais pas ta femme?

– Ma faute, je ne sors presque jamais de Nahalal, dit l'épouse. Je m'appelle Irit. » Les mains croisées sur son énorme ventre, elle avait l'aspect agréable des filles du *moshav* qui vivent au grand air.

Shayna et Yael échangèrent des sourires sans chaleur. « Donc, il pleut à Jérusalem, dit Yael.

– Ça n'arrête pas depuis une semaine.

– C'est bien que tu puisses t'échapper de l'université pour la fête de Yossi.

– La fête de Yossi », fit Shayna en écho, avec un regard ironique à la ronde, montrant qu'elle n'était pas dupe.

Benny se mit à rire. « Ce frère de Quichotte, c'est quelqu'un.

– Il fait des affaires avec l'armée, c'est tout, dit Yael d'un ton bref. Les affaires de Sheva Leavis.

– J'ai passé une heure avec lui, cet après-midi », ajouta Benny. Pilote de Mustang, il allait passer aux chasseurs à réaction, et c'était un sabra rigide entre tous, très ambitieux. « Incroyable, ce que peut nous fournir Leavis. Pour l'aviation, ces types sont une bénédiction. Et on en fait grand cas; plein de stars de l'armée, ici.

– Oh, qui ne viendrait pas boire et manger à l'œil, dans cette ville, Benny? Qu'est-ce qu'il y a d'autre à faire? » lança Yael d'une voix sèche. De mauvaise humeur, elle partit à grand pas vers le bar prendre un verre de cognac. Pasternak était venu avec son épouse, ce qui était prévu, mais extrêmement désagréable. Cette femme était rentrée à Londres avec leurs deux enfants quand Dayan était devenu chef des armées et avait choisi Sam pour aide de camp. Leur fils Amos, d'un commun accord, revenait faire ses études en Israël, et elle l'avait accompagné, sans doute parce que la carrière de son mari commençait à décoller. Leur mariage ne tenait plus qu'à cause des enfants. Du moins, c'était ce que répétait Pasternak. Pourtant cette femelle pernicieuse venait encore d'avoir un bébé! Des choses qui arrivent, avait dit Pasternak, plutôt penaud.

Pour Yael, qui berçait son cognac et son humeur noire au bar, le monde ne semblait fait pour l'instant que de bébés, d'épouses et de filles en fleur n'ayant pas vingt ans, comme cette petite religieuse de Jérusalem qui avait harponné Don Quichotte. Non qu'elle lui enviait sa conquête. En tant qu'officier parachutiste, on le disait féroce, ignorant la peur, voire un peu cinglé, mais les immigrants montaient rarement en grade, au contraire des sabras; à moins, comme Pasternak et Barak, qu'ils fussent venus très tôt en Palestine, dans leur enfance.

Deux officiers sabras des plus brillants, un kibboutznik et un de Jérusalem, avaient fait la cour à Yael à l'époque où elle batifolait avec Sam; à force d'hésiter entre eux pendant deux ans, elle avait perdu l'un et l'autre. Maintenant ils montaient dans la carrière, comme son propre frère, lui-même marié et faisant des bébés, tandis qu'elle restait l'assistante de Pasternak et sa maîtresse. Mais elle connaissait la passion que Sam avait pour elle, elle savait tout sur Ruth Pasternak, et Yael pensait – et prévoyait – qu'un jour, malgré les trois enfants, elle lui passerait la corde au cou. En attendant, Ruth portait une robe de couturier new-yorkais, toute mince, hélas, malgré son troisième enfant, encore une petite fille.

« Quelle triste mine, Yael, dit Zev en venant demander du soda à l'orange au bar.

– C'est une triste soirée.

– D'accord. »

Il repartit avec son soda et elle resta le dos au mur. Zev, sachant trop bien ce qui se passait, ne prenait aucune part aux discussions répétitives en hébreu et en anglais sur la crise de Suez. Sur l'Opération KADESH, il avait des doutes qui le taraudaient, et aussi sur Lee Bloom. Il savait, parce que Sam le lui avait dit, que Tsahal n'avait plus rien contre Bloom, mais ignorait pourquoi, n'ayant rien demandé. Dans son esprit, Bloom était toujours Léopold Blumenthal, le déserteur désinvolte vu à l'aéroport de Los Angeles. *L'or purifie les salauds*, dit le proverbe, et pour Barak c'était le thème de cette soirée. Ridicule de prétendre qu'il s'agissait de l'anniversaire d'un bon parachutiste.

« Viens donc, Zev. » Ruthie Pasternak s'approcha de lui, enveloppée d'un parfum coûteux. « Pourquoi es-tu tellement snob? » Elle glissa son bras sous le sien. « Lee Bloom va porter un toast en l'honneur de son frère.

– Je peux l'entendre d'ici. » Mais Barak se laissa emmener vers le cercle qui se formait à l'autre bout de la pièce.

« Où est Nakhama?

– Elle ne va pas bien, tu sais, Ruthie. Et elle a horreur de se séparer du bébé.

– Oh, moi aussi! Sam m'a forcée à sortir! »

Il ne fit pas de commentaire. Circuler de fête en fête était le grand plaisir de Ruthie, comme chacun savait. Sa liaison avec l'ambassadeur d'un petit pays étranger était presque aussi publique que celle de

Sam avec Yael. Dans la petite cocotte-minute qu'était la bonne société d'Israël, une aventure ne pouvait pas rester longtemps secrète. Il n'y avait nulle part où aller, et tout le monde potinait sur tout le monde. Ainsi donc, par simple courtoisie, les « amitiés » entre hommes et femmes souvent mariés à d'autres étaient plus ou moins acceptées, et c'était même un des sujets de conversation préférés, avec la guerre, la politique et la hausse des prix. Ruthie Pasternak, comme son mari, avait eu deux ou trois de ces amitiés, mais aucune n'avait pris l'importance de la passion de Sam pour Yael.

Quand Ruthie et Barak se mêlèrent au groupe qui l'entourait, Lee Bloom avait déjà commencé à dire, en style allègre et fleuri, à quel point il était fier de son frère, et Barak se sentit gêné. Ce type ne savait donc pas qu'il allait trop loin? Mais le discours obtint des *« L'hayim! »* et quelques applaudissements. Quichotte leva les deux bras pour les faire taire et répondit.

« Je dois remercier deux personnes, dit-il en anglais, parce que l'ambassadeur américain était tout près. Avant tout mon frère Léopold, je veux dire Lee, bien sûr – il y eut quelques rires – pour cette belle fête, et encore plus pour mon cadeau d'anniversaire, un aller et retour pour Paris en première classe, pour moi et mon amie. » Il prit Shayna par les épaules. Sous les regards curieux qui se posaient sur elle, et les commentaires excités, elle fit de son mieux pour ne pas avoir l'air consterné. « Ensuite, le commandant de ma compagnie, Ari Cohen, qui est allé voir mon commandant de bataillon puis mon commandant de brigade pour m'obtenir une permission de quatre jours. Merci, Ari! »

Il désigna un officier solidement bâti qui répondit en hébreu avec une voix de basse. « Sois prêt à revenir d'une heure à l'autre, ou ce sera pour mon cul. » Les militaires présents éclatèrent d'un gros rire.

« Eh bien, dit le directeur d'El Al à Shayna, tout près d'elle, la compagnie va vous traiter comme des rois. Je vous le promets.

– Mais je ne pars pas », s'écria la jeune fille.

Yossi, comique dans sa stupéfaction, remonta ses lunettes sur son nez. « Tu *QUOI*?

– J'ai un examen. Je ne peux pas y couper.

– Un examen? Tu es folle? »

Regrettant déjà sa sortie naïve devant tous ces spectateurs, elle le mitrailla très vite en hébreu. « Je t'en prie, je t'en prie, laisse tomber pour l'instant, tu veux? On en parlera plus tard. Je suis franchement désolée, mais je ne peux vraiment pas.

– Du diable que tu ne peux pas, marmonna-t-il, furieux. Dis-leur que c'était une blague. Tout de suite! »

A mi-voix. *« Je ne peux pas, je ne peux pas, Yossi. »*
De même. *« Tu te rends compte de ce que tu fais? »*
« Traduisez, s'il vous plaît », cria l'ambassadeur, et tout le monde se mit à rire.
« Inutile », dit Yossi sans sourire. Il se tourna vers son frère. « Bon, je suppose que tu n'as qu'à rendre les billets. »
Le type d'El Al essaya de plaisanter. « Et voilà que s'envolent nos bénéfices de l'année. »
D'autres rires.
Lee savait ce que signifiait la mâchoire serrée de son frère. Attention, danger! « Écoute, Yossi, elle a un examen. C'est comme ça, et elle a tout à fait raison. Viens quand même.
– Quoi, le Gay Paris sans être avec une fille? Non merci! »
Une voix douce s'éleva. « Je suis volontaire. » Yael Luria s'avança vers eux avec un petit sourire modeste. « Si je conviens, bien sûr. »
Quichotte la scruta à travers ses lunettes et eut un sourire forcé. « Bon, Yael, on en parlera plus tard tous les deux. »
« Traduisez, je vous prie. » L'ambassadeur les fit rire une deuxième fois, et cette fois Yael traduisit d'une voix timide.
« Eh bien, mais c'est une happy end », conclut l'ambassadeur, ce qui mit fin à cette scène sans que nul ne sache, encore moins Shayna, quelles étaient vraiment les intentions de Yael ou de Quichotte.

Le cadran lumineux du réveil de Yael marquait deux heures et demie quand elle fut réveillée par le téléphone. Aussitôt, étant donné son poste auprès de Pasternak, elle pensa que c'était la mobilisation. Mais ce n'était que Don Quichotte, la voix brusque et fatiguée. « Yael? Désolé de te réveiller. Tu parlais sérieusement?
– A quel sujet? Oh, Paris? Oh, pas vraiment. C'était une plaisanterie. » Elle bâilla. « A moitié sérieusement, peut-être. Pourquoi? Elle peut sûrement faire ajourner son examen! Elle serait folle de ne pas y aller.
– Bon, nous venons d'avoir une petite discussion à ce sujet, justement. Une dispute de cinq heures, avec larmes et cheveux arrachés, tout le cirque. Vol El Al 43, dimanche matin à sept heures trente. Tu viendras?
– Écoute, ça ne peut pas attendre demain matin? » Yael sentait son esprit se remettre en marche. El Al, première classe, Paris! Donner à Sam un os à ronger, qu'il s'en étouffe! Yossi n'était pas quelqu'un qu'on puisse prendre au sérieux, mais il était drôle, à sa façon loufoque.
« Viens donc, veux-tu? Est-ce que Pasternak te laissera partir? »

C'était juste l'endroit sensible qu'il fallait toucher. Yael, du coup, était bien réveillée. « J'imagine qu'il fait froid, à Paris ?

– Pas plus qu'à Jérusalem, d'après Lee.

– Bon, je ne sais pas. Rappelle-moi au bureau dans la matinée. Je ne suis jamais allée à Paris. Rome, Athènes, pas Paris. Suppose que Shayna change d'avis ?

– Plus dans le paysage. Je t'appelle à neuf heures. »

Yael resta les yeux ouverts, pensa à ses vêtements, à la façon de manœuvrer Sam, au Paris des livres et des films, et finit par se rendormir. Elle avait les nerfs solides, n'avait pas tendance à s'inquiéter ou à s'exciter sans raison. Après avoir fait le tour de la question, elle décida qu'elle pouvait aussi bien y aller.

Pourtant, il y avait un facteur dont elle n'avait pas tenu compte. David Ben Gourion devait faire un saut à Paris, en grand secret, et Pasternak faisait partie de son entourage. Yael connaissait son programme par cœur, mais ignorait ce détail.

Nakhama savait seulement que Zev partait en voyage, parce qu'elle avait dû retrouver son passeport inutilisé depuis son passage dans une école de guerre française, à Saint-Cyr. Que ce fût sérieux, elle s'en rendit compte à son air absent lorsqu'ils rendirent visite à la maîtresse de Noah. Le garçon travaillait bien, leur dit cette femme, mais il adorait faire des farces : apporter des grenouilles en classe, par exemple, et les cacher dans les pupitres des filles. « Zev, il faut que tu le grondes, dit-elle quand ils rentrèrent en voiture.

– Espérons qu'il ne fera jamais rien de pire. »

Dans leur appartement, Michael travaillait à ses articles sur la table de la salle à manger tout en buvant du thé. Le frère de Zev avait maintenant un poste d'enseignant à l'université hébraïque qui le passionnait, et vivait chez eux tout en cherchant un logement. Michael avait laissé pousser ses cheveux, qui lui faisaient une grosse boule broussailleuse, et il ressemblait plus au violoniste qu'il avait voulu être qu'au mathématicien qu'il était devenu. Il écarta ses cannes et servit une tasse de thé à Zev. « Nakhama me dit que tu t'en vas ?

– Oh, c'est possible. A propos, tu as causé un tas de problèmes à la fille Matisdorf ?

– Moi ? Comment ça ? Elle est première de sa classe.

– Des ennuis avec son petit ami. » Quand Zev se mit à boire son thé et à raconter l'incident de la fête d'anniversaire, Michael parut de plus en plus perplexe.

« Mais elle a demandé à passer l'examen quelques jours plus tard, et j'ai accepté.

– C'est vrai?

– Pourquoi pas? Chaque fois qu'elle s'y met, elle me torche ça en une heure. Je ne savais pas qu'elle voulait aller à Paris. Première nouvelle.

– Eh bien, il emmène une autre fille, ou du moins j'en ai l'impression, et c'est un beau gâchis.

– Il s'agit du grand parachutiste que j'ai vu avec elle? Celui qui a des lunettes, qu'on appelle Don Quichotte?

– C'est lui.

– Il vaut mieux qu'elle n'aille pas à Paris avec ce type-là.

– Je le connais bien. Je crois que tu as tort. En tout cas, elle a dit que c'était la faute de ton examen.

– Okay pour moi. C'est une gentille fille réservée, très religieuse. Elle ira loin, comme ingénieur, si elle continue comme ça. Je crois qu'elle devrait devenir mathématicienne, mais ce qui est sûr, c'est qu'elle n'a pas besoin qu'un parachutiste vienne lui compliquer la vie. Bon débarras.

– Je n'ai pas dit qu'ils avaient rompu. C'est une grande histoire d'amour. » Zev sourit à son frère. « Et ta vie amoureuse? Il y a de l'espoir? »

Michael rajusta sa petite calotte tricotée, posée en équilibre instable sur son épaisse chevelure. « Cela ne va pas marcher. » Zev ne put s'empêcher de jeter un coup d'œil aux cannes. « Rien à voir avec ça. Lena est merveilleuse, avec mon problème. Ce qu'il y a, c'est que profondément, véritablement, elle ne croit pas en Dieu, Zev. Elle ne veut rien avoir à faire avec le Yiddishkeit. Née et élevée dans un kibboutz du Mapam. Adore la musique. Elle obtiendra sa maîtrise de littérature russe sans problème. » Michael leva les bras. « Mais elle est inflexible. Elle n'est pas en colère contre Dieu, ni rebelle, ni rien. Elle croit simplement que c'est un tas d'absurdités. Un culte primitif. Elle se sent totalement juive sans avoir besoin de ça. Nous en avons discuté pendant des semaines. Nous sommes de chaque côté d'une ligne impossible à traverser.

– J'aime bien Lena. Dommage.

– Moi, je l'aime, dit Michael d'un ton lugubre. C'était tellement génial, au début, et il n'y a pas tant de femmes qui soient attirées par moi.

– Tu en séduiras une qui supportera Dieu. Ou disons que Dieu t'en enverra une.

– Tout ce que je demande à Dieu, c'est de s'occuper de Lena.

– Ne fais pas ça. S'il est d'humeur à faire des miracles, Israël en a besoin avant toi. »

Nakhama s'affairait dans la cuisine, et d'après le bruit qui en sortait, elle n'était pas d'excellente humeur. Il alla la retrouver, la désarma en lui ôtant deux poêles des mains, et la serra dans ses bras. Elle commença par ne pas réagir, puis se laissa aller malgré elle.

« Ce ne sera pas long, *hamoodah* (chérie). Sûrement pas. Il faut que je rejoigne ma brigade.

– Oh ? Ravie de l'apprendre. L'armée, c'est déjà dur. Ces voyages-mystère, je peux te le dire, je m'en passerais. »

Barak n'était jamais monté dans un avion comme celui qui vibrait au cœur de la nuit. Le Président Truman en avait fait cadeau à de Gaulle, disait-on, après la guerre, en l'honneur de la victoire, et maintenant que de Gaulle, à la retraite, boudait en écrivant ses Mémoires, il appartenait au gouvernement français. On l'avait aménagé pour les voyages ministériels avec des lits, une petite cuisine, une zone de réunion où les Israéliens se reposaient tandis que leurs hôtes français s'attardaient à table devant une bouteille de vin.

« En tout cas, avait dit Dayan à Barak quand ils étaient montés à bord, ça ne sent pas le cheval. Nous faisons quelques progrès. » Pasternak, Dayan et les autres s'étaient endormis. Ben Gourion lisait un gros livre sous un cône de lumière, et Barak griffonnait rapidement en hébreu sur un calepin.

21 octobre 1956

RÉUNION DE PARIS – ANALYSE

(Pour mettre mes idées en ordre à propos de ce grotesque « scénario » sur Suez, comme disent les Anglais, au cas où Ben Gourion se tourne vers moi et demande mon opinion.)

A. La proposition anglo-française

1. Israël envahit le Sinaï et menace le canal de Suez.

2. On tient pour établi que Nasser mobilise son armée pour défendre le canal.

3. Les Anglais et les Français adressent un ultimatum « aux deux parties » pour qu'elles retirent leurs forces de la zone du canal. On tient pour établi que Nasser refusera. En suite de quoi ils envoient des troupes dans la zone du canal pour « rétablir la paix ».

4. Une fois sur place, elles marchent sur Le Caire et se débarrassent de Nasser.

Réduit à l'essentiel, il s'agit de ça.

B. Le colonel Nasser

Un nationaliste révolutionnaire flamboyant. Ce que les Américains appellent un *« tinhorn »* – c'est-à-dire un bluffeur qui fait du bruit – pourtant, pour nous, c'est une vraie menace. Il ne peut pas détruire la

France ou l'Angleterre, mais dans son livre grandiloquent, *La Philosophie de la Révolution,* il proclame qu'il va réunir les Arabes en une seule nation, venger leur défaite de 1948, et liquider « l'entité sioniste » une fois pour toutes, dès que...

« Zev ! Viens ici. » Une heure du matin, et le Vieux l'appelait avec un grand sourire, parfaitement réveillé. « Regarde ce qu'a écrit ce type. »

Barak mit son calepin de côté. Le livre de Ben Gourion était une édition victorienne avec un texte dense sur deux colonnes, en petits caractères ; en regardant par-dessus son épaule il distinguait à peine les mots soulignés par l'index boudiné. « Charm el-Cheik, ce n'est pas l'objectif de ta brigade, si je lance l'Opération KADESH ?

– Oui, Premier ministre.

– Eh bien, regarde ça. *Yotvat!* C'est le nom biblique pour la grande île du détroit de Tiran, et il dit que c'était une colonie juive ! Voilà jusqu'où remonte, dans l'histoire, notre présence à Charm el-Cheik. C'est de Procope, écrivant au début de l'ère byzantine, vers l'an 500 – il y a presque quinze cents ans. Un siècle avant la naissance de Mahomet ! Autant pour les prétentions arabes, comme quoi c'est à eux depuis toujours. »

La grosse tête chauve se repencha sur son livre, et Barak revint à son siège. C'était bien le genre de Ben Gourion, de lire un livre d'histoire ancienne en se rendant à une réunion qui pouvait façonner l'histoire moderne, et peut-être mener à la troisième guerre mondiale. Pour Barak, le résultat de cette démonstration de force hasardeuse était absolument imprévisible. Au mieux, cela s'annonçait mal.

Il reprit son calepin, continua ses griffonnages pendant plus d'une heure et essaya de dormir ; n'y arrivant pas, il montra à Sam toutes ses notes. Son ami les lut soigneusement, jusqu'à la dernière page, grimaçant un sourire de temps en temps, et les lui rendit sans un mot. Zev attendit. Quand Sam bâilla et ferma les yeux, il n'y tint plus. « Alors ?

– Alors quoi ? Une perte de temps. Il a déjà décidé de le faire, sans quoi nous ne serions pas dans cet avion. Le reste, c'est du marchandage. »

14

Les Folies Bergère

Dans le vestiaire des dames des Folies Bergère, plein de monde, devant un grand miroir, au milieu de la fumée des cigarettes et d'un babillage frénétique en français, Yael et Isobel Connors se remaquillaient côte à côte pendant l'entracte. L'amie de Lee Bloom était une rousse élégante qui faisait une demi-tête de plus que Yael, avec un visage idéal pour Hollywood – pommettes saillantes, joues creuses, yeux très écartés, bouche légèrement boudeuse. Yael lui donnait plus de trente ans et la trouvait un peu usée par le milieu du cinéma; elle n'avait jamais entendu parler de cette actrice, mais elle croyait Lee quand il affirmait qu'elle avait eu de grands rôles et qu'elle avait été une fois nominée pour un Oscar. De sorte qu'elle était suffisamment impressionnée, et contente, finalement, d'avoir accompagné Quichotte à Paris, surtout pour faire enrager Pasternak.

Pendant le vol, interminable et inconfortable, Quichotte avait dormi la plupart du temps et Yael, morose, avait commencé à regretter son caprice. Sam avait grondé méchamment, ce qui l'avait satisfaite. Pourtant, au fond, elle avait peur de lui, et craignait avant tout de le perdre. Don Quichotte ne pourrait pas le remplacer : il était plus jeune qu'elle, sans grand avenir, et en plus il aimait cette petite prude de Jérusalem. Yael ne prenait pas grand plaisir au spectacle; elle était terriblement fatiguée, et Quichotte lui-même n'avait pas arrêté de bâiller, malgré les cabrioles des danseuses nues. Il n'avait pas l'air très amusant, pensa-t-elle, mais peut-être que Paris lui plairait. Les Champs-Élysées étaient éblouissants, baignés de lumière, et les polissonneries des Folies Bergère seraient une bonne histoire à raconter à son retour, ainsi qu'Isobel Connors.

« Ça te plaît, les Folies, pour l'instant? » L'actrice, dans le miroir, regarda Yael. Elle avait une voix rauque, presque enrouée – une des nombreuses copies de Marlène Dietrich qui hantait l'industrie du spectacle.

« Oh, les costumes et les décors sont incroyables. Quelle extravagance ! J'imagine que les hommes ont plaisir à voir ces filles nues se courir après. Je n'ai peut-être pas bien suivi les blagues, avec tout cet argot, mais elles sont plutôt salées, non ? »

Un sourire salace retroussa les lèvres d'Isobel. « Lesquelles, ma chère ?

– Par exemple, la scène chez le tailleur. Celui qui répare la braguette du comédien. Ces trucs-là. Le public hurlait de rire, et d'après moi, c'était vraiment cochon.

– Tu as tout pigé. » L'actrice éclata d'un rire sorti de *L'Ange bleu*. « Dis-moi, il est mignon, le frère de Lee, mais il n'arrête pas de s'endormir.

– On a été secoués dans l'avion, et l'armée le fait travailler dur. Il est parachutiste.

– Lee me l'a dit. Je trouve ça fantastique. Prête ? Retournons voir les garçons. » Dans le hall où déambulaient les spectateurs, elle jeta un coup d'œil en biais à Yael. « Tu es soldate, toi aussi, n'est-ce pas ?

– Je suis dans l'armée, oui.

– Je t'envie. » La voix à la Dietrich se mit à vibrer. « Ces militaires israéliens sont de sacrés mecs, non ?

– Quelques-uns.

– Connais-tu par hasard un type qui s'appelle Sam Pasternak ? »

Yael réussit tout juste à ne pas sauter en l'air. « Sam Pasternak ? Oui, pourquoi ?

– Je l'ai rencontré il y a plusieurs années à Beverly Hills. Il réunissait des fonds ou je ne sais quoi. Une sale brute. Petit, costaud, de drôles d'yeux. Mais charmant ! Ouh-là. Il est général, maintenant ? Il était parti pour aller loin. »

Yael crut d'abord qu'on se moquait d'elle, mais visiblement, l'actrice ne faisait que potiner. « Je crois qu'il est colonel. Nous n'avons pas beaucoup de généraux.

– Voilà les gars. » Isobel s'enfonça dans la foule en agitant la main.

A la sortie du spectacle, la nuit était brumeuse, et une petite pluie froide renforçait la magie des lumières. Alors que leur limousine s'enfonçait lentement dans la circulation pour gagner la Tour d'Argent, Paris tout entier paraissait blanc et lumineux.

« N'est-ce pas le restaurant le plus cher de Paris ? demanda naïvement Yael à Léopold.

– C'est le meilleur.

– Je prendrais bien un café, dit Quichotte, assis à côté du chauffeur.

– Oui, au moins trois litres », lança sèchement Yael. Quichotte s'était endormi pendant le finale spectaculaire sur le thème de Messaline : une orgie dans des thermes romains, des troupes de jeunes gens et de jeunes filles déshabillés gambadant dans une vraie piscine et simulant longuement l'acte d'amour au son du *Prélude pour l'après-midi d'un faune,* de Debussy.

Isobel Connors se mit à glousser. « J'imagine que l'histoire romaine l'ennuie.

– Je vais vous dire ce que c'est, les Folies Bergère, dit Quichotte. Une fille nue, ça peut être ce qu'il y a de mieux au monde. Vingt filles nues, c'est comme des gros poulets déplumés.

– Oh, Yossi, mais tu es un philosophe », s'écria Isobel.

Derrière une cordelière rouge, attendant que le maître d'hôtel de la Tour d'Argent vienne les placer, il y avait déjà plusieurs couples très chic, l'air important et impatient. A l'extérieur, par-dessus les têtes des clients et à travers d'immenses fenêtres, Yael apercevait Notre-Dame, illuminée, qui surgissait du brouillard. Quelle ville ! Quel restaurant ! Et quel homme du monde, ce Lee, dans son costume sombre bien coupé, ses gros boutons de manchette en or – un Américain tout aussi élégant que les Français qui l'entouraient ! Par contraste, Don Quichotte était décidément un vrai lourdaud sans aucune allure, même s'il avait l'air de ne pas s'en rendre compte et d'être à son aise, dans un méchant costume gris complètement froissé par le voyage en avion et la chemise d'un bleu passé qu'il avait gardée, avec ses longs poignets qui pendaient, sans même de manchettes, puisque c'était une chemise à manches courtes. Il avait belle apparence, dans son uniforme de parachutiste, même s'il gardait toujours quelque chose de clownesque, mais en civil, avec ses vêtements israéliens, personne ne l'aurait pris pour un vrai client de la Tour d'Argent. Le maître d'hôtel, les yeux mi-clos, l'inspecta de haut en bas avant de les conduire à une table près d'une fenêtre, où ils avaient la vue grandiose des arcboutants et des tours illuminées de la cathédrale, nimbés d'un brouillard étincelant.

« Oh-ah, comment se fait-il qu'on ait droit à cette table ? s'exclama Yael.

– Grâce à Sheva Leavis, dit Lee, en frottant le pouce et l'index. Ce maître d'hôtel a des raisons de s'en souvenir.

– Il y a un type encore plus mal habillé que moi, dit Quichotte en indiquant de la tête une autre table, près d'une fenêtre, où un homme corpulent aux longs cheveux emmêlés, vêtu d'un costume fripé en serge bleue et luisante, était accompagné d'une très belle femme.

« Peut-être que ce serveur n'est pas si snob, comme je l'avais cru à sa façon de me regarder.

– C'est Diego Rivera, dit Isobel Connors, et elle c'est Paulette Goddard.

– Celle qui était la maîtresse de Charlie Chaplin? dit Yael, fière de connaître les rumeurs scandaleuses.

– Lui parmi d'autres, répondit l'actrice. Elle a eu plus d'hommes que Messaline.

– Puis-je commencer par un café? » demanda Quichotte.

Le serveur leur apporta des menus manuscrits, et Yael savait assez bien le français pour comprendre la commande passée d'une voix suave par Lee. Il finit par demander du café « tout suite » pour Yossi, sur quoi le serveur hésita en clignant des yeux, incrédule, comme si on lui avait commandé un chat rôti, avant de s'incliner et de disparaître. Après une longue attente, on leur servit un délicieux poisson grillé, garni de morilles, puis de minuscules fraises, exquises, le tout sans pain et sans café. Le vin jaune pâle était le meilleur que Yael eût jamais bu de sa vie, et après en avoir bu plusieurs verres elle se sentit mieux disposée envers le pauvre Quichotte qui oscillait sur sa chaise. Il ne mangea ni ne but presque rien jusqu'à l'arrivée du pain et du beurre, qu'il dévora presque entièrement pendant que les autres regardaient Diego Rivera et Paulette Goddard se disputer en espagnol.

« Voilà du bon pain, dit-il. J'aime bien ce restaurant, mais le café ne vient pas vite.

– Écoute, lui dit son frère quand Yael et l'actrice passèrent au salon, pendant que Quichotte buvait une minuscule demi-tasse de café, je suis désolé pour l'hôtel, et qu'ils vous aient mis à des étages séparés. Je ne m'étais pas rendu compte que Paris était bondé à cause du Salon de l'auto. On a même eu de la chance de vous trouver deux chambres au même endroit.

– Il n'est pas mal, cet hôtel. La seule chose, c'est que la lampe du couloir est grillée, et que Yael a dû aller aux toilettes à tâtons, avec son briquet. Je me suis plaint, et on lui a donné des bougies. Les Français sont très serviables.

– Je vais te dire. » Lee jeta une clef sur la table. « Prends ça. Un double de clef pour la suite. Isobel a la sienne. Demain, je vais à Francfort avec Sheva, pour un jour, et Isobel va passer deux jours à Cannes. Voir des amis dans le cinéma. La suite est vaste et luxueuse, et vous pouvez la prendre.

– Pourquoi faire?

– Ce que vous voulez. » Il eut un vague sourire grivois. « Il y a un bar, garni, et une vue splendide de l'Arc de Triomphe. C'est très bien. »

Yossi secoua la tête. « Tu te trompes, Léopold. Yael est follement amoureuse de quelqu'un d'autre, et je suis amoureux de Shayna, tu le sais. » Il soupira. « Shayna me casse les pieds, c'est tout. »

Lee haussa les épaules. « Elle a besoin de mûrir.

– Oui, pendant dix ou vingt ans. » Quichotte prit la clef. « Bon, en tout cas je suppose que ça excitera Yael, de voir une suite du George V. Tout ça lui fait un plaisir immense. Merci. »

Les deux couples ressortirent dans le brouillard glacé au moment où les cloches de la cathédrale sonnaient minuit. La bruine s'était arrêtée. « C'est l'heure où Paris s'éveille, dit Lee, en exhalant un nuage de vapeur. Allons à Montmartre.

– Génial », s'écria Isobel.

Enveloppé dans sa capote militaire, Quichotte poussa un gémissement. « Vas-y, Yael.

– Pas sans toi.

– Allez, c'est une nuit parfaite pour Montmartre, insista Lee. Le brouillard, le froid. Ça sort de Toulouse-Lautrec. »

Mais Yael se désista, elle aussi. La limousine les déposa devant un immeuble miteux au fond d'une impasse, l'hôtel Feydeau, et les deux autres allèrent à Montmartre. « On se voit après-demain, leur dit Lee. Amusez-vous bien. » Il avait fourré dans la main de Yossi une poignée de billets, en disant que Paris coûtait les yeux de la tête quand on n'avait pas de dollars, et il savait que son frère n'avait rien. Quichotte avait accepté parce qu'il avait Yael sur les bras : il se devait de lui faire passer un bon moment et n'en avait pas les moyens.

L'ascenseur de l'hôtel, grand comme une cabine téléphonique, grinça en montant dans la cage d'escalier avec force secousses et tremblements. Tous les deux, face à face, furent pressés l'un contre l'autre comme des amants trop impatients, et leurs sourires gênés étaient à peine visibles dans la faible lueur d'une ampoule en forme de champignon. Quand l'ascenseur s'arrêta trente centimètres au-dessus de son étage, Yael sauta dehors et Quichotte l'imita. « Je préfère marcher, dit-il. L'étage suivant pourrait être pire, et je suis un lâche. »

Elle rit et l'embrassa sur la joue. « Qu'est-ce qu'on fait demain, et à quelle heure on commence ?

– Tout ce que tu voudras. »

Tout d'un coup, il la vit comme une très jeune fille très seule, à une année-lumière de Sam Pasternak. « Désolée que je ne sois pas Shayna Matisdorf, dit-elle.

– Oh, moi aussi, Yael, mais tu es une chic fille.

– Tu sais quoi ? Allons sur la tour Eiffel, Quichotte. On peut peut-être y prendre le petit déjeuner, s'il y a un restaurant.

– D'accord. Appelle-moi demain matin.

– Il n'y a pas de téléphone dans les chambres, seulement sur le palier.

– C'est ça. Comme les salles de bains. Okay, alors cogne à ma porte. C'est le 517, à deux portes des toilettes. Un vrai luxe. »

Barak et Pasternak partageaient une chambre dans un hôtel près de l'Étoile, de classe intermédiaire entre le George V et l'hôtel Feydeau. La chambre, par exemple, avait des toilettes, et Sam s'y engouffra aussitôt en rentrant vers minuit d'une réunion dans une villa des environs de Paris. Zev était allongé sur un des lits jumeaux, en sous-vêtements, avec en plus une épaisse robe de chambre, et lisait *Paris-Soir*. Sans explication, un assistant de Dayan lui avait dit qu'on n'avait pas besoin de lui à cette réunion. « Alors, qu'est-ce qui s'est passé? demanda-t-il. Est-ce qu'on fait la guerre?

– Attends. » Pasternak finit par sortir en secouant la tête. « Les Français nous ont servi à dîner des drôles de bestioles avec pinces et antennes, un peu comme des scorpions. Des écrevisses. Dans une sauce gluante. J'ai failli mourir, pendant la seconde séance. Mais c'était peut-être la nervosité. Le Vieux a stupéfié tout le monde, même Dayan. » Il s'étendit sur le lit, la tête sur les bras. « Et ton dîner avec Cunningham? Comment as-tu expliqué ta présence à Paris?

– Je ne l'ai pas fait; il ne m'a rien demandé. Sa femme est charmante, une vraie aristocrate.

– Oui, une noble dame, cette Caroline. Et la fille et son petit ami? Le poète?

– Cette fille est devenue d'une beauté frappante, dans le genre maigre et bizarre. Toute en os. Le poète est arrivé après dîner, a pris du Cointreau avec nous, et l'a emmenée.

– A quoi ressemble-t-il?

– Une catastrophe. Hiroshima en imperméable. Je prends le petit déjeuner demain avec la fille, à moins qu'on me demande à la villa. Je suis censé la raisonner à propos de la vie et de l'amour. Voilà ce qu'a donné ce dîner. Une idée de la fille.

– Bon, on dirait qu'on ne va pas entrer en guerre. Je me suis trompé du tout au tout. » Sam se redressa. « Je me sens mieux. En fait, j'ai faim. Soit le Vieux est un génie politique qui me dépasse entièrement, soit il a perdu la tête. Et si on allait à Montmartre? Boire un verre et manger quelque chose?

– Sam, je n'ai pas envie d'aller à Montmartre. C'est plein de touristes et de drôles de types qui n'arrêtent pas de se regarder. Il y a des bistrots dans le quartier.

– Fermés, à cette heure-ci. Habille-toi.
– Okay. Parle-moi de la réunion.
– Tu ne me croiras pas, et pourtant je jure sur Dieu de dire la vérité, rien que la vérité. Toute cette histoire de Suez est une comédie écrite par un type en fumant du haschich.
– Ça, depuis le début.
– Bon, oui, mais c'est encore plus dingue. Je crois que personne ne sait ce qu'il est en train de faire, sauf peut-être B.G. Il me laisse perplexe. » Sam jeta un coup d'œil sur les murs de la chambre et baissa la voix. « Dehors, plutôt. »
Quand ils sortirent dans la petite rue silencieuse, noyée de brouillard, et avancèrent vers le boulevard le plus proche, Sam reprit son récit. D'abord les trois principaux membres du gouvernement français étaient arrivés à la villa – le Premier ministre, le ministre des Affaires étrangères, le ministre de la Défense nationale. Polis, aimables, bien disposés envers Israël, voire admiratifs. A l'occasion de leurs livraisons d'armes, ils avaient appris de nombreux secrets militaires israéliens, et paraissaient un peu pris de vertige, d'après Pasternak, probablement parce qu'ils n'en attendaient pas tant d'un pays n'ayant guère plus d'un million d'habitants. La réunion avait commencé par des bavardages à propos de Suez, de Nasser, des Américains, et ainsi de suite. Ensuite les Français avaient demandé à Ben Gourion de se prononcer sur les opérations envisagées.
« Tu connais le vieux, dit Sam. Il lui a fallu quelque temps pour se remonter. Mais quand ces Français ont compris où il voulait en venir, ils se sont regardés, ébahis. D'abord, il a affirmé que la prise du canal de Suez par l'Égypte n'était qu'un détail. Il fallait trouver une solution raisonnable au problème régional, et il allait proposer une idée nouvelle qui restaurerait l'influence de l'Angleterre et de la France dans la région. Soit Nasser sécherait sur pied, soit on pourrait facilement l'évincer. »
Sam s'arrêta, lui toucha le bras. « Mais ce qui vient ensuite, ça enfonce tout.
– Oh, à ce point, rien ne peut plus m'étonner.
– Okay, alors écoute. La grande idée de Ben Gourion, c'est que la Jordanie n'est pas un vrai pays et qu'on doit le démembrer ! Ce n'était qu'un trait de crayon sur la carte de la Palestine ottomane, dessiné par erreur par le Foreign Office. Tout ce qui est à l'est du Jourdain irait à l'Irak, tout ce qui est à l'ouest à Israël. La sphère d'influence anglaise serait le grand Irak, l'Iran et l'Égypte. Pour les Français, le bloc compact formé de la Syrie, du Liban et d'Israël. Zev, en disant ces *meshugas*, il avait l'air parfaitement sérieux. »

Barak secoua la tête. « Je crois qu'il l'était. Je le connais depuis que je suis petit. D'être assis avec les trois hommes les plus puissants de France, et leur parler d'égal à égal, en tant que Premier ministre, ça lui est monté à la tête. Il était enivré. Il s'est pris pour Roosevelt à Yalta, en train de redécouper le monde.

– Soit c'est vrai, soit il les mettait en porte à faux en disant délibérément des absurdités, répondit Sam, le temps de prendre leur mesure avant d'exposer sa véritable exigence : que les trois armées attaquent simultanément. »

Debout sous un réverbère, il héla un taxi en maraude. Le chauffeur avait dans les quatre-vingts ans, une épaisse moustache à la Clemenceau, et des sourcils assortis. *« Ata m'daber ivrit? »* dit Pasternak. A voir le regard vide et flou de l'homme, il sut que celui-ci ne parlait pas hébreu. « *Bien.* Montmartre. »

Ils montèrent, et il continua. « Bon, leur Premier ministre dit qu'ils feraient mieux de s'en tenir à la question de Suez. Les Anglais pourraient faire marche arrière s'ils n'agissaient pas très vite, parce qu'Eden se faisait déjà bombarder par le parlement, et que son Foreign Office s'opposait à tout ce qui pouvait déplaire aux Arabes. Nous n'avons qu'Anthony Eden qui soit pour nous, or il est de plus en plus malade.

– Anthony Eden, lança le chauffeur d'une voix rauque, en français, est un ennemi de la France et un homosexuel.

– *Justement*, dit Barak.

– Le type que Ben Gourion a vraiment mis en colère, c'est le ministre des Affaires étrangères. Il est devenu véhément. Si on provoque les Anglais avec des propositions aussi bizarres et qu'ils se retirent à ce moment crucial, a-t-il dit, Nasser deviendrait intraitable, plus puissant que jamais, prêt à devenir le nouveau Saladin en détruisant Israël. Il pressa Ben Gourion de garder cela en tête. C'est là que les Anglais sont arrivés. »

La voiture s'arrêta au pied de la butte Montmartre. « Monsieur désire que je fasse l'ascension? demanda le chauffeur d'une voix fêlée.

– Non, nous continuons à pied. » Ils descendirent de voiture, et Pasternak paya le taxi.

Le chauffeur lui lança un regard étincelant et retroussa sa moustache d'un air menaçant. « Monsieur, Dreyfus était coupable. » Le taxi démarra en trombe.

« Tout de suite un cognac », soupira Pasternak. Ils entrèrent dans une petite « boîte » obscure et s'installèrent le plus loin possible des autres clients, deux formes vagues et massives qui semblaient parler avec l'accent américain.

« Quand je dis que les Anglais sont arrivés, continua Sam, je veux dire qu'il y a eu un tas de gens affairés qui sont entrés et sortis de la grande pièce, et des voix anglaises dans une autre partie de la villa. On les entendait répéter sans cesse trois mots : *" Pas de collusion, pas de collusion "*. Les Anglais ne voulaient pas être dans la même pièce que nous. Les ministres français ont dû courir sans arrêt d'un bout à l'autre de la maison, et elle est grande. Les Anglais étaient des rabbins, nous étions des femmes, et la villa était une synagogue orthodoxe. Une séparation totale. »

Barak eut un rire sans joie. « Prétends-tu que Ben Gourion ne les a jamais rencontrés face à face?

– Oh, fais confiance au Vieux. Les Français ont fait la navette comme des cinglés pendant près d'une heure. Finalement Ben Gourion a dit qu'il était inutile de continuer comme ça, que c'était insoluble, et qu'il reprendrait l'avion le lendemain matin. Ce qui a fait venir les rabbins chez les dames. Ils se sont même serré la main.

– Enveloppée dans un mouchoir, sûrement.

– Ce cognac est plutôt infect. On s'en va. Allons manger quelque chose. »

Ils commencèrent à monter la rue tortueuse et en pente raide. « Il y a eu un moment, après cela, où j'ai cru que Ben Gourion allait vraiment s'en aller. Il avait l'air d'être au bord. Tu sais, quand il tend le menton, devient tout rouge et ne peux plus rester en place...

– Je vois très bien.

– Il a pressé le ministre anglais des Affaires étrangères, Selwyn Lloyd – un visage carré, froid comme un poisson, à moins qu'il n'ait eu froid dans la section des dames – d'avancer la date du débarquement à Suez. Les Français étaient entièrement d'accord. Mais les Anglais insistaient pour ne venir qu'une semaine après qu'on eut envahi le Sinaï. Ben Gourion leur a dit qu'on devrait se battre tout seul tout ce temps-là. Que les Égyptiens pourraient bombarder nos villes. Que même les Russes pourraient intervenir. Eh bien, Lloyd a dit qu'il était désolé, mais que l'Angleterre ne pouvait pas se permettre de déclencher une guerre : ses alliés la désapprouveraient. Ben Gourion se cramponnait aux bras de son fauteuil, les phalanges blanchies, comme ça lui arrive, quand les Français, heureusement, nous ont invités à manger ces fameuses écrevisses. »

Pasternak regarda par la porte ouverte d'une salle brillamment éclairée, pleine de fumée, où, à des tables, quelques personnes chantaient faux au son d'un accordéon. « La Vache Heureuse, dit-il. Une fois j'y ai mangé un bon steak. Venant d'une malheureuse vache, j'imagine. Envie d'un steak?

– Si tu veux. »

Pasternak, sur le point de franchir la porte, s'arrêta. « Non. Je vois qu'il y a ce Lee Bloom, ici. Inutile qu'il sache qu'on est à Paris. » Il fouilla la fumée du regard. « Une très jolie rousse, avec lui. Je crois la reconnaître.

– Sam, je crois que tu reconnais la plupart des femmes.

– Non, j'ai rencontré celle-ci en Californie. Oui, c'est elle. Connors. Isobel Connors. C'est une actrice. A l'époque, elle était blonde. Je suis sûr que c'est elle. Bon, allons-y. »

Six ou huit personnes dévalèrent la rue dans un joyeux vacarme, criant et riant en allemand. Les deux Israéliens les croisèrent sans rien dire. « Alors, le résultat ? demanda Barak.

– L'impasse. Les Anglais veulent qu'on entre vraiment en guerre. Le Vieux n'accepte qu'un raid contre les fedayin, et il veut qu'ils commencent à bombarder les aéroports égyptiens dès le lendemain. Les Anglais disent non, cela ressemblerait à une collusion.

– Alors on reprend l'avion demain ?

– Pas encore. Dayan a improvisé un plan de compromis qu'ils vont examiner. Ah, nous y voilà. Les Rieurs Amants. Un endroit génial. Une fois, j'y ai vu Hemingway. Pendant que je mangeais, un lion a bondi par la porte et il l'a tué. Il y a un très bon coq au vin.

– Il avait apporté un fusil ?

– Un fusil à Montmartre ? Tu es fou ? Non, il l'a étranglé avec une nappe à carreaux.

– Très bien, d'accord pour le coq au vin. Tu as vraiment vu Hemingway ?

– Bon, un type qui ressemblait à Hemingway.

– De quelle façon Dayan a-t-il modifié KADESH ?

– Entrons commander notre coq au vin. Mais ça demande presque une heure.

– Sam, prenons plutôt un sandwich au fromage.

– S'il y en a, bien sûr. »

En face des sandwiches et d'une bouteille d'excellent vin rouge, Pasternak décrivit le projet de Dayan à voix basse, parlant très vite en jargon militaire israélien. Les rares clients des autres tables étaient presque hors de portée de voix, et aucun ne paraissait parler hébreu, ni ressembler à Hemingway. « Dayan s'est mis KADESH dans la tête, n'est-ce pas ? demanda Barak en secouant la tête. Il veut sa guerre du Sinaï.

– Il a raison, répondit Pasternak, soudain plus âpre. Moshe a un sens incomparable des priorités. Si nous devons nous battre tôt ou tard avec Nasser – et je ne vois pas d'alternative – le mieux c'est de le faire avec les Anglais et les Français, pas seuls. Et si c'est la seule façon de faire venir les Anglais, okay.

– Avec Israël pour camoufler cette farce, et se faire accuser par les Nations unies.

– Zev, on n'a guère le choix. »

Le matin suivant, Barak attendait Emily Cunningham dans le hall luxueux du George V. Le plan de Dayan lui trottait dans la tête, et il prêtait peu d'attention aux clients prospères qui entraient et sortaient – surtout des Américains, d'après leurs vêtements et leurs voix. L'attaché militaire de l'ambassade, son chef de peloton au bon vieux temps de la Haganah, l'avait réveillé par un coup de fil. Ben Gourion voulait le voir à la villa à dix heures et demie, de sorte que son petit déjeuner avec Emily en serait abrégé. Il n'avait pas idée de ce que voulait cette fille, et cela ne l'intéressait guère, mais il n'avait pas pu la joindre pour se décommander.

Par la porte d'entrée, il vit arriver le poète qu'il surnommait Hiroshima. En imperméable, sans chapeau, la pipe à la bouche – un petit bonhomme au teint blême, avec des cheveux longs autour d'une calvitie. Leurs regards se croisèrent, le poète lui adressa un sourire tordu et tomba dans un fauteuil, de l'autre côté de la pièce, en tirant un journal de sa poche. Puis Emily fut directement catapultée d'un ascenseur vers Barak, vêtue comme une collégienne américaine d'un uniforme jupe et pull-over, la jupe étant d'un écossais criard et le pull très grand, très velu et bleu électrique. « Oh, Dieu, s'écria-t-elle, s'écroulant près de lui sur le canapé avant qu'il n'ait pu se lever, je suis affreusement en retard, et je n'ai pas le temps de déjeuner. Il faut que j'aille suivre un cours avec André. J'avais complètement oublié. Je suis désolée à en mourir. Mère et p'pa s'en vont cet après-midi. Je viens de prendre le café avec eux en haut. Avez-vous pris un café? Oh, Dieu, voilà André.

– Emily, je n'ai pas vraiment le temps de déjeuner non plus, alors c'est tout aussi bien...

– Oh, Dieu, ce n'est pas seulement pour me faire plaisir? Merci. » Elle lui prit la main de ses longs doigts osseux, mais frais et délicats. « Pourquoi je n'arrête pas de dire " Oh, Dieu ", comme une écolière? Je me fais l'impression d'être une idiote. Vous me faites perdre la tête. Est-ce qu'on peut prendre un verre? Disons cinq heures, ici, au bar?

– Écoutez, Emily, c'est sans importance, j'aurais eu plaisir à parler avec vous, mais...

– Sans importance? C'est désespérément important. Combien de temps restez-vous à Paris? » Elle le fixait à travers ses grandes lunettes. Les pupilles de ses yeux gris étaient énormes, très noires, comme celles d'un chat dans une pièce obscure.

« Pas longtemps du tout, un jour ou deux, et je suis très pris, alors... »

Elle le serra plus fort, sa voix descendit dans le grave. « Je serai au bar à cinq heures. Si vous ne pouvez pas venir, je comprendrai absolument. J'attendrai jusqu'à cinq heures et demie avant de partir. C'est juste que je ne croie pas que nous nous sommes rencontrés une seconde fois uniquement par accident. Ce n'est pas possible. Vous avez l'air beaucoup plus vieux. Vous vous souvenez des lucioles? Combien d'enfants avez-vous, Loup l'Éclair?

– Deux, Emily.

– Oh, Dieu, voilà André qui vient. Oh, Dieu, c'est mon quatrième " Oh, Dieu ". Zev, André en sait plus sur Lamartine que n'importe qui, et il écrit des poèmes splendides. Vous devez penser que c'est un taré. » Elle sauta sur ses pieds, et il se leva.

« Je ne le connais pas du tout.

– C'est un taré complet, bon Dieu, mais fascinant. Mes parents préféreraient que ce soit un Oubangi avec des lèvres à plateau... André, *chéri*! » Elle embrassa Hiroshima, et ils bavardèrent à toute vitesse en français. André évita de regarder Barak, et ils s'en allèrent tous les deux sans arrêter de parler.

Se retrouvant avec du temps à tuer, Barak retomba sur le canapé, sérieusement médusé par l'apparition et la disparition surprise de la fille en deux minutes, ainsi que par ses manières bizarres. Emily Cunningham rayonnait d'énergie, et aussi d'une sorte de détresse, et bien qu'elle fût à peine jolie – les yeux passionnés avec leurs grandes pupilles de chat, le visage tout en os et en angles comme celui de son père, une jolie silhouette de jeune fille vaguement aperçue sous ses vêtements flous – elle l'attirait de façon étonnante, et il ne savait pas bien pourquoi.

« Adon Barak! » Lee Bloom était devant lui, portant un sac et une serviette, tous deux en cuir luisant. « Nous nous retrouvons! »

15

La putain française

Yossi et Yael allèrent à la tour Eiffel par une chaude matinée d'automne ensoleillée, récompensés, à mesure qu'ils montaient entre les poutrelles géantes et fuselées, par une vue de Paris sans cesse plus vaste : la Seine qui se tordait, traversée par ses ponts, puis une grande étendue d'immeubles gris et bruns, la toile d'araignée des avenues trouée par les parcs, des jardins enflammés par les couleurs d'octobre. Ils trouvèrent un café au premier étage, mais Yael voulut d'abord aller jusqu'en haut, et ils atteignirent le sommet.

« C'est à ça que ressemble la terre, Yael – Quichotte dut élever la voix pour couvrir le gémissement du vent dans les tiges et les poteaux d'acier – quand on saute. »

Agrippée d'une main à la rambarde, elle plongeait le regard dans le gouffre vertigineux. « Oh-ah ! Ça me prend là ! » Elle appuya une main entre ses cuisses. « J'avais pensé apprendre à sauter en parachute. Je ne crois plus que j'irai.

– Ahh, c'est pire, ici. Le fait de regarder par-dessus la rambarde, de voir la tour s'incurver en dessous, ça vous donne envie de sauter et de se tuer. Dieu sait pourquoi.

– C'est ça. C'est comme ça que je me sens.

– Oh, mais avec un parachute tu flottes, c'est très différent, c'est exaltant, c'est génial.

– Je te crois sur parole, Quichotte. Je suis prête pour le petit déjeuner. » Elle frissonna. Il passa un bras sur ses épaules.

« Froid ?

– Pas exactement.

– C'est toi qui as voulu monter.

– Je ne voulais pas manquer ça. Si tu dois grimper sur une tour, tu grimpes. Descendons de là. »

Le café à *l'américaine*, dans le bistrot presque désert, était très fort, avec un goût différent, européen, et il était servi dans des grandes tasses. « Eh bien, si on veut boire du bon café à Paris, dit Quichotte, on ne va pas à la Tour d'Argent, c'est évident, on monte sur la tour Eiffel.

– C'était quand même prodigieux, là-haut, dit Yael, qui rit en se beurrant un croissant qui s'émiettait. Une chose à faire, une fois. »

Il lui sourit. « Tu reprends des couleurs. Tout à l'heure, tu étais verte.

– Je me sentais verte. Bizarre. Je n'ai jamais eu le vertige, avant.

– N'y pense plus. Maintenant, tu es merveilleuse. »

Elle lui lança un regard sceptique. En blouson de cuir et casquette en laine, elle se sentait à l'aise, mais sûrement pas merveilleuse. « Merci. J'ai à peine dormi. Tu as eu des puces?

– Quoi! Non. Toi oui?

– C'est peut-être l'hôtel. Ça m'a démangé toute la nuit. Mais je n'en ai pas vu une seule, non.

– Pourquoi ne commencerions-nous pas par le Louvre? » Il feuilletait un guide acheté au café. « Ensuite une promenade en bateau sur la Seine? Le guide leur donne quatre étoiles à tous les deux.

– Tout ce que tu veux. Ce soir, je veux aller à la Comédie-Française. J'ai vu dans le journal qu'on donne *Tartuffe.*

– Bien sûr, mais parles-tu assez bien français? Pas moi.

– Suffisamment. Quand j'étais gosse, j'ai lu tout ce que j'ai trouvé de Molière en hébreu, et je me suis mise au français.

– Tu es toujours une gosse.

– Ho! Voyez donc qui dit ça... »

Ils se sourirent. Le réveil de bonne heure, l'escalade dans l'air matinal, les frissons étranges du sommet, la secousse du café, les avaient mis d'excellente humeur. C'est vraiment un gosse, pensait-elle. Dans son pull vert de l'armée, avec ses cheveux bouclés ébouriffés par le vent, ses yeux joueurs derrière ses lunettes sans monture, ce n'était plus le pauvre Israélien à Paris, l'air tellement déplacé. C'était Don Quichotte. Et l'idée la traversa que Shayna ou pas, Pasternak ou pas, il pourrait s'en passer de belles, sans penser à mal, pendant qu'ils seraient ensemble dans le Gay Paris. Rien à prévoir ni à manigancer, il n'y avait qu'à laisser les choses se faire d'elles-mêmes.

« Yael, tu m'examines comme si tu étais le maître d'hôtel de la Tour d'Argent.

– Moi ? Pas du tout. Tu as renversé du café sur ton pull. » Elle tendit le doigt. « Si on doit faire la tournée des grands-ducs, allons-y. »

Ils traversèrent le Louvre en courant, rebondirent sur la Joconde, qu'ils trouvèrent étonnamment petite, puis sur la Vénus de Milo, dont ils firent le tour pour l'admirer respectueusement. Du moins, Yael était de cette humeur, et croyait que Quichotte l'était aussi, jusqu'à ce qu'il parle. « Tu sais, si cette statue avait des bras, personne n'en aurait jamais entendu parler. C'est ça, le truc. Pas de bras.

– Quichotte, ne sois pas stupide. C'est la plus belle figure de femme au monde.

– Quoi ? Regarde ces grosses cuisses, cette taille épaisse, ces petits seins ridicules ! Tiens, tes seins sont plus beaux. Elle a un corps nul. Le tien est mieux, mais tu as des bras, alors tu n'as rien de spécial.

– Tu n'es pas seulement un imbécile, tu es un imbécile ignorant. » Le ton de Yael était gentiment amusé. Pour ridicule qu'il fût, il n'était pas si déplaisant d'être favorablement comparée à la Vénus de Milo.

« Ce que je veux faire, à part tous ces trucs quatre étoiles, dit Quichotte quand ils sortirent du Louvre, c'est me promener en voiture à cheval au bois de Boulogne, et déjeuner dans un restaurant au milieu des arbres. J'ai lu ça dans un livre. Ensuite j'ai vu le film. C'était avec Ingrid Bergman. Et c'était en automne, comme aujourd'hui. Il s'agissait d'une française amoureuse d'un lycéen américain plus jeune qu'elle, une grande histoire d'amour, mais ils devaient se séparer, et les feuilles d'automne tombaient tout autour.

– Tu me fais pleurer, dit Yael. De la façon dont nous sommes habillés, je ne pense pas qu'une voiture va s'arrêter pour nous dans le bois de Boulogne, ni un restaurant nous laisser entrer. De toute façon, comment payer tout ça ? Tu ne vas pas dépenser tout cet argent pour moi, même si tu en as. »

Il lui parla des largesses de son frère. « Lee veut qu'on s'amuse, alors pourquoi pas ? Il ne veut pas le reprendre.

– Bon, alors, c'est différent. Très bien. »

Au bois de Boulogne, le conducteur d'une voiture tira si brusquement sur ses rênes, lorsque Quichotte agita sous ses yeux un de ses billets de banque les plus grands et les plus colorés, que les sabots du cheval firent jaillir des étincelles. Le maître d'hôtel d'un restaurant niché dans les arbres mêlés d'écarlate et de jaune les scruta longuement, style Tour d'Argent, puis leur fit traverser une salle presque vide pour les conduire à une petite table presque invisible dans un coin.

« Quel vin monsieur désire-t-il ? » demanda un serveur en veste de velours pourpre avec une chaîne en or autour du cou, qui apporta un grand livre relié en cuir après que Yael eut commandé un déjeuner couronné par un canard rôti. Quichotte la regarda, perplexe.

« Il demande quel vin tu veux.

– Pas *si* j'en veux – *lequel* je veux?

– C'est ça.

– Bon, pour ça, Ingrid Bergman buvait du champagne en déjeunant avec ce garçon. Voilà, ils buvaient du champagne. Champagne, dit-il au serveur, lequel ouvrit son livre à la page du milieu et le lui tendit en lui montrant une longue liste de champagnes. Yael, dis-lui seulement d'apporter le meilleur champagne qu'ils ont?

– Tu es fou? Ça peut coûter aussi cher qu'une automobile. Et puis, quoi, du champagne au milieu de la journée?

– Ensuite on va voir le tombeau de Napoléon, et la Bastille. On a besoin de se remonter le moral. »

Le sommelier fit la grimace en les entendant dialoguer très vite en hébreu, comme si lui aussi pensait que Dreyfus était coupable. Yael commanda un vin rouge d'un prix modeste, ce qui parut lui donner un air de « connaisseur », car le sommelier retrouva son sourire, s'inclina, lui adressa un bref compliment et partit réviser l'affaire Dreyfus.

La cuisine était exquise, comme la meilleure cuisine française est censée l'être, et ce festin inhabituel en milieu de journée, bien arrosé, les mit tous les deux de l'humeur la plus gaie. Ils riaient des Français, des problèmes d'Israël, du monde et d'eux-mêmes.

« Pauvre Shayna, dit Yael. Ce qu'elle a manqué!

– Yael, je veux que tu prennes des notes pour tout lui raconter.

– Ha. Elle va m'arracher les yeux. Dis-lui, toi.

– Si je lui adresse jamais la parole, répondit Quichotte, soudain amer.

– Allons. C'est une gentille petite religieuse, et tu le savais dès le début. »

Il fit signe au serveur, sortit le paquet de billets de son frère, et grommela : « Allons sur la tombe de Napoléon. »

Ce qu'ils firent en dernier, alors que le soleil sombrait, fut de se promener au jardin des Tuileries. Des enfants y jouaient encore sous les marronniers, vêtus chaudement de couleurs vives, et des bonnes emmitouflées dans leurs manteaux potinaient en poussant vers la sortie les landaus des bambins. Le vent avait fraîchi, les feuilles tombaient en tournoyant sur les pelouses, sur les bassins et les promeneurs tels que les deux jeunes Israéliens. « Le guide dit que nous sommes censés nourrir les carpes, ou qu'on n'a pas le droit de les nourrir, j'ai oublié, dit Yossi. En tout cas, je suis pour les nourrir. » Il sortit un petit pain d'une de ses poches, le cassa en deux et lui en donna la moitié. « Pour le prix de ce déjeuner, je me suis dit que j'avais droit à un pain pour les carpes.

– Tu penses à tout, n'est-ce pas ? » Yael se mit à rire. Des enfants se rassemblèrent pour les regarder quand ils commencèrent à lancer des miettes et que les gros poissons montèrent les gober. « Paris, c'est splendide, Quichotte. Incroyable ! Demain, on se promène, c'est tout. On va partout à pied.

– Bien sûr. Tiens, Lee dit que le concierge du George V nous donnera des billets pour tout ce qu'on veut voir. Toujours la Comédie-Française ?

– Pourquoi ? Tu préfères voir encore des gros poulets déplumés ?

– Non. J'ai pensé que tu étais peut-être fatiguée.

– Pas le moins du monde. Je marche sur un nuage. »

Le concierge, un gros bonhomme grisonnant et digne comme un cardinal, en grand manteau chamarré, condescendit à se montrer fort gracieux avec Yossi. Ah oui, Monsieur Bloom s'était arrangé pour prendre en charge tous les spectacles que Monsieur pourrait vouloir réserver. De plus, Monsieur Bloom avait laissé des instructions, si bien que Monsieur pouvait choisir de dîner dans sa suite du dernier étage ou au grill du George V, tout cela était prévu.

« Jetons un coup d'œil sur la suite, dit Quichotte. Il dit que c'est très bien.

– D'accord, mais je ne veux pas dîner dans un grill. J'ai l'air d'une chiffonnière. Et puis, après un déjeuner pareil, je n'ai pas faim. »

Quand ils passèrent les doubles portes sculptées de la suite, Yael s'écria « Oh-ah ! ». Le salon était une longue exposition de meubles et de tableaux anciens – pas des œuvres célèbres, mais néanmoins de l'art, à leurs yeux naïfs. Ils allèrent jusqu'à la chambre, où elle poussa un deuxième « Oh-ah ! ». Le lit était drapé du sol au plafond avec des vagues de soie couleur rouille, et le couvre-lit s'ornait d'un motif de caractères chinois en noir et blanc.

« Regarde ! » Yael passa la tête dans la salle de bains. « Du marbre. Des robinets en or ! Mon Dieu, combien cela peut coûter ? Ton frère est si riche que ça ?

– Suffisamment. Si on prenait un verre ?

– Non, non, j'ai assez bu, aujourd'hui, je ne veux pas dormir pendant *Tartuffe*. Quelle vue y a-t-il ? »

Yossi dut tirer très fort sur les cordelières des doubles rideaux. Les fenêtres, sur toute la hauteur de la pièce, donnaient sur l'Arc de Triomphe et la tour Eiffel. Paris, en bas, luisait doucement sous la courbe rose d'un coucher de soleil qui traversait le ciel. « Ah, Dieu, murmura Yael.

– Tu sais une chose? » dit-il à voix basse. Ils étaient côte à côte, la peau rougie par les reflets du soleil. « J'ai toujours le mouchoir que tu m'avais donné, quand nous sommes entrés dans Lod et Ramle. Le sang est tout noir. Je ne l'ai jamais lavé, je l'ai juste gardé.

– Pourquoi, espèce de cinglé? Pourquoi garder un chiffon pareil?

– Parce que je trouvais que tu étais une déesse. Une fille soldat, la première que j'ai connue, belle et dure et tellement au-dessus de moi! Je ne l'ai jamais jeté. Il est quelque part dans mes affaires. » Yossi sentit qu'on le tirait par le coude et se tourna vers Yael. Elle le fixait d'un regard intense, étincelant, avec un petit sourire, les lèvres serrées.

« Une déesse, hein? Et quelle différence il y a, déjà, entre moi et la Vénus de Milo?

– Tu as des bras, répondit-il, la gorge serrée.

– Exactement. » Et elle lui tendit les bras, encore dans son blouson de cuir. Un geste spontané, comme l'offre de l'accompagner à Paris. Il fallut un long moment avant que Yossi fasse un geste, et Yael, à moitié gênée, se demandait ce qu'il allait faire. Le geste, quand il se décida, les enflamma tous les deux. De ce côté, comme elle aurait dû le savoir, Don Quichotte n'était pas vraiment un gosse.

Ils s'embrassèrent et se caressèrent furieusement quelque temps, puis on eût dit que Yael s'était déshabillée d'un seul haussement d'épaule. L'instant d'avant, elle était entièrement vêtue, un peu en désordre, mais la seconde suivante elle était toute nue.

« Par Dieu, j'avais raison, à propos de toi et de cette Vénus, haleta Quichotte, surpris par le brusque dévoilement de cette beauté. Absolument aucune comparaison. Aucune! Surtout les seins.

– Mon point fort, dit Yael en posant, la poitrine en avant et les bras derrière le dos, à la Vénus de Milo.

– Oui, tous les deux », répondit Yossi. Comme il arrive, à ces moments-là, ils se mirent à rire de tout et de rien pendant qu'il se déshabillait aussi vite que possible, puis il la prit dans ses bras et roula avec elle dans la chambre et sur le lit à baldaquin.

Au bar du rez-de-chaussée, Emily Cunningham attendait Barak à une petite table. A côté d'elle, deux Allemands, l'un brun et corpulent, l'autre blond et bronzé, genre moniteur de ski, fumaient des gros cigares et parlaient affaires avec âpreté. Il était cinq heures vingt-cinq. La fumée la faisait étouffer, mais le bar était plein de monde, et elle ne voulait pas bouger avant d'avoir donné ses cinq minutes à l'Israélien.

Et, de fait, Loup l'Éclair traversa les trois rangées de petits hommes attroupés au bar et la chercha des yeux. Elle lui fit signe, et il vint la rejoindre.

« La circulation était incroyable, dit-il. Je n'étais pas en ville.

– Je suis sauvée. Cinq minutes de plus, et ma vie était en ruine.

– Vous avez une façon ridicule de dire les choses, Emily.

– Je suis parfaitement sérieuse. » Un nuage de fumée de cigare en plein visage la fit tousser.

« Ce n'est pas un endroit pour bavarder. Venez.

– Où ça ? » Ils se levèrent tous les deux.

« Je connais un Américain qui a une suite à Paris. Il est en voyage, et il a dit que je pouvais m'en servir, que le concierge donnerait la clef à Monsieur Barak. Ce sera tranquille, au moins.

– Cela me semble parfait. » Emily remit son manteau ourlé de fourrure par-dessus une jupe en toile et un chemisier bleu qui laissait deviner une poitrine presque inexistante. En sortant du bar, elle lui prit le bras. « Cinq minutes ! Je suis tellement contente de ne pas avoir abandonné ! Follement heureuse !

– Arrêtez de dire des absurdités. »

Dans la suite de Lee, Yael et Quichotte avaient vécu un intermède explosif, et ils étaient encore sous le baldaquin, côte à côte, le souffle court. Yael était couchée sur le ventre, la tête sur les bras. Lui était assis, le dos appuyé au bois de lit, le corps vibrant de plaisir, l'esprit chaviré. Et maintenant ? Il était au courant, comme tant d'autres, pour Yael et Pasternak. C'est en toute innocence qu'il avait reparlé du mouchoir. Impossible de savoir si c'était ça, ou toute cette journée de rêve financée par son frère, ou autre chose, qui avait déclenché le geste de Yael. Il ne s'agissait pas d'une entreprise de séduction. C'était arrivé, tout simplement.

Elle tourna la tête et lui sourit faiblement. « Ouh. Je ne t'aime pas, Quichotte. » Une voix grave, tendre et voilée. « Tu le sais.

– Quelque chose à faire une fois.

– Eh bien, euh... » Elle laissa le reste dans le vague, ils éclatèrent de rire et il passa un bras autour de ses épaules pour la serrer contre lui. A ce moment ils entendirent la double porte s'ouvrir d'un coup, puis les voix d'un homme et d'une femme.

« Oh, l'*Azazel,* s'exclama Yael, paniquée, qui jaillit du lit et s'élança dans la salle de bains. Zev Barak entra dans la chambre et se figea sur place, stupéfait.

« Quichotte ! Que diable !

– Juste une petite sieste, répondit Don Quichotte d'un ton désinvolte, malgré sa surprise. Que fais-tu à Paris, Zev ? Et dans la suite de Lee ?

– Peu importe. Ton frère est une tête de linotte, comme toi. Où est Yael Luria ?
– Je pense que je dois l'ennuyer. Elle est partie faire du lèche-vitrine. » Barak se dirigea vers la salle de bains. « On a des billets pour la Comédie-Française, ce soir... Zev, si j'étais toi, je n'entrerais pas.
– Pourquoi ? »
Yossi avait espéré que Yael aurait eu la présence d'esprit de tirer le verrou, mais visiblement elle ne l'avait pas fait, puisque Barak ouvrit la porte. « Eh bien, je viens de m'en servir. Ça pue, là-dedans.
– Quelle importance ? » Il entra, et commença à se débraguetter lorsqu'une voix de femme étouffée, un peu menaçante, se fit entendre derrière le rideau à fleurs de la douche. « *Monsieur, monsieur, pour l'amour de Dieu, allez-vous en !* »
Barak, totalement surpris, referma très vite son pantalon, sortit en courant de la salle de bains et claqua la porte.
« Espèce de chien enragé, lança-t-il à Yossi, tout nu sur le lit, l'air passablement idiot, pourquoi diable ne m'as-tu pas dit que tu avais fait monter une putain française ? Bon Dieu, tu vas vite.
– Ce n'est pas une putain, c'est la fille d'un professeur à la Sorbonne. Il enseigne la philosophie médiévale.
– Où l'as-tu rencontrée ?
– Je l'ai draguée ici, au bar.
– Tu es vraiment cinglé.
– Tu n'as pas amené une putain, toi aussi ?
– Quoi, tu es fou ? C'est une enfant.
– Je l'ai entrevue. Une enfant plutôt montée en graine, Zev. »
Barak referma violemment la porte en sortant.
« Il y a quelqu'un, semble-t-il », dit Emily, devant la fenêtre. Les lumières de Paris s'allumaient l'une après l'autre. Les longues rangées de réverbères éclairaient déjà les rues.
« Oui, cet Américain a un frère israélien, un cinglé. Il est dans la chambre.
– La vue est fantastique, Loup. Venez voir.
– Oui, très joli. » Il avait fait venir la fille pour bavarder tranquillement avec elle, mais cette traînée française était capable de s'amener au bar pour boire un verre, peut-être même nue comme un ver. « Allons ailleurs, Emily.
– D'habitude, Mère et p'pa vont prendre le thé sur la mezzanine.
– Voilà une bonne idée. Un thé sur la mezzanine. Allons-y. » En partant, il referma bruyamment la double porte.
En gloussant doucement, une serviette drapée sur son corps de façon ensorcelante, Yael glissa une épaule nue dans la pièce. « C'est eux que j'ai entendus sortir ?

– Ils sont partis.

– Oh-ah! C'est un miracle qu'il n'ait pas reconnu ma voix. »

« *Monsieur, monsieur, pour l'amour de Dieu*... C'était génial, Yael. Il t'a prise pour une putain française. »

Elle eut d'abord l'air déconcerté, puis éclata d'un rire sensuel et ouvrit sa serviette avec le geste aguicheur d'une strip-teaseuse. « Une putain française! Eh bien, Don Quichotte, je te dirai que dans l'humeur où je suis, c'est presque un compliment. » Elle se remit au lit d'un bond. « Une fille nue, tu disais, ça peut être la plus belle chose du monde. Je ne suis pas celle qu'il faudrait, bien sûr, mais...

– Mais tu es celle qui est là. » Quichotte l'attira dans ses bras.

« Ah, ça n'est pas du tout un compliment », essaya-t-elle de dire, mais les derniers mots furent étouffés par un baiser.

La mezzanine était aussi spacieuse et tranquille que le bar était petit et bruyant. Une vieille dame aux cheveux bleus, avec un appareil contre la surdité, prenait son thé toute seule, donnant des bouts de gâteau à un caniche très gras attaché à sa chaise. Barak et Emily s'installèrent un peu plus loin, et Emily commanda un *thé à l'anglaise* à une serveuse en uniforme amidonné. Ses grandes pupilles noires scrutèrent le visage de Barak. « On y voit mal, ici, et si vous ne le savez pas encore, je suis complètement aveugle sans mes lunettes. Cela ne vous gêne pas que je les mette?

– Pourquoi donc? »

Elle sortit un étui de son sac, prit ses lunettes à verres épais et les posa soigneusement sur son nez. « Parce que les hommes draguent rarement les filles à lunettes. » Il la regarda sans réagir. « Oh, ça voulait être comique. En Amérique, c'est un couplet que tout le monde connaît par cœur. D'une poétesse très populaire. J'ai essayé de l'imiter – elle s'appelle Dorothy Parker – et j'ai même vendu quelques textes à des magazines, mais la poésie légère n'est pas mon fort. Ou la poésie tout court, en anglais ou en français. Je suis en train de m'en rendre compte. C'est triste, mais en même temps c'est une délivrance. Ecrire est une torture. Il faut que je fasse autre chose de ma vie. » Tout cela lui vint d'un seul jet, sans qu'elle détourne un instant son regard intense. « Hmm. Des cheveux blancs, Loup?

– Quelques-uns, à peine. Ça commence.

– Vous êtes heureux?

– Emily, vous vouliez me parler. De quoi?

– Comment vous êtes-vous retrouvé à Paris, Loup? P'pa dit qu'une guerre est sur le point d'éclater à propos du canal de Suez, et qu'Israël va probablement y être mêlé. » Barak ne fit pas de commentaire. « Bon, je devrais savoir qu'il ne faut pas poser ce genre de questions. C'est juste du bavardage nerveux. Je suis inquiète.

– Pourquoi ? Je n'en ai aucune idée.

– Vraiment ? Bon, je vous le dirai peut-être. André, à propos, est très impressionné par vous.

– J'en suis gêné.

– Pourquoi donc ?

– Je crains de l'avoir décrit comme un Hiroshima en imperméable. »

Emily fit la grimace et s'écria : « C'est absolument répugnant.

– Désolé.

– Je veux dire, à part cette méchanceté envers le pauvre André, qui est inoffensif et qui a du talent, c'est d'un goût abject. Hiroshima est une horreur tragique de l'histoire. Ce n'est pas un sujet de plaisanterie.

– C'est vrai.

– Très cruel et très grossier, Loup.

– Okay. »

Elle tordit la bouche en se mordillant les lèvres.

« Qu'est-ce qui se passe, Emily ?

– J'essaye de m'empêcher de rire. »

La serveuse leur apporta le thé. Emily remplit avec cérémonie la tasse de Barak, lui demanda combien de morceaux de sucre il désirait, lait ou citron, cake ou tartine beurrée, le servant d'une façon guindée et formaliste qui collait mal avec son nuage de cheveux noirs en bataille, sa chemise et sa jupe.

« En face de vous, je suis nerveuse, dit-elle, parce que je ne suis pas sûre que ce soit vrai. Je ne saurais vous dire comme c'est étrange. Vous savez ce que sont les fantasmes. Vous en avez peut-être.

– Tout le monde en a.

– Eh bien, voilà qui va probablement noyer toute étincelle qui aurait pu jaillir entre nous, mais je vais vous dire la vérité. Depuis le soir où vous êtes venu chez nous – il y a maintenant huit ans – la nuit des lucioles, c'est ainsi que je l'appelle – vous êtes dans presque tous mes fantasmes. Que nos chemins se croisent à Paris ressemble à l'un d'eux, et quand vous m'avez demandé de monter dans cette suite, j'ai presque dû me pincer, parce que je dois vous dire que certains de ces fantasmes étaient plutôt torrides. Voilà, c'est ça.

– Et maintenant, c'est moi qui suis nerveux.

– Ah oui, je parie. Vous ? L'étrange, c'est que vous êtes exactement comme le souvenir que j'ai de vous, la façon dont je vous imaginais. Même, ces dernières années, jusqu'aux cheveux gris. »

Ils se regardèrent en silence par-dessus leurs tasses de thé. Les yeux d'Emily, derrière ses lunettes, étaient presque entièrement noirs. Pris de court, et ne sachant que faire dans une telle situation, il n'était sûr que d'une chose. Cette petite rusée renversait tout son aplomb et suscitait en lui une sorte d'excitation électrique qu'il n'avait plus ressentie depuis sa première rencontre avec Nakhama. Qu'est-ce qui lui arrivait? On ne pouvait pas la comparer à Nakhama, et les filles maigres ne l'avaient jamais attiré. Un jour, il avait lu un recueil de poèmes de Dorothy Parker; pour lui, c'était le dernier cri du chic new-yorkais. Cette bizarre fille de vingt ans avait osé écrire, et même vendre, des poèmes aussi cosmopolites, et elle écrivait une thèse sur Lamartine; très bien, mais quel rapport avec ce magnétisme sexuel, avec cet émoi de tout son corps?

« Je suis vierge », dit-elle.

Sur ce la dame aux cheveux bleus, qui était au fond de la mezzanine, se tourna vers Emily pour la regarder avant de donner à son chien un éclair tout entier. La jeune fille s'en aperçut. « Est-ce que j'ai crié? demanda-t-elle à Barak.

– Elle tripote son sonotone depuis qu'on est arrivés. Je suis certain qu'elle a entendu le moindre mot que nous avons dit. »

Elle baissa la voix. « Bon, j'espère qu'elle s'est amusée.

– Qu'est-ce qui ne va pas avec André? J'ai cru comprendre que c'était une histoire d'amour fou.

– Oh, tout va bien, pour lui. J'ai reçu une bonne éducation chrétienne, et ça m'est resté. Je suis inhibée au possible, et il n'arrive à rien qu'à discuter ou se plaindre. Je n'ai aucune expérience. A l'Institut William & Mary, j'étais une petite bûcheuse, Phi Bêta, que des bonnes notes. Je suis entrée dans une sororité, et j'ai déserté à la première pyjama-party, quand elles ont fait entrer les garçons en cachette. Je suis une parfaite solitaire. Je n'ai jamais rencontré un garçon qui arrive à la cheville de mon père. D'où, je suppose, mes fantasmes. Très malsain, sans aucun doute. » Elle posa une main sur la sienne, douce et inattendue. « Si je venais en Israël, pourrais-je rencontrer votre femme? Je suis inoffensive, c'est évident. Mais je suis très curieuse.

– Nakhama ne parle pas anglais.

– Oh? Bon, cela n'aurait pas tellement d'importance. Et j'aimerais voir vos enfants.

– Emily, vous n'êtes pas une idiote. Vos parents espéraient que je pourrais vous détacher d'André, ou du moins que j'essaierais.

– Eh bien, allez-y. » Pour la première fois, elle lui fit un vrai sourire, de tout son cœur. Elle avait des dents magnifiques, et son sourire avait une étrange inflexion moqueuse qui aurait mieux convenu à quelqu'un de beaucoup plus âgé, peut-être à un homme. « J'adorerais voir comment vous allez vous y prendre.

– J'ai l'impression que ce n'est pas nécessaire. »

Le sourire disparut. « Je suis folle d'André.

– Pour vos propres raisons, vous aviez envie de faire peur à vos parents. Vous avez réussi. Quand passez-vous votre thèse ? »

Emily sortit de son sac un carnet et un crayon et les lui tendit. « Ecrivez votre adresse en Israël, et le numéro de téléphone. »

De plus en plus ébranlé – tellement qu'il pensa un instant refuser – il s'exécuta. « Je ne vous conseille pas de venir en Israël dans un proche avenir.

– Mon père a raison ?

– C'est un beau pays, et quand vous viendrez, Nakhama et moi serons heureux de vous le faire visiter.

– Encore du thé ?

– Il faut que je m'en aille. »

Elle sauta sur ses pieds. « Quel rendez-vous ! Je crois vraiment que je suis guérie.

– D'André ?

– Ça, c'est mon affaire. De mes fantasmes. »

« Yael, dit Quichotte, se réveillant en sursaut, quelle heure est-il ? »

Elle regarda sa montre, remuant son bras comme s'il était cassé ou déboîté. « Sept heures moins le quart.

– On va toujours à la Comédie-Française ?

– Bien sûr... Oh, non. Non. Encore. Non ! » La double porte de la suite, qui avait tendance à se coincer, était en train de s'ouvrir. « Encore ! C'est insupportable. »

Une voix d'homme rocailleuse résonna dans l'appartement. « Eh bien, j'appelle ça du luxe, Isobel. Ton chéri de Lee Bloom a eu une bonne idée. »

« Dieu du ciel. » Yael se crispa, prit Quichotte par les épaules. « C'est Sam Pasternak.

– Tu es sûre ?

– Il a dû venir à Paris avec Barak, chuchota Yael. Une mission militaire, bien sûr. Quichotte ! siffla-t-elle, frénétique. Sur ta vie, fais-le sortir d'ici. *Sur ta vie !* »

Elle plongea dans la penderie où elle avait accroché ses vêtements. Quichotte ramassa la serviette qu'elle avait jeté un peu plus tôt, se la mit autour de la taille en entra dans le salon où Sam était en train d'embrasser Isobel Connors. Elle l'aperçut par-dessus l'épaule de son partenaire. *« Iii-ik! »* Isobel s'écarta de Sam, roulant des yeux épouvantés.

« Salut Isobel, dit Quichotte. Je te croyais à Cannes.

– Oh, oui. Eh bien, je prends l'avion ce soir, et...

– Quichotte! s'exclama Pasternak. Qu'est-ce que tu fais tout nu, et où diable est Yael?

– Puis-je vous parler, monsieur? » Il prit Pasternak par le bras et s'éloigna un peu d'Isobel. L'air très secoué, elle alla se servir un whisky au bar. « Yael est dans un grand magasin, je crois que ça s'appelle Lafayette quelque chose...

– Les Galeries Lafayette.

– C'est ça, et en fait, j'ai ici une *zonah* française. »

Le visage belligérant de Pasternak se détendit et il eut un sourire approbateur. « Une *zonah* française, hein? Comment est-elle?

– C'est ce que je vais savoir. Je dois retrouver Yael à la Comédie-Française. Si vous avez envie de vous joindre à nous, tous les deux...

– Non, non, il faut qu'elle prenne son avion pour Cannes, et je suis occupé. Combien de temps vas-tu rester?

– Disons une demi-heure.

– C'est parfait. »

Isobel avait retrouvé tout son aplomb. « Alors, Yossi, on faisait la sieste? Voyez-vous, ce matin j'ai raté mon avion. Monsieur Pasternak est un vieil ami. On est tombés l'un sur l'autre dans un restaurant, et...

– Très bien, très bien, dit Sam. Laissons notre jeune ami finir sa sieste, Isobel. Il a fait beaucoup de tourisme, aujourd'hui. Je te paye un verre au bar. »

Dès qu'ils furent sortis, Yael sortit de la chambre en combinaison, ses cheveux blonds complètement décoiffés. « Magnifique. Comment as-tu fait?

– J'ai dit que tu étais une putain française.

– Encore? Je vais finir par y croire. Avec qui était-il, ce cochon?

– Je n'ai aucune idée, répondit Don Quichotte, qui avait des principes.

– Pauvre Ruthie. Quel salaud, tout de même! Bon, continua-t-elle entre ses dents, je ne peux pas l'accuser, c'est évident, mais il va me le payer. J'en ai le moyen.

– Je vais prendre une douche. Est-ce que je peux aller au théâtre, habillé comme ça?

– Peu importe. On y va comme on est. » Yossi baissa les yeux sur la serviette dont il était vêtu, et elle s'esclaffa. « Comme on va bientôt être. » Il était près de la fenêtre, et sur un élan de tendresse elle se jeta dans ses bras et l'embrassa avec affection. « Ah, regarde ça, Quichotte. Paris, c'est tout ce que disent les livres. N'est-ce pas ? Cette ville nous jette un sort. Je suis comme dans un rêve. Et tu en es une partie très, très agréable. Je voudrais presque être amoureuse de toi, mais il n'y a pas de place. Et il y a Shayna.

– En avant pour *Tartuffe* », dit Don Quichotte, avec un peu plus de désinvolture qu'elle n'aurait pu le souhaiter, si peu de temps après leur extase commune. « Qui est le premier sous la douche ? »

16

Le col de Mitla

La villa où Ben Gourion habitait, et où il rencontrait les Premiers ministres anglais et français, était à une demi-heure de route de Paris. Pasternak et Barak y arrivèrent le lendemain vers midi, et le trouvèrent en train de lire Procope, en chemise à col ouvert sous un vieux pull, au milieu des arbres fruitiers qui perdaient leurs feuilles jaunies. Sa bonne humeur et la sérénité de son accueil leur firent penser qu'il avait pris son parti et avait choisi la guerre. Si Ben Gourion était sur le point de décevoir ses hôtes, les Français, et de rentrer en Israël pour se mettre hors-jeu, il aurait l'expression sévère et les lèvres pincées avec lesquelles il affrontait les confrontations désagréables.

« C'est stupéfiant – il leva son livre en l'air – ce que je trouve là-dedans. Ce type, écoutez bien, a écrit l'histoire officielle de Byzance sous Justinien. Il traite son empereur de géant, de génie, ainsi de suite. Ensuite il a écrit une *Histoire secrète,* incluse dans ce volume, où il attaque Justinien de la même façon que nos journaux s'en prennent à moi. Rien n'est permanent, dans l'histoire, mais rien ne change beaucoup, non plus... Ah, voici Moshe. »

Dayan, qui mangeait une pomme, apparut avec ses assistants. Ben Gourion sortit de sa poche de chemise un papier jaune couvert de son écriture, et le déplia. « Moshe, j'ai réfléchi toute la nuit à ton compromis. Dis-moi encore avec des mots ordinaires quel est ce nouveau plan et pourquoi les Anglais devraient l'accepter. Et s'ils le font, pourquoi *moi* je devrais. N'est-ce pas *tartai d'satrai* (une contradiction)?

– Sam, as-tu préparé une carte des opérations ? » demanda Dayan. La veille au soir, lorsqu'il avait décrit en hâte à Ben Gourion les révisions apportées au plan KADESH, le chef d'état-major avait seulement esquissé sa nouvelle stratégie au dos d'un paquet de cigarettes.

« A petite échelle. » Pasternak lui rendit une page arrachée à un livre d'histoire trouvé à l'ambassade.

Dayan examina rapidement la carte où on avait griffonné des flèches et des symboles militaires, et la passa à Ben Gourion. « Ça ira. C'est surtout le timing qui change, Premier ministre, comme vous voyez. » Dayan désigna la carte. « Les forces principales ennemies dans le Sinaï sont au nord, alors j'allais les attaquer en premier à cet endroit. Au lieu de quoi nous allons commencer sur l'axe principal, par le parachutage d'un bataillon au col de Mitla, où Sam a mis une étoile. C'est à plus de cent soixante kilomètres derrière la frontière égyptienne, à moins de soixante du canal. Donc on peut certainement appeler ça l'acte de guerre réclamé par les Anglais, mais *nous,* nous pouvons dire que c'est un raid de représailles important, et si la situation ne se développe pas en notre faveur – par exemple, si les Anglais renient malgré tout leur parole – nous pouvons facilement récupérer nos gars. Ce sera sûrement une grande surprise tactique. Si loin de nos aéroports, si près des leurs.

– Et à supposer, répondit Ben Gourion en louchant vers Dayan d'un air rusé, que Nasser dise lui aussi que c'est un acte de guerre, et envoie ses cinquante bombardiers Ilyouchine incendier Tel-Aviv et Haifa? Ha? Alors quoi?

– Monsieur, les Français ont promis de mettre trois escadrons de chasseurs sur nos pistes. S'ils ne l'ont pas fait à l'heure H, on peut annuler. Mais ils veulent qu'on y aille, monsieur, et ils vont le faire. »

Le Premier ministre consulta son papier jaune et le bombarda de questions. Il avait visiblement bien compris le plan, et n'avait demandé une explication « en mots ordinaires » que pour entendre comment Dayan allait le présenter aux Anglais. Le chef d'état-major bloqua chaque question par des chiffres et des rapports détaillés. Il ne dirait pas aux Anglais l'endroit exact où il allait attaquer, seulement qu'il s'agissait d'un parachutage si loin derrière les lignes égyptiennes et représentant une telle menace pour le canal, qu'on pourrait le prendre pour un acte de guerre. Là-dessus, ils devraient croire Ben Gourion sur parole.

« Eh bien, ils feraient mieux de nous croire sur parole, s'ils veulent que je les aide à se débarrasser de Nasser. C'est un bon plan, Moshe. Ça épargne des vies. Maintenant, voyons comment les Anglais vont réagir. Zev, viens avec moi – Ben Gourion rempocha son papier et s'extirpa du fauteuil en osier – pendant que je m'habille pour la réunion. »

Sa chambre était garnie de meubles qui auraient presque pu être dans un musée, car la villa appartenait à une vieille famille très riche et très discrète. Le vieux Juif chauve et bedonnant, avec son visage tanné par le désert et ses touffes de cheveux blancs sur le côté, était une vision étrange dans un tel décor. Trottinant de-ci de-là en sous-vêtements, sans arrêter de parler, il disposa sur le lit un costume sombre, une chemise blanche et une cravate rouge. « Maintenant, fais attention, Zev. Un mémorandum d'accord doit être rédigé aujourd'hui. Quand cela se fera, où que ce soit, tu devras y être et surveiller la formulation. La frappe à la machine sera le travail des assistants, dit-il en enfilant un vaste pantalon, mais c'est très important. Un mot de travers peut être très dangereux. En supposant qu'on arrive à un arrangement, tout, ensuite, ira très vite. Les Anglais brûleront de s'en aller. Il sera très difficile de changer la formulation une fois mise noir sur blanc. Veille à ce que, de notre côté, nous n'ayons pas à changer un seul mot! Compris? Voilà ton travail.

– Je comprends, Premier ministre. »

Après plusieurs heures de discussion serrée, les Anglais crurent effectivement Ben Gourion sur parole et acceptèrent l'« acte de guerre » de Dayan. En retour, Ben Gourion accepta qu'ils consentent à contrecœur à avancer leur ultimatum, et leur attaque des aéroports de Nasser, de quelques heures. Dans la petite chambre où on tapait le mémorandum à la machine, Barak, qui marchait de long en large, écouta les assistants anglais, français et israéliens dicter le texte en anglais ligne après ligne d'après des notes prises pendant la réunion, à un secrétaire anglais muni d'une petite machine portable. Plusieurs fois, il dut prendre à part l'assistant israélien pour corriger des formulations trop vagues avant qu'elles ne soient inscrites, et chaque fois sa modification fut acceptée.

En fin de compte, les trois ministres français, les deux diplomates anglais, Ben Gourion et Dayan s'installèrent autour d'une table pour relire le texte. Ben Gourion retarda le processus en s'arrêtant souvent pour réfléchir, ou en répétant certaines phrases à haute voix, tandis que les autres montraient leur impatience et leur désir de s'en aller au plus vite.

La relecture finie, les sept hommes se regardèrent et hochèrent la tête. Ben Gourion prit le papier à son assistant, le signa et le passa au ministre français de la Défense nationale, lequel fit la moue, haussa les sourcils et finit par le signer. Ben Gourion fit glisser la feuille à travers la table vers l'Anglais le plus âgé, un diplomate de rang inférieur à celui de Selwyn Lloyd, qui n'était pas revenu.

« Tout cela n'a rien d'officiel, dit ce diplomate en faisant la grimace. Pourquoi signer? »

Ben Gourion eut un sourire glacé. « Nous avons certainement

besoin d'enregistrer ce sur quoi nous sommes tombés d'accord, répondit-il, son accent russe plus marqué que d'habitude. Autrement qu'est-ce que nous aurions accompli en venant ici ?

– Eh bien, seulement en tant que procès-verbal, » dit l'Anglais avant de signer. Ben Gourion plia la feuille et la mit dans sa poche de poitrine. En quelques minutes, tous avaient quitté la villa, sauf les Israéliens.

Ben Gourion les regarda l'un après l'autre, son visage mobile devenu aussi grave, pensa Barak, que lorsqu'il avait lu la Déclaration d'Indépendance d'Israël, huit ans plus tôt. « Ainsi, messieurs, nous partons en guerre. »

De sorte que le pays qui n'était pas là sortit avec fracas de son inexistence. Les enfants d'Israël marchèrent à nouveau dans le désert du Sinaï, comme aux temps anciens, mais cette fois dans l'autre sens.

La terre du colonel Nasser ne ressemblait guère à l'Égypte de Pharaon, sinon par sa localisation géographique et de magnifiques monuments de l'Antiquité ; le langage, la religion, les mœurs, la culture, avaient changé, et la populace était arabe. Mais, après trois millénaires, les Juifs étaient exactement restés les mêmes Israélites querelleurs de l'Exode, avec le même dieu, la même langue, et le même tempérament national, y compris la même tendance indéracinable à errer perpétuellement entre le sublime et le balagan. Ce que fut la bataille du col de Mitla : moitié sublime, moitié balagan, un fiasco héroïque, l'envers des Thermopyles, une bataille complètement absurde.

Le bataillon de parachutistes fut effectivement lâché sur le col de Mitla, et devait être le détonateur d'une crise internationale, entraînant les débarquements anglais et français à Suez. C'était son unique mission. Il n'en avait pas d'autre. Mais le commandant de la brigade, Ariel Sharon, n'était pas au courant de la stratégie globale. Il crut donc que ses troupes faisaient un saut de cent soixante kilomètres derrière les lignes ennemies pour se battre – malentendu compréhensible.

Cinq jours après que David Ben Gourion eut plié et empoché l'accord, seize avions de transport emportant chacun vingt-cinq parachutistes s'envolèrent vers le Sinaï dans le soleil couchant. C'était le bataillon qui devait sauter sur le col de Mitla et y rester tant que Ben Gourion n'aurait pas évalué les réactions égyptiennes et la bonne foi britannique. Sur les Français, il n'avait aucun doute. Leurs trois escadrons de chasseurs, comme promis, étaient aux aguets sur les aéroports israéliens.

En rasant le sable pour éviter d'accrocher les radars, les seize Dakotas donnaient aux parachutistes tels que Don Quichotte, qui regardait le sol par les petits hublots, l'impression de foncer vers la bataille comme des fusées, alors qu'en fait ces engins étaient de vieux chevaux de labour, des DC-3 qui se traînaient à trois cents kilomètres heure. Ils n'avaient même pas cette distance à couvrir, et trente minutes après le décollage, ils montèrent pour atteindre l'altitude de largage.

Pour Don Quichotte, ce fut une longue demi-heure, un bond tendu et vibrant dans l'inconnu. Pas de ligne de retraite bien précise, comme lors des raids nocturnes, protégés par des unités arrière et un feu nourri, pas cette fois. Le bataillon allait tomber très loin, au milieu d'un désert montagneux, dans le nid de frelons des blindés égyptiens, et dépendre entièrement des parachutages pour le ravitaillement, les munitions, l'eau et le carburant, jusqu'à ce que le corps principal de la brigade d'Ariel Sharon puisse se frayer un chemin vers eux à travers les fortifications ennemies, sur un terrain désertique et difficile. Alourdi par son paquetage, qu'il avait vérifié et revérifié jusqu'à l'ennui, inconfortable et inquiet, Yossi passa ces minutes épuisantes et interminables à repenser à sa rencontre malaisée avec Shayna, la veille, et à essayer de mettre son esprit au clair par rapport au bizarre interlude du Gay Paris.

Shayna avait répondu au téléphone par un énorme éternuement, puis par une voix étonnamment gaie. « Alors, tu es revenu ! Comment était Paris, et où es-tu ?

– Paris est okay. J'appelle du Roi du Falafel, près de la base. Tu as un rhume ?

– Le pire de tous ! Mais ça va mieux. Je l'ai attrapé à la fête, avec toute cette pluie. Heureusement que je ne t'ai pas accompagné, je serais restée au lit avec la fièvre, là-bas comme ici. Viens tout me raconter sur Paris. » Yossi crut entendre à sa voix qu'elle passait l'éponge sur leur dispute et sur son voyage avec Yael, et qu'elle était redevenue aussi affectueuse qu'elle l'avait toujours été.

« Je ne peux pas. » Il était dans une cabine, près du portail de la base aérienne, là où les aviateurs et les parachutistes bavardaient avec leurs femmes ou leurs petites amies, leur murmuraient de tendres adieux devant des falafels et de la bière, car l'opération était imminente. Il baissa la voix. « Alerte rouge.

– Je vais venir, alors.

– Pas si tu es malade.

– Bêtises. Quelle heure est la bonne?

– J'ai accordé une pause à ma compagnie – à sept heures.

– Je serai là. »

Toujours aussi laconique, elle raccrocha sans un mot de plus. Shayna était parfois insondable! Il avait envie de la voir, de la retrouver avant de partir se battre. Il en avait aussi très peur. Cette histoire folle avec Yael, à Paris, n'avait aucun rapport avec ses galipettes habituelles dans l'appartement de la rue Karl-Netter. Comment parler de Paris à Shayna sans le lui raconter? C'était surtout ça qui s'était passé là-bas.

Quand Yossi arriva à sept heures devant le Roi du Falafel, il la trouva emmitouflée dans son manteau. « Qu'est-ce qui se passe? dit-elle tout de suite, avant d'éternuer.

– Béni soit Dieu! Rien. » Il se laissa tomber sur une chaise. Un exposé sinistre dans la salle de réunion glaciale de la base, avec de grandes cartes du Sinaï et des transparents marqués par de grosses flèches, venait d'indiquer au bataillon la nature de sa mission. Risquée! Écarter la guerre de ses pensées au profit de l'amour était un soulagement. Il aimait vraiment cette fille : dès le premier regard, il en était sûr. Paris n'avait pas d'importance. Même le nez rouge de Shayna l'attendrissait. Quand elle souriait, ses joues s'arrondissaient d'une façon particulière, très belle, et ses yeux brillaient en le voyant comme ne l'avaient jamais fait ceux de Yael. Mais Yael, comme elle l'avait dit, n'était pas amoureuse de lui.

« Tout le monde dit que c'est la guerre. A Jérusalem, on recommence à constituer des réserves, dit Shayna. Maman est comme tout le monde, nos placards sont remplis. Les boutiques se vident. Mais je ne pose pas de questions. » Elle le scruta d'un regard aigu.

« Bien. Ne le fais pas.

– Alors? » Elle prit sa main dans la sienne. « Parle-moi de Paris. C'était amusant? »

Question parfaitement innocente. Ou bien non? Le visage de la jeune fille ne laissait paraître que la joie habituelle de le voir. Mais pourtant, n'était-elle pas un peu trop insouciante? Elle serra sa main et continua. « Oh, quelle terrible dispute nous avons eue. C'est à moi d'en parler. Yossi, je m'excuse. Ne m'as-tu pas parlé des parachutistes pétrifiés qui n'arrivent pas à sauter? C'était ça. Paris, c'était un saut, et je me suis pétrifiée. Je suppose que j'aurais pu me battre et convaincre mon père, mais je ne l'ai pas fait, et c'est du passé. Il se trouve que je suis tombée malade, alors tout est pour le mieux. Je n'aurais été qu'une gêne. Et mes parents étaient tellement soulagés que je n'y aille pas!

– Paris, c'est surfait.

– Allons, arrête. En quel sens?

– Eh bien, je n'étais peut-être pas d'humeur. Tu m'as manqué. » Il fallait bien une petite touche de vérité.

Les joues de Shayna rosirent de façon adorable. « Oh, c'est vrai? Comme c'est gentil. Commence par le commencement. Dis-moi tout ce que toi et Yael avez fait. »

(A tous les diables!)

« Eh bien, le premier soir, Lee nous a invités aux Folies Bergère.

– Oh-ah. Les Folies Bergère. Est-ce que les actrices dansent vraiment sans rien sur elles?

– Oui, ou alors avec les costumes les plus somptueux qu'on ait jamais vus. Je les préfère habillées. »

Shayna eut un sage regard en biais de vieille dame. « Bien sûr. Et puis? »

Il la fit rire en décrivant le maître d'hôtel de la Tour d'Argent, puis l'hôtel plein de puces. Elle envia leur escalade de la tour Eiffel – « C'est ce qui me paraît le mieux » – écouta en ouvrant de grands yeux sa visite des hauts lieux et la représentation de *Tartuffe*. « C'est à peu près tout. Quand nous sommes rentrés à cet hôtel misérable, on a trouvé des télégrammes nous demandant de rentrer par le premier avion.

– Et l'hôtel George V? demanda-t-elle.

– Quoi donc? » Il était extrêmement surpris. « Tu veux un falafel?

– Cette suite de luxe que ton frère a louée. Qu'est-ce qui s'est passé là-bas?

– Je crois que je vais prendre un falafel.

– Bon, moi aussi, alors. »

Il la regarda à la dérobée en attendant qu'on leur prépare leurs falafels. Elle paraissait tout à fait calme, sans trace de jalousie, de colère ou de soupçon. Que savait-elle? Est-ce qu'elle avait parlé avec Yael? Mais celle-ci, avec lui, était allée tout droit à la base de Ramle, où Pasternak avait installé le quartier général de Dayan, et depuis elle travaillait jour et nuit. Il l'avait croisée une fois dans un couloir, pâle et décoiffée, et elle l'avait à peine salué au passage. Et puis Yael ne lui dirait jamais un mot. A moins que? C'était une dure, avec des griffes acérées. Qu'y avait-il derrière le doux visage de ce sphynx de dix-neuf ans?

« Tu n'es pas allé à cet hôtel? demanda-t-elle quand il apporta leurs falafels. Ton frère m'a parlé de cette suite, à la fête. Il a dit qu'il vous la prêterait. Ça avait l'air fantastique.

– Oh, Lee aime bien frimer. Oui, nous sommes allés y prendre un verre. Il y a une jolie vue, mais pour moi c'était comme un décor de cinéma. Bidon.

– Je parie que ça a plu à Yael. » Il la regarda, hébété. « Elle aime bien le luxe, j'en suis sûre.

– Oh, à ce moment-là on était très fatigués. Elle a fait la sieste.

– Là ? Dans la suite ? Comme c'est bizarre. Pourquoi pas à votre hôtel ?

– Elle prétendait qu'il y avait des puces.

– Des puces ! Pouah !

– Une petite sieste, et on est allés à la Comédie-Française.

– Qu'est-ce que tu as fait pendant sa sieste ?

– Lee avait quelques revues grivoises, que j'ai lues.

– C'est bien toi. » Elle le regarda en silence, nettement plus sceptique qu'avant.

« Un autre falafel, Shayna ?

– Je n'arrive pas à finir celui-là. »

Pour Yossi, il était évident qu'elle avait compris ou qu'elle le savait déjà. Pourquoi avait-il menti si maladroitement ? Pourquoi cette histoire de sieste, l'*Azazel* ? Pourquoi les revues de fesse ?

« Je vais te dire, Yossi, je commence à avoir des soupçons.

– Quoi ? Comment ça ?

– Je crois que tu as passé un moment merveilleux, et que tu ne veux pas que ça me rende triste. Mais ne fais pas l'idiot, on ira à Paris ensemble, un jour. Combien de temps te reste-t-il ? Peux-tu m'accompagner à l'arrêt du bus ? Il part dans un quart d'heure.

– Allons-y. »

Il voulut l'embrasser dans le noir. « Non. Tu vas attraper mon rhume.

– Peu importe.

– Non. Je parle sérieusement. Non. »

Yossi savait ce que cela voulait dire. Quand elle était en jean, cela s'accompagnait habituellement de tendres privilèges, mais pas ce soir, visiblement. Ils marchèrent quelque temps en silence. « Écoute, Yossi, ma cousine Faiga se marie bientôt. Y a-t-il une chance que tu puisses venir avec moi au mariage ?

– J'irai si je peux », répondit-il, les cartes du parachutage de Mitla encore gravées dans son esprit.

– Ça me fait peur de voir mes amies se marier à droite et à gauche. » Shayna eut un rire joyeux. « Dans un an, je serai la vieille fille de la bande. Mais je m'en moque. Sais-tu, quand tu étais à Paris on m'a demandée en mariage ? Imagine ce que j'aurais manqué en y allant ! »

Quichotte fut piqué au vif. « Qui, encore?

– Qu'est-ce que tu veux dire? Encore? Est-ce que j'en ai tant que ça? Bertram Parker, il s'appelle. Il est venu me voir quand j'étais malade. En fait, il me l'avait demandé il y a deux ans, et bang, il est revenu faire sa demande.

– Et c'est un de tes amis d'une *yeshiva*, exempté de l'armée?

– Oh non, Bert est très religieux, mais il est B'nai Akiva. Il a fait ses trois ans et il est artilleur dans la réserve. Ne t'inquiète pas, je n'ai pas accepté. » Elle lui reprit la main. « Alors ne fais pas cette tête-là. Tu es bien allé à Paris avec la belle Yael Luria, est-ce que je fais la tête? »

« Dernier test! » L'aboiement du maître de saut couvrit le rugissement du bimoteur. Cliquetis de ceintures, grincements des sièges baquet, déclic des Uzis, plaisanteries tendues entre les jeunes parachutistes, visages figés des vétérans qui testèrent les sangles, le dorsal, le ventral, les cordes supérieures, les fixations aux jambes. Plus à s'inquiéter de Shayna, du moins pour le moment!

« Dvukah Aleph! » (Première équipe!)

Yossi et les cinq autres de son groupe se levèrent et avancèrent, les sangles du haut accrochées au câble, jambe gauche en avant, jambe droite en arrière. La porte coulissante s'écarta, un torrrent d'air glacé, les rayons rouges du couchant traversèrent la carlingue obscure, incendiant les jeunes visages. On ne plaisantait plus.

« Kfotze! » (Saute.)

Yossi s'était mis à la troisième place, pour voir le saut commencer normalement. Le premier à sauter, un bon gars. Dehors, parti! Le deuxième, une hésitation minime, s'accrocha trop longtemps.

« Kfotze! » Le sous-officier le poussa sans ménagement au creux des reins. Parti!

Le tour de Yossi. Dans l'ouverture, le vent, un rugissement! Un soleil rouge à moitié enfoui derrière les montagnes noires. Différent du Néguev, des vraies montagnes. Peut-être le mont Sinaï, là-bas, comment savoir? Moïse, les dix commandements...

« Kfotze! »

En riant, Don Quichotte se jeta dans le vide, tourna sur lui-même dans l'air glacé. Brève chute à la verticale, la drôle de sensation attendue dans les couilles – la secousse des sangles! Ça se balance, ça se balance, le parachute claque et se gonfle, magnifique, au-dessus de sa tête. Silence paisible, chuintement de la toile, des parachutes qui flottent ici et là dans le ciel bleu foncé. Détacher le sac de jambe, détacher le parachute ventral, les laisser pendre bien à l'écart...

Là, très bas, vers l'ouest, le pilier solitaire du Mémorial Parker à peine visible dans le demi-jour, signalant l'entrée du col de Mitla. Lui et les autres soldats éparpillés dans le ciel allaient atterrir trop court, quatre ou cinq kilomètres à l'est. Voilà ce qu'il eut le temps d'observer, mais le sable gris-brun mêlé d'éclats rocheux se précipita vers lui. Au sol, vent faible. Bon. Il tomba durement, en bonne position, les pieds soudés ; un roulé boulé sans heurt, son meilleur saut ! Maintenant, sus aux Égyptiens ! Autour de lui les parachutistes touchaient le sol, certains maladroitement, d'autres plus en douceur. Un soldat gémissait de douleur, pas loin, convulsé, la jambe tordue sous lui dans le sable, un jeune d'une autre compagnie. Yossi détacha son parachute et son paquetage, se précipita pour l'aider.

Dans le coucher de soleil, l'étoile du soir brillait comme un joyau. L'air se refroidissait, le vent se levait, et le Mémorial, dans la lueur pourpre du crépuscule, était une vague éminence à l'ouest, où des traînées orange s'attardaient à l'horizon. Le commandant du bataillon, Raful Eitan, un petit moshavnik boucané qui pouvait passer d'un sourire charmeur à la cruauté la plus froide, rassembla et inspecta ses troupes ; un bon largage, à peine douze blessés légers sur quatre cents parachutistes. Raful fit avancer les trois compagnies vers l'ouest sur un semblant de route, une piste chamelière au milieu du désert silencieux et glacé. Pas un être vivant en vue, pas même une plante. Aucune trace des Égyptiens. Quatre cents hommes en marche, comme une patrouille perdue dans les sables et les rochers, sous la vaste coupole du ciel obscur.

Au Mémorial, vaguement éclairés par un reste de lumière et les étoiles qui pointaient, ils installèrent très vite leur périmètre défensif, creusèrent des abris, disposèrent des abris et des embuscades sur la piste qu'ils avaient suivie, déclenchèrent les postes de radioguidage. Quand ils entamèrent leurs rations, des formes noires et bienvenues se mirent à ronronner sous les étoiles, et ils les acclamèrent en voyant flotter vers le sol des bouquets de parachutes leur apportant des jeeps, des mortiers, des munitions, des armes, des rations, de l'eau et des médicaments. Les bruits de moteur moururent dans la nuit et le bataillon fut abandonné dans le désert : quelques hommes munis d'armes légères, à la merci des blindés ennemis.

« Ben Gourion a beaucoup de fièvre. »

Rasé de frais, l'œil brillant, Moshe Dayan entra au petit matin dans le bureau de Pasternak, au quartier général installé dans une petite cabane délabrée de l'ancienne base aérienne de Ramle, à l'extérieur de la ville. Il y avait aussi des bunkers, creusés plus récemment, mais Pasternak ne voulait pas s'enterrer dans un trou. Jusqu'ici l'aviation égyptienne n'avait pas bougé, et de toute façon, disait-il, il préférait ne pas s'enterrer et comptait sur l'habileté des Égyptiens pour rester en vie.

« Le Vieux a subi des pressions terribles, répondit-il.

– En même temps, il a la tête claire, et il veut savoir ce qui se passe. »

Pasternak eut un geste las vers les transparents couvrant la grande carte murale du Sinaï. Un cercle rouge, très loin, indiquait les parachutistes de Mitla, et deux flèches noires et trapues vers la frontière égyptienne, au nord et au centre, montraient les incursions de l'infanterie qu'on pouvait rappeler d'urgence. Dayan cogna sur la carte du dos de la main. « Est-ce qu'Arik Sharon est parti les rejoindre?

– Il y a une demi-heure, il a signalé *"Je pars"*. Il n'a pas reçu la moitié des six-roues qu'on lui avait promises, alors il a réquisitionné tous les autobus et véhicules civils qu'il a pu trouver.

– C'est bien de lui. Bon, il avance. » Pasternak appuya sur un bouton de l'intercom. « Yael, apporte-moi la dépêche de Raful... Les premières nouvelles de Mitla, et c'est troublant. Ses transmissions étaient en panne à cause du largage, et viennent seulement de reprendre... »

Liasse de dépêches à la main, cheveux au vent, Yael entra en courant. Dayan parcourut la première feuille et la parapha. « Ainsi donc, deux jeeps égyptiennes en patrouille sont tombées sur Raful dans le noir, et se sont échappées. Et puis quoi? Ils ne sauront pas quoi en penser. Le Caire non plus. Pas avant une reconnaissance aérienne – Yael, il faut que tu dormes. »

Elle était écroulée contre la carte, les yeux rouges, en train de bâiller. « Sam a besoin de dormir. Un café, Dode Moshe? »

Dayan secoua la tête.

« J'en reprendrai bien », dit Sam. Elle ressortit.

« Après avoir parlé avec Ben Gourion, je vais au sud en avion, ajouta Dayan.

– Où, au sud?

– Où ils se battent.

– Moshe, on a besoin de toi ici.

– J'ai besoin de voir les soldats, et ça leur fait du bien de me voir. Pour cette campagne, tout est prévu. Reste en contact, et fais-moi savoir tout ce que je dois décider. » Il examina un horaire épinglé au mur, avec les opérations prévues jour après jour pour les deux prochaines semaines, sur quatre colonnes : Israël, France, Angleterre, Nations unies. « Tu es très optimiste au sujet de l'ONU, n'est-ce pas? Pas de vote décisif avant dix jours? Divise ça par deux.

– Pourquoi, Moshe? Tout dépend des Américains. Les Russes vont pousser les hauts cris et faire des menaces, mais imagines-tu qu'Eisenhower va lâcher ses alliés? Il va pleurer, " C'est une honte, une honte ", ça oui. Agir vraiment, non. »

Dayan secoua vigoureusement la tête. « Ce Dulles va lâcher la France et l'Angleterre, c'est sûr. On fait la course avec cette vieille bique, si en fait *ça* a lieu aujourd'hui. » Son index tendu désigna deux lignes dans les colonnes France et Angleterre : *Ultimatum.* « Autrement, on fait KADESH tout seuls. Ça aussi, c'est okay. Allons jeter un coup d'œil à la salle des opérations. »

Au centre de la grande salle tapissée de schémas organisationnels, des femmes soldats autour d'une très grande table poussaient ici et là sur la carte des témoins représentant les brigades ou bataillons égyptiens et israéliens et déplacaient des épingles montrant les lignes de front. De jeunes officiers, devant des listes ou installés à des bureaux, beaucoup avec des écouteurs au bout d'un long fil, suivaient les événements au milieu d'un bourdonnement de voix affairées ponctué par des coups de téléphone et des aboiements brefs dans les micros. Pasternak et Dayan firent le tour de la pièce, interrogèrent les officiers et reçurent successivement des rapports tels que : « Pas de réponse... » « On ne peut pas les joindre... » « Le signal est brouillé... » « Ce n'est qu'une supposition... »

Quand Yael lui apporta un café, Sam porta la tasse à ses lèvres sans la remercier ni la regarder. « Le fait est, Moshe, grommela-t-il, que les communications sont terribles. Du mauvais matériel, un personnel mal entraîné.

– D'autant plus de raisons pour que j'aille sur le front. » Dayan indiqua la salle d'un grand geste du bras. « Quant au tableau qui se dessine, jusqu'ici, ça va. Je veux un avion pour 4 h 30.

– Il sera prêt. »

Dayan s'en alla. Yael s'approcha, lui apportant un sandwich sur une assiette en carton. « Je n'ai pas faim, dit-il sèchement.

– Tu ne sais pas si tu as faim ou non. » Yael parlait à voix basse, d'un ton familier. « Tu ne sais pas ce que tu fais. C'est étonnant que tu sois encore debout. Tu n'as pas dormi depuis quarante heures, est-ce que tu te rends compte?

– Tu comptes les points?

– J'ai préparé une couchette dans la chambre du sous-sol.

– Ça sent comme dans une tombe. Je n'irai pas dans ce trou.

– Si, tu iras. Moshe m'a dit : " Prends soin de Sam, il fait un boulot magnifique, il est irremplaçable. " Voilà ce qu'il a dit, mot pour mot.

– Très bien. » Il prit le sandwich. « Je vais manger.

– Tu vas dormir, dit Yael dans un chuchotement autoritaire, et tout de suite. Je te réveillerai dans une heure... ou avant s'il arrive quelque chose d'important.

– Bon, alors vérifie ces six-roues que Sharon était censé recevoir, tu m'entends? Et dis à Uri de prévenir l'officier responsable que s'il ne fait pas la jonction avec Sharon, il peut se préparer à passer en cour martiale. »

Dans le bunker, au lieu de se glisser sous la couverture grossière posée sur la couchette, Pasternak se recouvrit d'une capote militaire, et tira sur le cordon pour éteindre l'ampoule qui pendait au plafond. Yael descendit les marches, une lampe de poche à la main, et lui ôta ses bottes malgré ses récriminations. « Ça sent bien comme dans une tombe, dit-elle. Calme et paisible. Les six-roues de Rehovot vont faire la jonction avec Ari, en fait ils arriveront les premiers.

– Qu'est-ce que tu as acheté aux Galeries Lafayette, marmonna-t-il, à moitié endormi.

– Hein? » Tombant de sommeil, elle aussi, Yael mit un moment à comprendre. « Oh? Tu veux dire à Paris? » Il lui semblait qu'il y avait des mois de cela.

« Et où donc? Au col de Mitla?

– Bon, si tu veux vraiment savoir, de la lingerie française très olé-olé.

– Ah! Tiens! Je suis impatient de voir ça. » Il essaya de la peloter quand elle rajusta la capote autour de lui, mais elle écarta sa main d'une tape.

« Oh, tu crois ça? Tu peux toujours attendre.

– Tu continues avec ces bêtises? »

Yael ne dormait plus avec Sam depuis environ deux mois, car elle était de moins en moins satisfaite de son statut. Ce genre de refroidissement leur était déjà arrivé, avait fondu à la chaleur de la passion, et maintenant il était revenu.

« Non, j'ai mis fin à toutes ces bêtises, une fois pour toutes. Oublie tout ça, Sam. Repose-toi. »

Elle trouva son frère dans le bureau de Sam. Benny portait une casquette doublée en mouton, sortant d'un film sur la Seconde Guerre mondiale, crânement inclinée sur le front. Par rapport à la plupart des officiers du quartier général, il paraissait frais et dispos, de bonne humeur. « Voici le rapport que voulait Dode Moshe sur ma mission.

– Moshe était là, il est parti. C'est plutôt fou, ce qu'on nous a raconté sur toi, Benny.

– Eh bien, lis et tu verras. »

Elle sortit de l'enveloppe une mince feuille de papier par avion, tapée à la machine à un seul intervalle.

29 octobre 1956

RAPPORT INTÉRIMAIRE D'OPÉRATION – URGENT

Sujet : Panne de matériel

1. Mon groupe a reçu pour mission d'interférer avec les communications ennemies, d'empêcher tout rapport sur le parachutage à Mitla en coupant les fils du téléphone dans le Sinaï. Quatre Mustang ont été spécialement équipés pour cette tâche avec des câbles plombés munis de crochets pour arracher les fils.

2. La mission a décollé à l'heure prévue. Mais les câbles plombés ont été arrachés par les fils, ou perdus en se dirigeant vers l'objectif. Le matériel s'est avéré trop fragile pour cet usage.

3. Il a donc été décidé d'essayer de couper les fils avec les ailes et les hélices de nos avions. Ceci fait, la mission a été accomplie. Toutes les lignes indiquées ont été coupées.

4. Néanmoins cette méthode est risquée, puisque les appareils doivent voler à quatre mètres du sol, qu'il est possible que des fils s'enroulent autour des hélices ou endommagent les ailes. Il est proposé d'employer à l'avenir des câbles plus solides ou des instruments tranchants plus efficaces.

Benny Luria,
commandant major

Yael fixa son frère, qui finissait le sandwich de Pasternak, à moitié mangé. « Tu as réellement accompli cette mission?

– Moi et trois autres types. Pourquoi?

– Qui a eu cette idée délirante avec les hélices? Et comment as-tu pu prendre un risque pareil?

– Bon, en fait, Yael, le mois dernier un élève pilote de la base a heurté par erreur des fils téléphoniques et les a coupés. Lui et l'avion ont survécu. Donc, on savait que c'était possible. Et cela n'a pas été trop dur. Juste un choc et une bonne secousse. J'ai loupé mes fils deux fois avant de les couper.

– Les avions ont souffert?

– Quelques bosses, quelques éraflures. L'hélice de mon avion est foutue. Les Mustang sont de bonnes bêtes. »

Tous les deux faisaient leur cinéma : le pilote jouait à l'insouciance, Yael prétendait être indignée. En fait elle crevait d'admiration pour son frère, et Benny d'admiration pour lui-même. Piquer vers ces fils lui avait donné des sueurs froides.

Pasternak entra accompagné de Zev Barak qui venait d'arriver, épuisé et mal rasé. « Yael, je ne pouvais pas dormir. Salut, Benny... Tu connais la dinguerie de ce coupeur de fils? dit-il à Barak.

– J'en ai entendu parler.

– Sam, pourquoi n'attaque-t-on pas les aéroports égyptiens, tu le sais? demanda impétueusement Benny. A l'aube, ils vont tous décoller, c'est sûr. Et ils sont quatre contre un. On est en train de gâcher notre meilleure chance.

– Ne pose pas de questions quand ce n'est pas tes affaires.

– C'est l'affaire de qui, combattre l'aviation égyptienne? En tout cas, voilà mon rapport.

– Deux gosses et un troisième en train, dit Yael, et il fait une folie pareille.

– Une famille de dingues», glissa Pasternak. Le frère et la sœur partirent ensemble, le sourire aux lèvres.

Quand ils furent sortis de la pièce, Barak ajouta : « Tu aurais pu dire à Benny ce qui se prépare, en gros.

– Lui dire quoi? rétorqua Sam. Qu'un raid aérien est un acte de guerre flagrant, et que jusqu'à l'entrée en jeu des Anglais nous devons prétendre que tout ça n'est qu'un raid? Dis-lui *en gros* sans violer la sécurité, si tu peux! Tu as ma permission. »

Barak examina le transparent de la carte murale, qui signalait les avancées projetées dans le Sinaï. Il suivit du doigt l'axe sud, qui commençait à Eilat, le point le plus au sud d'Israël, courait le long de la côte est du Sinaï sur trois cents kilomètres jusqu'à Charm el-Cheik, l'extrémité de la péninsule. « Pour Sharon, c'est difficile, mais pour ma brigade ça peut être encore plus dur. Nous avons des véhicules en plus mauvais état, nos troupes sont des vieux réservistes, et ce n'est pas un terrain pour les six-roues. Nous ne pouvons pas emporter assez de ravitaillement pour aller jusqu'à Charm el-Cheik. C'est clair.

– C'est tes problèmes et ceux de Yoffe ». Barak était commandant en second du colonel Abraham Yoffe. « Notre seul objectif, dans cette guerre, est de rouvrir le détroit de Tiran, quoi que fassent les Français et les Anglais. Alors ne dis pas de bêtises, contente-toi de trouver le moyen de résoudre ton problème de ravitaillement.

– Eh bien, j'ai demandé à la marine de nous ravitailler à Dahab. C'est environ à mi-chemin de Charm. Malheureusement, les péniches de débarquement qui auraient pu transporter le matériel sont à Haïfa.

– A Haïfa? Pourquoi Haïfa? Pourquoi ne sont-elles pas à Eilat, où on a depuis des mois des actions terroristes et des projets militaires pour le sud?

– C'est une question. Balagan. Demande à la marine.

– Fais venir les navires à Eilat par terre.

– Je viens d'examiner la question.

– Alors?

– En fait, c'est faisable. Ils pourraient aller par rail de Haïfa à

Beersheba. Là on pourrait les charger sur des camions à plateau et les emmener à Eilat.

– Voilà ta réponse.

– Non. J'ai pris la peine de vérifier le trajet. Il est évident que les engins seront bloqués par des obstacles sur la route – des gares, des hangars, des entrepôts, comme d'habitude.

– Démolis-les. »

L'expression inquiète de Barak s'éclaira d'un sourire. « Vraiment? Et qui donne la permission de ces démolitions? Et qui paye?

– On s'occupera de ça. Fais-le. »

Yael revint, le visage sombre, et tendit une dépêche à Pasternak. « Des nouvelles de Mitla.

– Hmm! » Sam la parapha et la montra à Zev. ATTENDONS ATTAQUE BLINDÉE SUR NOTRE POSITION À L'AUBE. DEMANDONS D'URGENCE APPUI AÉRIEN.

– Réveille l'officier de liaison français, ordonna Pasternak à Yael. Ça commence à chauffer pour ton copain Don Quichotte.

– Lui? Il va écarter les obus comme des papillons. » Elle sortit de la salle d'opérations, où régnait maintenant le tumulte.

Sam et Zev se regardèrent. « On est loin de cette villa française, dit Sam.

– On est loin de Charm el-Cheik », répondit Zev.

17

Omelettes et mousquetaires

Don Quichotte, couché sur le dos dans un trou d'homme, contemplait les étoiles du désert avec les réflexions fatiguées d'un soldat – de vagues éclairs de terreur devant la nuit sans fin de l'univers, des élans de nostalgie envers Shayna, son corps mince contre le sien, des souvenirs fragmentés de sa folle équipée à Paris avec Yael, qui le faisaient rire à haute voix dans l'obscurité. Une putain française, vraiment! Cette Yael, quelle femme, même s'il voulait ne plus avoir affaire à elle. Une vraie panthère! *« Quelque chose à faire une fois... »* Exactement, Yael.

La colonne blindée égyptienne en route pour Mitla avait été écrasée par l'aviation; pour l'instant, très bien. Mais après une journée de dur labeur à fortifier des batteries avec du sable et des rochers, et les attaques aériennes ennemies qui avaient désorganisé leur travail sans faire de dégâts, il était épuisé. Les rumeurs venues d'ailleurs étaient toutes encourageantes : au nord, des victoires, et on attendait pour le lendemain le renfort de la brigade de Sharon, qui capturait ou contournait les fortins ennemis au passage. Pelotonné pour dormir une heure avant de prendre son tour de garde, bien abrité d'un vent froid et vif par des tas de sable autour du trou, il sommeillait lorsqu'il fut réveillé par un picotement nerveux. Qu'est-ce que c'était? Un grondement lointain... par terre, ou en l'air? Une attaque de nuit? Il attrapa son fusil et bondit hors de son trou. Tout autour de lui les silhouettes des parachutistes sortaient de terre avec leurs armes. « Arik! » cria quelqu'un. Les cris fusèrent à droite et à gauche, et il discerna des insectes qui rampaient sous les étoiles, au nord-est, une colonne longue de plusieurs kilomètres sous un nuage de poussière.

« Arik! Arik! »

Yossi se joignit à ceux qui acclamaient les hommes montés sur des camions, des autobus, des chars et des half-tracks, avançant dans des rugissements de moteur et des bruits de ferraille. Beaucoup avaient des pneus à plat, des radiateurs qui bouillaient, mais les parachutistes jubilaient, trottaient à leurs côtés en criant des hourrahs. Les soldats sautèrent à bas des véhicules, mal rasés, couverts de sable et de cambouis, en embrassèrent d'autres tout aussi sales et débraillés. De toutes ces réunions, nulle ne fut plus joyeuse que celle de Don Quichotte avec un grand soldat rouquin et grassouillet. Ils se donnèrent de grandes claques dans le dos et des baisers sur les joues qui sentaient l'huile et la poussière.

Quichotte adorait Aaron Stein, un gros kibboutznik pas très malin, surnommé Jinji à cause de ses cheveux roux. Jinji avait failli échouer à l'entraînement des parachutistes comme au cours de chef de peloton, et il adorait Quichotte qui l'avait aidé à réussir l'un et l'autre. De par leur passé, c'était une amitié bizarre : Quichotte était un juif polonais passé par Chypre, Jinji était fils et petit-fils de pionniers de Deganya Aleph. Un sabra pur jus ne parlant que l'hébreu avec l'accent local, ignorant aussi bien le monde extérieur que la religion juive. Il n'avait qu'un seul point de vue, le socialisme sioniste, et la compétition avec ses pairs de Deganya Aleph était son unique mode de vie. Il s'était tordu la cheville lors d'un saut d'exercice, puis fêlé deux côtes contre un rocher à son premier largage. Le commandant de l'entraînement lui avait conseillé d'essayer plutôt l'artillerie ou les blindés, mais il venait de Deganya Aleph, ce serait le parachutisme ou la mort, et il était devenu parachutiste, tout en restant chef de peloton, alors que Yossi était monté jusqu'à commandant de compagnie.

« Quelle avancée! Vous entrerez dans l'histoire, s'écria Yossi. Du Jourdain au col de Mitla en un jour et une nuit!

– Le plus grand balagan qu'on ait jamais vu, répondit Jinji d'une voix enrouée. On a gagné deux ou trois bonnes batailles, c'était bien, mais la préparation, le ravitaillement, la maintenance, les pièces détachées – rien! Je meurs de soif. Tu peux me donner une goutte d'eau? » Quichotte lui donna sa gourde. « Crevaisons, pannes, moteurs morts, je ne te dis pas. Nous avons été mobilisés à si court délai et on est allé si vite que rien n'était organisé. J'ai changé quatre fois de véhicule en chemin, et...

– Mais tu es là.

– Je suis là, tu as raison, on entrera dans l'histoire! Vous avez été attaqués par des avions, hein?

– Pas de problème. Notre couverture aérienne a rappliqué. Quand ils ont vu les nôtres, ils se sont carapatés. »

Jinji lui donna un coup de coude. « Regarde ça. » Non loin de là, sur le capot d'une jeep, Raful Eitan et Ariel Sharon avaient étalé une carte et se penchaient dessus avec une lampe de poche. Sharon maintenait à plat la carte fouettée par le vent avec un long poignard. Aussi sale que ses hommes, c'était un gros sabra blond avec une réputation sanguinaire acquise après avoir préparé et exécuté des représailles impitoyables. « Et maintenant, qu'est-ce que tu crois? demanda Jinji.

– Si je connais ces deux-là – et Quichotte, en tant que commandant de compagnie, avait souvent affaire à eux – nous partons pour Suez à l'aube. Par là. » Il tendit le pouce vers le défilé menant à Mitla, une éminence noire sous les étoiles. « Sharon va battre tout le monde dans la course au canal ou nous faire tous tuer en route.

– On a reconnu le défilé, Yossi?

– Par air, oui. Pas d'Égyptiens. »

Devant la carte, Sharon dessinait un itinéraire avec la pointe de sa lame. « On ne va pas aller vite, dans ces deux défilés, Raful, mais dans cette soucoupe » – le poignard décrivit la vaste étendue centrale – « et c'est la partie la plus longue, il y a toute la place de manœuvrer. » Sa voix n'était plus qu'un croassement, il avait les yeux gonflés, réduits à des fentes dans un masque de sable et de cambouis, mais un sourire carnassier lui découvrait les dents, et sa calotte était cavalièrement perchée sur son front. « Dès qu'on aura débouché à l'autre bout, on aura fait plus de la moitié du chemin.

– A tes ordres. » Eitan connaissait, sans plus le comprendre que Sharon, l'ordre du quartier général interdisant tout mouvement à l'ouest vers le col.

Car la grande feinte politique de l'alliance franco-anglaise n'avait pas encore été révélée aux commandants sur le terrain. Au nord, une brigade blindée avait sauté le pas et franchi la frontière pour une attaque de nuit. Dayan était arrivé en avion, fou de rage, et avait engueulé les commandants de la brigade et du front nord qui étaient restés profondément perplexes, puisque Dayan avait lui-même créé à Lod et à Ramle une légende qui était un défi pour tout officier ambitieux : oublier les ordres et foncer au combat. Pour Arik Sharon, le col de Mitla était visiblement une chance d'éclipser Lod et Ramle en arrivant le premier au canal, et Quichotte avait raison : rien n'allait l'arrêter.

Sharon, au matin, demanda à l'état-major, par voie aérienne, la permission de franchir le col. Refusé. Il demanda ensuite de pouvoir envoyer « une patrouille » en reconnaissance aux abords du défilé, en vue d'occuper les hauteurs près de l'entrée du col. Un Piper Cub déposa brièvement un officier du grand quartier général lui en donnant la permission, avec des ordres très stricts et très contraignants. Quand l'avion décolla, Sharon organisa et envoya « une patrouille » grande comme un bataillon, capable de défendre les trente kilomètres du défilé contre toute opposition prévisible. A midi, sous le beau soleil du désert, une longue colonne de half-tracks, de chars, de camions et de mortiers auto-tractés se dirigea vers les contreforts du défilé, tandis que les parachutistes de Raful restaient enterrés sur place.

Perché à côté de son trou, mitraillette à la main, Don Quichotte regarda passer la colonne. « Je t'envie ! » cria-t-il à Jinji qui lui faisait signe en souriant du haut d'un camion. Quichotte était souvent parti avec ce genre de colonne, jusqu'au point où ils se lançaient dans un raid de représailles. Mais c'était la guerre, et l'objectif n'était autre que le canal de Suez ! Le paysage rocheux et désolé qui l'entourait, les pics déchiquetés et les falaises usées qui se lançaient à l'assaut du ciel, tout cela faisait frémir son sang : c'était le Sinaï de la manne céleste, du veau d'or et de la Voix tonnante, comme il se l'imaginait pendant son enfance. Il ignorait tout, bien sûr, du concept stratégique plus large, comme Raful et Sharon. Et il n'avait pas la moindre idée que cette avancée massive dans le défilé violait des ordres impératifs, non plus qu'il ne pouvait savoir, pas plus que Raful et Sharon, que pendant la nuit un important détachement égyptien avait occupé le col de Mitla, puissamment armé, et s'était retranché dans des grottes et des crevasses sur les flancs du défilé.

Sam Pasternak marchait de long en large comme un ours en cage, ses vastes épaules agitées par une houle. Il eut un grognement à l'adresse de Barak, qui venait de rentrer après avoir reconnu la ligne de chemin de fer de Beersheba. « Bon, c'est bien, au moins tu es là. Et ces péniches de débarquement ? As-tu commencé les démolitions ?

– Comment ? Je n'ai jamais reçu ton autorisation.

– Je vais étrangler Yael.

– Où est-elle ?

– Allée chercher le colonel Simon, qui fait la liaison entre Ben Gourion et le gouvernement français. On va chez Ben Gourion – il est toujours au lit avec la fièvre – dès que Dayan arrive. Son avion est très en retard. » Pasternak jeta un coup d'œil à la pendule murale, le front plissé par l'inquiétude. « Le Vieux a reçu une lettre d'Eisenhower qui ne lui plaît pas. »

Le téléphone sonna. « Oui ? tout de suite. » Il raccrocha et pointa le doigt vers la salle de guerre. « Okay, Dayan vient d'arriver, il est là-dedans et il gueule à propos de Mitla.

– Mitla? Qu'est-ce qui s'est passé à Mitla?

– Tu n'as pas entendu parler de Sharon? Tu vas savoir. Viens. »

Zev fut épouvanté de voir Dayan, l'œil exorbité par la colère sous son casque, la pupille entourée d'un large anneau blanc. L'uniforme du chef d'état-major était couvert de poussière, il avait le visage sale et couvert de sueur. Des questions rageuses mitraillèrent Pasternak : comment cela avait-il pu arriver? qui avait donné à Sharon la permission d'avancer vers le col de Mitla? où étaient les dépêches? que se passait-il en ce moment? et qu'est-ce que c'était que cette folie à propos de Ben Gourion qui voulait annuler l'opération KADESH?

Sam, cette fois, se fit conciliant. On n'avait autorisé Arik qu'à envoyer une patrouille dans le défilé. Comment un bataillon entier se retrouvait pris au piège sous le feu de l'ennemi, il s'efforçait de l'apprendre. Quant à Ben Gourion, l'ultimatum anglais était expiré depuis plusieurs heures, et ils n'avaient pas bombardé les aéroports égyptiens comme convenu, de sorte que le Vieux craignait qu'ils ne se retirent de l'opération. Les Américains et les Russes convoquaient une session de l'Assemblée générale des Nations unies, et il avait l'intention d'annoncer avant cette réunion – probablement en télégraphiant à Eisenhower – que les raids israéliens de représailles avaient accompli leurs objectifs et que les troupes se retiraient. Il avait convoqué le colonel français pour le prévenir de ces événements.

« Où sont ces dépêches de Mitla? » rugit Dayan. Un jeune officier apeuré se précipita pour lui donner une liasse de dépêches. Tandis qu'il feuilletait les minces feuilles de papier, un autre tendit à Pasternak un téléphone au bout d'un long fil. De son côté, il se contenta de quelques grognements. « Eh bien, dit-il en raccrochant, Yael a mis la main sur le colonel français, Moshe, alors tu es attendu chez Ben Gourion.

– Bien! » Dayan jeta les dépêches sur la table. « Les cours martiales auront du travail, quand tout sera fini. Les manquements à la discipline sont intolérables. Arik s'est mis dans le pétrin, et quoi qu'il arrive, il va devoir ramener tous les soldats morts ou blessés! Fais-le lui savoir, Sam, de ma part!

– Oui, Moshe.

– Zev, retrouve-moi dehors dans cinq minutes. On ira chez le Premier ministre avec ta voiture. »

Dayan parti, Barak s'adressa à Pasternak. « Pourquoi ce retard du colonel Simon?

– Il prenait son déjeuner. Avec un Français, ça peut durer trois heures. Je savais que Yael le ramènerait : elle dit qu'il ne quitte pas des yeux le devant de sa chemise. Elle m'a confié qu'avec lui elle a une drôle de sensation dans la poitrine.

– Bon, elle est cachée, c'est tout. Il a l'habitude des Folies Bergère. »

Dans la voiture affectée à Barak, une vieille Mercedes qui faisait un bond chaque fois qu'elle toussait, Dayan se tourna vers Barak. « Si ta brigade quitte Eilat ce soir, peut-elle arriver à Charm en trois jours ?

– C'est Abraham Yoffe qui nous commande, monsieur. C'est à lui qu'il faut le demander.

– Je le demande à son assistant, alors parle. »

Barak pianota sur le volant et prit son temps pour lui répondre. « Nous sommes encore en train de mobiliser. Nous sommes une brigade de réserve, des types qui doivent quitter leur travail et leur famille. Nous manquons toujours de véhicules pour les transports. Des problèmes de ravitaillement non résolus, tels que...

– Le fait est, le coupa sèchement Dayan, avec un calme tout professionnel, que nous n'avons peut-être pas plus de trois jours. Je crois qu'on peut bloquer l'ONU pendant ce temps, même si les Anglais et les Français se retirent – et d'ailleurs je ne pense pas qu'ils le fassent. Mais notre objectif, pour KADESH, a toujours été Charm, et il l'est encore. Nous avons déjà perdu beaucoup de nos gars, et Sharon en perd encore plus. » Un silence. Un ton différent, plus léger. « Alors, trois jours ? Oui ou non, Zev ?

– Souvenez-vous, monsieur, j'étais dans l'opération YARKON.

– Si je m'en souviens ? C'est moi-même qui t'ai décoré.

– C'est vrai, monsieur, et je ne suis pas celui qui peut dire oui à trois jours. »

Dayan tomba dans un silence morose, tandis que les terribles souvenirs enfouis de YARKON remontaient dans l'esprit de Barak. Plus d'un an avant, il avait fait partie d'une patrouille envoyée par canot pneumatique sur la côte du Sinaï, pour reconnaître le désert à pied et tracer la route d'une percée motorisée par surprise d'Eilat à Charm, au cas où la guerre éclaterait. Nom de code : YARKON. La patrouille avait été envoyée après que Nasser eut installé à Charm el-Cheik de l'artillerie lourde capable de bloquer le détroit de Tiran. Zev n'avait jamais frôlé de si près la mort ou la captivité. En trois jours et trois nuits d'enfer surchauffé, la patrouille avait traversé le Sinaï, mais une bande de Bédouins était tombée sur leurs traces et avait alerté une patrouille égyptienne à dos de chameau, qui s'était mise à leur poursuite. Désespérés, ils avaient lancé un S.O.S., et avaient été récupérés par deux avions biplaces qui avaient atterri et décollé en catastrophe sur des plaques de sable. Longtemps malade, Barak avait failli mourir de déshydratation – tué par le soleil plutôt que par l'ennemi.

Dayan, après un silence, reprit d'un ton abrupt. « A part le facteur temps... d'autres difficultés majeures?

– Il y en a une, monsieur. » Barak décrivit le transport problématique des péniches de débarquement.

« C'est sans espoir?

– Je continue à y travailler, monsieur.

– Bon, et si les démolitions peuvent être faites à temps, Zev, est-ce que ta brigade pourra combattre à Charm, en supposant qu'elle ne reçoive pas de renforts par mer?

– Non. Il est impossible qu'elle puisse atteindre Charm. Terrain meurtrier pour les hommes et les machines, une montée de cent kilomètres.

– Alors il faut régler le problème des approvisionnements, parce qu'à ce point, Zev, même si le Vieux annule le reste de KADESH, nous devons aller jusqu'à Charm el-Cheik. Bon, tu peux mieux lui parler de YARKON que moi.

– Pour lui dire quoi?

– Dis-lui, d'après ton expérience de YARKON, que ta brigade peut y arriver en trois jours, quoi qu'il arrive.

– Vous voulez que je mente, monsieur?

– Écoute, lui dit Dayan avec un haussement d'épaules et un clin d'œil de borgne, c'est une estimation. N'importe qui peut se tromper. Une fois partis, on continuera et on prendra Charm. Ensuite, pour la politique, on verra. Même si nous sommes obligés de nous retirer, nous pourrons marchander pour garder le détroit ouvert et une liberté de passage garantie par les Américains... mais seulement si on tient Charm, Zev. »

« Un quart d'heure, pas plus », dit Paula Ben Gourion à la porte de la chambre, dans sa robe noire et informe, face à Dayan et Barak. « Ce Français est déjà là avec la petite Yael. Ils viennent d'arriver.

– Comment va Ben Gourion? demanda Dayan.

– Il a quarante de fièvre. Une grippe affreuse. Un quart d'heure! Décidez ce que vous voulez, mais décidez en un quart d'heure. Tu comprends, Moshe?

– Un quart d'heure, Paula. »

Ben Gourion était sur le dos, en chemise de nuit blanche, adossé à un tas d'oreillers, et ses grandes mèches blanches en désordre accentuaient la rougeur de son visage fané. Il avait les yeux fermés, les mains posées sur la couverture. Le colonel Simon était près de la fenêtre, les mains derrière le dos. C'était un officier corpulent, avec une moustache grise, une superbe casquette galonnée et des rangées de médailles et de rubans sur le devant de sa tunique faite sur mesure. Il avait l'air extrêmement mal à l'aise. Yael était à ses côtés.

« Moshe est là, Ben Gourion », dit Paula. Le Premier ministre ouvrit des yeux brillants et s'assit sur le lit en raidissant ses bras.

« Qu'est-ce qui se passe à Mitla ? » demanda-t-il d'une voix faible et cassée.

Dayan lui résuma brièvement les dépêches. Ben Gourion se tourna vers le colonel français et s'adressa à lui en anglais. « Vous voyez ? Nous avons largué nos gars tout près du canal parce que votre gouvernement voulait un " acte de guerre ", dit-il d'un ton sarcastique. Maintenant mes gars sont sous le coup d'une attaque terrestre. Et si l'aviation égyptienne s'en mêle ? Où est la bonne foi de vos gouvernements ? Les Anglais avaient promis de bombarder les aéroports égyptiens bien avant. Que s'est-il passé ? »

Pendant que Yael traduisait, Ben Gourion marmonna aux deux officiers israéliens : « L'hébreu, je ne pensais pas qu'il le saurait. Mais l'anglais ? »

Brusquement le Français interrompit Yael, avec un accent très marqué. *« Meester Prime Meenistair, pardonne, for matters grave my english eet eez not entirely reliable. »* Puis il écouta attentivement Yael et répondit longuement en faisant de grands gestes. Barak s'exprimait bien en français, mais il lui sembla que le colonel s'égarait et parlait pour ne rien dire d'omelette et de mousquetaires. Il se dit que quelque chose devait lui échapper. Dayan, lui aussi, paraissait perplexe.

Paula écoutait, les sourcils froncés. « Il n'arrête pas de parler d'omelette. Est-ce qu'il a faim ? Est-ce qu'il faut que je lui fasse une omelette ? Mais seulement après le rendez-vous. » Elle lança un coup d'œil au réveil posé près du lit.

« Mousquetaire, c'est le nom de code pour leur débarquement, je sais, dit Ben Gourion, mais que sont toutes ces omelettes ? »

Yael expliqua rapidement en hébreu qu'une opération appelée OMELETTE avait remplacé ou modifié l'opération MOUSQUETAIRE. Cela impliquait des plans d'atterrissage très différents, de sorte qu'une chose en amenant une autre, les aéroports allaient être bombardés, mais probablement pas avant le soir.

Ben Gourion secoua la tête lourdement, avec colère. « Pas satisfaisant. Je suis extrêmement déçu. Nous sommes déjà condamnés par l'ONU et le monde entier en tant qu'agresseurs, alors que Nasser a commencé la guerre avec son blocus et ses attaques de fedayin. Nous avons écrasé deux bases de fedayin, ça suffit. Vos gouvernements ont trahi ma confiance, colonel. J'ai convoqué mon chef d'état-major – il indiqua Moshe Dayan – pour mettre fin aux opérations de représailles et retirer nos troupes du Sinaï. »

Le visage du colonel Simon s'allongea à mesure que Yael lui répétait ces phrases en bon français. En l'observant, Barak ne le vit pas jeter un seul coup d'œil à la chemise de la jeune femme, qui était agréablement rebondie. Voilà comment est Yael, pensa-t-il. Pour elle, les affaires du monde tournent autour de ses nichons.

Puis elle traduisit la réponse agitée du Français. « Il dit qu'il veut téléphoner sur-le-champ à son gouvernement.

– Paula, montre-lui le téléphone de mon bureau.

– Très bien. Alors il n'a pas envie d'une omelette? Parce que je peux lui en faire une.

– Pas d'omelette, dit le Premier ministre.

– Neuf minutes », ajouta sa femme en faisant signe au Français qui la suivit.

Dans les papiers qui jonchaient son lit, Ben Gourion prit une feuille de télex et la tendit à Dayan. « C'est arrivé de Washington il y a une heure. Le rabbin Abba Hillel Silver a été convoqué à la Maison-Blanche et on lui a dit de l'apporter à notre ambassade. » Après un bref coup d'œil, Dayan la passa à Barak en haussant les épaules. « C'est Dulles qui a écrit ça, ajouta Ben Gourion, ou qui l'a dicté, c'est son style. Mais Eisenhower l'a signé. C'est bien pire que la précédente. »

Rédigée avec une politesse contrainte et remise aux bons soins du rabbin, cette lettre menaçait de couper entièrement toute l'aide économique et militaire à Israël, d'interdire les appels de fonds, et d'infliger des sanctions qui pourraient inclure un embargo sur les importations vitales, s'il n'était pas mis fin immédiatement à « l'agression » israélienne et si les troupes ne se retiraient pas derrière les lignes d'armistice. « Il est espéré et attendu, continuait pieusement le rédacteur, qu'aucune de ces graves éventualités n'aura lieu d'être, grâce à une appréciation plus mûre du gouvernement israélien quant aux évènements récents. » La lettre se terminait par des protestations d'amitié envers la nation juive.

« A Londres, il y a une émeute à Trafalgar Square contre la politique d'Anthony Eden. » La voix de Ben Gourion faiblissait. « L'Assemblée générale se réunit ce soir pour nous condamner, et peut-être nous exclure. La marine égyptienne bombarde Haïfa et s'avance dans le golfe d'Akaba. Leur aviation attaque nos troupes sur tous les fronts. D'après certains renseignements, l'Irak et la Jordanie seraient en train de mobiliser. » Il tourna vers Dayan son visage ravagé par la fièvre. « Et tu veux continuer KADESH? Pourquoi?

– Parce que nous gagnons partout, Premier ministre, répliqua vigoureusement Dayan, et que je crois ce que dit le colonel Simon. Dès le début du bombardement des aéroports, toute l'armée égyptienne sur le front du Sinaï va se désintégrer. Nous remportons une grande victoire et il ne faut pas nous arrêter. » Ben Gourion eut une petit grimace de scepticisme, très juive, arrondit les épaules et pencha la tête. « Et nous devons prendre Charm el-Cheik à tout prix. »

Ben Gourion se tourna vers Barak d'un geste las. « Combien de temps vous faut-il pour arriver à Charm?

– Une fois partis, trois jours.

– Quand pouvez-vous partir?

– Si on nous l'ordonne, immédiatement. »

Ben Gourion regarda Dayan, qui garda le visage impénétrable et les yeux vides, et revint à Barak. « Wolfgang, tu me racontes des *bobbeh-myseh*. Pourquoi me racontes-tu des *bobbeh-myseh*? »

Paula rentra, suivie du colonel Simon et de Yael. Parlant à toute vitesse en français, le visage brillant de soulagement, le colonel répéta ses histoires d'omelettes et de mousquetaires, avec quelques références obscures à des télescopes. Yael expliqua que la dernière modification du plan, dénommé TÉLESCOPE, avançait les débarquements de quarante-huit heures et prévoyait le bombardement massif des aéroports ce soir même au crépuscule, sans faute. Le ministre de la Défense nationale français était prêt à le confirmer par téléphone, si nécessaire. Le Vieux hocha la tête plusieurs fois en souriant.

« Je ne vous serre pas la main, dit-il, vous pourriez attraper ma grippe. J'accepte votre parole et je ne déciderai rien avant ce soir. Dites-le à votre ministre. »

Yael traduisit. « C'est fini, Ben Gourion, dit Paula. Repose-toi! Yael, demande au Français s'il est sûr qu'il n'a pas envie d'une omelette.

– Ou d'un télescope », murmura Barak à Dayan.

Ben Gourion l'entendit et ses yeux eurent un éclair rusé. « Wolfgang, plus de *bobbeh-mysehs*. Prépare ta brigade. C'est un terrible trajet. Ne partez pas sans être prêts. On ne doit plus faire comme ça. » Son regard effleura Dayan, revint sur Barak. « Je veux qu'on me transmette aussitôt les moindres nouvelles du col de Mitla. S'il le faut, qu'on me réveille. »

Les nouvelles de Mitla étaient bien pires qu'on ne le pensait.

Les montagnes, à l'entrée du défilé, ressemblaient à toutes celles du

Néguev et du Sinaï : des roches brunes, désertes, déchiquetées, parsemées de cailloux, dénuées à première vue de tout être vivant sauf, par-ci par-là, une sorte d'arbuste rabougri. Le problème, c'était la vie invisible. De ces hauteurs mortes et silencieuses avaient jailli de longues rafales qui avaient surpris la colonne israélienne, fait exploser un camion de munitions, transformé le camion citerne en un geyser de flammes et de fumée noire et tourbillonnante, démoli trois chars et pris au piège le commandant et ses troupes. Derrière, des véhicules incendiés et des canons invisibles; devant, encore des surprises; de chaque côté du défilé, un tir croisé meurtrier chaque fois que les soldats piégés s'écartaient de leurs véhicules immobilisés ou sortaient la tête de l'abri des oueds, les trous d'hommes naturels. A la radio, des messages brouillés se mélangeaient frénétiquement :

« Uri, Uri, cessez le feu, vous tirez sur nous... »

« Négatif, Motta, négatif, négatif, nous ne tirons pas... »

« ... Oui, oui, nous essayons de revenir vous aider » – ceci d'une compagnie de half-tracks qui avait dépassé le commandant – *« mais nous sommes sous une chiasse de balles... »*

Et ainsi de suite, un méli-mélo ininterrompu de voix brutales souvent noyées par le sifflement et l'impact des balles, les grondements des mortiers et les faibles cris des blessés.

Hors de portée de la fusillade ennemie, s'étiraient les véhicules des deux compagnies de parachutistes envoyées par Sharon à la rescousse des troupes prises en embuscade. Sharon restait derrière, s'apprêtant à combattre un détachement blindé ennemi venant du nord. Les parachutistes venus en renfort installaient une batterie de mortiers de gros calibre. Mais où tirer ? Sous le soleil de l'après-midi, avec la fumée et la poussière qui venait de la troupe bloquée, les balles semblaient venir de partout et de nulle part.

Comment réussir à contre-attaquer cet ennemi invisible ? Par désespoir, le commandant se résolut à un expédient : envoyer une jeep dans le défilé pour attirer le feu ennemi tandis que des guetteurs surveilleraient les montagnes avec des jumelles pour essayer de localiser les positions de tir. Quand il demanda un volontaire, Don Quichotte fut un de ceux qui répondirent, et Raful Eitan, qui était venu observer l'opération de sauvetage, offrit de conduire lui-même la jeep. Mais ce fut le chauffeur du commandant, Yehuda Kan-Dror, qui fut choisi. Quichotte en eut le cœur serré, car il savait que Kan-Dror avait perdu un frère pendant la guerre d'Indépendance.

Tout fut terminé en quelques minutes, mais de très longues minutes, le temps que la jeep rebondisse sur la piste en direction du défilé, soulevant un nuage de poussière et attirant sur elle une fusillade ininterrompue venue des hauteurs. Dans ses jumelles, alors qu'il aurait dû scruter les parois rocheuses, Quichotte ne put s'empêcher de suivre la course en zigzags du véhicule. Il vit les trous noirs des balles s'enfoncer dans la jeep, le sursaut du casque du conducteur chaque fois qu'il était touché. La jeep s'arrêta à l'entrée du défilé, le moteur en flammes. Kan-Dror sortit en titubant et fit quelques pas avant de disparaître dans un oued.

« *Gibor hayil* (homme de valeur) », dit quelqu'un à voix basse, et ses mots valaient pour tous ceux qui regardaient. Mais cette valeur fut vaine. Les collines qui s'étalaient au nord et au sud étaient toutes creusées par des grottes, et on ne pouvait pas dire – affirmaient les guetteurs – desquelles était venu le feu nourri qui s'était abattu de tous les côtés. Quichotte se demanda combien d'entre eux avaient pu vraiment écarter leurs yeux de la course de Yehuda Kan-Dror.

Les unités de renfort avaient l'ordre de ramener morts et blessés à tout prix. C'était la règle de l'armée israélienne, remontant à l'époque du Palmakh, quand les escouades avaient été composées d'amis d'enfance. Un soldat tel que Yehuda Kan-Dror, parti avec le visage fixe et blême de celui qui sait qu'il va mourir – Don Quichotte n'oublierait jamais ce visage aperçu au départ de la jeep – savait aussi que, s'il était blessé, il serait probablement transporté à l'hôpital, et s'il trouvait la mort, que ses parents pourraient rendre visite à sa tombe en Israël. Mais les grottes tenaient toujours le défilé, et on ne pouvait pas récupérer morts et blessés sous cette menace. Il ne restait qu'une solution, simple et dangereuse : que de petits groupes aillent éliminer les positions de tir l'une après l'autre.

Ce qui fut entrepris peu après l'équipée de Kan-Dror, et se poursuivit tout l'après-midi jusqu'au soir, où il fut plus facile de localiser les armes qui tiraient. Des escouades escaladèrent les hauteurs et atteignirent les crêtes par des itinéraires détournés, rampant là où on risquait de les voir, grimpant des pentes escarpées qui les rapprochaient des grottes par au-dessus, par en dessous ou sur le côté, mais hors de la ligne de feu. Quand le crépuscule s'assombrit et que des étoiles commencèrent à briller, il devint clair que les armes les plus nombreuses et les plus puissantes étaient surtout concentrées sur le versant sud; elles décimaient à longue distance les escouades envoyées sur le versant nord et grossissaient les pertes israéliennes.

Quichotte choisit six hommes de sa compagnie, se glissa le long de la crête, au sud, sur une étroite corniche caillouteuse bordée de chaque côté par le vide, et où il était impossible d'aller vite, vers un emplacement d'où fusaient des rafales meurtrières. La corniche s'élargit, il aperçut des silhouettes indistinctes, et son cri bref reçut en écho des cris en hébreu. C'était le peloton de Jinji. Les hommes désignèrent la pente qu'ils surplombaient, et un sentier qui serpentait jusqu'à une grotte. « Il a voulu nous conduire en bas, dit le second de Jinji, un maigre qui portait la barbe. Il est passé le premier et s'est fait avoir. J'ai essayé de le rejoindre, mais ils couvrent le sentier. Les balles me sifflaient aux oreilles.

– Il est vivant? Tu le sais ou non?

– Pendant un moment il nous a appelés. Il est quelque part en bas, sur un rebord. Je ne sais pas s'il a encore été touché. Depuis un moment, on ne l'entend plus.

– Avez-vous essayé de les prendre à revers?

– Pas possible. C'est un à-pic. Pas de prises.

– Je vais jeter un coup d'œil. »

Grâce aux lueurs vacillantes de la fusillade venant de la grotte, et à la lueur lointaine d'un véhicule qui brûlait, Quichotte vit qu'il y avait effectivement un précipice. Des surplombs rocheux protégeaient la grotte elle-même. En fouillant les rochers du regard, tandis qu'il faisait avancer prudemment son escouade le long de la crête, il crut voir un moyen de descendre. Il fallait faire une longue glissade sur une pente caillouteuse presque verticale, sauter d'un bond sur un rebord à l'aplomb de la grotte, et avec de la chance, sauter encore pour se retrouver à l'intérieur. Les mitrailleurs égyptiens regardaient vers le bas, c'était certain. De ce côté, on pourrait les surprendre.

Quichotte avait souvent pris des risques au cours des raids de représailles. Mais ici c'étaient des soldats, pas des fedayin, avec des armes modernes, totalement sur leurs gardes et commençant à désespérer, car les piégeurs devenaient peu à peu les piégés. Sans renforts, et attaqués systématiquement par les troupes d'Arik, grotte après grotte, ces soldats devaient tenir leur position jusqu'à la mort, ou bien risquer de s'enfuir à la faveur de la nuit. Certains avaient tenté de le faire. On les avait vus et ils avaient été abattus. D'autres avaient réussi. Les escouades signalaient des emplacements désertés avec des armes et des tas de munitions. Celle-ci, néanmoins, résistait de toutes ses forces.

« Je crois que je vais essayer, dit Quichotte.

– Chef, ne fais pas ça, dit son sergent-chef d'une voix tremblante. C'est de la folie.

– Ah, il faut sortir Jinji de là. »

Il disposa ses hommes pour qu'ils le couvrent, attendit le bruit et la lumière de la fusillade suivante. Pas le genre de risques qu'avait pris Kan-Dror, mais un sacré risque. Effrayé, exalté, le sang en ébullition, il attendit le bon moment.

Des rafales. De la lumière, encore de la lumière! Il plongea, sa mitraillette en bandoulière, les paumes déchirées par les rochers. Un saut en longueur, un autre vers le bas, et il atterrit dans la grotte avec un bruit sourd, un cliquetis et un terrible hurlement! Quichotte se retrouva à la faible lueur d'une lampe à huile posée près d'un monceau de chargeurs, face à six ou sept Égyptiens stupéfaits, reculant à la vue de cette apparition géante tombée du ciel l'arme à la main. Il eut à peine le temps de se dire à quel point ils ressemblaient à sa propre équipe, une bande de jeunes gens en uniforme, et de voir le soldat qui lui tournait le dos, surveillant le sentier où Jinji s'était fait descendre, pivoter en braquant sa mitraillette. Il le tua, et les tua tous. Pendant qu'ils se tordaient dans leur propre sang et gémissaient des mots inconnus, il se glissa sur le sentier, guettant les ennemis qu'il aurait pu manquer, le cœur battant. Personne, pas d'autre bruit que les cris et les plaintes des Égyptiens agonisants.

« Hé! cria-t-il vers le haut. C'est Yossi. L'objectif est atteint. Trouvez Jinji! »

Des feux masqués signalaient la piste d'atterrisage improvisée près du Mémorial Parker, le seul terrain plat des environs qui ne soit pas complètement chaotique ou raviné par les oueds. Quand un Dakota décollait avec une pleine cargaison de blessés, les gaz de ses deux moteurs diffusant une lueur bleue sur la piste, un autre se préparait à atterrir. L'aviation avait envoyé un ingénieur inspecter la zone, et il avait affirmé qu'il n'existait aucun endroit où un Dakota puisse se poser, que rien de plus gros qu'un Piper Cub ne pouvait atterrir sans casse au col de Mitla. Mais Arik Sharon avait « obligé » à se poser un Dakota chargé de médicaments et de civières pour les blessés, et maintenant ils arrivaient l'un après l'autre, au petit matin, pour évacuer les morts et les blessés : jusqu'ici on avait trouvé plus de cent victimes, dont trente morts.

La compagnie de Quichotte avait été chargée de monter les blessés à bord et d'aménager rapidement chaque Dakota en avion-hôpital, en ôtant les sièges pour installer des paillasses et des sangles de sécurité pour attacher les hommes. Au milieu de ce travail déprimant, à la lueur des lampes-torches et des feux, Yossi eut la surprise de découvrir que Kan-Dror était vivant; blanc comme un linge à cause du sang qu'il avait perdu, et à peine conscient, mais vivant. Considéré comme perdu, il avait réussi à ramper hors de son oued et s'était effondré au passage d'une patrouille venue chercher les blessés. Jinji était vivant, lui aussi, plus vivace que Kan-Dror, et il reconnut Quichotte dans la lumière vacillante. Il avait de gros pansements à la tête et à une jambe, et un toubib tenait un flacon de perfusion au-dessus de lui. « Quichotte! On m'a dit que je te dois la vie », hoqueta-t-il en agitant faiblement le bras, quand on monta sa civière à bord de l'avion.

« Remets-toi, Jinji, et on verra ce que tu me dois. »

Tout autour de lui, des brancardiers transportaient des blessés et les chargeaient dans l'avion. Sur certaines civières, les visages étaient recouverts : des soldats qui étaient morts après avoir été retrouvés. C'était le même Dakota qui avait largué sa compagnie à l'aller; tous les avions se ressemblaient beaucoup, mais dans celui-ci un plaisantin avait dessiné au pochoir un Bambi sur la cloison avant.

« Eh bien, Bambi, murmura Don Quichotte, ce n'est pas très drôle de rentrer chez soi après la fête, n'est-ce pas?

18

La course

A mesure que s'amoncelaient les rapports de la matinée, les officiers de la salle de guerre, pour une fois, faisaient bonne figure. Même Pasternak, épuisé et peu démonstratif, étudiait la grande table avec quelque chose qui ressemblait à un sourire. Les filles poussaient des symboles et plantaient des épingles dans les profondeurs du Sinaï, sauf pour la brigade du colonel Yoffe, qui ne s'était pas encore ébranlée.

L'opération KADESH se déroulait enfin comme Dayan l'avait prévu. Le bombardement anglais des aéroports, même tardif, avait accompli son objectif – éliminer l'aviation ennemie d'une guerre très mobile – et les troupes égyptiennes qui s'étaient précipitées dans le Sinaï repartaient à toute vitesse vers la zone du canal. Donc, finalement – et c'était pour cette raison que Pasternak souriait presque – la brigade de Yoffe pouvait entamer le trajet tracé par la patrouille YARKON le long de la côte est. Avant, elle aurait été trop vulnérable aux attaques aériennes. Mais il faudrait que Yoffe aille très vite pour prendre Charm el-Cheik avant que l'ONU vote une résolution américaine de cessez-le-feu dont l'Assemblée générale était déjà en train de débattre. Désormais ils avaient deux ennemis, les Égyptiens et la pendule.

Un soldat, de la table : « Monsieur, téléphone.

– Allô, ici Pasternak.

– Folie furieuse – ce furent les premiers mots de Zev. Inutile de te raconter toute une histoire. Je veux que tu m'autorises à acheter quatre-vingt-sept vaches.

– Quatre-vingt-sept vaches? C'est une blague?

– Tu veux une explication, ou tu me donnes ton okay? Nous avons un vrai problème.

– Raconte-moi ça. »

Par la fenêtre ouverte de la ferme, Barak jeta un coup d'œil vers la silhouette trapue aux cheveux blancs qui tenait les bulldozers en échec. L'odeur venue des granges offensait son nez de citadin. « Okay, on dirait qu'il y a ce vieux bonhomme dont les étables dépassent de quelques dizaines de centimètres dans le passage du chemin de fer. En fait, c'est une très longue étable parallèle à la voie. Les trains peuvent passer, alors il s'en tire depuis plusieurs années. Il y a quatre-vingt-sept vaches dans l'étable. C'est un de ces vieux Juifs russes, solide comme un roc, individualiste forcené. Il dit que c'est le système pourri des kibboutz socialistes qui est derrière tout ça, qu'il a fait pâlir de jalousie ces pourris de kibboutzim avec la réussite de sa laiterie privée, et qu'ils veulent sa peau.

– Alors quoi ? Démolis cette étable.

– Il a une Uzi, et il est prêt à descendre les conducteurs des bulls.

– Eh bien, alors, désarme ce vieux cinglé ! C'est trop difficile ?

– Sam, on s'est mis à discuter. Il se trouve qu'il a connu mon grand-père à Plonck, et il dit qu'il a même été amoureux de ma grand-mère. J'ai pitié de lui.

– Zev, que diable l'armée pourrait-elle faire de quatre-vingt-sept vaches de laiterie ?

– On peut les manger, non ?

– Par ma vie, tu es ausssi fou que lui. On ne mange pas des vaches de laiterie, on les trait. Démolis l'étable, je te dis, et vite. Dis-lui que Solel Boneh va lui en construire une toute neuve. » Solel Boneh était une entreprise gouvernementale géante de construction et de travaux publics.

« Très bien, je vais essayer.

– Zev, où as-tu la tête ? Et ta brigade ? Est-ce qu'elle avance ?

– Absolument. Yoffe va vers le sud, et je le rattraperai dès qu'on aura réglé ça. Les péniches sont chargées sur des plateaux, à Haïfa, prêtes à partir. Les autres démolitions sont faites. Il ne reste que cette étable. »

Barak avait effectivement la tête ailleurs, n'ayant pas dormi de la nuit dans l'effort de préparer la brigade au voyage. Il trouvait l'obstacle de l'étable étrangement comique, et avait pris plaisir à provoquer Pasternak. De plus, sauf employer la force contre le vieil homme, il ne savait que faire.

« Fais pour le mieux, lança Pasternak. Achète les vaches, tire dans la jambe du vieux par accident, je m'en fiche. L'ONU va peut-être voter aujourd'hui ou demain sur le cessez-le-feu. Bouge-toi ! »

Barak s'approcha du fermier. A part sa barbe blanche en bataille, le vieil homme ressemblait beaucoup au Premier ministre : le menton pugnace, le gros nez et le regard féroce sous d'épais sourcils neigeux. Quand il lui transmit la proposition Solel Boneh, le Russe explosa. « Solel Boneh? J'ai travaillé pour Solel Boneh! J'ai quitté Solel Boneh! Dans ce pays, la seule chose pire que les kibboutzim, c'est Solel Boneh. Avant que Solel Boneh se mette au travail, le Messie m'aura payé ma grange.

– Alors l'armée achète tes vaches.

– Et qu'est-ce que je ferai sans mes vaches? Retourner travailler pour Solel Boneh? Je *pète* sur Solel Boneh! »

Barak sortit de sa sacoche la carte opérationnelle de KADESH. « Écoute, Reb Shloimeh, voilà où en sont les choses. » En quelques phrases il décrivit où en était la guerre, clarifia de son mieux la mission de Yoffe, les raisons des démolitions et la course avec les Nations unies. « Sans ravitaillement par mer, Reb Shloimeh, nos gars ne pourront pas prendre Charm el-Cheik, parce que les tanks et les camions n'auront pas assez de carburant pour y arriver. Et ta grange arrête les bateaux que je dois convoyer à Eilat. *Zeh mah she'yaish.* » (« C'est comme ça. »)

Le fermier écouta, regarda longuement la carte et hocha la tête. « Pourquoi ces types des bulldozers ne m'ont pas dit tout ça?

– Ce ne sont que des conducteurs, ils ont des ordres. On fait la course avec l'ONU.

– Je *pète* sur l'ONU, dit le vieux en abaissant son arme. Laisse-moi emmener mes vaches dans le pré.

– Je vais te donner un document montrant que le gouvernement va reconstruire ta grange.

– Torche-toi le cul avec ton document. Je la reconstruirai moi-même. »

Le colonel Abraham Yoffe, le solide commandant de la brigade, avait demandé Zev Barak pour l'assister parce qu'il le connaissait depuis l'époque de la Brigade juive. Le sergent Wolfgang Berkowitz s'était montré doué pour les sables profonds et les engins rétifs du désert nord-africain. Et Barak avait fait partie de la patrouille YARKON, il comprenait donc que le défi qui les attendait était autant de suivre la côte du Sinaï que de prendre Charm el-Cheik.

Barak avait été à la hauteur de la tâche, avait établi de formidables listes de matériels et vérifié jour et nuit leur livraison et leur répartition, épuisant l'équipe de Yoffe et n'acceptant d'autre rapport que

« Exécuté ! ». Maintenant que la longue colonne de la Neuvième rampait sur le Néguev en territoire ennemi, il ne manquait aucune pièce de rechange à cette couleuvre de quinze kilomètres montée sur roues : elle emportait l'eau, la nourriture, le carburant, les pneus et les mille et une choses dont avait besoin une armée mécanisée qui traverse un désert avec tout ce qui permet de la maintenir en vie, comme une flotte qui franchit un océan.

Barak précédait de loin le gros des troupes, en jeep, avec une compagnie d'ingénieurs et des mortiers, pour vérifier qu'il n'y avait pas de mines ou d'embuscades ennemies. Quand le soleil monta et que la surface plate du désert s'éleva vers les montagnes, le terrain devint plus accidenté. Puis sa compagnie arriva dans les dunes, de grandes vagues de sable qui s'amoncelaient jusqu'à l'horizon, et derrière eux la colonne s'y enfonça elle aussi, sa vitesse presque réduite à zéro.

Aiguillonné par les messages urgents du quartier général lui disant de se hâter, le colonel Yoffe poussait ses troupes en avant avec des ordres féroces et une volonté de fer. Les half-tracks creusèrent des ornières dans le sable omniprésent, et on ordonna aux camions de rouler dans ces ornières, mais ils s'enterraient tout de même jusqu'aux moyeux, tandis que les mortiers étaient à moitié recouverts par le sable projeté par leurs propres roues. Sous un soleil meurtrier, tout le long de la colonne, les soldats devaient sortir de leurs véhicules pour les tirer ou les pousser. Les moteurs surchauffés fumaient et sifflaient, les roues faisaient jaillir des gerbes de sable brûlant, les half-tracks rugissaient d'un bout à l'autre de la colonne pour déterrer et remorquer les véhicules enlisés.

Au quartier général, les petits Piper Cub des communications aériennes ne transmettaient que trop bien ce spectacle à Pasternak : la colonne bloquée dans les sables, inerte et en train de rôtir sur les sables gris-brun du Sinaï, un pointillé noir d'engins étiré parallèlement à la côte rocheuse et à la mer qui étincelait. Pendant ce temps, à New York, le sablier politique se vidait. Les tactiques dilatoires des diplomates français et anglais pouvaient tout au plus reculer le vote d'un jour ou deux, tandis que leurs troupes de débarquement étaient encore en pleine mer, loin de Suez. Les manifestations de Londres menaçaient de renverser le gouvernement Eden. Yoffe avait de moins en moins de chances d'arriver à temps à Charm el-Cheik.

Dayan avait eu raison, comprit Pasternak, amer, de retenir Yoffe jusqu'à l'anéantissement de l'aviation ennemie, mais les Anglais avaient trop tardé, avec leur bombardement, et maintenant John Foster Dulles s'acharnait à écraser la campagne de Suez. Alors qu'au nord les Égyptiens s'écroulaient ou étaient en pleine déroute, Charm el-Cheik, le véritable enjeu de la guerre, restait dans la balance et serait bientôt hors de portée d'Israël.

« Qu'est-ce que tu veux dire – Sam aboya presque sur Yael – on ne peut pas trouver Dayan ? Son avion s'est abattu ? Il *faut* que je lui parle. »

Le chef d'état-major faisait des sauts de puce d'un front à l'autre, lui répondit Yael. Dès qu'il était signalé quelque part, il avait déjà repris l'air. La radio de son appareil ne marchait pas, ou bien il ne répondait pas. Pasternak, morose et mal rasé, s'assit derrière son bureau. « Je ne vois qu'une issue à ce balagan, dit-il en mâchant sans s'en rendre compte un sandwich qu'elle lui avait mis dans la main. La brigade de Sharon n'a rien à faire à Mitla qu'à lécher ses blessures. Les parachutistes de Raful sont encore en bonne forme. Ils pourraient se remuer le cul et faire une percée par le col de Mitla jusqu'à l'autre côte du Sinaï. Le terrain n'a rien à voir avec celui où Yoffe s'est embourbé. Les routes sont assez bonnes, certaines sont même goudronnées. Raful pourrait prendre un aéroport avec un largage de parachutistes, et se faire livrer de l'armement lourd par avion. Ce bataillon pourrait rouler vers Charm ; si Yoffe n'arrive pas à temps, Raful en serait capable. Je veux recommander ce plan à Moshe pour une décision immédiate, mais où est-il ?

– Vas-y, fais-le, dit Yael.

– Quoi ?

– Fais-le, Sam. »

Il la regarda fixement, réussit à sourire faiblement. « Comme ça, c'est tout ? Moi tout seul ? Changer la tactique de mon supérieur hiérarchique ?

– C'est ce qu'il faut faire ? C'est urgent ?

– Urgent ? C'est la seule solution. Yoffe et Barak réussiront peut-être à passer, mais ça se présente de plus en plus mal d'heure en heure.

– Qu'est-ce que tu as à perdre en donnant cet ordre, comparé à la perte de Charm el-Cheik ? »

Sam était habitué à l'effronterie quasi conjugale de Yael, qu'elle n'avait pas la prudence de dissimuler aux autres officiers. Elle semblait épuisée, déprimée, presque malade, mais elle était toujours aussi culottée. « Eh bien, je vais voir. Dis à Uri de venir. Et apporte-moi la liste des blindés aériens de réserve.

– Okay, et j'essaye toujours de contacter Moshe.

– C'est ça. » Il eut un rire brutal qui étonna Yael. « Sais-tu ce que je risque de plus grave ? Si je donne cet ordre, et que Raful Eitan arrive à

Charm avant Abraham Yoffe, c'est Abraham qui va me rôtir le foie sur des brochettes. Avec des oignons. »

C'était donc devenu une triple course des plus étranges : les parachutistes de Raful fonçaient vers Charm à l'ouest de la péninsule, la brigade de Yoffe escaladait les dunes sur la côte ouest, convergeant tous les deux vers la pointe sud du Sinaï, tandis qu'à New York la délégation d'Eisenhower aux Nations unies, bizarrement associée aux Russes, poussait l'assemblée à voter un cessez-le-feu. Au même moment, les chars de l'Armée Rouge écrasaient dans le sang une insurrection contre le régime hongrois aux ordres des Soviétiques, et les Américains leur reprochaient doucement cet écart de conduite, réservant leur indignation pour Israël et, à un moindre degré, pour ses alliés anglais et français. Quant à Sam Pasternak, placé au centre des événements et se rendant compte aussi bien qu'un autre de la situation d'ensemble, la politique mondiale lui semblait ressembler aux montres molles du surréaliste Salvador Dali, sinon que ces montres de cauchemar égrenaient la disparition des heures où Israël aurait l'occasion d'ouvrir le détroit de Tiran.

« Continue », signala Pasternak à Yoffe, qui l'informa vers minuit que la brigade était enfin arrivée au sommet de cette montée de cent vingt kilomètres, mais qu'elle s'étirait hors de vue le long de la pente et qu'elle avait besoin de repos. « Avance, je te dis ! La situation politique se détériore rapidement. Comme garantie, Raful suit la côte est pour t'aider à prendre Charm, si nécessaire. »

Ce coup d'éperon, comme prévu, entama le cuir du commandant. Il n'accorda à ses troupes que deux heures de repos et de maintenance à la lueur des étoiles, pendant qu'à l'arrière les half-tracks peinaient à remorquer des véhicules enlisés ou en panne. Puis, peu avant l'aube, la colonne de machines surmenées et les deux mille hommes à bout de forces repartirent en cahotant et en gémissant, dans une descente, cette fois, longeant des oueds coupés par des crevasses qui leur brisaient les reins.

Le ciel s'éclaircit, un soleil orange, aveuglant, incendia l'étrange caravane d'acier qui suivait entre deux précipices des pistes chamelières datant de la Genèse. La grande question maintenant, c'était : est-ce que les péniches de débarquement seraient au rendez-vous ? A se battre contre les sables et la longue montée, la colonne avait brûlé presque tout son carburant, comme l'avait prévu Barak. Sans ravitaillement par voie maritime, les moteurs s'arrêteraient bien loin de Charm. Ainsi, lorsque les premières jeeps de reconnaissance émergèrent des roches brunes et arides d'un canyon, Zev et ses hommes acclamèrent le spectacle des palmiers qui se balançaient au vent, de la mer bleue et des trois navires qui approchaient.

Mais cette exaltation fut brève. Des détonations jaillirent des petits bâtiments silencieux de l'oasis, sous les palmiers, des balles sifflèrent, et c'est en voyant les premières traces de vie qu'ils eurent leurs premiers morts. Le temps qu'il fallut à une fouille méthodique pour dénicher et tuer les tireurs embusqués, Yoffe arriva avec le gros de la brigade, tandis que les hommes-grenouilles amenés par Barak patrouillaient au bord de l'eau, cherchant à repérer des mines ou des obstacles sous-marins. Les soldats dégringolèrent de leurs véhicules pour plonger dans la mer. Barak permit à ses soldats de nager un moment, puis les ramena à leurs jeeps quand les péniches accostèrent au rivage.

« Est-ce qu'on va battre Raful ? » Son uniforme noirci par la sueur, Abraham Yoffe se planta près de la jeep de Barak, déjà chargée de jerricans et prête à partir.

« Ça va être juste. Notre problème, c'est Wadi Kyd.

– Je vais te dire, ajouta Yoffe avec un demi-sourire de colère, envoyer Raful, c'est une précaution utile, aucun doute. Mais si c'est lui qui prend Charm, je le tuerai. » Il agita un bras velu et musclé vers les rangs serrés des véhicules venus faire le plein, qui couvraient le désert jusqu'à l'entrée du canyon. « Charm el-Cheik, c'est *mon* objectif ! »

De même que l'exploration du Sinaï, la reconnaissance de Barak vers Wadi Kyd fut une traversée grandiose du désert biblique, et sa file de véhicules, dont le fracas mécanique faisait résonner les montagnes des premiers âges, un anachronisme étrange, comme un voyage dans le temps au cinéma. Ces quelques jours passés à Paris, pensait-il, ces rencontres comiques entre quelques vieillards dans la villa de Sèvres, avaient déclenché un tumulte fantastique au bout du monde. Impossible de savoir ce que donneraient les manœuvres dilatoires des Anglais et des Français, avec leur débarquement encore si lointain, tandis que les Russes insinuaient de façon sinistre qu'ils pourraient bien envoyer des troupes dans le Sinaï et des missiles sur Paris et Londres, que les Américains ne les menaçaient d'aucune horreur, se montraient plutôt d'accord avec la position soviétique et demandaient seulement que les esprits se calment, sauf à propos de l'inexcusable agression israélienne.

Entre-temps, Israël n'était pas loin d'avoir conquis une péninsule trois fois plus grande que le mince triangle de territoire qu'on lui avait concédé. Même si KADESH avait eu des problèmes, Dayan, dans l'ensemble, avait vu juste, se dit Barak. Le Vieux, malgré tous ses points faibles, était un génie politique, mais ce moshavnik borgne apparaissait comme un génie militaire. Au nord, les brigades avaient mis les Égyptiens en fuite et les avaient balayés jusqu'à Suez. Il ne restait qu'à prendre Charm el-Cheik. Le funeste pressentiment que Barak avait depuis longtemps quant à la prospérité du minuscule banc de sable d'Israël au milieu de l'océan maussade et menaçant de l'Islam – un sentiment qu'il n'exprimait jamais, mais qui le rongeait perpétuellement – s'estompait dans l'éblouissement de cette marche triomphale.

Ses souvenirs parisiens lui revenaient en tête, pendant que sa jeep tanguait et roulait sous le soleil brûlant ou sous la nuit étoilée, surtout le corps maigre et la voix bavarde d'Emily Cunningham. L'étrange, c'était qu'il n'avait pas réussi à l'oublier au cours des jours et des nuits harassants passés à mobiliser la brigade de Yoffe, à la ravitailler et la préparer au départ. Il se rappelait même des détails – les gestes rapides et impatients de ses longs doigts minces, la façon soudaine dont elle écarquillait les yeux quand un mot la frappait, la cascade désordonnée de ses cheveux bruns, le bracelet-montre américain bon marché qu'elle avait au poignet – et surtout le désir qu'elle faisait naître en lui, le genre d'appétit adolescent qu'il avait enfoui sous une douzaine d'années de mariage heureux et de paternité. Cette Cunningham n'arrivait pas à la cheville de Nakhama, pour le charme ou la beauté – maigre, alors que sa femme était voluptueuse, acerbe alors que sa femme, malgré sa fatigue ou sa mauvaise humeur, était si douce et si féminine. A vrai dire, Emily était un être intelligent, appartenant au vaste monde, loin de Sion. La guerre avait tendance à effacer ce monde, mais Emily réussissait malgré tout à s'imposer, au milieu des crevasses et des dunes du Sinaï. Un homme n'est jamais trop vieux pour devenir idiot, semblait-il. Du moins, pas lui.

A Wadi Kyd, comme il l'avait craint, les parois du ravin se rapprochaient et le défilé, praticable pour des chameaux, ne l'était pas pour des véhicules de l'armée. Négligeant les mines ou les risques d'embuscade, il traversa à pied le goulot d'étranglement avec une patrouille légère, dans le noir, et décida de l'élargir à l'explosif, car la brigade n'avait plus le temps ni le carburant suffisant pour faire demi-tour et explorer un autre itinéraire. Il ne s'agissait plus de démolir une étable, mais là aussi, c'était nécessaire.

Le colonel Yoffe répondit à sa requête urgente en lui envoyant des ingénieurs munis d'explosifs qui se mirent aussitôt au travail. Les coups de tonnerre terrifiants et les geysers de flammes qui illuminèrent la nuit renforcèrent encore son impression de revivre une scène de la Bible. Quand la longue colonne serpenta au fond de l'oued, où se reflétaient des éclairs cramoisis, les débris des explosions étaient empilés de chaque côté, et d'autres retombaient en pluie, en nuages, en flammes, dégageant une fumée âcre après chaque explosion!

A mesure que la brigade arrivait, il lui fit déblayer les débris à la main pour aplanir une chaussée rudimentaire. Quatre mille mains, c'est beaucoup de mains, et en un laps de temps extraordinairement court – même si le colonel Yoffe ne cessa de beugler en faisant les cent pas – un half-track, suivi d'un tank, put essayer la route avec succès. Ensuite Barak envoya sa patrouille en reconnaissance, et la brigade se remit en marche. Environ deux kilomètres après le défilé, sa jeep sauta sur une mine. Une colonne de feu les projeta en l'air, lui et son chauffeur, et la patrouille essuya un feu croisé dans l'obscurité. Assommé, ensanglanté, Zev regroupa soldats et véhicules et les fit reculer pour attendre le jour. Il avait trouvé ce qu'il cherchait: une embuscade devant être nettoyée par l'aviation, des mines exigeant l'intervention du génie.

Par contraste, le bataillon de parachutistes de Raful avançait comme sur un nuage, après un long voyage tortueux dans le désert pour éviter le col de Mitla. Le convoi s'arrêta le temps d'embarquer l'artillerie et les munitions déposées par avion sur un aéroport qu'ils avaient capturé, et de là – du moins pour Don Quichotte, dans sa jeep, en tête de la première compagnie – le trajet le long des eaux bleues du golfe de Suez, sur une route bien goudronnée, fut presque une partie de plaisir – d'autant plus que son exploit, le sauvetage de Jinji, lui avait valu un compliment grommelé par le taciturne Raful Eitan et une tape sur l'épaule.

La colonne contourna la pointe arrondie du Sinaï au milieu de la nuit. Au petit matin, en remontant vers Charm, elle essuya une fusillade au défilé conduisant directement à la forteresse. Quichotte, dont la jeep était proche du command-car de Raful, l'entendit appeler le colonel Yoffe pour l'informer qu'il était à portée de radio, et prêt à se battre pour atteindre Charm el-Cheik.

« *Négatif, négatif! J'attaque en ce moment par le nord,* dit la voix rude de Yoffe, un peu brouillée, mais s'exprimant très clairement. *Avance jusqu'à quinze cents mètres des batteries ennemies au sud et fais halte! je répète, halte! Qu'il n'y ait pas encore un balagan comme ils en ont eu un au nord!* » Il faisait référence à une sale affaire où deux brigades blindées approchant le même objectif avaient tiré sur leurs propres chars.

Le colonel Yoffe était commandant de brigade, l'officier de plus haut grade sur le terrain. Raful Eitan, qui commandait un bataillon, devait théoriquement obéir à ces ordres aboyés à la radio et soulignés par un message apporté par un Piper Cub qui vint se poser en voletant sur le sable près des troupes. Le pilote sauta sur le sol et courut à la jeep de Raful, une dépêche à la main. Non loin de là, à la lumière de l'aube, on apercevait les éclairs multiples et répétés d'un feu nourri. Quichotte entendit Raful et son second, un grand major barbu aussi agressif que son chef, discuter de la dépêche. « Bon, le voilà par écrit, dit le major. *Halte, je répète, n'avance PAS.* Alors, on y va quand même ?

– Bien sûr ! Tout de suite ! Comment savoir si la situation n'a pas changé depuis qu'il a envoyé ça ? » Raful indiqua d'un geste les lueurs lointaines de l'artillerie. « On dirait qu'il est dans une très mauvaise passe. Il sera probablement ravi de nous voir. »

Sur leurs visages tannés et poussiéreux, leurs dents blanches échangèrent un sourire complice, et le bataillon s'ébranla vers Charm el-Cheik.

Ainsi, le commandant égyptien de la forteresse se trouva violemment attaqué par le nord et par le sud. Après s'être battu plusieurs heures, il envoya un émissaire pour se rendre aux forces plus nombreuses de Yoffe. Quand la jeep de Don Quichotte, derrière celle de Raful, entra en tressautant dans la ville, ils découvrirent le spectacle d'un drapeau improvisé bleu et blanc frappé de l'étoile de David et planté par les soldats de Yoffe au sommet d'un des bâtiments de la forteresse. Moshe Dayan accompagnait Raful. Il avait fait une partie du trajet en avion, puis avait pris le risque de filer le long de la côte ouest, seul dans un command-car, pour ne pas manquer le plaisir de la chute de Charm el-Cheik, en traversant des foules de soldats égyptiens affolés qui auraient facilement pu le tuer.

« Eh bien, nous nous retrouvons », dit Quichotte à Barak en tombant sur lui, par hasard, alors qu'on pourchassait les tireurs embusqués dans les ruines de la forteresse, que l'aviation avait pilonnée avant l'attaque au sol. Les cadavres des soldats égyptiens étaient allongés au soleil ou à moitié enfouis sous les gravats, perdant encore leur sang, et cette vision sinistre était survolée par un nuage de fumée, encadrée par les rochers rouges et l'eau bleue du port.

« Le monde est petit, répondit Zev, qui avait de gros pansements à la tête et à la main droite.

– Tu vas bien ?

– Oui. Sauté sur une mine. Rien de très grave.

– La vue est plus belle ici que du George V, remarqua Quichotte en contemplant la découpure brun-rouge des îlots qui émergeaient d'une mer pourpre dans le détroit de Tiran.

– Ça dépend des goûts.

– Qui a gagné, Zev?

– Qui a gagné quoi, la guerre? Quelle question! Demande aux Égyptiens!»

Quichotte indiqua le drapeau qui claquait au vent. «Non, je parle de la course vers Charm... Yoffe ou Raful?»

Barak ne répondit pas tout de suite, regardant les ruines, le carnage et le magnifique paysage. Il avait lancé une attaque ratée à deux heures du matin, avait dû reculer face à une pluie d'obus et de balles de mitrailleuse. Yoffe était parti pour battre Raful quoi qu'il arrive, mais cet objectif, pour Barak, n'avait rien d'urgent. Ce qui comptait, c'était de prendre la forteresse avec le minimum de pertes. Tout de même, lorsque ses half-tracks entrèrent dans la place derrière le command-car égyptien surmonté d'un drapeau blanc, il avait jubilé de ne voir aucune trace de Raful. Nakhama l'accusait souvent de se plaire au combat et aux jeux guerriers. «Tu fais du Luna Park, là-bas», disait-elle parfois. Futée, cette dame.

«Eh bien, Quichotte, ça dépend de qui va écrire l'histoire. En tant qu'historien honnête, je dirais que c'est un match nul. En tant qu'assistant de Yoffe, j'affirmerais que nous avons gagné les doigts dans le nez.»

Quichotte se mit à rire, le regard triomphant, et s'en alla au trot. Barak aperçut Raful, Dayan et Yoffe qui discutaient très sérieusement non loin de là, leurs visages reflétant la joie sévère des conquérants.

Or, pour lui, l'excitation de la victoire refluait à la vue et à l'odeur des morts égyptiens. Il avait déjà rencontré ces visions et ces odeurs, en Afrique du Nord et en Israël, mais cette fois elles suivaient de trop près l'exaltation qu'il avait ressentie, la joie fantastique d'avoir accompli sa mission. Un désappointement que ne semblaient pas ressentir les trois conquérants, ou qu'ils réussissaient à réprimer. Peut-être parce c'étaient des sabras, qu'ils s'étaient battus toute leur vie contre les Arabes. Zev Barak se demanda s'il avait vraiment l'étoffe d'un futur général israélien, ou s'il était resté au fond de son cœur un vrai Juif viennois.

19

Le ministre des Affaires étrangères

Sur une petite porte, dans un couloir obscur donnant sur la salle de guerre, on avait agrafé un écriteau au crayon, *Hayalot* (femmes soldats). Yael ouvrit la porte et la referma très vite en entrant, car le ministre des Affaires étrangères d'Israël avait sa jupe noire retroussée d'un côté, exhibant un vaste caleçon en laine rose. « Tu as une épingle à nourrice? » demanda le ministre d'une voix enrouée par les cigarettes.

Yael fut abasourdie. Elle venait de rentrer du quartier général de Ramat Gan, où elle était allée chercher des documents secrets pour Pasternak. Sam était en train de discuter avec Ben Gourion et d'autres membres du cabinet devant la grande carte de la campagne.

« Ah, je peux vous en trouver une, madame le Ministre.

– Merci beaucoup. » Golda Meyerson tira sur l'élastique de son caleçon. « Pas le moment d'avoir ce genre de problème. »

Yael fila au placard où elle rangeait ses affaires. Elle avait l'habitude des hauts personnages, mais elle n'avait jamais approché d'aussi près « l'Américaine », comme on appelait souvent Madame Meyerson. On la gratifiait aussi d'autres épithètes. Cette dame venait de passer du Travail aux Affaires étrangères à la faveur de manœuvres politiques tortueuses effectuées par Ben Gourion. Sur son insistance, elle avait hébraïsé son nom, et les gens n'étaient pas encore habitués à l'appeler Golda Meir. C'était l'idéal féminin de Yael Luria : une femme capable de traiter d'égal à égal avec les plus grands – en politique comme au lit, disait-on – et de jouer dans les affaires d'Israël un rôle aussi important que n'importe lequel d'entre eux.

« Tu es très jolie », dit Golda Meir en la soupesant longuement du regard. Elle épingla son caleçon, défroissa et fit retomber sa jupe longue, puis rajusta ses nattes brunes devant un petit miroir carré cloué à la cloison en contre-plaqué. « Tu es la fille de Yahum Luria, n'est-ce pas? L'assistante de Sam Pasternak? » Golda avait fait son ascension au cœur du parti travailliste, et connaissait tous les dirigeants des kibboutz et des moshav.

« Oui, je suis Yael Luria. » Peut-être Golda Meir connaissait-elle ses rapports avec Pasternak, cela n'aurait rien d'étonnant.

« La dernière fois que je t'ai vue, tu étais une petite fille. On me dit des merveilles de ton frère, l'aviateur. » Le visage sévère et inquiet de Golda Meir eut un bref sourire. Elle alluma une cigarette et avala la fumée comme un camionneur. « On dirait que Sam n'a pas dormi depuis le début de la guerre.

– C'est vrai.

– Bon, maintenant il va pouvoir dormir... du moins on l'espère. »

En fait, alors qu'il résumait la situation devant la grande carte, Sam se sentait très bien. Il avait les yeux vitreux, enfoncés dans des cernes noirs, et Yael craignait qu'il ne s'endorme debout et tombe à la renverse. Mais, en apprenant que le Vieux devait venir avec ses principaux ministres, il avait réussi à prendre une douche, à se raser et à changer d'uniforme. Après avoir failli s'effondrer plusieurs fois, il avait trouvé son second et son troisième souffle, et l'adrénaline de la victoire le faisait revivre.

« Pas d'un centimètre! disait Ben Gourion quand Yael s'approcha de la grande table sur un signe de Pasternak. Nous ne reculerons pas d'un centimètre! » Il avait l'index tendu vers ses ministres, dont Golda Meir, et leurs assistants, le menton levé, la bouche réduite à un trait sombre et résolu, les yeux brillants de colère, feinte ou réelle. Ben Gourion avait l'air en parfaite santé, reposé, le teint frais. A l'oreille de Yael, Sam chuchota que l'officier français allait venir, qu'elle devait rester pour servir d'interprète.

« Ben Gourion, dit doucement un ministre à tignasse grise, le vote sur le cessez-le-feu et sur le retrait a été de quatre-vingt-cinq voix contre une, et on parle sérieusement de nous expulser des Nations unies.

– On parle! » Avec un grand geste vers la carte, il prit soudain une voix affable et rieuse. « Pourquoi êtes-vous tous tellement inquiets? Pendant qu'ils parlent et qu'ils parlent, à New York, nous sommes assis sur le Sinaï et les choses ne vont pas trop mal.

– Et la lettre de Boulganine? lança Golda Meir, d'un ton presque belliqueux. Et cette lettre?

– Golda, je ne suis pas un vieux Juif aux genoux qui tremblent. Je crois que tu le sais. Il a aussi envoyé des lettres aux Anglais et aux

Français. Et ils poursuivent leur débarquement, pas vrai ? Ils n'ont pas peur, eux non plus.

– Il n'a pas employé les mêmes termes, avec eux : "*... met en question l'existence même d'Israël en tant qu'État...*" C'est un langage assez violent. » Golda brandit sa cigarette comme un doigt accusateur. « C'est une menace militaire.

– Et nos renseignements de Moscou ? glissa le ministre aux cheveux touffus. *Si Israël ne se retire pas, l'Union soviétique est prête à l'écraser dans les prochaines vingt-quatre heures ?*

– Il faut que tu apprennes à lire une carte, Pinkhas. » Ben Gourion lui indiqua une carte murale d'Europe et du Moyen-Orient. « Ce n'est que pour faire peur, pure propagande. Vingt-quatre heures ! Matériellement, ce n'est pas possible. Les Russes essayent de couvrir leurs massacres en Hongrie. Et de se vanter d'avoir stoppé la campagne de Suez, au cas où Eisenhower y arriverait.

– Premier Ministre, le colonel Simon est arrivé », dit Pasternak sur le signe d'un officier derrière un bureau.

« Bon, la conférence est terminée. Golda, tu restes. » Aux autres, qui s'en allaient, il dit qu'il les verrait à nouveau dans la soirée. « Alors, Golda, maintenant tu vas tout savoir sur les omelettes et les télescopes. » Son air perplexe le fit éclater de rire.

L'officier français arriva d'un pas vif, aussi droit que sa bedaine le lui permettait, prenant un air martial qui contrastait avec les officiers israéliens mal rasés, en uniformes fripés, certains vêtus d'un vieux pullover. *« Monsieur le Premier,* commença-t-il sans autre formule de politesse, *vous nous avez faites tous des dindons. »*

Yael traduisit. Ben Gourion haussa ses épais sourcils. Elle haussa les épaules et ajouta en hébreu : « C'est exactement ce qu'il a dit, Premier ministre. Dindons. En hébreu, *hodim.*

– Dindons ? Ben Gourion s'adressa directement au Français. Comment ça, des dindons, Monsieur Colonel ? »

Sur le même ton indigné, le colonel Simon affirma qu'Israël avait laissé tomber ses alliés en acceptant la résolution de cessez-le-feu de l'Assemblée générale, alors que les débarquements ne faisaient que commencer. L'Égypte avait naturellement sauté sur les deux résolutions, celle du Conseil de Sécurité et celle de l'Assemblée générale. Quelle justification y avait-il maintenant pour continuer l'attaque, qui était censée « rétablir la paix » ? *Malheureusement* – le colonel répéta ce mot en faisant des gestes extravagants – *malheureusement* il n'y avait pas de veto à l'Assemblée générale. Les débarquements se déroulaient « brillamment », mais il faudrait peut-être les annuler et ce traître de Nasser allait survivre, à moins qu'Israël ne revienne sur sa décision et continue à se battre.

« Mais se battre pour quoi, colonel ? » Ben Gourion montra du doigt la grande table. « Vos gouvernements nous ont donné pour instructions de nous arrêter à quinze kilomètres de la zone du canal. Eh bien nous y sommes, tout au long de cette ligne. Au sud, nous sommes à Charm el-Cheik. Quoi d'autre ? Devons-nous marcher sur Le Caire ? »

Quand Yael eut fini de traduire, le colonel sourit malgré lui. *Monsieur le Premier,* j'admire bien sûr vos succès, mais je vous informe du grave dilemme de mon gouvernement.

– Mais considérez donc le mien, dit Ben Gourion, légèrement pathétique. Les Américains nous ont menacés de sanctions économiques ruineuses. Les Russes ont même menacé de nous annihiler en tant qu'État ! N'est-ce pas, Golda ?

– Nous avons reçu une lettre terrifiante de Boulganine, colonel, dit-elle. Absolument terrifiante.

– Vous voyez, colonel ? Nous sommes un tout petit pays, pressuré par deux superpuissances. Grâce à la vaillance française, et seulement grâce à la France, nous avons pu éliminer les terroristes du Sinaï, et gagner notre passage vers la mer. Nous ne l'oublierons jamais.

– Je rapporterai ces paroles gratifiantes à mon gouvernement. Néanmoins, *Monsieur le Premier*...

– Colonel, c'est uniquement la folie des Anglais, en insistant pour retarder les débarquements d'une semaine – pour maintenir un prétexte illusoire dont se moque désormais le monde entier – qui a créé votre dilemme. Vous le savez certainement. D'après le plan français vous auriez déjà débarqué depuis six jours. Vous tiendriez aujourd'hui le canal, et Nasser se serait enfui en Suisse.

– Hélas, ce n'est que trop vrai, dit Simon. Une fois de plus, l'Angleterre a fait de la France un dindon. C'est 1940 qui recommence. La trahison de Dunkerque ! Alors vous ne sauriez réexaminer votre position ? »

Ben Gourion écarta les mains, paumes en l'air, et regarda Golda Meir, qui secoua tristement la tête. « Je suis impuissant à le faire, colonel.

– *Monsieur le Premier*, j'ai accompli mon devoir d'émissaire. Je vais rapporter aussitôt votre très regrettable réponse. » Le colonel français se redressa, rentra le ventre. « Maintenant je parle en tant qu'individu et soldat. Oui, la France vous a aidés, mais la conquête éclair du Sinaï est à la gloire d'Israël. Avec cette victoire en cent heures, vous entrez dans l'histoire moderne, non plus un peuple de victimes, mais de guerriers. Je vous salue, et je salue les Juifs. » Droit comme un I, il fit le salut militaire.

Ben Gourion, lui aussi, se redressa, rentra son propre ventre du mieux qu'il put et lui rendit son salut. « Je me porte garant de la gratitude éternelle d'Israël envers la France. Envers votre alliée, l'Angleterre, je n'éprouve que de la tristesse. Quoi qu'il ait pu se passer ensuite, les Anglais ont rendu possible un État juif, et nous ne l'oublierons jamais.

– Ah, les Anglais. » Le colonel Simon haussa les épaules. « *Hélas*, je crains que le lion britannique ne sorte de l'histoire comme un dindon. *C'est la guerre.* » Avec une petite courbette devant Golda Meir, il sortit à grand pas, mais hésita et cligna les yeux, surpris, en voyant arriver par la même porte un homme couvert de pansements crasseux.

« Voici Zev Barak, dit Pasternak.

– Bien. » Ben Gourion se tourna vers Golda Meir, les traits durcis par l'inquiétude. « La lettre de Boulganine est un message insultant et très dangereux, dit-il avec rudesse. Que faisons-nous ?

– Je connais cet homme. A Moscou, je l'ai souvent rencontré. » Golda Meyerson avait été la première ambassadrice d'Israël à Moscou, où elle avait mis en rage les autorités en attirant des foules de Juifs qui l'acclamaient et qui chantaient. « Ce n'est qu'un politicien soviétique parmi d'autres. Ils sont tous pareils. Ils ne comprennent que quand on leur parle le même langage. Je vais rédiger une réponse aussi brutale que sa lettre.

– Sois aussi dure que tu veux, je la signerai. Ne le mets pas au défi de nous écraser, c'est tout. Je ne crois pas qu'on puisse battre l'Armée Rouge.

– J'y penserai. Merci pour l'épingle, dit-elle à Yael en partant.

– Quelle épingle ? demanda Ben Gourion à la jeune femme, avec sa curiosité habituelle. Tu as donné une épingle à Golda ? Qu'est-ce qu'elle veut faire avec une épingle ? »

Yael cherchait encore une réponse – « Pour retenir son caleçon » n'était peut-être pas la chose à dire au Vieux – quand Zev s'approcha, couvert de sable et de cambouis de la tête aux pieds. « Le Piper Cub a apporté votre message, Premier ministre, et je suis monté dedans dans l'état où j'étais. Je m'excuse.

– C'est la crasse de Charm el-Cheik, dit Ben Gourion. Une crasse magnifique. Ces pansements, c'est grave ?

– Non, je vais bien. Quand je suis parti, on enclouait les canons. Même si les Égyptiens reviennent demain, il leur faudra longtemps pour refermer le détroit.

– Ils ne reviendront jamais. Jamais ! » Le menton de Ben Gourion jaillit en avant, et ses sourcils se froncèrent. « Charm el-Cheik n'est qu'un promontoire rocheux sur le détroit de Tiran. Historiquement, c'est au Yotvat. La plus grande île est une ancienne colonie juive, et nous étions là il y a deux mille ans, tout est raconté dans Procope, que je t'ai montré. Nous sommes revenus. Et nous restons. C'est inchangeable. »

Il posa une volée de questions sur la bataille décisive, le comportement des commandants égyptiens, la façon de traiter les prisonniers, l'état des troupes israéliennes, le niveau des approvisionnements. « Zev, j'ai discuté ce matin avec Moshe. Abraham Yoffe te recommande pour une *tziyun l'shvakh* (citation à l'ordre de l'armée).

– Pourquoi moi ? Ça lui revient. Qui d'autre les hommes auraient-ils suivi jusqu'à cette Géhenne ?

– Tu as vu Moshe, à Charm ?

– Oui, il est venu avec Raful.

– Il était partout sauf ici, Sam, pas vrai ? » Le Premier ministre sourit à Pasternak. « Pendant toute la guerre. »

Sam ne répondit pas, son regard se perdit dans le vague. Yael lui toucha le bras, et il sursauta. « Quoi ? Pardon, marmonna-t-il en clignant des yeux.

– Sam, je t'ordonne de te reposer ! s'écria Ben Gourion. Je sais ce que tu as fait ici. Moshe Dayan m'a dit lui-même : " *Ce qu'on bousillait le matin sur le terrain, Sammy le réglait au quartier général dans l'après-midi.* " Tu as été magnifique.

– Je n'ai pas entendu un seul coup de fusil », murmura Pasternak.

Ben Gourion lui prit le bras. « Tu viens avec moi dans ma voiture. »

« Dis-le à Uri, dit Sam à Yael quand le Premier ministre l'entraîna.

– Je veux téléphoner à Nakhama, lui dit aussi Barak.

– Va dans le bureau de Sam. »

Quand Yael revint, Zev était au téléphone, en train de rire. La voix jubilante de sa femme faisait résonner l'appareil. « Eh bien, dit-il en raccrochant, elle est agréablement surprise que je sois déjà revenu.

– Je peux imaginer ça.

– Ton ami Quichotte, à propos, est un vrai héros. Tu en as entendu parler ?

– Ce n'est pas mon ami. »

A cette réponse sèche et immédiate, Zev lui lança un regard perplexe. « Ton compagnon de voyage, alors. Ce que tu préfères. Il va avoir une citation, sans aucun doute.

– Pourquoi, qu'est-ce qu'il a fait ? »

L'exploit de Quichotte était parvenu jusqu'à Barak très embelli, comme tous les récits de champ de bataille. Le saut qu'il avait fait était devenu le bond d'une chèvre de montagne, au-delà de toute possibilité humaine, il avait liquidé tout un peloton d'Égyptiens, puis – détail parfaitement imaginaire – il était descendu jusqu'au rebord où se trouvait Jinji et l'avait ramené en sûreté dans ses bras. « Tout ça, je n'en suis pas vraiment sûr, ajouta Zev, mais je sais qu'il a sauvé la vie du type et qu'il a nettoyé une grotte de mitrailleurs. Raful me l'a dit.

– Eh bien, il a pris un risque insensé. Tu admires ça ? » dit Yael d'une voix aigre, nota Barak, et particulièrement glacée. « Tu crois qu'il va aller loin, avec des trucs pareils ? Quel genre de chef est-ce là ? »

Barak se leva. « Abraham Yoffe m'a dit de prendre soixante-douze heures. Trois jours avec ma femme et mes gosses ! Ça, c'est une vie de chef !

– Quichotte est blessé ? Tu l'as vu ?

– Oui. pas une égratignure.

– Alors tout ce que je peux dire, c'est : *Dieu veille sur les innocents* ». Un proverbe tiré des Psaumes.

« Je vais te dire, Yael. Quichotte est un peu fou. Comme était son ami Gulliver. Comme était Théodore Herzl. Comme est Ben Gourion. Quichotte est un soldat, un guerrier, et il saura jouer, s'il reste en vie, dans la cour des grands. »

Barak laissa la jeune femme, troublée et embarrassée, penchée sur un gobelet de café tiède. Yael avait toujours été d'une féminité très régulière, et elle s'inquiétait énormément. Une fois, une seule, elle avait eu un retard, à cause de la tension des examens. Mais elle était vierge, à l'époque, et le stress était la seule explication possible. Cette fois l'autre explication n'était que trop évidente : ses galipettes dans la suite de l'hôtel George V. Elle s'était crue dans une période sans risque, ce n'avait été que des ébats joyeux – avec des interruptions affolantes – et en bref, soit la tension de la guerre était responsable, soit la putain française était dans le pétrin.

Que ce fût tellement improbable, tellement *injuste*, la mettait en colère. Des années d'amours passionnées avec Sam Pasternak, parfois au milieu d'une querelle orageuse, en oubliant toutes précautions, et rien ! Si c'était arrivé avec lui, elle aurait été en position de force, d'une certaine façon. Au moins, elle l'aimait ! Mais, par malchance, elle était restée de glace avec Sam, ces derniers temps, alors cela ne pouvait pas être lui. Elle ne pouvait même pas faire semblant d'y croire. Quel piège ! Il fallait que ce soit la guerre – bien sûr, c'était la guerre – sinon elle était vraiment enceinte de ce casse-cou de Don Quichotte, qui avait, entre autres inconvénients, sa petite amie religieuse à Jérusalem. Épouvantable l'idée que ce pourrait être lui ! A s'ôter de la tête jusqu'au mois prochain.

Tout au long de KADESH, pendant qu'elle travaillait jour et nuit au quartier général, ses jours de retard s'étaient accumulés et lui avaient tapé sur les nerfs au même rythme que les victoires. Le seul rayon de soleil avait été que si le pire était confirmé, elle saurait qu'elle était fertile. Yael avait si souvent fait l'amour sans vouloir d'enfant, avant Pasternak et avec lui, qu'elle ne pouvait s'empêcher d'être taraudée par cette question. Et maintenant Barak avait jeté un deuxième rayon de soleil sur son problème. Yossi n'était pas comme Pasternak, mais du moins il sortait du rang. Il s'était réellement distingué, lors de KADESH, après tout. *« Il saura jouer, s'il reste en vie, dans la cour des grands. »*

Tout de même, il valait mieux que ce soit le stress. Pour incarner l'homme de sa vie, elle ne voulait surtout pas de ce charmant risque-tout, ce Don Quichotte.

« Tu es blessé ! » s'exclama Nakhama en lui ouvrant la porte.

« Je suis surtout crasseux. » Zev tint sa femme à bout de bras, mais elle les écarta et se jeta contre lui pour l'embrasser avidement, avant de toucher les pansements. « Zev, qu'est-ce qui s'est passé ?

– Des écorchures et une entorse. Rien de plus. Beaucoup de chance : ma jeep a sauté sur une mine. Il faut que je prenne une douche, tu pourras changer les pansements. »

Noah, un jeune garçon mince et brun au regard vif, entra en uniforme de scout, un journal à la main. A bientôt douze ans, il gardait sa dignité, et n'en était plus à sauter et courir au galop quand son père rentrait de l'armée. « Regarde, Abba ! »

Une photo sur trois colonnes en première page de *Ha'aretz* (La Terre), montrait le command-car égyptien avec un drapeau blanc, et Barak, derrière, au volant de sa jeep, tandis qu'un soldat casqué tenait la mitrailleuse.

Michael Berkowitz sortit de la chambre, avec manteau, chapeau, et un gros cartable sous le bras. « Wolfgang, bienvenue chez toi ! Tu vas bien ? » Il jeta un bras sur les épaules de son frère, embrassa sa joue rugueuse et indiqua le journal. « On ne parle que de toi, à l'université.

– Les cours ne sont pas suspendus ?

– Ils reprennent lundi. Je fais de la paperasse en retard. La petite Shayna vient m'aider.

– Bien, dis-lui que son parachutiste est okay. Je l'ai vu à Charm el-Cheik. Il s'est distingué pendant la bataille.

– Ah, comme elle va être contente ! Elle n'a rien dit, mais elle nageait dans l'inquiétude. Bon, ce soir on pourra vraiment parler. »

Mais les deux frères ne purent pas se parler, ce soir-là. Nakhama prépara le dîner en avance, mit la petite Galia au lit. Noah regimba, dit qu'il voulait tout savoir de la marche sur Charm el-Cheik. Son père en était arrivé à l'oasis des péniches de débarquement et à la recherche des tireurs qui décimaient ses soldats, quand Nakhama l'interrompit. « Abba est épuisé, Noah, va te coucher. Il va rester trois jours, tu auras tout le temps. » Son mari était si souvent absent qu'elle était devenue chef de famille – une mère marocaine à l'ancienne mode.

Barak s'écroula dans un lit entre deux draps propres, retrouvant avec délices la propreté et le confort, mais désorienté par son passage brutal des magnifiques paysages de Charm el-Cheik, ravagés par la guerre, aux murs étroits de l'appartement, à la petite musique tranquille du bavardage familial, aux parfums épicés de la cuisine de sa femme, et à Nakhama elle-même. Elle était restée froide et efficace pendant qu'il était assis, nu dans la salle de bains, et qu'elle changeait ses pansements, un travail qu'elle connaissait bien ; et elle avait gardé la même attitude en apportant la radio dans la chambre puis en baissant les stores devant un crépuscule violet. « Tu es complètement épuisé. Écoute les informations de six heures et dors. Pas de ça, dit-elle en écartant la main tendue vers elle. On écoute les informations, je te dis. »

Elle s'assit sur le lit et ils se prirent la main en écoutant l'avalanche de nouvelles. D'abord les informations internationales : les forces françaises et anglaises avançaient le long de la zone du canal, ne rencontrant qu'une faible résistance des Égyptiens, mais la situation politique devenait catastrophique. A Londres, les manifestations tournaient à l'émeute, et le parlement, à grand tapage, menaçait de renverser le gouvernement Eden. Aux Nations unies, une clameur s'élevait contre la France, l'Angleterre et Israël, contrôlée et dirigée par les Américains. Les Russes se préparaient ouvertement à envoyer des troupes en Égypte, et invitaient les Américains à se joindre à eux pour « écraser les agresseurs ». La lettre de Boulganine à Ben Gourion faisait les grands titres du monde entier. Le présentateur en cita quelques uns : *« La Russie va écraser Israël – Boulganine »*, ou *« Éradication finale du sionisme par l'URSS ! »*

La main de Nakhama se resserra sur celle de son mari. « Zev, murmura-t-elle.

– Rien de tout cela ne va se passer. Les Américains veulent arrêter les débarquements, et vont probablement y arriver. Les Russes ne font que du bruit.

– Un bruit horrible !

– Oh, un bruit soviétique. »

Les informations israéliennes, effervescentes, étaient l'autre côté de la médaille. Encore des détails de batailles victorieuses, des récits de hauts faits, des chiffres de pertes assez bas mais toujours désolants : moins de deux cents tués et disparus, tandis que les Égyptiens en avouaient plusieurs milliers. Le journal diffusa une interview du colonel Yoffe par un correspondant à Charm el-Cheik. Lorsque Yoffe mentionna les efforts « héroïques » de son assistant, le lieutenant-colonel Barak, Nakhama voulut prendre son mari dans ses bras et se retrouva couchée sur le lit.

« Non! Non, j'ai dit. Tu dois te reposer. Pour ça, on a le temps. Non. » Vaine protestation, lutte inégale, chuchotement frénétique. « Maintenant écoute, cet oreiller est mouillé, c'est du sang. Je te l'avais dit.

– La croûte s'est détachée. Ce n'est rien.

– Viens, je vais arranger ça et changer la taie d'oreiller. » Elle alluma une petite lampe de chevet. « Dieu, il n'est que sept heures et demie. Quel scandale. Imagine que Michael rentre et nous trouve comme ça? Dépêche-toi. » Elle refit son pansement à la tête, le recoucha d'une main ferme et se pencha pour l'embrasser. « Bienvenue chez toi, héros. Dors bien. »

Le lendemain matin, quand il entra dans la cuisine ensoleillée en clignant des yeux, vêtu d'un peignoir, sa femme rangeait la vaisselle. Une enveloppe de l'hôtel King David était posée sur la table.

« Qu'est-ce que c'est?

– Pardon, j'avais oublié. Une fille l'a apportée hier après-midi. La fille d'un archéologue américain. Un message de son père.

– Un archéologue? » Il ouvrit la lettre.

« Je crois. On a dû parler français, et ça n'est pas allé très loin. »

6 nov. 56

Salut, Loup l'Eclair...

Je griffonne ça en prenant le thé au King David. Le lieutenant-colonel Pasternak a une enveloppe scellée que m'a donnée mon père à Paris, me disant de prendre l'avion pour la lui donner en main propre. Je serai mercredi presque toute la journée aux fouilles de Ramat Rakhel que Papa a aidé à financer. Pris une place en liste d'attente pour rentrer jeudi à Paris. Pasternak dit que vous êtes quelque part dans le Sinaï, mais j'espère de toute façon voir votre femme et vos enfants. Stupéfiante victoire d'Israël, quoique mon père soit très négatif là-dessus. Totalement désolée de vous rater, mais tout se passe toujours pour le mieux, comme dit ma mère. Peut-être.

Emily C.

Nakhama éleva la voix pour couvrir le grésillement des œufs sur le plat. « Sam Pasternak a téléphoné. Il m'a dit de te laisser dormir, mais que tu l'appelles dès que tu seras levé.

– Je vais d'abord manger.

– Cette fille a parlé avec Noah, et elle dit que son anglais est *merveilleux*. Une gentille fille. Elle est archéologue, elle aussi ?

– Je ne sais pas. J'ai rencontré son père en Amérique. »

Pendant les duels d'artillerie de Charm el-Cheik, ses visions aberrantes d'Emily Cunningham s'étaient estompées. Une lettre de l'Américain, apportée de Paris ! Inquiétant. L'écriture volontaire et hachée de ce mot lui rappelait ses longues rêveries pendant la traversée du Sinaï à propos de cette fille ; un produit de l'ennui, de la fatigue et du stress, se dit-il, une sorte de rêve éveillé dénué de sens. Nakhama, rayonnante, lui servit son petit déjeuner. Il lui avait souvent vu cet éclat lorsqu'il rentrait d'une bataille ou d'une longue absence. Elle n'avait qu'une simple robe d'intérieur bleue, et avait empilé négligemment ses cheveux sur sa tête. « Tu es merveilleuse », dit-il.

Nakhama l'embrassa sur le front, sous les bandages. « Mange, et appelle Sam. Il avait l'air préoccupé, je ne sais pas pourquoi. Toutes les nouvelles sont bonnes, sauf que les Anglais et les Français arrêtent leurs troupes et que l'ONU va peut-être occuper la zone du canal. Tout est en suspens. »

20

Issur yikhud

Golda Meir lut d'une seule traite, sans commentaires, la lettre de deux pages de Cunningham, en fumant à la chaîne et en jetant de temps en temps un coup d'œil sur Pasternak et Barak. Zev n'était encore jamais entré dans son bureau. Pour un ministre des Affaires étrangères, c'était une petite pièce nue, les murs uniquement ornés des portraits de Ben Gourion et du maigre président Ben Zvi, tous deux en chemisette, et d'une grande carte du Sinaï balafrée à l'encre rouge. La fumée s'échappait par la petite fenêtre entrouverte, et une odeur âcre s'élevait d'un cendrier débordant de mégots. « Dites-moi encore qui est cet homme. » Elle ôta ses lunettes et reposa la lettre.

« Un ami, répondit Pasternak. Haut placé à la CIA.

– A la CIA ? Quelqu'un de sérieux ? Alors pourquoi tout ce *hugger-mugger* – elle employa le terme anglais – non professionnel, envoyer à Paris une lettre personnelle à sa fille par la valise diplomatique, pour qu'elle l'apporte ici en avion pendant une guerre ?

– Je suppose qu'il n'avait pas confiance dans les télégrammes ou le téléphone, madame le Ministre, ou dans la valise pour Tel-Aviv. » Pasternak haussa les épaules. « M. Cunningham est un peu *meshuga* sur la sécurité. Comme beaucoup d'autres, dans le renseignement.

– Et très *meshuga* à propos des Russes, ajouta Golda en écartant la lettre d'un geste. Je suis née à Kiev, vous savez. Je peux vous garantir qu'un Russe enfile son pantalon une jambe après l'autre. Qu'un Russe ne fait pas trois mètres de haut. Quand on marche à Moscou, on voit plein de petits Russes. Certains Américains se font de drôles d'idées sur les Russes. » Elle examina Barak, qui restait impassible. Pasternak l'avait fait venir pour qu'il donne son point de vue sur Cunningham et sur sa lettre si elle le lui demandait. « Vous connaissez cet homme, Barak?

– Pas aussi bien que Sam.

– Qu'est-ce que vous pensez de lui?

– Un type étrange, à l'esprit vif, extrêmement bien introduit. »

Golda Meir fronça son grand nez en bec d'aigle, reprit la lettre et lut les premières phrases d'un ton sardonique.

> Cher Sam,
> J'écris ces mots pendant une nuit d'insomnie. Je suis furieusement inquiet. Votre victoire est militairement admirable, mais peut s'avérer politiquement suicidaire. L'Amérique a retiré son bouclier. Toute décision politique israélienne doit se fonder là-dessus. Avec son passé américain, votre ministre des Affaires étrangères devrait le comprendre. Les renseignements venus de Russie sont terrifiants, et ici nous les prenons très, très au sérieux...

« Le bouclier américain? » Elle ricana presque. « Quel bouclier américain? Que nous ont apporté les Américains, dans cette affaire, sinon des ennuis? » Elle jeta la lettre sur le bureau, et les deux hommes échangèrent un regard. « Vas-y, Sam, parle-moi du bouclier américain. »

Pasternak eut vers Barak un geste qui était aussi un ordre. « Zev a entendu les discours de Christian Cunningham. Très récemment, en fait. »

Dans son visage volontaire, les yeux mi-clos de Golda se tournèrent vers Barak avec une sorte de défi glacé.

« En une ou deux phrases, madame, dit Zev, je suis incapable de vous l'expliquer.

– Mais ce que dit cet homme vous paraît sensé?

– Oui.

– Alors je vous écoute, et prenez votre temps. »

Pourquoi Sam l'avait-il mis dans une situation pareille? Il n'y avait là plus rien du rapport spécial de Zev avec Ben Gourion, à qui il pouvait presque s'adresser comme à quelqu'un de sa famille. De but en blanc, il fallait qu'il parle géo-politique avec cette femme qui déterminait la politique étrangère d'Israël – du moins ce que lui en laissait David Ben Gourion – et qui avait la réputation formidable de ne pas supporter les imbéciles. Que pouvait-il dire qu'elle ne sache déjà? Ceci devait être une épreuve, à la manière du Vieux.

Il rassembla son courage et se lança. Le bouclier signifiait évidemment, dit-il, l'amitié d'une grande puissance. Dans le mode de pensée de Cunningham, le sionisme s'était « glissé dans l'histoire » – à ces mots, Golda Meir fronça ses noirs sourcils – en 1917 avec la déclaration Balfour, derrière le bouclier anglais. Ce bouclier avait duré jusqu'aux insurrections arabes et au vote de l'ONU sur la partition, qui avait eu lieu derrière le bouclier américain, et spécifiquement l'intervention du président Truman. Autrement, Israël n'existerait pas. Les menaces sur la survie d'Israël venaient moins des Arabes que de la politique d'une grande puissance visant à pénétrer le monde arabe grâce à une attitude inamicale, voire hostile, face au sionisme. En ce moment la Russie jouait ce gambit dans le Grand Jeu, et le bouclier américain avait seul pu la retenir. Mais comme Eisenhower était furieux contre Israël, la situation politique, déjà précaire, était devenue d'un jour à l'autre extrêmement grave. Ceci, expliqua Barak, était le point de vue qui sous-tendait la lettre de Cunningham.

« Bien dit, Zev. Chris a aussi deux arguments matériels, ajouta Pasternak. Ici. » Il tendit deux doigts vers la lettre. « Numéro un. Dulles est à l'hôpital avec un cancer, donc Eisenhower dirige lui-même la politique étrangère. Ce n'est pas un diplomate, mais un militaire habitué à agir vite et à se montrer impitoyable. Numéro deux. Le Département d'État a fait savoir qu'une attaque soviétique contre l'Angleterre ou la France entraînerait des représailles américaines. » Il fit une pause. « Et Chris souligne, madame le Ministre, qu'*Israël ne figure pas dans cet avertissement.*

– Oui. *"Israël n'est pas – je répète – pas mentionné."* J'ai lu. » Golda Meir fit glisser la lettre jusqu'à Pasternak. « Bon, maintenant je vous comprends tous les deux, et je suis en complet désaccord. Votre ami de la CIA dit que nous devrions trembler devant la menace russe, obéir à l'ONU et nous retirer sur-le-champ du Sinaï. Pas une chance. Ce conseil ne vaut rien. » Elle se tourna vers Barak. « Boucliers, merdiers ! Qu'est-ce qui vous arrive ? Quel sens ça a-t-il ? Quels boucliers ? Nous, les sionistes, l'avons fait tout seuls ! Nous avons construit, nous nous sommes battus et nous avons gagné cette terre, et c'est pour ça qu'Israël existe ! Quand une grande puissance nous prend en amitié, c'est pour servir ses propres intérêts dans la région, rien de plus. Pour les Anglais, nous faisions tampon entre eux et les Français, jusqu'à ce que les Arabes rendent le terrain trop brûlant pour qu'ils y restent. Quant aux Américains, quel genre de bouclier ont-ils placé, en maintenant l'embargo sur les armes pendant que la Russie armait l'Égypte ? Sans les Français, qui ont intérêt à chasser Nasser, c'est lui qui nous envahirait, aujourd'hui, au lieu du contraire. Et alors, est-ce qu'il se retirerait, lui ? Hein, Sam ?

– Pas très probable, madame le Ministre.

– Non, pas vraiment. Donc, laissons les Égyptiens démontrer leurs intentions pacifiques et se mettre à discuter avec nous! Si nous sortons du Sinaï en secouant nos chaussures, est-ce que ça va les obliger à parler de paix? Quelle blague! Et les Russes, eh bien, ils sont très loin d'ici, et en ce moment ils sont très occupés à écraser les femmes et les enfants hongrois avec leurs chars. » Elle se leva, rajusta sa jupe et consulta sa montre. « Ben Gourion parle à la radio dans une heure. Je vous conseille de l'écouter. Maintenant, je vais le voir. »

« T'attendais-tu à autre chose? » demanda Zev à Sam quand ils émergèrent dans un après-midi couvert et pluvieux.

« Pas vraiment, mais la lettre de Chris m'avait inquiété, et j'ai pensé qu'il fallait qu'elle la voie. Son opinion est faite, alors voilà. Ou devrais-je dire que le Vieux a son opinion faite? Même chose, et on court peut-être à un désastre. »

En passant devant l'hôtel King David après être allé à la banque, Barak se rappela qu'Emily Cunningham partait ce jour-là, qu'elle était même probablement déjà partie. Entrer voir? Pourquoi prendre cette peine? Il était l'heure de rentrer à la maison écouter le discours de Ben Gourion. Mais, poussé par un élan irréfléchi, Zev entra et la trouva devant la réception en train de rendre sa clef. Elle portait un manteau en écureuil, un châle gris, et avait à ses pieds un sac en cuir bleu. Il ressentit aussitôt un frisson de plaisir. Quand elle l'aperçut, ses yeux jaillirent de façon comique et elle resta bouche bée avec une sorte de hoquet. « Vous! Vous êtes censé être à Charm el-Cheik! J'ai vu votre photo dans le journal!

– Vous partez maintenant?

– Dans plusieurs heures, mais je déteste rester avec mes bagages dans une chambre d'hôtel.

– Est-ce qu'il y a une radio dans la vôtre?

– Oui.

– Reprenez votre clef. » Il ramassa son sac. « Le Premier ministre va bientôt parler. Je veux l'écouter. Ce sera en hébreu, et je vous résumerai l'essentiel. Okay?

– Mais bien sûr. »

Elle n'arrêta pas de lui lancer des regards avec des yeux grands comme des soucoupes pendant qu'ils montaient au premier sans rien dire. Une fois dans la petite pièce, elle indiqua la fenêtre. « Une vue déprimante. Tous ces fils barbelés, et la Vieille Ville derrière. Encore plus déprimant quand le soleil brille sur les murailles. L'antique Jérusalem ressemble alors au Paradis perdu. »

La petite radio siffla, miaula, et cracha des parasites avant qu'il puisse la régler sur une voix qui parlait très vite en hébreu. « Ça va être à lui dans quelques minutes », dit Barak.

Elle jeta son manteau et son châle sur un fauteuil. « Vous savez que j'ai rendu visite à votre famille?

– Oui.

– Vos blessures ne sont pas graves, j'espère?

– On enlève les pansements dans une semaine. »

Elle eut un geste maladroit, le bras raide et légèrement plié. « Vous remuez toujours votre bras d'une drôle de manière. Vous vous en rendez compte? Je l'ai remarqué à Paris.

– Personne d'autre ne le voit. Ou du moins ne fait de commentaires. »

Elle eut son sourire d'adulte, ironique, qui creusait de fossettes son visage d'adolescente, et il commença à se rappeler pourquoi il l'avait trouvée si excitante. « Mes manières sont terribles.

– Comment va André?

– Oh, très bien. » Le sourire disparut. « Écoutez, pouvez-vous me dire – me laisser deviner – ce qu'il y avait dans la lettre scellée de mon père? Quelle étrange affaire! Les choses sont si graves que ça?

– On ne nous effraye pas facilement. Nous ne pouvons pas nous le permettre. Nous avons remporté une grande victoire, cela, c'est sûr. Asseyez-vous, arrêtez de courir dans tous les sens comme un chat en cage. » Il montra la radio. « Désolé si cet hébreu vous ennuie. Ce sont des commentaires politiques. Ça m'ennuie aussi. »

Elle se vautra sur le lit, appuyée sur les coudes. « Mon Dieu, vous avez une femme très belle et des enfants fantastiques. La petite fille est adorable, et ce Noah va devenir un grand chef.

– Nakhama dit que vous êtes une gentille fille.

– *Ha!* » explosa-t-elle. « Vraiment? Nous avons à peine pu communiquer. C'est son nom, Nakhama? On dirait un nom d'Indien d'Amérique. Fille de la Lune, ou je ne sais quoi. Comme Loup l'Éclair. Peut-être les Indiens sont-ils vraiment la Tribu Perdue d'Israël.

– Vous êtes en train de jacasser, Emily. Et c'est Na*kh*ama.

– Qu'est-ce que ça veut dire, Na*kh*ama? » Elle se força à prononcer la gutturale.

« Consolation. »

Une ombre passa sur le visage de la fille. « Je peux aussi bien vous dire, ou vous prévenir, que j'ai des pouvoirs occultes. Ne riez pas, je les emploie très rarement, mais quand je le fais ils me font peur – la façon dont ils agissent. Je viens de vouloir vous faire entrer par la porte à tambour de l'hôtel. Je l'ai fait! Je me suis dit, je sais qu'il est à Charm el-Cheik, pourtant *je veux qu'il entre dans ce hall à l'instant.* Et vous êtes venu. Vous me croyez? Je le jure sur la Bible. Il y a une Bible Gideon dans ce tiroir, et je suis croyante.

– Écoutez, notre banque est au bout de la rue, et Nakhama avait besoin de liquide. Avez-vous voulu tout ça?

– Ne vous moquez pas de moi. Je vous le dis, j'ai déjà fait ça. Un jour, à l'université, j'avais besoin de vingt dollars pour me sortir d'une horrible mouise, une honte affreuse. J'ai voulu trouver un billet de vingt dollars, et j'en ai trouvé un dans un vieux porte-monnaie que je voulais jeter. C'est arrivé aussi d'autres fois.

– Supposez que je ne sois pas venu? Que devenaient ces pouvoirs occultes?

– Ah, mais vous l'avez fait. »

Une giclée d'hébreu plus rude, différent, sortit de la radio. « C'est lui. » Barak règla le cadran.

« Vous me croyez folle?

– Pas exactement.

– Jolie? » Elle jeta vers lui ses jambes minces mais bien faites.

« Fermez-la, je veux l'écouter.

– Dieu du ciel, Loup l'Éclair, je suis contente que vous soyez passé par cette porte à tambour.

– Bon.

– Vous savez, vous ne me diriez pas de la fermer si vous ne vous sentiez pas à l'aise avec moi. Intéressant. »

Ben Gourion commençait à peine, mais Barak ne voulait pas manquer un seul mot. Il alla lui poser sa main sur la bouche. Elle le mordilla de ses dents pointues. « Pardon, je vais me taire. »

Il secoua la tête en regardant cette espèce de garçon manqué, et repoussa son manteau en écureuil pour s'asseoir sur le fauteuil. Emily s'approcha de la fenêtre et resta debout, les bras croisés, face à la Vieille Ville. Elle portait le même sweater et la même jupe qu'à Paris. A mesure que la voix s'écoulait comme un torrent, stridente et assez emphatique pour faire vibrer la radio, Barak se tassait sur son siège, se sentant lourd et fatigué.

Car c'était un discours triomphant, victorieux, rigide, plein de fougue, sans compromis, prenant la même attitude qu'avait eue Golda Meir devant Sam et lui. Les anciens accords d'armistice étaient défunts. Les actes de guerre de l'Égypte les avaient achevés. Les anciennes lignes d'armistice n'existaient plus. Quant à la force proposée par les Nations unies pour les zones disputées, Israël n'accepterait aucun soldat étranger sur son territoire, ni sur un territoire qu'il occupait! (Lorsque Barak entendit ces mots, assenés sur le ton du défi, il courba les épaules et se mit une main sur le front. « Quoi? chuchota Emily. Qu'est-ce qu'il vient de dire? Pour moi, c'est du chinois. » Barak posa un doigt sur ses lèvres.) Quand l'Égypte et ses autres voisins seraient disposés à parler de paix, ils trouveraient Israël étonnamment disponible. Entre-temps, Israël pouvait compter sur son armée, comme elle l'avait amplement démontré, pour repousser tous les envahisseurs. Le vaste réseau de fortifications et de caches d'armes découvert au Sinaï prouvait qu'Israël avait agi en légitime défense et au tout dernier moment.

« Vous n'avez pas aimé ce discours, dit-elle quand il éteignit la radio.

– Votre père ne l'aimera pas non plus. Voilà ce qu'a dit Ben Gourion, en quelques mots. » Il lui résuma le discours, se sentant d'autant plus déprimé à mesure qu'il parlait, même s'il était à la fois distrait et charmé par la présence de la fille.

« Vous devez avoir raison. Chris sera consterné. Mais je suis affreusement ignorante en politique.

– Comment va votre thèse sur Lamartine, Emily?

– Je n'ai pas envie d'en parler.

– Je vois. » Un silence embarrassé. « Eh bien, je suppose que je vais rentrer. Merci pour la radio.

– Il n'est pas encore temps que je parte.

– J'ai des choses à faire.

– Okay. » Elle enfila son manteau et noua le châle autour de sa tête. « Vous avez raison. Si je vous embrasse une seule fois, je serai perdue, alors sortons d'ici. »

Se trouvant face à face, loin l'un de l'autre, la jeune Américaine de vingt ans en manteau d'écureuil et l'officier israélien d'une trentaine d'années couvert de pansements, Barak se rappela bizarrement une règle religieuse dont lui et son frère avaient longuement discuté dans leur adolescence, *issur yikhud*. La loi talmudique interdit strictement à un homme et une femme – à partir d'un âge ridiculement bas pour l'un et l'autre – non apparentés, de se trouver seuls dans une pièce fermée. Zev soutenait qu'à l'époque moderne *issur yikhud* était à la fois absurde et inapplicable. Michael, qui étudiait assidûment dans une yeshiva, avait répondu qu'elle était inapplicable, sauf par la force de la volonté; absurde, pas du tout. Barak n'y avait jamais fait la moindre attention, bien sûr, et s'en était très bien trouvé pendant de longues années. Jusqu'à cet instant, il n'y avait jamais repensé.

« Bêtises », dit-il. Zev lui prit les bras et l'embrassa légèrement sur la bouche. « Okay? Quelle histoire!

– C'était inévitable depuis la nuit des lucioles. C'est vous qui l'avez fait, pas moi. Rappelez-vous. Vous serez bien obligé, un jour. »

Elle fila par la porte ouverte en ramassant son sac au passage. Il la suivit. « Laissez-moi le porter.

– Oh, je vous en prie. Ne soyez pas si affreusement poli. C'est ridicule. » Dans le couloir, Emily se tourna vers lui. Elle était en larmes.

« Que diable ? Pourquoi êtes-vous malheureuse, *maintenant* ?
– Mon Dieu, vous n'avez rien compris. J'essaye de ne pas mourir de joie. »
Zev eut la gorge serrée. « La prochaine fois que nous nous rencontrerons, si cela arrive, vous serez probablement mariée avec deux enfants, comme Nakhama, et tout aussi heureuse.
– J'en doute fort, mais si c'est le cas, cela ne fera pas la moindre différence. » Elle se tamponna les yeux avec un mouchoir. « A propos de fantasmes ! Ouh ! Ce discours était-il vraiment si terrible ? Le type du taxi à l'aéroport prenait les francs. Est-ce qu'ils les prennent, ici ?
– Je vais vous en trouver un.
– Oh, c'est vrai, vous sortez de la banque, vous êtes plein aux as. Merci. »
Ils descendirent l'escalier. « J'ai rompu avec André. Cela vous étonne, sans doute ? Ha ! Vous saviez que j'allais le faire, à l'instant où vous l'avez vu. Dieu sait que mes parents m'ont fait des scènes. Pauvre André ! Et je ne finirai pas ma maîtrise à Paris, puisque vous me le demandez. Je rentre chez moi. Je la finirai là-bas, peut-être à Georgetown.
– Vous avez envie d'enseigner ?
– Oui. Dans une école de filles. Il y en a plusieurs autour de Washington, à la campagne. J'adore les filles. Elle sont réalistes, et coriaces. Les garçons sont presque tous de pauvres mous vaniteux.
– Vous inversez les sexes, n'est-ce pas ?
– Non, c'est la vérité, l'inverse est un cliché bidon. » Elle lui prit le bras. Ils allaient arriver dans le hall. « Écoutez-moi. Si je pouvais être votre chien, simplement votre chien, je trouverais le moyen de vivre à Jérusalem. C'est sans espoir, évidemment. Alors mettez-moi dans un taxi et dites-moi au revoir jusqu'à la prochaine fois. »
Il s'efforça d'être léger. « Vous emploierez vos pouvoirs occultes, j'imagine, pour qu'il y ait une prochaine fois.
– Ce ne sera pas nécessaire. » Brusquement elle lui sourit différemment, d'un grand sourire adorable. « Hiroshima en imperméable ! Comme c'est grossier, comme c'est vulgaire. Mais ça a suffi, en un sens. »
Il posa le sac à ses pieds, dans le taxi. « Je vous aime, dit-elle.
– Je pense que vous le croyez. Attendez de le rencontrer. L'homme que vous épouserez. Alors vous saurez ce qu'est l'amour. » Il tenait la portière ouverte, malgré lui, refusant de voir partir Emily Cunningham.
« Je sais exactement ce qu'est l'amour, et l'amour, c'est *tout*. Je sais que vous et Nakhama vous aimez et que vous êtes parfaitement heureux. Elle est d'une beauté et d'une douceur spectaculaires, et j'ose

dire qu'elle est intelligente. Nous n'aurions rien de commun. Bien, fermez cette portière, et dites-moi au revoir. On n'y peut rien.

– Je crois que vous devez être folle. Ou peut-être seulement *yotzet dofan.* »

Le chauffeur, un homme basané avec un drôle de bonnet conique en laine, leur jeta un coup d'œil.

« Et qu'est-ce que c'est, *yotzet dofan* ?

– *Sortir par le flanc.* En anglais : naître par césarienne. En hébreu aussi, mais cela veut également dire *hors de l'ordinaire.* »

Le sourire ironique reparut. Elle lui tendit la main, serra la sienne de ses doigts minces. « Tu peux parier, mec. Il se trouve que je suis effectivement née grâce à une césarienne. *Du ventre de ma mère indûment arrachée.* »

Sa déclamation tragique fit rire Barak. *« Frappe, Macduff ? »* dit-il. « C'est ça qui vient ensuite ? *Et maudit celui qui crie le premier : Assez, arrête !*

– Pas du tout ! Pas mal, mais c'est : *Maudite soit la langue qui me le dit.* Il faudra réviser votre Shakespeare, vieux scout. Un jour, je pourrai peut-être vous y aider. » Elle lui jeta un regard étincelant. « Pour l'instant, bye bye, Loup l'Éclair. »

Shayna Matisdorf, assise derrière la porte fermée de la chambre de sa cousine Faiga, après la cérémonie de mariage, pensait justement à la loi de *issur yikhud.*

Le joyeux tumulte des festivités nuptiales battait son plein au salon – chants et danses, rires et discussions, se mêlaient au vacarme *klezmer* de deux saxophones et d'un violoncelle – tandis que Shayna, une autre fille et deux jeunes hommes de la yeshiva restaient dans le couloir pour témoigner que Faiga restait assez longtemps seule avec son jeune mari, Fyvel, pour que, théoriquement, la chose puisse se passer. Ce bref *yikhud* des nouveaux mariés n'était qu'une formalité, mais si strictement observée dans le milieu où vivait Shayna qu'elle trouvait cela complètement normal et n'y voyait rien de pittoresque ou d'étrange. Faiga et Fyvel allaient y passer huit ou dix minutes à boire du thé et manger du gâteau – avec grand appétit, car ils avaient jeûné toute la journée – et ils en ressortiraient bien sûr tout aussi virginaux, l'un et l'autre, qu'ils y étaient entrés. Connaissant la timidité de Fyvel, Shayna pensa que sa cousine ne recevrait peut-être pas même un baiser. Néanmoins, cet acte de *yikhud* scellait réellement leur mariage, autant que la cérémonie sous le dais et le fait d'avoir cassé un verre.

La porte s'ouvrit, laissant sortir l'heureux couple : le pâle jeune homme vêtu d'un kittel blanc, Faiga enveloppée dans les voiles crémeux et la dentelle de sa robe nuptiale. Elle riait, le visage écarlate, et Fyvel, avec sa barbe clairsemée, avait un air légèrement ahuri, comme s'il avait reçu un grand coup sur la tête. Shayna en déduisit qu'après tout le baiser avait dû avoir lieu. Bon signe, et sûrement du fait de sa cousine. Faiga était une fille bien.

Pendant cette courte veille à la porte de la chambre, Shayna avait pris une décision de première importance, et elle y réfléchissait encore dans l'autobus qui la ramenait chez elle. Elle avait quitté le mariage aussitôt après le *yikhud*, même si les festivités allaient continuer pendant des heures : la rotation du bataillon de Yossi le ramenait du Sinaï après six longues semaines, ponctuées par de rares permissions de week-end. Il avait manqué la fête, hélas, mais elle comptait sur un coup de téléphone, peut-être le soir même. Elle avait souffert le martyre au cours de cette courte guerre, et elle savait maintenant sans aucun doute qu'elle était malade d'amour, folle d'amour pour le parachutiste qu'on appelait Don Quichotte. Elle savait aussi qu'il était temps, plus que temps, de faire quelque chose.

Shayna avait supporté leur confrontation au Roi du Falafel du mieux qu'elle avait pu, quoique affaiblie par un rhume et torturée par la jalousie et les soupçons. Si inexpérimentée qu'elle fût devant ces situations, la jeune fille était assez maligne pour se rendre compte que le mieux qu'elle pouvait faire, après avoir gâché leur voyage, c'était se montrer agréable, désinvolte, et apprendre tout ce qu'elle pourrait sur l'épisode du *Gay Paris*. Yossi ne l'avait pas vraiment rassurée avec ses réponses hésitantes et trébuchantes. Peut-être ne saurait-elle jamais ce qui s'était passé, mais elle était sûre d'une chose : Shayna détestait Yael Luria et devait désormais la considérer comme une menace. Les rumeurs concernant Yael et Pasternak ne l'avaient pas atteinte : l'armée et sa petite clique ne se croisaient quasiment jamais. Tout ce qu'elle savait, c'était que Yael était très belle, très volontaire, libérée, et aussi – à moins que son instinct ne l'induise grossièrement en erreur – une rivale inquiétante.

Peut-être, au fond de son cœur, Shayna avait-elle aimé Quichotte dès qu'elle l'avait rencontré, dans son enfance, alors qu'elle l'avait provoqué et snobé. Elle se rappelait sa première et comique apparition avec son pantalon déchiré, elle se rappelait l'avoir battu à coups de poing quand il s'était douché avec son seau d'eau, et avoir senti même alors une sorte d'attirance imprécise envers lui. Elle datait le moment où elle était tombée consciemment amoureuse du discours qu'il avait fait à l'université, lorsqu'il avait parlé de Gulliver avec tant d'émotion retenue, ainsi que des sièges vides dans les autobus qui ramenaient à la base les soldats revenant des raids de représailles. Le jeune et maigre immigrant du siège de Jérusalem était devenu un grand soldat bien bâti, les journaux avaient raconté son exploit au col de Mitla, c'était son Yossi, à elle et à personne d'autre. Sûrement pas cette Yael Luria! En un mot, Shayna voulait se marier.

Le seul ennui, c'était que Don Quichotte ne l'avait pas demandée en mariage. Il s'était contenté de la voir très souvent. Elle avait montré clairement – peut-être un peu trop clairement, se disait-elle maintenant – qu'elle n'était pas prête à se marier, et qu'en plus elle avait des doutes à son sujet parce qu'elle était religieuse et entendait le rester, alors qu'il était hors normes, et connaissait la religion sans vraiment la pratiquer. A sa façon, Shayna s'était toujours tenue au *issur yikhud*, avec les autres jeunes gens, bien sûr, et avec Quichotte elle avait posé les règles dès le début. « *B'seder, issur yikhud,* pas de problème », avait-il dit. Les gestes de tendresse qu'elle avait acceptés avaient eu lieu au cours de leurs promenades, le soir, ou dans sa jeep, et de plus tout était resté relativement innocent, quoique, pour elle, entièrement nouveau et délicieusement choquant. Dans son groupe de religieux, Shayna était considérée comme une audacieuse qui badinait un peu trop avec les règles, mais elle avait l'esprit clair et la conscience en paix. L'amour permettait certaines libertés plaisantes, mais *issur yikhud* était une ligne rouge infranchissable.

L'idée qui lui vint donc en tête, alors qu'elle ressassait ce problème pendant le long trajet en autobus, c'est que si elle se permettait de rester seule avec Yossi dans une pièce close, ce serait lui suggérer le plus hardiment possible qu'elle voulait qu'il se déclare. Vraiment, une fille honnête et religieuse ne pouvait pas faire plus! Bien sûr, il ne se passerait rien, pas plus qu'entre Faiga et Fyvel, mais il comprendrait sûrement l'allusion. Pour Shayna, décider, c'était agir. Quand le téléphone sonna, elle sauta sur l'appareil. Il l'appelait de l'appartement de la rue Karl-Netter, et après quelques salutations et autres gentillesses, elle annonça qu'elle voulait venir le voir là-bas.

« Ici? pourquoi ici? » demanda-t-il, stupéfait. Elle n'avait jamais vu son antre d'iniquité. « Je vais venir à Jérusalem.

– Non, tu dois être épuisé, et tu n'as pas beaucoup de temps. Je serai là vers sept heures. Ne discute pas, je vais tout de suite à la station des *sherut.* »

Yossi raccrocha et se tourna vers les deux parachutistes qui partageaient sa chambre, Shmuel et Amir. « Eh bien, voilà du nouveau. Shayna vient ici. »

Shmuel, un Turc géant avec une épaisse barbe noire, était sur le canapé et enlaçait sa lumière d'amour, un sergent du corps des transmissions au corps lourd qui s'appelait Myriam. Amir faisait frire des œufs au saucisson dans la petite cuisine, produisant beaucoup de fumée et d'odeurs appétissantes. « Alors, qu'est-ce qu'on fait, dit Amir. On se fait rares ?

– Non, non, au contraire, il faut que vous restiez. Vous tous. »

Il expliqua rapidement le *issur yikhud*. Shmuel en avait entendu parler lors de son enfance pieuse en Turquie, mais pour Amir, un kibboutznik du Mapam, c'était une totale nouveauté, encore une de ces absurdités religieuses. Myriam dit qu'elle était contente de le savoir, et qu'elle s'en souviendrait. Quand des nouveaux, des officiers effrontés, essaieraient de s'imposer, elle prétexterait *issur yikhud*. Myriam regrettait d'avoir à rentrer dans ses quartiers, parce qu'elle aurait aimé rencontrer une fille aussi scrupuleuse. A Haïfa, la ville libre où elle était née et où les autobus roulaient le samedi, il n'y avait pas moyen d'apprendre ce genre de choses. Pour se défiler, *issur yikhud* valait bien mieux que d'avoir ses règles. C'était moins embarrassant.

Elle embrassa Shmuel pour lui dire adieu. « Essaye un peu *issur yikhud* avec moi, dit-il.

– Avec toi ? Qu'est-ce qui marcherait, avec toi ? Un couteau de cuisine n'a pas suffi.

– Oh, cette fois je savais que tu étais seulement un peu timide.

– Un Turc est un Turc », dit Myriam en partant.

Ainsi donc, quand Shayna arriva rue Karl-Netter, elle trouva dans l'appartement du péché non seulement son héros à lunettes, mais les deux parachutistes en uniforme, bottes rouges et tout le toutim, qui partageaient l'endroit. Encore un ennui. Assis côte à côte sur un canapé en ruine, ils se montraient tous les deux bizarrement obtus, ne faisaient pas mine de s'en aller pour lui donner l'occasion de jouer le scénario fixé dans son esprit : écarter *yikhud*, le temps de quelques moments passionnés mais restreints, avant de passer aux affaires sérieuses. Yossi l'agaçait. N'aurait-il pu préserver une certaine intimité pour leur premier rendez-vous chez lui ? Il l'avait accueillie avec un baiser cérémonieux, et maintenant lui aussi était assis sans bouger dans un fauteuil, l'air bronzé et glorieux, mais étrangement stupide.

La conversation était intermittente, gênée. Le type immense à la barbe noire lui demanda si elle était allée en Turquie.

« Non, je ne suis jamais sortie d'Israël.

– Je suis de Turquie. Un pays magnifique, la Turquie. Mais pas pour un Juif. »

Shayna savait que les soldats rentrés du front n'aimaient pas parler des combats – inutile, donc, de commencer par là. Et puis elle n'avait aucune envie de faire la conversation. Sans mot dire, elle observa le petit logement mesquin – l'antre du mal – attendant qu'ils s'en aillent.

Qu'est-ce qu'ils avaient donc? Ils savaient bien qu'elle était l'amie de Yossi.

« Voulez-vous des œufs et du saucisson? » lui proposa Amir. Elle refusa.

« Je crois que je vais me faire un sandwich au saucisson », dit Yossi en sautant sur ses pieds. Il était déconcerté par la présence de Shayna, et n'avait envie que de prendre dans ses bras le corps mince et adorable de la jeune fille, mais il ne savait comment faire. Quand il fut dans la cuisine, Shayna, qui en avait plus qu'assez, indiqua d'un geste sans ambiguïté aux deux parachutistes qu'ils devaient s'en aller. Le grand barbe-noire, qui était tout près de sa chaise, souffla à voix basse. « Et *issur yikhud* ?

– Vous l'observez, en Turquie? chuchota Shayna, abasourdie.

– Oh, certains le font, souffla Shmuel.

– Ce n'est que de la superstition, dit Amir d'une voix normale.

– Qu'est-ce qui est de la superstition? cria Quichotte de la cuisine.

– Rien », dit Shmuel, et Shayna répéta avec insistance son geste du pouce. Il prit Amir par le coude. « On s'en allait.

– Pourquoi? » Yossi sortit la tête de la cuisine. « Ne partez pas! Je vous en prie! »

Mais ils sortirent de l'appartement et refermèrent la porte. Aussitôt Shayna courut vers lui, jeta ses bras autour de son cou et lui donna un sacré baiser, se disant sur le moment que même Faiga n'avait pas pu embrasser Fyvel de cette façon. Mais Fyvel n'était pas Quichotte, et elle n'était pas Faiga. De son côté, Yossi réagit aussi vite que sur un champ de bataille à cette situation nouvelle, même s'il la comprenait mal. Il avait été surpris, quand Yael s'était jetée sur lui au George V, mais cela n'avait rien de très nouveau, sauf que c'était la petite amie du colonel. Ici, c'était Shayna, totalement différente, infiniment plus douce, laissant entrevoir le paradis sur terre. Peu après elle le repoussa fermement mais amoureusement. « Très bien, ça suffit! Sais-tu que j'ai failli mourir d'inquiétude à ton sujet? Je suis tellement fière de toi! Tu es si beau, tu es magnifique. Tu es revenu indemne! L'Éternel, béni soit-il, a exaucé ma prière. »

Ce n'était peut-être pas le ton juste. « Dois-je ouvrir la porte? demanda Yossi.

– Oh, pour l'amour du ciel, Yossi! Donne-moi un sandwich au saucisson. Il faut que je te parle. Sérieusement. »

Au portail de la base aérienne de Ramle, Shmuel et Amir croisèrent Yael Luria qui en sortait. « Salut! s'écria-t-elle. Alors, votre bataillon est revenu? Où est Don Quichotte? »

Ils échangèrent un regard, et parlèrent au même moment. « Je n'en ai pas la moindre idée », dit Shmuel. « On vient de le laisser rue Karl-Netter », dit Amir.

Habituée aux conspirations et aux alliances masculines, elle leur adressa un sourire de travers. « Rue Karl-Netter, hein ? Il rentre à la base, ce soir ? »

Ni l'un ni l'autre ne répondirent. Dans l'obscurité du portail, à peine éclairé par la lampe de la sentinelle, Amir avait reçu un méchant coup de coude. Le Turc ignorait totalement ce que Yael voulait de Don Quichotte, mais ne jamais dire la vérité à une femme à propos d'un homme ou même de quoi que ce soit, était une maxime de la sagesse ottomane qu'il avait absorbée par osmose.

« Eh bien, merci. Votre bataillon a fait des merveilles. Honneur vous soit rendu. » Elle fit demi-tour et rentra au quartier général. Plus de deux mois s'étaient écoulés, et il fallait décidément qu'elle dise un mot à Quichotte. L'antique réseau téléphonique de Tel-Aviv était surchargé par les appels des soldats revenus de guerre, et il lui fallut environ une demi-heure pour dépasser le signal occupé de toute la zone et faire sonner l'appareil de la rue Karl-Netter.

« Allô, Yossi ? C'est Yael. Bienvenue ! Félicitations ! Ici, au quartier général, on dit que tu as fait des merveilles sur le champ de bataille.

– Oh, salut », dit Yossi d'un ton neutre. Shayna était assise près du téléphone et lui lançait un regard inquisiteur. « Content de t'entendre.

– Yossi, il faut que je te voie. Il faut qu'on parle. C'est assez urgent. »

Yossi était plutôt obtus, certes, mais il ne voyait pas du tout pourquoi elle l'appelait. Yael était la chérie du colonel Pasternak, et presque tout le monde le savait ; une femme capricieuse, impulsive, et pour ce qu'il en savait elle avait envie de se réchauffer un peu à la gloire de ses exploits guerriers, ou de flirter avec lui, ou Dieu sait quoi !

« Mais bien sûr. Je vais te rappeler un de ces jours.

– Qui est-ce ? » demanda Shayna, qui avait clairement entendu une voix féminine dans l'appareil.

« Un de ces jours, pas question ! s'exclama Yael, et sa voix fit vibrer le téléphone. Demain matin ! Ici, à la base, ou chez toi ?

– *Qui est-ce,* j'ai dit ? »

Son *yikhud* avec Yossi s'était passé comme prévu. Elle l'avait vraiment désarmé, puis conquis. Ils n'étaient pas exactement fiancés, parce qu'elle voulait d'abord avoir l'accord de ses parents et de Reb Shmuel, mais elle se sentait déjà propriétaire, et ne perdait pas une minute pour l'affirmer. Quant à Yossi, il était profondément épris, savait qu'il n'y avait pas moyen de coucher avec elle hors du mariage, et la désirait violemment – en ce moment, du moins! De plus, il commençait à avoir envie d'un enfant. Alors, que ce soit donc Shayna. C'était de loin ce qu'il avait trouvé de mieux, et elle lui avait cédé toute la vertu qu'elle cèderait avant le mariage, c'était sûr et certain. Il posa la main sur l'appareil. « Oh, tu sais, une de ces filles, c'est tout. Excuse-moi. »

Shayna réagit en fronçant férocement les sourcils et en secouant sévèrement la tête.

« Yossi, tu es là? M'as-tu raccroché au nez? Essaye un peu!

– Je suis là, je suis là. Désolé. Je retourne à la base ce soir.

– Alors je te retrouverai à sept heures du matin au Roi du Falafel. Tu entends? *Sois-là.*

– De quoi diable s'agit-il avec cette *shmata* (loque)? Raccroche, c'est tout. Tout ça, c'est fini pour toi.

– Okay », dit Yossi, ce qui leur servit de réponse à toutes les deux, et il raccrocha. Shayna redevint amoureuse, et il se passa un moment avant qu'elle ne déclare qu'elle devait rentrer. Il la raccompagna dans les rues tortueuses du vieux Tel-Aviv, tous deux baignés par la lueur de leur nouvelle intimité. A la station des *sherut*, ils s'embrassèrent avant qu'elle ne monte en voiture.

« Plus de *shmata*, chuchota-t-elle. Je suis à toi et tu es à moi, et c'est tout.

– Plus de *shmata.* » Don Quichotte rentra rue Karl-Netter dans un brouillard d'excitation heureuse. Il n'avait jamais ressenti avec une autre l'adoration qui l'avait envahi lors des modestes complaisances de Shayna; demi-complaisances, plutôt. La vie venait de commencer. La victoire, peut-être une décoration, et Shayna!

21

La shmata

Le café du Roi du Falafel, un éventaire en plein vent, n'était pas mauvais, mais les gâteaux tendaient à être rassis et saupoudrés par la poussière omniprésente de Ramle. Yossi arriva sur le coup de sept heures, esclave de la discipline militaire, et il en mangea deux, réchauffé par un beau soleil matinal, en attendant Yael. Qu'elle fût en retard ne l'étonnait pas ; une femme officier, gâtée en plus, le chouchou du colonel. Des avions s'exerçaient à atterrir sur la base et redécollaient en rugissant, des camions pleins de soldats entraient et sortaient par le portail, et le petit bistrot se remplissait pendant que Yossi faisait passer les gâteaux poussiéreux avec du café, sans penser le moins du monde à Yael, mais à Shayna.

Elle avait pris sa position d'assaut, et bravo pour elle ! Il y avait des mois qu'il était tombé amoureux d'elle et que c'était devenu sérieux, certes, mais, avec son insouciance habituelle, il avait compté sur sa réserve pour laisser traîner la situation indéfiniment. Shayna avait tout changé en un clin d'œil. Eh bien, qu'il en soit ainsi. C'était le moment de faire le saut. Tôt ou tard, cela devait venir. *Kfotze,* Quichotte ! Ce n'était pas la plus jolie fille qu'il connaissait, pas même aussi jolie que certaines de ses maîtresses, et loin d'être aussi belle que Yael Luria : mince, le teint sombre, le visage un peu pointu et le teint un peu brouillé, peut-être parce qu'elle était si jeune. De beaux cheveux, un regard profond qu'une passion retenue pouvait faire étinceler, l'esprit vif et quelque chose d'irrésistiblement enchanteur, du moins pour lui. Elle ferait une excellente mère, avec son caractère dur comme le roc. Ils avaient parlé d'avoir des enfants, et il ne s'y était pas opposé quand elle avait décrété qu'ils seraient éduqués de façon strictement religieuse. Quichotte aimait bien la religion, et pensait que les enfants devaient l'apprendre. Ce qu'ils en feraient plus tard, comme dans son cas, c'était leur affaire. Là-dessus, il avait gardé le silence, pour ne pas ergoter.

« Pardon, pardon, pardon ! Tout se précipite et tout va mal ! » Yael déboula en coup de vent, les cheveux blonds parfaitement coiffés, l'uniforme sans un faux pli, le teint frais et rose. « Peux pas rester, en plus.

– Non ? prends un café, au moins.

– Oh... » Elle approcha du comptoir, et le Roi, un gros bonhomme huileux en tablier et chapeau en carton, la servit avec empressement avant tous ceux qui attendaient déjà. « Pas une égratignure, dit-elle en tombant sur une chaise, après tout ce que tu as vécu !

– Yael, qu'est-ce qui se passe ? Qu'est-ce que je peux faire pour toi ? »

Elle jeta un coup d'œil aux tables voisines, pleines de jeunes soldats en train de bavarder. « Comment me trouves-tu ? dit-elle avec un rire étrange.

– Renversante, comme toujours.

– Vraiment ? Merci. Je me sens... Eh bien, je ne me suis jamais vraiment sentie comme ça. Merveilleusement bien, et horriblement mal. » Elle but quelques gorgées et regarda autour d'elle. « Oh, c'est impossible, c'est une erreur. Et en plus on n'a pas le temps. Ton bataillon est de service, de réserve ou quoi ?

– Trois jours de permission, et retour à la réserve.

– Est-ce que je peux aller te voir rue Karl-Netter ? Disons cet après-midi ? Disons à trois heures ?

– Pourquoi ? De quoi s'agit-il ?

– Eh bien, *hamood...* » Elle posa une main sur la sienne.

Trois coups de klaxon ! Au volant d'une voiture de l'armée, Sam Pasternak se mit à crier : « Où sont les cartes ? Mille diables, Yael, qu'est-ce que tu fais dehors ? Salut, Quichotte.

– Tout est presque prêt, colonel. Juste le dernier plan, Uri fait les corrections, et...

– Presque prêt ? Rentre immédiatement ! Je dois voir le Premier ministre dans une heure.

– Rue Karl-Netter à trois heures, murmura-t-elle. N'y manque pas. » Yael courut vers la voiture.

Pasternak trouva un autre Ben Gourion : l'enthousiasme, l'assurance, le sourire triomphant, tout avait disparu. Autour de la table, les visages de Dayan, Golda Meir et leurs assistants reflétaient la même humeur sombre que celle du Vieux. Pendant que Yael disposait les cartes du Sinaï sur un chevalet, Sam repensa au samedi après-midi, au Musée de Tel-Aviv, où Ben Gourion avait lu l'Acte de Fondation aux leaders sionistes en rangs serrés. Il avait eu le même visage qu'aujourd'hui : résolu, défiant et grave.

« Pourquoi quatre cartes ? demanda le Vieux, qui remarquait tout. Nous nous sommes décidés sur trois propositions de retrait. »

Après plusieurs semaines d'habiles manœuvres dilatoires menées par Abba Eban, le gouvernement israélien, finalement soumis à la pression impitoyable des Américains, préparait des cartes précisant les diverses possibilités de retrait.

« Moshe Dayan et moi en avons demandé une de plus, dit Golda Meir.

– Nous venons de finir ce matin même, précisa Pasternak. Elles ne sont pas très détaillées.

– Dans quelle intention ? » demanda Ben Gourion.

Golda Meir regarda Dayan. « Une plus longue période de retrait, Premier ministre. » Dayan, lui aussi, était moins énergique que d'habitude. « Une plus longue période avant le début du retrait. »

Ben Gourion soupira. « En pure perte.

– Qui sait ? dit Dayan. Chaque jour apporte quelque chose de nouveau. Plus nous tenons, plus nous aurons de choix.

– S'il y avait une justice, dit Golda Meir, on ne discuterait même pas d'un retrait sans négociations de paix.

– *Yoisher* (Justice) ? » Ben Gourion employa le vieux mot yiddish évoquant la sagesse et l'ironie du ghetto. « *Yoisher*, elle veut ? De l'ONU ? Bon, Sam, voyons ces plans. »

Pasternak prit sa règle et commença par la proposition minimum en prévision du marchandage. Elle avait peu de chances d'être acceptée, mais servirait à évaluer les pressions. Ils avaient déjà très peu de marge de manœuvre. Le lendemain même de son discours triomphaliste, Ben Gourion s'était littéralement effondré sous les menaces furieuses d'Eisenhower, dont la nouvelle administration, venant d'être réélue, était prête à proposer des sanctions aux Nations unies, allant jusqu'au blocus ; et si Ben Gourion persistait dans son intransigeance irréaliste et que l'Union soviétique prenne des mesures militaires contre Israël, les États-Unis n'interviendraient pas !

Pasternak se rendait compte que Cunningham les avait prévenus : le bouclier américain s'était détourné, et Ben Gourion, tristement, avait dû très vite le reconnaître. Son cabinet avait accepté immédiatement et publiquement le principe d'un retrait total du Sinaï dès qu'un arrangement avec les forces de maintien de la paix de l'ONU serait conclu ; sur cette même base, les Français et les Anglais évacuaient Suez la queue entre les jambes.

Ce qui leur restait, c'était de jouer sur le temps : demander l'assurance que les fedayin ne reviendraient pas, et par-dessus tout la garantie que le détroit de Tiran resterait ouvert aux navires israéliens. Depuis ce moment, Pasternak avait travaillé sur des cartes et des calendriers d'évacuation – cela revenait à retirer la main d'un panier plein d'hameçons. Le dernier hameçon, c'était Charm el-Cheik. Tous leurs plans prévoyaient d'y rester jusqu'au dernier moment.

« Les Juifs américains nous ont fait défaut, remarqua Golda Meir quand Yael changea de carte. Où sont-ils passés ? New York a voté pour lui comme jamais !

– Ils n'ont aucune idée de nos réalités stratégiques, dit Dayan. La plupart ne savent même pas où est le Sinaï. Un fait avec lequel nous devons vivre. »

Plusieurs heures après, lorsque Pasternak eut répondu à de multiples questions sur les quatre plans, alors que l'air s'était rempli de fumée de cigarette, Ben Gourion, les yeux rougis, se passa les mains sur le visage. « Ce retrait, dit-il d'une voix lasse, effectué en toute bonne foi, peut un jour nous rapporter de gros dividendes. Actuellement, c'est douloureux. Nous avons connu d'autres moments douloureux. Nous avons les meilleurs soldats du monde. Nous l'avons démontré, et plus personne ne l'oubliera.

– J'ai reçu hier, interjeta Dayan, la copie d'un article de Liddell Hart, l'expert anglais, sur notre campagne. Il dit que c'est *un classique de l'art militaire.* »

Le Premier ministre hocha la tête avec un sourire mélancolique. « C'est très aimable. Et vrai. Mais ce petit pays ne peut pas affronter les deux superpuissances. Vous voyez, la France et l'Angleterre n'ont pas pu. » Il tourna ses paumes vers le ciel en signe de résignation. « *Zeh mah she'yaish.* Bon. Qui emporte ces plans à New York ?

– C'est Sam qui devrait y aller, dit Golda. Personne d'autre.

– Je veux que Sam reste ici, lança Dayan.

– Alors détachez Zev Barak pour cette mission, dit Pasternak. C'est ce je que vous recommande. Je le mettrai au courant. »

Ben Gourion regarda Moshe Dayan, qui hocha la tête, puis Golda Meir. Elle haussa les épaules. « Je ne connais pas très bien le lieutenant-colonel Barak. Si Moshe le dit, parfait.

– Wolfgang est *b'seder,* conclut le Premier ministre. Je le connais. Bon. Sam, envoie-le à New York avec ces trucs, et pendant qu'il y est, il prendra des messages privés que j'envoie à Washington. »

Yael ramena Pasternak à la base de Ramle. Ils avaient dû discuter de la réunion à l'aller, et il n'avait pas pris son chauffeur habituel. « Alors KADESH, c'était pour rien ! s'écria Yael après un long silence morose, sans le regarder. La guerre de cent heures, ha! Un classique de l'art militaire, ha! Un pique-nique au Sinaï, aller et retour.

– Ne dis pas de bêtises. Nasser a violé les termes de l'armistice en bloquant le détroit de Tiran, mais l'ONU n'a rien fait, et les Américains n'ont rien fait. Ils croyaient qu'on ne comptait pas, qu'Israël n'était pas sur la carte. Pas de problème! Mais maintenant une force de l'ONU va s'installer à Suez, dans le Sinaï et à Gaza, ce qui empêchera les raids de fedayin. Et le détroit va rester ouvert avec la garantie des Américains.

– Combien de temps?

– Qui peut le dire? L'important, ajouta-t-il entre ses dents, c'est qu'Israël est sur la carte.

– Tu fais contre mauvaise fortune bon cœur.

– Exactement.

– Tu peux m'accorder deux heures, cet après-midi?

– Aujourd'hui? Alors qu'on est surchargés? Non. »

Elle se tourna et le regarda dans les yeux. « Tu veux dire oui.

– Pourquoi faire?

– Des choses. »

Il ne répondit pas. Quand elle lui jeta un autre coup d'œil, il hocha la tête d'un air maussade.

A l'appartement de la rue Karl-Netter, où il arriva plus tôt pour payer le loyer en retard et jeter les ordures, Yossi se demanda au juste que diable Yael pouvait bien lui vouloir. Il attendait que Shayna l'appelle, et essayait vainement de la joindre à Jérusalem. En attendant, Yael allait venir. La véritable raison traversa effectivement son esprit, mais elle lui parut absurde. D'abord, au cours de ce lointain *z'beng v'gamarnu* à Paris, elle-même lui avait assuré, alors qu'ils plongeaient au fond du lit, qu'il n'y avait aucun risque. Il avait posé la question d'un geste et d'un regard, et elle lui avait chuchoté en riant : « *Zeh b'seder* (C'est okay). » Mais si par hasard c'était bien ce qui la tourmentait, eh bien il fallait que ce soit Pasternak qui ait cette chance ou cette malchance – selon les points de vue – d'après les lois de la nature et celles des probabilités. Non? Yael le savait aussi bien que lui. Elle n'essaierait pas de le bluffer à ce point. Alors, que voulait-elle? Il fallait attendre, et entre-temps refaire le numéro de Shayna.

Pour cette visite, Yael ôta son uniforme et mit une jolie robe rose après avoir pris une douche et s'être soigneusement maquillée. Manœuvrer Don Quichotte, c'était une affaire sérieuse, il fallait arriver au mieux de sa forme. *Les jeux sont faits,* comme auraient dit les

Français. Elle avait beaucoup réfléchi aux choix qui lui restaient : il y en avait trois, peut-être quatre. A deux heures du matin, ne pouvant pas dormir, la jeune femme, toujours méthodique, avait fait une liste de ses préférences et avait ensuite déchiré le papier.

1. Avorter. Absolument exclu, j'aurai cet enfant!
2. Épouser Quichotte. Meilleur choix pour l'instant. Un soldat de premier ordre, assez intelligent malgré sa dinguerie, laquelle s'estompe à mesure qu'il monte en grade et qu'il mûrit. Pas mon type, Dieu sait, mais au moins il a de l'avenir. Et en plus c'est le père de mon bébé!
3. Essayer de forcer les choses avec Sam. Sans espoir. Je perdrai. Enceinte d'un autre, je suis en très, très mauvaise position. Me suis fait piéger. *Zeh mah she'yaish.* Au revoir, pauvre Sam! Mais ça lui pendait au nez depuis assez longtemps. Amuse-toi bien avec ta Ruthie, Sam!
4. D'autres types? Jacob? Ariel? Ron? En désespoir de cause, seulement si tout le reste échoue.

Voilà comment Yael évaluait ce mauvais pas, mais cela laissait de côté ce qu'elle n'aurait jamais prévu : dans le cabinet du médecin, quand il n'y avait plus eu le moindre doute et qu'elle avait été certaine, un frisson de bonheur avait traversé son esprit troublé. Des mots jamais prononcés avaient résonné dans son âme comme une musique héroïque. *Je suis une femme!*

Au moshav, à un mariage, des années plus tôt, le rabbin itinérant avait parlé un jour d'un personnage de la Bible, peut-être Lot ou Ramech, qui avait deux femmes, une pour le plaisir et l'autre pour lui donner des enfants. Là-dessus Yael avait décidé, avec le cynisme de ses seize ans, qu'elle serait du côté du plaisir; or, maintenant, elle en venait à éprouver le désir ardent d'être l'autre femme. Don Quichotte avait ouvert cette porte de la vie, et elle voulait la lui faire franchir de force, en même temps qu'elle, par le jeu de sa séduction ou par la force de sa volonté.

Il l'accueillit avec son habituel sourire malicieux, remontant ses lunettes sur son nez. « Hé, tu es bien jolie, Yael. Différente.

– Tu veux dire, sans mon uniforme?

– Oh, tu es très belle aussi en uniforme, mais c'est une jolie robe. Entre donc, entre dans cette porcherie. »

Elle avait espéré qu'au passage, en l'effleurant, il la prendrait dans ses bras. Ils se trouvèrent nez à nez, mais rien ne se passa. « Puis-je t'offrir quelque chose? Une boisson fraîche? Il y a du soda à l'orange.

– Non merci.

– Du thé?

– Eh bien... une tasse de thé, pourquoi pas? »

Il alla dans la cuisine et se mit à faire des bruits de casserole. Une erreur, se dit-elle. Mal joué. « Je ne sais jamais où ces types mettent les choses, dit-il de loin. On a du thé, je le jure, je l'ai acheté moi-même...

– Oh, peu importe le thé. » Yael approcha de la cuisine.

« Tu veux du thé, tu auras du thé. Regarde, il y a des biscuits. Non. Ils sont moisis. Ces types...

– Yossi, je suis enceinte. »

Cela mit fin aux embarras domestiques. Don Quichotte se figea sur place. Il la regarda du coin de l'œil, releva ses lunettes.

« C'est vrai?

– C'est vrai.

– Très bien! *Mazel tov!*

– Merci. *Mazel tov* pour toi, très cher. Tu es le père du bébé. »

Ils se regardèrent, de part et d'autre de la porte de la cuisine. Deuxième chance pour qu'il la prenne dans ses bras. Il ne fit rien de ce genre. Yael fut effleurée par le doute. Aurait-elle dû mettre cette robe, après tout? Cela l'avait-il inquiété, mis sur ses gardes? Quichotte était habitué à l'uniforme. Il sortit de la cuisine, la prit par le coude et l'emmena vers le canapé. Ah, voilà qui était un peu mieux... Mais il se contenta de la pousser légèrement : « Assieds-toi, Yael », et s'installa loin d'elle.

« Écoute, ne sois pas si précautionneux, dit-elle en riant. Je suis en pleine forme et cela ne fait que deux mois. »

Il prit son temps pour lui répondre, en la regardant fixement. « Comment le sais-tu?

– Comment je sais quoi? » Malgré elle, Yael prit un ton agacé. « Que je suis enceinte? L'ange Gabriel est venu me voir en rêve, me l'a annoncé, et m'a dit de l'appeler Emmanuel! » Ensuite, avec effort, elle se calma. « Simple, très cher, deux mois sans règles, j'ai fait les examens, et ça y est. Je suis enceinte.

– Ne te mets pas en colère.

– Je ne suis pas le moins du monde en colère.

– Ce que je voulais dire, c'est – puisque tu dis que tu n'es pas en colère – comment sais-tu que c'est moi? »

Yael se mordit la lèvre, puis espéra ne pas s'être blessée. Cela lui faisait affreusement mal, et elle sentit le goût du sang. « Que veux-tu dire? Je le sais.

– Allons, tu dis que tu n'es pas en colère.

– Je ne le suis pas, je ne suis pas en colère, Yossi, pour l'amour de Dieu. Vas-y! Dis ce que tu as en tête. Il faut qu'on soit honnête l'un avec l'autre.

– Tu parles de l'hôtel George V?

– Quoi d'autre. » Elle gloussa joyeusement. *(« Sois gaie, Yael! »)* « La putain française, tu te rappelles?

– Bien sûr, et je me souviens de ce que tu as dit, *Zeh b'seder.*

– J'ai dit ça? » Elle battit des paupières d'un air innocent. « Tu l'as dit.

– *Zeh b'seder?*

– Exactement.

– Oh, très bien, j'imagine que je le croyais, sur le moment. Je me suis trompée. » Elle sourit. « Mais je suis heureuse de ce bébé, Quichotte, et ce qui est fait est fait.

– Tu n'es vraiment pas en colère, Yael?

– Pourquoi devrais-je l'être? »

Quichotte hésita, mais il n'y avait pas d'autre moyen, il fallait qu'il en passe par là. « Alors dis-moi seulement une chose. Et Sam Pasternak? » Pour toute réponse, elle le regarda froidement, d'un air menaçant. Il insista, maladroitement. « Je veux dire, comment peux-tu être aussi certaine? »

Elle sauta sur ses pieds. « Oh, quel gâchis! Je ne vais pas pleurer, ça non! »

Elle se mit à faire le tour de la pièce à grands pas, balançant ses hanches d'une façon que Quichotte trouva follement excitante, même si elle n'essayait absolument pas de l'être. « Mais c'est toi le père, et je vais avoir cet enfant, et qu'est-ce qu'on va faire? »

Elle s'approcha de lui, et il se leva. Une fois de plus, ils furent nez à nez. Yael se radoucit. « Quant à Sam, c'est fini entre nous depuis des mois. Ne me demande pas pourquoi. C'est fini. Là-dessus, je ne te mentirais pas, tu dois le savoir. Je suis absolument certaine, Don Quichotte. C'est toi. » Elle leva les yeux sur lui, concentrant toute sa séduction dans son regard et dans sa voix. « Tu as dit que j'étais une déesse. Voilà pourquoi c'est arrivé. Et maintenant? Est-ce que je te dégoûte à ce point?

– Me dégoûter? Dieu, Yael... » Il la prit dans ses bras, sans pouvoir s'en empêcher. Le téléphone sonna. Il était sur une petite table, tout à côté, et il décrocha. « Allô?

– Yossi, tout va bien! » La voix de Shayna était pleine de jubilation. « Maman et papa sont contents, et Reb Shmuel dit que nos enfants seront de grands hommes d'Israël! Yossi? Allô? Yossi? »

Yael fit une grimace théâtrale et s'écarta de lui. Elle avait entendu le ton de voix, sinon les mots. Il était facile de deviner qui était au bout du fil. Quichotte fit un vague geste vers elle, un signe de la main qui ne voulait rien dire.

« Alors, qu'est-ce qui se passe? demanda Shayna.

– Rien du tout. C'est génial. Vraiment génial.

– Tu as l'air drôle, Yossi. Et pas très heureux, ou alors je suis folle?

– Bien sûr que je suis heureux. Pourquoi non? C'est génial.

– Yossi », dit Shayna plus sèchement. Son instinct était presque infaillible. « Tu es avec une *shmata*. N'est-ce pas? Comment oses-tu!

– Qu'est-ce qui te fait dire ça? Il n'y a personne avec moi.

– Très bien. Alors quand puis-je te voir? Peux-tu venir à Jérusalem? Maintenant?

– A Jérusalem? Maintenant? »

Yael marchait de long en large, les hanches sinueuses. Elle murmura, en aparté. « Non! Il faut qu'on se parle. »

Elle avait parlé un peu trop fort, et Shayna était sur le qui-vive. « Qui est-ce? Yossi, j'ai entendu cette *shmata*! Jette-la dehors, tu m'entends? Jette cette *shmata* dehors immédiatement! Je reste à l'appareil. »

La répétition du mot *shmata* perça le grésillement de l'appareil, et Yael explosa, toujours en chuchotant. « Qui appelle-t-elle une *shmata*? La mère de ton enfant! Laisse-moi lui parler!

– Chérie, il y a quelqu'un à la porte, dit Yossi. Il faut que je te rappelle.

– Il n'y a personne à la porte. Il y a une *shmata* chez toi, et si tu veux jamais me revoir, dis-lui de s'en aller! »

Yossi cogna du poing sur le mur. « Ce doit être le propriétaire. Nous sommes en retard pour le loyer. Il va enfoncer la porte, Shayna! Je te jure que je te rappelle tout de suite!

– Yossi... »

Il raccrocha et affronta le regard furieux de Yael Luria. Elle était d'une beauté radieuse, une véritable déesse en colère. « Ça vaut mieux, et tu ne vas *pas* la rappeler. Pas avant qu'on ait discuté de tout ça. Peut-être même pas du tout. »

Mais Yossi en avait assez. « Tu ne m'aimes pas, Yael. Quoi qu'il se passe entre vous actuellement, tu aimes Sam Pasternak. Tu es à lui.

– Je l'étais. Je le nie pas.

– J'aime Shayna Matisdorf. C'est elle que je veux, et je vais l'épouser.

– Shayna n'a pas voulu aller à Paris avec toi, Don Quichotte. Moi, oui. »

Les tours de Manhattan qui percèrent le nuage de brouillard pollué au moment où l'avion descendait rappelèrent à Barak sa dernière arrivée à New York. Du coup, il décida de se rendre sur la tombe de Marcus. Il avait le temps, devant rester trois jours, ce qui était largement suffisant pour cette misérable mission à l'ONU. Rendre visite à Marcus ne serait pas gai, mais ce serait en tout cas une *mitzvah*, une bonne action.

Les longues heures du vol s'étaient traînées comme les interminables ressassements de l'insomnie, pendant qu'il étudiait les plans et les cartes du retrait pour bien les distinguer dans son esprit. La passagère voisine était une grosse femme trop parfumée, d'une cinquantaine d'années, qui feuilletait des magazines de mode lorsqu'elle n'était pas en train de manger ou de dormir, et il était peu probable qu'elle s'intéresse aux pages en hébreu mal ronéotées. Retrait, retrait, retrait... Une victoire triomphante, la fantastique percée de la Neuvième jusqu'à Charm, qui résonnait maintenant dans sa mémoire comme sa propre marche le long de la route romaine, en 1948, une brève explosion joyeuse de quelques heures venant compenser et justifier les longues années à piétiner sous l'uniforme, et maintenant il fallait reculer en rampant! De nouveau la laisse, et cette fois avec un collier pour les étrangler. Obéissez, ou étouffez.

Pendant les deux jours suivants, les séances avec la délégation israélienne furent une expérience cruelle – la gueule de bois des lendemains d'une brève ivresse, celle de la victoire. On l'avait encore une fois arraché à la vie de sa brigade, encore une fois utilisé comme un maudit messager, un sort qui semblait le poursuivre. Le deuxième jour, il fut ravi de pouvoir s'échapper, de prendre un train qui longeait l'Hudson, un fleuve majestueux, dans un paysage embrumé où les couleurs de l'automne viraient au marron. Le cimetière de West Point était encore vert, avec ses rangées de cyprès et ses pelouses bien tondues. En traversant les rangées de dalles, il vit un officier de l'armée qui se tenait debout, assez loin, les bras croisés et la tête penchée en avant. A part lui, l'endroit était désert. Devant la tombe de Marcus, Zev récita gauchement un *Ayl molay* (prière pour les morts) dont il se souvenait mal, puis, spontanément, les yeux humides, il mit à chuchoter.

« Rapport de situation, colonel Stone. Nous sommes en bien meilleure position qu'avant votre mort. Nous avons pris le Néguev, et des territoires vitaux au centre et autour de Jérusalem. Vous seriez stupéfait de voir comment le pays se construit. La population a plus que doublé. Nous n'avons jamais pris Latroun, et la route doit en faire le tour. Mais nous venons de remporter une grande victoire, nous avons conquis le Sinaï tout entier, même si les politiciens ne veulent pas nous le laisser. En tout cas, la tête de pont tient toujours. Alors repose-toi bien, Mickey, et... »

Des pas sur le gravier. Il se tut, effleura ses yeux du bout des doigts.

Les pas s'arrêtèrent, se rapprochèrent, s'arrêtèrent à nouveau. Barak resta un long moment tête baissée, puis regarda autour de lui. L'officier était un major athlétique, avec des cheveux bruns et un visage rond, amical. « Le colonel Marcus, hein ? Vous le connaissiez ?

– Très bien.

– Vous êtes d'Israël ? »

Barak avait fait le voyage en civil, pour ne pas se faire remarquer. Il tendit la main. « Zev Barak. Forces armées israéliennes.

– Jack Smith. » L'officier eut un léger sourire en lui serrant la main. « C'est mon vrai nom.

– Pourquoi ne serait-ce pas le vrai ?

– Oh, c'est un nom tellement répandu que tout le monde s'en moque. » Il indiqua une voiture, plus loin. « Je vous ai vu venir en taxi. Je peux vous raccompagner. Pas jusqu'à New York, je vais à Washington.

– C'est là que je dois aller, à Washington, mais je pensais prendre l'avion.

– Venez donc. » Ils se mirent à marcher côte à côte. « J'aimerais vous parler de votre campagne du Sinaï. Ma guerre, c'est la Corée. Il y a des parallèles. Un triomphe militaire, une faillite politique.

– Combien de temps dure le trajet ?

– Cinq ou six heures. Le temps d'aller à l'aéroport, de trouver un avion et d'aller à Washington, par ce temps, vous n'irez pas beaucoup plus vite. »

Barak n'avait jamais pensé à rapprocher la Corée et le Sinaï, mais cela l'intéressait, et le sérieux du major Smith lui plaisait. « Eh bien, j'accepte. Merci beaucoup. »

Les souvenirs de Marcus, racontés par Barak, intriguèrent l'Américain, surtout l'histoire de la « Route de Birmanie ». Il n'en avait jamais entendu parler, et cette appellation lui fit hocher la tête en souriant. Ensuite le voyage se passa à comparer leurs expériences en Corée et dans le Sinaï. En Asie, même la puissante Amérique avait été stoppée net, prétendait le major Smith, par une laisse politique. MacArthur aurait pu gagner la guerre. La politique intérieure américaine et l'ONU l'avaient arrêté, et finalement renvoyé. Smith conduisait vite et bien. Il était dans les blindés, et c'était ce qu'il avait voulu. D'après lui, l'emploi de la force au niveau international, à cette époque, impliquait l'envoi des blindés – le Sinaï l'avait prouvé une fois de plus. Il se fit décrire longuement les opérations de la Neuvième Brigade.

« Très impressionnant, comme la marche des Japs à travers la Malaisie jusqu'à Singapour, remarqua-t-il. La surprise *via* un parcours terrestre jugé impraticable.

– Oui, mais en trois jours, pas soixante-dix.

– Le théâtre de vos opérations est réduit. De même que votre Route de Birmanie. Quelques kilomètres au lieu de mille, mais c'est la même idée. Les principes de la guerre ne changent pas. » Ils avaient dépassé Baltimore et approchaient de Washington. « Et maintenant, Barak, je peux vous poser franchement une question?

– Pourquoi pas? »

Le major changea de ton, devint sec et précautionneux, presque hostile. « Vous, les Juifs, vous dites que vous êtes rentrés dans votre patrie. Vous affirmez que vous étiez là avant les Arabes. Supposez que les Indiens d'Amérique prétendent qu'ils étaient là les premiers et qu'ils veulent tout reprendre? Qu'est-ce qui se passerait? »

Barak avait déjà entendu ce genre d'arguments. Lui aussi changea de ton, parla calmement et délibérément. « Deux réponses. S'ils avaient la force de reprendre le pays, ils le feraient, et le monde émerveillé les approuverait probablement. Mais c'est trop hypothétique, de même que votre question, et ce n'est pas la vraie réponse. Après ce qui est arrivé à mon peuple, nous avions besoin d'un État qui nous appartienne, assez fort pour garantir que cela ne puisse pas se reproduire. Nous sommes donc revenus d'où nous étions partis. Sinon, où aller?

– Il y a quatre-vingts millions d'Arabes. Huit cents millions de musulmans. Ils ne veulent pas de vous, ne croient pas que ce soit votre place. Vous pensez pouvoir tenir, à la longue?

– On essaye. C'est la seule chance qui nous reste. " Pas le choix " est un bon motif. »

Smith hocha la tête, impassible, et ils se turent pendant un certain temps. Le major se rendait dans une maison de McLean, pas très loin des Cunningham, chez un frère marié qui était dans les renseignements militaires, tout en cherchant un appartement à Washington. A peine rentré d'une affectation en Allemagne, il avait donné ce jour-là un cours sur les blindés soviétiques, à West Point, avant d'aller sur la tombe d'un de ses camarades de promotion tué en Corée.

Pasternak avait ordonné à Barak d'appeler Cunningham et, si possible, de le voir, et il était attendu par l'homme de la CIA. Le père, au téléphone, n'avait pas parlé d'Emily, et Zev n'avait posé aucune question, bien qu'au cours de ses méditations moroses, dans l'avion, il s'était demandé ironiquement si la fille, grâce à ses merveilleux pouvoirs occultes, avait *voulu* qu'il fasse ce voyage. Il s'avéra qu'elle était encore à Paris avec sa mère et ne rentrerait qu'au mois de janvier. Dans l'entrée, un grand portrait à l'huile de la jeune fille lui fit un petit choc très agréable.

« Qui est-ce? » demanda le major Smith en sortant. Cunningham les avait invités à boire un verre.

« Ma fille. Pas très ressemblant, peint par une amie étudiante.

– On dirait une fille qui a refusé mes avances quand je suis sorti de West Point. Sue Funston.

– Aucun rapport. » Smith une fois parti, Cunningham demanda à Barak ce qu'il pensait du major.

« Eh bien, pendant le trajet nous avons beaucoup parlé. C'est un professionnel, intelligent. Pourquoi cette question ?

– Je le connais. C'est un type qui a de l'avenir, dans l'armée.

– Bon, en tout cas, ce n'est pas un ami d'Israël.

– Comme toute l'armée. Jusqu'ici, devrais-je dire. Ça peut changer. » Cunningham en resta là. Il aimait rester énigmatique, et Barak n'insista pas. Avec un de ses rares sourires, l'Américain tapota le tableau du dos de la main. « Barak, sa mère croit que vous avez sauvé Em du petit gros, le Français. Nous avons une dette envers vous. »

Ils prirent des cocktails sous la véranda vitrée pleine de plantes en pot. « C'est fou, cette fin de guerre, dit Cunningham en vidant un grand Martini tandis que Barak sirotait du sherry, et c'est une sacrée bonne chose que votre M. Ben Gourion ait reculé après son discours de victoire complètement écervelé. Vous étiez au bord du gouffre, Barak. Vous en êtes-vous rendu compte ? Eisenhower était dans une rage folle. Les Russes l'avaient coincé en agitant leurs fusées, s'étaient goinfré le crédit d'avoir mis fin à la guerre, alors que c'était lui et Dulles qui l'avaient fait, naturellement. Coupé le sifflet aux Français et aux Anglais, vous avaient bloqués et avaient sauvé la mise de Nasser.

– Oh, Chris, les Russes ont menacé de nous aplatir en vingt-quatre heures si on n'arrêtait pas. Ce n'était pas agréable.

– Du vent. Et maintenant ils font du vent à propos de votre retrait. Mais vous allez vous retirer parce que Ike vous menace de sanctions et s'y tiendra. » Il vida son verre et se leva. « Allons manger un morceau. Mais je vais vous dire, Ike n'est pas seulement comme ça, si ça peut vous consoler. C'est un guerrier. Il comprendra qu'il vous oblige à sacrifier une victoire que vous avez remportée en bonne et due forme, et il est probable qu'il s'en souviendra. »

Quand Barak retrouva Abba Eban à New York, avant de reprendre l'avion – Eban était à la fois ambassadeur à Washington et délégué à l'ONU – il osa citer le point de vue d'un « type astucieux de la CIA ». Eban, un intellectuel de haute volée, était aux Nations unies un diplomate à la fois invraisemblable et idéal pour Israël, pensait Barak. Il parlait mieux anglais que les délégués britanniques, exprimait des idées décapantes avec des phrases impeccables et onctueuses. Eban incarnait totalement ce que les Américains appellent une « tête d'œuf », jusqu'à son crâne d'un ovale presque parfait. Il écouta Barak avec un sourire magistral, hochant la tête de temps à autre. « Nous allons nous retirer graduellement, bien sûr, répondit-il. *En brera!* Et sous la pression des Américains, pas des Russes. C'est vrai. Mais nous en garderons des gains substantiels, après des négociations très difficiles dont je vais être responsable. Je crois que nous allons calmer pour longtemps les raids des fedayin venus de Gaza ou du Sinaï. Nous obtiendrons des Américains la garantie de libre passage dans le détroit de Tiran, notre principal casus belli. Et la menace d'une attaque combinée des armées arabes sera écartée pour des années, peut-être bien dix ans. Cela aussi est une victoire, du moins une victoire suffisante, dirais-je, dans les contraintes où nous sommes. »

Charm el-Cheik, mars 1957, quatre mois après la fin de la guerre. Les troupes et les véhicules du dernier bataillon de Yoffe à quitter la base sont alignés et déployés sur la place d'armes sous un soleil éclatant. En face, le bataillon des troupes égyptiennes venu les remplacer est un miroir presque parfait. L'orchestre joue, on crie des ordres.

« Pourquoi, Abba? Pourquoi faut-il la rendre? » La voix de Noah, étranglé par l'angoisse. « Nous avons gagné la guerre. »

Barak ne dirige pas la cérémonie. C'est la tâche lugubre du commandant. Lui n'est venu qu'en observateur, en tant qu'officier supérieur de la Neuvième Brigade. Yoffe lui a donné la permission d'amener Noah et sa troupe de scouts. Même si les jeunes garçons savent ce qu'ils sont venus voir, ils ont un regard fixe et choqué quand on amène l'étoile de David et que les soldats égyptiens hissent aussitôt leur drapeau vert semé d'étoiles et d'un croissant blanc. Barak regarde son fils, dont le visage est étrangement adulte.

« Pourquoi, Abba? répète-t-il. Pourquoi, alors qu'on les a battus?

– Nous faisons cela pour la paix, Noah.

– Mais ils nous détestent. Regarde-les. »

Les Égyptiens, à vrai dire, souriaient d'un air triomphal, sans rien d'amical.

« Cela peut changer, avec le temps. »

Un soldat passe près d'eux, portant le drapeau bleu et blanc replié.

« On le ramènera, tu verras. » Noah crispe sa petite mâchoire, regarde la base, les falaises et l'océan qui reflète le soleil. *Moi,* je le ramènerai. »

TROISIÈME PARTIE

Missions en Amérique

22

Les lettres d'Emily

Après le fiasco de Suez, la Grande-Bretagne et la France avaient perdu leur influence au Moyen-Orient, et Israël était stigmatisé en tant que co-conspirateur d'un des derniers sursauts – avorté – de l'impérialisme. Le colonel Nasser, de son côté, avait acquis un immense prestige en tant que « tueur de géants ». N'avait-il pas saisi le canal de Suez, défié les deux grands empires coloniaux, puis essuyé la tempête avant de leur faire rendre gorge? Sur sa lancée, Nasser fonda une confédération entre l'Égypte et la Syrie, appelée République Arabe Unie, proclama que c'était le premier pas avant la création d'un bloc puissant de toutes les nations arabes. Bien obligés, les stratèges américains se mirent à lui faire les yeux doux, mais il déploya une très grande habileté à ne pas s'engager, à garder le sourire tout en acceptant les largesses des deux superpuissances : l'aide économique américaine et l'aide militaire massive de l'Union soviétique.

Pendant ce temps, Israël retrouva une fois de plus le problème récurrent des fournitures en armement. La France était en plein bouleversement politique, et il fallait s'attendre tôt ou tard à ce que cette source se tarisse. On pouvait se procurer des munitions anglaises en quantités mesurées, payées cash. Quant aux États-Unis, des stratèges militaires voyaient dans la campagne israélienne, ce « classique de l'art militaire », un nouveau facteur dans la région et un contrepoids éventuel à Nasser, si celui-ci passait complètement du côté des Russes. Néanmoins, l'idée d'utiliser un million de Juifs pour faire échec au héros de quatre-vingts millions d'Arabes mettait du temps à s'imposer. En gros, le Département d'État et le Pentagone se ralliaient à l'ancienne politique britannique au Moyen-Orient : des liens solides avec les Arabes et une politesse glacée envers Israël.

Après environ deux ans de ce problème lancinant, Zev Barak, un commandant de blindés plein d'avenir, écrivit à Chris Cunningham pour lui demander confidentiellement si l'attitude américaine sur l'acquisition de chars par l'armée israélienne pourrait évoluer. L'homme de la CIA mit longtemps à lui répondre. Quand Barak ouvrit l'épaisse enveloppe qui finit par arriver, un bout de papier quadrillé portant l'écriture d'Emily tomba des pages dactylographiées par Cunningham. Barak lut d'abord sa lettre en secouant la tête, le sourire aux lèvres.

Foxdale School
Middleburg, Va.
le 15 sept. 1958

Cher Loup l'Éclair

Salut ! Une voix du passé ! Je ne me considère pas comme sournoise, mais c'est relativement sournois, de glisser mon *billet doux* dans la lettre de mon père. Il m'a donné sa lettre à poster et elle n'était pas trop bien collée. Sur un coup de tête, je l'ai ouverte – sans la lire, bien sûr – et je griffonne en vitesse ce mot non prémédité et sans doute imbécile. C'est juste que je ne peux pas m'en empêcher. Je meurs d'envie de vous écrire depuis plus d'un an. Quand je pense que j'ai manqué votre visite éclair, après la guerre, lorsque vous avez amené Jack Smith chez nous, la frustration me fait grincer des dents.

Ce qu'il y a, c'est que j'ignore si Nakhama peut lire l'anglais, même si elle n'en parle pas plus de dix mots. Si j'étais votre femme, une lettre venant d'Amérique avec une écriture féminine (plus ou moins) me rendrait sacrément curieuse, c'est sûr ! J'aurais dû penser depuis longtemps à prendre le papier à lettre de papa et à taper l'adresse à la machine, mais j'ai dit que je n'étais pas vraiment du genre sournois. Cela ne m'est jamais venu en tête. Alors, si Nakhama ouvre votre courrier (ce dont je doute) et voit ce mot, plié entre les pages impeccablement tapées de papa, vous aurez un problème. Mais pas tant que ça, et j'ai un problème très grave : être complètement coupée de vous. Alors je prends le risque. Si je vous gêne, envoyez-moi un bref grondement, ou ignorez-moi et ça ira. J'attendrai. J'attendrai jusqu'à ce que vous reveniez une fois de plus ou que nos chemins se croisent dans votre pays ou en Europe ou pour ce que j'en sais à Madagascar. Ce qui arrivera.

Très bien, maintenant que j'ai commis cette action fatidique, que puis-je vous dire ? Je vais juste me laisser aller. Pour moi, dans ma pauvre vie, il n'y a eu qu'un événement ces deux dernières années, Loup, *mon vieux* – un événement : quand vous m'avez embrassée dans cette chambre minable de l'hôtel King David. Avant, j'avais une existence échevelée et hasardeuse, avec une petite folie au sujet d'un militaire israélien aperçu quand j'avais douze ans. Depuis, je suis votre « *yotze dofen* » (c'est à peu près ça ?), arrachée indûment et passant les jours grâce à un souvenir poignant et vital.

Il n'y a rien qu'on puisse y faire, vous ou moi. Comme j'en suis convaincue ! Essayez peut-être de voir que vous en avez accompli plus que vous ne pensez, en me donnant un moyen de sortir de ce cul-de-sac, si j'en ai envie. Devinez quoi ? Le major Jack Smith est devenu mon soupirant ! Ou prétendant, ou galant, ou tout ce que vous voulez sauf petit ami. Je n'ai jamais eu de petit ami, sauf si on compte le vieil Hiroshima, qui d'ailleurs continue à m'écrire de longues lettres en un français exquis, avec de beaux poèmes. (Quoiqu'il vît actuellement avec une poétesse, une Indienne de Trinidad, qui doit être sa petite amie. C'est la modernité.) Je lui écris aussi. André était et est toujours un être délicieux, très drôle quand il est d'humeur, un vrai mandarin en littérature, et à sa façon il continue à m'aimer. C'est agréable, d'être aimée. J'espère que vous êtes d'accord avec cette simple proposition.

Il est très improbable que j'eusse jamais connu le major Smith si vous ne l'aviez déposé à notre porte, pour ainsi dire. Je n'ai jamais rencontré son frère aîné, qui habite près d'ici. Jack n'est resté chez lui qu'une semaine ou deux avant de trouver un appartement à Arlington. Mais grâce à vous, il a vu dans l'entrée mon portrait par Hester Laroche (elle a été longtemps – chastement mais passionnément – ma petite amie), qui lui a rappelé la fille qui l'avait quitté. Depuis, il me fait une cour discrète et plutôt guindée. Je crois que le départ de cette fille lui a enlevé le courage d'aimer. Ce n'est pas l'incapacité d'Hiroshima, mais une vraie timidité de fille, et c'est étrange, parce que papa me dit que dans l'armée on le considère comme un boute-feu.

Il n'est pas question que je puisse aimer Jack, si aimable et viril qu'il soit. Pour les concerts, le théâtre, le tennis, l'équitation et tout ça il est parfait, et en plus c'est un bon danseur. Je n'ai jamais beaucoup dansé. J'ai eu très peu de rendez-vous. La plupart des hommes sont assommants. Quant à vous et moi, au fond, ces choses-là n'ont pas de sens, j'oserais dire, mais j'ai assez bien démêlé les choses, pour autant que ce soit possible. Tout est à sens unique, évidemment, sauf que j'ai l'impression étrange et peut-être illusoire qu'il n'en sera pas toujours ainsi.

Vous êtes le premier Israélien que j'ai vu et à qui j'ai parlé. Vous correspondez avec papa, et je suis donc certaine que vous avez fini par prendre sa mesure. C'est un Dr Jekyll et Mr Hyde, un type des renseignements coriace et brillant, totalement pragmatique et infiniment sceptique, soupçonneux et cynique, obsédé par l'Union soviétique. C'est aussi un visionnaire religieux que certains prendraient pour un cinglé, à cause de ses idées fondamentalistes et millénaristes. Ce que mon prof de religions comparées appelait « chilliastique ». Papa croit que nous en sommes aux Derniers Jours, et que le retour des Juifs en Terre sainte est le Signe, l'Espoir. Il est totalement mystique sur la façon dont les Juifs se sont relevés des cendres d'Auschwitz, et ont marché sur Jérusalem comme si les guerriers de Josué avaient ressuscité. Il n'y a rien d'équivalent dans l'histoire, affirme-t-il, rien de naturel à cet événement, il s'agit d'un retour du religieux dans les affaires du monde, suscité par l'ère nucléaire. Ces opinions ne se retrouvent pas dans ses rapports professionnels, bien sûr, mais c'est tout lui. C'est ce que j'entends depuis la fondation d'Israël.

Et pendant cette fameuse nuit des lucioles, vous étiez là, ainsi que le major Pasternak, mais je n'ai vu que vous et votre bras plié, investi de la gloire et du prestige des visions de mon père. Ceci avant que vous ayez dit un seul mot. Ensuite, à table, quand vous lui avez parlé, et quand nous avons eu cette conversation sur la terrasse – que je pourrais noter encore aujourd'hui, mot à mot – j'ai été accrochée, ou plus exactement pétrifiée, transpercée par la flèche de Cupidon, moi, une pauvre petite maigriote de rien ayant à peine douze ans.

Et maintenant, qu'est-ce que je désire de vous?

Seulement correspondre. Okay? Vous me croyez? Hester Laroche est retournée en Oregon après l'université, a épousé le fils d'un banquier du coin et a déjà deux enfants, mais nous nous écrivons au moins une fois par semaine, quelquefois plus souvent. Je suis sa vie secrète pendant qu'elle fait ce qu'on attend d'elle dans sa ville natale, et qui dans l'ensemble lui fait plaisir et la rend heureuse. Nous ne parlons plus guère de Mahler, de Laura Riding ou de John Donne (on se lisait Donne à voix haute, toutes les deux, quel doux tonnerre!) ni de Plutarque, dont nous avons découvert ensemble l'intérêt, la profondeur, et l'infinie sagesse. Nous nous racontons des petites choses à propos de robes et de cuisine et du temps et de ce qui fleurit dans nos jardins. C'est merveilleux. Une lettre d'Hester ensoleille ma journée.

Pouvons-nous essayer d'en faire autant, Loup? Y a-t-il quelque chose de mal à ça? Vous n'avez peut-être pas grand-chose à m'écrire, mais je meurs d'envie de le faire. Il me semble qu'avec Jack Smith cela ne mène à rien, mais tôt ou tard je sais que je ferai exactement comme Hester, que je trouverai un type qui fera l'affaire. Entre-temps, je ne suis pas du tout pressée. J'adore les filles de Foxdale et j'adore le travail que j'y fais. C'est un endroit enchanteur. Si vous me répondez et que nous commençons à correspondre, je vous raconterai tout. Je veux juste savoir que vous êtes là. Je suis là.

Emily Cunningham
qui vous aime

Même écriture hâtive presque verticale – les *t* non barrés, des lettres sautées, mais pourtant très lisible, avec des boucles aux courbes généreuses. Zev trouvait affecté, un peu risible, et un peu triste, que cette fille prétende qu'un baiser dans une chambre d'hôtel avait bouleversé sa vie. A l'époque, il ne pensait guère à Emily, même s'il ne l'avait pas vraiment oubliée. Un an et demi de réorganisation intensive dans l'armée et de manœuvres sur le terrain à partir de l'expérience du Sinaï, les rapports avec la presse ou ses affaires familiales – l'emménagement dans un appartement plus grand, les maladies et la scolarité des enfants, une grossesse interrompue de Nakhama, la cour malaisée que faisait Michael à sa Lena sans religion – ainsi que les incidents frontaliers et les magouilles de politique intérieure qui remplissaient les jours en Israël –, tout cela avait éclipsé depuis longtemps les incidents étranges et les états d'âme de cette lointaine époque de KADESH.

« Qu'est-ce qu'il y a de drôle, Abba? » Noah fit irruption dans la minuscule pièce qui servait à Barak de bureau, et le trouva en train de sourire.

« Oh, rien. Une drôle de lettre d'un ami américain.

– Encore une raison de sourire, alors : j'ai été accepté par l'école Reale. »

Le père sauta sur ses pieds et serra son fils – qui avait grandi d'une tête depuis sa *bar mitzvah* et avait acquis un soupçon de moustache – dans ses bras. Son visage, aussi, était en train de changer. Les os des Berkowitz pointaient sous l'ovale arrondi des traits de Nakhama, le menton s'allongeait, les orbites se creusaient, les yeux marron paraissaient plus sages, avec en plus un soupçon de timidité adolescente. L'académie de préparation militaire de Haïfa était la meilleure d'Israël, et donnait accès à l'élite de l'armée.

« On me l'a dit aujourd'hui à l'école. Fier de moi? » Noah levait encore les yeux pour regarder son père, mais à l'allure où il grandissait, Barak pensait qu'il aurait la même taille que lui dans un an ou deux. Le visage du gosse était radieux.

« Pourrais pas être plus fier. »

Une fois Noah reparti, Barak se remit à son bureau pour étudier ce que disait Cunningham au sujet des tanks. Ce n'était guère encourageant. Contenir l'Union soviétique était désormais le thème unique de la politique américaine, écrivait-il, et dans cette optique, les Arabes étaient un maillon si faible que les stratèges devaient se méfier du moindre geste qui pourrait les offenser. Sur ce point, Cunningham citait longuement le major Jack Smith, qui faisait partie de ces stratèges. Smith n'était ni pro ni anti-Juif, d'après l'homme de la CIA, et il était nettement contre Nasser, qu'il voyait comme un simple arriviste charismatique exploitant un coup de chance politique. Néanmoins, ajoutait Cunningham :

> Pour Jack, Israël est « une petite épine dans la chair du monde arabe, produisant un peu de pus politique et devant être arrachée après quelques années d'inflammation et de souffrance ». Son point de vue, qui prédomine au Pentagone, c'est qu'Israël est au Moyen-Orient un accident transitoire, créé par la révulsion du monde entier devant les massacres nazis et par les tendances pro-juives du président Truman. Quand j'essaye de dire que les Juifs eux-mêmes sont un accident historique qui dure depuis plus de trois mille ans, et que la logique ordinaire ne s'applique pas à leur cas, Jack sourit devant ce qu'il appelle mes élucubrations religieuses.

> Vous devriez connaître Jack. C'est un type bien, qui ira loin dans l'armée. Israël doit compter avec ce genre d'officiers ainsi que leurs idées. Ce sont des patriotes pragmatiques dans le style de George Marshall, un très grand homme qui trouvait que la politique de Truman envers Israël était une grave erreur et s'y est opposé jusqu'au bout. En fait, je crois que vous ou quelqu'un comme vous devrait s'enrôler ici, dans n'importe quelle école militaire où vous seriez acceptés – des cours non classifiés, comme les blindés ou l'artillerie. Il y a ici beaucoup de respect professionnel pour votre victoire dans le Sinaï. Une fois sur place, vous pourriez commencer à ramollir le sol gelé par l'achat de quelques vieux Sherman des surplus. Rien que ça pourrait prendre plusieurs années. Ike en veut fondamentalement à Israël à cause de Suez, quoique officieusement il ait applaudi de mauvaise grâce votre retrait, effectué en toute bonne foi, ainsi que le talent déployé pendant cette campagne.

Barak montra cette lettre à Dayan, qui avait fini sa période en tant que chef d'état-major et étudiait les affaires du Moyen-Orient à l'Université hébraïque. Général ou civil, Dayan restait la première star de l'armée. « Bonne idée, dit Dayan. Ces Sherman pourraient nous servir. Vas-y, fais ce qu'il te suggère.

– M'inscrire dans une école de blindés, voulez-vous dire?

– Exactement. Les Américains sont les meilleurs. Un avancement professionnel pour toi, Zev, et tu pourras peut-être briser la glace à propos des chars, en plus. » Il le jaugea de son œil à moitié fermé. « Tu es peut-être le type capable d'y arriver.

– Vous me flattez, monsieur.

– Non, pas du tout. »

Barak s'inscrivit donc à l'école de Fort Knox, dans le Kentucky, sur la liste d'attente : la première place libre serait en 1960, presque deux ans plus tard. Il fut heureux de se consacrer de nouveau au commandement de sa brigade; il pouvait se passer tant de choses, en deux ans, qu'il écarta ce sujet de son esprit.

Quant au « billet doux » d'Emily, il le déchira en essayant également de l'oublier. Mais se représenta la déception de la fille – plus vraiment une fille, elle devait avoir plus de vingt ans – à ne trouver aucune réponse à sa lettre, jour après jour, semaine après semaine. Son charme acide avait imprégné la missive, et il avait presque entendu, en lisant son écriture, sa voix rapide et tendue. Cette voix résonnait parfois à des moments bizarres, à la fois plaintive et pleine d'assurance. *« Je veux seulement savoir que vous êtes là. Je suis là... »*

Finalement il s'assit pour lui écrire un mot.

Chère Emily,

j'ai bien reçu votre très aimable « billet doux ». Quand j'ai livré Jack Smith sur le pas de votre porte, comme vous dites, nous venions d'avoir une grande discussion en venant de West Point. C'est un homme capable, et je ne peux croire qu'il reste « timide comme une fille » plus longtemps qu'il ne le juge décent. C'est aussi un beau garçon. A mon avis, vous allez décider qu'il fait l'affaire.

Je commande maintenant une brigade blindée, et je vais en faire la meilleure de l'armée. Mon fils Noah, que vous avez apprécié, a été accepté dans notre lycée le plus exclusif. Tout va bien pour nous.

Intéressant, que deux étudiantes américaines aient découvert ensemble Plutarque. Je lis toujours du Plutarque, presque chaque soir. L'exemplaire broché que j'avais reçu dans l'armée britannique tombe en morceaux. Si je devais choisir trois livres à emporter sur une île déserte, pas de problème. La Bible en hébreu, Shakespeare, Plutarque.

Je sais mal écrire des lettres, mais je serais content d'avoir de temps en temps de vos nouvelles. Pourquoi pas? Vous pouvez m'adresser vos enveloppes. Nakhama n'est pas indiscrète avec mon courrier, elle a suffisamment de choses en tête. Deux enfants, un nouvel appartement plus grand que nous ne pouvons vraiment nous le permettre avec la paye de l'armée, et ainsi de suite. Je ne considère pas votre père comme un cinglé, mais vous n'en êtes pas loin. Si je vous prenais au sérieux je ne vous répondrais pas. Vous êtes adorable, et très gentille, et le type qui va vous rendre heureuse va venir à vous, si ce n'est pas le major Smith.

Sincèrement

Barak n'aimait pas beaucoup cette lettre, mais il la posta pour faire taire les échos qui résonnaient dans sa tête, et ce fut efficace. « Cette fille » s'estompa dans son esprit.

Au bout d'un an, leur correspondance, quoique sporadique, s'était installée, alimentée surtout par les lettres d'Emily.

Le 22 septembre 1960

Très cher Zev,

Cette fois j'ai un monde de choses à vous dire – Hester a essayé de se tuer et je suis allée la voir en Oregon – mais avant d'en arriver là, je regrette affreusement que vous deviez laisser tomber cette école de blindés. Je comptais les mois, et les semaines, dernièrement, mais vous avez fait ce qu'il fallait – pas le choix. Bien sûr, vous ne pouvez pas laisser Nakhama seule à un moment pareil. Du moins elle a une chance de garder l'enfant, bien qu'il soit plutôt sinistre d'avoir à passer un mois au lit. Je vous prie de lui transmettre mes meilleurs souhaits de rétablissement et un magnifique bébé. Désolée, rencontrer l'officier qui vient prendre votre place ne m'intéresse pas. Il n'est pas vous. Fin.

Oh, pour Hester, quel gâchis! Je ne peux pas croire que vous ayez gardé mes lettres, mais si oui, déchirez-les! Quand j'écris, je ne réfléchis jamais, je me contente de m'épancher, comme vous devez le savoir. Son mari est tombé sur un paquet de notre correspondance et a été scandalisé, surtout par une lettre inachevée d'Hester, très chaleureuse. « J'aimerais sentir tes chers bras autour de moi », ce genre de choses. Avec un joli poème. Ne veux rien dire, Zev, des trucs de fille, mais à Eugene, dans l'Oregon, ça ne passe pas. Ils ont eu une grande dispute, et Hester a essayé de se pendre à un lustre qui n'aurait pas supporté le poids d'un chien et qui est tombé en s'écrasant sur elle. Je ne parle pas d'un chien de berger, mais d'un caniche, j'ai vu le lustre, on l'a remis en place, vraiment fragile. Alors ensuite Bruce, c'est le mari, a pleuré, tout contrit, on a étouffé l'affaire et il lui a acheté une Mercedes décapotable et j'ai été invitée là-bas pour montrer qu'il comprenait et qu'il ne lui restait ni rancune ni soupçons.

C'est un homme assez gentil, mais très ennuyeux. Hester a peint un bon millier de toiles, pour ne pas devenir folle, j'imagine – elles sont empilées dans le grenier sur plus d'un mètre. Des portraits de ses gosses, des paysages de l'Oregon – un État fabuleux, l'Oregon – mais la plupart sont d'épouvantables abstractions qui évoquent un esprit dérangé. Hester n'a jamais été mince – à l'école les filles nous appelaient Laurel et Hardy – mais elle a vraiment gonflé. Pourtant, ce n'est pas pour ça que le lustre est tombé. Impossible qu'elle ait fait ça sérieusement, grosse comme elle est, sauter d'une chaise en croyant que le lustre l'achèverait. C'est tout juste si elle n'a pas fait effondrer le plafond tout entier. Hester n'est pas heureuse, c'est tout.

ALORS, mon bel ami emplumé, comme on disait quand on était petites, n'essayez pas de continuer ces trucs comme quoi je devrais me marier! Que se passe-t-il, mauvaise conscience au sujet de ces lettres idiotes, quatre des miennes pour une seule des vôtres? Je me marierai quand je serai prête, bon Dieu, et ça peut vouloir dire jamais! Telle que, je suis okay. Alors arrêtez de me seriner la même rengaine assommante, c'est le seul truc de vos lettres prudemment avunculaires qui me met vraiment en rogne. Je suis ravie que votre brigade blindée ait remporté une citation louangeuse du ministre de la Défense, mais tout ce que vous touchez doit subir le même sort.

Que vous laissiez tomber le cours de blindés, c'est un avertissement, pour vous et moi. Le destin lui-même! Nous sommes destinés à entretenir une correspondance à la Shaw-Terry, sans plus – j'hésite à dire Héloïse et Abélard – déchirée au fur et à mesure, de sorte que nous sommes seuls à en jouir, et pas ce foutu fouinard de monde entier. Shaw n'a rencontré Terry qu'une fois en coulisses, au milieu d'une foule, vous savez. On ne dit pas qu'il l'ait embrassée, alors j'ai un point d'avance sur Ellen Terry, et je peux en rester là. La vérité, c'est que j'adore énormément vous aimer à distance. Je m'y suis habituée.

Alors restez au loin, puisque c'est visiblement ce que veut le bon Dieu, et oubliez seulement ces bêtises sur le mariage, okay?

Jack Smith, à propos, est revenu dans le paysage. Il est devenu le chevalier servant d'une belle fille de militaire juste après que nous nous fûmes écartés l'un de l'autre, et on a cru voir de la fleur d'oranger pendant six mois. Jack était plutôt vieux pour elle, mais il se fait un nom dans l'armée, alors je suppose qu'elle était flattée, qu'elle s'est juste amusée à le harponner pour le rejeter à l'eau. Chacun son goût. Maintenant ça fait deux fois qu'il s'est fait échauder, il est secoué, mais ça n'affecte pas sa carrière. Je suppose que pour lui je suis une vieille amie qui ne va pas lui faire de mal, en tout cas, et nous passons de bons moments ensemble.

Suivez-vous les élections d'ici? Kennedy est tout en charme et en charisme, mais je ne suis pas sûre de sa densité spécifique. Nixon est un arriviste flamboyant à nul autre pareil, le laquais de Ike, mais il est capable. Il y a des années, faisant campagne avec Ike pour devenir vice-président, il s'est fait acculer par la découverte d'une sorte de financement illégal, et on l'a cru fini. Or il s'en est sorti en faisant à la TV un discours filandreux sur sa femme et son chien Chekers, un vrai numéro d'artiste. Les Juifs d'ici sont tous contre lui, étant surtout de gauche, alors j'imagine que vous autres Israéliens êtes aussi pour Kennedy. Quoique je ne voie pas vraiment une ressemblance avec les Juifs américains – on dirait vraiment deux espèces animales différentes.

A propos, même si cela ne me regarde pas, y a-t-il quelque chose derrière ces articles de presse sur un réacteur nucléaire israélien? Une grosse affaire très floue, ici. Nasser menace de mobiliser six millions d'hommes pour aller le détruire, tout ça. Dois-je m'inquiéter?

Bon, voilà pour aujourd'hui. Vous n'avez pas idée, cher vieux Zev, de l'affection qui suinte malgré vous des quelques lignes prudentes que vous écrivez. Désormais, vous me croyez. Vous savez que je ne suis ni ordinaire ni stupide, et vous appréciez mon point de vue. Comme vous le devez. L'amour est le don le plus rare que permet notre existence mélancolique. Vous devriez entendre mon père lire des poèmes romantiques à haute voix, les sonnets de Shakespeare, du Browning, du Swinburne. Il peut paraître rigide, mais je crois que nous sommes de même nature, lui et moi. Il l'a canalisée dans le patriotisme, et il est assez heureux avec ma mère, mais il y a là une turbulence contenue.

Enfin, je signe la présente de mon pur amour resté raisonnablement inchangé. Mes rêves, ce sont mes affaires. J'essaierai de lire l'*Anatomie de la Mélancolie,* puisque vous m'y engagez, mais le titre m'a toujours rebutée. De toute façon, je ne crois vraiment pas qu'aucun livre puisse être comparé à Plutarque. Néanmoins, puisque oncle Zev le dit...

Toute à vous,
Emily

Le 31 décembre 1960

Très chère Emily,

Voilà, je cède et je vous appelle très chère. Assez de précautions.

Nakhama a eu une fille, une grosse et belle fille de huit livres et demie, et elles vont toutes les deux très bien! Alors maintenant nous avons un garçon et deux filles, et pour Nakhama, ça suffit. Elle a eu beaucoup de mal, mais nous sommes très heureux, même si nous avions envie d'un autre garçon. Les filles se battent, dans ce pays, mais c'est aux garçons que nous passons le flambeau. J'espère que quand ce bébé sera grand les Arabes n'auront plus l'illusion de nous voir partir, ou d'être capables de nous chasser. Mais on dirait que ça va être long, et ce sera peut-être bientôt au fils de Noah de reprendre le flambeau. S'il le faut, il ne le lâchera pas.

J'écris à 11 heures du soir, et par la fenêtre je vois la neige tomber sur Jérusalem. Vous appelez ce jour le Premier de l'An. Pour nous, ce n'est pas un jour férié, nous avons eu notre Nouvel An en septembre, le jour, en fait, où vous m'avez écrit à propos de Hester Laroche et de son lustre. Ici, c'est la Saint-Sylvestre, la fête d'un saint mineur. Les touristes américains sont saouls, soufflent dans des cornets et jettent partout des papiers colorés. Nous allons à nos affaires.

C'est une histoire vraiment horrible, celle de votre pauvre grosse amie, son lustre, ses mille tableaux et son mari ennuyeux, mais vous la racontez si bien que je n'ai pas arrêté de rire. C'est très israélien, vous savez, de rire des choses les plus affreuses qui se passent ici. Je suis actuellement suffisamment heureux et comblé pour vous dire que je vous rends votre affection mais pas du tout de la même façon, pas avec la fourberie (est-ce du bon anglais?) qui est votre marque de fabrique, et pas du tout comme mon amour pour Nakhama, qui est ma vie. Je n'aurais pas su prévoir votre existence, mais j'apprécie vos lettres et vos sentiments. Je ne suis pas George Bernard Shaw. Dieu veuille que je ne sois pas Abélard. Je n'ai pas grand-chose à vous dire, Emily, pour des raisons évidentes, et si vous sentez de l'affection entre les lignes, nous en resterons là.

Avec ces quelques mots je vous dis pour l'instant au revoir

Heureux père et ami lointain,
votre Zev

PS: A propos du réacteur, c'est un projet français pour une centrale électrique, qui ne sera pas terminée avant plusieurs années. Des bêtises de journalistes.

Z.B.

Une carte de félicitations à la naissance d'une fille, imprimée en hébreu et en anglais. Sur la page libre, à l'intérieur, ces mots griffonnés :

Le 10 janvier 1961

Zev, mon amour – Je suis allée dans une librairie juive de D.C. pour trouver cette carte. Je pleure en écrivant ces mots parce que Nakhama et vous avez un nouveau bébé, parce que je suis heureuse de votre bonheur, et parce qu'à votre façon vous m'aimez. Il gèle à pierre fendre à McLean, il est minuit, et contre toute nature les lucioles font clignoter la nuit.

Votre Emily

23
Fantaisie turque

« Kfotze ! » Quand la main du sergent-chef lui frappa l'épaule, le colonel gambien bondit et les autres parachutistes du *dvukah*, son groupe, avancèrent vers le grondement du vent et le soleil aveuglant de la porte ouverte.

« Kfotze ! » Un élève que Don Quichotte admirait et appréciait tout particulièrement sauta le premier : un brigadier général de Côte d'Ivoire, solide et sérieux, noir comme du charbon, enragé de gymnastique et toujours en train de lire des manuels de science politique, dans ses moments de liberté, en vue de finir une thèse à Johns Hopkins.

« Kfotze ! » Au tour du colonel blagueur venu du Cameroun – il avait fait venir en Israël sa jolie femme aux robes exotiques et jouait des airs étranges sur un instrument ressemblant à un piccolo allongé. « Adieu, travail cruel ! » cria-t-il avec l'accent français, et il sauta en riant.

« Kfotze !

– Non.

– *Kfotze !*

– Absolument pas !

– *Kfotze !*

– Non ! Mon parachute est défait ! » Un officier très grand et très gros beuglait en s'accrochant aux côtés de la porte. « JE NE SAUTE PAS ! »

Le sergent passa derrière l'élève et posa une botte massive sur son postérieur. *« KFOTZE !*

– Non ! Écoute, si tu me pousses, tu déclenches une guerre avec l'Ouganda !

– Décroche-le, Uri. » Don Quichotte s'était attendu à des problêmes avec ce frimeur qui dépassait les autres d'une tête et avait fait des singeries enfantines à l'exercice pour démontrer son courage. Le petit sergent-chef râblé lança un regard de haine vers Quichotte à l'idée d'excuser un trouillard, mais il décrocha l'officier ougandais et l'écarta d'une bourrade.

« *Kfotze!... Kfotze!... Kfotze!* »

Les trois derniers Africains sautèrent, un deux trois, fiers de leur courage après le blocage d'Idi Amin. L'Ougandais pointa un gros doigt tremblant vers le sergent, qui refermait la porte à glissière, et cria par-dessus le rugissement du moteur. « Major, je veux qu'on signale cet homme pour insubordination, pour avoir menacé un militaire d'une puissance amie et pour avoir posé son pied sur mon cul! Touchez mon parachute. Il est défait! »

Pour cette mission désagréable, Yossi avait vérifié lui-même chaque parachute, ne voulant pas avoir sur la conscience ou dans son dossier la mort d'un gros bonnet africain, et il savait que le parachute était quasiment collé au dos énorme du grand gaillard. Pour la forme, il y passa la main. « Oui, il est pratiquement détaché. Le sergent ne l'avait pas vu. Désolé. » Idi Amin sourit de toutes ses dents, et le sergent faillit s'étouffer.

Le même après-midi, Quichotte arriva dans le bureau du ministre des Affaires étrangères. « Asseyez-vous, major Nitzan. » *Nitzan*, signifiant fleur ou fleur en bouton, était désormais le nom de Yossi, hébraïsé à partir de Blumenthal lors de son mariage. « Cette conversation est entre nous, dit-elle. J'ai mes raisons de court-circuiter les canaux officiels de l'armée.

– Oui, madame le Ministre.

– Bon, qu'est-ce qui se passe avec cet officier ougandais? Pour nous, l'Ouganda est important, et là-bas ce type est un taureau bien encorné. »

Yossi lui décrivit l'incident. Golda Meir hocha la tête, fatiguée, le regard fixe et lointain. « Oui, bon, faites-le remonter demain, et assurez-vous que cette fois il saute. Compris? Ce sera tout. » Elle prit un document sur son bureau.

« Madame le Ministre des Affaires étrangères, cet homme ne sautera pas. Ou bien, s'il saute, il mourra. » Golda reposa le document et fronça les sourcils, le regard soudain plus vif. « C'est peut-être un taureau bien encorné, mais il n'est pas fait pour sauter en parachute. »

Elle serra les lèvres. « Mais on m'a dit qu'il était champion de boxe. Dites-vous que c'est un lâche?

– C'est le plus grand lâche que j'aie jamais vu. »

Elle le regarda à travers un nuage de fumée, les yeux mi-clos.

« Major Yossi Nitzan, on m'a dit du bien de vous. J'ai appris qu'on vous appelait Don Quichotte. Je suis au courant de votre *tziyun l'shvakh.* On ne vous a pas donné cette mission par hasard. Demain à la même heure, venez me faire votre rapport. Votre rapport tiendra en trois mots : Il a sauté.

– Oui, madame le Ministre des Affaires étrangères.

– S'il meurt, ce sera une mauvaise chose pour Israël. Et pour vous, pas exactement un *tziyun l'shvakh.*

– Je comprends.

– Trois mots. Il a sauté.

– *Ken, ha'm'fakedet.* » Quichotte osa la saluer avec cette formule officielle de l'armée. C'était la seule ironie qu'il pouvait se permettre, devant l'imposante Golda. Elle ne sourit pas et lui rendit son salut de la main qui tenait la cigarette.

Dans une pièce à peine meublée, un petit enfant aux cheveux bouclés poursuivait maladroitement Yossi autour d'une table faite d'une planche sur deux chevalets. « Ouah ouah ! *Ani kelev, Abba hatool!* (Je suis chien, papa chat!)

– Miaou ! J'ai peur, j'ai peur. » Quichotte fit demi-tour, cracha et siffla, arrondit les épaules.

Son fils hurla de plaisir. « Gentil chat ! Maintenant papa éléphant. » Quichotte mit un bras contre son nez pour faire une trompe et barrit en se balançant sur place.

« Maintenant lion, lion ! » cria le garçon. Tombant à quatre pattes, son père poussa un rugissement épouvantable.

L'enfant recula, le visage crispé. « Méchant papa. Peur, papa.

– Non ! Arieh Nitzan n'a jamais peur. Arieh, ça veut bien dire la même chose que *ari* (lion)?

– *Ken,* papa.

– Eh bien, est-ce qu'un lion a peur d'un lion ? »

Les grands yeux gris de l'enfant s'éclairèrent. « Non.

– Alors on va voir. » Yossi rugit à nouveau, ses yeux étincelèrent et il montra les dents. L'enfant trembla mais ne recula pas, puis il se mit à genoux et rugit d'une voix de soprano au nez de son père. Ils rugissaient ensemble quand une porte claqua. « Yossi, tu es là ? Nous avons un gros problème... *Ai!* Qu'est-ce que c'est que ça !

– La lionne ! s'écria Quichotte. Elle apporte à manger ! » Ils se tournèrent tous les deux en rugissant vers la mère d'Arieh. Elle posa les provisions, retroussa sa jupe sur ses jambes gainées de soie et se joignit à eux. Tous les trois rugirent et lancèrent des coups de dents dans le vide si bien que l'enfant finit par rouler sur le dos, essoufflé à force de rire.

« Quel est le problème? » Quichotte l'aida à se relever.

« Qui crois-tu qui est venu à la boutique, aujourd'hui? » Yael avait quitté l'armée et tenait avec grand succès un magasin pour jeunes mariés avenue Dizengoff.

« Je ne sais pas. Golda?

– Ha! Golda, se marier? Pas elle. Devine! Une de tes vieilles amies.

– Shayna », dit aussitôt Yossi.

Yael hocha la tête avec un sourire acide. « Shayna Matisdorf en personne.

– Alors elle se marie, finalement?

– N'aie pas l'air d'avoir le cœur brisé, je t'en prie.

– Absurde, je suis très content pour elle. Qui est le type?

– Ce n'était pas son type, et elle ne se marie pas. Elle était avec son patron, le professeur Berkowitz, et...

– Le frère infirme de Zev?

– Oui, et il avait amené sa promise, Lena quelque chose. C'est la fiancée, elle n'a pas trouvé ce qu'il lui fallait à Haïfa, et ils sont venus à Tel-Aviv. Le problème, c'est que j'ai fait une idiotie. Je les ai invités tous les trois à venir ici.

– Ici? Et Shayna a accepté?

– Oui. Ils ont accepté tous les trois. »

Quichotte regarda la table improvisée et les trois chaises pliantes, le seul mobilier de la pièce. « Bon, pas de problème, je vais trouver des chaises. Ils comprendront. Tu es très occupée, et je suis si souvent sur le terrain...

– Ils n'auront rien à comprendre. On va meubler cet endroit en vitesse. *Chick-chack!* C'est une honte. Il y a des mois qu'on est là. » Yael jeta un regard noir sur l'appartement. « Le truc, c'est que Shayna a une amie dont le gosse est à la crèche d'Arieh, et elle m'a dit qu'on lui a dit qu'Arieh est le plus beau et le plus malin de tous. Elle était tellement gentille et sincère que j'ai dit sans réfléchir : Oh, venez le voir. Et le professeur Berkowitz a demandé à le voir lui aussi, et il va amener cette Lena, bien sûr.

– Quand viennent-ils?

– Vendredi.

– Où est ton frère?

– Benny? Qu'est-ce que ça a à voir?

– Il faut que je lui parle. C'est urgent. Il n'est pas à la base aérienne.

– C'est vrai, c'est l'anniversaire de son petit dernier. Il doit être au *moshav*. Essaye là-bas. » Elle prit Arieh et l'emporta dans sa chambre, laquelle, contrairement au reste de l'appartement, était amplement meublée, et même encombrée, avec un lit, des chaises, une table, des lits, un cheval à bascule, le tout neuf et d'excellente qualité. « Déshabille-toi. L'heure de ton bain.

– Non. Manger.

– Le bain. » Maternelle et sévère. Arieh déboutonna sa barboteuse. Plus tard ils s'attablèrent devant la planche, et Arieh s'empiffra de purée de pommes de terre. « Comment ça s'est passé avec tes Africains ? demanda-t-elle.

– Très bien.

– C'est fini ?

– Pas tout à fait.

– Tu as trouvé Benny ?

– Oui, je vais aller le voir après dîner.

– Ce soir ? A Nahalal ? » Quichotte hocha la tête, très sérieux. « Alors tu vas y passer la nuit ?

– Probablement. Je verrai.

– Essaye de rentrer. » La voix de Yael devint presque un ronronnement. « Tu vas me manquer... »

Il lui lança un coup d'œil en biais, et sourit légèrement. « En quoi cette nuit diffère-t-elle de toutes les autres nuits ?

– Tu es en train de te plaindre ? »

Son visage tendu s'éclaira, et il eut dans les yeux une lueur d'affection moqueuse et amusée.

« Encore », dit Arieh. Yael lui essuya le visage et remplit son assiette.

« J'essayerai de rentrer.

– Oui, essaye. » Elle posa une main sur la sienne. « Je ne sais pas, aujourd'hui j'ai repensé à Paris... la tour Eiffel, la Vénus de Milo, le George V et tout ça... des choses qu'on ne devrait jamais oublier, mais on les oublie, on est trop occupés...

– Eh bien, tu as vu Shayna. »

Elle lui jeta un regard inquiet. « Elle a l'air très bien. Plus mince, si c'est possible. On ne peut pas dire ça de moi, n'est-ce pas ? » Elle tapota tristement son tablier.

« Je les aime grosses et grasses. »

Elle lui donna un grand coup de poing dans le bras. « Cochon. » Quichotte se leva, la remit sur ses pieds et la prit dans ses bras. Le corps alangui de Yael était effectivement beaucoup plus épanoui qu'à Paris, plutôt du genre Vénus. « Okay, je vais rentrer.

– C'est vrai ? Bien ! Mais pas à cause de moi, vraiment. Quatre heures de route...

– A vrai dire, j'ai un rendez-vous très tard avec une putain française. »

Yael gloussa. « Il y a une boutique près de la mienne qui loue des meubles. Je vais voir. De l'argent perdu, mais c'est simple.

– Loue un lit, au moins. Pour garder les apparences. Ils ne sauront pas que j'adore dormir sur un matelas à même le béton.

– On se plaint, on se plaint ! Rentre vite. Embrasse Benny et Idrit, et bon anniversaire à Danny. »

Don Quichotte n'eut pas le temps d'apprécier le long trajet jusqu'à Nahalal, mais trop de temps pour réfléchir. Shayna qui allait venir chez eux ! Quelle histoire ! Depuis le terrible soir de leur rupture, qu'il avait essayé d'enfouir dans sa mémoire, il n'avait aperçu Shayna que de loin en loin, en public, et un jour ils s'étaient retrouvés face à face par hasard dans l'entrée d'une salle de conférence. Elle était avec un type portant la calotte, et ils s'étaient croisés avec un vague bonjour.

Par tempérament, Yossi Nitzan n'était pas porté aux regrets, pas plus qu'à la culpabilité. La vie, pour lui, était une sorte de champ de bataille, et c'est peut-être ce qui en faisait un bon soldat. Évaluer la situation, prendre une décision, agir ! L'action passée, on passe à la suivante. La surprise catastrophique de Yael avait créé une situation nouvelle, exigé une évaluation, une décision et une action. Dire à Yael de mijoter dans son propre bouillon, et continuer avec Shayna ? Impossible pour deux raisons.

D'abord, malgré toutes ses galipettes rue Karl-Netter, il était un bon garçon juif : avoir un bébé, c'était merveilleux, et ce bébé – son premier ! – aurait besoin d'un père, et sa mère d'un mari. Deuxièmement, avec Shayna, ça ne pouvait pas durer, même s'il en avait très envie. Il faudrait qu'il lui dise tout. C'était une bonne fille juive, religieuse jusqu'à l'os : son jugement serait immédiat et irrévocable – il fallait qu'il épouse Yael, bien sûr – et elle le jetterait dehors.

C'est exactement ce qui s'était passé, et il l'avait chassée de son esprit, mais il avait longtemps été hanté par son regard d'effroi quand il lui avait parlé de Yael, par l'horreur de ses grands yeux fixes et pleins de larmes, comme si elle le voyait se vider de son sang à mesure qu'il parlait. Ce qu'il ne voulait surtout pas se rappeler, c'était sa dernière erreur, brutale et maladroite. Il avait commencé à dire que Yael et lui ne pourraient pas vraiment rester ensemble très longtemps, qu'il allait l'épouser parce qu'il le fallait, mais que peut-être un jour...

« Arrête tout de suite ! » D'un cri et d'un sanglot, elle l'avait coupé net. « Yossi, tu n'es qu'un enfant stupide qui a grandi trop vite. Il n'y a plus rien à dire. C'est fini. Tu as failli me tuer. C'est fini, absolument et pour toujours, mets-toi ça dans la tête. Nous ne devons jamais, jamais nous revoir. » Sur ce elle était partie en courant dans la nuit, le

laissant debout près du moulin à vent Yemin Mosheh qui dominait la Vieille Ville – l'endroit romantique où ils avaient échangé leur premier baiser, où les jeunes mariés venaient se faire prendre en photo et où elle lui avait demandé de la retrouver pour qu'ils discutent de leur mariage, puisque ses parents avaient donné leur consentement. Quelques minutes après le départ de Yael, il avait rappelé Shayna et accepté de la rejoindre sans ajouter un mot. Son instinct de tacticien : quand il le faut, on y va et on le fait.

Kfotze, Quichotte!

Le temps avait passé. Il avait beaucoup oublié. Arieh était le plaisir de ses jours, et sa carrière militaire progressait. Quant à Yael, c'était une sacrée femme. A sa façon, il avait beaucoup d'affection pour elle, mais il ne l'aimait pas et ne pouvait pas l'aimer. Comme ils étaient tous les deux jeunes, beaux, en bonne santé, et qu'ils vivaient ensemble, le sexe était présent, mais il prenait garde de ne pas avoir d'autres enfants avec elle. Et maintenant voilà Shayna qui revenait, après tout, même si ce n'était que pour voir Arieh! Une résurgence du passé, troublante et faisant naître une obscure excitation. Que se passerait-il? Qu'est-ce qu'elle voulait vraiment? *« Jamais, jamais, jamais »,* jadis, avaient été ses derniers mots.

Il arriva au *moshav* vers minuit, trouva le frère de Yael vêtu d'un peignoir de bain, en train de lire la petite Bible distribuée gratuitement par l'armée et qui prenait la poussière sur les étagères de bien des Israéliens. « Tu te mets à la religion, Benny? »

Luria posa le livre avec un grognement amusé. « Salut. Moshe Dayan dit que dans ce pays nous devons vivre d'après la Tanakh (les Ecritures). Bien sûr, il parle du côté historique, pas de la religion! Et il a raison, tu sais? Du moins, dans ce livre, on apprend pourquoi on est là.

– On est là parce qu'on a été chassés et assassinés presque partout ailleurs.

– Ce n'est pas seulement ça. Et de beaucoup. Qu'est-ce que je peux faire pour toi, Quichotte? »

Quand il rentra de Nahalal, Yael dormait par terre, comme morte. Il la réveilla, se laissa tomber sur le sol glacé en ciment et rampa sous les couvertures. « Oh, tu es rentré. » Elle bâilla. « Oh-ah, il fait déjà jour.

– Il est cinq heures.

– Comment va Benny?

– Très bien. J'ai une part du gâteau de Danny.

– Parfait. Tu dois être épuisé. » Il la prit dans ses bras. Elle résista à peine, endormie. « Écoute, repose-toi un peu. On peut le faire n'importe quand.

– Non. C'est quelque chose à faire tout de suite. »

Il y eut un rire grave, mais leur rendez-vous n'aboutit pas, car Arieh, réveillé par le retour de son père, entra dans la chambre avec son pyjama rose en dansant et en chantant un air appris à la crèche. *« Le Seigneur du Monde, qui régnait avant que rien ne fût créé... »*

« Oï! Sors-moi le seigneur du monde d'ici, dit Quichotte, et réveille-moi dans deux heures. Ton frère vient me rejoindre en avion. »

Le soleil était déjà haut et chaud quand l'aviateur vint le prendre dans une voiture de l'armée et le conduire à la base. « Benny, est-ce que ça va vraiment marcher? demanda Quichotte. J'ai la tremblote.

– La meilleure idée que j'aie jamais eue, Quichotte. Ça devrait marcher. »

Benny, plus petit que Yossi, mais nettement plus beau, était devenu colonel. Avec son visage tanné, aux traits rudes, son cou large, il se tenait très droit, même au volant d'une voiture. Il paraissait dur, à cause de ses cheveux courts et de ses yeux intenses, mais il savait sourire et prendre tout d'un coup un air bienveillant, voire paternel. Benny avait trois enfants, commandait un escadron de chasseurs, c'était un parangon de vertu militaire et un père de famille modèle; il avait néanmoins une jeune maîtresse sous le boisseau à Tel-Aviv, munie d'un emploi respectable de réceptionniste dans un hôtel, et ne se permettait qu'un minimum de flirts avec des petites amies. Sa lecture de la Bible, visiblement, ne venait pas compliquer cet aspect de sa vie – pas plus que pour Moshe Dayan. Sa chère femme, Irit, ignorait tout, ou faisait comme si.

« Il ne va pas être accroché par la queue, Benny, et se tuer?

– Pas s'il se souvient de compter jusqu'à trois. Et ensuite de tirer sur la corde. A propos, est-ce qu'il sait compter jusqu'à trois?

– Oui, j'ai vérifié.

– Excellent. Alors tu es paré. S'il reste sur place, on change de plan. Tout est prévu.

– Je t'en suis très reconnaissant, Benny.

– Pas de problème. »

Idi Amin arriva à la base avec une demi-heure de retard. Une limousine du ministère des Affaires étrangères – très rare en Israël – débarqua l'officier caparaçonné dans un uniforme de gala, blanc avec des rangées de médailles et de rubans, des épaulettes dorées, et des galons dorés. « C'est mon jour de chance, dit-il à Yossi. Aujourd'hui, on y va. »

Quichotte le présenta à Benny Luria. Idi Amin regarda de haut l'aviateur et lui serra la main en souriant. « Le colonel Luria est mon beau-frère, dit Quichotte. Il va piloter l'avion, et nous serons seuls tous les trois. »

C'était un modèle d'entraînement à quatre places avec une grande porte latérale. Préparé pour le saut, son parachute vérifié et sanglé par Yossi, l'Ougandais monta le premier et prit un siège près d'un gros sac de sable. « C'est pourquoi faire ? demanda-t-il, un peu inquiet.

– Du ballast, répondit Luria.

– Ah, du ballast. Oui. Très important, le ballast. »

L'avion prit rapidement de l'altitude et longea une campagne verdoyante bordée par une Méditerranée étincelante. « Nous y sommes, monsieur, dit Quichotte. Prêt ?

– Ici ? Je vais atterrir dans l'eau, protesta Idi Amin, les yeux exorbités.

– Le vent vient de la mer et fait dix nœuds, dit Luria. Vous dériverez vers l'intérieur des terres.

– Quand vous voudrez, monsieur. » Quichotte montra la porte. « Sautez, comptez jusqu'à trois, tirez sur la corde, et – il indiqua l'insigne argenté de parachutiste sur sa propre poitrine – vous serez l'un de nous. »

Idi Amin baissa les yeux vers le sol, regarda la mer, le colonel Luria, le major Nitzan, puis, lentement, avec emphase, secoua la tête.

« Monsieur, dit Yossi, le ministre des Affaires étrangères m'a expressément ordonné de lui dire que vous avez sauté, et je vais le faire. Alors décidez-vous, monsieur. »

Le parachute s'épanouit comme une fleur blanche dans le ciel bleu, et l'avion descendit en cercles concentriques. Don Quichotte conduisit la voiture de l'armée dans le champ de pommes de terre où s'était aplati le parachute, un petit tas neigeux que le vent faisait doucement frissonner. « Allez ramasser votre parachute, monsieur, dit-il à Idi Amin en s'arrêtant, pour que vous puissiez le rendre. »

Avec un sourire roublard, mais gêné, l'Ougandais réunit dans ses long bras l'amas de cordes et de soie. Quichotte vint l'aider. « Et ça ? demanda Amin en détachant le sac de sable.

– Il a atteint son but. »

Une fois le parachute sur la banquette arrière, Yossi prit vers l'ouest, sur un chemin de terre, et se rangea au bord du rivage, sur un talus herbeux surplombant la plage d'environ deux mètres. Les vagues d'eau limpide venaient doucement lécher le sable. Idi Amin le regarda fixement. « De quoi s'agit-il, maintenant ?

– Monsieur, je dois annoncer au ministre des Affaires étrangères, en trois mots, *“ il a sauté ”*. J’ai l’intention de le faire. Alors sautez, ensuite vous rendrez ça – il désigna du pouce l’arrière de la voiture – et vous aurez votre parachute en argent. »

Le grand visage lunaire et noir d’Idi Amin fut éclairé par un sourire charmant, ravi, qui lui rappela étrangement celui d’Arieh. « Ha ha ! Je comprends ! Le ministre, elle veut que vous disiez, *il a sauté !* Alors elle sera roulée ! Je saute, et vous lui dites la vérité. Il a sauté !

– C’est exactement ça, monsieur.

– Major, vous êtes très malin. J’y vais. » Amin plia les genoux une ou deux fois au bord du talus, sauta, atterrit sur le sable et roula par terre. « Bon Dieu, oh, ça fait mal ! cria-t-il. Je crois que je me suis foulé la cheville.

– Tant mieux, monsieur. En rentrant, vous allez boiter. Très réaliste ! Et n’enlevez pas le sable. »

Après avoir ramené Idi Amin à sa limousine, Don Quichotte alla tout droit au ministère des Affaires étrangères. Le secrétaire de Golda Meir le fit entrer dans son bureau où elle discutait avec plusieurs membres de son équipe, en bras de chemise.

« *Nu?* lui demanda-t-elle sans cérémonie.

– Il a sauté. »

Elle grimaça un sourire. « On me dit qu’il s’est tordu la cheville et qu’il boite.

– Le médecin lui a mis un bandage. Rien de grave.

– *Asita hayil* (Bon travail).

– *Ken, ha’m’fakedet.* » Son ton sec fit tourner la tête des autres. Quichotte pivota sur ses talons et sortit de la pièce sans saluer.

Après deux jours d’exercice dans le Néguev avec sa brigade – des parachutages de nuit – Quichotte rentra tard chez lui et trouva Yael assise sur un vieux canapé jaune, l’air inconsolable. L’appartement était entièrement meublé : la salle à manger, la chambre à coucher, des tapis, des chaises et des fauteuils, une table basse, des lampes sur des petits guéridons, même des tableaux aux murs : un loup qui hurlait à la lune, un rabbin cramponné à une Torah. L’effet de ce bric-à-brac désassorti était sinistre et sordide. « En tout cas, lui dit Yael, à voir l’endroit, on ne croira plus que tu n’as pas de femme.

– Quand as-tu dit qu’ils venaient?

– Demain, pour le thé, ensuite ils retournent à Haïfa.

– Est-ce qu’il y a du vin?

– Qu’est-ce qui se passe? Tu n’as pas dîné?

– Juste un verre de vin. »

Il lui raconta son entraînement en buvant deux verres d'Adom Atik, le vin qu'ils gardaient pour le repas de shabbat. Quichotte voulait qu'Arieh s'habitue à ce rituel, et la bouteille durait habituellement un bon mois, mais ce soir il était d'une rare mauvaise humeur. Commandant en second la brigade, il avait demandé à son chef de ne pas faire d'exercice de nuit. « J'ai dit à Doron, écoutez, on ne va probablement plus jamais sauter en condition de combat, c'est une tactique dépassée. Certainement pas de nuit, alors pourquoi ? Tu sais ce qu'il m'a répondu ? L'exercice est prévu. » Quichotte vida son verre d'un coup. « On a eu beaucoup de blessés. Sauter à l'entraînement, c'est très bien, ça crée une élite dans l'infanterie, et j'y crois, mais il y a une limite.

– Je peux acheter des fleurs, dit Yael en regardant autour d'elle, et quelques livres. Des fleurs et des livres, ça fait une grande différence. »

Il passa un bras autour de sa taille. « Comment va Arieh ?

– Il veut un chien. Je lui ai acheté un nouveau costume. Il est très beau dedans !

– Yael, je crois que j'ai une femme. »

Elle le regarda dans les yeux. « Je vais te dire une chose. Sam Pasternak disait toujours que tu devrais aller dans les blindés. Il croit que tu as un grand avenir, et les chars, c'est ce qui compte, ce qui décide l'issue des guerres. Les chars et l'aviation. »

Malgré tout, Yossi était toujours agacé quand elle parlait de Pasternak. « J'ai été dans les blindés. Je suis parachutiste. J'aime ma brigade, et je ne pense pas à l'avenir.

– Moi si. Tu devrais.

– La cérémonie de remise des médailles aux Africains est pour après-demain. Je peux me faire porter pâle... Des fleurs et des livres, c'est une bonne idée. »

Le lendemain, elle se dépêcha de rentrer en taxi pour s'apprêter à recevoir les visiteurs. Devant leur immeuble de Ramat Aviv, des soldats déchargeaient des meubles d'un camion de l'armée et les portaient au pas de course dans leur appartement du rez-de-chaussée. « Par tous les diables... ! » s'écria-t-elle en se précipitant à l'intérieur. Don Quichotte et son vieil ami Shmuel de la rue Karl-Netter, le grand Turc barbu, étaient dans le salon, tous les deux en uniforme, et montraient aux soldats où allaient les meubles.

« Nous avons presque fini, dit Yossi. Les fleurs et les livres sont arrivés, à propos. On les posera en dernier.

– Tu trouves que c'est bien, Yael ? dit Shmuel.

– Bien ! » Elle avait le souffle coupé.

Le père de Shmuel était un riche marchand de meubles. Au mariage de son fils avec une plantureuse Argentine, caporal dans l'armée israélienne, il leur avait meublé un magnifique appartement. Yael se noyait dans toute cette opulence : un splendide tapis turc, des tissus drapés et des coussins en soie pour masquer les meubles miteux, des rideaux en brocart et des tapisseries sur les murs au lieu du loup et du rabbin, une multitude d'objets d'art où que le regard se posât.

« Par ta vie, Quichotte, qu'est-ce que tu as fait ?

– Yael, mon amour, ce que tu veux, c'est que Shayna Matisdorf tombe raide morte. Ça devrait faire l'affaire. Non ?

– Tu es complètement fou. Je ne veux rien de ce genre !

– Tu n'aimes pas ça ? demanda Shmuel, un peu inquiet. On peut tout enlever.

– Oh, mais c'est génial. C'est seulement, oh, Shmuel, c'est tellement, tellement *turc.* » En le voyant faire grise mine, elle ajouta très vite : « Ce n'est pas que je n'aime pas le style turc, j'adore ça.

– Tout doit repartir demain, précisa Quichotte. C'est juste pour que Shayna tombe raide morte.

– Arrête de dire ça. Tu sais que je ne suis pas comme ça. » Yael éclata de rire. « Écoute, Shmuel, je m'habituerais facilement à tout ça, c'est très beau. Merci !

– Pas de problème. » Shmuel eut un sourire hérissé de poils.

« Je vais chercher Arieh à la crèche, dit Quichotte.

– Très bien, grand fou. Maintenant, où sont les fleurs ? Les livres ? Et est-ce que tu vas porter cet uniforme froissé ? »

Le petit Arieh prit comme allant de soi la transformation de sa maison, puisque presque tout, dans sa vie, était nouveau. Quand le professeur Berkowitz arriva, accompagné de Lena, l'enfant se montra précocement à la hauteur des circonstances, resta tranquillement assis sur une petite chaise, dans son costume neuf, en train de grignoter un gâteau sec et d'observer les visiteurs d'un regard inquisiteur. Quichotte avait fait la grimace en le voyant fixer les cannes du professeur, à son arrivée, mais son fils l'avait regardé, avait vu son froncement de sourcils et son léger signe de tête, et ne leur avait plus jeté un seul coup d'œil.

« Shayna arrive bientôt, dit Michael. C'est charmant, chez vous.

– De très bon goût, dit Lena, une dame potelée qui approchait la trentaine, avec un visage rond, un large nez de paysanne et un air de bonne humeur. Genre turc, n'est-ce pas ?

– Genre, dit Quichotte. J'avais un oncle à Ankara. Il est mort et m'a laissé tout ça. Il était dans les figues. Très riche.

– J'adore vraiment ma robe de mariée, dit Lena à Yael. Rien de tel à Haïfa.

– C'est très joli. »

La conversation se poursuivait de cette façon boiteuse, lorsque la sonnette retentit. Quichotte alla ouvrir la porte et découvrit Shayna dans son vieil imperméable noir, avec le même visage qu'à leur dernière rencontre et les mêmes grands yeux douloureux. Pour Yossi, la voir ainsi sur le seuil de sa maison fut un tel choc, une telle souffrance, que ce fut comme s'il avait été renversé par une voiture. Les yeux noirs de la jeune femme croisèrent les siens, et tout était encore présent : l'amour blessé à mort, la torture de leur séparation. En près de trois ans, rien n'avait changé entre eux, ni pour elle – cette vérité était inscrite sur son visage – ni pour lui – tant elle l'avait ébranlé. Shayna, pâle, paraissait très calme. « Salut, Yossi. » Elle lui tendit la main et entra. « Alors voici Arieh. Salut, Yael. Eh bien ! Il te ressemble, Yossi, n'est-ce pas ?

– C'est ce qu'on dit. »

Elle alla se pencher devant le petit garçon. « Je m'appelle Shayna. »

Arieh parla pour la première fois de la soirée. « Maîtresse Shayna.

– C'est vrai, dit Yael. Sa maîtresse, à la maternelle, s'appelle Shayna, elle aussi.

– On nous a dit tellement de choses gentilles sur toi, Arieh, ajouta Lena. Tu chantes et tu danses, pas vrai ? Tu veux bien le faire pour nous ? »

L'enfant secoua brusquement la tête.

« Il n'a pas été aussi sage depuis qu'on l'a endormi à l'éther pour lui enlever les amygdales, remarqua Quichotte.

– Prenons donc le thé, conclut Yael, et oublions-le un peu. Ça ira mieux. »

Après le bavardage politique habituel des Israéliens, Michael Berkowitz leur apprit, en buvant son thé, que l'armée l'avait recruté au rang de capitaine. « Je suis à soixante pour cent de leurs exigences, mais les militaires veulent ma physique, pas mon physique. » Il rit de son jeu de mot professoral en tripotant sa calotte tricotée à la main. « Le réacteur nucléaire que nous ont vendu les Américains n'est qu'un petit appareil de laboratoire. Avec toutes sortes d'inspecteurs et de contrôles américains. Les Français discutent sérieusement d'un véritable réacteur. Une installation que nous construirons et dirigerons nous-mêmes.

– *Que le Dieu vivant soit loué et exalté...* » chanta Arieh d'une voix aiguë en se levant de sa chaise.

– Ah, c'est parti, dit Yael. Dès qu'on ne fait plus attention à lui, ça marche.

– *Il existe, mais Son existence est hors du temps...* » Les paroles étaient graves, mais l'air était gaiement syncopé, et Arieh sautait et virait pour l'accompagner.

« Que diable cet enfant chante-t-il? demanda Lena.

– Tu connais sûrement, dit Shayna. C'est *Yigdal.* L'hymne du matin à la synagogue.

– Je ne suis jamais entrée de ma vie dans une synagogue.

– *Il est l'Un, et il n'y a pas d'unité comme son Unité...* »

Tandis que l'enfant faisait des cabrioles pour qu'on l'applaudisse, Lena insista. « Mais a-t-il la moindre idée de ce que ces mots signifient? Va-t-il à une sorte de crèche super-religieuse?

– Pas religieuse du tout. Juste une crèche de quartier, répondit Quichotte.

– *Il est un mystère, et son Unicité n'a pas de fin...*

– Quelle mémoire, Arieh! » Shayna battit des mains en cadence et il se mit à danser devant elle, les yeux brillants.

« Michael, très cher, dit Lena, le front plissé par l'inquiétude, nos enfants devront-ils apprendre ce genre de choses?

– Il y a toutes les chances, mon amour, sauf si nous les envoyons dans un kibboutz marxiste. » Il haussa les épaules et sourit. « Parlons donc de cette alliance des contraires!

– Bon, je m'en tiens à notre marché, continua Lena, mais j'insisterai sûrement pour qu'ils apprennent aussi des chansons ordinaires. »

Shayna attrapa le petit garçon pour l'embrasser. Il posa les mains sur le visage de la jeune femme et l'embrassa sur le front.

« Oh, il fait plaisir à voir, dit le professeur Berkowitz en jetant un coup d'œil à Lena et à sa montre. *Halevai af unz* (Que cette bénédiction soit nôtre).

– Amen, dit-elle, et nous devrions penser à rentrer. »

Shayna reposa l'enfant, et ils étaient en train de se faire leurs adieux lorsqu'il revint dans la pièce, casqué et l'épée à la main. « Shayna, Juda Macchabée », dit-il avant de mimer pour elle un combat de Hanoukkah. Shayna le reprit dans ses bras, lui donna un baiser et le tendit à Yael avec un sourire, en secouant la tête. « Un trésor », chuchota-t-elle. Yael serra Arieh contre elle et eut un léger haussement d'épaules, comme pour dire : *« Si seulement tu savais, ce ne sont que des soucis ».*

Quichotte sortit avec eux. Michael boita jusqu'à une petite voiture rouillée où Lena l'aida à monter. Shayna resta en arrière, marchant aux côtés de Yossi.

« Shayna, dit-il avec une douceur inhabituelle, c'était une grande surprise. Une très bonne surprise.

– Eh bien, Yossi, beaucoup de temps s'est écoulé, n'est-ce pas ? J'ai entendu parler d'Arieh, et j'avais envie de le voir.

– Je suis très content que tu sois venue.

– Moi aussi. C'est un merveilleux enfant. Et Yael a l'air d'un Renoir.

– Tu es heureuse, Shayna ? »

Elle s'arrêta. Il la regarda, et fut secoué une fois de plus par la profondeur de son regard. « Je vais très bien. Et maintenant tu es père. Je trouve toujours ça étrange.

– Croyais-tu que je ne grandirais jamais ?

– As-tu grandi ?

– Hé, je suis major, Shayna.

– Je sais. Major Nitzan. J'aime bien Nitzan. » Elle lui tendit la main. « J'adore Arieh. » Il voulut la retenir et continuer à parler, mais elle reprit sa main et monta dans la voiture. « Au revoir, major. »

« Shayna n'est pas tombée raide morte, dit Yael quand il rentra. Je crois qu'elle n'a même pas vu les meubles.

– Lena, si. Cette Lena est okay. Une dame très bien. »

Yael se mit à débarrasser. « Oh, elle marchande sérieusement, je peux te le dire. » Toujours avec son casque, Arieh voulut rafler un gâteau à la crème. Elle le lui arracha, ce qui écrasa le gâteau. L'enfant la regarda, les yeux brûlants de colère blessée. « L'heure du dîner. Tu n'auras plus faim. »

Yossi lui prit la main. « Viens, Juda Macchabée, la fête est finie. Je te mets dans ton bain. »

Sous un soleil ardent, un bataillon de parachutistes à bérets rouges, en grand uniforme, fit la parade au son d'un orchestre, puis se figea pour la cérémonie de la remise des parachutes d'argent aux officiers africains. Le major Nitzan suivait à deux pas le Ramatkhal (chef d'état-major), le général Tzur, qui épingla les médailles et serra les mains des diplômés. Idi Amin, à son passage, lui fit un grand clin d'œil.

Zev Barak était venu assister à la cérémonie. Ensuite, pendant que le Ramatkhal bavardait avec les Africains et que les parachutistes se dispersaient à grand bruit, il fit signe à Yossi qui partait à grands pas. « Don Quichotte ! *Ma nishma ?* J'ai eu mon frère Michael au téléphone, hier. Il dit que Yael et toi avez un enfant prodige.

– Zev, quand est-ce qu'on peut se parler ?

– Pourquoi pas tout de suite ? Je n'ai qu'à attendre le Ramatkhal. Nous préparons des manœuvres combinées, aviation et blindés, pour cette année.

– C'est de ça que je veux te parler, des blindés. »

Yael se demandait où son mari était passé. D'habitude, quand il avait un empêchement, il téléphonait, mais l'heure du dîner était passée depuis longtemps, et le poulet rôti avait refroidi dans le four. Quand il n'était pas là, elle dînait de fromage et de biscuits. L'appartement avait repris sa triste apparence, une fois les turqueries disparues. La visite de Shayna était passée en trombe, comme un orage d'été bref et tumultueux, mais sans faire de dégâts. Et pourtant? Yossi, ce soir-là, avait lu jusqu'à ce qu'elle s'endorme, puis s'était glissé sans la réveiller dans l'autre lit jumeau qu'ils avaient loué.

La porte s'ouvrit et il entra en souriant. « Désolé, le travail. J'ai faim.

– Il y a un poulet déjà cuit. Je vais le réchauffer. »

Il mangea avec appétit la moitié du poulet et un pain presque entier, en parlant vaguement politique. Yael posa près de lui la grande cruche de thé qu'il buvait toujours après un vrai repas. « Bon, il y a du nouveau, dit-il en remplissant sa première tasse. Tu sais que Zev Barak est l'officier chargé du corps des blindés.

– Oui?

– Je l'ai rencontré aujourd'hui à cette... cette cérémonie, dit-il en crachant le dernier mot. Il se trouve qu'il a besoin d'un assistant. On a parlé. J'ai dit qu'un transfert dans les blindés pouvait m'intéresser. Et il m'a offert la place, comme ça.

– Tu as accepté?

– Je ne pouvais pas, de but en blanc. C'est une vraie décision. Je connais les chars, mais il faudrait quand même que je suive des cours sur les blindés. Peut-être même aussi un cours spécial pour officiers.

– Accepte, Yossi.

– C'est un poste d'état-major. J'aime mieux être sur le terrain.

– Je te le dis, prends cette place. » D'une voix ferme, presque autoritaire. « Je sais de quoi je parle. Toi aussi.

– Tu as probablement raison. »

Elle fit le tour de la table pour l'embrasser et le serrer dans ses bras. Ce soir-là, ils firent l'amour sur son petit lit jumeau. Dans le noir, après un silence, il lui dit : « Tu sais quoi? Un lit, après tout, c'est mieux que par terre. »

Yael était satisfaite, et un peu rassurée après le trouble provoqué par la visite de Shayna. « Un grand bond en avant », comme dirait le président Mao.

– Un lit étroit a quelque chose d'excitant, en plus, ajouta-t-il. C'est le côté instable. On s'accroche l'un à l'autre, pas seulement par amour, mais pour ne pas tomber par terre. »

Un long silence. « Shayna Matisdorf, dit Yael, calme et tranquille, ne se mariera jamais.

– Tu es folle.

– Tu verras. Pas tant que tu vivras.

– Il y a longtemps qu'elle ne tient plus à moi. De toute façon, je n'étais pas assez religieux pour elle.

– Ha ! » Elle se pencha sur lui, effleura sa poitrine avec ses seins tandis que ses cheveux parfumés tombaient sur son visage. « Je t'ai eu, et j'ai eu Arieh, tant pis pour Shayna. Tu veux passer la nuit dans ce lit ? Tu es le bienvenu, mais nous serons serrés.

– Essayons. »

Elle se rallongea, hésita, puis osa parler. « Shayna aurait dû aller à Paris.

– Ça suffit avec Shayna, d'accord ? » Don Quichotte se tourna prudemment sur le côté.

24

Missions en Amérique

Un tout petit détail décida Zev Barak à se retirer, s'il le pouvait, d'une mission à Washington avec Pasternak.

Il était une heure du matin, et Zev était assis dans son petit bureau. La lune, à son dernier quartier, luisait faiblement dans la fenêtre obscure, et il essayait de finir une lettre à Emily Cunningham avant que Sam ne vienne le chercher pour aller observer un exercice des blindés dans le Néguev. La dernière photo envoyée par Emily était appuyée contre la lampe. Au dos : *« Nouvelle directrice adjointe de l'école de Foxdale, avec son bien-aimé Zev. »* Zev était un grand cheval roux. Emily, dans une vieille tenue d'équitation marron, maigre et presque banale, n'avait rien de fascinant. Sa lettre se poursuivait ainsi :

> ... Vous me traitez de tous les noms, très chère Emily, chaque fois que je reparle de mariage, mais je vous jure que je m'inquiète pour vous. Quelle tromperie, cette photo! Juste une vieille fille directrice adjointe pour la vie. Vous brûlez en secret, vous vous consumez en cachette. Non seulement vous pourriez rendre un homme très heureux, avec votre faculté d'aimer, mais vous découvririez pour la première fois ce que peut être le bonheur. La joie ultime, dans la vie, ce sont les enfants, mais la douceur ultime, c'est l'amour passionné, et à cause de votre éducation ou de vos exigences, je ne sais pas exactement, qui ne vous permet pas d'avoir des aventures, vous devrez continuer à supporter mes piques. Rappelez-vous que le Shakespeare des *Sonnets* ne cesse de répéter à son bel et mystérieux ami de se marier et d'avoir des enfants. Tant de ces vers s'appliquent à vous, et « l'oiseau du temps est dans les coulisses ». L'autre jour, je ne saurais dire pourquoi, j'ai relu le *Rubaiyat* - cela ne prend que dix minutes, vous savez – et à la fin j'avais les larmes aux yeux. Et je ne cessais de penser à vous...

Il avait écrit tout cela la nuit d'avant, Nakhama assise à côté de lui, en train de lire un nouveau roman israélien à la lumière de sa lampe. Elle était au courant de leur correspondance. Il lui avait montré, au fil des ans, les photos de la drôle de fille qui était venue la voir un jour. Nakhama avait accepté depuis longtemps, semblait-il, sa version : la fille de ce type de la CIA avait eu pour lui un béguin d'adolescente qui s'était transformé en amitié épistolaire. Elle ne voyait rien de mal à ça, avait-elle dit avec bienveillance. Il n'y avait rien de mal, à vrai dire, sinon que ces derniers temps Zev tombait réellement amoureux de l'étrange institutrice qui lui envoyait ces lettres. Il essayait encore de comprendre cette bizarrerie qu'il ne pouvait plus effacer d'un rire ni se sortir de la tête, et il avait toujours cette lettre à terminer.

> Et je continue à penser à vous, sans doute parce que l'an dernier vous m'avez écrit que votre père vous avait lu le *Rubaiyat* à voix haute, disant que c'était une version rimée de l'Ecclésiaste. Ce parallèle m'était venu à l'esprit, mais je ne l'ai jamais lu dans un livre et je n'ai entendu personne en faire la remarque. Votre père...

« Qu'est-ce que tu veux pour ton petit déjeuner? » Nakhama le fit sursauter. Elle était tout près de lui, vêtue d'une robe de chambre en laine.

« Oh, tu es levée? Je ne pensais pas t'avoir réveillée.

– Je crois que c'est ta lampe. Peu importe. » Elle examina la photo. « Vraiment, ton amie perd sa joliesse, n'est-ce pas? Quel âge a-t-elle, maintenant?

– Vingt-trois, vingt-quatre ans.

– Elle devrait se marier. »

Il montra sa lettre. « C'est ce que je n'arrête pas de lui dire. Elle a une sorte de complexe, je crois, par rapport à son père si brillant. Il n'y a probablement pas un type de son âge qui soit à sa hauteur. Je peux avoir des céréales et du thé? Sde Boker, c'est loin d'ici.

– Sde Boker? Tu vas aux manœuvres des blindés?

– Ben Gourion veut que j'aille les observer.

– Okay, des flocons d'avoine, du thé, et je te fais griller du pain. »

Dès qu'elle fut partie, il rafla la photo et la jeta dans un tiroir avec sa lettre. Zev se sentait coupable, sans pouvoir l'attribuer au ton, aux paroles ou au comportement de sa femme. Quel que soit le problème, il ne pouvait être qu'en lui-même. Que se passait-il donc?

Enfin, décida-t-il en mettant son uniforme, ce n'était pas un bien grand mystère. Entre l'armée et sa famille, et confinée par les frontières étroites d'Israël, sa vie était prise dans une camisole de force. Emily était une évasion, un rêve éveillé, mais c'était aussi une femme qui vivait au-delà de l'océan, et c'est cela qui le faisait hésiter quant à son voyage à Washington. Emily était son « amie de plume », disait-elle parfois elle-même, et c'était bien son rôle. Cette romance transocéanique sur papier était un douloureux plaisir, et il voulait le garder pur de tout poison. Zev, jadis, avait eu une liaison extra-conjugale, et depuis il se sentait coupable. Quand il verrait Sam, il lui demanderait de rester. Il avait déjà trop de choses en tête.

Quelques heures plus tard, après être allés en avion jusqu'à Beersheba, Barak et Pasternak se retrouvèrent sur la banquette arrière d'un command-car filant vers le kibboutz Sde Boker dans une aube glaciale. Bien réveillé, l'esprit tourmenté, Zev croyait que Sam dormait, quand celui-ci lui demanda brusquement : « Zev, pourquoi ne veux-tu pas venir à Washington avec moi ?

– Est-ce que j'ai refusé ?

– Tu n'as pas accepté. » Pasternak regarda les montagnes qui rougissaient et tendit le bras vers le mince ruban goudronné qui tranchait le désert devant eux. « Tu te souviens de quand c'était une piste en terre, et qu'on avait besoin d'être escortés par une auto-mitrailleuse ? KADESH aura au moins accompli ça. Maintenant, dans le Néguev, on est en sécurité.

– KADESH a fait beaucoup de choses.

– Vraiment ? » Pasternak bâilla. « J'ai dîné avec Dayan hier soir. Il pense toujours qu'on n'aurait pas dû abandonner Charm el-Cheik. Pas sans traité de paix.

– Facile à dire, après coup.

– Peut-être. D'après lui les Russes ont bluffé, et Eisenhower et Dulles ne seraient pas allés jusqu'aux sanctions et au blocus. Le Congrès les en aurait empêchés. Le Vieux a eu des faiblesses dans les genoux.

– Moshe n'avait pas la responsabilité. Le Vieux l'avait.

– Pourquoi Ben Gourion veut-il observer cette manœuvre des blindés, Zev ? Ce n'est pas de la routine ?

– Oh, de toute façon il est déjà à Sde Boker, et il aime bien rendre visite aux soldats. Et puisque tu en parles, Sam, s'il te plaît, emmène quelqu'un d'autre à Washington, si tu peux.

– Aha ! Nous y voilà. Pourquoi ? Tu es parfait avec les Américains, et tu en sais plus que moi sur les tanks.

– Laisse-moi en dehors de ça, c'est tout », dit sèchement Barak, en baissant la voix.

Pasternak haussa les épaules, mais il trouvait que Zev se conduisait de façon étrange. Barak était maintenant commandant en second des blindés, et les rumeurs qui ne cessaient de bruire lui attribuaient déjà dans l'avenir le commandement du Front nord ou du Front central, un saut crucial sur le *maslul*, la carrière militaire. Pour les colonels, la pyramide des grades se rétrécissait brutalement, et jusqu'ici Zev se débrouillait bien. La rumeur hostile attribuait son avancement au favoritisme de Ben Gourion et de Dayan, prétendait qu'il était une créature du Premier ministre, mais Pasternak le considérait comme un officier intelligent et compétent; pas un fonceur impitoyable et flamboyant comme Arik ou Raful, mais un candidat solide pour le rang de général, s'il jouait bien son jeu et s'il n'avait pas trop de malchance.

« Okay, mais tu m'étonnes. Je croyais que ce voyage t'aurait plu. » Un bref silence. « Juste pour changer. »

Il avait parlé d'un ton uni, sans rien paraître insinuer, mais une idée troublante traversa l'esprit de Barak : et si Pasternak, désormais à la tête des renseignements, connaissait sa correspondance avec Emily Cunningham ? Il n'y avait pas de raison pour que ses lettres aient été interceptées. Lui-même n'avait rien fait pour se cacher. Néanmoins, leur contenu n'avait rien d'ordinaire, et ne regardait personne. Une crainte sans fondement, sûrement.

« Écoute, Sam, nous devons réviser la tactique des blindés, et je veux en être. Et puis Noah vient passer les vacances d'été à la maison. C'est toi, le négociateur. Nous avons un tas d'experts sur les chars, tu n'as qu'à choisir.

– On verra. »

Dans son uniforme sur mesure, David Ben Gourion les attendait à l'intérieur du kibboutz, devant son pavillon. Un soleil rouge et froid pointait en haut du mont Joab, en Jordanie, venant éclairer les prés et les vergers de Sde Boker, les étendues sablonneuses et caillouteuses qui s'étendaient aux quatre coins de l'horizon.

Ici, pensa Zev, on voyait le rêve du Vieux et sa réalité, accusée la lumière crue du matin, soulignée par les ombres brutales. Grâce à la force prodigieuse de sa volonté, il avait voulu faire fleurir le désert et ramener à Sion tous les Juifs de la planète. Pour l'instant, il n'y avait que quelques taches vertes dans le désert, comme celle-ci, la plupart des Juifs étaient encore bien loin et tout indiquait qu'ils n'avaient nullement l'intention de venir. Ben Gourion paraissait vieilli, usé. Au lieu de maigrir, il prenait du ventre. Dans l'uniforme kaki, sa petite taille et sa silhouette bedonnante le rendaient ridicule. Quand il y pensait, il essayait de compenser en rentrant le ventre et en prenant l'air farouche. Mais son ardeur ne se déployait qu'en petit comité, là où il brisait des hommes et renversait les marées politiques.

« Sam, dit-il de façon abrupte, comment se présente ta mission à Washington ?

– Nous partons dimanche.

– Alors il faut qu'on se parle. » Il se tourna vers Barak. « Quand l'exercice sera-t-il fini ?

– A dix heures.

– Bon, on reviendra à Sde Boker. » Ben Gourion s'installa et se mit à sommeiller sur la banquette.

Il grimpa assez lestement au sommet d'une colline surplombant la zone des manœuvres, où les attendait le commandant des blindés. Le vent ébouriffait les cheveux de David « Dado » Elazar, un homme de solide carrure. On avait installé en bas, sur le sable brun-gris, une fausse redoute égyptienne : des ceintures de fossés anti-char, des champs de mines (signalés), des tranchées en zigzag qui communiquaient, des parapets en pierre, des postes d'artillerie sur les hauteurs, entourés de sacs de sable, et des chars enterrés dont on voyait à peine le bout du canon, le tout strictement en accord avec la doctrine soviétique. Derrière les fortifications, les engins défendant la Force Bleue se mettaient en place et les soldats gagnaient en masse les tranchées. Une attaque de la Force Rouge, annonça Elazar, allait bientôt venir du nord.

Le Premier ministre cligna des yeux sous le soleil, l'air très mécontent. « Alors, Dado, qu'est-ce qui se passe là-bas ? » Il tapota l'épaule d'Elazar et désigna un nuage de sable au sud-est, directement sous le soleil.

« Que diable ! » Elazar se tourna vers Barak, qui examinait le nuage avec de grosses jumelles allemandes. « Cela ne peut pas être la Force Rouge.

– Mais c'est elle », dit Barak.

Debout dans la tourelle, reconnaissable, malgré la poussière et les reflets du soleil sur ses lunettes, Yossi Nitzan menait son bataillon à l'attaque, venant d'une direction non seulement imprévue, mais impossible, étant donné son point de départ et le rayon d'action de ses chars anglais, des Centurions. Ben Gourion demanda les jumelles. « Alors, où sont les chars ? » On n'en voyait que quatre, dans la formation qui s'approchait, suivi par de nombreuses jeeps et des half-tracks. Les défenseurs, les Bleus, n'avaient eux aussi que quatre tanks. « Je croyais que ce devait être une bataille de chars.

– Réduite à un squelette, répondit Elazar. Nous ne pouvons pas nous permettre d'user et d'endommager chars et porte-chars dans une manœuvre. Nous n'en avons pas suffisamment, ils sont trop vieux, et le taux de panne est trop élevé. Nous devons les garder et les entretenir en cas de guerre.

– Le dépôt a plusieurs mois de retard pour les réparations, ajouta Barak. Surtout pour les Centurions.

– Ça ne va pas. Les Égyptiens ne vont pas nous attaquer avec un squelette d'armée, dit Ben Gourion. Ils ont tellement de chars russes qu'ils ne savent pas quoi en faire.

– Exactement, Premier ministre, ils ne savent pas quoi en faire, dit Pasternak. Nous estimons que leurs équipages sont mal entraînés, et leurs manœuvres chaotiques.

– Mais ils ont un tas de chars pour leurs manœuvres chaotiques, ha ? »

Dado Elazar était à la radio : il suspendait l'exercice tant que les arbitres ne s'étaient pas prononcés sur la manœuvre non autorisée de Don Quichotte. Ben Gourion interrompit son torrent de jargon militaire. « Qui est ce type, Don Quichotte, dont vous parlez ?

– Il commande la Force Rouge, monsieur.

– Ordonnez-lui de venir ici.

– C'est déjà fait.

– Euh, c'est un bon officier, Premier ministre. » Dado jeta un coup d'œil à Barak. « Un peu non-conformiste, pourrait-on dire.

– Un peu *meshuga*, pourrait-on dire », grommela Barak. Quichotte était un de ses protégés, et il était extrêmement agacé. Yossi Nitzan, sous le regard sévère du Premier ministre, escalada en bondissant la pente rocheuse.

« Vous avez désobéi aux ordres, Nitzan, lui dit Dado en lui rendant à peine son salut, et fait annuler l'exercice tout entier.

– Monsieur, la direction d'approche était à ma discrétion.

– Oui, dans les paramètres du rayon d'action.

– Monsieur, mes Centurions avaient suffisamment de réserves de carburant pour cette approche.

– Chargé à l'extérieur des chars ?

– Mais bien sûr. Pas de place à l'intérieur, monsieur.

– Alors vous avez conduit en territoire hostile une formation de torches ambulantes attendant qu'on les allume. Les arbitres vont décider que vous avez perdu la bataille avant qu'elle ait commencé.

– Monsieur, nous avons consommé tout le carburant extérieur hors de portée du feu ennemi. Nous avons fait le plein en pleine nuit avec des jerricans. L'exercice ne stipule aucune activité aérienne nocturne de l'ennemi. »

Barak, Elazar et le Vieux se jetèrent un coup d'œil. Ben Gourion paraissait plutôt amusé.

« Quichotte, à quoi riment ces *kuntzen* (trucs) ? lança Barak.

– Exercice de surprise tactique, colonel. Pour mon bataillon, et pour eux. » Il indiqua les Bleus, en bas, qui, malgré l'ordre de suspension, se redéployaient frénétiquement du nord au sud-est.

Trois arbitres militaires, des officiers âgés et chauves, arrivèrent au sommet de la colline pour se consulter avec Elazar et Barak. Pendant qu'ils discutaient, Ben Gourion s'adressa à Nitzan : « Pourquoi vous appelle-t-on Don Quichotte ? Est-ce que vous vous battez contre les moulins à vent ?

– Quand on vit dans ce pays, Premier ministre, comment faire autrement ?

– C'est assez vrai. » Ben Gourion eut un sourire fatigué et complice. « Que sommes-nous, sinon un Don Quichotte collectif, hein, jeune homme ? » Son sourire s'effaça. Il voulut savoir d'où venait Yossi, s'il était marié, avec qui. « Yael Luria ? Son père est un grand sioniste. Son frère va peut-être commander l'aviation un de ces jours. Vous avez fait un bon mariage. »

Les arbitres conclurent que l'approche surprise de Nitzan était loyale. L'exercice se poursuivit, souleva un grand nuage de poussière et un vacarme qui résonna d'une colline à l'autre dans le grondement des jeeps et des half-tracks. Mais comme on ne tirait aucune munition, tout donnait une impression de confusion et d'irréalité. Même Barak, qui avait participé à de nombreux exercices de ce genre, avait du mal à suivre la bataille simulée. C'est le travail des arbitres, se dit-il. Du moins les capitaines des chars et les commandants d'unité étaient obligés de penser comme sur le champ de bataille, quel que soit le degré d'abstraction de ce jeu. Ben Gourion, assis sur un rocher rougeâtre, bâillait et prêtait à peine attention au spectacle. « Valait d'être vu, dit-il à Barak en tendant la main pour qu'il l'aide à se lever. Maintenant, on rentre. Viens, Sam. » Une fois dans la voiture, il ajouta : « Ce Don Quichotte, Zev, parle-moi de lui.

– Il s'est fait transférer des parachutistes, Premier ministre, a suivi les cours requis, et en un an il a eu le meilleur bataillon du corps des blindés. Très sévère sur l'entretien et sur l'entraînement, qu'il pleuve ou qu'il vente. Les hommes le suivent, parce qu'il fait tout ce qu'il leur demande de faire, si dur que ce soit. »

Sam Pasternak resta silencieux pendant cet éloge du mari de Yael. Ben Gourion pencha la tête vers lui, avec un regard malicieux. « C'est drôle, je n'ai jamais su que Yael Luria s'était mariée. Et avec un type venu de Chypre !

– Oui, et ils ont un fils », dit Pasternak d'un ton signifiant que le sujet était clos.

Quand ils arrivèrent au pavillon de Sde Boker, Paula émergea de la cuisine en s'essuyant les mains à un tablier gris passé sur sa longue robe noire. « On est en train de tuer les poulets. Vous restez déjeuner tous les deux, dit-elle à Sam et Zev. Quand avez-vous mangé pour la dernière fois du poulet venant d'être tué ? Venant vraiment d'être tué ? »

Pasternak jeta un coup d'œil embarrassé vers le Vieux. « J'ai une conférence à Beersheba à midi, Paula. Un hélicoptère vient me prendre.

– Et il faut que je retourne aux manœuvres, dit Barak, pour les rapports. »

Paula fit un geste de mépris. « Vous travaillez tous les deux comme des chiens, vous méritez un festin. Restez. Venant d'être tués !

– Essayez donc de discuter », leur dit Ben Gourion qui disparut dans la salle de bains.

Elle les regarda d'un autre air. « Il ne va pas bien. Il ne dort pas. Il perd l'appétit. Alors restez ! Je vous en prie ! Peut-être va-t-il faire un bon déjeuner. Et ensuite vous me direz si vous avez jamais mangé un poulet pareil. Je vais le faire au paprika. »

Ben Gourion les emmena dans son bureau, se laissa tomber lourdement derrière une table surchargée de journaux, de magazines et de lettres empilés de guingois. Derrière lui, un mur entier de livres, encore des livres sur des étagères et par terre. Il leur indiqua des chaises et les regarda longuement l'un après l'autre en silence.

« J'ai peur, finit-il par dire. Des manœuvres squelettiques ! On ne va pas livrer des guerres squelettiques. »

Un autre silence. Il prit un livre sur son bureau. « Platon. Il y a un mois que je n'ai pas lu de grec. Je me suis promis de lire un peu de grec tous les jours. Un homme qui ne peut pas gérer son temps a des problèmes. »

Paula apporta trois verres de thé. Son mari fit la grimace, et elle ressortit sans dire un mot.

« J'ai rencontré le président Kennedy l'an dernier, continua Ben Gourion en buvant son thé à petites gorgées. Je l'avais déjà rencontré, quand il était sénateur. Il a une nouvelle peau, désormais. Impressionnant. Pas encore Eisenhower, pas de Gaulle. Pas même Adenauer. Ce sont des grands hommes, il suffit d'être dans la même pièce pour le comprendre. Kennedy, bon, je me suis demandé, quand il a été élu, comment ce genre de garçon avait pu devenir président des États-Unis. Mais c'est le président, et nous devons le convaincre de nous fournir des chars. » Il se tourna vers Pasternak. « Qu'est-ce que dit Abe Harman de ta mission ? » C'était l'ambassadeur à Washington. « Est-ce que le secrétaire à la Défense va te recevoir ?

– Non. Là-dessus, Premier ministre, aucun changement avec la politique d'Eisenhower. Ils nous accordent une réunion avec les gens du Département d'État et des services de renseignement, uniquement pour discuter d'armes défensives de faible puissance, excluant tout armement étranger à la région. Pour les fournitures importantes, nous devons nous tourner vers l'Europe. Pas d'aide financière. La différence principale, d'après Abe, c'est que les gens de Kennedy semblent accepter plus volontiers de nous parler. »

Ben Gourion poussa un profond soupir. « KADESH a été une bonne chose, en ce qu'on voit désormais Israël comme un véritable État. Mauvaise en ce que de Gaulle a pu me dire que quelle que soit la supériorité en armes que puissent obtenir les Arabes, Israël est invincible. Il m'a dit ça en face, quand je lui ai rendu visite. Qu'il le croie, c'est une autre histoire. Le message que j'ai reçu, c'est que nous ne pouvons plus compter sur les armements français. »

Il les regarda fixement, et tendit une paume boudinée.

« J'ai serré la main d'Adenauer à New York, je l'ai fait. Le Premier ministre d'Israël a serré la main du Premier ministre allemand. Depuis ce jour, j'entends parler du sang juif sur ma main. » Il serra le poing, le laissa tomber sur la table. « Cette poignée de main a signifié une aide d'un demi-milliard de dollars, alors que les réparations arrivaient à leur fin. Quand j'arriverai dans l'autre monde, j'essaierai d'expliquer aux Juifs d'Europe pourquoi j'ai serré la main de l'Allemand. Je dois penser aux Juifs qui sont en vie, et à l'État juif. Peut-être que, dans l'autre monde, ils ont déjà compris. » Une pause, et un regard acéré sur Pasternak. « J'attends toujours le rapport de l'armée sur les fusées égyptiennes. Des savants allemands sont-ils mêlés à ça ou non ? Le rapport du Mossad affirme carrément que les Allemands les construisent et dirigent les essais. »

Pasternak remua les lèvres, comme pour répéter sa réponse avant de parler. « Des indications, oui, Premier ministre. Des preuves, pas encore. Les missiles essayés sont imprécis, nous dit-on, et plusieurs lancements ont échoué.

– Si des savants allemands font ça, et que ça se sache, dit Ben Gourion, ma politique envers l'Allemagne sera en ruine. Je tomberai.

– Vous ne tomberez pas, Ben Gourion, dit Barak impulsivement. Il n'y a personne d'autre. »

Le Vieux secoua la tête et serra les lèvres pour souligner son scepticisme. Puis il but son thé en silence, le regard triste et lointain. « Bon. De quel matériel allez-vous discuter avec les Américains ?

– Pas des chars. Ils sont considérés comme des armes offensives, répondit Pasternak.

– Peu importe, discutez-en ! Dites les mots, au moins. N'avons-nous pas besoin de chars pour nous défendre des chars qui peuvent nous envahir? Maintenant, voyons voir. »

Il trouva un papier dans ceux qui s'empilaient sur son bureau et lut sa liste d'armements prioritaires. Entre-temps, dit-il, il fallait ratisser encore plus fin le marché de la ferraille pour des chars au rebut. Il y en avait des milliers qui rouillaient dans le monde entier. Israël devrait les réparer et s'en arranger jusqu'à ce qu'ils puissent compter au moins sur une des grandes puissances pour leur fournir des chars neufs.

« Nous sommes cernés. Nous n'avons pas un seul allié. Nasser soulève les masses arabes, et il est armé par la Russie. De Gaulle m'a dit : Je ne laisserai pas Israël se faire anéantir. Eisenhower a dit la même chose quand il m'a refusé les chars. J'ai dit à de Gaulle : Quand vous autres les beaux messieurs décideront que nous sommes anéantis, il sera peut-être un peu tard pour y remédier. »

Malgré tout ce pessimisme, Barak voyait que Ben Gourion reprenait vie à mesure qu'il parlait, et que son regard embrumé s'était éclairci. Quand le Vieux lui donna sur un ton emphatique ses dernières instructions pour le voyage à Washington, des odeurs délicieuses leur parvinrent de la cuisine. L'équipe de Kennedy avait accepté à contrecœur de vendre à Israël le système de missiles antiaériens Hawk, mais maintenant ils le pressaient de prendre à la place un missile anglais, le Bloodhound.

« La réponse est *non*. Qu'ils s'en tiennent au Hawk! » Ben Gourion tapa sur la table avec la main qui avait serré celle d'Adenauer. « Tout ça est un jeu d'esquive, pour que ce soit *l'autre* qui offense les Arabes. Nous avons besoin du Hawk pour nous défendre contre les bombardiers Ilyouchine, n'est-ce pas? Nous avons encore plus besoin que les Américains nous fournissent un système d'armement sérieux, et brisent la glace. » Il scruta Pasternak, puis Barak. « Vous comprenez ça, tous les deux?

– Zev demande à ne pas faire partie de la mission », dit Sam.

Le Vieux lança un regard interrogateur à Barak.

« Des raisons familiales, Premier ministre.

– Est-ce que Nakhama va bien? Et les enfants?

– Ils vont très bien. »

Ben Gourion attendit qu'il continue, mais il n'en dit pas plus. « Bon, Sam, trouve quelqu'un d'autre. Il y aura d'autres missions, encore plus importantes.

– Vous n'avez jamais mangé un poulet pareil, dit Paula par la porte. Venez!

– En fait, je meurs de faim », dit le Premier ministre en sautant sur ses pieds.

Zev Barak était surpris de sa propre réaction après avoir échappé au voyage à Washington. Des regrets! Des regrets tardifs, irrationnels. Il était également soulagé d'avoir pris une décision pleine de bon sens, mais il aurait voulu ne pas avoir exposé cette maudite photo de cette maudite Emily au regard de Nakhama.

Paula Ben Gourion glissa un bras sous le sien. « Tu vois, Zev? Ça lui a fait du bien, que vous soyez restés. Il a pu dire ce qu'il avait sur le cœur. » Elle tapota son corsage informe. « Il porte le pays tout entier là-dedans. »

« Ça ne t'ennuie vraiment pas si je vais au mariage? dit Yael. Toute seule?

– Bon, on va s'occuper d'Arieh, comme tu dis, et il n'y a que ça qui compte, pas vrai? »

Elle aurait préféré une autre réponse, une protestation, une discussion, même un refus total. Yael débarrassait la table après le dîner. Il était tard. Encore en uniforme, couvert de poussière, Quichotte écrivait en consultant les ordres ronéotés de son exercice étalés sur la table de la cuisine. A côté, il y avait l'invitation, et un portrait de la future femme de Lee Bloom.

« Nous ne sommes jamais allés en Amérique, toi et moi, dit-elle. Ce ne serait pas bien d'y aller ensemble? Tous frais payés, Yossi!

– Pas possible. Vas-y, amuse-toi.

– Ce qu'il y a – son ton se durcit légèrement – c'est qu'une fois en Californie, je vais avoir envie de rester un peu. Il y a tellement de choses à voir.

– Dieu, je mourais de faim. » Quichotte repoussa ses papiers et se leva. « Maintenant, une douche.

– Elle est très belle, n'est-ce pas? »

Yossi prit le portrait, une photo de studio, et fronça les narines. « Quel âge dit-il qu'elle a, dix-neuf ans? Elle ne les fait même pas. » Il lut le faire-part crémeux, gravé en italiques fines comme de la dentelle. « Mary Macready. Hmm. Un vieux nom hassidique.

– Il dit que sa mère est juive. Ils se marient au temple, en tout cas.

– Lee est un idiot. » Il laissa tomber la photo comme s'il rejetait une carte à jouer.

« Il en est à combien de milliards?

– Oui, il peut se permettre de l'épouser. » Quichotte alla dans la chambre d'Arieh et regarda son fils qui dormait. On entendit la douche ouverte à fond.

Yael se déshabilla en hâte, enfila un négligé en satin couleur pêche venu de Paris, abîmé dans sa boutique, qu'elle n'avait pas payé cher.

Devant le miroir, elle s'examina sans complaisance. Rien ne clochait, dans ce qu'elle voyait. La plupart des hommes qu'elle connaissait en auraient envie, et certains très envie. Quelques-uns lui faisaient encore des propositions. Ce Don Quichotte, après cinq ans de mariage – elle n'y comprenait rien. Quand il rentrait à la maison, il faisait l'amour ou non, plus ou moins d'après ce qu'elle voulait. Si elle l'invitait d'un geste, d'un regard ou d'un mot, oui. Autrement, même après avoir passé une semaine ou quinze jours sur le terrain, il allait dormir, ou lire, ou travailler à ses documents militaires. Prendrait-il le négligé pour une invitation? Elle se mit du parfum. « La question, dit-il en réapparaissant en peignoir et en s'essuyant la tête, c'est si Arieh va mettre Nahalal sens dessus-dessous. Est-ce que Benny sait à quoi il s'engage? Ou Irit? Ou le conseil du moshav?

– Irit dirige des crèches entières. Arieh sera plus calme quand il pourra jouer avec tous les enfants du *moshav*.

– Peut-être que non.

– Pourquoi ne peux-tu pas venir? Il y a une éternité que tu n'as pas eu de permission.

– Mon unité s'est couverte de honte à l'exercice. Il faut que je les entraîne à mort et que je remplace des officiers. »

Yael hésita. Et puis, quand il reprit ses papiers et s'installa dans le fauteuil, elle prit un ton dégagé. « Tiens, Sam Pasternak m'a dit que vous avez été la vedette des manœuvres. Que même Ben Gourion vous a félicités. »

Ce coup, du moins, il le sentit passer. Yossi leva les yeux, haussa les sourcils. « Sam? Tu as parlé avec Sam? Quand? Comment ça se fait?

– Oh, c'est tout à fait par hasard. » Elle s'assit, croisa ses jolies jambes de sorte que le satin s'écarta. « J'étais à l'agence d'El Al, en train de confirmer les réservations pour Los Angeles. C'est la pagaille. On ne va pas arrêter de changer d'avion. »

Silence.

« Et Sam Pasternak? dit-il au bout d'un moment.

– Ah, oui. Sam. Il va bientôt à Washington. Pas de détails, bien sûr. Tu connais Sam. Il était venu chercher son billet. En tout cas, d'après lui, ton unité s'en est extrêmement bien tirée.

– Les autres ont fait pire, c'est tout. Jolie chemise de nuit.

– Ce truc? Un reste de la boutique.

– Allons-nous coucher.

– Tu as du travail, non? » Il reposa ses papiers, la fit lever et passa un bras musclé sur ses épaules. « Et tu dois être mort de fatigue, ajouta-t-elle.

– Ne fais pas de bruit. Ne réveille pas Arieh. »

Quand ils faisaient l'amour, c'était toujours satisfaisant, mais très différent de la brutalité de Sam Pasternak, qui l'avait souvent choquée et profondément excitée. Au lit, ils retrouvaient l'atmosphère de leur première rencontre au George V : rires et jeux entre deux partenaires qui n'étaient pas amoureux, mais pour qui le sexe était agréable et simple. L'ennui, pour Yael, c'est que cela devenait moins simple.

Pas pour son mari. Il plaisantait ouvertement de son mariage devant les autres, l'appelait « Éducation d'Arieh, Inc. ». Don Quichotte était capable des sentiments les plus profonds. Elle le savait. Il adorait son gosse, et elle comprenait instinctivement, sans pouvoir le prouver, qu'il avait adoré cette matheuse puritaine, Shayna Matisdorf, et qu'il l'aimait peut-être encore. Il ne parlait jamais d'elle. Pour ce que Yael en savait, il ne l'avait jamais revue depuis sa visite dans leur appartement provisoirement turc, où ils habitaient toujours.

« Tu es sûr? chuchota-t-elle quand Quichotte, au bout d'un moment, tendit le bras dans le noir et l'attira contre lui. Tu n'as pas besoin de m'impressionner. Je le suis déjà. » D'où cela venait-il, se demanda-t-elle en cédant. Du négligé? Si oui, un bon investissement, pour trente-neuf livres! D'avoir mentionné Sam Pasternak? De son voyage en Californie? Comment savoir?

Il lui murmurait des mots doux, faisait tout ce qu'il fallait : c'était une partie de plaisir, avec son mari. Et pourtant, serré entre ses cuisses et ses bras, lui faisant doucement et passionnément l'amour, Don Quichotte restait inscrutable – sans qu'on puisse rien lui reprocher – sans attaches, sans appartenance. Ils s'embrassèrent, se souhaitèrent bonne nuit. Bientôt, il s'endormit. Yael resta les yeux grands ouverts, pensant avec un peu de rancune à son voyage en Amérique, toute seule, et se sentant, comme cela lui arrivait trop souvent, comme une *shmata* mariée.

25

Dorothy au pays d'Oz

Dans son bureau qui dominait le pré où des filles du trimestre d'été en culottes vertes jouaient au hockey avec force cris, glapissements et terribles claquements de crosses, Emily Cunningham contemplait la photo de Zev Barak qu'elle posait habituellement sur sa table quand elle lui écrivait. Prise pour un journal de l'armée lorsqu'il avait été promu colonel, deux ans plus tôt, on voyait un peu de gris dans son épaisse chevelure, mais par ailleurs le visage rond au menton volontaire, les yeux marron intelligents et le regard un peu inquiet n'avaient pas changé depuis la fameuse nuit des lucioles.

ÉCOLE DE FOXDALE
MIDDLEBURG, VIRGINIA

Lettre n° 26

Loup! Misérable Loup l'Éclair!

Vous êtes-vous imaginé que je ne le saurais pas? Croyez-vous que ce soit pour rien que je sois la fille du plus grand bonhomme des renseignements américains? Vous auriez pu venir à Washington, on vous l'avait ordonné, et vous avez *supplié* pour ne pas y aller! Il me faut une explication pleine et entière, convaincante et abjecte, ou cette correspondance – toute cette amitié particulière, lumineuse et enchanteresse – se fait saquer. Je suis sérieuse, totalement sérieuse. Vous ne vous défilerez pas. Vous ne me traiterez pas par le mépris. Et je saurai... *pourquoi?* Pourquoi avez-vous refusé l'occasion de me voir?

Après avoir donné libre cours à sa déception, ne sachant plus que dire, elle pensa signer brutalement Votre Emily. Mais écrire à Zev lui faisait grand plaisir, autant que recevoir une de ses lettres ou traverser la forêt à cheval dans la fraîcheur de l'automne. Après avoir pris le temps de réfléchir, elle continua.

Okay, je ravale ma rage en souvenir du bon vieux temps, et j'attends vos excuses. Mes nouvelles, si incroyable que cela paraisse, c'est qu'ici je vais bientôt devenir directrice, bien que je sois ridiculeusement jeune et indigne! Notre directrice actuelle, Fiona Salmeter, est une excellente éducatrice et administratrice, merveilleuse aussi bien avec les filles que les parents, et authentiquement religieuse, ce qui est important pour une école en principe laïque mais en fait chrétienne du haut en bas, avec une vraie chapelle et tout. Notre prêtre vedette, qui passe régulièrement, est le Révérend Wentworth, un orateur magnifique et un bon spécialiste de l'Ancien Testament. Il a publié de nombreux articles sur le Livre d'Amos.

Eh bien, il semble que Fiona ait touché le Révérend Wentworth à l'entrejambe. Ils avaient une liaison discrète depuis une quinzaine d'années. Mais le Révérend Wentworth voulait rompre, parce qu'il a récemment perdu sa femme, qu'il veut se remarier, et que sa nouvelle promise désapprouve l'existence de Fiona. Qui ne gênait en rien sa défunte épouse, Milicent. Elles se promenaient très souvent ensemble, à cheval, le soir elles jouaient au knock rummy en buvant du Kahlúa. Milicent, au fond du cœur, était athée, et pas très heureuse d'avoir épousé le Révérend Wentworth, même s'il ne lui déplaisait pas vraiment. Simplement, elle était contente de ce que Fiona faisait pour lui, comme vous pourriez dire, d'une certaine façon. Je connaissais Milicent et je l'aimais bien, quoique parfois son imperméabilité à la religion me rebutait un peu. Elle adorait la poésie, surtout celle des femmes. Quelquefois nous nous faisions mutuellement la lecture de poèmes d'Elizabeth Barrett Browning ou d'Elinor Wylie. Quand Fiona ne jouait pas au knock rummy avec Milicent, elle jouait au gitchi-gitchi avec le Révérend Wentworth, et ensuite Millie et moi lisions de la poésie. C'est ce que Hester et moi, à l'université, appelions la gaudriole, le gitchi-gitchi. Intéressant de noter que depuis le temps qu'a évolué la langue anglaise, depuis Beowulf, il n'ait émergé aucun terme poli pour cette activité si simple. En tant que vierge professionnelle, il y a peu de chances pour que j'improvise sur ce thème, alors je me contente de gitchi-gitchi. De toute façon, le Révérend Wentworth ne court aucun danger, mais pendant quelque temps il ne s'intéressera plus au gitchi-gitchi. L'histoire que Fiona et lui ont raconté au shérif et au conseil de l'école, c'est qu'elle lui a demandé de nettoyer son fusil et qu'il s'est tiré accidentellement des plombs dans l'aine. Comme c'est arrivé dans la chambre de Fiona, leur version est légèrement douteuse, et tout est désormais sur la place publique.

Quoi d'autre? Oh, l'exposition de Hester dans une galerie new-yorkaise a eu un succès étonnant. Vous ai-je dit qu'elle a trouvé son propre style de peinture abstraite, dans la lignée de Jackson Pollock? Elle perce des trous dans des tubes de peinture fermés, et quand elle presse le tube la peinture gicle sur la toile de façon totalement aléatoire. Hester appelle ça « holisme stochastique ». Il y a eu un grand article dans le *New York Times* avec des plaisanteries éléphantesques sur ce holisme stochastique, mais du coup Hester Laroche s'est fait connaître, et les collectionneurs ont commencé à venir et à acheter. A des prix modestes, mais ça s'est vendu. Les gens parient sur les peintres, vous savez. Comme sur les chevaux, mais à long terme. Je suis allée au vernissage, ma vieille Hester était en grande robe de satin rose avec une coiffure à la Buster Brown, et son mari en smoking, l'air fier et complètement dérouté. Hester ne va peut-être jamais revenir à Eugene, dans l'Oregon. Les crétins d'Eugene, au contraire de ces malins de New-Yorkais, n'apprécient pas le holisme stochastique.

Et ainsi de suite. Vous ne méritez pas plus! Rappelez-vous désormais, misérable Loup l'Éclair, que Christian Cunningham sait tout ce qui se passe dans le monde entier, et *absolument tout* sur Israël. Tenez-en compte et vous ne vous ferez plus prendre. Pas de petit mot doux pour terminer, je vous en veux beaucoup. Pour ce que ça vaut, CC pense le plus grand bien de Sam Pasternak et croit que sa mission aura un certain succès. Vous êtes un idiot de ne pas venir. Pourquoi, *pourquoi?* Est-ce que j'allais vous manger?

Votre outragée,
Emily

L'avion d'Air France ronronnait régulièrement au-dessus de l'océan obscur. On venait d'éteindre les lumières, après le film, et par le petit hublot carré le clair de lune caressait le visage de Yael.

« Sam, ne sois pas ridicule. » Elle ôta de sa cuisse la main velue, si familière, et la laissa retomber sur les genoux de Sam.

« Ne sommes-nous pas amis? dit-il avec bonne humeur, dans le noir.

– Quel film idiot. J'aurais dû dormir. Toi aussi.

– Yael, je pense faire un saut à Los Angeles pour le mariage. Je suis invité, tu sais.

– Et tes affaires à Washington?

– Ce sera le week-end. Le Département d'État ferme tous les samedi et dimanche, comme nous à Yom Kippour. Encore plus strict.

– Comme ça t'arrange. »

Silence. L'obscurité est faite pour les dialogues intimes. « Ton mari, reprit Sam au bout d'un moment, ce Don Quichotte, c'est un sacré type.

– Je trouve aussi.

– Il ira loin. »

Pas de réponse.

« Tu es heureuse?

– Très. Sam, si tu n'as pas envie de dormir, moi si.

– Comment se fait-il que vous n'ayez pas d'autres enfants, alors, un seul? Vous avez un problème?

– Moi? Sûrement pas. Il n'en veut pas d'autre.

– Drôle. Ruth et moi, on ne s'entend pas, depuis toujours, mais on en a trois. Ça arrive. » Pas de réponse. « Tu sais, Yael, je ne suis pas très croyant, mais je crois que les mariages sont décidés au ciel. »

Yael, piquée : « Vraiment?

– Absolument. De tels gâchis sont sûrement l'œuvre d'une bureaucratie juive. »

Malgré elle, Yael éclata de rire, trop bruyamment pour un avion endormi. Elle se mit une main sur la bouche. « Eh bien, *hamood*, dit-elle, t'en tenir à Ruth – pendant cinq très longues années, alors que j'étais là – c'était ton idée.

– Je sais, je sais. » Grand trou d'air. Bruit de moteurs, un voyant qui s'allume. Il boucla sa ceinture. « Par ailleurs, j'ai passé le dernier week-end à Tibériade. Juste pour prendre l'air avant ce voyage. La Pension Geffen a disparu, Yael, tu savais ça? Entièrement démolie, et on construit un grand hôtel à la place.

– Bon, rien ne dure éternellement, Sam. C'est un bon emplacement sur le rivage.

– Il y a des choses qui durent. Les souvenirs.

– Ils s'estompent aussi.

– Vraiment? » Il lui prit la main. « Tu veux me dire que tu ne te rappelles pas du Geffen? Du saint-pierre au petit déjeuner avec une bouteille de vin blanc du Carmel? Canoter sur le lac de Tibériade?

– En tout cas je me souviens que tu m'as fait ramer, monstre.

– Ton supérieur hiérarchique. En plus, la nuit avait été dure. »

Elle arracha sa main et le frappa. « Allons, ça suffit. Ruthie était avec toi, à Tibériade?

– Ruthie est retournée à Londres, tu ne savais pas?

– Comment le saurais-je?

– Eh bien, c'est comme ça. Amos et Ilana sont restés avec moi. Elle a emmené Leah.

– Imagine un peu. Chef des renseignements, ce n'est pas assez important pour elle, hein?

– Ce n'est pas ça. Porfirio a été nommé ambassadeur à Londres. » Porfirio était le chargé d'affaires colombien à Tel-Aviv.

« Oh, je vois. Comme c'est commode, qu'elle ait un appartement là-bas.

– Ne sois pas méchante. Ruthie traverse vraiment une mauvaise passe. Entre elle et moi, Yael, ça ne va pas durer beaucoup plus longtemps.

– Je voudrais que cet avion arrête de nous secouer, pas toi?

– Écoute, je vais venir à Los Angeles. Où vas-tu habiter?

– Je ne sais pas. Lee Bloom a tout arrangé. Ne t'occupe pas de moi, c'est inutile. Sam, tais-toi ou va-t'en. Je suis fatiguée. »

Silence. Murmure des moteurs, petites secousses, puis une allure égale. Au bout d'un moment, le voyant s'éteignit.

« Sam – à voix basse, intense – tu en auras besoin au Département d'État pour serrer les mains des diplomates. Tu ne veux pas qu'elle soit cassée. Dernier avertissement. Fini!... C'est mieux. »

Un gloussement de baryton. « Dors bien.

– Toi aussi. »

Le dimanche matin, le quartier financier de Manhattan est non seulement fermé, mais semble frappé par la peste, tant les profonds canyons de pierre sont déserts. Yael et Pasternak descendirent de leur voiture de location et leurs pas résonnèrent dans Broad Street, sous un soleil blanc qui se glissait entre les tours muettes et endormies.

« Mon Dieu », dit Yael, qui s'arrêta et tendit le doigt, en ouvrant de grands yeux, vers une plaque de rue en lettres majuscules, WALL STREET, blanches sur fond bleu.

« Et alors?

– Sam, quand j'étais petite, à Nahalal, nos professeurs étaient socialistes, marxistes. Wall Street était le centre maléfique de l'enfer capitaliste. Et nous y voilà. Wall Street!

– Juste une rue, tu vois. Ce que nous devrions faire, c'est monter sur l'Empire State Building. De là tu verras tout.

– Mais à quelle heure est ton avion?

– Il y a tout le temps des avions pour Washington. »

Elle eut un rire mal assuré. « Une fois, Quichotte m'a emmenée sur la tour Eiffel, et j'ai crevé de trouille. Lequel est le plus haut?

– Celui-ci. Mais tu ne vas pas crever de trouille. »

Sur la plate-forme d'observation du gratte-ciel, il y avait beaucoup de vent, et il l'entraîna sur la terrasse couverte. « Et voilà, dit-il avec un grand geste du bras, pas seulement Manhattan : New York tout entier. Ici Long Island, ici le New Jersey, ici Brooklyn. Un ciel exceptionnellement dégagé. Quelquefois, c'est tellement boueux qu'on ne voit même pas la Statue de la Liberté. D'ici, on dirait un jouet, tu ne trouves pas? »

Elle regarda de tous les côtés, puis sortit de son sac un foulard en soie, attacha ses cheveux et ressortit dans le vent. « Ça existe vraiment, n'est-ce pas? » On aurait dit qu'elle parlait toute seule. « C'est réel. Ce n'est pas un film et ce n'est pas un rêve. Sam, comment peut-on vouloir vivre ailleurs qu'ici? Qu'est-ce qu'il y a de semblable? Paris, ce n'est rien.

– Attends de voir Los Angeles.

– Ça ne peut pas être comparable.

– Tu te trompes. C'est là que vont vivre les New-Yorkais. Soit ils meurent, soit ils vont à Los Angeles. Je te verrai là-bas dans une semaine, on fera des comparaisons. » Il consulta sa montre, éleva la voix pour couvrir les gémissements du vent. « Il vaut mieux que je te mette dans ton avion. »

Pendant la descente de l'ascenseur, il remarqua son sourire troublé. « Oui, j'ai l'impression que tu découvres l'Amérique, madame Colomb. »

Elle grimaça un sourire.

Son trouble ne fit qu'augmenter pendant que l'appareil filait vers l'ouest. Des heures et des heures à entendre ronronner les moteurs, plus que pour aller de Tel-Aviv à Paris, et pourtant ça continuait ! Elle aurait dû être terrifiée par la descente vers Chicago, dans les grésillements d'une tempête électrique, avec des éclairs blanc-bleu qui zigzaguaient et éclataient près de son hublot, comme l'étaient visiblement les autres passagers. Les enfants pleuraient, les gens s'inquiétaient, les hôtesses couraient et trébuchaient dans les allées, les lumières s'allumaient, s'éteignaient, et Yael ne ressentait qu'une sorte d'ivresse exaltée : Mme Colomb sur le pont incliné de la *Santa Maria*, insensible au mal de mer, contemplant le Nouveau Monde.

A Chicago, elle dut changer d'avion. Tous les vols avaient pris du retard. En admirant l'immensité de l'aéroport et la diversité des boutiques, elle erra plusieurs heures dans une foule mécontente et mouillée. Le soleil se montra de nouveau quand son appareil décolla en survolant de grosses vagues qui déferlaient contre un rivage bordé par des immeubles géants. Il n'y avait rien, passé le rivage, rien que l'eau bleue jusqu'à l'horizon : le lac Michigan, une mer Méditerranée intérieure, et même pas le plus grand des Grands Lacs ! Cela continua pendant des heures : les panoramas illimités des terres cultivées, les taches des grandes villes, encore des cultures entrevues à travers les nuages. Le pilote décrivit un grand cercle au-dessus du Grand Canyon. Oh-ah ! Un oued, rien d'autre, mais quand l'Amérique faisait un oued, l'âme était ébranlée par sa profondeur, sa largeur, sa majesté, son étendue rougeâtre et déchiquetée, colossale, désertique et terrifiante. Mars sur terre, rangée dans le coin d'un État portant un nom magnifique, l'Arizona...

A sa descente d'avion, elle vit un écriteau au crayon tenu par un petit chauffeur oriental en uniforme noir : NITZAN. Yael ne s'attendait pas à ce qu'on vienne la chercher. Lee Bloom, ce prodigue, lui avait-il envoyé une voiture ?

« Je suis madame Nitzan.

– Oui, madame. »

Il secoua la tête de haut en bas, découvrit des dents superbes en souriant, prit son sac, l'aida à récupérer ses bagages, lui fit passer les portes automatiques et la mena vers une Rolls-Royce argentée d'où sortit un petit homme mince aux rares cheveux gris coupés court. « Bienvenue à Los Angeles, Yael. » Un sourire bizarre retroussait ses lèvres en forme de U. « Je suis Sheva Leavis, l'associé de Lee. Je pars pour Hong Kong, mais je serais rentré pour le mariage de Lee. Wang va vous conduire en ville. » Il parlait anglais presque sans accent.

Stupéfaite, hypnotisée par la Rolls étincelante, Yael essaya de faire bonne contenance. « Oh, merci. Comme c'est gentil à vous. Où vais-je habiter ?

– Eh bien, c'est à vous de voir. Lee a réservé pour vous au Beverly Wilshire. Mais j'ai un petit logement, ici, ma femme est à Vancouver, elle ne va pas bien, et, pour le moment, il n'y a personne. Vous êtes la bienvenue dans le pavillon des invités. Wang et son épouse s'occuperont très bien de vous.

– Monsieur Leavis, je ne voudrais pas m'imposer. Il vaut mieux que j'aille à l'hôtel.

– Madame, venez, je vous en prie, ce sera pour nous un plaisir, dit le chauffeur en roulant ses *l* et ses *r*. Ma femme très bonne cuisinière. Tout strictement kasher. »

Elle commença à se demander si ce n'était pas une blague que lui faisait Lee Bloom. Yael, naturellement, avait entendu parler de Sheva Leavis, le mystérieux juif irakien. Mais il n'y avait aucune photo de lui, et ce petit bonhomme quelconque en polo et en jean ne collait pas avec l'idée qu'elle se faisait d'un magnat. Elle lui lança un coup d'œil, vit revenir l'étrange sourire qui lui retroussait le coin des lèvres. « Vous ne serez pas inconfortable, Yael. Il fait froid dans les hôtels. »

C'était le genre de décision qu'elle savait prendre, comme aller à Paris avec Don Quichotte. Elle tendit la main au petit homme, qui la serra d'une paume froide et sèche. « Okay, monsieur Leavis. J'aurais mauvaise grâce à refuser. »

Il lui ouvrit la portière de la voiture. « Excellent. Je vous verrai vendredi. Ce sera bien d'avoir de la compagnie pour le dîner de shabbat. Wang va revenir dans un instant. Ravi que nous nous soyons rencontrés à une si heureuse occasion. » Avec un dernier sourire bizarre, il referma la portière et partit avec le chauffeur, la laissant respirer le parfum luxueux de la Rolls-Royce Silver Cloud, s'émerveiller devant le bois précieux et savourer la douce caresse du cuir sous ses cuisses.

L'automobile roula, ou plutôt flotta, un peu comme sur un nuage, à travers une forêt fantastique de puits de pétrole, traversa une contrée de rêve, bordée de palmiers, où les pelouses des demeures étaient vastes comme des parcs, arriva sur une route aux virages serrés qui s'appelait Sunset Boulevard. Wang tourna sous un portail en pierre, puis remonta une petite colline au milieu des pelouses et des fleurs vers une grande bâtisse avec un toit de tuiles rouges. A mi-hauteur de la colline, en partie cachée par une haie semée d'immenses fleurs rouges, il y avait une villa toute blanche. « Voici le pavillon des invités, madame. » Wang apporta ses bagages à l'intérieur, lui donna les clefs et lui demanda si elle désirait boire quelque chose, peut-être un verre de champagne.

« Oh, du champagne, je crois. Ce sera très bien. »

Une fois seule, elle se laissa tomber dans un fauteuil rose et rebondi, ôta ses chaussures d'un coup de pied et regarda autour d'elle. Un grand salon-salle à manger meublé en moderne, une cheminée en pierre de taille avec des grosses bûches en vrai bois, des tableaux inconnus sur les murs, pas des reproductions, elle voyait les empâtements de la peinture. Yael n'était plus Mme Colomb, mais Dorothy au pays d'Oz.

Barak eut du mal à répondre à la lettre n°26 d'Emily Cunningham. Il pensa ne pas lui écrire, laisser la chose mourir d'elle-même. Mais il en était incapable, et une fois qu'il eût commencé, il écrivit plusieurs pages de suite, dans la nuit, une fois Nakhama et les enfants endormis. Quand il relut ces épanchements, il comprit qu'il devait soit revenir à sa première idée, déchirer ces feuilles et étouffer net leur relation, soit l'envoyer et plonger dans des eaux périlleuses. Sa lettre finissait ainsi :

> ... et c'est comme ça. Vous avez demandé une explication, et maintenant vous savez pourquoi je me suis retiré de cette mission d'approvisionnements militaires. Dans l'armée, on revient toujours sur une opération ou une campagne pour voir où nous nous sommes trompés, où nous avons bien agi, où nous avons manqué de prévoyance, quelles idées ou doctrines nouvelles nous pouvons en tirer. Je suppose que mon esprit est habitué à travailler de cette façon. De cette expérience, j'ai tiré des leçons étranges. D'abord et avant tout, et c'est ce qui m'est encore le plus difficile à comprendre, qu'un homme peut réellement aimer deux femmes, les aimer de façons complètement différentes. Ensuite, il me semble que l'amour entre l'homme et la femme peut s'enflammer sans le sexe ni la possibilité du sexe, puisque vous êtes là-bas, depuis des années, loin derrière la bosse de la terre, et moi je suis ici, et pourtant c'est arrivé.
>
> Ainsi je découvre que de simples lettres peuvent faire naître

l'amour. Ce n'est pas une illusion, c'est sûr. Je sais ce qu'est l'amour – bien plus que vous – parce que j'ai aimé Nakhama pendant des années et des années, et vous affirmez n'avoir eu qu'une toquade inaboutie avec un lointain étranger, sans compter notre vieil Hiroshima. De nous deux, je pense maintenant que c'est moi le plus fou. Vous avez l'excuse de votre inexpérience. Je n'ai pas d'excuse. Je suis simplement amoureux de vous, de vos lettres ridiculement drôles et pourtant émouvantes, de votre esprit vif et excentrique, de vos mains qui bondissent, de vos yeux rieurs, de votre corps mince qui me paraît si doux, même sur les photos d'institutrice que vous m'envoyez. Bon camouflage, mais à travers je vois Emily, la charmeuse qui me hante.

Ainsi donc, ma petite, je vais continuer à éviter toute mission à Washington jusqu'à ce que vous vous soyez mise sous l'abri du mariage. Compris ? Soyez-en sacrément sûre, c'est tout. Nakhama n'est pas seulement l'amour de ma vie, la mère de mes enfants, c'est ma véritable et ma meilleure amie. Vous n'êtes pas une sirène, par caractère ou par calcul, mais il vaut mieux néanmoins garder un océan entre nous, ou bien – comme vous m'en menacez – trancher net cette relation « lumineuse » et très invraisemblable. Voici mes conditions. Faites à votre gré. Dans un sens ou dans l'autre. Comme nous disons ici, *zeh mah she'yaish.* Voilà.

Wolfgang

Jamais, jusqu'alors, il n'avait signé de son ancien nom. Non plus qu'il ne savait pourquoi il venait de le faire. Il relut plusieurs fois la lettre, la rangea dans un tiroir du bureau, dormit, et après avoir pris comme d'habitude son petit déjeuner avec Nakhama, il s'arrêta à la poste en allant au ministère de la Défense et la mit dans la boîte.

26

Le mariage de Lee Bloom

Yael étouffait presque tellement il y avait de fumée de cigarette dans l'appartement de Herschel Rosenzweig, sur Fairfax Avenue. Difficile d'entendre ce que lui disait sa vieille camarade d'école, Osnat Friedkin, à cause des conversations animées en hébreu dans la pièce bondée. « Ça te plaît, ici ? Tout le monde connaît Herschel et Bluma, et on passe tous les vendredis soir.

– J'ai l'impression d'être rentrée à Tel-Aviv, cria Yael.

– C'est vrai. » Osnat travaillait pour une agence de voyage spécialisée dans les Israéliens arrivant ou partant de Los Angeles – surtout les arrivants.

C'était en fait une scène bien plus familière, pour Yael, que le repas de shabbat qu'elle venait de prendre avec Sheva Leavis, servi par Wang en veste blanche, devant une longue table en bois poli où Leavis l'avait invitée à allumer les bougies et à réciter la bénédiction. Ces gens qui fumaient des cigarettes, buvaient du thé ou du soda, grignotaient des crevettes et des biscuits en bavardant ou en discutant, étaient plus dans son genre. Herschel Rosenzweig, un journaliste corpulent à barbe grise, était assis dans un coin, sur un grand fauteuil qui commandait la pièce, les pieds sur le divan, en train de fumer un grand cigare et d'exposer un thème habituel, comme quoi David Ben Gourion était un dictateur fasciste ayant une affinité naturelle avec les Allemands, et que l'espoir d'Israël de créer une société socialiste et juste, un phare pour les nations du monde, avait été jeté aux orties depuis longtemps. Le sionisme avait perdu son âme, et les Arabes avaient désormais un ascendant moral. Près de lui, des gens écoutaient, les autres parlaient tous en même temps.

La carte verte, d'après ce qu'elle pouvait entendre, était la préoccupation numéro un. Soit les Israéliens avaient une carte verte, soit ils en attendaient une, soit on leur en avait refusé une, soit ils prenaient le risque de travailler sans carte verte. Il y avait aussi de violentes discussions pour savoir qui était ou n'était pas snob, et pourquoi. Osnat Friedkin avait épousé un dentiste américain, puis avait divorcé, mais avait entre-temps acquis deux enfants et la nationalité américaine, de sorte qu'elle n'avait pas besoin de carte verte.

« Salut, Yael. » Rosenzweig l'avait saluée de loin, quand elle était arrivée avec Osnat, sans bouger de son fauteuil. Il venait de Nahalal, et sa *yerida* – « descente » – d'Israël à Los Angeles, était encore une honte pour son *moshav*, d'autant qu'il avait écrit jadis des poèmes d'un nationalisme fervent et que les soldats, pendant leurs marches, chantaient encore ses paroles. « Comment va ton Don Quichotte ? On me dit que c'est une star, dans l'armée. J'étais dans les blindés, tu sais.

– Yossi va bien.

– Alors ! Tu es venue pour le grand mariage, et tu habites chez le vieux Sheva Leavis. » Là-dessus, pensa-t-elle, les Israéliens de Los Angeles étaient comme ceux de Tel-Aviv : tout le monde savait tout sur tout le monde. Osnat lui avait déjà raconté tous les potins, surtout les médisances, concernant les membres de l'assistance.

« C'est bien là que j'habite.

– Bon, Sheva n'est pas snob. Ça va. Ton beau-frère, en revanche, en voilà un snob. C'est vrai que Frank Sinatra va venir au mariage ?

– Je n'en ai aucune idée. »

Yael n'avait aperçu Lee Bloom qu'une seule fois, quand il lui avait rendu une brève visite d'une demi-heure au pavillon des invités. Ce beau parleur avait grossi, et paraissait inquiet. La première chose qu'il avait dite, avant même de s'asseoir, c'était que Frank Sinatra allait venir au mariage. Lee avait loué un avion pour le faire venir de Las Vegas et le ramener. Sinatra passait là-bas dans un des grands hôtels, et ne pouvait pas manquer un seul soir. Il allait venir au temple et aussi à la réception à l'hôtel Bel Air. « Frank est un type super, un bon catholique mais très tolérant » – c'est ainsi que Lee décrivit en deux mots cette imposante célébrité. Yael savait qu'à dix-huit ans Mary Macready avait été souvent photographiée avec Sinatra dans des fêtes et des boîtes de nuit. La météo du week-end était encore incertaine, ajouta Lee, c'était le seul problème, mais l'avion était un quadrimoteur et ils pouvaient compter sur Sinatra. C'était un vieil ami de Mary, et les tempêtes étaient rares, à cette époque de l'année.

Bluma Rosenzweig arrêta de faire passer des verres et des petits fours, le temps de lancer un coussin près de la chaise où était Yael, pour venir bavarder avec elle. C'était une paysanne de Nahalal, ayant quelques années de plus que Yael, qui avait gardé sa silhouette musclée, et son pantalon noir lui allait très bien. Son maquillage était encore israélien : trop de vert autour des yeux, trop de noir sur les sourcils. Elle complimenta Yael sur sa bonne mine, et lui expliquait qu'elle tenait à parler hébreu à la maison à cause des enfants, quand Sam Pasternak émergea d'un tourbillon de fumée. Herschel Rosenzweig s'extirpa lourdement de son fauteuil.

« Sam, quelle surprise ! »

On ne parla plus de cinéma, de fêtes, de snobs, de cartes vertes ; le bruit tomba et la pièce se recentra autour de Pasternak. Yael avait déjà vu une salle de conférence de l'armée cesser ses bavardages pour reporter toute son attention sur le dernier arrivant, quand celui-ci s'appelait Ben Gourion ou Dayan. Elle-même se sentit visée par des chuchotements et des regards en coulisse. Ceux qui ne savaient pas encore qu'elle était l'ancienne petite amie du chef des renseignements militaires avaient dû être mis au courant, pensa-t-elle, par Osnat Friedkin.

« Je me disais bien que je te trouverais ici », réussit à lui glisser Sam quand Rosenzweig le conduisit au fauteuil central. Il demanda un soda, et les Israéliens s'agluttinèrent autour de lui, formant un demi-cercle irrégulier, debout ou en tirant leur chaise, pour le bombarder de questions – sur les dernières incursions frontalières des terroristes, l'explosion d'une bombe sur un marché de Jérusalem, les politiciens qui en seraient venus aux poings dans une petite salle de la Knesset, la rumeur d'une nouvelle démission de Ben Gourion, et ainsi de suite : *« Mah b'emet ha'matzav ? »* (« Quelle est vraiment la situation ? ») Ce déluge d'interrogations ponctué par ses brèves réponses continua jusqu'à ce que la voix rude de Rosenzweig vienne couvrir les autres : « Sam, et les fusées égyptiennes ? »

Un silence abrupt. Sam but une gorgée de soda, les yeux mi-clos, comme il en avait l'habitude.

« Et quoi donc ? » fit-il après une pause, d'une voix rocailleuse prévenant qu'il ne fallait pas insister.

« D'après Nasser – il l'a dit à la télévision et nous l'avons tous vu – ces fusées peuvent toucher n'importe quelle cible au sud de Beyrouth.

– Nasser dit beaucoup de choses, grommela Pasternak, Nasser a certainement une grande gueule.

– Y a-t-il du vrai dans tout ça ? » lança Osnat Friedkin, plus hardie que les autres, peut-être parce qu'elle n'avait pas besoin d'une carte verte.

« Vous avez vu les films des fusées à la TV, dit Sam. L'Égypte possède des fusées. Que les Égyptiens puissent ou non toucher quelque chose avec – il haussa ses épaules massives – c'est la question. En faisant exprès, je veux dire. » Il y eut des rires embarrassés. « Bon, il n'y a pas de quoi rire, avec ces fusées, mais laissez-moi vous dire qu'actuellement nous avons des problèmes plus pressants.

– Par exemple ? » demanda Bluma Rosenzweig.

La grosse tête de Pasternak tourna de droite à gauche, balayant toute la pièce. « Eh bien, disons la *yerida.* » Un silence pesant. « Rien de personnel, camarades, mais les Arabes n'ont pas vraiment besoin de fusées, n'est-ce pas ? Ils ont besoin de patience. Il leur suffit d'attendre qu'Israël se faufile peu à peu aux États-Unis, avec ou sans carte verte.

– Ne me regardez pas, dit un jeune homme maigre avec une barbe fournie et une petite moustache. Je termine mon doctorat en juin et je rentre. Ma femme et mes deux gosses sont là-bas.

– J'ai fait deux guerres, dit un solide gaillard au visage rougeoyant. Quand je suis sorti de l'armée, pas de travail. Qu'est-ce que j'aurais dû faire ? Manger les photos de Herzl ?

– Nous nous sommes tous battus, dit une voix en colère, ce n'est pas un argument. Et il y a du travail, chez nous. Seulement ici on gagne plus à laver la vaisselle que là-bas à diriger une banque. C'est un fait.

– Et on dépense tout, avec le prix de la vie – une autre voix – et on ne vit pas mieux, et on ne fait que laver la vaisselle. C'est un fait. Sam a raison, Sarah et moi nous envisageons de rentrer dès qu'Irma a fini son lycée. »

Des discussions éclatèrent dans tous les coins, si véhémentes et cacophoniques que le départ furtif de Sam et Yael, l'un suivant l'autre, passa presque inaperçu.

« Tu manques de tact, dit-elle en montant dans une Ford de location.

– J'étais fatigué. Qu'ils ruminent un peu la vérité, pour une fois. » Il remonta trop vite Fairfax Avenue, dut freiner brutalement au feu rouge.

« Tu es de mauvaise humeur.

– Mon neveu Uri était là. Tu l'as vu ? Un pull rouge, des lunettes ? Un ingénieur en mécanique très brillant. N'a pas voulu me regarder en face. Est resté dans un coin à manger des pépins de melon.

– Ça s'est mal passé à Washington ? »

Il lui fit le coup des yeux mi-clos, et ne dit rien avant qu'ils ne soient arrivés sur Sunset Boulevard. « Je ne les blâme pas, ces types du Département d'État. Ils n'ont pas changé de ligne depuis la déclaration Balfour. Il y a sept cents millions de musulmans, et après Hitler environ dix millions de Juifs. Il y a quatre-vingt millions d'Arabes, et peut-être un million d'Israéliens – ceux qui ne se sont pas encore faufilés dehors. Les Arabes ont le pétrole, les Juifs ont *bopkess*. Où sont les intérêts des États-Unis? Y a-t-il la moindre question? Et ce en supposant que les gars en pantalon rayé, comme Truman les appelle, ne soient pas antisémites. Certains le sont, mais ce n'est pas la question.

– Tu avais raison pour Los Angeles, Sam. C'est le Jardin d'Eden. Si je me faufile, c'est ici que je viendrai. »

Cela lui valut un coup d'œil en biais, plein d'affection. « Tu as tout vu?

– Sheva Leavis a un majordome chinois. Il m'a emmené partout dans une Rolls-Royce Silver Cloud. Il suffit d'aller un soir à l'observatoire Griffith, Sam, pour te décider à la *yerida*, si tu veux.

– Jamais mis les pieds.

– Parle-moi de Leavis. Comment un homme peut-il être aussi riche? Posséder une propriété somptueuse à Beverly Hills où il passe peut-être dix jours par an? Équipée d'une Rolls et d'un couple de Chinois? »

Pasternak poussa un grognement. « La propriété de Beverly Hills recèle du pétrole. La Rolls, elle aussi, continue à prendre de la valeur. Il en a l'emploi, et en attendant il gagne de l'argent. Voilà Sheva.

– Il a l'air d'être réellement religieux.

– Comme étaient les premiers Rothschild. »

En s'arrêtant à chaque feu, ils continuèrent vers l'ouest sans dire un mot, trouvèrent les virages plus serrés de Sunset Boulevard, passèrent dans l'ombre des arbres trouée par les demeures illuminées. Yael s'était un peu attendue à une main sur son genou (ou plus haut) ce qui, à vrai dire, ne lui aurait pas trop déplu. Il était toujours agréable de sentir que le désir de Sam était toujours là. Elle n'avait pas oublié ce qu'il lui avait dit dans l'avion obscur – que son mariage n'allait peut-être pas durer longtemps.

« Alors, avec Kennedy Président, il n'y a aucune différence? dit-elle pour briser le silence. Vraiment aucune? »

Il leva la main. « Je n'ai pas dit que c'était un échec. Il y a une différence. Mais, tu sais, Kennedy a dit que la plus grande surprise de sa présidence, c'est que jusqu'ici il donne des ordres et qu'il ne se passe rien.

– Alors c'est un président faible.

– Yael, les présidents vont et viennent. Les bureaucrates restent en place, et sabotent les ordres qui leur déplaisent. Pour ce qui est de saboter, ces types du Département d'État sont des grands maîtres. Ils ont les présidents à l'usure. Pour l'instant, cette fois, on dirait des vizirs devant un enfant-roi. Je crois qu'ils seraient surpris qu'il soit réélu. Il est passé d'un cheveu, et donc il n'est pas sûr de lui ni de son pouvoir.

– Chez Sheva, c'est juste après le feu, sur la gauche.

– Je sais où c'est. » Il se gara sous le portail en pierre, arrêta le moteur, et se tourna vers elle avec son vieux sourire retors, à peine visible sous le réverbère de l'entrée. « Dommage que tu ne sois pas à l'hôtel.

– Pourquoi?

– J'essaierais de tambouriner à ta porte.

– Tu te ferais mal aux mains.

– Je n'ai pas changé, Yael.

– Le pavillon des invités est là-haut. Est-ce que j'y vais à pied? »

Il redémarra, monta la côte, freina sans arrêter le moteur. « Voilà. Wang n'aurait pas fait mieux.

– Merci. » Elle lui donna un léger baiser sur la joue en lui serrant la main. « Israël ne se faufile pas, grâce à des types comme toi.

– Et Don Quichotte.

– On se voit au temple, Sam. »

Pasternak reprit trop vite les virages de Sunset Boulevard en retournant dans son motel sordide, troublé par une intuition : que Yael pourrait bien se faufiler en Amérique, pas cette fois-ci, mais un jour, quand elle aurait tout organisé. Elle savait bien faire ce genre de choses, et en fin de compte Yael faisait toujours ce qu'elle voulait. Imaginer Israël sans elle – même mariée avec Don Quichotte – lui donna une désagréable sensation de vide. La voiture de location serpentait sur le boulevard en se balançant d'un côté à l'autre, et à la sortie d'un virage il dut faire hurler les freins devant un feu rouge. Sam, immobile, se demanda pourquoi les feux, en Amérique, mettaient sacrément longtemps à changer, repensa à Yael et à la nuit épuisante qu'il avait passée jadis à Tibériade.

La danse rapide des essuie-glace n'endiguait pas la pluie battante qui envahissait le pare-brise, et Wang dut ralentir. Quelques mètres en avant de la Rolls, Sunset Boulevard était un brouillard liquide et gris.

« Eh bien, pas de Frank Sinatra, je suppose », dit Yael.

Sheva répondit par un bref sourire en U. À son arrivée de Hong Kong, le vendredi soir juste avant le coucher du soleil, il était pâle comme un mort, le visage défait, et pendant le dîner sa conversation avait été entrecoupée de longs silences. Aujourd'hui, au petit déjeuner, il avait paru d'excellente humeur et en bien meilleure forme.

« Nous en retard pour cérémonie, monsieur Leavis, dit Wang, mais dangereux aller plus vite.

– Ils vont la retarder, Wang. » Sheva se tourna vers Yael. « Ou bien, si Sinatra ne vient pas, ils la feront un autre jour. »

Elle regarda s'il était en train de sourire. Pas vraiment, mais il plissait les yeux. « Sheva, quand êtes-vous venu à ma boutique de Dizengoff, dites-moi ? Je me sens tellement idiote de ne pas m'en rappeler.

– Pourquoi devriez-vous ? J'ai accompagné ma nièce, il y a deux ans. Une orpheline, je l'ai mariée, je lui ai donné de l'argent et c'est elle qui a payé la facture. Vous tenez un bon magasin. Efficace. Qui rapporte.

– Il faut bien que je fasse quelque chose.

– Oui, l'armée paye mal, un peu partout dans le monde, mais encore plus en Israël.

– J'ai dû me tromper de frère en l'épousant. »

Il lui sourit. « Votre mari est un grand guerrier pour notre peuple. Lee achète et vend des immeubles.

– C'est tout ce qu'il fait, maintenant ?

– Lee fait plusieurs choses. Certaines avec moi, d'autres tout seul. » Il haussa les épaules. « Il aime trop Las Vegas. »

Les limousines s'entassaient à l'entrée du temple. En imperméable, tête nue, Pasternak était adossé à une colonne du péristyle, une cigarette à la main. « Ah, te voilà, Yael. Tu dois aller tout droit à la salle de la mariée. Lee a perdu la tête et il est en train de tourner en rond. Il a peur que l'avion de Sinatra se soit écrasé. Salut, Sheva.

– Tu ne parles pas sérieusement ? dit Leavis.

– Eh bien, la compagnie de charters lui dit que Sinatra a décollé sous la pluie, et qu'ils n'arrivent plus à joindre le pilote. Lee les appelle toutes les cinq minutes. Viens, Yael.

– Pourquoi la salle de la mariée ?

– Tu es la seule parente de Lee. Elle a demandé à te voir. »

A l'intérieur, Lee Bloom se fraya un chemin dans la foule, en jaquette et pantalon rayé, sa cravate-plastron toute de travers, les cheveux en désordre. « Ils ont pu joindre le pilote ! Frankie n'a rien ! L'orage avait brouillé les fréquences radio.

– C'est un soulagement, dit Pasternak.

– Oui, n'est-ce pas ? De toute façon tout le monde est en retard. Quelle journée ! L'organiste et le chœur ont un tas de musique pour tuer le temps, alors ce n'est pas un problème. Sheva, tu vas monter sur scène avec le rabbin, le sénateur Milstein, le sénateur Harrigan et Frankie. Viens, Yael, Mary ne cesse de te réclamer. »

Leavis fouilla la poche de poitrine de son costume admirablement coupé, en sortit une petite calotte.

« Tu n'as pas besoin de ça ici, Sheva, dit Pasternak. Ce sont des Réformateurs.

– Bon, il y a des Torah dans le bâtiment. »

Lee Bloom lui fit traverser l'entrée surpeuplée et prendre un couloir tapissé de moquette rose. « Pourquoi suis-je ta seule parente, Lee ? Et tous ces cousins Blumenthal de Buffalo ?

– Écoute, j'ai proposé de faire venir en avion les trois familles ! Ce sont des orthodoxes, ils n'ont pas voulu entrer dans un temple réformateur. Des cinglés. Alors je suis sacrément content que tu sois là. Pourquoi Yossi n'est-il pas venu ?

– L'armée, Lee. »

Il secoua la tête. « Il n'arrivera jamais aux premiers rangs, dans cette armée. Il n'est pas palmakhiste, il n'est pas kibboutznik ou moshavnik, il n'est pas un protégé de Ben Gourion, il est un outsider, il n'est personne. Peut-être montera-t-il jusqu'à brigadier. Peut-être ! Vous devriez venir ici, tous les deux, vous pourriez faire plus pour Israël. Voici la salle de la mariée. Entre, je suis censé ne pas la voir. »

Mary Macready se jeta dans les bras de Yael. « Ma belle-sœur ! Maman, voici Yael Nitzan, elle a fait le voyage depuis Tel Aviv ! »

La mère, une petite femme en robe longue, la salua. « Bonjour. Je suis juive.

– C'est ce que j'ai compris », répondit Yael.

Les demoiselles d'honneur qui s'empressaient autour de la mariée étaient si jolies que Yael pensa que c'étaient des figurantes. Mais aucune n'arrivait à la cheville de Mary Macready. Lee s'était déniché un être extraordinairement bien fait : d'immenses yeux verts posés en biais dans son visage comme des émeraudes, un petit nez retroussé, une bouche adorable avec une lèvre inférieure pulpeuse, une cascade de cheveux noirs et luisants et une silhouette incroyable : mince, la taille fine, avec une poitrine splendide.

« Si seulement Bill avait vécu pour voir ça, dit Mme Macready. Bill, c'était mon mari, méthodiste, mais très tolérant. C'était aussi un grand fan de Sinatra. »

Le cérémonie ne fut pas retardée trop longtemps par l'orage. Sinatra, avec une calotte blanche, descendit l'allée centrale du temple presque bondé, saluant d'un sourire, d'un geste ou d'une poignée de main les invités qui vibraient d'excitation. Le rabbin descendit de la scène pour lui faire monter les marches couvertes d'un tapis rouge jusqu'à un fauteuil à haut dossier placé entre la Sainte Arche et Sheva Leavis.

« Pourquoi diable porte-t-il une calotte ? » demanda Yael à Pasternak. Ils étaient côte à côte au premier rang. « Ne voit-il pas que personne n'en a, sauf Sheva ?

– C'est ce qu'il met pour une cérémonie juive, je suppose.

– Et, en plus, qui sont tous ces gens? » Elle regarda les invités entassés sur plusieurs rangées.

« Lee fait beaucoup d'affaires à Los Angeles. Et il a fait venir deux avions de Las Vegas, pleins tous les deux. »

L'heureux couple passa bientôt sous le dais couvert de fleurs, avec le rabbin. Le cantor, un élégant jeune homme en robe noire, entonna un beau chant nuptial hébreu, accompagné par un chœur invisible.

« Si ça ne dure pas, entre Ruth et moi, murmura Sam en lui effleurant les doigts, y a-t-il une chance pour nous deux? »

Elle repoussa sa main. « Oh, Sam, tais-toi, marmonna-t-elle.

– Je suis parfaitement sérieux.

– J'ai un mari, merci. Un mari merveilleux. Tais-toi!

– Je sais pourquoi Don Quichotte t'a épousée. »

Très secouée, Yael resta impassible. « J'adore cette musique. Chut! »

Derrière, quelqu'un lui fit écho. « Chut! »

Sheva s'en alla avant que le brunch nuptial soit servi dans la salle des fêtes, sur de longues tables où s'empilaient des mets choisis au son d'un grand orchestre de jazz. Lee ouvrit le bal avec Mary Bloom, très applaudi, et les applaudissements redoublèrent quand Sinatra, sans calotte, cette fois, fit tournoyer la mariée. Les serveurs faisaient couler le champagne à flots. Pasternak et Yael en burent plusieurs coupes, mangèrent avec appétit, et allèrent même danser. « Tu me marches sur les pieds, dit-elle. Pourquoi m'as-tu traînée sur la piste? Tu sais que je ne sais pas danser. Toi non plus.

– Je peux, avec n'importe quelle autre femme.

– Merci. »

Ils continuèrent à piétiner. Plus tard il la ramena au pavillon de Leavis. « Tu peux entrer, si tu veux, dit-elle quand il coupa le contact.

– Il faut que j'aille rendre cette voiture. » Sam consulta sa montre. « On est restés trop longtemps à ce *balagan*. Mon avion est à une heure.

– Qu'est-ce que tu veux dire, tu sais pourquoi Yossi m'a épousée? Qu'est-ce que c'est que cette absurdité? »

Le visage de Sam s'assombrit. Ses lourdes paupières se fermèrent presque entièrement. « Je le sais depuis longtemps. »

L'esprit de Yael explora en vitesse toutes les possibilités d'une divulgation, accidentelle ou non, de son secret. Yossi n'en aurait jamais parlé, bien sûr. Shayna Matisdorf était au courant, et la haïssait peut-être, mais elle était incapable de la blesser de cette façon. Quoi donc, alors? La naissance prématurée d'Arieh? Sam ne parlait pas au hasard. Quand il disait qu'il savait quelque chose, c'était vrai.

« Je n'ai pas la moindre idée de ce dont tu parles.

– Après KADESH, Yael, plusieurs mois après, nous avons parlé de ton voyage à Paris. Je t'ai demandé si tu avais aimé les Galeries Lafayette. Tu m'as dit que tu n'étais pas allée à Paris pour perdre ton temps dans un grand magasin. Mais pendant KADESH, quand je suis allé faire une sieste dans le bunker, tu m'as dit que tu y avais acheté de la lingerie olé olé. » Ils se regardèrent au fond des yeux. « Yossi n'a pas fait venir une putain française dans la suite du George-V.

– Si tu crois que j'ai couché avec Yossi à Paris, dit-elle avec un petit rire, très bien. Ça n'avait pas besoin d'être au George-V, Sam, nous avons passé deux nuits dans le même hôtel de troisième ordre. »

Sam hocha la tête, ses yeux mi-clos ne la quittant pas du regard. « Bon, on se verra en Israël. A moins que tu ne te faufiles d'ores et déjà à Los Angeles?

– Je ne blâmerais pas Ruth si elle te jette dehors. » Elle se pencha vers lui, l'embrassa sur la bouche, prolongea son baiser. « Tu es un animal et un casse-pieds. Un sacré mariage, pas vrai? Ça valait le voyage.

– Absolument. » Il démarra. « Quand nous retrouverons-nous aussi près de Frank Sinatra? »

Pasternak était habitué aux paysages grandioses que déployait un vol transcontinental. S'efforçant d'oublier Yael et ce baiser provoquant – c'était une acharnée, pour défendre son territoire – il passa les heures de son retour à Washington à griffonner un brouillon de rapport pour Ben Gourion, qu'il avait l'intention de montrer d'abord à Christian Cunningham.

CONCLUSION

Cette mission n'a rien accompli, sinon maintenir ouvertes les négociations sur le missile Hawk AA. La diversion Bloodhound éliminée avec succès. Avec le temps, nous obtiendrons cette arme cruciale, mais pour éviter d'offenser les Arabes, sa livraison sera retardée aussi longtemps que possible, et on nous demandera de mettre une sourdine à toute l'affaire.

Les négociateurs du Département d'État ne pouvaient pas contredire leurs propres services de renseignement, qui confirment le nôtre, comme quoi la fourniture de bombardiers et de chasseurs soviétiques aux pays arabes menace la survie de notre pays. Mais la position fondamentale des Américains reste inchangée : (1) ils ne veulent pas introduire de nouvel armement majeur dans notre région; (2) nous devrons chercher ailleurs notre principale source de ravitaillement; (3) dans aucune circonstance ils ne nous livreront d'armes offensives. Traduction : des chars.

Pourtant, tout n'est pas négatif. Il y a du changement. Ils ont étudié avec nous toutes nos dispositions défensives, ce qui est en soi une évolution. Ils veulent bien écouter, et reprendre cette étude « si et quand la situation l'exige ». La vraie différence, probablement, c'est un Président différent. Néanmoins, quand la volonté présidentielle finit par filtrer à travers la bureaucratie, elle se retrouve diluée, complètement édulcorée. Sur ces sujets, un contact direct avec le Président Kennedy pourrait être utile. Là-dessus, semble-t-il actuellement, aucune perspective d'accord.

27

Les fleurs jaunes

On frappa à la porte du bureau sans fenêtre et surchauffé de Sayna Matisdorf, à l'Institut Technion. « Entrez ! » Elle leva les yeux du manuel technique du Mirage et s'adossa à son siège en ôtant ses lunettes rondes. « Toi !

– Viens faire un tour à la campagne avec moi, dit Don Quichotte. Tu es un peu pâle. »

Sans voix, elle le regarda fixement. Depuis plus de deux ans qu'elle avait rendu visite à Arieh, Shayna n'avait pas revu Yossi, ni entendu parler de lui. D'habitude, elle cherchait son nom dans les articles parlant des militaires, et feuilletait chaque numéro du journal de l'armée à la bibliothèque du Technion pour apprendre ses promotions. Elle avait aussi découpé et gardé une photo de lui, à moitié caché par d'autres officiers des blindés qui entouraient, les mains sur les hanches, une carte posée sur le capot d'une jeep.

Maintenant voilà que déboulait le même clown que jadis, élancé, luisant de bonne santé, n'ayant pas vieilli, et qui l'ensorcelait de son sourire. Elle était consternée qu'il la voie couverte de sueur et décoiffée par le souffle futile d'un ventilateur bruyant, dans une vieille robe sans manches si mince qu'elle était à peine décente – du moins son soutien-gorge était opaque, même s'il était affreusement laid. Elle n'était pas venue au Technion dans l'idée de charmer qui que ce fût, uniquement pour être au frais, si possible, en ce troisième jour de *khamsin*.

« Que diable fais-tu à Haïfa ? réussit-elle à dire sans s'étrangler.

– Je te le raconterai en chemin. Viens, une petite balade va te rafraîchir.

– Comment va ta femme ?

– C'est pour ça, elle rentre à la maison, alors il faut que j'aille chercher Arieh à Nahalal. Ce n'est pas loin, nous serons rentrés d'ici deux heures. Tu n'as pas envie de voir Arieh? Il a grandi.
– Elle rentre à la maison? Venant d'où?
– De Californie. Elle est allée au mariage de mon frère. Je l'ai eue au téléphone, aujourd'hui. Frank Sinatra était au mariage. Mais il n'a pas chanté. Je le lui ai demandé. »
Elle secoua la tête en le regardant, exaspérée, excitée, perdue. « Écoute, va donc à Nahalal. » Elle montra son bureau. « Je travaille. Me tomber dessus comme ça, c'est absurde. Ça te ressemble bien, tu n'aurais pas pu téléphoner? Tu as bien appelé Yael en Californie?
– C'est elle qui m'a appelé, de chez un riche. Je ne peux pas me permettre de téléphoner en Californie. Tu n'es pas contente de me voir? Tu m'as manqué, Shayna. C'est idiot, de ne plus se voir. »
Elle résita à l'envie de sauter en l'air et de l'étrangler. « Tu as choisi un mauvais jour, je regrette. Il faut que j'aide Michael avec ses casseroles.
– Quelles casseroles?
– Oh, Lena et lui ont des batteries de cuisine séparées, dans leur appartement. Il mange kasher, pas elle. Elle a fait une fête et utilisé ses casseroles, et ils se sont violemment disputés. J'ai dit que je l'aiderais à kasheriser ses casseroles. Ses couverts aussi.
– Mais ça se fait en un rien de temps.
– Ça, c'est ce que tu crois. C'est très compliqué.
– Où est le Dr Berkowitz?
– La porte à côté.
– Viens avec moi. »
Michael était assis près d'une fenêtre ouverte, dans un courant d'air si fort qu'il faisait claquer le col de sa chemise ouverte et soulevait ses cheveux qui se raréfiaient sous sa calotte. Par la fenêtre, on voyait l'eau bleue de la baie qui miroitait, et deux patrouilleurs qui prenaient le large. Ses papiers étaient maintenus sur son bureau par un presse-papiers, une paire de jumelles et un portrait encadré de Lena. Mais le vent était chaud, et sa chemise était trempée de sueur. Il écouta Yossi en plissant les lèvres et hocha la tête.
« Oui, ça ira, dit-il en prenant des clefs dans un tiroir. Shayna, tu sais où sont mes casseroles, rouges pour la viande, bleues pour le lait. Celles de Lena sont blanches, ne t'en occupe pas. Merci, Yossi.
– Tu veux dire que je dois aller avec lui? demanda-t-elle.
– Pourquoi pas? Il devrait faire plus frais du côté de Nazareth. Écoute, Yossi, pense à venir dîner chez nous. Mon frère Zev viendra peut-être. Il est allé inspecter des usines dans le nord.

– Je serai avec mon fils de cinq ans.

– Arieh? Magnifique. »

Les casseroles brinquebalèrent dans le coffre quand le chauffeur de Yossi fila vers l'est sur une petite route goudronnée. « C'est presque comme jadis, remarqua Yossi. Tu te rappelles quand on allait faire de l'escalade autour de Nazareth?

– J'ai promis d'épouser quelqu'un, dit Shayna, ravie de voir le choc que cela lui faisait.

– Eh bien! *Mazel tov.* Qui est-ce?

– Tu le verras ce soir à dîner. C'est le fils du grand rabbin de Haïfa. Mais il ne mangera pas. Il est très strict. Il ne mange que la cuisine de sa mère. » Bref silence. Une phrase lancée comme un stylet : « Et la mienne, désormais.

– Hmm! Le mariage est pour quand?

– Chaïm doit finir sa thèse. C'est un génie des maths. L'armée lui a accordé un sursis. Il a vingt-deux ans.

– Beaucoup plus jeune que toi, hein? »

Encore le stylet. « Plus mûr que d'autres beaucoup plus âgés.

– Alors ça ne va pas se faire avant des années.

– Pas nécessairement. L'armée le laissera peut-être faire son service au Technion. »

Il la regarda sans dissimuler sa tristesse. « Eh bien, je vous souhaite d'être heureux, tu le sais. »

Elle se détourna et tendit le bras. « Voilà toute une colline couverte des fleurs jaunes qu'on allait cueillir. Comment s'appelaient-elles?

– On ne l'a jamais su, Shayna. Tu as dit que tu trouverais, mais tu ne l'as pas fait.

– Tu n'as jamais pu compter sur moi, n'est-ce pas? »

Il passa un bras sur les épaules minces, la serra un bon coup et la relâcha avant qu'elle ait pu s'y opposer. « Tourne là », dit-il au chauffeur.

Un chemin de terre étroit serpentait vers une base militaire clôturée d'un grillage dont le commandant, un parachutiste ami de Yossi, les attendait au portail. « Tu as de la chance, Quichotte, dit-il en montant à l'avant de la jeep, c'est jour de lessive, les cuves sont en train de bouillir. » Il indiqua au chauffeur la longue baraque en bois du réfectoire. Shayna, Yossi et le chauffeur portèrent la vaisselle de Michael à travers des rangées de tables encore mouillées jusqu'au fond de la pièce, où des soldats à demi nus frottaient et récuraient la cuisine dans une chaleur étouffante. A l'arrivée de Shayna, leurs plaisanteries obscènes s'interrompirent.

« Pas de problème », dit le gros cuisinier à barbe blonde. Il versa les couverts dans un filet à larges mailles qu'il plongea dans une cuve fumante, et ajouta les casseroles à l'aide d'un grand crochet en acier. « Le rabbin nous oblige à faire ça avant Pâques. Et aussi quand on mélange les casseroles. Ne me demandez pas pourquoi. Je suis de l'Hashomer Hatza'ir. » C'était un groupe sioniste radical et très antireligieux, la Jeune Garde.

« Tu n'as aucune curiosité? Tu pourrais demander, dit Shayna. Tu saurais au moins ce que tu fais.

– Excusez-moi, mais poser une question au rabbin peut prendre l'après-midi entier. Il dit : faites bouillir les casseroles, je fais bouillir les casseroles, un point c'est tout. » Le cuisinier haussa les épaules et leva les yeux au ciel en regardant Quichotte. La petite amie d'un major qui voulait faire bouillir les casseroles dans les règles! Dingue.

A Nahalal ils traversèrent des vergers, des champs de maïs, des potagers, des fermes, des bâtiments collectifs, et arrivèrent à la plus vieille maison du *moshav*, dont Benny Luria avait hérité de son père. La petite villa toute simple était déserte, et les jouets des enfants étaient éparpillés autour d'une machine à laver sur une véranda affaissée et maltraitée par les ans. « Ils doivent être allés travailler », dit Yossi, qui prit le volant pour explorer les cercles concentriques du *moshav*. « Les voilà! Tu le vois, Shayna? Les cheveux bouclés? Ce gosse a besoin qu'on lui coupe les cheveux! » Plusieurs enfants étaient en train de biner aux côtés de Benny dans un champ resté en friche, dont les mottes de terre noire étaient entourées par l'herbe des prés avoisinants. L'aviateur portait un short usé jusqu'à la trame, un chapeau de toile, des espadrilles, et la sueur dégoulinait sur son cou épais et sa poitrine velue.

« Abba, Abba », cria Arieh, qui laissa tomber sa binette et se mit à courir. Shayna avait connu un tout-petit, mais c'est un grand garçon qui se précipita dans les bras tendus de son père. « Abba, *ani eh'yeh tayass!* (« Je vais être pilote! »)

– Pourquoi Yael dit-elle que c'est une terreur? demanda Luria. C'est un bon garçon, et il aime bien travailler. Salut, Shayna. »

Elle eut un sourire forcé, avec l'impression d'être une idiote. Il ne lui était pas venu à l'esprit, avant qu'il soit trop tard, bien sûr, que toute la famille de Yael serait à Nahalal. Don Quichotte l'avait emportée comme une tornade, tout était allé trop vite. Non que Benny Luria eût même haussé un seul sourcil, mais elle savait très bien que tous les militaires israéliens, par courtoisie mutuelle, prenaient n'importe quel couple comme allant de soi.

« Shayna est fiancée au fils du grand rabbin de Haïfa, dit Yossi d'un ton dégagé.

– *Mazel tov!* Un type génial, le rabbin Poupko. Il vient quelquefois à la base parler du Talmud et de la Cabale. Les gars l'aiment bien.

– Tu te souviens de moi ? » demanda Shayna à Arieh, toujours dans les bras de son père, qui l'étudiait avec des yeux brillants.

Il posa une main sur le visage de la jeune femme. « Tante Shayna, dit-il avec un sourire qui la fit fondre et en même temps lui serra le cœur.

– C'est ça ! Tante Shayna. »

Arieh demanda que le fils aîné de Luria monte en voiture avec eux, et les autres repartirent à pied. Dov était un gamin bronzé et monté en graine qui ressemblait beaucoup à Benny, avec les mêmes espadrilles, le même short et le même chapeau en toile.

« Dov va être pilote, dit Arieh, sur les genoux de Yossi. Moi aussi. Je peut rester pour la *bar mitzvah* de Dov, la semaine prochaine ? Ou bien revenir ?

– Une *bar mitzvah* ? » Quichotte, étonné, regarda Benny. Les moshavniks faisaient peu de cas des rituels, et Luria, croyait-il, était tout aussi libre penseur que Yael, même s'il s'intéressait à la Bible.

« Ça ne peut pas lui faire de mal, dit l'aviateur. Pourquoi sommes-nous ici, après tout, dans ce pays ? Laissons-le acquérir un peu de tradition. »

Dov, sur le siège avant, ajouta sans tourner la tête : « Le rabbin Poupko a persuadé Abba de le faire, alors j'ai dû apprendre. » Il parlait tranquillement, sans rancune.

Yossi alla prendre les affaires d'Arieh dans une chambre où deux lits à étage prenaient presque toute la place. Irit, la femme de Luria, arriva avec les cheveux et la robe pleins de paille, toute joyeuse, offrit des gâteaux et du soda aux visiteurs. Pendant que Dov et Arieh faisaient la roue et marchaient sur les mains dans l'herbe, Yossi décrivit aux Luria les anciens de Nahalal que Yael avait rencontrés en Californie.

« Écoutez, Los Angeles peut garder cet Hershel Rosenzweig, lança Irit. Et cette Bluma. C'est elle qui a voulu aller en Amérique. Quel dommage pour leurs trois beaux enfants.

– Yael a discuté avec les gosses. Le *moshav* leur manque.

– Je parie que les deux garçons vont revenir, dit Benny. C'étaient les copains de Dov. Ils lui écrivent toujours, et leur hébreu est parfait.

– Qu'est-ce que tu penses de la *bar mitzvah* de Dov ? lui demanda Irit. Le prochain coup, Benny va me faire porter une perruque, tu vas voir. » La tradition exige des femmes mariées qu'elles portent les cheveux courts sous une perruque, un foulard, ou les deux.

« Pourquoi ? Regarde Shayna, répondit Yossi, fiancée au fils du rabbin Poupko. Elle n'a pas de perruque.

– Fiancée à Chaïm? Félicitations. » Irit la regarda avec intérêt. « Bon, une fois mariée tu vas porter une perruque. Dommage, tu as de si beaux cheveux.

– On verra », dit Shayna.

Ils repartirent, et la voiture descendait entre les collines herbeuses lorsque Yossi dit au chauffeur de s'arrêter. « Arieh, tu veux cueillir des fleurs?

– Oui, oui. » L'enfant fit des bonds sur la banquette.

« Yossi, on ne doit pas perdre de temps, il faut que je revienne à Haïfa », dit Shayna. Mais elle les suivit tout de même, monta la pente rocheuse et cueillit les fleurs jaunes aux tiges veloutées qui lui piquaient légèrement les doigts.

« Prends-en beaucoup, dit Yossi à son fils. On va en rapporter à maman. »

Leur parfum subtil et sauvage envahit l'esprit de Shayna, lui faisant revivre leurs premiers vrais baisers, quand ils étaient venus, autrefois, escalader ces mêmes collines. Pas comme leurs timides bécotages au moulin. Des baisers! Elle s'était à peine permis de regarder Yossi, mais elle avait tout de même vu que – malgré toutes les filles qu'il avait embrassées, et plus qu'embrassées, avant elle – ça lui avait fait beaucoup d'effet.

« Assez, assez, dit-elle. Allons-nous-en. » Ils avaient tous les trois les bras pleins de fleurs jaunes et parfumées.

« Je veux en cueillir encore, cria Arieh.

– Non, on y va », aboya son père.

Ils étaient cinq à dîner dans l'appartement des Berkowitz. Arieh avait mangé plus tôt, voracement, et faisait un petit somme. Shayna et Zev Barak trouvaient que le couvert était mis de façon normale, mais Don Quichotte trouvait cela très étrange : deux nappes, rouges et blanches, deux séries d'assiettes de couleurs différentes, et deux sortes de couverts – en métal du côté rouge, avec un manche en bois du côté blanc. Lena expliqua brièvement, d'un ton acide, que le côté rouge était kasher, et lui donna le choix. Il s'assit près d'elle.

« Comment se passe ta tournée dans les usines? demanda Michael à Zev, visiblement pour changer de sujet. Est-ce qu'on t'encourage? Te décourage, ou quoi? »

Barak secoua la tête. « *L'Éternel d'Israël ne fera pas de faux négoce* », dit-il en citant le livre de Samuel, un cliché israélien désignant un courage sans espoir. « Par ailleurs, on a des problèmes. » Barak évaluait la capacité du pays à produire des armes dans les dix années à venir, pour explorer la possibilité de fabriquer des chars en Israël.

« Et ce canon français de 155 mm, Zev ? demanda Quichotte. Est-ce qu'on va pouvoir le monter sur le châssis des Sherman ? » Israël possédait plusieurs vieux Sherman achetés aux surplus militaires ou à la ferraille dès qu'ils étaient disponibles.

« Pas sans modifier radicalement le Sherman. Ce n'est peut-être même pas faisable. L'étude est encore en cours.

– Il vaudrait mieux que la réponse soit oui ! Quichotte, l'air grave, secoua la tête. Ou alors nous aurons le dessous sur le terrain avant même d'être au contact de l'ennemi. La moitié de nos chars sera pulvérisée par l'artillerie soviétique avant d'être à portée de canon.

– Bon, nous avons des problèmes plus immédiats, dit Barak. La tourelle du Centurion ne peut pas recevoir les canons allemands que nous avons commandés. Il faut annuler ce contrat. »

Pendant le dîner, le professeur Berkowitz partagea la discussion des deux officiers, mêlée de jargon et de sigles, sur l'état des approvisionnements en munitions. Comme la plupart des universitaires, il travaillait pour la défense à analyser et concevoir des armements, sujet qu'il enseignait à l'Institut Technion. Shayna fut frappée par un aspect de Yossi qu'elle ignorait. Qu'il fût un soldat compétent, elle le savait, mais il discutait là d'une technologie qu'il n'avait jamais étudiée à l'université. En parlant, il changeait de visage et de manières. Quand il relevait ses lunettes, la lueur ironique avait disparu de ses yeux, et les autres accordaient une grande attention à son mode de pensée analytique venu du champ de bataille.

« Tu pourrais faire pire, Quichotte, dit Barak en avalant sa soupe, que t'inscrire aux cours du Collège industriel de l'Armée, à Washington. Ils te prendraient, j'en suis sûr.

– Je ne vais pas quitter ma brigade pour m'asseoir dans une salle de classe en Amérique.

– Tu parles dans le vide, insista Berkowitz. Tu as trop de savoir acquis sur le terrain et d'expérience du combat. Pour diriger une guerre, il faut plus que des combattants.

– En fin de compte, c'est sur eux que ça repose, répliqua Quichotte. Des combattants aguerris qui entraînent des jeunes soldats. Ce qu'il y a de neuf, en Israël, c'est que les Juifs se battent. Rien d'autre.

– Ce qu'il y a de neuf en Israël, s'écria Lena, ne supportant plus d'avoir dû si longtemps se taire, c'est que les Juifs sont revenus chez eux après deux mille ans d'exil.

– Les Arabes prétendent que nous ne sommes pas chez nous, et ils ont leur point de vue, dit Shayna. Jusqu'ici ils ne peuvent pas nier que nous nous battons.

– Exactement, et s'ils réussissent à le nier une seule fois, l'approuva

Quichotte, en fronçant les sourcils, tout sera fini. Mon travail, et peut-être celui d'Arieh, est de s'assurer que cela n'arrivera pas ! Pendant un siècle, s'il le faut !

– Du vent, conclut Barak. Tu préfères rester au niveau d'une brigade, comme tu veux. Au-delà, le commandement a besoin de s'instruire, tout comme le commandant d'un peloton.

– En tout cas, ne parle pas d'aller en Amérique devant Yael, dit Quichotte. Elle a déjà l'odeur de Beverly Hills dans les narines, crois-moi. »

On sonna à la porte, et Shayna sursauta. « Voilà Chaïm. »

Quichotte pensait que son rabbin de fiancé sortirait du moule habituel des *yeshivas* : pâle, voûté, mal nourri, des vêtements miteux, ou sa contrepartie rubiconde et ventrue. Au lieu de quoi c'est un grand type très droit qui entra à grands pas, tout en noir, avec une barbe noire extrêmement broussailleuse qui ne laissait voir que sa bouche, son nez et ses yeux, ainsi qu'un feutre noir perché sur d'épais cheveux longs qui rejoignaient sa barbe. Un grand nez volontaire, des yeux marron et impétueux. Habillé et coiffé à la mode de Vienne, Chaïm Poupko aurait pu ressembler à Herzl. Invité par Lena, il prit place dans la zone blanche, non kasher, refusa du thé en souriant.

« Qu'est-ce qui ne va pas avec mon thé ? demanda Lena, encore belliqueuse. Pas assez kasher ?

– Merci, Lena, je prendrai du thé. » Il n'y toucha pas.

Shayna lui lança un sourire affectueux. « Le Dr Berkowitz m'a montré le résumé de ta thèse, et il est d'accord avec moi. Tu as les yeux plus grands que le ventre.

– Riemann ou Gauss, Chaïm, dit Michael. Pas les deux.

– Mon sujet les relie, répondit Poupko. Ce lien crée une géométrie différentielle.

– Ce n'est pas sans originalité, concéda Michael, mais cela va prendre plusieurs centaines de pages d'équations, et même alors je ne suis pas sûr que ça va marcher.

– Impossible, dit Shayna. Deux chats dans un seul sac. »

Ils se mitraillèrent ensuite de formules mathématiques, et Quichotte sentit une chaleur réelle entre Poupko et Shayna. Il se demanda s'il avait bien fait, après tout, de céder à l'idée qui lui était venue de passer la prendre en allant à Nahalal. La conséquence était de lui mettre le nez dans la bonne fortune du fils hirsute d'un grand rabbin et l'affection évidente que Shayna lui portait.

« Nous allons être en retard pour Alterman, dit brusquement Poupko en se levant. Ils ferment les portes, et nous allons manquer la première partie.

– J'adore les poèmes d'Alterman, déclara Lena. Mais j'ai horreur des lectures de poésie. Les poètes ne savent pas lire leurs propres œuvres.

– Allons-y. » Shayna tendit la main à Yossi. « Embrasse Arieh de la part de tante Shayna. »

La porte se referma. « Un sacré type, dit Quichotte.

– Un cerveau de premier ordre. La vigueur talmudique, le don des mathématiques, répondit Berkowitz. Ce n'est pas n'importe quel chapeau noir qui va écouter Natan Alterman.

– Et il va faire son service militaire au Technion? Dommage. On dirait qu'il aurait fait un bon soldat.

– Le faire au Technion, c'est l'idée de Shayna, pas la sienne. Il m'a parlé, en fait, de reculer sa thèse pour passer ses deux ans et demi sur le terrain.

– Eh bien, elle a raison et il est fou, s'écria Lena. Qu'est-ce qu'il va manger? Il ne va pas faire confiance au régime kasher de l'armée. Il ne mange même pas chez Michael. Il va mourir de faim.

– Je ne vois pas ce type mourir de faim, remarqua Zev.

– S'il se décide à mettre l'uniforme, dis-lui de demander les blindés, dit Quichotte à Berkowitz. J'aimerais l'avoir dans ma brigade. Je ferai en sorte qu'il mange! » Il alla réveiller Arieh. « Viens, on rentre à la maison. »

Arieh s'étira. « Où est tante Shayna?

– Tiens, de la part de tante Shayna. » Son père l'embrassa. « Elle est partie.

– N'oublie pas les fleurs de maman. Elles sentent bon, Abba.

– Très bon. » Yossi prit le bouquet qui trempait dans un vase. « Viens dire au revoir.

– Eh bien, Arieh! Ils grandissent vite, n'est-ce pas? s'écria Zev quand il vit arriver le garçon en train de bâiller. Aujourd'hui, je suis allé voir mon fils à l'école Reale. Il passe son diplôme l'année prochaine, et il veut la marine.

– La marine? » Quichotte haussa les sourcils. « Pourquoi la marine? C'est un cul-de-sac.

– Ici, c'est une ville de la marine, dit Lena en débarrassant les deux côtés de la table.

– C'est ce que veut Noah, pour l'instant, ajouta Zev, mais un an, c'est long.

– Je vais être pilote de chasse comme Dov Luria », annonça Arieh.

Le regard mélancolique de Zev s'éclaira en regardant le petit garçon. « Je te crois. »

La petite salle où Alterman lisait ses poèmes n'était qu'à moitié pleine. « Haïfa n'est pas une ville pour la poésie », remarqua Poupko en ressortant dans le hall enfumé pendant l'entracte. Des gens s'en allaient.

« Il fait trop chaud pour la poésie, dit-elle. Mais restons. Les poèmes en valent la peine. Amers, irreligieux. Très bons.

– Mais bien sûr. » Un silence. « Alors c'était là ton fameux Don Quichotte. » C'était la première fois qu'il mentionnait Yossi. Pendant le trajet, ils avaient discuté de sa thèse.

« Pas *mon* Don Quichotte, répliqua-t-elle. Pas un mot en deux ans, et le voilà qui tombe du ciel pour m'emmener à Nahalal, tu imagines un peu, récupérer son fils. Dommage que tu n'aies pas vu Arieh, il est très gentil.

– Nitzan est un bel homme. Dans le genre silencieux.

– Ha! Silencieux? Quichotte? » Elle eut un rire bref. « Il t'a examiné sous toutes les coutures. Je crois qu'il t'approuve. Pour ce que ça me fait.

– Est-il religieux? »

Shayna toussa plusieurs fois. « Allons dehors. J'étouffe. »

Au-dessus de la rue obscure, presque déserte, les étoiles brillaient. « Religieux? Yossi ne pratique pas, mais c'est un vrai Juif, rien d'autre. Il adore Israël, adore le sol où il pose les pieds. Juste avant que tu n'arrives, il a rejeté une invitation dans une université militaire américaine. Il est allé dans les camps, tu sais, quand il était petit. C'est peut-être pour ça qu'il se bat comme un fou. Je ne l'ai jamais vraiment compris. Jamais pu le connaître assez bien pour ça. Mais de ton point de vue, non, Don Quichotte n'est pas religieux.

– On dirait mon grand-père.

– Ton grand-père? L'Ezrakh? » Ce sage né à Jérusalem, encore ingambe à quatre-vingts ans, était souvent appelé l'Ezrakh, « l'Indigène », parce qu'il n'avait pas mis une seule fois le pied hors de la Terre sainte. « Chaïm, il faut que tu t'expliques, si ce n'est pas une plaisanterie stupide. »

On entendit la sonnerie. « L'heure de la poésie », dit Poupko. Plus tard, en la raccompagnant chez elle, il ne lui expliqua rien, et elle n'eut pas envie de reparler de Nitzan. Seule dans son appartement, elle enfouit son visage dans les fleurs posées à son chevet et tomba à plat ventre sur le lit.

Le temps ressemblait à l'humeur de Yael quand elle passa les formalités d'entrée en Israël : gris, lourd, poisseux, venteux, bruineux – à Tel-Aviv, en été, cela ne pouvait pas être pire, et tous ceux qui le pouvaient allaient ailleurs. En plus, le survol de la Méditerranée les avait secoués, et le pilote, qu'elle avait brièvement fréquenté au lycée, l'avait invitée dans le cockpit et l'avait rasée en se vantant de ses cinq enfants. Le terminal de Lod, après les aéroports américains, lui fit penser à une étable de Nahalal. Elle pouvait presque sentir le fumier, l'odeur étouffante et déprimante des corvées de son enfance.

« Te voilà ! Arieh, Arieh ! » L'enfant courut vers elle, et son humeur changea quand elle le prit dans ses bras. Il était bronzé comme un soldat, et plus lourd que dans son souvenir. Don Quichotte arriva en flânant derrière son fils, et elle fut là aussi très heureuse de voir cette haute silhouette en uniforme avec ses lunettes et son sourire irrésistible. Ils s'embrassèrent de bon cœur.

« Bienvenue ! dit-il. Je me disais que tu allais rentrer un jour de Los Angeles, mais comment en être sûr ?

– Ne sois pas ridicule. »

Il fit sortir sa voiture de l'aéroport, Yael à côté de lui avec Arieh sur ses genoux. En allant à Ramat Gan, elle lui raconta le mariage, la propriété de Sheva Leavis, Sinatra, et un tas de choses sur la soirée chez les Rosenzweig. Leur conversation téléphonique avait été abrégée, parce qu'elle se préoccupait de la note, même si pour Leavis ce n'était que de la menue monnaie. Yossi rit souvent. « Bon, quelle aventure. Pasternak leur en a vraiment fait voir, à ces *yordim* (émigrants), hein ?

– Ça n'a fait que glisser sur eux. »

Mais Yael, en retrouvant les petites routes pleines de nids-de-poule après les autoroutes à dix voies de la Californie, se disait que les *yordim* avaient de bonnes raisons. Les rares panneaux, sur les accotements envahis par les mauvaises herbes, étaient délavés par le soleil, leurs cadres déformés par le vent. Dans les rues commerçantes de Ramat Gan, la moitié des petites boutiques misérables étaient fermées, avec des vitrines délabrées, poussiéreuses, ou des pancartes A LOUER, à cause d'une autre *mitun* (récession). Commc tout était minable, sinistre, familier, petit, comme tout était israélien ! « De retour à Lilliput ! » dit-elle sèchement quand la voiture tourna dans leur rue.

Il lui lança un bref coup d'œil perçant. « C'est ça. Contente d'être revenue ? »

Elle serra son fils dans ses bras et passa à l'anglais. « Home, sweet home. »

Les fleurs jaunes attirèrent son regard quand elle entra dans l'appartement. Dans un vase, sur la table de l'entrée, un écriteau d'une écriture enfantine en hébreu et en trois couleurs sur un morceau de carton : BIENVENUE MAMAN.

« Très beau. Merci, Arieh.

– On les a cueillies en revenant de Nahalal, dit Quichotte.

– Tante Shayna n'en a pas cueilli beaucoup, précisa Arieh. Elle est paresseuse.

– Shayna ? » D'un ton dégagé, en allant sentir les fleurs.

« Elle va épouser le fils du grand rabbin de Haïfa, dit Quichotte. Je l'ai emmenée voir Arieh.

– Ah. Elle était comment ?

– Excitée. »

Arieh courut dans sa chambre.

« As-tu rencontré son type ?

– Oui. Une grande barbe noire, un génie des maths, plus jeune qu'elle. Je l'aime bien.

– Les fleurs des champs ne durent pas. Elles ne sentent plus rien.

– Bon, jette-les.

– Arieh n'aimera pas ça. Je les jetterai demain. »

Quelle que fût son irritation, ou peut-être sa vague jalousie, à propos de cette histoire de fleurs des champs et de tante Shayna, Yael n'eut pas sujet de se plaindre de l'accueil qu'elle reçut au lit ce soir-là. Pour un couple marié depuis longtemps, ce fut une grande partie de plaisir. Yael ne savait jamais vraiment si son mari énigmatique avait des *shmatas* – disons des petites amies ; si oui, il était plus discret qu'elle ne l'en aurait cru capable. De Shayna Matisdorf, bien sûr, il n'était pas question. En tout cas Quichotte se conduisit comme un mari frustré, et ce fut une séance mémorable.

« Qu'est-ce qui se passe ? Pas encore sommeil ? demanda-t-il en frottant sa jambe poilue contre la sienne. Il est plus de trois heures. »

Elle était assise dans la demi-obscurité, adossée au bois de lit, comblée d'une fatigue délicieuse. « A Los Angeles, c'est le milieu de l'après-midi, environ. Je suis complètement décalée.

– Un peu de vin.

– Tu sais une chose, Yossi ? Nous ne sommes pas obligés de vivre comme ça.

– Comme quoi ?

– Ça. » Sa main décrivit un cercle. « Deux chambres minuscules, une salle de bains toujours pleine des saletés d'Arieh, pas de machine à laver, et ainsi de suite. Ça.

– Qu'est-ce qu'on peut y faire ?

– J'ai des idées. On en parlera demain.

– Non, non, vas-y, parlons-en.

– Eh bien, ce n'est rien de concret, pas encore. Sheva Leavis et ton frère ont un immeuble à Beverly Hills, sur le boulevard Wilshire. Un quartier très chic. Une boutique de mariage va peut-être faire faillite, et ils m'ont dit d'y jeter un coup d'œil. Un magasin splendide, parfaitement situé, un inventaire fantastique, mais deux idiotes de Françaises qui le mènent à la ruine, et...

– Tu veux qu'on aille vivre en Californie pour que tu puisses reprendre cette boutique?

– Du calme, très cher, n'aboie pas comme ça. Si j'y allais, moi toute seule, seulement deux ans, je sais que je pourrais lui faire gagner de l'argent. Je le sais. Leavis a dit que si j'y arrivais, je pourrais mettre un gérant et rentrer avec une part de la boutique. Un revenu régulier en dollars, Yossi.

– Et Arieh? Qu'est-ce qu'il devient, toutes ces années? Est-ce qu'il se passe de mère? Où est-ce qu'il te suit à Los Angeles pour attrapper le même virus, que Dieu l'en préserve?

– Okay, okay. Je n'ai pas dit qu'il n'y avait pas de problèmes, *hamood.* Laissons tomber, pour le moment. Je vais goûter au vin. »

28

Le Président Kennedy va s'exécuter

« Ben Gourion n'a pas démissionné un jour trop tôt. Il aurait dû le faire depuis des mois », dit le ministre des Affaires étrangères en épluchant des oignons devant l'évier de sa cuisine, avec un tablier taché sur sa robe d'intérieur. « S'il croit que le parti travailliste va le supplier de revenir, cette fois, il peut l'oublier. Il est fini, kaput, LIQUIDÉ ! Pour de bon ! » Jetant un coup d'œil par-dessus son épaule, Golda surprit Barak et Pasternak, autour de la table, qui échangeaient des regards ironiques en buvant du soda à l'orange. « Écoutez, ça me brise le cœur ! s'écria-t-elle. Tout le monde sait que j'étais sa plus fidèle alliée, depuis qu'il m'a traînée dans la politique – lui, et personne d'autre. »

Deux garçons crasseux déboulèrent dans la cuisine en criant pour décider lequel avait gagné une prise de jambe. Ils raflèrent des poignées de gâteaux dans un bocal et se sauvèrent sans arrêter de se disputer.

« *Oy*, les petits-fils ! Je fais la baby-sitter pendant que Menahem et sa femme vont à Salzbourg pour le festival Mozart. » Elle jeta les oignons dans une casserole. « Bon, ce sont des amours, mais tellement gâtés ! Pas des pionniers. La nouvelle génération.

– Madame le Ministre, est-ce que le Département d'État a fini par accepter ? demanda prudemment Pasternak. Et si oui, quand y allons-nous ?

– Accepté. La date n'est pas encore fixée. Octobre ou novembre. » Golda pendit son tablier à un crochet et secoua un doigt en direction de Zev Barak. « Maintenant, écoute : l'an dernier tu t'es défilé, pour cette mission, je l'ai compris. Cette fois tu y vas. Pas de bêtises ! Le Mossad tient de la CIA que tu es bien vu à Washington.

– Probablement parce que je n'y suis pas allé depuis des années. » Barak pensa que cela devait venir de Cunningham.

« Peu importe. Yitzhak Rabin va diriger cette mission. Pas de demi-mesures, le chef d'état-major adjoint va leur dire qu'*il nous faut des chars*. Et le Président Kennedy va s'exécuter, vous verrez. » Elle se mit à table et prit une poire dans la coupe de fruits. « Les poires sont de saison. Délicieuses! On ne peut pas affronter des chars russes tout neufs avec des surplus rapiécés de la Seconde Guerre mondiale. Je l'ai dit à Kennedy, en Floride. Il m'a écoutée. Vous avez lu le compte rendu de ma rencontre avec lui? C'était stupéfiant. Historique. Ce qu'il m'a dit, ce qu'il m'a promis. Ben Gourion n'a jamais obtenu ça de lui. Ni d'aucun président. Ils le trouvaient tous antipathique, ce qu'il a toujours été, même au mieux de sa forme. David, roi d'Israël! » Elle mordit dans la poire. « Tellement sucrée, tellement juteuse. Un fruit du pays. Il m'a traitée comme une misérable pendant six ans, m'a envoyée en Afrique, en Asie, Dieu sait où, pour me garder hors de vue pendant que *lui* dirigeait les Affaires étrangères. Pour votre information, messieurs, le ministère des Affaires étrangères est désormais dirigé par le Premier ministre. »

Barak avait entendu parler de la réunion tumultueuse du parti travailliste, où Golda avait dénoncé Ben Gourion dans les termes les plus durs, en sa présence, alors qu'il chancelait déjà devant la résurgence d'une vieille querelle politique, et une nouvelle campagne de presse à propos de secrets éventés – selon quoi il y avait des soldats israéliens en Allemagne, entraînés en secret sur du matériel ultramoderne, ce qui n'était que trop vrai. Quel choix pouvait avoir l'armée, ou Ben Gourion, quand seuls les Allemands voulaient bien leur vendre des systèmes évolués? Mais le vieux lion était à terre, et ils le déchiraient tous à belles dents. Ce qui étonnait Barak, c'était la part et le plaisir que Golda prenait à cette chute.

« C'est gravé dans mon esprit, continua Golda, ce que m'a dit le Président Kennedy. » Elle changea de voix, fit en anglais une horrible caricature de l'accent de Harvard : « *Madame le Ministre, les États-Unis ont une relation spéciale avec Israël dans le Moyen-Orient, uniquement comparable à celle qu'ils ont avec l'Angleterre, sur un large éventail des affaires mondiales.* Regardez donc le compte rendu, vous verrez que c'est ça, mot à mot. Quelle déclaration! Quel changement avec les rebuffades d'Eisenhower face à Ben Gourion!

– Ce sera un grand jour, dit Pasternak, quand vous pourrez rendre public ce compte rendu.

– Oh, pas avant des années! Les Arabes pousseraient des hurlements! Quelle différence? Ses conseillers étaient avec nous, sur la véranda. Les miens aussi. Tout est enregistré à Washington. » Elle eut un sourire lointain, finit sa poire, essuya le jus avec un mouchoir. « Prenez des fruits, messieurs. »

Ils refusèrent tous les deux.

« Oui, je peux encore voir Kennedy sur son fauteuil à bascule, en manches de chemise, sans cravate, les vagues déferlant sur le sable... Il a l'air d'un étudiant, vous savez. Je devais me répéter : *C'est le Président des États-Unis, qui a tout ce pouvoir!* » Brusquement, elle se mit à rire. « Peut-être devait-il se répéter : *Cette vieille* yenta *est un ministre des Affaires étrangères?* »

Redevenue sérieuse, elle secoua de nouveau son doigt en direction de Barak. « Maintenant que tu es là, tu dois rester en contact étroit avec notre attaché militaire. Garde-le dans le paysage. Si tu veux savoir, c'est notre homme le plus important à Washington. L'ambassadeur se contente de se cogner la tête contre les murs du Département d'État. L'armée américaine nous respecte. On nous fait des allusions! Je sais ce que leurs stratèges militaires commencent à penser : *Peut-être que ce petit Israël, là-bas, sur le flanc sud-est de l'OTAN, pourra nous être utile un de ces jours!* Même si Dulles nous a trompés et nous a trahis, c'est un grand bénéfice de notre victoire dans le Sinaï. » Elle alluma une cigarette et loucha vers Barak à travers la fumée. « Que penserais-tu de faire ce travail, un jour?

– Si vous me le demandez, j'aurais horreur de ça, madame le Ministre.

– Tu es un imbécile. C'est un bond prodigieux dans une carrière, et tu as ce qu'il faut pour ça. Mais c'est un peu loin. Bon, il faut que je fasse à dîner pour les gosses, ils mangent comme des loups. » Les officiers sautèrent sur leurs pieds. « Donc vous travaillez tous les deux avec Rabin et son équipe sur les détails de cette mission. Je veux voir ça dans une semaine.

– Oui, madame le Ministre », dit Pasternak.

Elle posa un bras lourd sur ses épaules. « Tu vois? C'est ce qu'a fait Kennedy quand je partais. Exactement comme ça, Sam! Et il a dit : *Madame Meir, Ne vous inquiétez pas, rien n'arrivera à Israël!* Tellement sérieux, tellement sincère! Vous devez très bien préparer cette mission, présenter les faits, faire du bon travail. Vous n'aurez pas un mot ni un regard du Président, mais il sera au courant de tout, et nous aurons les chars. »

Dehors, à Jérusalem, le ciel était clair, le temps frais, un après-midi d'août dans la Ville Sainte, tandis que Tel-Aviv cuisait dans les vapeurs de la côte. « Bon, elle est remise en selle, dit Pasternak, et avec une cravache.

– Dis-moi, Sam, si j'accompagne la mission, qu'est-ce qui se passe pour les manœuvres des blindés en octobre ?

– Pourquoi, où est le problème ? Nitzan peut se charger de ta brigade, n'est-ce pas ? Il sera parfait. » Sam consulta sa montre. « Il faut que j'aille voir mon avocat à Tel-Aviv.

– Je vais avec toi, si tu ne mets pas trop longtemps. Ensuite on pourra discuter avec Rabin.

– *Gemacht !* (Marché conclu !)

– Désolé, pour toi et Ruth, dit Barak au moment où ils montaient en voiture.

– Pas le choix. Écoute, je ne suis pas un ange. Elle dit que ce Colombien veut l'épouser. » Il leva les paumes en l'air. « Du moins Amos entre dans l'armée, alors ça va. Pour les filles, bon, je suppose qu'en fin de compte le type va se tirer à Bogotá, qu'elle va revenir à la maison, donner à nouveau des fêtes pour la bohème de Tel-Aviv et se chercher un autre diplomate. Elle a tout le fric des Lœb, pas de problème. »

Barak le laissa se frayer un chemin dans la circulation intense avant de reprendre. « Dis-moi encore, Golda m'a flanqué la trouille, Sam. Attaché militaire à Washington !

– C'est une place de choix, Zev.

– C'est un emploi de bureau. Ne me raconte pas d'histoires.

– Bon, elle parlait en l'air. Il me semble qu'il est question de te nommer commandant adjoint du secteur Centre.

– C'est ce qu'on m'a dit, mais tu connais l'armée. Sam, pourquoi Golda en veut-elle tellement au Vieux ? »

Un haussement d'épaules et un coup d'œil de côté. « Il y en a certains qui disent que ça s'est passé au lit. » Il était rare qu'on puisse étonner Barak avec des potins sur Israël, mais il eut un rire incrédule. « Il y a longtemps, bien sûr. Autrement, tu peux la prendre au mot. Il l'a fait sortir du ministère du Travail, qu'elle adorait, l'a mise aux Affaires étrangères, dont elle ne voulait pas, et ensuite l'a envoyée pique-niquer dans des bleds comme la Birmanie ou le Liberia pendant qu'il s'occupait lui-même du ministère. »

La plupart des voitures qu'ils dépassaient étaient des vieilles miniatures européennes qui ferraillaient, peinaient dans les côtes et fonçaient dans les descentes en lâchant des panaches de fumée noire. Quinze ans après le siège de Jérusalem, la route montagneuse, de Kastel à Latroun, était encore parsemée de carcasses de véhicules, monuments guerriers préservés avec de la peinture antirouille. Sur le plat, la chaussée à deux voies se tordait pour contourner la forteresse de Latroun. « Une arête en travers de notre gorge, dit Pasternak en la montrant du geste. On aurait dû la prendre en 1948, et on aurait pu.

– Ben Gourion ne supportait pas de faire encore couler le sang juif, répondit Barak, et je ne l'en ai jamais blâmé. »

Les premières lignes de la dernière missive d'Emily, glissée dans une lettre de son père, l'étonnèrent et le soulagèrent tout à la fois.

> Lettre n° 33 (C'est ça? Ou est-ce que je perds pied?)
>
> Vieux Loup
> Je me dépêche d'annoncer les grandes nouvelles en vitesse dans un mot que je fourre dans la lettre que Chris va vous envoyer. Pas en douce, *natch*, juste pressée. Le premier octobre, je pars en croisière dans les mers du Sud avec Hester! Noël à Tahiti, retour en janvier.

Donc elle ne serait pas en Amérique... une inquiétude (et un espoir) de moins...

> Soutirer un congé à Foxdale n'a pas été facile, mais finalement Fiona s'est montrée aimable et serviable. Il valait mieux : j'avais menti comme un arracheur de dents à la commission d'enquête universitaire au sujet du bas-ventre du Révérend Wentworth. Je me suis parjurée (bien qu'heureusement je n'ai pas eu à prêter serment sur la Bible) en affirmant que nous étions toutes les deux pures comme la neige vierge. Comme j'étais sa collaboratrice la plus proche, on m'a crue. Le Révérend a guéri, et un dimanche sur deux ils recommencent leur gitchi-gitchi. Sa nouvelle future épouse, sans doute rebutée par l'Affaire Bas-ventre, l'a viré.
>
> Hester et son mec se sont inscrits pour une croisière Matson, et Hester m'a invitée. Comme elle dit, elle l'aime vraiment, c'est un amour, mais il la rend folle furieuse à force d'ennui, et une croisière dure si longtemps qu'elle était sûre, par une nuit bien noire, de le jeter par-dessus bord. Elle ne préfère pas, pour ne pas choquer leurs trois gosses. Sachez désormais qu'un silence d'octobre à janvier ne signifiera PAS la rupture de notre lien. Je serai juste injoignable.
>
> Mon autre nouvelle, mec, c'est que je vais peut-être m'attaquer à l'alternative Jack Smith. Surpris? Jaloux? Ravi? Je vais y réfléchir sérieusement dans les mers du Sud. Jack et moi, nous avons une étrange relation à l'ancienne mode, sortant presque d'un roman de Thackeray. Je ne sais pas ce que fait le pauvre Jack à propos de gitchi-gitchi, si même... il n'a pas de Nakhama, comme certaine crapule de ma connaissance, qui joue double jeu – mais cela fait maintenant longtemps qu'il m'attend et qui sait? Qui sait? Le temps passe.
>
> Votre *quand même*
> Emily

Grandes nouvelles, certes! La croisière, pas Jack Smith – ça, c'était une de ses bêtises. Cette croisière maintiendrait à peu près le diamètre du grand cercle qui les séparait, Emily et lui, pendant qu'il serait à Washington. Il entra dans son minuscule bureau et ferma la porte pour lire la lettre de Cunningham – une longue lettre très étrange – assis dans son vieux fauteuil en mangeant des pistaches – un vice qui rendait ses pantalons trop serrés. C'était un signe de nervosité, mais il adorait ces petites noix vertes venues de Perse qui le faisaient engraisser. Quand il commença sa réponse à l'homme de la CIA, son esprit n'arrêta pas de revenir sur Emily.

Il était allé trop loin, avec elle. L'essentiel était là. Écrire des lettres affectueuses était devenu un autre vice, un vice mineur comme les pistaches, mais encore moins recommandé. Nakhama, jadis, jeune mariée, s'était plu à ces fadaises, et elle aimait toujours les compliments et les caresses, mais elle avait aussi l'esprit pratique : il y a un temps pour tout, et le temps des fadaises avait pris fin avec la naissance de Noah. Elle avait sûrement raison. Que soit donc bénie, pensa-t-il, la grosse Hester Laroche avec sa croisière dans les mers du Sud.

Ses épanchements imprudents avec Emily avaient accompagné des échanges moins fréquents avec Chris, son père. Ce que ces deux relations avaient de commun, c'était d'échapper à l'ambiance sous-marine d'Israël, comme le sentait parfois Barak, de le faire remonter à la surface du vaste monde. Le père et la fille lui offraient deux issues de secours. Cunningham avait un esprit provoquant, hors des sentiers battus, tandis qu'écrire à Emily faisait sortir Barak d'un mariage heureux, peut-être, mais circonscrit par la nature et les intérêts de sa femme.

Nakhama ne s'était jamais attachée aux livres, au théâtre ou à la poésie venue d'Europe ou d'Amérique, pas plus qu'à la musique sérieuse. Elle parlait très mal anglais, et même le français de son enfance, acquis auprès de ses parents venus du Maroc, s'était rouillé à force de ne pas servir. Si une littérature n'était pas traduite en hébreu, elle ignorait son existence, et ne s'y intéressait presque plus. Au fil des ans, elle avait restreint son ambition à l'éducation de deux garçons et d'une fille, et à tenir décemment sa maison avec un salaire de l'armée israélienne.

Par contraste, Emily Cunningham dévorait les livres, anciens ou nouveaux, faisait à chaque week-end des expéditions à New York pour aller au théâtre, au concert, à des expositions, qu'elle commentait gaiement. Cette fille le stimulait. Pendant un an, ils s'étaient écrit à propos de Sartre. Une nuit glaciale au milieu du désert, au cours d'un exercice des blindés, Barak, assis sur un char, avait griffonné à la lueur d'une lampe torche une diatribe désillusionnée : après tout, Sartre n'était qu'un éclectique habile n'ayant rien de neuf à dire, qui avait tout emprunté pour se faire valoir, dont « l'existentialisme » n'était qu'un gadget plagié sur Heidegger et d'autres Allemands. L'approbation rapide et admirative d'Emily lui avait réchauffé le cœur. Pour Nakhama, même traduit en hébreu, Sartre serait aussi incompréhensible que des hiéroglyphes égyptiens.

Il déchira le mot d'Emily, et termina sa réponse à Chris.

... Et en tant que Juif, bien sûr, je suis ému que vous considériez l'œuvre de ce siècle comme « l'avancée tonnante de Gog et Magog », et notre retour en Terre sainte comme « un nouveau commencement de l'Histoire, l'Espoir, le premier écho lointain des Grandes Trompettes annonçant le Messie ». *Halevai*, disons-nous en hébreu – qu'il en soit ainsi !

Or, pour moi, c'est l'avènement d'une monstruosité, le totalitarisme. Quand les anciens régimes se sont écroulés, on a cru voir poindre la liberté, Chris, mais de mauvais hommes se sont emparés du pouvoir et de toutes les nouvelles technologies pour imposer la peur et l'obéissance passive à leurs peuples. Le léninisme, l'hitlérisme, le maoïsme. Mais je crois que les gens vont reprendre courage, rejeter les nouveaux rois et ducs déguisés avec des casquettes et des cols Mao. Peut-être même de notre vivant.

Au contraire de vous, Chris, je n'ai jamais vu le marxisme comme une nouvelle foi apocalyptique menaçant l'Occident. Elle manque de grands prophètes. Marx était un bourgeois grippe-sous et complaisant, et Lénine, leur icône la plus plausible, un massacreur vertueux, un Robespierre slave. Sur son déclin, j'imagine que le marxisme va rester le statu quo là où les rouges tiennent le gouvernement et l'armée; ailleurs, il sera la justification de soulèvements venant redistribuer les richesses, là où les gouvernements sont trop myopes ou trop corrompus.

Mais oui, vous avez mille fois raison de dire que ce sont les Soviétiques qui menacent vraiment l'existence d'Israël. Ils vont continuer à encourager les Arabes à nous éliminer, uniquement parce que cela leur sert à pénétrer la région. Ils vont continuer à tromper de jeunes Arabes et à les envoyer à la mort pendant peut-être un demi-siècle, jusqu'à ce que les Arabes s'en rendent compte et cessent d'être des pions russes sacrifiés dans le Grand Jeu. Tout cela n'a rien à voir avec le marxisme. Et entre-temps nous devons nous maintenir, d'où notre recherche incessante et désespérée d'armements. Nos jeunes combattants valent les meilleurs du monde, et ils sont extrêmement motivés. Mais les flèches et l'artillerie ne font pas jeu égal. Ce n'est pas encore à ce point, mais ça va dans ce sens. Nous avons vraiment besoin de chars, Chris!

Je partage votre souci quant à la chute de Ben Gourion. Là-dessus aussi, vous avez raison. Bien qu'il ait officiellement démissionné, il a en fait été déposé. Son successeur, Eshkol, n'est pas du même moule. Il

> est gris comme un ciel nuageux. Il n'a pas de vision planétaire. Israël est un petit territoire, mais il se trouve au pivot d'un gigantesque happening mondial, l'affrontement entre l'Amérique et la Russie. Ben Gourion le savait. Eshkol connaît les pipelines et les centrales électriques. C'est l'homme du parti travailliste, depuis toujours, et il a tranquillement accompli des tâches cruciales pour construire le pays, alors peut-être va-t-il faire l'affaire...

En écrivant, Zev entendit Nakhama qui rentrait, puis les filles, l'une après l'autre – elles avaient maintenant huit et trois ans – très gaies toutes les deux, il fut content de les entendre. Aux bruits habituels de l'après-midi se mêlèrent des disputes acharnées et des ordres maternels lancés d'une voix ferme. On frappa à sa porte. « Zev, le dîner! cria Nakhama.

– J'arrive. »

> Bon, revenons sur terre après ces visions planétaires. On m'appelle à dîner. Je pourrais vous en dire beaucoup plus sur le nouveau gouvernement Eshkol. Est-ce Churchill qui a dit que la démocratie est quelque chose de terrible, le pire des régimes à l'exception de tous les autres régimes connus? Quelque chose comme ça. En tout cas, le système israélien ne vaut rien, c'est sûr, mais nous sommes comme les passagers d'un bateau qui prend l'eau dans une tempête. Si nous prenons le temps de boucher les trous, nous coulons. Il ne nous reste qu'à écoper sans arrêt jusqu'à la fin de la tempête...

Quand Zev vint s'asseoir dans la cuisine, Nakhama était à ses fourneaux, et souriait bizarrement. Les filles étaient à table et jetaient des coups d'œil vers la seule chaise vide avec des petits rires nerveux. « Eh bien, c'est pour qui? demanda-t-il.

– Pour moi », dit Noah, qui entra en uniforme, aussi grand que son père, mais plus mince, avec une expression sévère qui fut chassée par un grand sourirc dcvant la stupcfaction dc Zcv. « Lcs rccrucs dc la marine sont enrôlées plus tôt. »

Zev bondit et embrassa son fils. Noah le serra longuement dans ses bras. « Alors c'est la marine, après tout.

– Je sais que tu voulais que j'aille dans les blindés. »

Zev tint son fils à bout de bras, savourant la joie et la légère angoisse de le voir en tenue de combat. Toutes les armes portaient l'uniforme de Tsahal, la différence était dans les casquettes et les insignes. « C'est toi qui fais ton service. Sers où tu veux, et où tu peux.

– Il est arrivé pendant que tu travaillais là-dedans. » Le visage potelé de Nakhama était radieux, et elle avait les larmes aux yeux. « J'ai failli m'évanouir. Je croyais qu'il était encore à Haïfa.

– Noah est plus beau qu'Abba », dit Galia, la plus grande.

Le jeune homme prit sa place. « Je meurs de faim, dit-il avec une intonation enfantine, et personne n'est plus beau que papa. »

« Tu sais, dit Zev plus tard, dans leur chambre, Galia a raison. Je suis un vieux cheval de retour. Jadis, j'aurais pu enfiler son uniforme. Plus maintenant ! » Il lisait au lit, des lunettes sur le nez : sa première paire. Il avait dit à l'oculiste qu'il y voyait parfaitement, mais que, le soir, il avait les yeux fatigués. L'oculiste avait hoché la tête, lui avait mis des lunettes : soudain les caractères étaient devenus deux fois plus noirs et l'homme avait eu le nez couperosé.

« Ne me parle pas de graisse. » Nakhama, en peignoir, se brossait les cheveux. « Je suis un hippopotame. » Elle avait pris quelques kilos.

« Il faut que j'arrête de manger des pistaches.

– Il faut que j'arrête de manger. »

Zev lui expliqua sa mission à Washington. « Ce n'est pas avant octobre ou novembre, et ça ne durera pas plus de dix jours, et encore. » Il referma le roman d'Evelyn Waugh et ôta ses lunettes. « Nakhama, Golda m'a parlé d'aller là-bas comme attaché militaire. Pas maintenant, bien sûr, mais elle y pense. »

Elle se figea et le regarda. « Tu en aurais envie ?

– Et toi ? »

Nakhama plissa les lèvres, le tic qu'elle avait en réfléchissant. « Ça pourrait valoir la peine, pour les filles. Elles sauraient l'anglais une fois pour toutes. Même Noah ne le parle pas très bien, et moi je suis idiote. C'est terrible. Je m'en occuperais, si on y allait.

– Mais Sam croit que j'ai une chance pour le secteur Centre. Et moi aussi. »

Le commandement de la région Centre faisait face à la Jordanie, affaiblie et tranquille depuis l'expulsion de ses officiers britanniques au moment du fiasco de Suez. C'était le moins important des trois secteurs, avec le dos à la mer, et la ligne de front qui traversait Jérusalem et suivait la ligne d'armistice en zigzag – la « Ligne Verte » – approchant par endroits de Tel-Aviv et de la Méditerranée. Le secteur Nord affrontait la Syrie, le secteur Sud tenait le front égyptien, des affectations recherchées par les futurs chefs d'état-major. Il n'était pas encore à ce niveau, mais il s'était battu du haut en bas du secteur Centre, dans sa jeunesse, il en connaissait le moindre caillou, et c'était le poste qu'il convoitait.

Nakhama se mit au lit, et ils parlèrent, comme souvent, de ses concurrents pour l'avancement et les commandements : tous les vétérans de 1948, décorés et montant régulièrement en grade, dont on étudiait minutieusement les qualités, les défauts, la position qu'ils prenaient dans la politique de l'armée. Peut-être était-il un peu trop prudent et un peu trop fataliste, pensait quelquefois Barak, pour vraiment mener une carrière au pas de charge. Sam Pasternak lui avait dit un jour qu'il était légèrement trop civilisé. Si oui, il n'y pouvait rien.

Nakhama éteignit la lumière. « Bon, alors, tu vas passer une semaine ou deux à Washington en octobre ou novembre, hein? Je suppose que tu verras ton amie Emily.

– Non. Elle part en croisière dans le sud du Pacifique. Une sorte de congé sabbatique.

– Oh? Dommage. » Dans l'obscurité, la voix de sa femme n'exprimait ni ruse, ni soulagement, ni rien. « Ce n'est pas une lune de miel, non?

– Non. Ça devrait. C'est une vieille fille, ou presque. »

Un silence. « Aujourd'hui, Zev, quand j'ai vu Noah, je me suis souvenu de toi, quand tu venais en uniforme dans le restaurant de papa. Noah est juste comme tu étais. » Elle se pencha et l'embrassa légèrement. « Il n'est pas plus beau que toi. Va, mange des pistaches. Tu travailles dur. Tu le mérites. »

Le crépuscule, les premières étoiles. Sur une crête obscure, l'ombre des Centurions, des jeeps et des transports blindés sur une seule file. La sentinelle arrêta Barak, le fusil braqué, puis salua et lui indiqua la tente de Quichotte. Avant de partir pour Washington, Barak rendait une dernière visite à sa brigade. Il descendit sur la neige craquante, dans un vent glacé dont il était mal protégé, car il était venu de Jérusalem par un bel après-midi ensoleillé. De la neige en novembre, ici, c'était anormalement tôt, mais qu'y avait-il de normal en Israël ces temps-ci?

Chaïm Poupko, dans un treillis taché de graisse, était en train de parler quand il entra sous la tente. « La pente vous donne la dérivée, monsieur, vous verrez. » Il était face à Don Quichotte, lui-même assis devant une table faite d'une planche, sous la lumière crue d'une ampoule nue, en train d'étudier un graphique sur papier millimétré.

« Zev! Tu pars en Amérique? » Quichotte se leva. Poupko se mit au garde-à-vous et salua. En uniforme, le mathématicien paraissait plus mince et plus étrange, avec sa calotte et sa barbe non taillée.

« Alors, Poupko, dit Barak, tu es dans les blindés, après tout. Tu fais quoi?

– J'apprends à devenir conducteur de char, monsieur. » La déférence militaire lui allait mal..

« J'essaye d'étudier moi-même le calcul vectoriel, dit Quichotte en montrant le graphique. Tant que j'ai un génie des maths dans la brigade, je le fais superviser mon travail. »

Barak sourit au fils du rabbin. « Comment se débrouille le lieutenant-colonel ?

– 20 sur 20, monsieur.

– C'est un diplomate, dit Quichotte.

– Vous mangez bien ? demanda encore Barak.

– Pas de problème, monsieur. »

Sur un signe de tête de Quichotte, Poupko les salua et sortit. « Il survit avec des œufs durs et des pommes de terre à l'eau, précisa Quichotte. Un festin, pour lui, c'est des sardines. Shayna les lui apporte, avec des légumes frais, et de temps en temps un poulet rôti. Il mange ce qu'elle lui prépare.

– Ils ne se sont pas mariés, m'a dit Michael.

– Oui, on dirait que ce n'est plus prévu, du moins pour l'instant, dit Yossi d'une voix neutre. Je n'en suis pas sûr. Tu pars quand ?

– Dimanche. Comment se passe la manœuvre ? »

Une femme soldat en gros pull vert, avec un pantalon rayé bouffant et des protège-oreilles, leur apporta des bols de café et des sandwiches. Quichotte lui apprit qu'une formation squelettique jouait le rôle des Syriens dans un exercice du secteur Nord. La vague de froid et la neige, très inattendues, étaient un coup de chance. Les manœuvres au-dessous de zéro et sous la neige avaient dévoilé de graves problèmes dans les unités venues du désert : des viseurs gelés, des lubrifiants figés, empêchant les moteurs de démarrer, et ainsi de suite. « Une bonne occasion d'apprendre, dit Quichotte. Comment savoir qu'on ne va pas être appelé au nord en cas d'urgence ? Ça m'a ouvert les yeux, Zev. Nous allons devoir préparer une doctrine complète pour le grand froid.

– Bien. Commence tout de suite. Pourquoi le calcul vectoriel, à propos ?

– Oh, je tombe toujours dessus quand j'essaye de vérifier les rapports de la R&D, les spécifications des armes – et même l'analyse des manœuvres. Tu connais le calcul vectoriel ?

– Je l'ai appris. Cela consiste à faire mécaniquement quelques opérations sans difficultés.

– Une fois qu'on sait ce qu'on fait, peut-être. »

Ils allèrent se promener dans la neige, au milieu des engins, en parlant des problèmes de la brigade : le comportement des officiers, les changements de personnel, les faiblesses du matériel, les horaires d'entraînement, ce genre de choses. Barak avait remarqué depuis longtemps que Quichotte s'acharnait impitoyablement sur ces questions terre à terre. Quels que fussent les errements de sa vie privée, Yossi Nitzan, en soldat, avait un autre visage. Barak lui laissait la brigade en toute confiance, et pensait recommander qu'il prenne sa succession.

Ils tombèrent sur Poupko en train de blaguer avec son équipe : les soldats réparaient une chenille qu'ils avaient dégagée des roues et étalée sur la neige. Barak grimpa sur le char et se laissa tomber à l'intérieur pour une inspection surprise. Très bien entretenu, à première vue : pas de saletés, matériel propre, accessoires rangés – l'espace restreint, les bouffées de Diesel, de métal et d'électronique lui donnèrent un pincement de nostalgie. Le terrain, le terrain! Maudit soit Washington!

« Je m'en vais, dit-il en revenant sous la tente. C'est loin, Jérusalem. »

Quichotte griffonna rapidement sur un formulaire de dépêche. « Écoute, voici le numéro de Yael et son adresse à Los Angeles. Passe-lui un coup de fil, tu veux?

– Bien sûr. » Il regarda le bout de papier. « Combien de temps reste-t-elle?

– Ce n'est pas très précis. Elle cherche une proposition d'affaires. Autre chose, demande à parler avec Arieh. Il te connaît. Il aime son oncle Zev. » Quichotte hésita. « Le son d'une voix d'enfant, ça en dit long.

– Okay, je lui parlerai. »

Quichotte, reconnaissant, lui tendit la main. En retournant vers la voiture, la mince couche de neige scintillante craqua sous leurs bottes. « Ne reviens pas sans quatre cents chars. »

A Washington, là-aussi, il neigeait en plein mois de novembre, ce qui avait bloqué la circulation. Le Monument de Washington était voilé par les flocons tourbillonnants, et son sommet se perdait dans un brouillard lumineux. Barak l'avait aperçu pour la dernière fois juste après la marche sur Charm el-Cheik. Dulles avait raflé les fruits de leur victoire, mais c'était bien une victoire, après tout. Pourtant, sept ans plus tard, le combat continuait et il venait mendier des armes à Washington.

« Pas mal, pour une première réunion », dit Pasternak. Venu du Département d'État, le taxi qui les emmenait chez Cunningham, à McLean, roulait très lentement sur le pont du Potomac, glissant et embouteillé. « Du moins nous parlons avec des soldats, pas seulement avec des mangeurs de petits fours.

– Ils ne s'engagent à rien, répondit Barak. Zéro. »

Sam leva une main. « Je parle de l'atmosphère. Du ton. Tu n'étais pas là, la dernière fois. Un vrai congélateur ! Rabin se débrouille bien. Nous allons faire des progrès. »

Le haut-parleur de la coupole, au-dessus du portail de Cunningham, répondit d'une voix sépulcrale à leur coup de sonnette. « Serait-ce le colonel Pasternak ?

– Salut, Chris. »

Une autre voix, celle d'une jeune femme. « Et serait-ce Loup Gris ? »

29
Queenie

« Nom de nom! murmura Barak à l'oreille d'Emily, dans l'entrée, la prenant par le coude sous son ridicule portrait pendant que Pasternak continuait vers la bibliothèque avec Cunningham. Pourquoi n'êtes-vous pas à Samoa, ou à Bali?

– Mon Dieu, Zev, vous avez les cheveux gris! Mais ça vous va bien. Distingué. » Elle portait un tailleur noir et un chemisier en dentelle bleue, avec une tête de loup en or épinglée sur l'épaule. Une nouvelle Emily, genre mode! La dernière fois qu'il l'avait vue, sept ans plus tôt, elle donnait encore dans le style étudiante mal habillée, et sur les photos qu'elle lui avait envoyées, c'était une institutrice guindée.

« Emily, voyons, qu'est-ce qui s'est passé?

– Je vais expliquer, je vais expliquer. » Elle riait, essoufflée et radieuse. « Il faut qu'on se voie et qu'on se parle.

– Okay, quand? Où?

– Le Mémorial Lincoln. Ce soir.

– Ce soir? Vous êtes folle? Et pourquoi le Mémorial Lincoln?

– Sous la neige, il est merveilleux. Soyez là, Loup. A dix heures. près de la statue. N'essayez pas de me décevoir. Allons, venez, c'est l'heure du sherry.

– Mais écoutez, Emily... » Elle filait déjà dans la bibliothèque.

Pendant le dîner, Zev eut du mal à se concentrer sur ce que Cunningham avait à dire de leur mission. L'homme de la CIA savait déjà que le général Rabin, dans sa présentation au Département d'État, avait parlé d'un assortiment d'armes nouvelles, pas seulement de chars. « Ça ne va pas marcher, messieurs. Il s'agit d'un marchandage où vous demandez la lune pour vous contenter d'un croissant. Vous pouvez vous retrouver sans rien, vous savez. »

Emily avait l'air d'écouter, mais Zev voyait que non. Il percevait les brefs mouvements subtils de ses yeux vers lui, espérait que les autres ne s'en apercevraient pas. Pasternak semblait ne rien voir. Cunningham était impénétrable, comme toujours, derrière sa froideur et ses épaisses lunettes. Il troubla Zev en s'adressant à lui. « Et elle était plutôt ridicule, Zev, votre dernière lettre. L'artillerie contre des arcs et des flèches, vraiment! Ne parlez pas comme ça aux réunions. Vous autres, les Israéliens, vous desservez votre cause en exagérant.

– Une façon de parler, bien sûr.

– Très à côté de la plaque. Nous vous jugeons encore militairement à égalité avec les Arabes, ou légèrement supérieurs.

– Premièrement, Chris, c'est faux, intervint Pasternak, tout simplement d'après le nombre des armes. Et avant tout, les chars. Là-dessus nous avons des renseignements précis. De toute façon, pour nous, l'égalité est un très grand danger.

– Je ne vous suis pas », dit Emily. Après le reproche fait à Barak par son père, elle faisait plus attention. « Est-ce que je suis obtuse?

– Dans notre région, s'il y a la guerre, Emily, répondit Pasternak d'un ton patient, les munitions disponibles ont tendance à être très vite tirées, bombardées ou mises hors d'usage.

– Assez juste, oui. Alors?

– Alors les Arabes ont sous la main une réserve illimitée grâce aux Russes, voyez-vous. Avions, chars, obus, artillerie, tout ce qu'il leur faut, livré du jour au lendemain. Nous n'avons qu'une seule source, les Français. A leurs yeux, maintenant qu'ils ont perdu l'Algérie, nous avons moins d'importance. Les approvisionnements voyagent par mer, lentement. Et sont sujets à des pressions arabes très fortes et aux changements politiques en France, surtout depuis le retour de De Gaulle. »

Emily regarda son père, qui hocha brièvement la tête.

« Sam aligne des faits, et c'est ce que je voulais dire, ajouta Barak. Quand on a brûlé ce qu'on a sous la main, ça peut vraiment en arriver aux arcs et aux flèches, pour nous. Vous le savez très bien, Chris.

– Vous avez intérêt à gagner la guerre au tout début, alors, répondit Cunningham.

– C'est là-dessus que nous réglons notre vie et nos plans. Les Arabes peuvent perdre une dizaine de guerres, mais nous ne pouvons pas les éliminer. Non seulement ils peuvent nous éliminer, mais c'est le but qu'ils proclament ouvertement. Il faut que nous soyons trop forts pour qu'ils puissent même essayer.

– Cela, Zev, c'est clair. » Emily se caressa le menton en imitant Abraham Lincoln se lissant la barbe. Barak lui adressa un minuscule froncement de sourcils en secouant la tête.

« C'est loin d'être clair, Emily, dit son père. Une course aux armements ne fait que faciliter la pénétration soviétique de la région. Ils sont déjà massivement implantés en Syrie et en Égypte. Un de ces jours la Russie va écraser Israël d'un coup de sa grosse patte d'ours, à moins que les Juifs ne trouvent le moyen de vivre en paix avec les Arabes. Et vite !

– Dites-nous comment, répondit Sam. Le monde musulman ne reconnaît qu'un souverain, l'Islam. Nous n'affrontons pas seulement les Arabes, pas seulement l'Union soviétique, mais plus d'un demi-milliard de musulmans, n'est-il pas vrai ?

– En un sens, oui.

– C'est une sorte de problème, non ?

– Un problème que vous devez résoudre. La gloire du monde musulman sera qu'il acceptera et protégera un jour le peuple de Dieu, alors que le monde chrétien a été affreusement près de vous assassiner jusqu'au dernier.

– Là, je suis perdu, dit Sam. Cela paraît merveilleux. J'espère que vous avez d'autres informations que les miennes.

– Emily, allons prendre le café et le cognac dans la bibliothèque.

– Oui, père. Ensuite je file pour rentrer à Foxdale. »

Vue par la vitre d'un taxi, sous la neige qui tombait, Emily était une petite silhouette noire près du piédestal monumental du Mémorial illuminé par des projecteurs. « Un instant », dit Barak en payant le chauffeur avant de grimper les marches enneigées le plus vite possible. « Vous avez une voiture ? » cria-t-il. Elle hocha la tête et il fit signe au taxi, qui repartit.

Elle lui tendit les bras. « Sept ans, dit-elle. Sept ans. »

Quand ils s'embrassèrent, la fourrure qu'elle portait et la capote militaire de Zev les maintinrent à quelque distance. « Emily, que diable est-il arrivé à cette croisière ? »

Elle ôta un de ses gants noirs pour mêler ses doigts glacés aux siens. « Hester est tombée enceinte. Aurait-on cru ça de son triste époux ? Un extraordinaire exploit d'alpinisme. »

Malgré lui, Zev éclata de rire. « Elle va bien ?

– Elle prospère. Pourquoi demander si j'avais une voiture ?

– Je préfère ne pas rentrer à pied à mon hôtel.

– Partagez-vous votre chambre avec Pasternak ?

– Non, il loge chez notre attaché militaire.

– Parfait. » Elle resserra ses doigts, plantant ses ongles pointus dans sa paume. « Allons faire une petite promenade.

– Ici ? Dans la neige ?

– Bien sûr. C'est calme, et c'est très beau, n'est-ce pas?
– Et ensuite?
– Eh bien, ensuite nous irons à votre hôtel pour faire l'amour.
– Pour faire quoi?
– Vous m'avez bien entendue. Gitchi-gitchi. On va baiser.
– Emily, franchement!
– Je suis vulgaire, très cher? Vous savez que je suis une novice, là-dessus. " Baiser ", c'est dans tous les livres, en fait le mot le plus courant, c'est...
– Ça suffit. Arrêtez ça! » Zev lui lâcha la main et leva le bras. « Voilà ma voiture, très cher, sous le réverbère. Nous allons juste marcher un peu et aller à votre hôtel. Ne m'aimez-vous pas?
– Bien sûr que si. Allons-y. On va prendre un verre, bavarder, se mettre au chaud. Demain, il faut que je me lève tôt.
– Loup Gris, nous allons faire l'amour.
– Emily, arrêtez ces idioties. Certainement pas.
– Pourquoi pas? Êtes-vous impuissant? »
Sans pouvoir s'en empêcher, il se remit à rire, puis se dit qu'il pouvait aussi bien abonder dans son sens, pour mettre fin à ces aberrations de vieille fille. « Bon, c'est très gênant, mais vous avez touché juste.
– Alors pourquoi riez-vous? C'est très triste.
– Oui, ça a été dur pour Nakhama. Mais nous nous aimons, et quand vous serez plus vieille, Emily, vous verrez que cela ne compte pas tant que ça. Nous formons une famille, après tout. »
Elle le regarda dans les yeux, et ses pupilles noires devinrent immenses. « Menteur! Je parie que vous baisez dix fois par nuit. Je parie qu'elle vous supplie de la laisser dormir. »
Il passa un bras sur ses épaules. « Vous allez choquer ce vieux Lincoln. Allons faire cette promenade. »
Ils firent le tour du monument sans parler. La neige alourdit leurs manteaux. La main d'Emily serrait très fort la sienne. Dans la voiture, elle mit le contact, puis se tourna vers lui. « On ne s'est pas embrassés, là-haut. Allons. »
Il l'embrassa. Aucun changement en sept ans. Un long baiser, aussi doux qu'au King David.
« C'est mieux, haleta-t-elle en se libérant.
– Démarrez donc. »
Elle obéit, éleva la voix pour couvrir le bruit du démarreur. « Vous savez, je n'ai pas arrêté de me demander comment cette soirée se passerait. Jusqu'ici, je crois qu'on est okay. Nous ne sommes plus sur le fil du rasoir. » Le moteur se lança, et elle passa une vitesse. « Je ne

m'attendais pas vraiment à ce que vous m'emmeniez dans votre chambre d'hôtel.

– C'est bien.

– Ce que je voulais, c'était vous habituer à cette idée. » Avant qu'il puisse répondre, elle changea de ton et de sujet, en s'efforçant d'y voir à travers les demi-cercles de neige laissés par les essuie-glace. « Zev, j'imagine que votre mission va être un succès. Mon père est super prudent. C'est son affaire. Il y a ici beaucoup de sympathie pour Israël. Pas seulement à cause de l'Holocauste. Ce serait plutôt négatif. Parce que cela fait écho à l'histoire des États-Unis.

– Comment ça?

– Bon, c'est un des thèmes préférés de mon père. Il peut en faire tout un numéro quand il est d'humeur. Vous avez débarqué sur un rivage hostile pour donner naissance à une nouvelle nation fondée sur la liberté, n'est-ce pas? Nous avons tous deux commencé par être des colonies qui se sont débarrassés des Anglais. Tous deux ont connu des années d'adversité et de danger, mais pour vous c'est toujours le cas. Presque une image en miroir, prétend parfois Chris.

– Plutôt tiré par les cheveux, Emily. Vos Pères Fondateurs n'avaient pas de passé dans ce pays, et c'est la source principale du sionisme. S'il y venait encore un million de Juifs, les Arabes pourraient y croire, et faire la paix... Attention! »

Un taxi jaune voulant les doubler dérapa juste devant eux et s'arrêta en travers de la route. Emily combina calmement les freins et le volant, monta sur le trottoir et sur l'herbe enneigée de l'accotement, puis revint sur la chaussée un peu plus loin.

« Oh-ah, dit Zev, vous savez ce que vous faites.

– Habituellement. »

En entrant dans le petit hôtel, près de la gare de l'Union, Emily regarda de tous les côtés, comme un chat qui explore un territoire. « Je n'étais jamais venue ici.

– C'est bon marché. Mais c'est encore trop cher pour les frais qu'on m'accorde. »

Dans le bar obscur et malodorant, trois hommes et trois femmes, autour d'une table ronde, chahutaient à grand bruit, comme des call-girls et leurs clients dans de joyeux préliminaires. « Je me demande, dit Zev.

– Très bien, allons dans votre chambre.

– Rien à faire. Asseyez-vous. »

Un serveur rougeaud en veste rouge et sale vint donner un coup de chiffon sur leur petite table. « Qu'est-ce que vous prenez, m'sieurs dames?

« Zev ? demanda Emily.

– Moi ? Oh, une bière.

– Une bière ? En venant de la neige ?

– Eh bien, je bois rarement. Un Coca-Cola, c'est aussi bien. Et vous ?

– Un double Jack Daniels avec des glaçons et une rondelle. »

Le serveur découvrit ses crocs pour approuver amicalement son choix. « Okay, Queenie. » Emily n'avait pas l'air d'une call-girl, mais il y en avait de toutes sortes.

« Essayez-vous de me choquer ? demanda Zev. Vous allez devoir conduire jusqu'à Middleburg.

– Comme vous l'avez dit vous-même, je sais ce que je fais. »

A la table ronde, un client corpulent racontait une blague avec un épais accent du Midwest. « ... alors le barman a dit : " Écoutez, vous autres, dans ce bar on ne parle pas de religion. " Le type a dit : " Et de politique, alors ? On ne parle pas non plus de politique. Bon, et de sexe ? – Le sexe, bien sûr, parlez de ça tant que vous voulez. " Alors l'ivrogne répond : " Okay, qu'est-ce que vous pensez de notre enculé de président catholique ? " »

Les filles glapirent, les hommes s'esclaffèrent. Le gros type commença une autre blague, et le serveur leur apporta le coca et le bourbon. Emily leva son verre. « Santé. Maintenant écoutez-moi, Loup Gris, l'an dernier j'ai dépensé une sacrée fortune et beaucoup de temps en allant chez un psychiatre. Ne croyez-vous pas que je me rends compte que je suis bizarre ? Le résultat, d'après lui, c'est que j'ai besoin de baiser un bon coup. Par-dessus le marché, il était plus ou moins volontaire pour s'en charger. Un petit gros avec une moustache tombante et un pince-nez. Vous ne buvez pas votre coca ? » Elle-même prit une grande gorgée de bourbon.

Zev but à petites gorgées, sans la quitter des yeux. « Ça s'est vraiment passé comme ça ?

– Bien sûr.

– Ce type parlait sérieusement ?

– Bon, j'ai commencé à le croire quand il est venu sur le divan pour me tapoter la jambe. Les deux jambes, plutôt vers le haut. Là où elles se rejoignent, vous voyez ? »

Des rires gras et des cris aigus à l'autre table. Zev se mit à rire, lui-aussi. « Oui, je vois. Qu'avez-vous fait ? »

Elle fronça les sourcils. « Ne riez pas, c'est la vérité. Il a dit que j'étais la patiente la plus charmante qu'il avait jamais eue, que mes jambes étaient splendides, qu'il n'avait pu s'empêcher de les remarquer, à la façon dont je me tortillais sur le divan, et qu'il fallait vraiment que je dépasse ma fixation au père. Autrement je pourrais finir vieille fille, et ce serait dommage, parce que je ferais une merveilleuse épouse et mère. Là-dessus, je le crois. Il m'a aidée. Je le vois toujours.

– Mais comment avez-vous mis fin à ces tapotages ou je ne sais quoi?

– Oh, pas de problème. Sa montre-réveil a sonné, les cinquante minutes étaient écoulées, et voilà tout. Au suivant. »

Les filles et leurs clients sortirent du bar en bavardant gaiement. Ce fut brusquement le silence, à part le bruit des verres et des bouteilles que ramassait le serveur.

« Ray a une femme et trois enfants, dit-elle encore.

– Ray?

– Raymond Sapphire. Son vrai nom, c'est Shapiro. Il a commencé à pratiquer dans l'ouest de la Virginie, où il n'y a aucun Juif, alors il s'est fait appeler Sapphire. En fait, je l'aime bien, mais physiquement il est aussi répugnant qu'un crapaud. Pour moi, Zev, la plupart des hommes le sont. Ray ne m'a pas guéri de ça, et je suppose qu'il s'en est rendu compte. Le crapaud n'a plus essayé de me draguer, en tout cas.

– Vous lui avez parlé de nous? De nos lettres?

– Bien sûr.

– Qu'est-ce qu'il en pensait?

– Oh, c'est élémentaire. Vous êtes une figure paternelle, purement et simplement, et je peux me permettre de vous aimer parce que vous êtes à dix mille kilomètres et qu'il n'y a aucun risque d'ordre sexuel. » Elle posa une main sur la sienne, et le regarda droit dans les yeux. « Ha!

– Buvez, m'sieurs dames, annonça le serveur. Dernière tournée.

– Oui, j'en veux un autre, dit Emily.

– Non. » Zev paya et l'aida à remettre son manteau.

Le barman découvrit ses petites dents pointues et tapota le bras de la jeune femme. « Reviens nous voir, Queenie. »

Dans l'entrée crasseuse, un employé grisonnant dormait à la réception, et un marin embrassait une fille dans la cabine téléphonique. « Où a-t-il trouvé ce " Queenie "? demanda Emily. C'est tellement vulgaire et putassier. Je suis flattée. »

Il ne neigeait presque plus. Zev l'accompagna à sa voiture, garée dans une petite rue. Une fois sur place, elle déboutonna sa fourrure, puis le manteau de Zev, et se colla contre lui pour l'embrasser. « Est-ce que je t'ai fait peur? demanda-t-elle d'une voix étouffée, la tête sur son épaule. Loup, je t'aime, j'aime être dans tes bras, il n'y a rien de mal à ça, n'est-ce pas? C'est merveilleux, c'est tellement doux. Tu diras ce que tu voudras, c'est cent fois mieux que des lettres.

– Quel est le numéro de téléphone de Foxdale, Queenie?»

Quand la réunion stratégique du matin à l'ambassade se termina, Barak s'attarda dans la salle de conférence, et quand les autres furent partis, il décrocha le téléphone. Il avait été hanté par Emily tout au long des trois heures de discussion acharnée. C'était le moment de s'en occuper.

« Allô, Mademoiselle Cunningham à l'appareil. » Un ton professoral, officiel, presque une autre voix.

« Salut, Queenie. »

Un silence, puis un joyeux éclat de rire, et la voix baissa d'une demi-octave. « C'est toi! Oh, Loup, c'est toi! Mon Dieu, parlons de mes pouvoirs occultes! Comment... »

Il l'interrompit. « Écoutez! J'appelle sur une ligne de l'ambassade qui passe par un standard, alors faisons simple et bref. Compris?

– Compris, chef.

– Je vous dérange?

– Dieu, non. Je suis juste en train de corriger les foutus examens de français des grandes classes. Du moins j'essaye, avec environ dix pour cent de mon cerveau. Que puis-je faire pour vous, monsieur?

– Et si on se voyait demain soir? Pas chez Lincoln, cette fois. Là où nous sommes allés ensuite.

– Demain soir? » Elle reprit son souffle. Un silence. La voix baissa encore d'une demi-octave, chuchota presque. « Sommes-nous par hasard en train de parler gitchi-gitchi, *mon vieux?*

– Eh bien, nous devrions conclure ce que nous avons laissé inachevé. Cela ne prendra pas longtemps, vous savez.

– Oh, absolument. Je ne saurais mieux dire. Dites-moi, et cet après midi? Je pourrais m'arranger, et...

– Désolé, je ne peux pas.

– Dommage. Ce soir, alors? C'est assez urgent, comme vous dites.

– Demain soir, mademoiselle Cunningham. Je ne suis pas libre avant. Disons huit heures?

– Boum boum! D'accord! Huit heures! Salut! »

Barak raccrocha en espérant que les standardistes étaient très occupées, ou qu'elles l'avaient pris pour un bon époux sans intérêt aucun.

Au bar de l'hôtel, le lendemain soir, l'aiguille dépassa lentement huit heures, puis neuf heures, tandis qu'il étudiait des documents dans la pénombre. Alors, le rendez-vous était tombé à l'eau? Un cas de tremblote virginale de dernière minute? Si oui, il s'en tirait probablement au mieux. En attendant, il avait du travail! Peu importait qu'il se surprenne à avoir le cœur battant. A son âge, quelle idiotie! Ces documents étaient profondément décourageants. A la réunion de l'après-midi, dans la petite salle de conférence glacée du Département d'État, les Américains avaient nettement mis en doute les affirmations israéliennes quant à la variété et au nombre croissant des chars russes et anglais dans les pays arabes. Il devait maintenant compiler des extraits de rapports de leurs services de renseignement pour soutenir leur position, et le général Rabin les voulait pour le lendemain matin. Il aurait dû décommander son rendez-vous, certes, mais il n'avais pas résisté à la tentation de voir Emily en chair et en os.

Le serveur lui apporta un deuxième Coca-Cola. « On attend Queenie, m'sieur? » Barak hocha la tête. « Elle a de la classe. Ça se voit. Elles sont souvent en retard. » Il baissa la voix et fit un geste. « On voit des sacrées poupées, ici. »

Une sacrée poupée en robe rouge moulante se posa en croisant les jambes sur un tabouret de bar, découvrit des grosses cuisses et des jarretières en ruché bleu. L'endroit était désert, à part le serveur et la fille. Barak travailla du mieux qu'il put; il annotait les textes au crayon quand Emily arriva en coup de vent. « Me voilà, me voilà. Fiona avait une de ses migraines. J'ai dû rester tard. » Elle tomba sur une chaise et posa sa main moite sur la sienne. « Zev, tu pensais vraiment ce que tu m'as dit au téléphone? Je n'ai pas dormi de la nuit. Pas une seconde. »

Il serra très fort la main de la jeune femme. « Salut. Laisse-moi ranger ces paperasseries imbéciles, et on va s'occuper des choses sérieuses.

– Oh, chouette! C'est parti, mon amour? Ça y est vraiment? »

Il libéra sa main pour ranger ses papiers et lui sourit. « A moins que tu n'aies changé d'avis, toujours le privilège des dames. »

Elle le fixa avec des yeux de lémurien, puis regarda tristement le bar, le serveur et la poupée. « A vrai dire, Vieux Loup, je ne voyais pas ça comme ça. Alors aide-moi, c'est comme un rendez-vous chez le dentiste. »

Il éclata de rire. « Vraiment? Eh bien, à quoi t'attendais-tu, Queenie?

– Oh, qui sait? Dans mes fantasmes, nous serions dans un endroit magique et terriblement élégant, il y aurait du champagne dans un seau, des chandelles, des roses et tout ça, et tu me persuaderais avec des mots doux.

– Te persuader? Je n'arrive pas à t'en dissuader. C'est clair. Tu mets tout à l'envers. Le Dr Sapphire a trouvé la réponse, alors allons-y. » Il referma sa serviette. Le bruit sec de la fermeture Éclair résonna dans le bar presque désert.

« Tu as raison, tu as raison, tu as tout à fait raison. Qu'on en finisse. » Sa voix tremblait. « En y repensant, est-ce que je peux d'abord boire un verre? Une sorte de gaz hilarant?

– Mais bien sûr. » Il fit signe au serveur. On pouvait maintenant croire qu'Emily allait finir par reculer, après tout. Très bien! A elle de choisir. Il n'insisterait pas, même si son corps mince dans un tailleur noir lui échauffait les sens, qu'il était enchanté par sa présence, sa voix légèrement essoufflée, son don de raconter des histoires follement drôles sans battre d'un cil, ses gestes vifs et arrondis, surtout la façon dont elle tendait les dix doigts droit vers lui pour souligner un mot, et c'étaient là seulement quelques-uns des charmes ensorcelants de cette vieille fille gracile qui buvait la moitié de son whisky d'un seul trait. « Ah! Ça va mieux. Loup, quand as-tu trompé Nakhama pour la dernière fois?

– Dieu, tu es impossible, Emily. Tu n'aurais pas dû dire ça.

– Je suppose que non. Excuse-moi. Dis-moi que tu ne l'as jamais trompée, et on annule le dentiste. Je parle sérieusement, chéri. *J'y tiens.* Je ne suis pas une briseuse de ménages.

– Tu ne brises rien, mais... » Il hésita. « Oh, bon Dieu... C'est de bonne guerre. Je vais te raconter la seule fois qui ait compté.

– Génial. » Elle vida son verre d'une gorgée et fit signe au serveur de le remplir.

« Emily, où diable as-tu appris à boire de cette façon?

– Avec Fiona, en fait. C'est quasiment un pilier de bar. Elle fait toujours la grande dame, mais quand ça se passe mal à l'école, elle fonce à Middleburg, au Red Fox, et s'enfile du bourbon. Je buvais du sherry, avec elle. J'ai changé. Vas-y. La seule fois qui a compté...

– Bon, si ça peut t'impressionner, c'était une marquise italienne. En 1945.

– Une marquise! Oh, bigre. »

Il lui fit un récit succinct, mais ses souvenirs l'envahirent, et en parlant il pouvait presque sentir les roses grimpantes de la marquise, sur le balcon du boudoir donnant sur les eaux pourpres de l'Adriatique.

« Alors c'est elle qui a vraiment tout fait, s'exclama Emily. Tu es un drôle de type, je le jure! Il faut qu'on se jette sur toi, n'est-ce pas? Elle a fait porter une bouteille de vin à ta table, et tu ne l'avais même pas remarquée!

– A vrai dire, non. Mais j'avais vingt et un ans, et pas trop moche, j'imagine. Ni gros ni gris, en tous cas. Alors c'est elle qui m'a remarqué.

– Du Brunello, dis-tu.

– Oui. Le vin était excellent, d'ailleurs. Le serveur me l'a apporté avec les compliments de la marquise au soldat anglais victorieux. De son propre vignoble.

– Elle était jolie?

– Emily, elle était blonde et mince, elle avait trente-sept ans; un peu filandreuse. Une femme extraordinaire, parlait plusieurs langues, beaucoup d'esprit, très chic. Elle m'a vraiment fasciné, et j'ai eu du mal à regarder Nakhama en face quand je suis rentré. » Il haussa les épaules. « Après quelque temps, ça allait.

– Et les autres fois? Celles qui n'ont pas compté? Dis-moi?

– Oh, Emily, la ferme. »

Elle redevint brusquement sérieuse. « Loup, très cher, veux-tu qu'on annule tout ça?

– Dieu, non. Viens. »

Dans l'ascenseur, il passa un bras autour d'elle et la sentit frissonner. Il y trouva une étrange excitation, à la fois désolé pour elle et pris d'un désir féroce.

« Alors, c'est ici que ça va se passer? » Quand ils entrèrent dans la chambre qui sentait le Lysol, éclairée par la lueur rouge du néon de l'hôtel, sa voix se mit à trembler. « La société historique va faire poser une plaque.

– Viens ici, Queenie. » Il jeta leurs manteaux sur le lit et l'étreignit dans les clignotements rouge sang. Elle répondit à son baiser sans vraie passion. Ses nerfs de vierge tombaient à l'eau! Doucement, il commença à déboutonner son chemisier, passa la main sur ses petits seins, admirablement fermes sous la soie blanche. Elle le regarda en ouvrant de grands yeux ronds quand ses doigts glissèrent sur une rangée de boutons en nacre. Soudain, elle fut prise d'un fou rire, et manqua s'étouffer. « Pardon, pardon.

– *Quoi*, maintenant?

– Deux choses, chéri. Tu me chatouilles, et tu sens le Coca-Cola. Pas que ça soit désagréable, ajouta-t-elle très vite en tâchant de contenir son rire en pressant son petit poing contre sa bouche. Allez, pourquoi t'arrêtes-tu? Je suis follement heureuse, franchement. »

Le téléphone sonna. La pièce était si petite qu'il put tendre le bras et décrocher sans lâcher Emily. « Oui, passez-le-moi.

– Sauvé par le gong? demanda-t-elle en lui embrassant légèrement la joue et l'oreille.

« Oui... salut, Sam... Vraiment? C'est bon ou mauvais? » Un long silence. Il tendit sa montre vers la lumière rouge pour la regarder. « Je vois. Mais, écoute, c'est dans une demi-heure... Bon, je serai peut-être un peu en retard. Quel changement. »

Il raccrocha et se tourna vers elle.

« Je sais, Doc, dit-elle. Tu ne vas pas m'instruire, après tout.

– Je t'aime, Emily. Dieu me vienne en aide, je t'aime, mais pas d'apprentissage. Pas ce soir. On m'appelle à l'ambassade.

– C'est aussi bien. C'est trop sordide, ici, même pour Queenie. Nous essayerons une autre fois à la Growlery.

– La Growlery? Qu'est-ce que c'est?

– Tu verras. »

Devant l'ambassade, Sam Pasternak faisait les cent pas sous un réverbère. « Te voilà. » Son haleine faisait un petit nuage. « Le type a changé d'avis, on doit le retrouver chez lui, pas ici. Rabin y est déjà. Ce n'est pas loin, on peut marcher. »

Ils pataugèrent dans la bouillasse le long de Connecticut Avenue. « Tu as pu joindre Yael? demanda Barak.

– Oui, finalement. On dirait qu'elle va prendre cette boutique de Beverly Hills. Le problème, c'est toujours Arieh.

– J'ai promis à Quichotte de parler avec le gosse. Tu l'as fait?

– Il n'a pas voulu venir au téléphone. »

Le conseiller spécial de l'adjoint à la présidence habitait une vieille maison étroite en meulière, dans une petite rue donnant sur l'Esplanade Dupont. C'était un avocat connu à Washington, le Juif de Kennedy, pouvait-on dire – mais personne ne parlait ainsi dans les journaux ou à la télévision. A l'arrivée des deux officiers, Rabin et l'attaché prenaient un verre avec lui dans une toute petite pièce tapissée de livres, au premier étage. Rabin, comme eux, portait costume et cravate. L'attaché, un gros général qui avait eu Barak sous ses ordres dans la section Théorie et Instruction, était en uniforme et avait l'air épuisé.

« J'imagine que ces extraits ne sont pas encore prêts, dit Rabin en jetant un coup d'œil à la serviette de Barak.

– Je les ai choisis. Ils seront présentables pour la réunion du matin – Zev se tourna vers l'attaché – si vos bureaux peuvent les ronéoter. »

Un grognement. « Ce sera fait.

– Dans quel sens vont-ils? demanda le conseiller. Est-ce que cela donne un dossier solide? »

Barak regarda Pasternak, qui lui fit signe de parler ouvertement. La discussion qui s'ensuivit, au sujet des renseignements israéliens, fut d'une franchise surprenante. Le conseiller, un type mince d'une quarantaine d'années, habillé comme un universitaire – pantalon de flanelle grise, veste en tweed marron, cravate noire en tricot – se leva et marcha de long en large dans l'espace restreint. Le général Rabin, penché comme toujours sur son éternelle cigarette, ne dit rien jusqu'à ce que le conseiller lui posât une question. « Bien, je suis convaincu, mais est-ce que cela va convaincre les gens de la Défense et du Département?

– Leur travail, répondit Rabin lentement à voix basse, n'est pas d'être convaincus.

– Exact. J'ai parlé avec le Président il y a moins de deux heures. Il suit cette affaire de très près.

– Bon, c'est une bonne nouvelle, dit Rabin aux autres sans exprimer la moindre joie.

– Attention – le conseiller prit la bouteille de scotch, en offrit à la ronde, puis se remplit un verre – c'est une question extrêmement délicate. Il doit prendre un point de vue planétaire. La bonne volonté des Arabes est cruciale pour de nombreux intérêts américains.

– C'est ce qu'on nous a dit, aquiesca Rabin du canapé.

– Néanmoins, vous avez trois choses qui vont dans votre sens. » Le conseiller compta sur ses doigts. « Un, il a promis à Golda Meir qu'il avait de la sympathie pour la situation des Juifs. Il tient ses promesses. Deux, c'est un homme de la Seconde Guerre mondiale, et il se rappelle comment les Arabes se sont alliés avec Hitler. Il croit qu'il ne pourra jamais compter sur eux, et pense qu'Israël sera peut-être un jour notre atout majeur dans la Méditerranée. Trois, il croit que le vote juif lui a valu d'être élu. »

Rabin se dérida quelque peu. « Alors nous avons peut-être une chance?

– Cela dépendra de votre réunion de lundi prochain avec les gens de la Défense et du Département d'État. Cette fois, ils envoient des gens haut placés. A ce moment-là, ils auront eu le temps de digérer la présentation du colonel Barak – le Président aussi. » Le conseiller eut un sourire amical, mais distant, en direction de Barak. « Donc, colonel, allez-y!

– Je ferai de mon mieux, monsieur. »

Au moment de se séparer, Barak posa une question au conseiller. « Vous devez savoir ça. Qu'est-ce qu'une Growlery?

– Growlery... ? » Les yeux de l'avocat se mirent à briller, et il répondit du tac au tac, comme le candidat d'un jeu télévisé. « Growlery. Dickens. Dans *Bleak House.* Un endroit où se terrer quand on devient fou à lier. Pourquoi?

– Merci. » Barak lui serra la main. « Vous êtes étonnant.

– Diplômé de littérature à Harvard », dit l'avocat en lissant ses cheveux à deux mains.

La voiture de l'ambassade emmena le général Rabin. Sam et Zev prirent un taxi avec l'attaché militaire. « Pourquoi êtes-vous tellement crevé ? » lui demanda Barak. L'homme était effondré sur la banquette, les yeux fermés. Ils devaient aller chez lui pour discuter des extraits choisis, et du meilleur moyen de les présenter aux Américains.

« Vous verrez. on vous fera faire ce travail, un de ces jours.

– Pas si je peux y échapper. »

L'attaché ouvrit les yeux et fit rouler sa tête vers lui. « Là, vous vous trompez. L'ambassadeur fait du bruit avec sa bouche, les missions vont et viennent, mais c'est nous qui faisons le boulot. »

30

La Growlery

Lundi matin, Barak quitta l'hôtel avec un malaise. Pendant le week-end, il n'y avait eu aucune espèce de réaction des Américains à son aide-mémoire laborieusement rédigé, pas même d'allusions de la part de leurs contacts amicaux au Pentagone et au Département d'État. Le conseiller spécial du Président n'avait pas répondu aux coups de téléphone du général Rabin. Quant à Emily, pas un mot, et son coup de fil à l'école n'avait trouvé qu'un concierge avec un lourd accent du Sud et aucune information sur Mlle Cunningham.

Son malaise ne concernait pas l'aide-mémoire. Celui-ci, à son avis, constituait un dossier bien documenté en vue d'obtenir des chars. Les blocages habituels de Washington quant à l'approvisionnement d'Israël, prétendant que sa vaillance militaire lui garantissait la victoire en cas de guerre défensive, s'écroulaient devant la masse formidable des armements soviétiques se déversant dans les pays arabes, et les rapports sur les officiers arabes qui s'entraînaient en Russie. Pour l'aviation, le rapport de force évoluait particulièrement vite : l'Égypte venait de recevoir cent bombardiers Ilyouchine, ses MiG-18s et ses MiG-21 s'entassaient sur vingt-sept aérodromes arabes, surclassant de très loin les Mirage français des sept aéroports d'Israël. Au sol, les Centurions israéliens – sans parler de leur petit nombre – n'étaient pas de taille devant les T-54 et les T-55 qui arrivaient en Égypte et en Syrie. Le danger était qu'une attaque surprise contre l'État juif était de plus en plus tentante, pour les Arabes, et la livraison opportune de chars américains – si peu qu'il y en ait, pour commencer – non seulement réduirait cette asymétrie, mais enverrait un signal qui rafraîchirait l'atmosphère de la région et diminuerait les chances d'une guerre ouverte. C'était la thèse de Barak, appuyée par une liasse de renseignements et de photographies. Impossible à mettre en doute, pensait-il, si les assurances de Kennedy à Golda Meir comptaient le moins du monde. C'était toute la question.

Quand les participants entrèrent dans la salle de conférence ensoleillée du Département d'État, pour la réunion plénière, Barak fut frappé par le contraste physique entre les deux camps. Lui-même était le plus grand des Israéliens, et tous les Américains, sauf un conseiller du Département, étaient plus grands que lui. Le général aux joues roses et aux cheveux gris dépassait largement le mètre quatre-vingts ; le sous-secrétaire d'État, blême, funèbre et squelettique, était au moins aussi grand ; leurs assistants et leurs aides, presque tous blonds, paraissaient avoir été choisis pour donner aux Israéliens une allure de troglodytes noirauds et trapus, dont les exigences exorbitantes provenaient d'une ignorance crasse. C'est du moins l'impression qu'il eut ce matin-là, et il trouva que les salutations des Américains étaient hypocrites et sournoises. Il n'eut de contact avec aucun d'eux, sauf le général, qui lui fit un bref sourire gêné en lui serrant la main.

L'homme du Département d'État commença par dire que, hélas, l'estimation faite par la CIA de l'équilibre des forces au Moyen-Orient contredisait directement l'aide-mémoire éloquent du colonel Barak. Il continua par rappeler les faveurs faites récemment par les États-Unis à Israël, au risque de mettre en danger leurs rapports avec les pays arabes : accès au missile anti-aérien Hawk (quoique la livraison prendrait un certain temps), soutien au projet hydraulique du Jourdain (bien qu'un certain retard venait de ce que les Arabes menaçaient d'employer la force pour l'empêcher), et ainsi de suite. Quant aux demandes d'armements spécifiques, il les référait au général.

Ensuite le général leur apprit que les États-Unis n'avaient pas de navires lance-missiles ni le projet d'en construire. Israël devrait donc s'adresser ailleurs pour contrer les navires russes que les Arabes se voyaient offrir. Quant aux missiles sol-sol, les armes américaines étaient prévues pour des têtes nucléaires et non modifiables pour des charges conventionnelles, donc, malheureusement, non disponibles pour Israël. Pour ce qui était des chars, tout transfert des divers modèles américains en discussion serait soumis en dernière analyse à une décision politique, ce qui dépendait du Département d'État, comme le dit le général en indiquant le mélancolique sous-secrétaire d'État qui suçotait sa pipe éteinte depuis longtemps.

Ces deux déclarations, ponctuées par des lectures à voix haute de documents techniques, prirent plus d'une heure. Lors d'une pause café-gâteaux, le fonctionnaire du Département d'État, vêtu de noir, voulut se montrer amical et parla de son amour du jardinage : la vague de chaleur hors saison qui avait fait fondre la neige, craignait-il, allait induire en erreur ses crocus, qui allaient fleurir et puis geler. Pasternak remarqua qu'à Washington on risquait toujours d'être trompé par une chaleur qui faisait place au gel. Sa voix rocailleuse et ses épaules d'ours provoquèrent quelques rires, mais le sous-secrétaire d'État ne se dérida pas, et Barak se dit que Sam aurait dû se taire. Quand ils se remirent de chaque côté de la table, face à face, le sous-secrétaire dit à un assistant de lire une esquisse de protocole résumant les discussions et les recommandations du Département d'État, qui seraient soumises au Président *via* les canaux habituels. Bien sûr, ajouta-t-il, avant d'établir un texte définitif les commentaires israéliens seraient les bienvenus. Pendant toute cette lecture, il mâchonna sa pipe en fixant le visage austère de Rabin.

A la fin, silence.

« Général Rabin? demanda le sous-secrétaire.

– Profondément décevant.

– Pourquoi? C'est une concession substantielle que nous recommandons au sujet des chars, ne trouvez-vous pas? Nous pensions que vous seriez satisfait.

– Pardonnez-moi, monsieur, j'ai la franchise du soldat. Quelle concession? Vous exigez de nous des renseignements précis sur les modèles et les numéros des chars égyptiens. Ensuite, si j'ai compris ce que je viens d'entendre, aucun char pour nous. Comment définissez-vous des renseignement précis? »

Le sous-secrétaire regarda le beau jeune homme blond qui avait lu le texte. « Des renseignements acceptés ou confirmés par la CIA, dit l'assistant avec un bel accent de Boston.

– Ce qui peut prendre plusieurs mois, interjeta Pasternak. Ou un an, et c'est un critère bien vague, pour ne pas dire plus.

– Et la proposition de faire assembler les chars en Europe, monsieur, ajouta Barak, peut entraîner un délai de plusieurs années.

– Pas d'autre moyen, dit le général d'un air maussade, dans les circonstances politiques actuelles. »

Ils sortirent du Département d'Etat et se retrouvèrent au soleil. « Cette mission n'est pas un succès, messieurs, dit Rabin, qui se tourna vers Barak. Ton mémorandum est excellent. Le résultat était décidé d'avance. »

En rentrant à l'hôtel, après un désagréable après-midi post-mortem à l'ambassade, Zev fut stupéfait de sentir son cœur s'emballer en voyant un message téléphonique dans son casier. Il le lut, le chiffonna entre ses mains.

« Où puis-je louer une voiture? » demanda-t-il à l'employée de la réception.

Elle arrêta de se limer les ongles et braqua son instrument : « Gare de l'Union. »

La voiture d'Emily l'attendait devant la poste de Middleburg, tous feux éteints. Il gara la sienne et monta près d'elle. « Salut, Loup. » Emily démarra. « Tu as mis très peu de temps.

– C'était clairement indiqué.

– Comment va ta mission, très cher? J'avais décidé de ne pas t'ennuyer pendant le week-end.

– Bonne idée. Quant à la mission, sans commentaire.

– Compris. Combien de temps avons-nous?

– Je dois être rentré à dix heures.

– Bien. On va à la Growlery. » Elle tourna dans une petite rue obscure, prit quelques virages et dérapa sur une route à deux voies. « La glace n'a pas encore complètement fondu, ici. N'aie pas peur. L'école n'est pas loin.

– Emily, qu'est-ce que c'est que la Growlery?

– La maison de gardien d'une propriété achetée par l'école. L'ancienne directrice y vivait. Elle nous sert de retraite, à Fiona et moi. Pour se détendre, travailler, n'importe. On y joue aux cartes. C'est agréable. Il y a une cheminée. » Elle posa une main humide sur la sienne. « Nerveux, mon cher?

– Moi? Pourquoi devrais-je l'être?

– Parfait. Moi non plus. Froide comme un concombre. Parée comme un galion. Heureuse comme une palourde.

– Les palourdes sont heureuses?

– Pourquoi non? Ce sont des hermaphrodites, n'est-ce pas? Elles se baisent elles-mêmes. Quel système astucieux! Pas de complications.

– Les huîtres sont hermaphrodites, me semble-t-il, dit Zev. Pas les palourdes. De toute façon, les hermaphrodites ne se fertilisent pas eux-mêmes. En règle générale.

– Oh, commes tu es bien informé! Tous les secrets des hermaphrodites. Je suis faible en biologie. Mon fort, c'est le français. Hé, devine un peu? Hiroshima a remporté un prix de poésie. Sans blague! Il m'a envoyé un exemplaire de son livre. Tu ne reconnaîtrais pas sa photo en couverture. Il a eu le nez cassé dans un accident d'auto, et il est chauve. On dirait Socrate.

– Emily, pour l'amour de Dieu, regarde la route. » Elle se tournait sans cesse vers lui en bavardant, et ses yeux luisaient quand une voiture venait à leur rencontre.

« Je pourrais faire cette route en dormant. Je t'aime, Loup. Je suis stupéfaite que tu sois venu. Vous autres, les militaires israéliens, vous êtes des voyous. Tout le monde le sait. J'avais peur que tu sois différent.

– La ferme, Queenie.

– Je ne peux pas. Cette fois c'est pour de bon, je sais, et à vrai dire je suis totalement paniquée. Voilà l'école. Tu vois? Juste un saut, boum, et on y est. » Elle passa sous un portail en pierre éclairé par des lanternes en fer forgé, et vira pour s'arrêter près d'un pavillon en bois. « La Growlery. L'école est là-haut. » Elle tendit la main vers une grande bâtisse qui s'étalait au clair de lune sur une colline, au bout d'une allée en gravier qui montait en lacets.

Quand Zev ôta son manteau, Emily s'accroupit devant la cheminée, fit flamber du papier et du petit bois. « Alors, dit-il, c'est là que Fiona et son révérend font leur hootchy-kootchy?

– Gitchi-gitchi, très cher. Non, non, Fiona a une maison près de la route. Sa propre maison, vraiment charmante. Fais comme chez toi. » Elle alluma un lampadaire et s'éclipsa. Le feu se mit à craquer, les flammes montèrent et il y eut une agréable odeur de fumée. Une roue en bois servant de lustre pendait au plafond mansardé, lambrissé, et la grande pièce était tapissée de livres entassés en désordre sur des étagères. Zev s'assit sur un vieux canapé en face de la cheminée, et aperçut sur la table basse une coupe en cristal pleine de pistaches.

« Je n'aurais pas dû te le dire, cria-t-il. Je suis assez gros comme ça.

– Oh, les pistaches? Prends, prends. » Un bruit de verre cassé. « Oh, sacré bon Dieu, Zev!

– J'arrive. » Les éclats de verre nageaient dans une flaque de vin rouge sur le sol de la cuisine. Elle lui tendit une bouteille. « Tiens, ouvre ça pendant que je nettoie. Quel début pour notre rendez-vous, hein? Oh là, comme j'ai la tremblote!

– Du Brunello, je vois.

– Quoi d'autre? Vas-y, emmène-le. Les verres sont là, et le tire-bouchon. Nous allons passer un moment magnifique et inoubliable, même si je ne suis pas une marquise, et qu'il n'y ait ni roses ni chandelles. »

En buvant du vin à la lueur des flammes, elle lui raconta gaiement le mariage de Jack Smith à la cathédrale de Washington, avec la fille d'un des plus riches avocats de la ville. Leur amour avait vite fleuri, et la cérémonie avait été l'événement de l'automne pour les vieux Washingtoniens. « Patricia est très jolie et très douce, pour moi elle est belle. Je l'aime bien. » Emily était assise par terre, la tête posée contre le genou de Zev. « Une bonne cavalière. La seule chose, c'est qu'elle est folle. Pas folle comme moi, je veux dire qu'on devrait l'enfermer. Un jour nous sommes rentrées au club en sueur après avoir fait du cheval, elle et moi, nous nous sommes mises dans un coin du bar pour boire des Pimms, et elle m'a dit qu'elle avait vu un vaisseau spatial. »

Il lui caressait les cheveux. « Allons, elle devait plaisanter.

– Absolument pas. Elle m'a raconté qu'elle était allée chercher des coquillages sur la plage, à Tortola – c'est dans les îles Vierges – quand cette soucoupe volante est arrivée en piqué et a fait jaillir des nuages de sable et d'eau. Ensuite elle s'est posée, et des extra-terrestres en sont sortis.

– Et qu'est-ce que c'était? Des petits hommes verts?

– Eh bien, Pat allait continuer – elle m'a dit qu'ils étaient un peu ronds et mollassons – mais elle a vu arriver Jack. “ Pas un mot à Jack, a-t-elle chuchoté, sur ta vie, il va croire que je suis gaga. ” Bon, ensuite ils se sont fiancés, et depuis elle ne m'a quasiment plus adressé la parole. Mais elle y croyait dur comme fer, Zev. Elle avait les yeux brillants, bizarres, tu sais? Pauvre Jack! »

Une bûche roula de la cheminée, toute fumante. Zev la remit en place avec le tisonnier, puis se laissa glisser près d'Emily et la prit dans ses bras.

« Il y a une autre bouteille de Brunello, dit-elle. J'en ai acheté trois.

– J'ai bu assez de vin.

– Eh bien, encore des pistaches?

– Pas maintenant. »

Il l'embrassa, la caressa doucement, d'abord, puis avec une passion grandissante. Elle réagissait timidement, maladroitement, et il la remit sur ses pieds. « Viens, Queenie.

– Où, très cher? » demanda-t-elle, le souffle court.

Il la prit par la main et l'emmena dans la chambre. « Oh, là. Eh bien, seigneur Dieu. »

Par la fenêtre, une flaque de clair de lune tombait sur le grand lit. Il ôta sa veste.

« Je vois. Je suppose qu'on y est, dit Emily. Bon, je suis tout à fait pour. Allons-y! » Elle tira un grand coup sur une fermeture éclair et sortit de sa robe en laine qui tomba à ses pieds. La jeune femme resta en combinaison, les bras nus serrés sur sa poitrine. « Alors, qu'en penses-tu jusqu'ici? Plutôt filandreuse, comme la marquise.

– Très belle, jeune, splendide.

– Merci, Loup, mais je me sens toute drôle. Je ne suis pas du tout gênée. C'est comme si j'étais une autre fille, presque. Je me demande pourquoi.

– Es-tu en train de me dire que tu n'es pas d'humeur?

– Chéri, ne vois-tu pas que je brûle de passion? Mais, mon Dieu, comme tu es vite déshabillé! L'entraînement militaire, hein? Maintenant, sous cette combinaison, dit-elle en soulevant l'ourlet en dentelle, tout est français. Incroyablement mignon. Tu vas perdre la tête.

– J'en meurs d'envie, mais si on tirait les rideaux?

– Oh, oui, oui, certainement. Il n'y a personne, ici, mais bonne idée, je suis un peu... Bon Dieu de bois!

– Quoi?

– Fiona.

– *Fiona!*

– Loup, elle vient ici. Je l'ai laissée au Red Fox, elle devait en avoir pour plusieurs heures! » Elle pointa ses dix doigts vers lui. « Rhabille-toi! Ou mets-toi sous le lit! Saute dans la penderie! Fais quelque chose! » A toute vitesse, elle remit sa robe et releva la fermeture.

« Maintenant écoute-moi, Emily – Zev prit son pantalon – tu vas à la porte et tu dis à Fiona que tu es avec un mec.

– Un mec? Elle n'y croira pas. Elle pensera que je fais quelque chose de vraiment horrible. Comme de faire rôtir des saucisses dans la cheminée! Elle me tuerait pour ça, à cause des taches de graisse. On s'est crêpé le chignon pour ça, une fois.

– Fais ce que je te dis. Vas-y, c'est tout. » Il la prit par le coude et la poussa vers la porte.

« Tu crois vraiment que je dois le faire? Très bien, j'y vais. Mais habille-toi, habille-toi, au cas où elle entrerait de force! C'est un vrai rhinocéros, cette Fiona. »

En s'habillant, Zev entendit des voix, dehors, puis des rires hystériques. Il revint sur le canapé, mangea une poignée de pistaches en jetant les coques dans le feu. Les voix aiguës et gloussantes continuaient leur bavardage. Il était plus de neuf heures. Son humeur amoureuse déclina, et il eut bientôt l'impression d'être un imbécile, en train d'ouvrir des pistaches dans un pavillon d'une école de filles en pleine Virginie, à la fin d'une mission ratée pour obtenir des armes, attendant une fois de plus l'occasion de tromper sa femme. Emily finit par rentrer en riant, et claqua la porte.

« Eh bien?

– Tu avais tellement raison! » Elle se laissa tomber près de lui. « Quand je lui ai dit, tu sais ce qu'elle a fait? Elle a crié *Youpie!* m'a prise dans ses bras et a ri à tomber par terre. Elle est toutes voiles dehors, et plus que ça! Elle m'a interrogée sur toi, elle a voulu entrer dire bonsoir, et j'ai eu un mal de chien à la virer. Maintenant elle est partie, et... Oh, zut, Zev, arrête de manger ces idioties de pistaches! » Elle le prit dans ses bras et le poussa contre le dossier pour un baiser maladroit. « Où en étions-nous? Est-ce que j'ouvre une autre bouteille?

– Oublie donc le Brunello. » Il l'attira contre lui, embrassa ses lèvres minces et délicieuses.

« Ah, c'est ce qu'il fallait, murmura-t-elle contre sa bouche. Vas-y, maintenant, fonce. »

Mais ce n'étaient que des mots. Sa réaction était forcée, ses gestes gauches, ses coudes et ses genoux n'arrêtaient pas de les séparer. Après quelque temps, il la prit par les épaules et la repoussa légèrement. « Eh bien, Queenie, ça marche toujours ? On se redéshabille, on recommence tout, c'est ça ?

– Pourquoi pas ? Je suis tout feu tout flamme, pas toi ? Seulement, je pense que tu dois être rentré à dix heures, n'est-ce pas ? Et il est déjà plus de neuf heures ? Ça ne serait pas un peu précipité ? Combien de temps ça prend, en réalité, très cher ?

– Ça dépend du temps que la novocaïne met pour agir. » Zev se leva en grimaçant un sourire. Il n'était que trop clair qu'elle avait été secouée, elle aussi, que son humeur avait changé, et qu'elle essayait de le cacher d'une façon maladroite et touchante. « Chérie, je crois que Fiona t'a jeté un seau plein de sable mouillé. »

Emily se rassit avec un petit rire triste. « Okay, par le Christ, c'est ce qu'elle a fait. Mais comment le sais-tu ? Je ne t'ai pas embrassé comme Greta Garbo ? Zev, je suis toujours d'accord, franchement.

– Tu es adorable et je t'aime. Buvez le Brunello, Fiona et toi.

– Très bien. J'ai eu peur de ça dès qu'elle est arrivée. Dieu, comme elle s'amusait. Tu sais ce qu'elle a dit, Loup ? Elle a dit : “ Bien, bien, Neige de Printemps mérite sa lettre écarlate. ”

– Pas encore. » Il la remit sur ses pieds. « Raccompagne-moi à ma voiture. Bravo d'avoir essayé. »

Sam Pasternak, invité par Sheva Leavis à discuter des armes disponibles sur le marché libre, prit l'avion pour la Californie tandis que Barak se rendit à Fort Knox voir un général des blindés avec qui il était resté en contact depuis des années. La jeune épouse du général, malheureusement, mince et garçonnière, lui rappela Emily, alors qu'il pensait surtout à s'éloigner d'elle et si possible à l'oublier. Il était déjà allé trop loin, se disait-il, et à quoi bon ?

Pasternak l'appela de Los Angeles. « Tu as promis à Quichotte de parler à Arieh ? Il est là, dans le pavillon des invités. Yael te salue. Elle est sortie. Je te passe le gamin. »

« Mah shlomkha, Dode Zev ? » (« Comment vas-tu, Oncle Zev ? ») En entendant la voix plaintive du petit garçon, Barak comprit instantanément la situation. Est-ce qu'il aimait la Californie ? Oui, c'était joli. Avait-il des amis ? Oui, mais il ne pouvait les voir qu'après

l'école, et quand ils parlaient anglais il ne comprenait rien. Est-ce qu'il se sentait bien? Oui, mais il serait content de rentrer à la maison. Abba lui manquait.

Pasternak reprit l'appareil. « Il a dit ça pour toi. A Yael, aussi, il mène la vie dure, mais il nage dans la piscine de Sheva, il joue avec les chiens du majordome chinois et en général il va très bien. Mais il a vraiment envie de rentrer, et tant mieux

– Comment va Yael?

– Très occupée. Je reviens ce soir. Y a-t-il une réception d'adieu pour nous à l'ambassade?

– Oui, et Rabin a invité tous les officiels avec qui on a négocié.

– Ça va être joyeux. »

A la très grande surprise de Barak, ce fut le cas. L'avion de Fort Knox avait du retard, et en arrivant à l'ambassade il trouva une atmosphère de fête. Tout le monde avait un verre à la main, mais l'alcool ne suffisait pas à expliquer cette ambiance extraordinairement sympathique, et sûrement pas les sourires du général Rabin qui plaisantait avec le grand sous-secrétaire d'État tout de noir vêtu. Sam l'emmena dans la bibliothèque, loin de la foule, et le fit asseoir sur un canapé d'angle, sous les bustes en bronze de Herzl et Ben Gourion.

« Absolument confidentiel, Zev : il s'est passé quelque chose de merveilleux! Un retournement complet! Le conseiller spécial a vu Rabin en tête à tête, cet après-midi, avec un message du Président Kennedy. Le Président a lu le mémorandum du Département d'État, et il va passer outre. Nous allons avoir les chars, sur ordre du gouvernement!

– Oh-ah! Que béni soit le Nom! Quand? Quels modèles? Combien?

– Tout cela sera négocié. La décision, c'était l'essentiel, et elle est prise. Le conseiller travaille sur la directive présidentielle, et il m'a dit de te dire qu'il fait bon usage de ton aide-mémoire. Kennedy va donner l'ordre après une série de discours qu'il doit faire. »

Barak posa son Coca-cola et tendit la main à Sam. Avec un sourire et un hochement de tête, Pasternak la serra. « Ces types, là-bas, ne savent rien de ce qui se passent, ajouta-t-il, et ils nous font bon visage parce qu'ils nous trouvent bons joueurs après un pareil refus. »

En revenant vers la réception, Barak aperçut Christian Cunningham qui mettait son chapeau et son manteau. Il n'avait pas parlé avec lui, mais trouvait que l'homme de la CIA l'avait regardé de loin d'un air bizarre. Ses rapports avec les Cunningham étaient dans une telle confusion, que ce pouvait n'être que son imagination. Barak resta dîner à l'ambassade, et au milieu du repas un assistant l'appela au téléphone.

« Loup, comment vas-tu? J'appelle de la part de mon père. » Un ton léger, aimable. Les nerfs de Zev frémirent de plaisir en entendant sa voix.

« Ça va bien. J'étais en voyage.

– C'est ce qu'on m'a dit à l'ambassade. Tu rentres en Israël après-demain, n'est-ce pas? Mon père espère que tu peux venir demain pour un déjeuner d'adieu. Assez tôt. Disons vers midi?

– Avec Sam Pasternak?

– Toi seul, cette fois.

– Je viendrai.

– Tu aimerais quelque chose de spécial? C'est moi qui fais la cuisine. Je fais très bien les omelettes aux poivrons.

– Ça me paraît parfait. Comment vas-tu, Emily?

– Admirablement bien. Nous avons fini le Brunello, Fiona et moi. Elle n'arrêtait pas de boire à la santé du mec. » Emily eut un rire charmant. « On était complètement poivrées, et j'ai monté de cent coudées dans son estime. Ray est content, lui-aussi.

– Ray? Content de quoi? Que diable as-tu raconté à ce charlatan?

– A demain. Ray n'est pas un charlatan. Il dit que tu es ce que le médecin m'avait prescrit. Il a raison. Salut, Loup. »

Un taxi le déposa à McLean par une grise matinée de novembre. Les feuilles mortes tourbillonnaient sur le pare-brise et dansaient sur la chaussée. Il sonna, s'attendant à entendre la voix fantomatique de Cunningham venir de la coupole. Mais ce fut la porte qui s'ouvrit, et il se trouva devant Emily, en négligé gris perle, les yeux brillants, un sourire tremblant sur son visage très pâle.

« Entre, Loup. J'ai menti. Mon père est à New York. » Elle referma la porte derrière lui. « Il ne t'a pas invité à déjeuner. Nous sommes seuls. Bon. Tu as envie d'une omelette aux poivrons? »

Issur yikhud!

Ainsi donc, cela se passa dans la chambre d'Emily, au premier étage, celle qui surplombait la terrasse où ils avaient regardé les lucioles, quinze ans plus tôt. La jeune femme était allongée sur le ventre, le visage enfoui dans ses bras, depuis un long moment, tandis qu'il s'étonnait vaguement de ses propres sensations – un peu comme si on l'avait électrocuté et qu'il avait survécu – et du silence inquiétant d'Emily. Finalement elle roula sur le dos et le regarda d'un air solennel. « Tu sais que tout ça est absolument neuf, pour moi, dit-elle d'une voix enrouée.

– Oui, je sais.

– Bon, alors, on le fait combien de fois? Je ne veux pas que tu te fatigues, mais je recommencerais bien un tas de fois.

– Vraiment? » Il reprit le corps mince dans ses bras. « C'est parfait. Le Dr. Sapphire sera content.

– Je devrais me sentir très mal à cause de Nakhama. Et non. Pourquoi? Est-ce que je lui ai fait du mal? Tu vas repartir, et je ne te reverrai pas avant sept ans. Peut-être jamais. Je vais peut-être me marier, maintenant. » Elle lui caressa doucement le dos. « Mon Dieu, Zev, le gitchi-gitchi n'est pas vraiment surfait. J'ai toujours cru que ça l'était, je pensais que ça avait quelque chose de malsain ou de sale. C'est ce qu'il y a de plus beau, c'est d'une beauté inexprimable, ineffable... » Elle l'embrassa, recommença, couvrit son visage de baisers.

« J'espère que tu vas tomber amoureuse et te marier, Emily. Je veux savoir que tu es heureuse...

– Tomber amoureuse? » Elle posa ses doigts sur ses lèvres. « La vieille Emily D. a écrit un quatrain qui règle cette affaire, chéri. »

Je l'ai reconnue dans une vaste nation
Choisis-en une;
Puis ferme les soupapes de son attention
Comme de la pierre.

« Ce qui ne veut pas dire que je ne peux pas être bonne épouse et bonne mère. Je le ferai, Loup, je te le promets, mais ces soupapes sont fermées. »

Plus tard, alors qu'ils étaient vraiment en train de manger une omelette aux poivrons dans une grande cuisine à l'ancienne donnant sur des arbres dépouillés et des buissons noircis, le téléphone sonna. Emily alla répondre, fit des yeux ronds en regardant Zev, et posa une main sur le micro. « Sam Pasternak? murmura-t-elle.

– Bien sûr. Il sait que je déjeune ici. » Barak prit l'appareil. « Il ne savait pas ce qu'il y avait au menu... pas plus que moi... Salut, Sam. Oui, j'ai dit que je rentrais vers deux heures, mais... Quoi? » Voyant son visage se transformer d'un seul coup, Emily se leva, s'approcha et passa un bras autour de sa taille. « Okay. Oui. Bien sûr. » Il raccrocha et alluma la radio de la cuisine.

« Zev, qu'est-ce qu'il y a? »

Sous le choc, il avait l'air de porter un masque. « Écoutons d'abord. »

C'était une vieille petite radio qui chauffa lentement en piaulant. Quand le bruit s'arrêta, un journaliste annonça d'une voix tremblante, en bégayant et en se répétant, qu'on avait tiré sur le Président Kennedy, que nul ne savait encore s'il était vivant ou mort.

« Oh, mon Dieu. Kennedy! » Emily s'étranglait. « Non, non! Pas le Président Kennedy! C'est impossible. Pas le *Président*.

– Chut! »

Pendant quelques minutes, d'une voix enrouée, le journaliste décrivit de façon décousue la foule, les voitures, la police, les motos, une ambulance, un corps entraperçu sur une civière, encore la foule. Se reprenant, il fit un récit plus cohérent de l'arrivée du Président à Dallas, du cortège automobile, des balles qui l'avaient gravement blessé, ainsi que le gouverneur du Texas, peut-être venues du haut d'un immeuble. Il recommença à parler très vite et sans arrêt des gens affolés qui couraient et criaient le long d'une file de voitures, ce qui ne disait rien sur ce qui était réellement arrivé au Président. Revenant en arrière, il se mit à décrire sa vision d'un Kennedy souriant, sans chapeau, saluant de la décapotable, avec à côté de lui sa femme en tailleur rose et petit chapeau rond.

« Oh, Dieu, Zev. Ce jeune homme radieux, cette déesse à ses côtés – abattu! On dirait que ça sort de Plutarque. Jack Kennedy! Jackie Kennedy! » Emily sanglotait, essuyait ses larmes avec son poing.

Frappé de stupeur, Barak pensa que cette épouvantable catastrophe, pour l'Amérique, était aussi un désastre incalculable pour Israël. Il espérait seulement que les premiers bulletins avaient cédé à la panique, que le jeune Président allait survivre.

« Emily, il faut que j'aille à l'ambassade.

– Je sais.

– Appelle un taxi.

– Bien sûr. »

A la porte, quand le taxi klaxonna, elle se serra contre lui pour l'embrasser, les joues ruisselantes de larmes. « Est-ce que je te reverrai jamais?

– Je t'appellerai avant de partir.

– Écoute-moi, Loup, en ce moment terrible, je veux que tu saches que si cette matinée n'a pas de lendemain, elle me suffira. Elle me durera toute la vie, ne s'effacera jamais... »

Il la serra très fort contre son épais manteau. « Et je n'oublierai rien, ni le Mémorial Lincoln, ni la Growlery, ni ton mensonge bénin au sujet du déjeuner...

– Un mensonge mortel...

– Blanc comme la neige, Queenie. Emily, Neige de Printemps, Dieu te bénisse. Je t'aime. Que Dieu te rende heureuse. Au revoir.

– Écris, Loup! Écris! Écrivons-nous toujours! »

Un vent froid s'engouffra quand il ouvrit la portière.

L'été. Des chasseurs atterrissaient et décollaient dans la brume du Néguev. Dans la tour de contrôle, Barak et Benny Luria. De temps en temps, Benny aboyait de l'argot d'aviateur dans un micro, et un argot semblable était recraché par un haut-parleur. Zev avait appris quelques mots de ce jargon grâce aux manœuvres combinées aviation-blindés, mais sur une base aérienne il avait toujours l'impression d'être un intrus. *Heyl Ha'avir*, l'aviation, était un petit astéroïde compact en orbite autour de la planète Israël, pensait-il parfois; il y avait une relation gravitique, mais infime.

« Pardon, il fallait que je termine cet exercice, dit Benny en redescendant l'échelle. Il était prévu avant que je n'apprenne ton arrivée. On va te faire déjeuner convenablement, en tout cas.

– Tes officiers auront-ils préparé l'annexe aérienne des manœuvres avant mon départ?

– Sans ça, ils vont m'entendre. »

Installés dans le bureau de Benny, occupés à manger du poulet frit avec un assortiment de légumes, ils se mirent à parler des besoins de l'aviation, ce qui conduisit Barak à raconter le blocage de leur plan pour les chars. Pasternak et le Mossad, au bout de six mois, recherchaient encore des renseignements « fiables » sur les chars égyptiens, car le Président Johnson avait accepté le mémorandum du Département d'État. Luria fit des grimaces si affreuses que Zev lui demanda ce qui n'allait pas chez lui.

« Chez moi! Qu'est-ce qui ne va pas chez Pasternak? Au Mossad? Dans ce pays de cinglés? Qui a pensé à interroger l'aviation sur les chars égyptiens?

– Pourquoi, qu'est-ce qu'ils pourraient savoir sur les chars? »

Luria appuya sur un bouton. « Par hasard, te souviendrais-tu de Rotem.

– Rotem?

– Oui, Zev, Rotem. »

C'était l'incursion massive de Nasser dans le Sinaï, trois ans plus tôt, avec des blindés et plusieurs divisions d'infanterie. De façon incroyable, ce mouvement n'avait pas été détecté par Israël avant trois jours. Les premiers rapports, terribles, avaient déclenché l'alerte rouge et un début de mobilisation. Au bout de quinze jours, Nasser avait retiré ses troupes, claironnant qu'il avait déjoué le projet israélien d'attaquer la Syrie à cause d'une querelle frontalière. Le Mossad et les renseignements militaires s'étaient mutuellement accusés du fiasco, on avait réorganisé les deux services, des têtes étaient tombées,

Pasternak était monté au poste qu'il occupait maintenant, et les doctrines avaient été radicalement transformées.

« Je me souviens de Rotem. »

Une femme soldat, plus belle et mieux habillée que la plupart de celles qui servaient dans les blindés, entra dans la pièce. Barak n'en voulait pas à Luria d'avoir les filles les plus jolies, les uniformes les plus chics, les baraquements les plus confortables, ou autres privilèges de l'aviation, dont la mission était cruciale : *Libérer le ciel d'Israël.*

« Mira, dis à Yoram, à la photographie, de nous sortir les dossiers Rotem.

– *B'seder.* » En sortant, elle lança un regard espiègle au solide général aux cheveux grisonnants.

Sous la lumière crue de l'agrandisseur, dans une pièce des archives, obscure et sentant le renfermé, les deux officiers examinèrent des photos aériennes du désert venues d'un gros dossier rigide étiqueté ROTEM – BLINDÉS ÉGYPTIENS. « Toute cette unité, dit Luria, s'est formée à l'ouest de Jebel Libni. Qu'est-ce que tu veux de plus?

– Fantastique, marmonna Barak.

– J'ai fait quelques survols, dit fièrement le jeune Yoram dont les cheveux noirs et bouclés pendaient sur l'agrandisseur. Celle-là, je l'ai prise moi-même, la panoramique. On a des clichés au téléobjectif qui identifient les modèles, et montrent même les numéros des régiments. Nous avons des objectifs allemands, vous savez, du sacré matériel.

– Alors? » Benny lui donna un coup de coude.

« Il faut que j'appelle Sam. »

Pasternak n'était pas au QG des renseignements militaires. « Dénichez-le-moi, dit Barak à l'officier de service, de toute urgence, et dites-lui que je suis dans le bureau de Benny Luria. »

Sam le rappela bientôt. *« Gott in himmel »,* s'écria-t-il quand Zev lui décrivit sa trouvaille. Comment avons-nous pu rater une chose pareille? Les renseignements militaires sont encore plus stupides que le Mossad, et ce n'est pas peu dire. »

Les photos les plus convaincantes, avec des évaluations et des extrapolations techniques précises et exhaustives, partirent pour Washington par courrier secret. Trois semaines plus tard, un rapport jubilant de l'attaché militaire : la CIA était convaincue! De même que le ministère de la Défense. Même le Département d'État admettait que l'Union soviétique était peut-être en train de renverser l'équilibre des armements au Moyen-Orient, et qu'on pouvait envisager des mesures compensatoires.

La proposition du Département d'État, qui émergea en traînant les pieds, fut que l'Allemagne de l'Ouest vendrait des chars à Israël, des Sherman et des Patton, et que les États-Unis rééquiperaient les Allemands. Le gouvernement de Bonn, qui dépendait des États-Unis pour ses armements et pour se protéger des forces soviétiques massées en Allemagne de l'Est, accepta avec joie. Très vite, les Arabes menacèrent l'Allemagne de boycott économique, voire d'un embargo pétrolier. Et les Allemands, exprimant leur profonde sympathie pour la situation malheureuse d'Israël, se retirèrent de l'opération.

Ensuite le Département d'État eut l'idée de fournir des pièces de chars à plusieurs pays européens – un châssis par-ci, une tourelle par-là, le canon et le système de visée un peu plus loin – puis de les faire assembler de manière à répartir et brouiller les responsabilités de *qui* fournissait des chars à Israël, évitant aux États-Unis d'être en butte à la susceptibilité des Arabes.

31

La correspondance Queenie-Loup

Le 22 novembre 1964

Cher vieux Loup

Une année entière a-t-elle vraiment filé? Aujourd'hui les journaux sont pleins de retours en arrière sur cet assassinat, avec abondance de photos et un ton universellement élégiaque. Pour moi, cette date est à jamais le jour où se sont mêlés le bonheur et l'horreur, une étrangeté qui me hantera jusqu'à ma mort. Le reste est silence, mon amour. Je sais, j'ai eu la paresse de t'écrire, toute cette année, moi qui te pressais d'écrire, *d'écrire!* Et tu as été adorable. Même si tes épîtres ressemblent si peu que ce soit à des rapports militaires, beaucoup de faits et peu de douceur, bon, c'est que tu es mon Spartiate israélien.

Je ne voulais pas te le dire avant de l'avoir décidé, mais j'ai passé l'année dans les affres d'avoir à reprendre le poste de Fiona. Tu vois, au bout du compte, le Révérend Wentworth a jeté sa soutane aux orties. Fiona m'avait dit un million ne fois qu'elle ne serait jamais la femme d'un pasteur, et de fait, avec sa dalle en pente, ce n'est pas vraiment son genre, alors le Révérend a remballé sa théologie et s'est trouvé un poste dans une maison d'édition protestante. Ils ont noué des liens en septembre dernier. Je suppose qu'ils sont heureux, mais Fiona me paraît moins pétillante, ces derniers temps, alors aide-moi. Se peut-il que le gitchi-gitchi légitime s'avère plutôt ennuyeux, comparé à son exécution en catimini? Rien de plus piquant que le péché, hein mon pote? C'est ça? Est-ce qu'elle va devoir lui tirer dans son autre entrejambe pour ressusciter l'ancienne magie?

Pour répondre à ta question sur Hester, dans ta lettre d'octobre, je suis sûre de t'avoir dit que je suis allée en Oregon pour le baptême de leur petite fille. Je suis la marraine, elle a même appelé la pauvre petite chose Emily. Bon, ensuite j'ai appris que Hester souffrait d'une grave dépression post-parturition, qu'elle faisait mine de vouloir recommencer sa cabriole du lustre, mais cette fois avec le vieux chêne de leur jardin, un arbre magnifique qui devait déjà y être quand Lewis et Clark sont passés par là. Même Hester ne pourrait pas casser une de ses branches, et elle se pendrait, sacré Dieu. Son petit mari m'a donc suppliée de venir la réconforter.

J'y suis allée et j'ai fait de mon mieux. Nous avons potiné, nous nous sommes passé du Mahler, nous nous sommes lu du John Donne et du Plutarque, nous avons pris quelques bonnes cuites (mesure de loin la plus efficace), elle s'est détendue et m'a emmenée dans son atelier du grenier, où elle s'est mise à peindre des insectes. Elle les paralyse avec la fumée d'un cigare – Hester fume désormais des gros cigares noirâtres – les regarde à la loupe et fait leur portrait. Je crois qu'elle a trouvé sa voie : l'Audubon des choses rampantes. Elle a peint une araignée parfaitement effrayante! J'ai cru qu'elle allait bondir hors de la toile, avec ses pattes velues, et me percer de ses mandibules. Ma visite a été une réussite, surtout ma réaction devant l'araignée. Elle peint maintenant des araignées comme une folle, et elle et son mari si ennuyeux sont quasiment comme deux tourtereaux. Le mari m'apprend qu'elle ne considère plus le vieux chêne comme le meilleur endroit où faire passer un nœud coulant.

Bon, mon vieux Loup, je ne veux pas provoquer le sort en étant trop explicite, mais il se peut qu'un nouveau type entre dans le paysage. C'est un condisciple de Jack Smith, et avant que Jack ait épousé Pat il m'avait emmenée à une réunion des anciens de West Point, avec dîner suivi d'un bal, où j'ai rencontré le lieutenant-colonel Bradford Halliday. Il est actuellement en Allemagne, sur une base aérienne. Je croyais ne pas avoir fait la *moindre* impression sur lui, Loup, et tout d'un coup, il y a quinze jours, voilà que je reçois une lettre cérémonieuse disant que depuis la mort de sa femme (une sorte de maladie tropicale aux Phillipines l'a emportée, malgré les vaccins) je suis la seule dame qui ait jamais... etc., etc., et qu'il espère que cela ne m'ennuira pas s'il prend contact avec moi lorsqu'il reviendra aux États-Unis.

Je me souviens bien de lui. Très grand, apparemment intelligent, avec quelque chose de mélancolique et de séduisant tout à la fois. Jack m'a dit que « Bud » Hallyday avait une réputation de chaud lapin dans l'aviation. Ne sois pas encore jaloux, mon vieux, jusqu'ici ce n'est qu'en imagination. Mais tu m'as toujours poussée à me marier, et depuis cette matinée merveilleuse et horrible, il y a exactement un an, cela m'est en tout cas devenu possible.

Mon Dieu, que j'arrête ces griffonnages avant que je me répande en larmes et en mots d'amour futiles.

Tout mon amour,
Queenie

La correspondance se poursuivit, rarement mais régulièrement, et un an plus tard Barak lui envoya une de ses plus longues lettres.

Le 22 novembre 1965

Ma très chère Queenie,

Avant tout, mes condoléances pour la mort de ta mère. Qu'elle repose en paix. Je ne l'ai rencontrée que deux fois, mais je m'en souviens comme d'une dame élégante avec un sens de l'humour subtil et aussi quelque chose de plus profond, une dame sortant presque d'un roman de Henry James. Je sais quel coup cela peut être, ayant récemment perdu mes deux parents l'un après l'autre.

Il se trouve que c'est encore une fois ce « jour terrible », n'est-ce pas ? Encore un an de passé ! Je viens de m'en rendre compte, en écrivant la date. Dans ma vie, les mois filent comme des heures. Nous avons eu beaucoup d'activité terroriste, dans le secteur Centre, et j'ai été pris par les raids préventifs et punitifs, mieux vaut ne rien en dire. Tu détruis mes lettres, j'en suis sûr, comme je fais pour les tiennes. J'ai beaucoup de choses à raconter, mais oublie ce que je vais te dire sur l'Allemagne, car cela se rapporte à nos problèmes de réarmement.

Pas un seul pays de la planète ne veut nous vendre ouvertement des chars de première ligne, Queenie, mais nous devons recevoir un certain nombre de chars américains grâce à un procédé détourné d'assemblage international qui nous oblige à traiter avec les Allemands. On m'a envoyé avec la première mission, puisque je parle allemand et que je suis dans les blindés. Impossible d'y échapper. Eh bien, quand la porte de l'avion s'est ouverte et que nous avons descendu la passerelle, il y avait sur la piste une garde d'honneur de la Wehrmacht, avec les drapeaux allemands et israéliens claquant côte à côte dans le vent. Un moment qui m'a soulevé l'estomac, je te le dis ! Mon père nous a tous fait sortir de Vienne bien avant l'arrivée de Hitler, mais les nazis se pavanaient déjà dans les rues. Des souvenirs enfouis depuis longtemps m'ont submergé, un poison de l'âme que nul ne peut connaître, sauf les Juifs européens de l'époque. La politesse forcée de notre rencontre avec les Allemands, depuis les premières poignées de main (comment aurions-nous pu éviter d'échanger des saluts et des poignées de main ?), a été tout simplement abominable, et cette abomination a duré jusqu'à la fin. Tout peut être résumé par une anecdote.

Nous avons été invités à prendre un verre et à dîner dans un club d'officiers de haut grade. Pour réchauffer l'atmosphère, je suppose, les serveurs n'arrêtaient pas de remplir nos verres, pendant que nous bavardions de tout sauf de ce que nous avions en tête ; les Israéliens, certainement, et à voir la bonne humeur artificielle et forcée des Allemands, eux aussi. Mais tout ce vin eut l'effet contraire. Une des épouses, au bout de la grande table, d'un certain âge, trop maquillée et surchargée de bijoux, s'est tout à coup écriée : « Qu'est-ce qui se passe ici ? Comment pouvons-nous faire semblant plus longtemps ? Vous en faisiez tous partie, vous autres officiers, et vous le savez ! Montrez au moins un peu de franchise devant ces Juifs, dites-leur que nous regrettons. Ou que même si nous ne regrettons pas, parlons au moins de ce qui s'est passé, au lieu de tout ce bla-bla-bla... » Elle réussit à hurler quelque chose de ce genre avant que son mari l'atrappe et la fasse sortir de table en criant, pour couvrir sa voix, que depuis quelque temps elle ne se sentait pas bien.

La mission elle-même ne s'est pas mal passée, bien que les Allemands soient très durs en affaires sur le moindre détail. Mauvaise conscience ou non, aucune complaisance pour les Juifs! Néanmoins, pour ce qui est des chars, ils connaissent leur affaire. Ils savent faire ce genre de choses, que ce soit des chars, des fusées ou des fours crématoires. Quand la porte de notre avion spécial d'El Al s'est refermée sur l'Allemagne, j'ai respiré librement pour la première fois depuis quatre jours. Le soir où nous sommes rentrés, Leonard Bernstein dirigeait l'orchestre Philarmonique, et on nous avait réservé des places. Nakhama et moi nous sommes retrouvés au milieu du premier rang. Je vais te dire, Queenie, quand le concert a commencé, que Bernstein et cet orchestre magnifique ont attaqué *Hatikvah* (L'Espoir), et que la salle bondée s'est levée comme un seul homme, j'ai été envahi par le sentiment de ce que nous les Juifs avons accompli ici en Terre sainte, un sentiment d'orgueil et de puissance devant notre nouveau départ, un sentiment qui rend plus supportables les sacrifices et les mauvais moments.

Mais le reste de la soirée n'est pas resté sur ces hauteurs sentimentales. Pour Hester et toi, Mahler est une idole, et j'adore ce fatras magnifique et géant, mais pour Nakhama, qui a déjà tendance à s'endormir au concert, Mahler est un véritable chloroforme. Seize mesures, et elle a sombré. Nous étions au premier rang, à moins d'un mètre du premier violon, qui se trouve être mon vieil ami Pinkhas, un très bon musicien, et Pinkhas n'a pas arrêté de foudroyer du regard la pauvre Nakhama pendant qu'il s'escrimait sur cette prodigieuse première symphonie. J'ai essayé une ou deux fois de la pincer, de lui donner un coup de coude, mais elle a juste marmonné. J'étais moi-même affreusement fatigué, et pendant le concerto pour piano de Brahms, le morceau suivant, je me suis endormi. Depuis, je n'ai pas revu Pinkhas, et je n'en ai pas spécialement envie.

A part son peu de tolérance pour la musique classique, Nakhama est géniale. Mes enfants aussi. Noah part en mer sur un patrouilleur, et moi, Queenie, je vais peut-être venir à Washington en tant qu'attaché militaire.

Je formule ceci très mal, comme si ce n'était qu'une possibilité. J'ai longtemps essayé d'éviter cette nomination, qui est d'un intérêt douteux pour ma carrière. Mais le général Rabin (a) croit que je suis efficace avec les Américains, (b) considère que Nasser se prépare à un affrontement militaire avec nous. Si je résiste assez vigoureusement, je pourrai peut-être m'en sortir, rester commandant adjoint du secteur Centre et viser l'échelon supérieur de la hiérarchie : commandant de secteur. Mais mon passage en Allemagne m'a fait réfléchir. Israël n'existe que depuis dix-sept ans, en s'accrochant bec et ongles. Plus je comprends ce qu'il y a à comprendre, plus je vois comment le miracle de notre Retour est lié à votre miracle plus ancien, l'Amérique. Votre père me chante cet air depuis des années. je viens seulement de m'en rendre compte. Sur la planète, deux titans s'affrontent, l'Amérique et la Russie, la liberté contre le despotisme, et en plein milieu du champ de bataille, on trouve cette petite absurdité provisoire qui s'appelle Israël et qui est pour moi le coin de terre le plus précieux du monde. Si le général Rabin a raison, et que je peux mieux le servir en venant, dois-je continuer à m'y opposer?

Voilà ce que je me dis, et ensuite je m'ordonne d'arrêter ces bêtises – la vérité, c'est que Queenie est à Washington.

La suite bientôt.

Amour,
Zev

P.S. Un de nos meilleurs officiers, le lieutenant colonel Nitzan, mon ancien sous-chef de brigade, est actuellement au Collège Industriel de l'Armée, près de Washington, à Fort McNair. Il a épousé une très belle dame israélienne, alors ce n'est pas une alternative à ton lieutenant colonel Halliday, qui semble prometteur. Mais si vos chemins se croisent, Yossi te plaira, c'est un type brillant et drôle.

Z.

Yael quitta sa boutique de mariage pleine de clients et se dépêcha de rentrer à son appartement de Westwood. Elle avait laissé des instructions spéciales pour le déjeuner. « La cuisine pour deux, le couvert pour trois. » Elle trouva tout en ordre, et sa bonne péruvienne avait fait un poulet à la Kiev qu'adorait Lee Bloom. L'autre invité avait un problème de régime, d'après Lee, et apporterait sa propre nourriture.

Alors qu'elle changeait de robe, elle entendit le grondement sourd d'un moteur sur l'allée de la maison. On coupa le contact. Bon Dieu, pourquoi une demi-heure d'avance? Elle passa un peignoir et aperçut par la fenêtre une Cadillac décapotable d'un rouge ardent d'où émergea non pas Lee Bloom, mais – à sa totale stupéfaction – Don Quichotte en uniforme, avec ses bagages! Trois jours plus tôt, il lui avait dit au téléphone que ses cours étaient finis et qu'il reprenait le soir-même l'avion pour Israël. Il entra dans la maison, laissa valises et sacs en toile dans le couloir et l'accueillit avec un sourire épuisé et un bref baiser. « Salut. A quelle heure Arieh sort de l'école?

– Quichotte, que diable...?

– Oui, oui, longue histoire. La voiture, dehors, appartient à mon ami Alvaro, un colonel mexicain qui était dans ma classe. Alvaro est riche comme Crésus, un chic type, il a dit qu'il voulait engager quelqu'un pour conduire sa Cadillac à Los Angeles, j'ai dit que je le ferais gratuitement, juste pour venir ici. Je ne pouvais pas me permettre de louer une voiture pour traverser le pays, mais comme ça...

– Pour l'amour de Dieu, c'était ça, le problème? Je t'aurais envoyé de l'argent...

– Yael, qui t'a demandé ton argent? Quand le gosse rentre-t-il? A trois heures, à quatre heures? Mon avion décolle à neuf heures.

– Ton avion?

– Bien sûr, pour Tel-Aviv *via* New York.

– Écoute, écoute-moi, espèce de cinglé! Pourquoi ne m'as-tu pas au moins téléphoné? Qu'est-ce que c'est que ces façons, de me tomber dessus comme ça, et pourquoi repartir ce soir? Tu dois être crevé, et...

– Je vais très bien. J'ai essayé de t'appeler deux fois. » Il consulta sa montre. « Fascinant, de traverser l'Amérique en voiture! Washington-Los Angeles en soixante-trois heures et demie. Maintenant il faut que j'amène la Cadillac au Beverly Wilshire, l'hôtel d'Alvaro. Comment j'y vais?

– Yossi, ton frère Lee vient déjeuner ici avec un producteur de cinéma. Reste avec nous! Arieh ne rentre pas avant quatre heures. »

Il refusa d'un geste. « Tes affaires, c'est tes affaires. J'ai eu Lee au téléphone. Je les saluerai en revenant, pour l'instant je voudrais prendre un bain et dormir un peu. »

Elle lui indiqua comment se rendre à l'hôtel, toujours incrédule. « Tu as traversé le pays pour voir Arieh à peine une heure avant de reprendre l'avion pour Israël?

– Et pour te voir, bien sûr, et parler un peu. Nous n'avons rien résolu, à Washington, tu étais trop occupée à montrer les monuments à Arieh, et mes cours ne me laissaient pas beaucoup de temps. Dis à Lee que je reviens bientôt. »

Peu après son départ, Lee arriva avec un des êtres les plus étranges que Yael eût jamais vus. Un homme si gras qu'il tremblait de partout en se dandinant, habillé tout en noir, y compris une chemise et une cravate noires. « Madame Nitzan, Monsieur Greengrass, » dit Lee. Le gros homme sourit. « Appelez-moi Jeff, dit-il entre ses dents. Si vous avez des pailles, Madame Nitzan, je suis paré pour le déjeuner. » Son problème de régime devint évident, car il avait les mâchoires reliées par un fil d'acier, et il portait deux boîtes d'aliment liquide. « Ma secrétaire a bêtement oublié de me donner des pailles.

– J'ai des pailles.

– Fantastique. »

Pendant que Yael et Lee mangeaient du poulet à la Kiev, Jeff

Greengrass aspira son déjeuner en décrivant le film qu'il cherchait à faire financer par Leavis. L'industrie était au plus bas de son cycle perpétuel, expliqua-t-il, et l'argent des banques était inatteignable, sauf pour les plus grands réalisateurs et les stars. Il s'agissait d'un film à petit budget avec pour vedette un comédien qui montait, Coockie Freeman, lequel serait aussi le scénariste et le metteur en scène.

« Cookie meurt d'envie de faire des films, dit Greengrass à peu près clairement malgré ses mâchoires serrées, alors on peut l'avoir pour un noyau de cerise. C'est une très belle idée. *Two-Gun Teitlebaum*, il appelle ça, sur un tailleur juif de Brooklyn qui hérite d'un bout de terrain dans une bourgade de l'Ouest, où son oncle était arrivé comme colporteur et s'est retrouvé à la tête d'un saloon. La ville est tenue par les méchants et personne ne veut être shérif, vous voyez? Alors ils nomment ce Juif, Hymie Teitlebaum, le jour de son arrivée. Bon, je le jure sur le Christ, à partir de là Cookie Freeman en fait une comédie à ne pas croire. M. Leavis peut lire le scénario, bien sûr. Ou vous-même, Yael, si je puis vous appeler ainsi? C'est gagné d'avance.

– M. Leavis ne saurait pas juger un scénario, et moi non plus. Envoyez-moi votre proposition et je l'étudierai avec attention. J'ai quelques questions.

– Tirez dans le tas. »

L'ennui, avec les réponses de Greengrass, c'était qu'elles étaient trop volubiles, trop détaillées. Yael perdit pied dans son jargon financier : au-dessus du trait, en dessous du trait, coût négatif, exemption d'un an, crédit investisseur, part du distributeur, bénéfice du producteur, et ainsi de suite, le tout giclant entre les dents du gros homme comme un brouillard artificiel. Ce qu'elle crut entrevoir, c'est que Greengrass ne pouvait qu'y gagner, en tant que producteur, et que Cookie Freeman pourrait bien finir par travailler pour rien. Quant aux risques, ils seraient tous pour Sheva Leavis, s'il y participait. Quichotte reparut pendant la discussion. Les deux frères s'embrassèrent très vite, et il alla prendre son bain.

« Comment va ton petit garçon? » demanda Yael à Lee quand Greengrass partit en se dandinant, laissant ses deux boîtes vides.

La bonne humeur de Lee disparut très vite. « Okay, mais son oreille est toujours infectée. Le médecin dit que cela n'a rien d'inhabituel chez un enfant de trois ans. Il vaudrait mieux que sa mère soit là plus souvent, mais ce qui lui plaît, c'est de chanter dans les boîtes, alors son agent lui trouve des contrats et elle y va. Que penses-tu du baratin de Jeff? C'est un peu un taré, mais il a fait deux petits films qui ont eu du succès.

– Oh, il a l'air de connaître son affaire. *Two-Gun Teitlebaum* pourrait peut-être rapporter de l'argent. Une sorte de parodie juive de *High Noon*, non? »

Lee lui tapota l'épaule avec un sourire. « Yael, c'est très malin, c'est exactement ce que dit Cookie, un *High Noon* juif.

– Bon, mais Sheva n'est pas d'accord pour que tu te mêles de cinéma, et lui-même s'en méfie beaucoup.

– Sheva est un génie des affaires, mais il est démodé. Ce qu'il ne pige pas, c'est l'intérêt des exemptions fiscales.

– Sheva pige tout. Il dit que les films sont des rêves, et que les gens sérieux ne fabriquent pas des rêves. »

Lee Bloom secoua la tête. Ses cheveux gris sortant de chez un coiffeur de luxe découvrirent sa calvitie, et il les remit en place. « Erreur. Produire des films est une affaire sérieuse, Yael, comme l'immobilier. Très semblable, d'après moi. Il te faut un terrain, ce sont les droits du sujet. Un projet de construction, c'est le scénario. Des matériaux, ce sont les stars, les acteurs, les décors. Un entrepreneur, c'est le réalisateur. Et un client, le distributeur. » Il était maintenant extrêmement sérieux, et trouait l'air de son index tendu. « Et de l'argent, bien sûr. C'est pareil. L'exemption d'un an, voilà la grande différence! C'est prodigieux, Yael. Si le risque tourne mal, tu liquides le film en vitesse, fini, et c'est le fisc qui y perd le plus. Alors qu'un immeuble vide te reste sur les bras, coûte cher en impôts et se détériore. Sheva ne voit pas ça, mais... alors, Joe, tu te sens mieux? »

Yael et Lee rirent en voyant Quichotte revenir dans un peignoir en tissu éponge jaune beaucoup trop court pour lui, les cheveux mouillés et décoiffés. « Eh bien, Lee, qu'est-ce que j'apprends, tu vas faire du cinéma, maintenant?

– C'est possible, dit Lee d'un ton solennel. De nos jours, il faut diversifier.

– Ecoute, Yossi, dit Yael, si ton avion décolle à neuf heures, ce sera l'heure de pointe. Il faudra qu'on parte à cinq heures, et tu n'auras pas le temps de voir Arieh. Si j'allais le chercher plus tôt à l'école?

– D'accord. »

Elle laissa les frères l'un en face de l'autre, dans un silence gêné. « Un peu cinglé, ce voyage, Joe. Comme toi.

– Qu'est-ce que Yael a à voir avec le cinéma, Lee?

– Rien. Mais elle a le sens des affaires, et Sheva voulait qu'elle jauge ce Greengrass.

– Une sacrée maison, qu'elle a louée, remarqua Quichotte en regardant autour de lui.

– En fait, elle l'achète.

– Vraiment? » Yossi se mit à bâiller.

« Joe, je crois que tu devrais dormir un peu.
– J'y vais. Elle gagne tant d'argent que ça?
– J'ai garanti l'hypothèque.
– Gentil de ta part.
– Oh, Sheva est totalement inflexible sur les frais fixes, et je sais qu'il a besoin d'elle. Sheva est un type qui voit loin. Je le soupçonne de s'intéresser au cinéma plus qu'il ne veut bien le dire. Il écoutera Yael, et Greengrass a fait bonne impression sur elle.
– Moi aussi, il m'a fait bonne impression. On devrait en faire de l'huile de baleine.
– Ça, il ne serait pas qualifié pour entrer dans ta brigade, répondit gaiement son frère, mais c'est un bon garçon juif et il ira loin. » Quichotte bâilla largement et se frotta les yeux. « Joe, va te coucher. Je m'en vais. C'était génial, de te revoir. Je n'ai pas besoin de te dire comme je suis fier de toi. Nous le sommes tous. Sheva pense le plus grand bien de toi. Bon voyage. »

Resté seul, Quichotte déambula dans toute la maison. Dix fois l'espace de leur appartement à Tel-Aviv, de beaux meubles tout neufs (elle les avait achetés, eux aussi?), plusieurs chambres, plusi eurs salles de bains, une belle pelouse bordée d'arbustes à fleurs rouges, et par-derrière un jardin clos avec une piscine, un toboggan, des balançoires, des palmiers, des orangers et des citronniers portant des fruits. Dans la plus grande des chambres, des photos sur la commode : lui et Benny, en uniforme, beaucoup plus jeunes, une photo dédicacée de Moshe Dayan – *A la jolie Yael, de la part de son Oncle Moshe* – et puis, ce qui ne l'étonna guère, une vieille photo de Sam Pasternak, encore mince et chevelu. Tombe sans prévenir chez une femme, et acceptes-en les conséquences! Dans un cadre en argent, la plus grande photo était celle d'Arieh, bébé, dans les bras de Yael. Quichotte ne fouilla pas les tiroirs ou les placards. A ce qu'il voyait, Yael n'avait pas d'homme chez elle, ou bien elle faisait ça ailleurs.

La chambre d'Arieh lui rendit sa bonne humeur. La dernière photo de Yossi, prise quand il avait été promu lieutenant-colonel, était sur le petit bureau du garçon. Dans la pièce, il n'y en avait pas d'autre. Sur les murs, des affiches en couleurs d'El Al montrant Jérusalem, Eilat et Haifa. Apercevant le coin d'une photo dépassant du sous-main, il la sortit et eut un choc en découvrant un vieil instantané jauni de lui et de Shayna pris sur la plage de Tel-Aviv.

« *ABBA!* » Arieh sauta sur Yossi qui s'était endormi sans le vouloir dans un fauteuil. « Abba! Abba! » Le garçon l'embrassait, le serrait dans ses bras, babillait joyeusement en hébreu. Yael, debout, le regardait d'un air mélancolique. « Quichotte, ne reste pas dans ce peignoir ridicule. Si tu ne veux pas dormir...

– Je dormirai dans l'avion, quoi d'autre? Viens avec moi, Arieh, pendant que je m'habille.

– J'ai des A dans toutes les matières, sauf en histoire américaine, dit Arieh qui exultait. L'école est idiote, et les gosses sont tous des idiots, ils ne parlent que de sport et de télévision. J'ai même été troisème en anglais, et en plus...

– Parle anglais avec Abba, Arieh, lança Yael. Montre-lui ce que tu sais. »

Le garçon n'en tint pas compte. « Abba, tu reprends vraiment l'avion ce soir? Pourquoi? Reste avec nous?

– Tu vas m'accompagner à l'aéroport. Il faut que j'aille retrouver ma brigade, Arieh.

– Il ne vient pas avec nous, dit Yael, s'il n'a pas commencé à faire ses devoirs.

– Tu as entendu Imma? Va dans ta chambre, et dépêche-toi. On aura toujours le temps de parler.

– Abba, j'ai horreur d'être ici. » Arieh l'embrassa et courut dans sa chambre.

« Il sait ce que tu as envie d'entendre, remarqua Yael en faisant la grimace. Tu as faim?

– Assieds-toi, Yael. Lee me dit que tu achètes cette maison.

– Je t'en avais parlé, à Washington.

– Pas que je m'en souvienne. Alors tu t'installes ici pour de bon?

– Qu'est-ce qui te fait dire ça? En Californie, on achète une maison et on la vend deux ans plus tard, *motek*, avec un bénéfice de cinquante pour cent. C'est plus malin que de louer, c'est tout.

– Okay, encore deux ans. En tout, ça fera quatre ans. Et tu es sûre de rentrer, après? »

Yael s'assit au bord du grand canapé beige de style moderne et le regarda sans répondre. Puis, d'un coup, elle explosa. « Arrête de vouloir me coincer, Yossi! Si je gagne assez pour qu'on n'ait plus à mener une vie de chien, oui! Autrement, un an ou deux de plus, quelle importance? Je ne peux rien faire, là-bas, j'étouffe au milieu de ces *shleppers*! Ici, c'est comme la ruée vers l'or, il n'y a qu'à se baisser! Je rentrerai quand je serai prête, compris? Quand j'aurai les moyens de vivre convenablement avec Arieh, ce qu'un officier, avec tout le respect que j'ai pour l'armée, est incapable de faire.

– Tu ne préfères pas qu'on divorce? Tu n'aurais plus jamais besoin d'étouffer au milieu des *shleppers*. »

Yael accusa le coup : elle écarquilla les yeux, bouche bée, et devint toute pâle. « C'est ça que tu veux?

– Je veux mon fils chez moi avec sa mère.

– Yossi, nous nous sommes mis d'accord, et...
– C'était temporaire.
– Est-ce que Shayna Matisdorf a épousé son fils de rabbin? »
A son tour, il sursauta. « Quelle façon idiote de changer de sujet!
– Alors, elle l'a épousé ou non? Il est dans ta brigade, ou pas?
– Il a fait son *sadir*, et il a fini. S'ils s'étaient mariés, je pense que je l'aurais appris.
– Je te suggère de te reposer un peu, et on mangera un morceau. » Elle se leva. « Tu es très, très fatigué. Tu as l'air épuisé. Parler de cette façon me fait mal, mais je suis heureuse de te voir. Arieh t'aime et moi aussi, quoi que tu puisses penser...
– Alors n'achète pas cet endroit. Reviens à la maison. Nous vivons modestement, dans l'armée, mais pas comme des chiens. Ce n'est pas une façon de parler, et ne parle jamais comme ça devant mon fils, Yael, tu m'entends?
– Yossi, écoute, cette espèce de saut à Los Angeles est une pure folie. L'armée peut sûrement prolonger ta permission! Annule ton avion et reparlons quand tu auras la tête un peu plus claire. Et Arieh serait si heureux! »
Il se leva, passa gauchement un bras autour de sa taille. « Tu n'as pas tort, mais je ne peux pas. Encore des ennuis dans mon secteur.
– Quoi, la guerre de l'eau? Tu m'as dit que les Syriens étaient battus à plate couture.
– Ils essayent quelque chose de nouveau. Écoute, je vais parler avec Arieh dans sa chambre. Okay? Oublie un peu ses devoirs. Il les fera.
– C'est ton fils. Vas-y. »
Plus tard, la bonne vint chercher Yael et la trouva devant sa coiffeuse, en train de se regarder dans le miroir. Dans son mélange d'anglais et d'espagnol, la fille demanda si le colonel allait rester pour dîner. Yael parut ne rien entendre, et elle répéta sa question. Tournant vers elle un visage tiré, Yael lui dit de ne pas faire à dîner, qu'ils allaient tous à l'aéroport et qu'ils mangeraient un morceau là-bas après le départ de l'avion.

Le 20 juillet 1966

Très chère Queenie,
Eh bien, c'est fait. Le sort en est jeté. Je me présente à notre ambassade de Washington en novembre, Nakhama et les filles me rejoignent en janvier.
Je t'ai déjà parlé dans mes lettres de notre bizarre « guerre de l'eau » avec la Syrie, et il semble qu'elle arrive à son point culminant. Le général Rabin insiste pour dire que je serais particulièrement utile à Washington dans cette période précaire, alors j'ai salué et j'ai dit : *A*

vos ordres, monsieur. Il paraît entendu que je serai nommé commandant du secteur Centre à mon retour, mais on ne peut pas compter là-dessus.

Pour reprendre ton expression imagée, Nakhama est heureuse comme une palourde. Ici, elle a du mal à tenir convenablement sa maison avec un salaire d'officier, car elle doit s'occuper de deux grandes filles et aussi les habiller. Elle a dû même prendre un emploi à mi-temps dans une bijouterie pour joindre les deux bouts. Avec les indemnités de logement et les frais alloués au poste d'attaché, elle se voit vautrée dans le luxe, quoique pour les États-Unis ce soit une somme très modeste. Les filles sont excitées à l'idée d'aller en Amérique, elles aussi, mais moins heureuses à celle de quitter leurs amies. Leur anglais est passable, alors je les mettrai directement à l'école, et je suis sûre qu'elles se feront très vite de nouvelles amies. Comme font habituellement les autres gosses de l'ambassade.

Vous savez tout, Queenie, et à moins que votre lieutenant-colonel Halliday n'arrive entre-temps, nous nous verrons un peu plus souvent qu'autrefois. Notre relation y survivra-t-elle, ou n'a-t-elle prospéré que grâce à l'éloignement, la privation, l'encre et la plume? Nous le saurons bientôt, n'est-ce pas?

Votre
Loup

Le 1er août 1966

Loup!

Le choc et la joie me rendent quasiment muette. Ni peau ni poil du lieutenant-colonel Halliday, quoique, même s'il venait camper sur le pas de ma porte, je m'en battrais l'œil. Tu le sais. Le National donne un cycle Mahler en septembre-décembre. et je crois que je vais nous abonner tous les deux, okay? Ordre à toutes les lucioles de Virginie: *Nouvelles instructions, brillez en automne.*

A toi,
Queenie

QUATRIÈME PARTIE

Les Six Jours

32

Casus Belli

La prétendue « guerre de l'eau » se poursuivit sporadiquement pendant des années, et si on veut rechercher l'origine de la fameuse guerre de Six Jours, en 1967, ce n'est pas un mauvais point de départ.

En 1964, trois ans avant cette célèbre explosion guerrière, les Israéliens achevèrent leur système hydraulique national, un ensemble nord-sud de canaux, de tunnels et de pipe-lines d'environ cent cinquante kilomètres pour apporter l'eau du Jourdain dans le Néguev.

Il s'ensuivit des duels de blindés sur la frontière. A mesure que les Israéliens visaient de mieux en mieux et démolissaient les tracteurs et les excavateurs qui creusaient des canaux de dérivation, les Syriens reculaient leurs engins de la frontière israélienne, de plus en plus loin, jusqu'à ce que leur matériel soit hors de portée des chars et puisse ronger impunément les digues et les canaux. Car il était tacitement admis, dans la région, que l'entrée en scène de l'aviation israélienne dans la guerre de l'eau pourrait déclencher une véritable guerre.

Arriva le colonel Israël Tal, un sabra maigre et noiraud pas plus grand que Napoléon, qui succéda à Dado Elazar à la tête des blindés. Il perfectionna les chars et entraîna les hommes pour qu'ils puissent toucher les engins de terrassement bien au-delà de leur portée théorique. Après les furieuses batailles au canon qui en découlèrent, la dérivation projetée fut annulée, mais la guerre de l'eau ne prit pas fin pour autant. Les Syriens, mis en échec, se mirent à bombarder intensément les fermes et les kibboutz de Galilée depuis les hauteurs du Golan, où les chars israéliens pouvaient difficilement les atteindre. Le prudent successeur de Ben Gourion, Levi Eskhol, finit par envoyer l'aviation pour supprimer une fois pour toutes les canonnades sur les villages de Galilée, prenant le risque d'une guerre avec les Arabes et même celui d'une intervention soviétique.

Cette action de représailles eut lieu le 7 avril 1967. L'aviation syrienne fit décoller ses MiG-21, les chasseurs soviétiques les plus puissants de l'époque, mais un escadron israélien de Mirage français, plus légers, en abattit une demi-douzaine sans avoir de pertes. Cette nouvelle ébranla le monde. Les Russes avaient perdu la face, l'ONU ronchonnait, les Arabes, fous de rage, devenaient menaçants.

A la mi-mai, en conséquence, le chef d'escadron des Mirage, Benny Luria, se retrouva à Los Angeles, vedette d'un banquet et d'un bal du Fonds juif unifié. On le fit asseoir sur une grande estrade, devant mille personnes, flanqué à droite et à gauche par les grands donateurs, selon les termes du FJU. Sa sœur Yael, à l'une des premières tables avec le pauvre Arieh qui bâillait, lui lançait des sourires qu'il ne pouvait pas lui rendre : la situation sur le terrain devenait alarmante, et pourtant il était obligé d'être là, d'écouter les discours du FJU et même d'en faire un. Sa victoire avait déclenché une escalade. Les divisions blindées égyptiennes envahissaient la péninsule du Sinaï, Nasser exigeait que la force de maintien de la paix de l'ONU quitte ses positions sur la ligne d'armistice, et à la TV, les foules du Caire, de Bagdad et de Damas hurlaient « Mort aux Juifs ! ». Or le commandant d'un escadron de Mirage devait prononcer son discours après les cerises flambées, puis recommencer dans des banquets analogues à Chicago et à Washington. Benny avait téléphoné à Zev Barak juste avant le dîner pour demander si son ordre de retour n'était pas arrivé sur le télex de l'ambassade. Non, rien.

L'autre orateur principal, un sénateur américain grand et chauve, agitait les bras et tapait du pied sur l'estrade. « Maintenant, mes amis, juste un mot sur ces nouveaux mouvements de troupes dans le Sinaï. Trois Présidents américains – Eisenhower, Kennedy et Johnson – ont juré que l'Amérique ne laissera jamais détruire Israël. Cette grande gueule de colonel Nasser bluffe, comme d'habitude, et à mon avis la crise va se dénouer, sauf s'il commet l'erreur de sa vie. En ce cas, Israël vaincra ! » (Acclamations.)

L'as de l'aviation, en uniforme simple, sans décorations, se leva après avoir été longuement et élogieusement présenté par l'ordonnateur du banquet. « Je vous demande à tous, commença-t-il, de recréer un peu votre pays en imagination. Commencez par Rhode Island, entourez-le de quelques très grands États. Disons le Texas au sud, l'Illinois au nord, la Californie à l'ouest. Du dernier côté, laissons l'océan Atlantique, comme aujourd'hui.

« Bien, et derrière ces trois États, mes amis, mettez le Michigan, la Pennsylvanie, New York, et disons que tous les six sont en guerre contre Rhode Island, et ont fait le serment de jeter ses habitants à la mer. » Benny se tourna vers le sénateur assis à côté de lui. « Monsieur le Sénateur, étant donné cette situation, c'est très agréable de vous entendre garantir la victoire d'Israël. » Le sénateur, interloqué, lui fit un vague sourire. « D'autant que pour compléter le tableau, il faut que je mette au nord de l'Illinois une super-puissance violemment hostile à Rhode Island et apportant un soutien militaire illimité à ses ennemis. » Une pause. Des visages attentifs dans toute la salle. « Très bien. Maintenant je vais faire mon discours. Comme le sénateur, mes amis, je voulais seulement vous remonter le moral. » Devant son grand sourire, le public se mit à rire et à l'applaudir.

« Il est très bon, dit Lee à Yael. Où ton frère a-t-il appris à parler aussi bien anglais ?

– Un an en Angleterre. L'école des officiers de la RAF et les cours de mécanique.

– Il a un accent charmant, dit Mary Macready. Comme celui de Charles Boyer.

– Chut ! » Sheva Leavis mit un doigt sur ses lèvres. Il n'était pas sur l'estrade avec les grands donateurs. Leavis n'annonçait jamais ce qu'il donnait pour une cause ou une autre.

Benny Luria reprit ensuite le discours standard du FJU, fait pour émouvoir les Juifs américains ; des vieilles histoires, mais rien de faux. Sur le thème : Israël manque de profondeur stratégique, si on regarde la carte, mais l'amour et le soutien des Juifs du monde entier lui apportent ses ressources et une profondeur spirituelle unique au monde. Benny savait qu'il était inutile de presser l'auditoire, comme l'avait fait interminablement Ben Gourion, pour qu'ils deviennent des vrais Sionistes et viennent en Israël avec leurs biens et leurs enfants. Sa propre sœur était présente, partie d'Israël depuis plusieurs années, et envisageant de divorcer pour rester aux États-Unis : Yael Luria de Nahalal, capitaine de réserve dans l'armée, qui appelait le général Dayan « Dode Moshe » ! Que pouvait-on donc attendre de ces riches Juifs américains ? Benny s'émerveillait déjà qu'ils soient venus si nombreux, ville après ville, qu'ils aient promis tant d'argent ou écouté avec fascination, les yeux brillants, un pilote de chasse israélien.

Il conclut par quelques mots sur la victoire de son escadron. Les MiG syriens étaient de bons avions, les pilotes syriens étaient courageux et compétents, mais ils n'avaient pas de vrai motif pour mettre leur vie en jeu. Israël était donc en sécurité. Là-haut, dans le ciel, tout dépendait de la motivation du pilote seul dans son cockpit. Les pilotes israéliens savaient que la vie ou la mort de leur pays dépendait de leurs victoires ou de leurs défaites. C'était ce qui leur donnait l'avantage, ainsi que l'entraînement qu'ils suivaient. Peu importait comment se dénouerait la crise actuelle, l'aviation remplirait sa mission, *Libérer le ciel d'Israël.*

Le public éclata en applaudissements prolongés, l'orchestre attaqua un twist, et la piste de danse se remplit de couples en train de se tortiller. Même Lee Bloom, qui avait pris du ventre, se mit à twister avec sa jolie épouse, et Arieh dansa avec une petite fille empotée en robe du soir. Yeal se tourna en souriant vers Sheva Leavis. « Eh bien, il ne reste que nous. »

Il leva la main. Leavis était un des rares hommes présents à porter la calotte, alors qu'il n'en mettait pas pour travailler ni pour voyager. « Ne me proposez pas une chose pareille, dit-il avec son sourire sans joie. N'y pensez même pas.

– Vous, Sheva, danser le twist? Je vous verrais plutôt sauter en chute libre.

– J'ai sauté une fois en parachute, Yael. Juste pour l'avoir fait.

– Vraiment? Comment était-ce?

– Très cher. J'ai juré de faire d'énormes dons pendant toute la descente. »

Plus tard, Benny et Yael sur un balcon de Sunset Boulevard. En dessous, les millions de lumières de Los Angeles papillotaient sous un ciel étoilé d'une clarté inhabituelle. Ils parlèrent des risques de guerre jusqu'à ce qu'Arieh aille se coucher. « Alors, tu devais ramasser un magot en trois ans, Yael, et revenir vivre comme une reine. Qu'est-ce qui s'est passé? »

Elle haussa les épaules. « Des choses et d'autres.

– Vas-tu jamais revenir?

– Qui sait? Yossi parle de divorcer, de temps en temps, mais on laisse tomber à cause d'Arieh.

– Oui, je regrette. J'admire Yossi. » Il regarda le balcon et le grand salon derrière les porte-fenêtres. « Tu te débrouilles bien, c'est sûr.

– Je ne me plains pas.

– Yossi m'a dit que tu achètes une maison.

– Ça le mettait en colère, alors j'y ai renoncé. C'est aussi bien! Arieh va passer un an en Israël – comme nous l'avions prévu – et je serais devenue folle dans cette grande baraque. Ici, c'est confortable.

– Où en est ta vie amoureuse?
– Ça te regarde?
– Non. »
Elle hésita. « Oh, bon, j'ai des amis. Je suis sûre que Yossi en fait autant. Toi aussi, d'ailleurs.
– Pas tant que tu pourrais croire. Plus maintenant. »
Le frère et la sœur se regardèrent dans la faible lueur orangée d'une lampe extérieure.
« Oh?
– L'escadron prend tout mon temps et toute mon énergie.
– Certes. » Un sourire sceptique.
« Dov commence son apprentissage de pilote.
– Cela, c'était dans tes lettres. Alors?
– Je découvre que je suis comme tous les parents d'aviateur. Je suis inquiet. Je m'inquiète comme un fou. » Un silence. « Tu as entendu parler du vieux rabbin qu'on appelle l'Ezrakh?
– Bien sûr. Celui qui n'a jamais mis le pied hors d'Israël. Son beau-fils est le grand rabbin de Haïfa.
– C'est ça. Je suis allé le voir à cause d'un gosse qui s'est tué dans un cours de pilotage. Ses parents me l'avaient demandé. » Benny alluma une cigarette et fit une pause. « Il vit comme un mendiant, dans un trou de la muraille de Jérusalem, cet Ezrakh, entouré de ses livres. Il m'a posé des questions étonnamment futées sur le pilotage, l'entretien et les performances des avions. Pas un mot sur la religion, sauf quand il parlait du mort. Un type intéressant, cet Ezrakh. Je lui rends visite de temps en temps. »
Yael pencha la tête vers lui en souriant. « Vas-tu me dire, Benny Luria, que tu deviens religieux et que tu ne touches plus aux filles? »
Un long silence. Il répondit d'une voix lente et pensive. « Beaucoup de temps pour penser, Yael, dans le ciel. Beaucoup de solitude. On n'arrête pas de survoler le Sinaï, là où Moïse a reçu les dix commandements. En discutant avec nos directeurs de vol, trois mille ans plus tard, nous parlons le même langage que lui. C'est intéressant, non?... Il te reste du soda? »
Un vent léger soufflait sur le balcon, où flottait le parfum des fleurs d'oranger, venu des arbres nains qui poussaient dans des pots. Une odeur qui donnait à Benny le mal du pays: quand il était petit, il devait cueillir et trier les oranges pendant des heures. Yael lui tendit un grand verre où tintaient des glaçons. « Allons. Tu as même renoncé à Eva?
– Eva? Qui est-ce? »
Elle rit. « Je vois. On dit que cet Ezrakh fait des merveilles. Si tu quittes Eva, je le croirai.

– Que penserais-tu d'abandonner Arieh?» Pas de réponse. «Ses bagages sont faits? Il est prêt à partir? Notre avion est à sept heures.

– Il est prêt. Écoute, j'ai passé un marché avec Yossi, alors il rentre au pays encore une fois.

– J'ai parlé avec ce gosse, Yael. Il ne veut pas rester. Il grandit, et il a horreur d'être ici.

– Tu le vois, en train de danser? Il n'a pas l'air si malheureux ni tellement déplacé.

– A quoi ressemble ce Sheva Leavis, Yael? Un mystère, non?

– C'est un géant et un gentleman. Maintenant écoute, Benny, va-t-il y avoir la guerre? Si je le croyais, je rentrerais tout de suite avec Arieh et toi.

– Pourquoi?

– Juste pour y être.

– Il faut une guerre pour ça?»

Elle secoua la tête avec impatience. «Je t'ai posé une question.

– Comment le saurais-je? Tout dépend de Nasser. Il a pris l'initiative à pleines mains, c'est sûr. Depuis que B.G. n'est plus là, nos politiciens ne sont plus que des *mammehs* juives.

– Et il faut qu'Arieh rentre juste à ce moment, s'inquiéta Yael, quand la guerre peut éclater! Et si je connais Don Quichotte, il va conduire le premier char dans le Sinaï.

– Qui d'autre?»

Le lendemain, en début de soirée, Benny était assis sur un autre balcon, dominant cette fois le Potomac, avec Zev Barak et un vieil homme de la CIA au visage osseux, en costume gris avec gilet et chaîne de montre. «Ce que vous dites des MiG-21 au combat confirme nos renseignements, dit Cunningham. Surtout la vulnérabilité des réservoirs.

– Oui, c'est nettement un point faible, monsieur, là où l'aile rejoint le fuselage.

– Colonel, nous serions heureux d'avoir un rapport écrit sur votre rencontre avec ces MiG, pour une circulation restreinte, bien sûr, et non signé.»

Belly regarda l'attaché militaire. «Pas de problème, Chris, dit Barak. Vous pouvez aussi avoir les rapports des pilotes et des copies des films du combat.

– Très utile, tout ça.

– Maintenant, posez à Benny toutes les questions que vous voulez.

– Ce trop grand virage des MiG dans les duels aériens, colonel – les limites de l'avion ou la prudence excessive des pilotes?

– Ce n'est pas l'avion, monsieur. J'ai essayé un MiG en vol. »

Cunningham posa son verre et fixa Benny. « Comment diable avez-vous pu faire ça? »

Mais c'était trop, pour l'aviateur, et il hésita, bien que Barak lui ait affirmé que Cunningham était de toute confiance. L'obsession du secret, dans l'aviation, était bien enracinée.

« Un pilote irakien a été poussé à déserter, Chris, dit Barak, et nous a livré son avion.

– Vraiment? » Cunningham haussa ses épais sourcils au-dessus de ses grosses lunettes. « Un coup de maître.

– Oui, surtout grâce à Pasternak, et cela a pris plus d'un an.

– Eh bien! D'autres points faibles, colonel, du point de vue du pilote?

– Quelques angles morts, monsieur. Pas de vision à trois cent soixante degrés, comme dans le Mirage. Et les armes tirent irrégulièrement. Mais c'est un très bon avion. »

Une jeune femme à lunettes dans une robe d'été sans manches descendit au trot les marches en brique, donna un verre de soda à Benny et une grande enveloppe fermée à Chris Cunningham. « De ton bureau, père. »

Cunningham l'ouvrit et en sortit une feuille de télex. « Bon, jusqu'ici, très bien. Nasser n'a pas encore fermé le détroit de Tiran. Charm el-Cheik est plein de soldats égyptiens, mais vos navires passent toujours.

– Fermer le détroit est un casus belli, dit Luria. Il le sait. »

Barak consulta sa montre. « U Thant atterrit au Caire en ce moment même. Nasser attend peut-être de voir ce que l'ONU va lui offrir pour ne pas fermer le détroit.

– Monsieur, à mon tour, dit Luria. Puis-je vous poser une question?

– Allez-y.

– Qu'est-ce que prépare vraiment Nasser, d'après la CIA? Est-ce qu'il croit que les Arabes pourraient y arriver, cette fois-ci? »

Un rire bref et sans chaleur. « Emily, puis-je avoir un autre old-fashioned? »

Elle sauta sur ses pieds. « Colonel?

– Non merci.

– Zev? »

Barak secoua la tête. Quand elle passa tout près de lui, Benny respira une bouffée de son parfum. Cela, ajouté au « Zev » curieusement familier, éveilla son intérêt pour elle.

« Que veut Nasser? Oh, on peut toujours spéculer, colonel, mais la vraie question, c'est : que veulent les Russes? Ce sont eux, évidemment, qui ont fomenté tout ça. Ces derniers temps, le prestige des Russes, dans le tiers monde, a dégringolé, dit Cunningham, dont la voix monocorde se teintait de subtiles harmoniques de plaisir, grâce aux régimes marxistes qui se sont fait renverser les uns après les autres – Sœkarno, Nkrumah, Ben Bella – et nous, à l'Agence, si j'ose dire, nous n'y sommes pas absolument pour rien.

– Sam Pasternak dit que vous avez fait des merveilles, glissa Barak.

– Eh bien! De la part de Sam, c'est un vrai compliment. De toute façon, la Syrie est devenue l'étoile de l'arbre de Noël dépenaillé des Russes dans le tiers monde, alors ils cherchent à la renforcer, peut-être même à reprendre le leadership arabe à ce mauvais coucheur de Nasser, qui n'est pas fiable, pour le donner à ce dictateur, Assad. C'est ce que nous prévoyons, mais qui sait? Ces types du Kremlin sont comme des prestidigitateurs, ils versent du vin blanc et du vin rouge de la même bouteille. »

Cunningham but une longue gorgée du cocktail apporté par sa fille, les laissant apprécier cette image.

« Des coups brillants, et des erreurs stupides! Tsars ou commissaires du peuple, aucune différence, c'est la même nature russe. Et c'est la clef de l'énigme qui déroutait Churchill. On peut essayer de deviner le prochain coup de maître qu'ils vont faire, mais qui peut prévoir les lubies d'un imbécile? » Il fit une pause quand un avion passa dans un grondement de réacteurs.

« Que sont ces petites étincelles, sur la pelouse? demanda Luria quand le silence revint.

– Des lucioles, répondit Barak. Des insectes qui deviennent lumineux en été.

– Très beau. Une parade nuptiale, hein? »

On entendit la voix de la jeune fille dans la demi-obscurité. « Exactement, colonel Luria.

– Chris, il ne s'agit pas d'une simple crise pour une question de prestige, dit Barak. Les blindés de Nasser arrivent à notre frontière du Néguev. C'est un autre casus belli, et il le sait. »

Cunningham hocha la tête. « Ça échappe à tout contrôle à cause de la tactique imbécile des Soviétiques. Ils ont dit à Nasser que vous avez douze brigades prêtes à envahir la Syrie. Nasser protège son leadership arabe en envoyant ses chars dans le Sinaï. Il est obligé de faire au moins ça.

– Alors c'est à nouveau Rotem! s'écria Benny. Exactement le même foutu truc que Rotem : Nasser envoie les chars en prétendant qu'on va attaquer la Syrie. Chaque fois, c'est entièrement inventé.

– Bien sûr, approuva Cunningham, sinon les Russes auraient accepté votre invitation à venir inspecter votre frontière syrienne. Nous savons ce qu'a répondu leur ambassadeur, même si cela n'a pas été rendu public.

– Eh bien, demanda Emily, qu'est-ce qu'il a dit?

– Que l'Union soviétique n'avait pas besoin de vérifier des faits. »

L'aviateur, impatient, pivota sur sa chaise. « Monsieur, puis-je utiliser votre téléphone?

– Bien sûr. Venez avec moi. »

Luria le suivit dans l'escalier.

Zev et Emily se regardèrent. « Salut, dit-il à voix basse.

– Loup, comment va Galia? » demanda-t-elle sur un ton intime.

– Elle a le bras dans le plâtre. Pas une fracture très grave, Dieu merci.

– Qu'est-ce qui s'est passé? Au téléphone, tu m'as seulement dit que tu ne venais pas à la Growlery parce que tu devais l'emmener à l'hôpital.

– Elle est tombée de vélo.

– C'est tout?

– Pourquoi me demandes-tu ça?

– Tu es toujours enveloppé d'un épais voile de mystère. Je me sens exclue, et je sais que tu te sens très mal de ne pas être en Israël ces jours-ci. Ça se voit sur ton visage.

– Mon gouvernement veut que je reste ici.

– Il y a un sac de pistaches fraîches à la Growlery, si ça peut te faire du bien. Et plein de Brunello. Penses-y, mon amour.

– Bien sûr, Queenie. »

Dans un crissement de gravier, la voiture de Barak s'éloigna de la maison et remonta l'allée en pente raide qui serpentait entre les arbres touffus. « Écoute, Benny, détends-toi. Si on te rappelle avant le banquet de demain soir, c'est l'ambassadeur qui fera ton discours, ou moi.

– Un type intéressant, ce Cunningham. Et sa fille? Qu'est-ce qu'elle fait?

– Dirige une école de filles.

– Elle habite chez lui?

– Il est veuf, alors elle est très souvent là. »

Ils traversèrent le pont du Potomac, embouteillé aux deux bouts. On apercevait le Capitole et les monuments illuminés. « Tu te plais ici? demanda Benny.

– C'est bien.

– Tu as l'air déprimé.

– J'espère seulement qu'il ne va pas y avoir la guerre.

– Elle est inévitable. Et il faut que ce soit en ce moment, bon Dieu, qu'il y ait quatre banquets du FJU en une semaine! Et que je sois coincé là-dedans!

– C'est peut-être pour ça que Nasser a bougé le 15, Benny. Pour nous prendre par surprise, en train de célébrer le Jour de l'Indépendance.

– Drôle, cette fille, Zev. Ce n'est pas une beauté, mais elle a quelque chose de sexy. »

Barak poussa un grognement. « C'est juste qu'il y a longtemps que tu n'as pas vu Irit. Et Eva.

– Possible. »

En sortant de l'ascenseur, ils entendirent de la musique sortir de l'appartement des Barak. Arieh apprenait le twist à une petite fille maigre qui avait un bras dans le plâtre, et une autre, plus jeune, dansait maladroitement toute seule. Nakhama sauta sur ses pieds et coupa la musique. « Chéri, Noah vient d'appeler de Haïfa. Ses navires viennent d'être mis en alerte rouge.

– Ça y est, dit Benny. On va me rappeler.

– Pas nécessairement, répondit Zev, la marine a toujours peur en premier.

– Et devine quoi, Zev? ajouta Nakhama. Tu as un neveu! Lena a eu un garçon, dit Noah, et ton frère Michael est au paradis.

– Bien, bien! lança Benny. Inscrivons-le pour les cours de pilotage en 1985. »

Nakhama se mit à rire. « Arrivons déjà au bout de 1967, dit Zev.

– Au lit, Arieh. On va peut-être devoir se lever tôt. » L'aviateur emmena le garçon malgré ses protestations, et les filles de Barak allèrent dans leur chambre.

« Alors, que dit M. Cunningham, Zev? » Nakhama mit son tablier. « Est-ce que la CIA sait quelque chose? Va-t-il y avoir la guerre?

– Il pense que ça échappe à tout contrôle.

– Emily était là?

– Elle est venue prendre un verre.

– Noah dit que les gens commencent à mettre l'essence de côté, qu'ils dévalisent les épiceries et les marchés. Les scouts sont affectés au service civil, ils doivent nettoyer et approvisionner les abris anti-aériens, empiler des sacs de sable devant les écoles... » Elle soupira et secoua la tête. « Comme en 1948... »

Quand on secoua Benny pour le réveiller, il ne savait plus dans quelle ville il était. « Eh bien, Benny, cette fois tu avais raison. » Torse nu, en caleçon, Zev alluma une lampe. « L'ambassade a téléphoné. Un télex te rappelle d'urgence. Nasser a fermé le détroit. »

Benny, les yeux grands ouverts, s'assit sur le divan du salon. « Quelle heure est-il?

– Plus de deux heures. Une voiture de l'ambassade va t'emmener à New York. Il y a un vol de Pan Am pour Londres à neuf heures. Nakhama prépare un petit déjeuner. Arieh est en train de s'habiller.

– Le drapeau est levé, Zev!

– Ça y ressemble. »

Ce soir-là, au Hilton de Washington, Barak prit la place de Benny Luria, parla sans avoir pris de notes comme s'il avait préparé, écrit et répété son discours pendant plusieurs semaines, et termina par ces phrases une demi-heure de plaidoyer passionné ponctué par des applaudissements :

« Nous ne voulons pas un pouce de terrain en plus de ce que nous avons! Que nos voisins concluent avec nous une paix véritable, et nous, les Juifs, nous jetterons nos chars et nos avions à la mer! » Il fut encore interrompu par des applaudissements. Quand ils diminuèrent, il continua calmement, d'une voix tendue. « Combattre n'est pas une occupation, pour les Juifs. Cela ne l'est plus depuis l'époque de Macchabée. Mais, en Europe, nous avons appris deux leçons amères que nous n'oublierons jamais. Il nous faut un foyer, et nous devons être capables de le défendre. Maintenant que nous avons ce foyer, et qu'il est attaqué, nous mettrons nos ennemis à genoux, comme nous l'avons déjà fait, et à n'importe quel prix, parce qu'EN BRERA, au contraire de nos ennemis, nous n'avons pas le choix! Pas d'autre choix que la victoire! »

Il descendit de l'estrade. Assise à une table du premier rang, avec son père, Nakhama et deux généraux de l'armée américaine, Emily sauta sur ses pieds et applaudit chaleureusement comme le reste de la salle, tandis que Cunningham et les généraux se chuchotaient des commentaires à l'oreille. Nakhama n'applaudissait pas, elle non plus (que les autres acclament son mari!). L'homme de la CIA se pencha vers elle. « Madame Barak, votre mari est un orateur! Un talent caché.

– Oh, il parle peu, mais quand il a quelque chose à dire, il sait le faire. » Emily reprit sa place. « Monsieur Cunningham, continua Nakhama, vous et votre fille devriez venir dîner chez nous un de ces jours.

– Avec plaisir. Emily, tu t'en charges?

– Oui, père », dit-elle avec un étrange pincement au cœur.

A l'hôtel de l'aéroport de Londres, où Arieh s'endormit aussitôt, Benny regarda la télévision jusqu'à la mire de fin d'émission. Les dernières images montrèrent la crise du Moyen-Orient : Nasser tout sourires qui répondait aux questions de la presse sur son triomphe politique après avoir fermé le détroit de Tiran ; un porte-parole du gouvernement israélien en chemise ouverte, le visage sévère, qui s'énervait sous les cris et les interrogations ; des images de foules hurlantes, les poings brandis, dans des capitales arabes ; et enfin, ce qu'il trouva le plus inquiétant, des vues de rues désertes et obscures à Tel-Aviv et Jérusalem, des écoles et des boutiques derrière des sacs de sable, des enfants qu'on faisait descendre dans des abris en pyjama, des interviews d'hommes de la rue choisis pour bien montrer la terreur et le désespoir des Israéliens.

En posant le pied en Israël, quelques heures plus tard, il vit immédiatement à quel point le journal télévisé avait reflété l'état d'esprit des gens. La femme en uniforme bleu, au guichet de l'immigration, leva sur lui des yeux apeurés. « Alors, colonel, vous êtes revenu pour la guerre, n'est-ce pas ?

– Juste au cas où elle a lieu.

– J'ai perdu un frère en 1956.

– Terrible. Désolé.

– Je ne peux plus le supporter. Je viens d'avoir un autre bébé, et mon mari est dans les chars. » En tamponnant son passeport, avant de le lui rendre, elle eut un sourire douloureux. « Eh bien, colonel, si nous devons nous battre, espérons qu'on va leur briser les reins, cette fois, avec l'aide de Dieu. Une bonne fois pour toutes ! »

Il fut rassuré de ne voir que des gens habillés comme des touristes attendre les départs, isolés dans l'aéroport presque désert. Quand les ennuis s'annonçaient, il valait mieux ne pas les avoir dans les jambes. D'après ce qu'il voyait, les Israéliens n'étaient pas en train de fuir. Quelle que soit leur peur, ils restaient pour y faire face.

« Dode Benny, dit brusquement Arieh quand ils sortirent sous le soleil, je suis tellement content d'être rentré ! Quand va-t-on voir Abba ?

– Dès que je l'aurais trouvé.

– Je veux aussi voir Dov.

– Lui, tu vas le voir tout de suite. » Il fit signe à son chauffeur qui arrivait dans une voiture de l'armée. Sur la première page des journaux que l'homme lui donna, Benny perçut le même état d'esprit lugubre, renforcé par le catastrophisme hystérique des journalistes israéliens. Dans ce pays, les désastres faisaient vendre les journaux.

Plus les grands titres étaient noirs ou sanglants, plus on imprimait d'exemplaires. Il lui semblait parfois que son peuple était accro à l'adrénaline des crises. Pour un pilote de chasse, cette adrénaline accélérait les réflexes, aiguisait les perceptions, excitait la fureur combative. Mais lorsqu'elle était réprimée, sans exutoire dans l'action, c'était comme un produit chimique injecté aux civils, leur donnant un choc où se mêlaient la terreur et le plaisir, et la futilité, qui les intoxiquait.

Dans les bourgades qu'ils traversèrent, il vit le désarroi de la population confirmé par les magasins fermés, les vitrines vides, les rares piétons courant de-ci de-là sur des trottoirs habituellement encombrés. La mobilisation des réservistes avait à moitié vidé les rues. On voyait surtout des camions militaires transportant des troupes, des chars ou des canons, et il fut content de voir que les jeunes soldats, du moins, paraissaient joyeux.

Franchir le portail de la base aérienne de Tel Nof, ce fut comme de passer des nuages au grand soleil. *Heyl Ha'avir!* Des voies rectilignes, des pelouses bien tondues, des jeunes femmes provocantes, en uniforme, qui frôlaient les roues des jeeps ou suivaient les allées en bombant le torse. Presque comme en temps de paix, sauf pour l'allure, plus rapide, et l'électricité dans l'air.

Benny laissa Arieh avec Dov et fit une inspection rapide des hangars. Les pilotes attendaient près de leurs appareils, en combinaison de vol, les mécanos s'affairaient sur les Mirages, et tous se plaignaient des hésitations du gouvernement. « Qu'est-ce qu'on attend ? » lui lança-t-on de toutes parts. D'un hangar à l'autre, il dut leur renvoyer les questions standard sur le plan d'attaque – nom de code MOKADE (point focal).

« Chaïm, quel est ton objectif dans la première vague ?

– Inchas, colonel.

– Quand décolles-tu ? Quelle est ta position en formation de vol ? Quelle altitude ? Premier objectif ? »

Le pilote aboya les réponses correctes.

C'est ce qui hantait Benny depuis les premiers mouvements de Nasser, ce qui le rendait de plus en plus nerveux alors qu'il parcourait les États-Unis pour faire ses discours. Le plan était d'un équilibre délicat, tout dépendait du timing, et si la guerre éclatait, cette unique opération pourrait décider de la chute ou de la survie d'Israël.

« Tali, demanda-t-il à un autre pilote, heure d'arrivée sur l'objectif ?

– 07 h 45, colonel.

– Objectif secondaire ? Mission au premier passage ? Au second ? Options de secours ? »

Même si on les réveillait en pleine nuit, ils devaient pouvoir répondre du tac au tac. Gardant le plan d'ensemble en tête, Benny ne trouva aucune faille dans leurs réponses agacées. Maintenant, se dit-il, si seulement les politiciens les lâchaient maintenant! Des années de travail étaient en jeu. Les faits changeaient, les missions individuelles étaient mises à jour, mais le plan MOKADE restait en vigueur : *surprendre et écraser l'aviation égyptienne dès les premières heures du conflit.*

33

L'Attente

Alors commença le compte à rebours de la guerre, que les chroniques d'Israël appellent la *Hamtana* (l'Attente).

La doctrine stratégique israélienne supposait trois conditions pouvant conduire d'une crise à une guerre déclarée : deux régionales, trois internationales.

1. Une menace militaire imminente créée par des troupes massées aux frontières d'Israël.
2. Un renversement du statu quo qu'Israël ne pourrait laisser impuni sans perdre sa crédibilité militaire.
3. Que la communauté internationale abandonne Israël à son sort.

Deux de ces conditions étaient maintenant pleinement réunies. Cent mille soldats égyptiens et des centaines de chars avaient traversé le canal de Suez, s'étaient rués dans le Sinaï et avaient fermé le détroit de Tiran, coupant ainsi au sud l'accès d'Israël à la mer. L'Union soviétique, naturellement, soutenait toutes les mesures prises par Nasser, et il ne restait qu'une question, cruciale : les puissances occidentales et les Nations unies allaient-elles obliger le dictateur égyptien à rouvrir le détroit et retirer ses troupes du Sinaï, ou allaient-elles se cantonner à proclamer leur désapprobation en laissant Israël se sortir seul de ce danger?

Pour chercher la réponse, Abba Eban, désormais ministre des Affaires étrangères, fit la tournée des trois grandes capitales européennes. A Paris, en pénétrant dans le bureau du président Charles de Gaulle, il fut accueilli par un avertissement d'une voix sonore : « Ne faites pas la guerre! » De Gaulle resta dans le vague pour ce qui était de savoir si on pourrait persuader Nasser de réformer sa mauvaise conduite, mais fut excessivement clair sur un point : si Israël tirait le premier coup de feu, il perdrait totalement et pour de bon l'amitié et l'assistance de la France. A Londres, Eban fut mieux reçu, et le Premier ministre, Harold Wilson, ne lui fit aucune menace ; mais Wilson resta tout aussi flou sur les moyens de faire sortir Nasser de sa regrettable humeur belliqueuse.

Ce n'est qu'en Amérique qu'on lui fit une proposition concrète. Le recevant cordialement, le Président Johnson lui dit qu'il allait tenter d'organiser une « flottille internationale » de navires de guerre qui ouvrirait de force le détroit de Tiran si les reproches des Nations unies, et l'existence même de cette flottille, ne faisaient pas changer d'avis Nasser et annuler son blocus. Former une telle escadre prendrait assurément un certain temps, dit le Président américain, et il demandait au gouvernement israélien d'user de patience – *d'attendre.*

Sam Pasternak buvait un café dans le bureau de Motti Hod, le chef de l'aviation, un grand type mince et chauve avec une petite moustache, en uniforme bleu bien coupé. « Sam, Sam, vas-tu me dire que nous n'allons rien faire pendant deux ou trois semaines ? Avec le pays paralysé, les Arabes mobilisés à nos frontières, et...

– Motti, Lyndon Johnson veut du temps pour créer une " flottille internationale " – dit-il d'un ton ironique, le visage sceptique – nous a rapporté Eban, pour rouvrir de force le détroit. Le cabinet était partagé, mais il a été décidé de jouer le jeu de Johnson et d'attendre. L'idée, c'est que les puissances maritimes vont exiger libre passage pour " toutes les nations ", c'est-à-dire nous aussi. Si Nasser recule, très bien. Sinon, cette flottille internationale pénétrera dans le détroit, et...

– Mais quelles puissances maritimes ? De Gaulle est passé du côté des Arabes, on le sait. De l'Angleterre, comme d'habitude, on peut s'attendre à *bopkess.* L'Amérique est coincée au Viêt-nam. Quelles puissances, je te le demande ?

– Eh bien, peut-être la Hollande, peut-être le Canada, peut-être la Suède, peut-être même l'Australie. Eban n'est pas très clair là-dessus.

– Peut-être personne ?

– Peut-être personne. »

Hod prit une grande carafe et but un verre d'eau, seul indice de sa nervosité. On se moquait du chef de l'aviation en disant que son moteur était refroidi par eau. Il en avait déjà bu plusieurs verres depuis que Pasternak était arrivé à l'aube, les yeux injectés de sang, mal rasé, après une nuit de discussion gouvernementale au sujet de la guerre. « Est-ce qu'un seul membre du cabinet croit à cette flottille? Eban y croit-il?

– Difficile de savoir ce que croit Eban, tellement il est bavard. » Hod poussa un grognement et faillit sourire. « Mais il est contre le fait de partir en guerre maintenant, c'est clair.

– Écoute-moi, Sam. Nasser a proclamé ouvertement qu'il avait fermé le détroit tout à fait légalement, parce qu'il est en état de guerre avec nous. Exact?

– A cent pour cent.

– Alors, si on est en guerre, pourquoi n'attaquons-nous pas?

– C'est ce sur quoi Rabin a insisté jusqu'à avoir une extinction de voix. Fumer trois paquets de cigarettes l'a aidé.

– Comment va-t-il, franchement? » Il courait des rumeurs inquiétantes sur la santé du chef d'état-major.

« Rabin? Okay, d'après ce que j'ai pu voir à travers la fumée. »

Hod baissa la voix. « Et quand on raconte qu'il s'est effondré?

– Écoute, j'étais avec lui quand il est allé voir Ben Gourion. Le Vieux est peut-être au rancart, mais il était fidèle à lui-même, absolument furieux contre Rabin pour avoir rappelé les réservistes. Il hurlait que Rabin provoquait les Égyptiens, qu'on ne pouvait pas livrer seuls une guerre pareille, que lui, Yitzhak Rabin, serait personnellement responsable de la fin de l'État hébreu au bout d'à peine dix-neuf ans d'existence. Rabin est tombé dans un trou noir pendant deux jours. Moi-même, je ne me sentais pas si vaillant, après ça. Ben Gourion était terrifiant. »

Un silence. « Un grand homme, dit Hod, mais il vit dans le passé. Ne pas appeler les réservistes aurait été une négligence criminelle.

– Je suis d'accord. » Pasternak consulta sa montre. « Alors, où est Luria?

– Benny conduit vite. Il va venir. Je croyais que le Premier ministre venait à cette réunion.

– Eshkol m'a demandé de lui apporter le compte rendu. Il doit travailler à son discours pour la radio. Ce soir, tout le pays va être pendu à ses lèvres.

– Je ne l'envie pas.

– Moi non plus. Les politiciens veulent sa tête. C'est un crime.

– Tu lui as toujours été fidèle.

– Pour de bonnes raisons! Pendant toutes les années où Ben Gourion a tenu la vedette, c'est Eshkol qui faisait le travail, je te le dis. Les infrastructures du pays, c'est l'œuvre de Levi Eshkol.

– Tu n'as pas à me vendre Eshkol. On va bientôt voler en Skyhawk parce qu'il est allé aux États-Unis et les a obtenus de Lyndon Johnson. » Une sonnette. « Oui?... Bien... Okay, Benny est là. Allons-y. » Ils suivirent vers la salle de réunion un long couloir où s'alignaient des photos de Mirage et de Skyhawk en plein vol, des portraits des chefs qui avaient précédé Hod, et des affiches de recrutement exhibant les beaux pilotes et les belles filles de l'aviation.

Benny Luria fut stupéfait de voir le général Hod entrer sans le Premier ministre, mais accompagné de Pasternak, qu'il détestait profondément. Cet homme avait brisé la vie de sa sœur Yael, pensait-il, en lui faisant brûler sa jeunesse pour des absurdités. Maintenant c'était un gros bonnet dans les renseignements, avec un statut obscur, à part le fait qu'il était très proche d'Eshkol.

« Benny, résume pour le général Pasternak la mission de ton escadron dans MOKADE, dit Hod, et donne-lui une idée générale de la première vague. »

Benny connaissait bien Hod, et de toute façon il ne manquait pas de culot. « Motti, lança-t-il, on y va demain ou pas? » Depuis son retour, il avait le cœur lourd, il percevait un relâchement chez les aviateurs, une absence d'électricité à laquelle on s'attend avant une attaque.

« Peu importe. Exécution. » Les généraux s'installèrent dans leurs fauteuils.

Pasternak, malgré sa fatigue, fut prodigieusement enthousiasmé par le tableau que fit Luria du plan MOKADE. Un plan fantastique! La succession des cartes et des transparents colorés, le déclenchement minute après minute des opérations étaient décrits en détail de façon extrêmement convaincante. Le Premier ministre serait réconforté, et une bonne nouvelle ne lui ferait pas de mal.

« Bon travail, Benny, dit Pasternak quand ils repartirent tous les trois. Tu as vu ta sœur à Los Angeles?

– Bien sûr.

– Comment va-t-elle?

– Trop de confort. Gagne trop d'argent. » Benny s'éloigna à grands pas.

« Benny est hors de lui, dit le chef de l'aviation. Il croyait que l'attaque était sûrement pour aujourd'hui ou pour demain, et il devient fou à l'idée d'un retard supplémentaire.

– Pourquoi? C'est un plan génial, Motti, quel que soit le moment.

– Erreur, *erreur!* Si Nasser frappe nos aéroports en premier, tout ce travail, toute cette préparation et toutes ces répétitions partent en fumée! Sam, pour l'amour de Dieu, dis-le à Eshkol.

– Tu crois que je vais me taire? »

En pyjama et peignoir de bain, Levi Eshkol mangeait pour son petit déjeuner un grand saint-pierre grillé, des œufs brouillés et du pain noir. Le Premier ministre, chauve et ventru, scruta Pasternak à travers ses épaisses lunettes sans monture. *« Sam, kumt essen. »* (« Viens manger. ») Une vieille salutation yiddish, que Pasternak déclina également d'une expression yiddish : *« Ess gezunt. »* (« A ta santé. »)

« Bon assieds-toi. Ce poisson est délicieux. On m'a réveillé après une heure de sommeil, à peine, avec une lettre de Kossyguine. Manger, c'est faire le plein, et j'en ai besoin. Lis cette lettre. »

Pasternak parcourut la traduction en hébreu posée sur le bureau. « Pas aussi dure que celle de Khrouchtchev en 1956, hein? lui fit remarquer Eshkol. Ça, c'était une vraie bombe.

– Non. Mais celle-ci n'est pas agréable.

– Pas du tout. Alors, et ce plan de raid aérien?

– Premier ministre, c'est un coup de maître. Je suis totalement séduit. Et je suis allé dans les hangars, j'ai parlé avec les pilotes et les équipes au sol. Ils sont affûtés comme des rasoirs, tous, et impatients d'y aller.

– Bon, voyons ça. » Pendant que Sam lui résumait MOKADE, Eshkol mangea son poisson, ne laissant que les arêtes, puis ouvrit la tête pour gratter les moindres miettes. « Cela me paraît compliqué, dit-il en secouant la tête, inquiet. Comme un ballet. Il suffit qu'un exécutant fasse une erreur, et ça peut devenir un terrible *balagan.* »

Il s'essuya lentement la bouche avec une serviette. « Et entre-temps, Sam, quels *tzoress* (ennuis)! J'ai eu Menahem Begin au téléphone, me pressant de m'écarter pour remettre Ben Gourion à ma place! » Il regarda fixement Pasternak. « Tu entends? Begin qui veut Ben Gourion! Et puis Dayan! Après onze ans hors de l'armée, il demande à revenir et à prendre immédiatement le commandement du Front Sud! J'ai la tête qui tourne, vraiment, je te le dis. »

Trop conscient de la vague de fond en faveur du retour de Dayan – on parlait même dans les journaux de le voir remplacer Eshkol – Pasternak se déroba. « Avez-vous fini votre discours pour la radio, Premier ministre?

– Le discours? *Oy vavoi!* Non. Crois-tu que je puisse le retarder?

– Impossible! laissa échapper Pasternak, alarmé. L'effet sur le pays...

– Je sais, je sais. Pourtant, ça me fait peur. D'abord je dois répondre à Kossyguine, ensuite recevoir les généraux qui sont en ébullition à cause de la Hamtana. » Il se leva et marcha de long en large, d'un pas lourd, tête baissée. « Mais, Sam, la situation à Washington, c'est le pire ! » Il tourna vers Pasternak un visage hagard. « Eban revient et dit une chose, et ici l'ambassadeur américain dit tout à fait autre chose. Notre ambassadeur là-bas n'arrive pas à tirer un mot précis du Département d'État. Le secrétaire d'État Rusk fait des déclarations ambiguës à la presse. Je n'ai rien entendu du Président Johnson, et je croyais avoir de bons rapports avec lui ! Sam, *à cet instant je ne sais pas ce qui se passe vraiment à Washington !* Tu entends ?

– Premier ministre, lancez l'aviation tout de suite. Aujourd'hui, demain ! » Eshkol cligna des yeux. « Allez-y ! Battez-vous ! Je vous affirme que le plan MOKADE va marcher. C'est brillant, jusqu'au dernier détail. Il y aura un prix à payer, mais nous vaincrons. Après coup, les Américains vous applaudiront, Johnson compris.

– Je ne peux pas. » Avec un grand soupir, Eshkol s'assit derrière son bureau. « Le cabinet ne m'a pas mandaté pour entrer en guerre. Un vote tremblant, à cinquante cinquante, aucune volonté d'agir. En plus – il loucha de biais vers Pasternak et prit une voix étrange – cette Hamtana n'est peut-être pas un mal. Nous donne le temps de bien nous préparer. Mais je ne peux pas dire ça dans ce maudit discours. » Il brandit des papiers couverts de griffonnages, et lui lança un regard rusé. « Écoute, *Shafan* » (Lapin). C'était jadis le nom de code de Pasternak, dans la clandestinité. « Il va peut-être falloir que tu retournes à Washington. Il faut que je sache où en est Johnson avant de pouvoir bouger. Il le faut ! »

Pasternak répondit par le nom de code d'Eshkol. « Je suis prêt, *Layish* (Lion).

– *Oy vavoi !* » Eshkol poussa un grognement, sourit. « Un vieux lion tellement décrépit ! »

Dans l'appartement des Berkowitz, à Haïfa, plein des parents de Lena venus du kibboutz et des amis universitaires du professeur, en l'honneur de la circoncision du nouveau-né, tous s'interrogeaient bruyamment sur ce qu'allait dire Eshkol à la radio. On ne pouvait sûrement pas supporter plus longtemps cette Hamtana, cette période exaspérante entre guerre et paix, avec la menace arabe qui grandissait sans cesse aux frontières ! Comme Don Quichotte était venu en uniforme, on le pressait de donner son avis. Il répondait par des grognements et des haussements d'épaule.

Dans la chambre, Shayna essayait de calmer et de réconforter Lena, terrorisée, qui avait son fils de huit jours endormi sur ses genoux. « Pourquoi n'en finissent-ils pas avec cette coutume barbare ? S'il faut mutiler ce pauvre chéri, qu'ils le fassent et c'est tout ! » Lena avait grandi dans un kibboutz marxiste, où tous les enfants étaient circoncis dès leur naissance. Tous les kibboutzim disaient que c'était un rituel sanglant et primitif qui devrait être aboli, mais aucun n'avait omis de faire circoncire son fils.

« Ils ne sont pas encore là, dit Shayna en jetant un coup d'œil derrière la porte.

– Qui, “ ils ”?

– Le colonel Luria et l'Ezrakh. Ils viennent ensemble.

– Et alors quoi? L'Ezrakh ne vient que pour saupoudrer ça de religion, n'est-ce pas? s'agaça Lena. Et le colonel Luria est peut-être un grand héros, mais s'il est en retard, tant pis, qu'ils le fassent, pour l'amour du ciel. »

Shayna expliqua qu'ils étaient les deux dignitaires désignés pour le rite du *brit*. Luria prendrait le bébé des bras de sa mère, le présenterait avec cérémonie à l'Ezrakh, et il serait circoncis sur les genoux du vieil homme, un grand honneur pour la famille. « En fait, c'est le bébé qui est honoré, dit Shayna, par l'importance de ces deux participants.

– Oui, je suis certaine qu'il va trouver ça absolument passionnant, dit Lena en le serrant contre elle. Pauvre chéri. »

Don Quichotte passa la tête. « Shayna, ils arrivent.

– Oh Dieu », s'écria Lena.

Shayna alla sur le pas de la porte. Benny Luria entra, accompagné d'un petit homme à barbe blanche, très droit, avec un long manteau noir usé et un chapeau noir à larges bords un peu rouillé. Ils étaient suivis par une fille blonde dans un uniforme beige tout neuf, avec une casquette noire perchée sur son chignon.

« Qui est cette créature? demanda Quichotte à Shayna.

– Tu ne la reconnais pas? C'est Daphna Luria.

– Quoi, la petite morveuse aux dents de lapin qui courait dans tout Nahalal? C'est elle?

– Jolie, maintenant, n'est-ce pas? » Daphna fit un sourire à Noah Barak, lui-aussi en uniforme, qui sortit de la foule pour venir l'embrasser sur la joue. On lui avait visiblement arrangé les dents.

« Une gosse », dit Yossi. En fait, il croyait voir Yael réincarnée, la déesse guerrière dont il était tombé amoureux sur le champ de bataille de Latroun. « Elle et Noah sont fiancés, ou quoi?

– Elle est affectée à Ramat David, et ils se fréquentent. Jaloux, Yossi? »

Quichotte ignora cette pique. « Shayna, il faut que je te parle d'Arieh. » Le garçon habitait chez elle pendant l'urgence de la Hamtana, car Quichotte campait sur le terrain avec sa brigade.

« Pourquoi pas? » Elle essaya de garder un ton dégagé. « Raccompagne-nous chez nous, après. On pourra parler pendant le trajet. »

Dans l'appartement, c'était maintenant un véritable tumulte. Les hommes, rassemblés autour de l'Ezrakh et de Luria, discutaient en gesticulant.

« Shayna, je vais devenir folle, dit Lena, cramponnée au bébé. Va voir ce qui se passe.

– Je vais essayer. » Elle s'enfonça dans la foule agitée et Quichotte la vit parler avec son ancien fiancé à barbe noire, Chaïm Poupko, marié depuis longtemps et ayant deux enfants. Son père, le grand rabbin de Haïfa, grand et gros, était au centre de l'agitation et argumentait avec l'Ezrakh. Shayna revint bientôt en disant : « On y va. Tout est réglé. » Le vacarme laissa place aux chants rituels.

Lena, tremblante, demanda : « Quel était le problème?

– Aucun problème. »

Les invités laissèrent le passage à l'Ezrakh, qui avança vers la chambre, enveloppé jusqu'aux genoux dans un châle de prière jaune à rayures noires. Avec un sourire bienveillant, il tendit les bras vers Lena, qui souffla à Shayna : « Qu'est-ce que c'est?

– Donne-lui le bébé.

– Mais je croyais que le colonel Luria...

– C'est inversé. Vas-y, tout va bien, ça commence. »

Lena donna l'enfant posé sur un oreiller au vieil homme, toujours souriant, qui s'éloigna d'un pas tranquille. Elle dit à contrecœur : « Par ma vie, cet homme a un bon visage.

– Il habite en bas de chez ma mère, à Jérusalem », dit Shayna quand le grand rabbin et le *mohel*, un tout petit homme en veste blanche avec un masque de chirurgien, entamèrent le chant liturgique. Benny Luria, assis entre eux dans un fauteuil, avait une expression solennelle et un peu troublée, un châle de prière sur les épaules et le bébé sur ses genoux. « Il est très pauvre, l'Ezrakh, il habite dans une cave, mais les plus grands érudits de la Torah viennent le consulter.

– Est-ce qu'ils vont le faire à mon bébé?

– D'une minute à l'autre.

– Dis-moi quand ils le font. » Elle se laissa tomber sur le lit, les mains sur les oreilles.

D'autres chants. La voix enrouée de Michael Berkowitz récitant une bénédiction, un silence abrupt, puis tout le monde cria *« Mazel tov! »*

« Voilà! Il s'appelle Reuven! s'exclama Shayna en embrassant Lena. *Mazel tov!* C'est un très beau nom.

– C'est fini? Il n'a pas pleuré?

– Je n'ai rien entendu. Juste *wah, wah,* et plus rien. On lui a donné un peu de vin, tu sais.

– Je veux le voir.

– On va te l'apporter.

– Qu'est-ce qui s'est passé? Pourquoi le colonel et l'Ezrakh ont-ils changé de place?

– C'est l'Ezrakh qui l'a voulu.

– Donc Reuven a été circoncis sur les genoux d'un pilote de chasse de Nahalal? Ça me convient! » Lena éclata d'un rire hystérique. « De quoi s'en souvenir, pas vrai? »

Affammés après tous ces retards, les invités s'attaquèrent avec grand appétit au buffet disposé sur des grandes tables. Benny et l'Ezrakh burent à la santé de l'heureux père, très pâle, puis s'en allèrent. Daphna Luria et Noah Barak partirent aussi très vite. Ceux qui restèrent étaient relativement gais, étant donné leur inquiétude à propos de la Hamtana. « La question, cria Michael Berkowitz par dessus les chants et les rires, quand la fête se prolongea et qu'on tira les rideaux de la défense passive, c'est si on regarde ou non les nouvelles de Jordanie? Avons-nous envie d'être déprimés? Eshkol va parler dans une heure. »

Israël n'avait pas d'émetteur de télévision, mais le petit poste noir et blanc des Berkowitz captait les émissions arabes. Pendant la Hamtana, les Israéliens, angoissés, se rassemblaient dans les appartements et les magasins qui avaient la TV, car les images venues de Jordanie les fascinaient de façon morbide. Tout le monde voulut que le professeur allume son poste, et en un instant les affaires terrifiantes des derniers jours remplirent l'écran minuscule : les foules arabes sur les places des grandes villes, brûlant des drapeaux israéliens et hurlant pour qu'on extermine les Juifs; les gros tanks russes surbaissés alignés par centaines dans le Sinaï, à perte de vue, conduits par des équipages moustachus en uniformes impeccables; des masses de bombardiers et de chasseurs noircissant le ciel au-dessus de Nasser, qui jubilait, et de son état-major souriant.

Commentaire jordanien : *« Les vaillantes forces armées égyptiennes sont prêtes à la bataille finale pour renverser par la force le* fait accompli *imposé à la nation arabe par l'impérialisme américain, l'excroissance sioniste sur le sol arabe. »* Des images des armées syriennes, irakiennes et jordaniennes en marche. Nasser s'adressant à une réunion des syndicats qui l'applaudissent, le bel homme de haute taille rayonnant d'assurance et de puissance, sa rhétorique passionnée restant terrifiante même en écoutant son arabe rapide et onctueux, traduit *grosso modo* par des sous-titres anglais.

« Nous attendions le jour où nous serions parfaitement prêts à libérer la Palestine. Il est venu! Reprendre Charm el-Cheik signifiait

l'affrontement avec Israël, mais il n'est plus seulement question du golfe d'Akaba... La bataille sera générale, et notre objectif fondamental sera de DÉTRUIRE ISRAËL. »

La voix tremblante d'une invitée : « C'est un deuxième Holocauste. »

Alors que Nasser parlait encore, Quichotte s'approcha du poste et l'éteignit. « Absurde ! Si nous avions un émetteur de TV, il ne montrerait pas nos forces armées, mais elles sont prêtes, je vous le promets. Les rues de Haïfa sont vides parce que nous sommes à nos postes de combat, dans tout le pays, en alerte. Et c'est là où sera Reuven Berkowitz dans dix-huit ans, si d'ici là les Arabes ne sont pas revenus à de meilleurs sentiments. Alors buvons en son honneur !

– Va-t-il y avoir la guerre, colonel ? » demanda une voix dans l'obscurité, car on avait éteint la lumière pour mieux voir le poste. Michael ralluma. Tout le monde cligna des yeux.

« Vous avez entendu Nasser. Maintenant vous allez entendre Eshkol, et je pense que vous le saurez. Où est passé le vin, Shayna ? »

Habituellement, les Israéliens ne boivent pas, mais les bouteilles passèrent de main en main et les discussions s'animèrent à mesure que les gens sortaient de la dépression provoquée par l'émission jordanienne.

« Eshkol passe dans cinq minutes, dit Lena. Allume la radio, Michael.

– Ça va être le grand moment de la vie d'Eshkol, annonça le grand rabbin Poupko. Croyez-le bien. »

Assis non loin d'Eshkol, dans le petit studio mal éclairé, Pasternak bondit pour ramasser une page du discours tombée des mains tremblantes du Premier ministre, alors que ses assistants et les techniciens restaient figés, l'air incrédule. Le vieil homme lui adressa le regard reconnaissant du noyé qu'on vient de sauver, et continua d'essayer de lire à haute voix, à travers ses épaisses lunettes, un jargon qu'il n'avait certainement pas écrit lui-même.

« A la réunion du cabinet, aujourd'hui, le gouvernement a déterminé les principes de... euh, euh, la continuation des activités politiques destinées à... euh, euh, modifier les factions internationales – facteurs – afin d'adopter des mesures affectives – effectives – pour sauvegarder le... » Il approcha la page de ses yeux, plissa douloureusement les yeux... *« liberté de la navigation internationale dans le détroit de Tiran... »*

L'*Azazel*, qu'était devenu le véritable discours d'Eshkol ? se demanda Pasternak, en colère. Quel *shlepper* imbécile avait concocté ce machin emphatique et l'avait fourni au vieil homme tourmenté qui jouait sa carrière politique? Quel *shlepper* criminel l'avait mis à une petite table basse, mal placé par rapport à la lumière du plafond? Quel *shlepper* abruti n'avait pas insisté pour le faire répéter, lui faire enregistrer son discours et en couper les bredouillements et les hésitations? *Shleppers, shleppers, shleppers,* le ventre mou collectif d'Israël!

Le Premier ministre continua à balbutier, et Pasternak calculait déjà les dégâts de ce fiasco. Les Américains et les Arabes devaient soupeser chacune de ses paroles. Or Eshkol avait l'air d'un homme terrorisé, incapable de contrôler sa langue ou sa voix, répétant euh, euh en essayant de distinguer les mots.

« Euh, euh, des lignes d'action ont aussi été adoptées pour le... euh, euh, retrait des considérations militaires... euh, euh, des concentrations à la frontière méridionale d'Israël... »

Pas ma responsabilité, ce fracassant *balagan*, pensa Pasternak, mais à qui la faute? Il n'était arrivé que cinq minutes avant l'émission, pour accompagner ensuite Eshkol à sa rencontre avec les généraux. La journée du Premier ministre, il le savait, avait déjà été calamiteuse. Les manœuvres tortueuses pour l'éliminer avaient dégénéré en réunions, coups de téléphone, chuchotements dans les couloirs, offres, contre-offres et menaces de démission. Ses plus vieux amis l'abandonnaient. Un télégramme de Lyndon Johnson l'avertissant que si les Israéliens déclenchaient les hostilités, ils se retrouveraient seuls, avait poussé le cabinet paniqué à voter contre toute action militaire tant que le Président américain essayait de rassembler sa flottille. Eshkol devait ensuite affronter ses généraux, sachant que cet ajournement allait les pousser au bord de la mutinerie – combien de temps leurs troupes, inférieures en nombre, pourraient attendre sans bouger que l'ennemi les attaque sur trois fronts? Combien de temps l'économie pourrait-elle supporter cette paralysie? Assailli de toutes parts, Eshkol avait dû, semblait-il, confier à un assistant la réécriture de son discours, et n'avait pas eu le temps de le revoir avant de prendre l'antenne.

« Action pour sauvegarder nos droits... euh, euh, suffisants... euh, euh, souverains, la sécurité de nos frontières et la prévention de l'agression... »

Dans un café, à l'extérieur de la base maritime, Noah Barak et Daphna Luria étaient avec des marins, des officiers et des filles de la marine, autour d'un vieux poste de radio dont le souffle et les parasites brouillaient encore plus les paroles d'Eshkol. Les jeunes gens échangèrent des regards étonnés et consternés.

« Qu'est-ce que c'est que ça?
– Il est malade? Il a une crise cardiaque?
– Vous comprenez ce qu'il dit?
– Ça n'est pas possible! »

Noah prit Daphna par la main et la fit sortir avec lui. « Je ne peux pas le supporter. De toute façon, mon capitaine ne m'a donné que deux heures pour aller chez les Berkowitz. Il faut que je remonte à bord.

– Noah, de quoi souffre le Premier ministre, crois-tu? Il a l'air paniqué.

– Qui sait? Il est peut-être terrorisé, mais pas la marine. Nous continuerons notre discussion sur le sionisme, Daphna, mais peut-être après la guerre.

– Tu crois vraiment qu'il va y avoir la guerre?

– Après ce que nous venons d'entendre? Si j'étais Nasser, j'attaquerais à l'aube. »

Ils s'attardèrent sous la lumière bleue de la sentinelle, au portail de la base. « Tu as une mine affreuse, dit-elle en riant. On dirait un mort.

– Même dans cette lumière, tu es très belle.

– Allons donc. » Elle lui frappa l'épaule de son petit poing. « Et plus de discussions, tu entends? Tu es sioniste? Très bien, c'est tout à ton honneur. Je suis Daphna-iste, du début à la fin. Fin de la discussion.

– Non, ce n'est qu'un début.

– Oh, bon. » Elle lui donna la main. « Tu ne dois pas être en retard, Noah. S'il y a la guerre, fais en sorte de revenir. »

Il ne lâcha pas sa main. « Et de t'appeler?

– Pourquoi pas? » Après une légère pression des doigts, elle dégagea sa main et s'enfuit dans la nuit.

Chez les Berkowitz, après le discours d'Eshkol, le silence. Des visages sombres. Quelqu'un grogna, *« Ayzeh gimgoom! »* (« Quel bafouillage! »)

Le grand rabbin parla avec une bonne humeur qui sonnait faux. « Il devait être terriblement tendu, c'est tout. C'était un bon discours.

– Ce soir, j'emmène ma famille dans l'abri, dit un professeur de philosophie.

– Ne sois pas comme ça, Alex, répondit sa femme. Nous n'irons pas dans l'abri. » Elle se tourna vers Yossi. « Qu'en pensez-vous, colonel?

– Ce n'est pas un orateur, reconnut Quichotte, mais il a prévenu les

Arabes que nous serions vainqueurs s'ils essayaient quelque chose. C'est le principal, et c'est la vérité. »

Les invités se saluèrent en hâte et repartirent dans un brouhaha de commentaires découragés.

« Ben Gourion devrait revenir.

– Dayan ! Il nous faut Dayan !

– Non, Allon ! Allon vaut dix fois Dayan.

– Je crois toujours en Eshkol.

– Il faut qu'il redevienne ministre de la Défense, c'est tout. »

Quand l'ampoule rouge s'éteignit, au-dessus de la porte du studio, Levi Eshkol ôta ses lunettes et se frotta longuement les yeux, sa grosse tête pendant sur sa poitrine. « Mes yeux me démangent tellement ! Ça me gratte ! » Il remit ses lunettes et ramassa ses papiers. Un jeune assistant barbu, l'air lugubre, les lui prit des mains. Eshkol se hissa sur ses pieds et se traîna vers Pasternak. « Merci d'avoir ramassé cette feuille. Tu m'as sauvé. Comment était-ce ?

– Eh bien, Premier ministre, vous avez prévenu les Arabes de ne pas nous attaquer. » Pasternak parla avec autant d'assurance que possible. « Et vous avez fait savoir aux Américains qu'à partir de maintenant la Hamtana est de leur fait, et que nous nous attendons à ce qu'ils prennent leurs responsabilités. Tout a été dit clairement. Chaque élément était là. Ça allait bien.

– Tu le penses ? Bien. » Les autres vinrent l'entourer – les *shleppers*, se dit Pasternak, plein de colère et de mépris, ceux qui avaient probablement détruit cet homme – et le féliciter avec des mots creux. « Alors Sam, quoi d'autre ? Oui, je dois maintenant recevoir les généraux. Très bien, on y va. »

En descendant l'escalier, Eshkol rata une marche et se raccrocha à la rampe. Pasternak le prit par le coude et l'empêcha de tomber. Sur la banquette arrière de la voiture, le vieil homme posa la tête contre le dossier et ferma les yeux. « Mieux vaut réserver un billet d'avion, Shafan.

– C'est fait, Layish. »

Le Premier ministre rouvrit les yeux, et le vieil Eshkol plein de ruse eut un sourire fatigué. « Mauvais, n'est-ce pas ?

– Premier ministre, vous étiez sur un terrain miné. »

Eskhol secoua la tête. « Entièrement de ma faute. J'aurais dû refuser tout le reste et me concentrer sur ce discours. Maintenant, je m'en rends compte.

– Il se passe trop de choses. C'était impossible.

– Bon, c'est fini. Allons-y pour les généraux. »

Pendant que Quichotte raccompagnait Shayna dans les rues bleuâtres de Haïfa, ville morte à neuf heures du soir, elle n'arrêta pas de jacasser à propos de l'Ezrakh. La débâcle du Premier ministre l'avait nerveusement ébranlée, et elle était troublée chaque fois qu'elle se retrouvait dans une voiture avec Yossi. Leur relation tendue l'était d'autant plus depuis qu'elle s'occupait d'Arieh. « Dans la Vieille Ville, quand on était gamines, on jouait dans sa cour. Il nous faisait venir dans sa chambre pleine de vieux bouquins énormes et nous donnait des bonbons. Il avait exactement la même allure, à l'époque. Je jurerais qu'il portait les mêmes vêtements. Et il ne faisait rien d'autre que lire la Torah jour et nuit.

– A-t-il été pris quand la Vieille Ville est tombée?

– Non, un mois avant le vote de la partition, il a déménagé, livres et tout le reste, dans un trou de la ville neuve, à Geula. On l'a beaucoup critiqué, on a mis sa piété en question. Et puis, après la guerre, les gens ont affirmé que c'était un prophète. Il ne s'occupe pas de ce qu'on dit de lui. Nous avons déménagé juste après lui, et aussi la boutique de tailleur de grand-père. Grand-père a dit que si l'Ezrakh partait, on pouvait le faire, et on l'a fait.

– De quoi vit-il?

– Autrefois, il vendait du pétrole. Maintenant il vend des bougies. Pas beaucoup, pour ne pas faire de tort aux autres marchands de bougies. C'est important, d'avoir les bougies de l'Ezrakh pour le shabbat. Quand il reçoit un nouveau stock, tout part en un ou deux jours. Il n'accepte pas qu'on l'aide, ni les dons. »

Yossi prit la route tortueuse qui montait sur le mont Carmel. « Je vais te dire, Shayna, ce vieux bonhomme m'a impressionné, il a mis Benny dans son fauteuil et nous lui avons tous obéi, le *mohel*, les rabbins et Benny! Un chef. S'il avait dix-huit ans et qu'il était dans ma brigade, je lui donnerais un peloton.

– Oh, cette histoire va sûrement se répandre, que l'Ezrakh a cédé la place d'honneur à un colonel de l'aviation! C'est déjà un original parmi les *haredim* (pieux), parce qu'il est sioniste. Il appelle Israël le commencement de la Rédemption, le précurseur du Messie, la Grande Époque. On ne l'attaque pas ouvertement, puisque les plus grands sages viennent le consulter. Il est considéré comme un mont Sinaï ambulant! » La jeep sauta sur les pavés défoncés d'une rue menant au vieil immeuble où elle habitait. « Réveille-toi, Arieh... On y est, dit-elle.

– Laisse-moi monter chez vous, Shayna, demanda Yossi. Offre-moi une tasse de thé.

– Par ta vie, non.
– Pourquoi pas? Je n'ai jamais vu ton appartement.
– Non!
– Pourquoi non? *Issur yikhud?* Arieh te protège.
– Don Quichotte, va faire ta guerre, si elle a lieu. Laisse-moi tranquille. Je m'occuperai d'Arieh. »

Il baissa la voix pour que l'enfant, qui s'abritait dans l'entrée, ne puisse pas les entendre. « Tu ne me reverras peut-être jamais. Jamais. Tu te rends compte de ça?
– Arrête! Elohim, c'est injuste, tu me dégoûtes.
– Dix minutes.
– Oh, alors attends ici. Et Arieh aussi. »

Elle monta en courant les quatre étages obscurs, alluma la lumière, tira les rideaux de la défense passive, arracha frénétiquement les sous-vêtements bon marché qui séchaient sur un fil en travers de la fenêtre – bas, chemises de nuit, slips, soutien-gorge, la lessive de quinze jours. Shayna vivait seule, rapportait chez elle du travail universitaire, et son ménage se relâchait – la lessive, la vaisselle, les factures. De temps en temps, le soir, elle s'y attaquait comme une tornade. Elle jeta l'ensemble dans la minuscule chambre d'amis, rafla les livres et les copies sur la table de la cuisine, ainsi que les revues mathématiques et les factures entassées sur son bureau. Il y avait aussi deux photos encadrées, habituellement à moitié cachées : l'agrandissement jauni d'elle-même et de Quichotte sur la promenade en planches de Tel-Aviv, et le portrait d'un de ses derniers soupirants, la calotte presque invisible, la barbe bien taillée, le sourire charmeur. Elle lança la première photo dans la chambre, décrocha le fil à sécher le linge et ouvrit la fenêtre. « Très bien! Montez!
– On arrive! »

Arieh alla se coucher et ils prirent le thé dans la cuisine. Shayna se détendit, voyant que Yossi était totalement sérieux. Il lui parla de la guerre imminente. Si elle éclatait, et il pensait maintenant qu'il y avait une chance sur deux, sa brigade blindée serait en première ligne. Il avait confiance en ses hommes et en lui-même, mais la guerre est une chose hasardeuse, et il était obligé de tout prévoir. « Il y a l'éducation d'Arieh, Shayna. Je veux qu'il apprenne un peu de Yiddishkeit. Dans mon testament, je t'ai nommée son guide en religion, et je t'ai laissé de l'argent. Yael est au courant. S'il retourne à Los Angeles... » Il haussa les épaules et releva ses lunettes. « Bon, je ne pense pas qu'il le fera. »

Au bout d'un moment, Shayna retrouva sa voix. « Je suis touchée, et je suis d'accord à propos d'Arieh.

– Bien. Merci. Encore un peu de thé, s'il te plaît. » Pendant qu'elle le servait, il continua. « Lee et moi avons tous les deux commencé par une *yeshiva*, tu sais, parce que notre mère le voulait. Il s'est révolté et on l'a envoyé dans une école sioniste, mais moi j'aimais ça. J'ai essayé de garder ma religion, même dans les camps. C'était trop dur. Arieh ne sera pas un Ezrakh, mais il ne devrait pas devenir un ignoramus. J'ai pitié de ces jeunes sabras de ma brigade. Des gosses merveilleux, mais qui ne savent rien du Yiddishkeit.

– Arieh en connaît déjà pas mal, Yossi.

– Je suis content que tu le dises. Ensuite, ce type sur ton bureau. C'est le nouveau? Le Canadien?

– Oh, tu as remarqué? Oui, c'est Paul.

– Jusqu'où est-il allé?

– Yossi, ne commence pas...

– Shayna, je crois que c'est fini entre Yael et moi. J'ai essayé de continuer dans l'intérêt d'Arieh, mais... »

Shayna finit par sortir de sa réserve. « Oh, pour l'amour du ciel, Yossi, comment peux-tu être si bête? Yael ne te laissera jamais partir. Tu es une star de l'armée. Et en plus, elle n'abandonnera jamais Arieh, et toi non plus. Tu dis des absurdités.

– Ce que tu ne comprends pas, dit-il en s'efforçant de rester patient, c'est à quoi ressemble Los Angeles. Yael veut y rester.

– Elle le dit?

– Son frère Benny vient juste d'en revenir. Elle habite un appartement luxueux à Beverly Hills, et elle est jusqu'au cou dans les affaires de fric.

– Y a-t-il un autre homme?

– Je ne sais pas, et l'ennui, c'est que ça m'est plutôt égal. »

Arieh apparut en pyjama. « Tante Shayna, il y avait ça sur mon lit. »

Quichotte prit la photo de la plage, puis regarda Shayna. C'était la photo qu'Arieh avait mise dans sa chambre, à Los Angeles. Il se demanda ce que comprenait vraiment cet enfant de dix ans. « Arieh, je vais m'en aller. Donne-moi un baiser, sois sage, et obéis à tante Shayna. Va te coucher. »

Arieh serra son père dans ses bras, l'embrassa et ressortit.

Quichotte tapota la photo du bout des doigts. « C'était le bon temps, hein?

– Yossi, les gens disent que si c'est la guerre, l'aviation irakienne ou syrienne peut commencer par bombarder Haïfa. Dois-je emmener Arieh ailleurs? » Sa maladroite tentative pour changer de sujet ne réussit pas. Il s'approcha et se pencha pour l'embrasser sur la joue.

« Au revoir. Reste où tu es. Shayna. Et si Yael me laisse partir ? Je te dis que ça vient. C'est inévitable.

D'une voix enrouée, elle cita l'Ecclésiaste. *« Ce qui est tordu ne peut pas être redressé. »*

– *Motek*, vire ce Canadien.

– Va, ou je te jette en bas de l'escalier.

– Je t'aime, Shayna.

– Nous ne sommes plus sur la promenade de Tel-Aviv, Quichotte. C'était il y a un million d'années. Dieu protège ton départ. »

Le lendemain matin, dans le journal principal d'Israël, *Ha'aretz*, un éditorial en première page :

> ... Si nous pouvions croire qu'Eshkol était vraiment capable de diriger le navire de l'État à cette période critique, nous marcherions volontiers derrière lui. Mais nous ne le pouvons plus, après son allocution radiophonique d'hier soir... La proposition suivant laquelle on confierait le poste de Premier ministre à Ben Gourion et le ministère de la Défense à Moshe Dayan, tandis qu'Eshkol resterait chargé de la politique intérieure, nous paraît opportune...

Dans la presse, à la radio, dans la rue, telle était partout la réaction au discours d'Eshkol. Un cri montait : « Dayan ! » Moshe Dayan, sa charge légendaire sur Lod et Ramle ; Moshe Dayan, le quatrième Ramatkhal, qui avait fait de Tsahal une véritable armée ; Moshe Dayan, vainqueur du Sinaï, moshavnik, combattant aux nerfs d'acier, correspondant de guerre, paysan, ministre de l'Agriculture, membre de la Knesset, son bandeau noir connu dans le monde entier... Moshe Dayan ministre de la Défense ! Que ce pauvre maladroit d'Eshkol, cette baudruche dégonflée, reste un Premier ministre potiche et que le héros d'Israël prenne le pouvoir...

Nasser, le même jour, s'adressa à l'Assemblée nationale égyptienne. Son discours exubérant, plein d'assurance, proclama que le temps était venu de *« faire revenir la Palestine à ce qu'elle était en 1948 »*, c'est-à-dire avant l'existence d'Israël. Cela fit sensation dans tous les pays arabes. Le roi Hussein de Jordanie prit l'avion pour venir embrasser Nasser au Caire, devant les télévisions du monde entier. Ils s'attaquaient l'un l'autre depuis des années, jusqu'à la veille de ce discours, en termes dont les plus aimables étaient *lâche, oppresseur, voleur, escroc, laquais, espion, chien,* ainsi de suite. Nasser, le plus éloquent, avait remporté ce concours grâce à *la putain hachémite* et *ce traître de nain.* D'un jour à l'autre, tout avait changé. Ils signèrent un pacte militaire, et ce traître de nain ramena en Jordanie un général égyptien pour commander son armée.

Le chef de l'OLP, un certain Ahmed Choukheiry, son visage barbu rayonnant de plaisir, s'adressa depuis la Vieille Ville à la TV mondiale. Ses forces se joindraient à la guerre, jura-t-il, et après une prompte victoire arabe, tous les Juifs non nés en Palestine seraient renvoyés d'où ils étaient venus. Quant à ceux nés sur place – les sabras, environ la moitié des Israéliens – ceux qui survivraient seraient autorisés à rester. « *J'estime néanmoins,* ajouta-t-il, *que nul ne survivra.* »

34

La mission de Pasternak

Derrière un bureau surchargé de lettres, de télégrammes, de factures, toute la tempête paperassière des grandes crises, Zev Barak parlait au téléphone avec un trafiquant brésilien, un type très douteux, mais qui pouvait livrer rapidement certaines armes en grandes quantités, et sur qui on pouvait compter. Barak et son équipe faisaient d'urgence la liste des munitions et du matériel disponibles de sources diverses, des moyens de se les faire livrer, et aussi des aéroports étrangers où les avions-cargos, malgré les menaces arabes, pouvaient se poser et se ravitailler. Avec la même urgence, il restait en contact avec le Pentagone, où quelques officiers de haut rang étaient à fond pour Israël tandis que d'autres traînaient les pieds, à l'instar des fonctionnaires du Département d'État. Barak obtenait des résultats, et l'ambassadeur l'avait félicité dans ses dépêches, mais il s'agissait de ce que la Bible appelle « être assis sur les armes », pas d'affronter l'ennemi. Cette situation le rongeait, et la meilleure façon d'atténuer ce tourment était de rester très occupé.

Un appel sur sa ligne privée. Ce ne pouvait être que Nakhama, ou un certain contact au Pentagone, ou encore Emily. Il mit son Brésilien en attente pour décrocher. « Oh ! c'est toi. je te rappelle, Queenie.

– S'il te plaît, très cher. A l'école. »

La conversation avec le trafiquant sur le réseau international, truffée de codes, d'allusions, de jargon ésotérique et de sous-entendus, mit quelque temps à se conclure.

« Emily ? Qu'y a-t-il ?

– Je vais te le dire, très cher. Je ne crois pas pouvoir venir dîner ce soir. Je suis vraiment désolée. Père va venir, et c'est lui que Nakhama a vraiment invité, alors...

– Et pourquoi pas toi?

– Eh bien, il y a cette fille, Ethel Windom. Elle est tombée de cheval. C'est peut-être grave. Il vaut mieux que je reste tant que je n'ai pas des nouvelles de l'hôpital.

– Emily, tu mens.

– Ce n'est pas vrai. Elle a été projetée tête la première sur une borne en pierre et s'est cassé le nez. Ainsi qu'une dent de devant. La question est de savoir si elle a aussi une commotion cérébrale.

– Je t'attends à sept heures. Viens.

– Zev Barak, va au diable, je t'ai cru quand tu as dit que Gela était tombée de vélo et s'était cassé le poignet.

– C'était vrai.

– Ah oui? Peut-être n'étais-tu pas d'humeur, c'est tout. Comment le saurais-je?

– Emily, quand tu mens, ce qui est rare, ta voix devient bizarre, comme celle de Donald Duck. Nakhama se donne du mal pour faire un bon couscous. On se voit à sept heures.

– Non, non, Loup! Et je n'ai pas la voix de Donald.

– Oui, oui, pour les deux, Queenie. Au revoir. »

La chute de cheval n'était qu'un des derniers prétextes avancés par Emily : un incendie dans la cuisine de l'école, un vol dans un dortoir, ou l'affreuse et très banale migraine. Avant tout, elle ne voulait pas aller dîner chez les Barak. Il n'en sortirait rien de bon. Elle le sentait dans ses tripes. A la fin de la journée elle se rendit à la Growlery, prit une douche et s'allongea en espérant s'endormir, se réveiller après l'heure du dîner, téléphoner pour s'excuser platement en disant qu'Ethel Windom avait des symptômes d'hémorragie cérébrale. Au bout d'une heure, incapable de dormir, elle s'habilla en vitesse et fila vers leur appartement de Connecticut Avenue. En conduisant, la radio lui apprit que d'autres pays arabes – des petits pays du golfe Persique et l'Arabie Saoudite – se joignaient au pacte militaire de Nasser pour « *extirper chirurgicalement le cancer sioniste de la Palestine.* »

« Un superbe couscous », dit Cunningham à Nakhama, tout en mangeant avec un bel appétit. La première fois que j'ai rencontré Sam Pasternak, nous avons pris un couscous. Marseille, en mai 1944. L'OSS préparait le débarquement dans le Midi de la France. La clandestinité juive nous a beaucoup aidés. »

En voyant son père, d'habitude si austère et si laconique, se mettre en quatre pour cette femme brune et pulpeuse, décrire leurs sabotages des trains qui transportaient les troupes allemandes, Emily se rendit compte qu'il appréciait vraiment l'épouse de Zev. Ce n'était pas très difficile à comprendre! Nakhama avait une chaleur naturelle, des yeux marron foncé brillant d'intelligence, un sourire compréhensif et spontané. Elle parlait maintenant un anglais passable, avec un accent charmant. Une femme qui avait beaucoup de chance, certes. Néanmoins Emily comprit qu'elle ne l'enviait pas le moins du monde, qu'elle n'avait aucune envie de la supplanter. En ce sens, au moins, elle n'était pas entièrement coupable d'être « l'autre femme. » La place qu'elle tenait dans la vie de Barak, bien que passionnée, était secondaire. Il appartenait d'abord à Israël, à sa femme, à ses enfants et à l'armée. C'était ainsi.

Malgré sa vie amoureuse incomplète, Emily trouvait que Zev était un don du ciel, pensa-t-elle à la table des Barak, muette et attendant la première occasion de partir. Emily avait d'autres amours. Elle adorait enseigner la littérature française, elle aimait ses élèves et elle aimait la nature dont elle était si proche à Middleburg. Et les chevaux. Ses chevauchées dans la forêt, dans les prés verts ou couverts de neige, étaient une joie durable. Ainsi que les cerfs, les renards et les oiseaux : geais, cardinaux, hirondelles, gros-becs, sitelles, rouge-gorges, piverts à tête rouge, toutes ces flèches chantantes et colorées. Par-dessus tout, il y avait son amour pour son père, unique et solitaire.

Même à sa façon limitée et sporadique, Loup Gris remplissait un vide, il était l'homme de sa vie. Ses lettres avaient été adorables, sa présence encore plus, et tout allait bien, en bref – sauf quand elle devait confronter l'épouse nez à nez, pour ainsi dire. De plus, Zev Barak paraissait subtilement différent en présence de sa femme – un grand type assez beau, grisonnant, un peu lourd, le mari de la dame. Dans l'ensemble, comme elle l'avait prévu, Emily ne prenait aucun plaisir à cette plongée dans la réalité de son histoire d'amour. Elle mourait d'envie de se sauver, et en plus elle n'avait jamais aimé le couscous. Elle fut prodigieusement soulagée quand Zev consulta sa montre et dit à son père : « Bon, c'est le moment d'aller chercher Sam.

– Monsieur Cunningham, demanda Nakhama lorsqu'ils se levèrent, comment la CIA voit-elle vraiment notre situation? Que prépare le colonel Nasser? Va-t-il vraiment nous faire la guerre?

– Il y a déjà la guerre, Nakhama. Les Arabes n'ont jamais fait la paix, vous savez. Si vous me demandez s'il va bientôt éclater une autre grande bataille – il lança un coup d'œil à Barak – eh bien, nous allons peut-être avoir bientôt des nouvelles.

– Et comment cela va-t-il jamais finir?

– Oh, c'est un très vaste problème. Pour y répondre, vous devrez à nouveau m'inviter pour un couscous. Le meilleur que j'aie jamais mangé. » Avec le sourire le plus amical qu'Emily ait vu sur son visage émacié, il serra la main de Nakhama et partit avec Barak.

Emily réussit à ne pas s'enfuir aussitôt. « Je vais vous aider à faire la vaisselle.

– Oh, non, non, s'écria Nakhama. J'ai deux grandes filles, qui sont en train de faire leurs devoirs. » Elle les appela, et les filles accoururent. Galia, le bras dans le plâtre (c'était donc vrai), était de loin la plus jolie; Ruti, la plus jeune, était un petit être rabougri à l'air maussade. « Votre école a vraiment des chevaux? demanda Galia à Emily.

– Oui, on y apprend l'équitation. »

Un sourire éclaira le visage de Ruti. « Oh, est-ce qu'on peut aller faire du cheval? Est-ce qu'on peut? On sait monter, on a en fait dans le kibboutz de notre oncle... »

Nakhama la rappela à l'ordre avec quelques mots d'hébreu, et les filles débarrassèrent la table. « Voulez-vous une tasse de thé? Ou du whisky? Nous avons du Bell de douze ans d'âge.

– Oh, non, non, merci, il faut que je m'en aille.

– Le faut-il? Zev vous connaît tellement mieux que moi. Vos lettres lui ont fait tant plaisir, pendant si longtemps, et... »

(J'aurais dû filer!) « C'est un homme extraordinaire, et vos filles sont très gentilles. Je crains d'avoir à partir. Merci pour votre délicieux dîner.

– De rien. Je pourrai vraiment amener les filles à votre école, un de ces jours, pour voir les chevaux? Elles les adorent. On aurait le temps de parler un peu.

– Un de ces jours, pourquoi pas? Au revoir.

– Au revoir. Pourquoi pas demain?

– Je crains que ce ne soit un jour d'examens.

– Dimanche?

– Désolée. Pas le dimanche.

– Peut-être lundi, alors? »

(Ces Israéliens! C'est leur façon de survivre, sûrement!) « Eh bien oui, je suppose. Il faut que je vérifie sur mon agenda.

– Très bien, je vous appelle demain pour confirmer. Zev a votre numéro?

– Oui. » *(Seigneur Dieu, faites-moi sortir d'ici!)*

Nakhama s'adressa aux filles, qui faisaient la vaisselle dans la cuisine, en hébreu. Elles arrivèrent en courant. « Oh, c'est merveilleux! On adore les chevaux! Vous êtes si gentille! On voudrait que ce soit déjà lundi!

– Oui, bon, comme je l'ai dit, il faut que je vérifie sur mon agenda. Maintenant je dois me sauver... » Elle serra la main de Nakhama et réussit enfin à s'enfuir.

Barak inséra sa petite Chevrolet dans la circulation intense de Connecticut Avenue. « Vous vous moquiez de ma femme, Chris, ou vous avez vraiment une idée sur la façon dont tout ça va finir? Si oui, j'écoute. »

Cunningham grogna ou rit, difficile de savoir. « J'ai un jour écrit mes notes sur ce thème pour l'amiral Redman quand il dirigeait la CIA. Ma réponse n'avait rien à voir avec le renseignement. Un bref mémo très sérieux. Il me l'a retourné avec un commentaire dépourvu de sérieux, alors je l'ai jeté dans mon dossier A OUBLIER POUR L'INSTANT. De temps en temps, c'est un dossier que je ressors. J'y trouve des choses intéressantes.

– Quel commentaire?

– Juste un griffonnage à l'encre rouge. *Chris, vous devriez vivre assez longtemps.*

– J'aimerais bien voir ce mémo.

– Barak, vous avez idée de ce que me veut Sam?

– Non, le télégramme disait : *Impératif que je rencontre notre ami.* C'est tout. Il vient de la part du Premier ministre, je peux vous dire ça.

– Compétent mais malchanceux, votre Levi Eshkol. Va-t-il survivre?

– Comme Premier ministre? Certainement. Le gouvernement ne peut pas tomber à un moment pareil. Il devra peut-être lâcher le portefeuille de la Défense, ce qui sera très dur pour lui.

– Qui l'aura?

– Dayan. »

Ce n'est qu'au moment de traverser le pont du Mémorial que Cunningham reprit la parole. « Votre femme est une dame très agréable.

– Elle sait écouter.

– Ma fille, si bavarde, était extrêmement silencieuse. Donné sa langue au chat. J'ai parlé suffisamment pour deux, j'oserais dire. »

Pas de réponse. Le chat avait aussi pris la langue de Barak.

Pasternak fut un des premiers passagers à sortir. Dans son costume en velours, il avait l'air très banal d'un homme d'affaires de forte carrure et d'âge moyen, venu chercher des contacts à Washington. Il avait un attaché-case, pas d'autres bagages. Après avoir échangé quelques plaisanteries, ils quittèrent le terminal en silence.

« Bien, Sam, qu'est-ce que je peux faire pour vous? demanda Cunningham quand ils s'écartèrent de la foule pour aller dans le parking diplomatique.

« Pouvez-vous me faire rencontrer votre secrétaire à la Défense?

– C'est tout? Rien de plus facile.

– Je parle sérieusement, Chris, dit Sam.

– Je parle sérieusement, Sam. »

Quand Barak rentra chez lui, Nakhama était en chemise de nuit et brossait ses lourds cheveux noirs, où, de près, apparaissaient maintenant quelques fils d'argent. « Qu'en penses-tu? dit-elle d'un ton léger. Ton amie Emily m'a invitée à emmener les filles à son école pour voir les chevaux.

– Vraiment? C'est gentil. » Barak pensait à des sujets plus graves, mais sa Queenie super tendue avait dû surmonter son anxiété à l'idée de ce dîner, si elle avait pu être aussi aimable avec Nakhama et les filles. Bonne idée, bon signe.

« Oui. Lundi. Il faut qu'elle vérifie son agenda, alors je dois la rappeler demain. Tu as son numéro?

– Bien sûr. »

Habituée aux réticences de Zev, Nakhama s'endormit sans qu'il lui dise un mot sur Pasternak. Lui resta éveillé, à digérer les nouvelles apportées par Sam : le pays peu à peu paralysé et paniqué par la Hamtana, un nouveau gouvernement d'unité nationale, Begin qui entrait au cabinet, la clameur en faveur de Dayan qui s'élevait toujours plus haut. Si Cunningham pouvait amener Pasternak au secrétaire à la Défense, il avait plus d'influence que n'aurait cru Barak. Quant à ce que Sam avait à dire au ministre, il ne pouvait que le supposer.

« On m'a dit qu'il serait dans son bureau à dix heures, l'informa Cunningham le lendemain matin. Je l'appellerai à ce moment-là. C'est le plus simple, juste un coup de fil.

– Il va vous répondre? demanda Barak.

– Oh, il va parler à Chris », dit Pasternak. Ils prenaient le café sur la terrasse de Cunningham. La douceur de l'air, le cours tranquille et lointain du Potomac, le parfum des gardénias qui fleurissaient dans leurs pots et des arbres encore mouillés par la pluie nocturne, créaient une impression illusoire de paix, d'un monde où tout allait bien. « Et la flottille internationale? demanda Sam à Cunningham. As-tu trouvé quelque chose là-dessus hier soir?

– Pas grand-chose à trouver. Elle n'existe pas. »

Sam lança un coup d'œil à Barak. « Tu veux dire qu'on ne peut pas la rassembler à temps?

– Ne me dis pas ce que je veux dire. C'est un fantôme, rien du tout. Oublie ça.

– Dis-tu que c'était une supercherie? gronda presque Pasternak.

– Oh, allons donc! » Cunningham se leva et marcha de long en large, tasse et soucoupe à la main. « Rappelez-vous comment Eisenhower et Dulles ont mis fin à la guerre de Suez.

– Nous en rappeler? s'écria Pasternak. Ça nous a coûté le Sinaï.

– Les Anglais et les Français s'en souviennent aussi, dit Barak. Ça a détruit leurs empires.

– Eh bien, savez-vous ce qui s'est passé quand Selwyn Lloyd, le ministre des Affaires étrangères anglais, a rendu visite à Dulles, à l'hôpital, peu de temps après? »

Ils secouèrent la tête.

« C'est intéressant. Nous l'avons de très bonne source. Dulles a dit à Lloyd : " Selwyn, une fois débarqués à Suez, pourquoi diable n'avez-vous pas marché sur Le Caire pour nous débarrasser de ce type une bonne fois? " Lloyd était abasourdi! " Foster, a-t-il dit, pourquoi diable ne nous avez-vous pas indiqué, même par un signe, qu'Eisenhower et vous aviez ce genre d'idée? – *Oh*, a dit Dulles, *on ne pouvait surtout pas faire ça.* " ... Sam, tu as froid, avec ce costume? Il y a un peu de vent.

– Peu importe. On m'avait dit qu'il faisait très chaud, à Washington.

– Pas au bord du fleuve. En tout cas, messieurs, ce truc de flottille est plus ou moins la répétition de notre proposition " d'action internationale " dans la crise de Suez. Que Dulles avait appelée le *consortium des utilisateurs du canal.* Ces " puissances maritimes " ne paieraient pas les péages du canal, elles les feraient détenir par ce consortium pour faire pression sur Nasser. L'idée, c'était de rester dans le vague, de retarder les choses, de les laisser refroidir, d'éviter l'emploi de la force. Fatalement, ça a retardé les Anglais et les Français. Disons que cette flottille est une mise à jour de ce consortium. C'est à peu près ça.

– Un blocage, quoi », dit Barak.

L'homme de la CIA eut un sourire sans chaleur. « Zev, j'oserais dire que jusqu'au salon ovale, personne n'a exprimé l'idée que cette flottille était un blocage. Personne n'a eu à le faire. Pas comme en Israël, où vous parlez de tout jusqu'à plus soif. Parfois, la prudence peut être de retarder les événements, d'explorer des idées qui ne mèneront probablement nulle part, sans jamais le formuler expressément. Toute cette histoire a été lancée par les Français. Cela devrait vous éclairer.

– Très bien, Chris, s'écria Pasternak, j'y suis! " Flottille internationale " est une esquive diplomatique. Contredit toutes les dépêches reçues des États-Unis depuis que Nasser a fermé le détroit, mais bon. Et maintenant? »

Cunningham consulta sa montre, et composa un numéro sur un téléphone branché près de sa chaise. « Maintenant je l'appelle. »

Plusieurs sonneries. « Bonjour, major. Christian Cunningham à l'appareil... Ravi de vous parler. Le secrétaire est-il joignable ? » Un long silence tendu. « Oh, monsieur le Secrétaire ?... Merci, monsieur, je vais très bien. Monsieur, j'ai ici avec moi un général israélien, envoyé par le Premier ministre Eshkol... Oui, monsieur, dans les renseignements... Monsieur le Secrétaire, son identité est secrète, mais pour vous, bien sûr... Merci. Il est porteur d'un message pour vous seul... Oui, monsieur, je vous recommande de le recevoir d'urgence... Compris, monsieur le Secrétaire. Nous attendons. » Il raccrocha. « Il va rappeler.

– Comment a-t-il réagi ? demanda Pasternak.

– Très intéressé. Je pense qu'il téléphone au Président. »

Les Israéliens ne cillèrent pas, mais Barak était stupéfait. Cunningham n'était pas le chef de la CIA, loin de là, et l'agence du Moyen-Orient n'était même pas un de leurs secteurs les plus importants. Pasternak était-il aussi à l'aise qu'il en avait l'air, vautré dans son costume en velours, ou sentait-il lui-aussi la tension de ce moment ? « Sam, tu as manqué le couscous de l'autre soir, chez Zev. Meilleur qu'à Marseille.

– Nakhama est marocaine, Chris, ça devait être bon. Tu sais, j'ai rencontré Nakhama avant cette canaille. Je lui ai dit que c'était la plus jolie fille de Tel-Aviv. Ce fut la plus grande erreur de ma vie. Si je n'avais pas ouvert la bouche, c'est pour moi qu'elle ferait du couscous.

– Elle ne serait peut-être pas tombée amoureuse de toi.

– Inconcevable. »

Pour Barak, la sonnerie du téléphone fut un roulement de tonnerre. « Allô ?... Merci, major, passez-le moi... Monsieur le Secrétaire ? Oui monsieur... Non, en civil, bien sûr. » Cunningham hocha la tête en direction des officiers, les yeux brillants derrière ses lunettes. « La porte Shirley... Oui, monsieur le Secrétaire. » Il reposa l'écouteur d'un grand geste. « Allons au Pentagone, Sam.

– Bonne chance, dit Barak. J'attendrai les nouvelles à l'ambassade. »

En conduisant sa voiture le long du fleuve, Cunningham revint sur son sujet favori. Pasternak ne devait pas oublier une seconde les Soviétiques, lui dit-il. Les Arabes étaient les clients à haute visibilité de la Russie. Ils mèneraient la guerre comme l'auraient préparée leurs instructeurs soviétiques, avec des chars, des avions, de l'artillerie et des missiles russes. Ainsi donc, puisqu'au Viêt-nam les choses tournaient à l'aigre, le Président Johnson ou le secrétaire d'État n'auraient pas vraiment le cœur brisé si Israël flanquait une bonne râclée à Nasser.

« Mais, comme Dulles l'a dit à Selwyn Lloyd, lui rappela Cunningham en montant les marches de la porte Shirley, il leur est impossible de le dire. Alors fais très attention, et au-delà des mots, écoute la musique russe. »

Un major de la marine à fourragères dorées les attendait dans un hall dominé par de grands portraits en couleur du Président et du ministre de la Défense. Pasternak fut frappé par le luxe étincelant et impeccable du Pentagone, même dans cette entrée latérale. L'Amérique ! Quelle différence avec l'entrée délabrée de Kirya, où des filles-soldats bavardaient en mangeant des pépins de melon, et dont le hall avait souvent besoin d'être balayé ! Mais il n'y avait rien de grandiose chez le secrétaire à la Défense qui sauta sur ses pieds, traversa le vaste bureau et leur donna une brève poignée de main ; un petit homme soigné d'une quarantaine d'années, avec des lunettes sans monture, des cheveux noirs et lisses et le sourire facile. « Chris, je suis votre obligé.

– A votre service, monsieur. »

Le secrétaire fit asseoir l'Israélien sur un canapé, au fond de la pièce. Cunningham s'évanouit comme une ombre, et le secrétaire s'installa dans un fauteuil en prenant son temps. Tout le temps du monde ! Jusqu'ici, très bien, pensa Pasternak. Il s'était attendu à un bref dialogue officiel de chaque côté d'un bureau.

« Vous venez d'arriver, général ?

– Hier soir, monsieur le Secrétaire.

– Alors vous avez pu vous reposer.

– Je vais très bien, monsieur.

– Nous tenons en haute estime, ici, les renseignements israéliens.

– Merci. Nous faisons plus que notre part d'erreurs et de balourdises.

– Vous connaissez bien Chris, à ce que je vois.

– Nous nous sommes rencontrés pendant la guerre. L'OSS et la clandestinité sioniste ont coopéré. »

Le secrétaire sourit. « Quel exploit d'avoir mis la main sur ce MiG irakien. Comment avez-vous fait ?

– Oh, c'est une longue histoire, monsieur. Nous pouvons vous envoyer un rapport, si cela vous intéresse. Cela a surtout été beaucoup de travail très ennuyeux. Des pertes de temps, des fausses pistes, des déceptions, comme d'habitude. Notre chef avait un contact avec un pilote mécontent. Notre chef de l'aviation nous a demandé de lui trouver un MiG, alors finalement on lui a trouvé un MiG.

– Nous avons beaucoup de respect aussi pour votre aviation.

– Nous de même, monsieur.

– Oui. Bien, votre Premier ministre semble avoir les mains pleines, actuellement, avec une chose ou une autre. »

Voilà, c'était le signe qu'il pouvait parler.

« Je le connais depuis mon enfance monsieur le Secrétaire. Levi Eshkol est capable de gérer tout ce qui peut se passer. J'ai un message, de sa part, et qui n'exige de vous aucune réponse. Le Premier ministre veut que vous sachiez comment les choses se présentent de son point de vue. »

L'air aimable du secrétaire avait disparu, remplacé par une attention extrême. Sa bouche n'était plus qu'une fente. « Allez-y, général.

– Monsieur, à moins que les États-Unis n'agissent très vite, d'une façon qui transforme la situation de façon décisive, Israël va devoir faire quelque chose. » Pasternak fit une pause délibérée.

Le secrétaire, les yeux mi-clos derrière ses lunettes, le scruta intensément. « Faire quelque chose, dit-il en écho, d'une voix sans inflexion.

– Oui, monsieur. Notre pays ne peut supporter infiniment une mobilisation hostile sur ses trois frontières. Avec des menaces de destruction imminente. Et le fardeau économique d'avoir à maintenir nos réservistes en alerte, semaine après semaine. C'est intolérable.

– Nous ne croyons pas ici, dit lentement le secrétaire d'une voix glacée, que la destruction d'Israël soit imminente.

– Nous non plus, mais les gouvernements arabes menacent publiquement de nous détruire, et ils sont militairement en situation de le faire. Nous devons les prendre au sérieux.

– Je l'admets.

– Nous devons donc bientôt faire quelque chose.

– Qu'appelez-vous bientôt?

– Quelques jours.

– Une cigarette? » Pasternak en prit une dans l'étui en argent. Le secrétaire lui tendit son briquet allumé.

« Merci, monsieur. »

Ils fumèrent. Le silence était palpable.

« Combien de temps cela va-t-il vous prendre? »

Bien que son cœur eût bondi dans sa poitrine, Pasternak répondit du même ton tranquille. « Deux à trois semaines, d'après notre estimation.

– A quelles pertes vous attendez-vous?

– Six à huit cents. »

Le secrétaire plissa les lèvres, le regarda un long moment. « Que voulez-vous de nous?

– Pas d'aide militaire, monsieur. Deux choses. Un, nous comptons que la Sixième Flotte restera sur place. Deux, nous attendons un soutien politique après le cessez-le-feu. »

Le secrétaire s'adossa à son siège, haussa les sourcils. « Un soutien politique...

– Monsieur le secrétaire, en 1956 nous nous sommes retirés du Sinaï en toute bonne foi. Nous avons pris ce risque, même après avoir remporté une guerre sanglante. Nous l'avons fait sur l'assurance du Président Eisenhower que l'Amérique garantirait la liberté de passage dans le détroit et le statu quo dans le Sinaï. »

Le secrétaire hocha la tête. « C'est exact.

– Mais ce devait être la responsabilité de l'ONU, monsieur, et l'ONU a échoué misérablement, comme vous le savez. Nous avons attendu près de quinze jours une solution politique internationale. Pendant ce temps nos ennemis massent leurs troupes à nos frontières, se retranchent, enterrent leurs positions, signent des alliances militaires et se préparent ouvertement à nous attaquer. Le Premier ministre vous prévient franchement que cela ne peut pas continuer ainsi très longtemps, certain que vous le comprendrez. »

Le secrétaire réfléchit un moment, et regarda Pasternak au fond des yeux. « Je vais vous dire quelque chose, général, si vous me garantissez que seul Eshkol l'entendra, et qu'il ne trahira pas ma confiance.

– Monsieur, je peux vous en donner ma parole. »

Le secrétaire parla lentement, en choisissant ses mots. « Le Président Johnson a reçu de Dwight Eisenhower une communication verbale par un intermédiaire. Ce message considère que vu le retrait israélien du Sinaï en 1956, et la garantie américaine de statu quo que Nasser a désormais abrogé, les États-Unis ne devraient pas interférer avec la liberté d'action d'Israël. Pour Eisenhower, il s'agit d'une *dette d'honneur*. Ce sont ses termes exacts. » Le secrétaire se leva et lui tendit la main. Pasternak sauta sur ses pieds. « Nous apprécions la franchise de votre Premier ministre. Dites-lui de ma part que son messager a fidèlement et parfaitement accompli sa mission.

– Merci beaucoup, monsieur le Secrétaire. »

Cunningham l'attendait dehors, en plein soleil, près de sa voiture. Avant que Sam puisse dire un mot, il leva une main. « Si ce qui s'est passé ici me regarde, je l'apprendrai. Où vas-tu?

– A mon ambassade.

– Bien, je vais dans le centre, moi aussi. »

L'ambassadeur, derrière son bureau, le salua d'un geste las. Les épaules voûtées, gris de fatigue, Abel Harman paraissait prêt à s'écrouler. Aussi vif et énergique que n'importe qui, il avait toujours cette allure-là, et ne s'écroulait jamais. « Alors ? demanda-t-il d'un ton lourd, quand Pasternak lui eut raconté sa rencontre. Qu'est-ce que tu en penses ?

– C'est toi le diplomate, Abe.

– *Combien de temps cela va-t-il vous prendre ?* C'était sa première réaction ?

– Mot pour mot.

– Je crois que tu en as plus fait en une matinée que nous en plusieurs semaines.

– Un messager en coulisses, c'est tout.

– Oui. Frustrant pour ceux qui sont en scène.

– Ambassadeur, où est Zev ?

– Sur la Colline. Le secrétaire d'État témoigne au sujet de cette crise devant une commission du Congrès. Tu rentres tout de suite en Israël ?

– Je prends la navette de trois heures pour New York. El Al décolle à six heures.

– Si tu rédiges un résumé de cette entrevue, je le fais parvenir aussitôt à Tel-Aviv.

– Un quart d'heure, demanda Sam.

– Okay. Va dans mon bureau privé. »

Pasternak se mit à griffonner dans une petite pièce mal ventilée, à une table d'où lui souriait, en photo, la femme de l'ambassadeur. Quand il ressortit et qu'il posa son résumé devant Abel Harman, Barak était là, paraissant d'excellente humeur, presque excité.

« Et voilà Sam ! » L'ambassadeur semblait lui aussi très remonté, deux fois moins voûté que d'habitude. « Dis-lui, Zev !

– Me dire quoi ?

– Dean Rusk vient de chanter devant le Congrès un air d'une nouveauté extraordinaire, comme dirait Cunningham. Il a affirmé que les États-Unis n'envisagent actuellement aucune action, sinon par l'intermédiaire de l'ONU. »

Pasternak fit la moue, incrédule. « De l'ONU ?

– Vous entendez ? s'exclama l'ambassadeur. L'ONU ! Paralysé par les Russes et les Arabes, niant encore qu'il y ait urgence !

– Adieu la flottille, alors ? demanda Sam.

– Même comme formule rhétorique, peut-être, dit Harman, et ce n'est pas tout. Écoute ce qui s'est passé ensuite. Dis-lui, Zev.

– La meute des médias, à la sortie de la salle, l'a bombardé de questions. Il les a toutes écartées, sauf une. Quelqu'un a crié, monsieur le Secrétaire, l'Amérique va-t-elle empêcher Israël d'agir précipitamment? Rusk a secoué la main et dit : “ Je ne crois pas qu'il nous revienne d'empêcher qui que ce soit ”, et il s'est sauvé. »

Pasternak jeta un coup d'œil à Zev. « Et comment était-il, en témoignant? C'est important.

– J'ai cru qu'il suivait des instructions nouvelles qui ne lui plaisaient pas. Et aussi que la question avait pu être préparée. »

Pasternak réfléchit un moment. « La Défense a parlé au Président, le Président a parlé au Département. La situation a changé. Le message d'Eshkol a marché. Voilà mon évaluation. » Quant au message d'Eisenhower à Johnson, il ne dirait jamais rien, sauf à son Premier ministre.

« La nôtre aussi, dit l'ambassadeur.

– Feu vert, Sam? demanda Barak.

– Orange, en tout cas », répondit Pasternak.

Les trois hommes ne dirent plus rien. Barak fut repris par le désir d'être sur le terrain, à n'importe quel poste où il puisse mener des troupes contre le feu ennemi. Car, à moins qu'on ne pousse Nasser à rouvrir le détroit – par la persuasion, par la peur ou en le payant – ce qui paraissait improbable tant que le dictateur surfait sur une vague de popularité hystérique et guerrière, la seule question qui restait, c'était quand et comment la guerre éclaterait.

« Vous suivez les réactions arabes? demanda l'ambassadeur à Pasternak.

– Toujours. » Il consulta sa montre, mentionna plusieurs membres des services de renseignement. « Il faut que je m'en aille une heure. En revenant, je veux vous retrouver tous dans la salle de conférence.

– C'est okay. » Harman décrocha le téléphone.

« Vas-tu rester ici? demanda Zev.

– Non, je pars comme prévu.

– Je t'emmènerai à l'aéroport. »

35

La veille

Devant le miroir de sa coiffeuse, Yael était contente de ce qu'elle voyait. C'était quelque chose, Washington. La classe. Même les coiffeurs. Après quelque temps à Beverly Hills, toutes les coiffures se ressemblaient, quel qu'en soit le prix, surtout si on était blonde. Celle-ci lui donnait une autre allure, plus jeune, plus fraîche, et coûtait moitié moins cher qu'en Californie.

Mais Yael s'inquiétait énormément de la guerre, d'Arieh et de Quichotte, même s'ils étaient séparés. Elle n'avait pas l'intention de vamper Pasternak, mais il lui avait téléphoné pour lui dire qu'il venait à Washington et qu'il voulait la voir. Ainsi donc, il était encore vulnérable. Parfait! Elle était là. Yael avait pour politique, chaque fois qu'elle le voyait, de lui donner des regrets, de lui faire souhaiter ne l'avoir jamais laissée partir, de lui donner envie de ne pas être né. Elle n'était pas certaine qu'il fût à la tête du Mossad, mais puisque ses activités actuelles étaient floues, et qu'avant il avait dirigé les renseignements militaires, la rumeur pouvait très bien être fondée. En tout cas, il en saurait plus que n'importe qui d'autre. Peut-être ne lui dirait-il pas grand-chose, mais elle connaissait bien le ton de sa voix et les inflexions de son regard.

Une voix rocailleuse à l'interphone. « C'est Sam. Je monte?

– Non, non. Je descends tout de suite. »

Ils eurent le gigantesque restaurant pour eux tout seuls, ou presque. Trop tard pour le petit déjeuner, trop tôt pour le déjeuner. Elle commanda une omelette au fromage et la dévora à belles dents pendant que Sam buvait du café.

« Comment fais-tu pour rester si mince? Tu es très belle, magnifique, tu as l'air d'avoir dix-sept ans.

– *Shtuyot* (absurde). Et tu grossis. C'est mauvais pour toi.

– Personne ne s'occupe de moi. Alors, *motek*, tu divorces ? »

Elle s'arrêta de beurrer sa tartine. « Qui dit ça ?

– Ce n'est pas vrai ?

– Sam, qu'est-ce qui se passe là-bas ? Qu'est-ce qui va se passer ? A la télévision, Nasser est absolument effrayant. Mon avocat a parlé hier avec son frère de Herzliya. Il dit qu'ils ont commencé à creuser un millier de tombes dans des jardins interdits au public, parce que les cimetières militaires sont déjà pleins. Toutes les vitrines de Tel-Aviv barrées de ruban adhésif, les bus qui roulent à peine...

– Yael, *yih'yeh b'seder* (ça va être okay). Si nous devons nous battre, nous vaincrons.

– Vraiment, Sam ?

– Oui. Écoute, tu es partie depuis trop longtemps, à avoir comme ça la tremblote. Pourquoi rester là et s'inquiéter pour des rumeurs idiotes ? Reviens avec moi ! Je te trouve une place ce soir dans l'avion d'El Al.

– Tu es fou ? Tu crois que je suis venue dans l'est juste pour te voir ? J'ai des affaires urgentes à New York, demain.

– Tu as un mec, à Los Angeles ? »

Elle le regarda en face. « Comment pourrais-je cacher quelque chose à un génie des renseignements ? Oui, j'en ai un.

– Qui est-ce ?

– Si tu me le demandes, c'est mon dentiste. »

Pasternak cligna des yeux. « Qui ? Ton *quoi ?*

– Oui. Très beau, très sexy. Juif, marié, drôle et mince. Mince comme un haricot vert.

– Un dentiste sexy ? *Tartai d'satrai* (Une contradiction logique).

– Et toi ? Toujours à fricoter avec tes petites amies de la bohème de Tel-Aviv ? Comment arrives-tu à les tenir ?

– En fait, *motek*, je me suis calmé. »

Elle scruta son visage. « Tu veux dire que maintenant tu dois être plus prudent.

– Bon, c'est ça. » Il eut un sourire canaille, et de vieilles émotions traversèrent les couches du temps perdu. Ils se convenaient tellement bien, le kibboutznik Pasternak, d'une famille de pionniers de Mishmar Ha'emek, et la fille de Nahalal, d'une des familles fondatrices d'Israël ! Mais il avait épousé une riche Yekke dont les parents étaient venus de Suisse, et elle avait payé un après-midi de folie parisienne par un mariage forcé avec un immigré polonais. Sam interrompit ses pensées comme s'il pouvait les entendre. « Reviens chez nous, Yael.

– Et puis quoi ? » s'écria-t-elle en jetant ses couverts sur la table.

« Tu ne sais pas ce qu'est vraiment l'Amérique, Sam. Pour toi, il n'y a que la politique et le renseignement. C'est un monde de *mentschen*, Sam, pas de *shleppers*. Chez nous, je devenais folle en essayant de faire quoi que ce soit. Ici on respire, on fonctionne. Ici les affaires sont les affaires ! Une promesse est une promesse, un contrat un contrat, un coup de fil est un coup de fil, un rendez-vous est un rendez-vous, un marché conclu est un marché conclu, oui c'est oui, non c'est non. Qu'est-ce que vous avez dans votre pays de quatre sous ? Une armée, très bien. Une armée, Dieu merci ! Et à part l'armée, quoi ? Des *shleppers*, des *shleppers*, des *shleppers* !

– On a construit un pays, il nous en fallait un, et il est à nous. Tu sais tout ça. » Sam se rembrunit en pensant à Eshkol dans son bureau mal éclairé.

« Oh, par ta vie, ne fais pas le sioniste avec moi ! Je suis Yael ! Benny fait de grandes choses, là-bas. Quichotte aussi. Peut-être qu'un jour Arieh en fera autant, je ne sais pas. Je ne dis pas que nous n'avons pas besoin d'un État juif. Je dis qu'il survivra sans moi.

– Qu'est-ce que tu fais exactement, Yael ? Quelle affaire dois-tu traiter demain à New York ? »

Elle accepta de passer à un sujet plus tranquille. « Oh, en un mot, la mode féminine israélienne. Ils arrivent sur le marché, surtout dans le cuir. » Elle regarda le miroir dans le rabat de son sac. « Des cernes affreux. Pas dormi.

– A tous les diables, Yael tu es très belle. »

Avec un éclair dans les yeux en guise de remerciement, elle continua. « C'était bien de te voir, Sam. Tu avais quelque chose de spécial en tête, pour m'appeler de Tel-Aviv à deux heures du matin ?

– Plus ou moins. Si c'est vraiment fini entre Yossi et toi, il me plairait de t'épouser. »

Elle fut prise de court. Et surprise par la violence de sa propre réaction. Elle le regarda longuement, et sa voix s'adoucit. « Dix ans trop tard, *motek*, mais c'est charmant de ta part. Tu es un grand Israélien, et n'importe quelle femme, j'imagine, serait fière de cette demande.

– Tu me manques.

– Tu sais quoi, Sam ? J'espère qu'il n'y aura pas la guerre, je crève de trouille, je ne peux pas dormir en pensant à Benny et Quichotte. Et Arieh ! » Elle eut des picotements dans les yeux et sa voix trembla. « Mais si on se sort de ce gâchis, et si tu as fini le travail que tu fais en ce moment, quel qu'il soit, pourquoi ne viendrais-tu pas ici ? Comme Sheva Leavis, tu pourrais vraiment faire de grandes choses.

– Yael, tu connais l'histoire du renard et du poisson.

– Non.

– Si, tu la connais. Ça vient du Talmud, mais c'était dans nos livres d'école, au kibboutz. Le renard invite le poisson sur la terre ferme, où il fait si beau, où il y a du soleil et où il pousse toutes sortes de bonnes choses. Le poisson dit non merci, j'ai assez de mal à survivre dans mon propre élément. »

Elle rit à contrecœur. « *Hamood*, je suis contente que tu m'aies appelée. Ruth est toujours en Angleterre?

– Oh, oui. Elle vient voir les enfants, et ils vont la voir à Londres. Ils détestent son type, pensent qu'il est antisémite.

– C'était peut-être ce qu'elle voulait. »

Il paya l'addition, et ils sortirent dans le hall. « Je vais t'aider à porter tes bagages.

– *Lo, b'aleph!* (« Pas question! ») Je n'ai qu'un carton à chapeau. Rends-moi service. Va voir comment va Arieh et téléphone-moi. Yossi a appelé deux fois, et chaque fois j'étais sortie. Maintenant il est dans le sud avec les chars de Tal. Si tu vois Benny, dis-lui que je l'aime et que je lui souhaite la victoire. Voilà mon ascenseur. »

Il la retint. « Yael, tu dois te moquer de moi. Ça n'existe pas, un dentiste sexy.

– Ah non? A mon avis, c'est une faille des renseignements israéliens. »

Sam éclata de rire. « Alors quoi, la novocaïne est un aphrodisiaque? Ils ont trouvé un truc?

– Au revoir, *motek.* » Elle l'embrassa. « Ça ne te regarde pas, mais entre Yossi et moi, eh bien, il y a des problèmes. » Yael plongea dans l'ascenseur qui se refermait.

Le garde posté derrière le guichet en verre blindé, à l'entrée de l'ambassade, parla dans son micro. « Général, votre équipe vous attend dans la salle de conférence.

– Très bien. »

La réunion fut aussi brève qu'encourageante. Principal sujet: les interceptions de communications arabes, montrant qu'ils n'avaient pas encore conscience d'un changement radical dans l'attitude américaine. Il alla ensuite dans le bureau de Barak. « Prêt à courir à la navette, Zev? » C-R-R-RACK! Dehors, un éclair déchiqueta le ciel, le drapeau bleu et blanc se mit à claquer frénétiquement, et il y eut un long roulement de tonnerre. « *Mah pitom?* s'écria-t-il. Le soleil brillait, quand je suis entré.

– Le climat de Washington, dit Zev. Changeant. »

Ils roulèrent sous une pluie battante jusqu'à l'aéroport. Pendant les quelques pas du parking des diplomates au terminal, Barak fut trempé. La salle d'attente était remplie de passagers impatients et d'une odeur âcre de vêtements mouillés. On distinguait à peine l'avion par la vitre de l'aéroport. « Tu as l'air d'un noyé, dit Sam, qui prenait dans un coin du café avec un beignet.

– Tu voulais qu'on continue à parler.

– Oui. Prends un beignet. L'Amérique, pour moi, c'est du café et des beignets dans un aéroport.

– Un point de vue de ver de terre. » Zev mit des pièces dans le distributeur. « Que vas-tu dire au cabinet de ces interceptions arabes, Sam ? C'est comme si Rusk n'avait rien dit d'important.

– Bon, les Arabes n'ont jamais pris la flottille au sérieux. Plus malins que notre propre gouvernement.

– Nasser a fait des bruits affreux à ce sujet.

– Juste pour faire parler la presse. » Sam finit son beignet, en prit un autre. « Quand j'atterrirai, je te parie que Dayan aura le portefeuille de la Défense.

– Eh bien, c'est un grand guerrier.

– Sans aucun doute. Pourtant, un type qui se met à rire quand les balles lui frôlent le crâne n'est peut-être pas le civil qu'il faut pour diriger le ministère de la Défense. La mort, il n'y a pas de quoi en rire.

– C'est l'homme d'Eshkol qui parle, dit Barak avec un sourire ironique.

« Embarquement immédiat de la première section », graillonna le haut-parleur. Les passagers coururent vers la porte.

Pasternak jeta un coup d'œil à la vitre ruisselante et ramassa sa serviette. « Hmm. Un pilote courageux. Écoute, la campagne du Sinaï était un chef-d'œuvre, mais B.G. n'a-t-il pas dû retenir Moshe pendant un an avant que la situation politique soit propice ? Moshe a besoin d'un patron. Il va piétiner Eshkol.

– Bon, Sam, Dayan ne peut vraiment pas grand-chose à ce qui va se passer. Les plans de guerre sont établis. Si elle arrive, Rabin va la mener, et elle arrivera comme est venu cet orage. »

Ils arrivaient au bout de la queue. « Dis-moi, dit Sam d'un ton dégagé, que pense Cunningham de toi et sa fille ? » Zev ne répondit pas. Sam le regarda, les yeux mi-clos. « Est-il au courant ?

– De quoi ?

– Zev, nous n'avons pas d'ami, ici, plus important que Cunningham.

– Je sais. Et Chris sait qu'Emily et moi sommes de vieux amis. Nous avons correspondu pendant des années. A sa demande à lui, en fait, quand elle n'était qu'une gosse idiote, à Paris, amoureuse d'un poète français loufoque, et je l'ai aidée à s'en sortir. Sa femme était encore vivante. Tous les deux m'ont énormément remercié. Ça a commencé comme ça.

– Pas tout à fait. Elle était là quand je t'ai emmené pour la première fois à McLean, en 1948, une petite maigriotte.

– C'est vrai.

– Et aussi, Zev, il faut que tu penses à ton propre avenir dans l'armée. »

Leurs regards se croisèrent. Il n'y avait plus rien à dire. Le haussement d'épaules de Zev résumait tout ce qu'il pensait : *arrivera ce qui arrivera.* « Ah, Sam, dit-il à voix haute, comme j'aimerais monter avec toi dans cet avion. »

Pasternak lui serra l'épaule. « Tu es exactement à la place qu'il faut. Embrasse Nakhama. » Le tourbillon des passagers l'entraîna. «*Yih'yeh b'seder*», cria-t-il en levant le bras.

Il atterrit en Israël par un après-midi humide et venteux, et trouva le nouveau cabinet réuni d'urgence en Comité interministériel de Défense pour reconsidérer la question d'entrer en guerre. Il fit brièvement son rapport, puisqu'ils en avaient déjà appris l'essentiel par un télégramme qui avait contribué à déclencher ce débat crucial.

Pâle et sinistre, Eshkol était tassé en bout de table, flanqué par ses deux ennemis les plus acharnés, Menahem Begin et Moshe Dayan. Pendant les quelques jours où Sam ne l'avait pas vu, il paraissait avoir beaucoup vieilli. Unité nationale, vraiment! Ce bizarre brassage de vieux ennemis le fit penser au baiser de Hussein à Nasser devant les caméras. Quand il eut terminé, Eskhol se redressa pour dire : « Sam, *asita hayil* (un travail de valeur).

– Merci, Premier ministre. »

Moshe Dayan le harcela de questions incisives. De même que les autres membres du cabinet, Dayan était en chemise blanche à col ouvert, mais son ancienne autorité et la lueur combative de son œil valide montraient bien qu'il ne s'agissait pas d'un civil, mais du grand général revenu au pouvoir. Tous les autres lui témoignaient de la déférence, sauf Eshkol, plongé dans un silence lugubre. « Voyons-nous ce soir, Sam, à onze heures, finit par dire Dayan. Je veux être au courant des derniers renseignements venus du Caire.

– Oui, ministre. » Pasternak fit un effort pour prononcer son titre. Moshe, c'était Moshe.

Dayan salua cet effort d'un sourire de travers. « Tu dois être fatigué. Repose-toi un peu, en attendant. »

Dehors, dans le crépuscule qui s'assombrissait, Pasternak rencontra le chef d'état-major qui marchait tête basse en fumant une cigarette. « Yitzhak, *ma nishma?*

– Oh, tu es revenu ? » Le général Rabin eut l'air content de le voir. « Déjà fait ton rapport au cabinet ?

– Oui.

– Je l'ai fait avant toi. Ton télégramme était prodigieux. A renversé la situation.

– Je dirais que c'est la nomination de Moshe. »

Rabin poussa un grognement. « Bon, c'est ce qu'il croit. Où vas-tu ?

– Maintenant ? Marcher un peu, c'est tout.

– Alors marchons. » Rabin l'accompagna dans sa promenade en fumant à la chaîne. « Moshe a convoqué hier soir une réunion des généraux en chef. Il est arrivé en retard, et tu sais la première chose qu'il a dite ? Avez-vous un plan ?

– C'est tout Moshe. Ton plan a-t-il beaucoup changé ? BÊCHE, c'est ça ?

– Eh bien, oui, c'est le même plan de base, modifié à mesure qu'arrivent les renseignements. Nous avons eu BÊCHE, RATEAU, CHARRUE, HOUE, et on va manquer d'instruments aratoires. » Un rire bref. « Ça revient toujours à MOKADE et DRAP ROUGE, comme tu le sais. » Rabin s'arrêta et le regarda de biais, en baissant la tête. « Le raid aérien me tracasse. Très complexe, un risque extrême.

– En as-tu parlé avec Motti Hod ? Ou avec les pilotes ?

– Motti s'occupe de sa propre baraque. Non, je ne l'ai pas fait.

– Écoute, Yitzhak, viens à Tel Nof avec moi. Je préviendrai Motti.

– Pourquoi faire ?

– Fais-le, c'est tout. Et si nous avons le temps, nous visiterons le QG de DRAP ROUGE. »

Rabin consulta sa montre. « D'accord. »

La route était encombrée de véhicules militaires qui fonçaient dans les deux sens, à la tombée de la nuit, avec des phares bleus qui ne donnaient aucune lumière. « Étrange, cette réunion du cabinet, remarqua Rabin. Ils font comme si c'était Dayan qui devait décider de la guerre. Ce n'est pas lui, tu sais bien. C'est moi. Le ministre de la Défense prend la décision *politique* d'attaquer – quand et seulement quand je lui annonce que nous sommes *militairement* prêts à attaquer. En tout cas, c'est censé marcher comme ça.

– Moshe n'a jamais été très fort sur le protocole. Il n'a pas changé. »

Rabin se tut pendant que Pasternak dépassa un long porte-char gémissant sous le poids de deux Centurions. « Sam, entre nous, j'ai demandé à Moshe s'il voulait mon poste. Il peut tout avoir, désormais, je m'en rends compte. Je lui ai dit ça à bout portant. Il a répondu non, absolument non, je dois rester Ramatkhal. Donc il est ministre de la Défense.

– Écoute, Yitzhak, il a unifié les gens. Il les a électrifiés. Je l'ai senti dès mon arrivée. Quand je suis parti, l'aéroport ressemblait à un cimetière. Aujourd'hui, même les douaniers et les porteurs souriaient. Il leur donne l'inspiration. Comme Churchill quand la France est tombée.

– C'est une très bonne comparaison. Je n'y avais pas pensé. En réalité, Churchill ne pouvait rien faire qui ne fût déjà prévu. N'est-ce pas ? Les avions et les pilotes de la RAF étaient prêts. Les radars et les systèmes de tir étaient en place. Il n'a rien fait pour gagner la Bataille d'Angleterre, sinon rugir comme un lion et inspirer son peuple. *Du sang, de la sueur et des larmes*, tout ça.

– Monsieur Charisme, dit Sam.

– On peut le dire ainsi. Et c'est crucial. Pourtant, c'est toujours moi qui suis responsable. Tu te rappelles la façon dont Ben Gourion m'a engueulé ? Si tu as oublié, pas moi.

– Je ne l'oublierai jamais. »

Le chef de l'aviation les attendait au portail de la base de Tel Nof. Il sauta dans la voiture et dit tout de go : « Yitzhak, je t'emmène voir les pilotes de la première vague qui va attaquer les pistes égyptiennes.

– En Égypte ? demanda Rabin d'un ton hostile. Et les bombardiers lourds du Sinaï ? C'est la menace principale.

– Justement. » Motti Hod eut un sourire satisfait. « Très gentil de la part de Nasser d'avoir mis ses bombardiers si près ! On les aura d'autant plus vite. Ensuite, on va revoir ensemble le détail des opérations. »

Les pilotes étaient réunis sous un hangar pour attendre le Ramatkhal. Pendant qu'ils répondaient à son interrogatoire serré – le teint frais, les yeux brillant du désir de se battre, impatients, possédant leur mission jusqu'au bout des doigts – Pasternak vit que Rabin retrouvait sa bonne humeur. Le général fit le tour des Mirage, bavarda aussi avec les équipes au sol, qui lui répondaient avec un mélange d'insolence et de respect. Ces gars de l'aviation étaient l'autre face de la médaille israélienne, l'inverse des *shleppers*, pensa Pasternak, et ils étaient capables de sauver Israël et les *shleppers* eux-mêmes.

Plus tard, alors que Motti Hod décrivait les opérations de MOKADE dans la salle des cartes, Rabin l'interrompit. « En plein jour, Motti ? A huit heures moins le quart du matin ! Où est la surprise tactique ? Et les batteries antiaériennes ?

– Bonne question. Décision fondée sur nos renseignements. » Hod se tourna vers Sam. « Tu veux répondre ?

– Bien sûr. Nous connaissons les horaires des pilotes de chasse égyptiens, Yitzhak. Ils reviennent de leur première patrouille quand le soleil est levé. L'alerte rouge est levée à sept heures, ils atterrissent et prennent leur petit déjeuner. A sept heures quarante cinq ils prennent le café, vont dans leur bureau, rentrent chez eux, ou, pour parler crûment, ils vont chier un coup. C'est le meilleur moment pour attaquer.

– En plus, Yitzhak, ajouta Hod, leurs aéroports sont souvent pris dans un brouillard matinal, et à cette heure-là il a été dissipé par le soleil. Quant à la surprise tactique, nos gars voleront aussi près que possible du sol ou de la mer, sous les radars égyptiens. Silence radio total. Même si un type a des ennuis de moteur, même s'il tombe ou s'il se fait éjecter, silence. »

Le Ramatkhal hocha la tête, n'interrompit plus le chef avant qu'il n'ait terminé. Puis il tira lentement sur sa cigarette avant de parler. « Bon, Motti, je t'ai bien compris? Tu laisses douze appareils pour protéger tout l'espace aérien d'Israël? *Douze?*

– Pendant les trois premières heures, oui.

– Et que devient *Libérer le ciel d'Israël?*

– *En brera*, Yitzhak. Les Arabes, pour l'aviation, sont à deux et demi contre un. Je veux les attaquer avec tout ce que j'ai, même les appareils d'entraînement.

– Un risque extrême. Extrême.

– Oui. » Un silence. « Sommes-nous in extremis, Ramatkhal? »

Rabin réfléchit, soupira, écrasa sa cigarette et se leva. « Approuvé. »

Le pilote de l'hélicoptère se retourna vers Rabin et tendit le bras vers la vitre. « Voilà, monsieur, cria-t-il. La Septième Brigade blindée. »

L'appareil s'inclina, le vacarme du moteur augmenta. Des étoiles et un croissant de lune pivotèrent dans l'ouverture. Le Ramatkhal regarda vers le bas, plissa les yeux. « Je ne vois rien. Le désert.

– Bien camouflés », répondit Pasternak.

Au sol, autour d'une longue table, sous un filet tendu sur des poteaux, les officiers supérieurs finissaient d'examiner les cartes avec le général Tal à la lumière verte d'une lampe de campagne. « J'entends l'hélicoptère », dit Tal, qui sortit pour examiner le ciel noir troué d'étoiles. L'appareil se posa, le Ramatkhal et Pasternak émergèrent d'un nuage de poussière et de gaz brûlés, et Tal les salua. « Le groupe des officiers supérieurs vous attend, monsieur. »

Les officiers écoutèrent gravement le résumé austère que leur fit Rabin de la situation stratégique.

« Le général Pasternak et moi-même sommes venus vous voir,

conclut-il, parce que la Septième Brigade est notre fer de lance. Prêts à partir ? »

Les officiers se regardèrent, et Don Quichotte se leva. « Nous sommes prêts depuis quinze jours, monsieur. Le gouvernement est-il prêt ?

– C'est de l'impertinence, Nitzan, aboya Tal.

– Désolé, dit Quichotte, qui n'en avait pas l'air. C'est ce que disent les équipages de mes chars.

– Laisse-le parler, Tallik, dit Rabin. Continue, Nitzan, dis ce que tu as en tête.

– Monsieur, j'ai toujours su que nous serions inférieurs de moitié pour les chars, pire pour l'artillerie, affrontés à des chars russes plus puissants que les nôtres. Mais maintenant l'ennemi a eu deux semaines de plus pour durcir le Sinaï, établir des champs de mines, creuser des fossés antichars, construire des fortifications. Notre tâche est d'autant plus difficile. Pourquoi n'avons-nous pas attaqué au moins une semaine plus tôt ? »

Une voix dans l'ombre. « On a loupé le train. » Des têtes approuvèrent tout autour de la table.

Rabin alluma une cigarette sans se presser. « Je laisse le général Pasternak répondre à cette question. »

Merci, Yitzhak, de me faire tirer les marrons du feu, se dit Sam. Ces officiers, il s'en rendait bien compte, devraient bientôt affronter autant de chars ennemis qu'il y en avait eu dans toute la Seconde Guerre mondiale. Ils côtoyaient des amis qui n'allaient pas survivre. Ils devraient envoyer leurs soldats dans un hachoir à viande de fortifications et de batteries antichars qu'ils ne pourraient pas traverser – vainqueurs ou vaincus – sans de lourdes pertes et d'affreuses blessures. A ces hommes, parmi lesquels se trouvait le mari de Yael, il devait expliquer la Hamtana !

Il essaya. L'armée avait pris le Sinaï pendant la crise de Suez, commença-t-il, mais les superpuissances avaient obligé Israël à se retirer. Leur victoire avait été vidée de son sens. Avec cette Hamtana, en s'empêchant d'attaquer aussitôt, Israël avait amené les Américains à une attitude plus amicale. Ainsi donc, cette fois, l'armée pourrait ne pas avoir à évacuer le territoire conquis, à moins d'une paix véritable. Sam ne cessait de penser au message inavouable d'Eisenhower à Johnson.

« Êtes-vous en train de dire, monsieur », demanda Yossi qui leva de nouveau la main – écartant de son esprit le fait qu'il s'adressait à l'ex-amant de sa femme – « que nous payons avec du sang et des os broyés le prix de les battre à nouveau afin d'abandonner à nouveau le Sinaï en échange d'un traité, d'un morceau de papier ?

– Un morceau de papier, dit sévèrement le général Tal, contresigné par les États-Unis, Nitzan, est un assez joli morceau de papier. »

En revenant à son hélicoptère, Rabin fit un détour vers les rangées de chars camouflés qui s'alignaient dans la nuit à perte de vue. Les équipages pelotonnés à la lueur des étoiles parlaient à voix basse, comme font tous les soldats qui attendent, de filles, de nourriture, de projets d'avenir, de sport, des défauts des officiers et ainsi de suite. Ce genre de visite était une vieille habitude de Dayan, mais pour Rabin, si réservé, c'était nouveau, et visiblement les soldats en étaient excités et réconfortés. Par-dessus le vacarme de l'hélicoptère qui remontait, Rabin cria à l'oreille de Pasternak : « Que Moshe donne l'ordre. Je suis prêt. »

Le lendemain, la plage de Tel-Aviv était surpeuplée : des personnes âgées prenaient un bain de soleil, des enfants couraient dans tous les sens, des adolescents bruyants jouaient au volley ou à la raquette. Sur la terrasse où Pasternak était assis avec son fils Amos, des soldats en uniforme mangeaient des falafels, buvaient de la bière ou dégustaient des glaces. Bronzé, musclé, Amos Pasternak gardait l'allure d'un soldat, même avec son maillot de bain rouge. Il terminait son service militaire dans une unité d'élite appelée Sayeret Matkhal. « J'ai envie de nager avant de manger quoi que ce soit, Abba, dit-il. Tu veux vraiment un falafel tout de suite ?

– Tout de suite. J'y tiens. C'est de ça que j'ai envie, Amos.

– Ça vient. » Amos alla chercher un falafel et le tendit à son père avec un sourire et en secouant la tête. « Ce n'est pas ton régime, Abba. » Puis il sauta de la terrasse, courut dans l'eau, plongea et reparut au-delà des baigneurs.

Pasternak avait voulu ce falafel pour en goûter la saveur nostalgique. Il n'en avait pas mangé pendant des années, pas depuis qu'il était aussi mince que son fils et qu'il chahutait sur cette plage avec des filles ressemblant à celles qui s'amusaient sur le sable. Tel-Aviv était alors une petite ville balnéaire avec des boulevards bordés d'arbres, pas de grands hôtels, peu de grands immeubles, vivant plus ou moins tranquillement sous le mandat britannique. Il y avait sporadiquement des désordres arabes, occasionnellement des représailles de la Haganah. Autrement, c'était la paix, le soleil, la musique, les cafés, les filles, l'eau, la danse et le rire.

Il se rappelait aussi s'être installé avec Yael sur cette même terrasse lorsqu'ils ne faisaient que flirter. Quel corps magnifique elle avait alors, et lui-même était encore passable. La ville non plus n'avait pas trop changé. Mais quelle transformation pendant les années où lui-même avait tellement grossi ! Une métropole assiégée, à l'horizon hérissé de tours, actuellement paralysée par les véhicules militaires ; des immeubles tassés les uns contre les autres, aux portes et fenêtres aveuglées par des planches et des sacs de sable, des abris antiaériens provisoires indiqués par des affiches criardes pendant qu'on creusait d'autres abris. Des escadrons de bombardiers ennemis dans le Sinaï, à quelques minutes de vol. A la frontière, une confrontation colossale de plus de mille chars. Quel anachronisme fragile, cette scène insouciante du bord de mer !

« Général, les dernières dépêches. » Un messager du Mossad. Son bureau savait toujours où il était.

> *A 10 h 00 demain, le président de Gaulle annoncera l'embargo total sur les armes destinées à Israël. Les livraisons d'avions et d'armes déjà payées seront « retardées ».*

Une mauvaise, très mauvaise nouvelle, mais pas vraiment surprenante, venant de De Gaulle.

> *Le cabinet se réunit à 13 h 00.*

Fin de l'interlude sur la plage, mais il allait finir son falafel, et en plus, par tous les diables, boire une bière. Bon, les gars de Motti Hod avaient surtout des appareils français, modifiés selon les exigences israéliennes, avec quelques astuces rajoutées. La France s'était montrée très amicale pendant dix ans. Comme aimait le répéter Ben Gourion : « Dans l'histoire, rien n'est permanent. » Dépêche suivante :

> *Ordre du jour du commandant des forces égyptiennes dans le Sinaï : les yeux du monde sont fixés sur vous lors de votre guerre très glorieuse contre l'agression impérialiste d'Israël sur le sol de votre patrie... Votre guerre sainte doit réaffirmer les droits de la nation arabe. Reconquérir le territoire volé de la Palestine... ! Par la force de vos armes et l'unité de votre foi... !*

Le vieux général Murtagi avait vraiment l'air d'y croire, cette fois. D'un autre côté, leurs sources ultra-secrètes au Caire n'avaient pas encore envoyé le mot de code WAR NOW, avec l'heure de l'attaque, et le rapport du matin n'avait pas signalé de mouvements inhabituels de troupes ou de blindés pendant la nuit.

En buvant sa bière, Sam regarda Amos s'amuser dans l'eau. La plage était pleine de jeunes séfarades à la peau nettement plus foncée, le « deuxième Israël » des *mabarot* (camps de transit), les enfants des réfugiés venus des pays arabes, venus en masse, qui avaient presque envahi le vieux Yishuv. Jusqu'ici, c'étaient surtout les fils des sabras et des Européens qui avaient fait la guerre. Ces séfarades connaissant mal le sionisme historique, ce grand nombre de Juifs différents qui avaient à peine entendu parler de Hitler et d'Auschwitz, avaient été absorbés par l'armée parce qu'il lui fallait des corps. Seraient-ils à la hauteur de la guerre mécanisée? Tenaient-ils suffisamment à Israël pour risquer de mourir pour ce pays, ces Juifs *mabarot*?

Il se leva et agita le bras. Amos le vit, sortit de l'eau et grimpa en haut de la plage. « Déjà, Abba? Tu te sauves juste après ton falafel, c'est ça?

– Exactement. Amos, si on ne se voit pas pendant un certain temps, bonne chance.

– J'ai les meilleurs espoirs, répondit son fils, mais je suis prêt à tout. »

C'était la réunion décisive. Chaque membre du cabinet en était conscient. Leurs visages avaient l'expression sinistre des notables sionistes qui avaient écouté Ben Gourion proclamer l'État d'Israël, dix-neuf ans plus tôt. Les photos historiques de cette scène montraient certains des mêmes visages, que l'âge avait rendus à peine reconnaissables.

Tous les derniers renseignements viraient au noir. Un échange de visites vice-présidentielles était prévu entre Le Caire et Washington. On disait au Caire que l'ambassadeur américain avait assuré Nasser que son gouvernement n'était pas du côté d'Israël. Les cargaisons d'armes françaises vers l'État juif avaient été saisies avant l'embarquement. Les forces irakiennes avançaient vers le Jourdain. Eshkol restait assis comme un bouddha, hochant la tête et prenant des notes, pendant que Dayan remuait sur sa chaise et bâillait.

Pasternak savait qu'Eshkol, Dayan, Allon et Eban – les joueurs qui comptaient – s'étaient déjà réunis à minuit et s'étaient décidés pour la guerre. A les voir, les autres membres du gouvernement le savaient déjà, ou bien le pressentaient. mais c'étaient des politiciens israéliens, et ils allaient devoir s'exprimer. L'un après l'autre, ils parlèrent, parlèrent, parlèrent. Ils finirent par s'arrêter. Eshkol regarda Abba Eban, qui leva la main.

« Monsieur le ministre des Affaires étrangères? » dit le Premier ministre.

Dans son hébreu unique, avec l'accent d'Oxford, le jeune homme potelé proposa une motion dans un langage très contourné, avec pour effet de déléguer le pouvoir de faire la guerre à Moshe Dayan, conseillé par Levi Eshkol. Le Premier ministre demanda un vote. A contrecœur, seize mains se dressèrent au-dessus de seize visages funèbres. Deux ministres de l'extrême gauche, qui avaient tenu le rôle des colombes avec le ministre des Affaires étrangères, regardèrent d'un air consterné les griffes de faucon qui avaient poussé sur la main levée d'Abba Eban, et s'abstinrent.

A la fin de la réunion, Dayan prit Pasternak à part. « Sam, j'ai juré au comité exécutif du Rafi que je resterai en contact avec Ben Gourion. Il était là, dans ce fauteuil. J'étais obligé. » Le Rafi était le parti charnière issu de la scission de Ben Gourion, et Dayan avait eu besoin de son accord pour prendre le ministère de la Défense.

« Je suis au courant, Moshe.

– Bon, est-ce que tu rentres tout de suite à Tel-Aviv ? » Pasternak hocha la tête. « Bien. Passe chez Ben Gourion, dis-lui ce qu'on a décidé. Dis-lui que je suis très occupé, mais que je viendrai le voir cinq minutes. »

Sam Pasternak ne dépendait pas de la Défense, mais Moshe avait pour spécialité de court-circuiter la hiérarchie, et il était revenu aux affaires. « *B'seder, ministre.* »

Ben Gourion ouvrit lui-même la porte de son appartement. Son sourire ravi faiblit quand il vit Pasternak. « Entre, Sam, entre. Je croyais que ça pouvait être Moshe. Il doit me faire son rapport après la réunion. Assieds-toi. Un peu de thé ?

– Merci, Ben Gourion. Il faut que je retourne à mon bureau, et...

– Tu fais du très bon travail, Sam. J'avais dit à Eshkol que tu étais celui qu'il fallait. Cette fois il ne m'a pas écouté, l'imbécile. Il n'est pas taillé pour être Premier ministre. C'est un éternel second. Ma plus grande erreur a été de le mettre en avant. »

Ben Gourion s'installa derrière son bureau, l'unique place où il se sentait naturel et où il en avait l'air. Pasternak n'allait pas discuter d'Eshkol avec le Vieux, dont l'hostilité envers son successeur était inébranlable.

« J'attends avec angoisse le rapport de Dayan. Ils feraient mieux de ne pas voter la guerre ! » Ben Gourion tapa sur le bureau. « J'ai dit à Moshe que nous ne sommes pas en 1956. Sans au moins une grande puissance de notre côté, on ne peut pas combattre les Arabes. Cette fois nous avions les Français *et* les Anglais. Et nous ne sommes pas en 1948, quand il fallait se battre ou mourir. Nous avons eu des pertes terribles, terribles. Ça ne doit jamais se reproduire. »

Le visage usé, amaigri, les yeux enfoncés dans leurs orbites, prit une expression lointaine. Pasternak voulut parler, hésita. Tout d'un coup le Vieux se ressaisit. « Bon, du moins Abba Eban n'a pas perdu la tête, c'est crucial. Ils ne vont pas partir en guerre contre l'avis du ministre des Affaires étrangères. Eshkol n'a pas de tête, alors il ne compte pas. Moshe a juré de rester lié à moi, alors là aussi, ça va. Les autres le suivront. Même Begin était pour moi – Begin! – mais c'est mieux comme ça. J'ai fait mon temps.

– Ben Gourion, la réunion du comité s'est terminée il y a une heure. Je suis venu directement chez vous.

– Alors! » Un éclair de vigilance traversa les yeux ternis. « Qu'est-ce que ça a donné?

– Dayan va décider de la résistance à opposer à l'Égypte, selon les nécessités militaires, et conseillé par Eshkol. C'est le ministre des Affaires étrangères qui a proposé cette motion, et elle est passée.

– Eban l'a proposée? Mais c'est une motion en faveur de la guerre.

– Oui.

– Comment ont-ils voté?

– A l'unanimité. Deux abstentions au Mapam. Ils m'ont dit ensuite qu'ils avaient changé leur vote pour un oui. »

La grosse tête frangée de cheveux blancs tomba sur la poitrine de Ben Gourion. Il poussa deux grands soupirs, secoua la tête. « C'est l'erreur la plus grave de notre histoire. Le prix, en sang juif, va être horrible. Nos villes vont être bombardées, nos soldats fauchés...

– Cela ne va peut-être pas se passer ainsi, Ben Gourion. Un grand raid aérien peut les prendre par surprise, et...

– Non, non. » Le Vieux fit un signe d'impatience. « Toutes ces parlotes sur les raids aériens! Ne crois-tu pas que Nasser est totalement en alerte? Est-ce qu'il est fou? De toute façon les avions sont des guêpes, ils peuvent piquer, faire mal, mais on fait la guerre sur le sol, avec des canons, des chars, du sang. Regarde l'Allemagne! Réduite en pièces par les avions pendant deux ans. Ne restait pas pierre sur pierre, et qu'est-ce qui a vaincu Hitler? Les forces au sol! Les chars, l'infanterie, les Russes, les Américains, les Anglais, cognant de l'est et de l'ouest, combattant et mourant par dizaines de milliers. Bon, je vais avoir des nouvelles de Moshe d'une minute à l'autre. Il m'écoute. Je peux le contrôler, c'est pour ça que KADESH a été un tel succès. S'il doit y avoir la guerre, une action limitée suffira. Donc...

– Ben Gourion, c'est Moshe Dayan qui m'a envoyé vous parler.

– Vraiment?

– Son message, c'est qu'il est très occupé. Il va passer vous voir cinq minutes. »

David Ben Gourion parut avoir été frappé par la foudre. Au bout d'un moment, sa bouche volontaire se mit lentement à sourire. « Cinq minutes? Eh bien, Sam, dis à Moshe Dayan que ce n'est pas nécessaire. On ne peut pas faire grand-chose en cinq minutes. »

Pasternak savait que Dayan l'avait envoyé dire au Vieux qu'il était politiquement défunt, à peine quelques jours après un mouvement populaire pour le ramener au pouvoir. Un message cruel, mais il était tonifiant de voir la façon dont Ben Gourion le prenait, avec un sourire sévère et quelques paroles en l'air. Malgré tous ses défauts, grands et petits, c'était le Lion de Juda qui avait ramené les Juifs dans leur pays.

« Sam, toi aussi tu as beaucoup à faire. Peut-être plus que Moshe. » Ils se levèrent tous les deux. Ben Gourion lui serra la main au-dessus du bureau, puis se rassit lourdement. « Rabin a son plan, et de bons généraux. Ils vont se battre et ils vont gagner. Au revoir. »

A la porte, Pasternak s'arrêta pour jeter un coup d'œil à Ben Gourion. Le Vieux avait un visage calme, creusé par le temps, et un regard lointain, comme si ce regard traversait les années, jusqu'à son enfance, ou peut-être même les siècles, jusqu'à la chute du Deuxième Temple.

36
A mi-chemin

Lundi 5 juin 1967.

Une vaste plaine sablonneuse le long du Sinaï et de Gaza tremble et gronde, comme secouée par un séisme, à mesure que les Diesels des trois cents chars du général Tal s'échauffent à la lumière de l'aube. Ces chars dépassés ou de seconde main – des Centurions anglais, des MX-13 français, des Sherman et des Patton américains – sont bien inférieurs aux chars soviétiques perfectionnés d'après-guerre alignés dans le Sinaï, mais, gonflés et améliorés par la technologie israélienne, c'est ce que les Juifs ont de mieux.

La mission de Tal, si la guerre éclate, est d'entrer en masse au nord du Sinaï, de prendre l'ennemi par surprise et de semer la panique. Les attaques des blindés s'ensuivraient au centre et au sud. Dans le désert, les routes ne sont que d'étroits rubans escaladant les dunes et plongeant au fond des oueds, un terrain considéré infranchissable par les chars, d'où une chance de surprendre les Égyptiens. Néanmoins, derrière les frontières, la Division Tal rencontrerait des défenses de style soviétique – champs de mines, tranchées, talus et batteries d'artillerie, le tout puissamment renforcé pendant la longue Attente et occupé par l'élite des blindés égyptiens. Tard dans la nuit, Tal a prévenu ses officiers supérieurs que le commentaire de Moshe Dayan devant la presse internationale sur l'entrée en guerre d'Israël, *« Ce n'est pas le moment. C'est trop tard, ou trop tôt »,* n'était qu'une improvisation faite pour brouiller les pistes. DRAP ROUGE pouvait en fait survenir à n'importe quel moment, et comme Israël n'avait aucune profondeur stratégique, les bataillons de la division Tal n'avaient nulle part où aller, sinon droit devant, et pas d'autre choix que de gagner. C'est eux qui lanceraient l'assaut principal. L'existence d'Israël pouvait dépendre de leur comportement au combat.

D'une voix traînante et unie, le visage creusé de rides accentuées par la lumière verte de la lampe à pétrole, le petit homme noueux résuma la situation. « A la guerre, rien ne se passe selon le plan, et pourtant le plan est essentiel. Quoi qu'il arrive, souvenez-vous du plan ! Souvenez-vous de votre objectif! Frayez-vous un chemin jusqu'à votre objectif, battez-vous à mort si nécessaire, pour la dernière chance des Juifs sur cette terre. Il n'y aura ni halte ni retraite. Il n'est question que d'attaquer et d'avancer. »

Don Quichotte fait frire des œufs sur un réchaud à alcool sous la lueur pâlissante des étoiles, lorsque le lieutenant colonel Ehud Elad arrive dans une jeep qui cahote à travers les nuages gris-bleus des gaz d'échappement. Elad crie pour couvrir le tonnerre des moteurs. « Yossi, pourquoi diable ton sergent ne répond-il pas aux signaux ?

– La radio ne répond pas ? Le câble doit être à terre, une fois de plus. »

Pour garantir la surprise, on a imposé à la Division Tal le silence radio et un black-out total, et les communications passent par un réseau de câbles qui courent sur le sable. Plus au sud, les autres formations blindées se servent librement de leurs phares et de leurs radios, tandis que des hélicoptères vont et viennent. Il semble que cette ruse soit efficace, puisque les renseignements annoncent que les Égyptiens se déploient en vue d'une grande bataille au nord.

Quichotte verse les œufs brouillés dans deux assiettes en tôle. « Mange un morceau, Ehud.

– Merci. Je meurs de faim. Mais que se passe-t-il, vous n'avez pas de cuisiniers au quartier général ? » Désormais, Quichotte est commandant en second de la Septième Brigade.

« Ces clowns ? Ha ! Goûte ça. Je coupe des lamelles de singe dans les œufs, avec des oignons, des tomates et des avocats. C'est génial. On va bientôt manger des conserves et vivre comme des bêtes. Pourquoi m'appelais-tu ?

– Je veux m'adresser à mes hommes.

– A quel sujet ?

– Ce que tu m'as dit hier soir après que Tallik nous eut parlé.

– Vas-y.

– Je voudrais qu'ils l'entendent de ta bouche. Mange et viens avec moi, Yossi. »

Le soleil levant gifle le visage cramoisi et moustachu d'Elad qui confronte son bataillon, les poings sur les hanches. Son coup de soleil est le résultat de sa longue station dans la tourelle, exposé à mi-corps aux gaz et à la poussière des chars en train de manœuvrer, ce pourquoi les arbitres de ces jeux guerriers l'ont plus d'une fois déclaré mort. Elad prétend que pour combattre, ou même faire semblant, il faut y voir.

« Bataillon, faites très attention au lieutenant-colonel Nitzan. » Sa voix sonore couvre les bruits matinaux de la formation.

En s'avançant pour faire face aux soldats, Quichotte aperçoit le général Gonen, son commandant de brigade, debout avec le général Tal près des tankistes assis en demi-cercle. Il n'aime pas faire un discours en présence de son patron, Gorodish – désormais Gonen – mais c'est ainsi. Le nom hébraïsé du général, Gonen, n'a jamais pris. Pour les hommes de troupe comme pour les gradés, il reste Gorodish ; un perfectionniste au crâne rasé, susceptible, dur au point de frôler la cruauté, capable de dégrader un soldat pour un bouton défait.

« Soixante-dix-neuvième bataillon, nous ne savons toujours pas si ou quand nous entrons en guerre », commença Quichotte, comprenant à les voir se vautrer et à leur air d'ennui, le mauvais moral venu de la Hamtana. « Ce que nous savons, c'est que l'ennemi est par là » – il indiqua du geste la frontière – « et c'est pour ça que nous attendons là depuis plusieurs semaines. Nous ne faisons qu'attendre. J'ai dit hier soir à votre commandant, et il m'a demandé de vous le dire, que seul un Juif européen tel que moi peut pleinement comprendre ce que c'est que d'être un tankiste israélien. J'ai passé des années à fuir et à me cacher des Allemands. Un an de plus dans les camps de prisonniers anglais à Chypre. Ce sont des choses que vous avez apprises dans les livres. Vous êtes une nouvelle génération. »

Les jeunes visages alanguis commencèrent à montrer un début d'intérêt. La plupart étaient roses et lisses, comme des bébés, quelques-uns barbus, tous surmontés d'une épaisse tignasse agitée par le vent.

« Vous avez entendu poser cent fois la même question : pourquoi les Juifs d'Europe ont-ils porté humblement ces étoiles jaunes, sont-ils montés dans les trains comme des agneaux à l'abattoir ? Pourquoi n'ont-ils pas au moins essayé de se battre ? »

Il fait une pause, le visage sombre. Dans le demi-cercle des jeunes gens, le silence se fait pesant, troué par les grincements et les bruits métalliques de l'entretien des chars.

« Eh bien, j'ai parlé hier soir à Ehud Elad de trois de mes cousins de Varsovie, des types de votre âge, qui ont porté ces étoiles jaunes et sont montés sans résister dans les trains. Pourquoi ? Avant tout, parce que les Allemands leur avaient menti, disant qu'ils devaient être réinstallés dans des camps de travail. Était-ce si difficile à croire? Comment auraient-ils pu croire, au contraire, que des Européens civilisés, même antisémites, les entassaient dans un train uniquement pour les assassiner ailleurs? Nous savons maintenant que c'était l'horrible vérité, mais à l'époque c'était inconcevable. »

Tous les regards étaient sur lui. Quichotte avait gagné leur attention.

« Mais même en supposant qu'ils se fussent doutés de la vérité, comment mes cousins auraient-ils pu se battre? Avec quoi? Ils n'avaient pas d'armes. C'étaient des Juifs européens. Ils comptaient sur les autorités des gentils pour maintenir l'ordre et la loi. Quand quelques Juifs découvrirent la vérité et se sauvèrent dans la forêt, ou essayèrent de se défendre, comme les Juifs de Varsovie, il était trop tard.

« Eh bien, ce que j'ai dit hier soir à votre commandant, c'est simplement, Dieu merci, que nous sommes différents. Nous sommes la force armée d'Israël! » Il indiqua les rangées de chars qui grondaient sourdement. « Nous avons ça, et nous savons nous en servir! Nous ne comptons sur aucun autre gouvernement que le nôtre, sur notre Sion, nos propres chars, nous-mêmes!

« Et voilà pourquoi... »

Un vrombissement lointain l'interrompt. Les visages des soldats se tournent vers le ciel. Des taches au fond du ciel bleu deviennent rapidement des avions filant vers la mer par groupes de quatre. Le bruit des moteurs devient un tonnerre assourdissant. Dans un mélange de cris et d'acclamations, les soldats sautent sur leurs pieds, lèvent le bras et brandissent le poing quand les appareils passent en un éclair au-dessus de leurs têtes, quatre par quatre, étincelant sous le soleil, projetant des ombres fuyantes, volant si bas qu'on distingue clairement l'étoile de David bleue sur chaque fuselage.

« Rien d'autre à dire! s'exclame Quichotte quand les avions s'éloignent et que le bruit des moteurs diminue. Le reste est écrit dans le ciel! Au lieu de l'étoile jaune, l'étoile bleue! *Am Ysroel khai!* Israël vivra! »

Le lieutenant-colonel Elad arrive à grands pas près de lui. « Garde à vous! » Des corps brusquement raidis, un silence absolu parmi les hommes, des visages transformés : impatients, joyeux, exaltés. « Équipages, à vos chars! Tous les personnels aux postes de combat, maintenez le silence radio, attendez les ordres! Les filets de camouflage restent en place! »

Un sergent bondit face aux soldats. *« Alei... »*

Le bataillon pousse un beuglement juvénile.

« KRAV! » (« Bataille! »)

– *Alei...*

– KRAV!

– *Alei...*

– KRAV! KRAV! KRAV! »

Les hommes se dispersent bruyamment au pas de course. Elad serre Yossi dans ses bras et embrasse sa joue mal rasée. « Bon, excellent, parfait. Merci! Alors, on y va!

– Oui. Fais attention, Ehud.

– Absolument! On se retrouve à El Arish, hein? Quichotte, je t'adore. » Il s'éloigne à grands pas.

Le général Tal fait signe à Yossi. Gorodish et lui ont l'air en pleine forme : bronzés, l'œil vif, avec des uniformes bien repassés, des casquettes neuves et leurs nouvelles lunettes de tankistes relevées sur le front. Les Renards du Désert juifs, pense Quichotte, les Rommel israéliens, et très conscients de l'être! Tal lui serre la main et lui donne une claque sur l'épaule. Gorodish, un ancien étudiant du Talmud, psalmodie comme dans une *yeshiva*, ironique : « *Goot gezugt! Yasher koyakh!* (Bien dit! Que la force soit avec toi!) Viens avec moi. »

Les avions ont déclenché une violente animation dans toute la division. Des foules de soldats s'affairent autour d'un millier de véhicules, en plus des chars : des jeeps de signalisation, des half-tracks, des transports de troupes, des caravanes médicales, des camions-citernes, des camions-ateliers, des fourgons de ravitaillement, des camions de munitions, une queue logistique beaucoup plus longue que la tête combattante.

Dans sa remorque mal éclairée, Gorodish s'approche d'une carte accrochée au fond. « Regarde ça, Yossi. Ces avions signifient que DRAP ROUGE démarre d'une minute à l'autre. Le commandement Sud donne à Tal le plus sale boulot, et Tal nous en donne le plus sale côté. Nous n'allons pas passer sans lourdes pertes, ce matin, mais nous ne pouvons pas nous arrêter, quoi qu'il arrive. Je serai là-bas » – il tapote du doigt un carrefour dans la bande de Gaza – « et je veux que tu formes un second groupe de commandement, juste au cas où. Tu comprends? »

Ils se regardent droit dans les yeux. Gorodish veut dire qu'il peut être tué ou blessé dès le début, ou pris au piège dans le chaos du premier assaut. La conduite de l'attaque reviendra alors à Quichotte.

« Je comprends. » Yossi louche sur les enveloppes scellées empilées sur la table, les ordres, avec dessus deux mots soigneusement crayonnés par Gorodish : SADIN ADOME (Drap rouge). « Qui part le premier?

– Ehud avec ses Patton, comme prévu. » Environ quatre-vingts chars américains de ce type avaient été obtenus grâce à un marché délicat avec l'Allemagne de l'Ouest avant que les Arabes ne s'en aperçoivent, poussent des cris d'orfraie et y mettent fin. « La pointe de la flèche, en colonnes ouvertes. Je serai tout près derrière. Tu feras halte pour attendre les ordres *ici*, pendant que nous verrons comment l'attaque prend forme. » Gorodish se penche sur la carte, fait une marque, prend une règle et un compas. « Nom de code pour ton groupe sera KARISH (Requin).

– Requin. » Yossi découvre ses grandes dents blanches le plus loin possible. « Excellent. »

Gorodish, semble-t-il, ne sourit pas. « Vas-y. »

Volant à l'aveuglette, Benny Luria compte les minutes avant de virer vers la terre. Ses écouteurs sont muets, il n'y a que le grésillement des parasites. Les quatre Mirage vrombissent à sept cents kilomètres-heure au-dessus des vagues écumantes. Les autres sont en formation autour de lui comme pour un meeting aérien, Kalman à sa droite, Itzhik et Ricki à sa gauche. Top! Un large virage sur la gauche et les autres suivent, gardant la formation. De bons gars, solides comme des rocs. Carburant okay, pression d'huile et température du moteur okay, largage des bombes amorcé, mitrailleuses désamorcées. Le moteur ne pourrait pas mieux fonctionner. Le frémissement familier de son ventre avant l'action s'est estompé. A l'horizon, il voit apparaître les dunes, cinq secondes avant l'heure prévue. Le colonel Luria est à pied d'œuvre. Il arrive du nord, où on l'attend le moins, volant trop bas pour les radars.

Quand les quatre appareils survolent les eaux vertes du delta marécageux du Nil, les villages et les canaux, des paysans les saluent au passage, n'imaginant pas que ce puisse ne pas être une patrouille égyptienne. Puis c'est la voie de chemin de fer, où un petit train halète lentement. Le hameau, derrière, est peut-être Faqus, le point de départ de l'attaque, mais il est en vue trois minutes trop tôt. Un autre village, loin vers la gauche, ressemble plus à Faqus, mais en ce cas Benny a dévié. Revoir rapidement ses options : *Si je rate Faqus, second point de départ? Cap, vitesse, vitesse ascensionnelle, altitude... ?* Il guette plus loin les poteaux télégraphiques, les miradors, tout obstacle dépassant de la boue et où il pourrait s'écraser à cause d'une seconde d'inattention...

Faqus! Le voilà, les cahutes, les rues, le canal, le chemin de terre, tout y est. A l'heure exacte, bien navigué. Dans le ciel, en face, aucun signe d'un MiG en patrouille. Okay, signaux de la main aux autres, les gaz à fond, on monte! Apparaissent au sol les hangars camouflés, la tour de contrôle, les baraquements de l'escadron, les appareils sur les pistes – une photo de reconnaissance au téléobjectif qui prend vie. La base d'intercepteurs d'Inchas ressemble étrangement à Tel Nof, après tout. Une base aérienne est une base aérienne. La postcombustion propulse l'appareil comme un obus, ses oreilles se bouchent, l'aiguille de l'altimètre tourne à toute vitesse. Mille, deux mille, trois mille mètres dans le grand bleu, un bond abrupt et tumultueux. Les autres sont sur ses talons. Ensuite, c'est comme à la répétition. Benny Luria entame une culbute hurlante, la terre et le ciel tourbillonnent autour de lui, et il retrouve l'horizontale en fonçant droit vers la piste principale encombrée d'appareils.

Levant le nez à trente-cinq degrés, il relève les interrupteurs des bombes spéciales pour aéroports et se met en piqué. Un tir antiaérien sporadique se déclenche devant lui : de faibles éclairs jaunâtres, des balles traçantes qui montent. Les MiG alignés dans son viseur grossissent de plus en plus. Une proie juteuse! Mais pas tout de suite. En bas, des formes minuscules courent dans tous les sens. Règle bien les commandes pour piquer tout droit, *tout droit!* L'altimètre redescend à six cents mètres. Il lâche les bombes, sent une légère secousse, plonge vers le sol et entame sa remontée au milieu des explosions de la DCA qui s'intensifient. Basculer les interrupteurs des bombes aux mitrailleuses, redresser l'appareil, virer sur la gauche, et il plonge derrière les grands hangars pour briser l'emprise de la DCA sur son avion. Un coup d'œil sur le côté, Oh-ah! Des colonnes de fumée noire et bouillonnante! Les bombes *papam* ont fait leur boulot, par Dieu...

Ces bombes sont un produit maison. Quand elles tombent, un parachute se déploie et ralentit leur chute. Un contrôle automatique dirige la bombe pour une pénétration maximum, une fusée les enfonce profondément sous le tarmac, et une charge à retardement creuse un cratère gigantesque. Des années d'innovations technologiques israéliennes pour quelques secondes d'histoire...

Les autres le rejoignent, remontent et tournent en formation. Les avions font un demi-cercle autour de la base. Dans la fumée qui s'élève, ils voient des pistes détruites, inutilisables, creusées par des trous noirs ou vacillent des flammes. Les avions d'Inchas sont cloués au sol, pris au piège, impuissants.

Un passage à la mitrailleuse! Luria descend à un angle assez faible, pas plus de dix degrés. A portée maximum, il déchaîne le canon central et les mitrailleuses sur le MiG qu'il a dans son viseur, tandis que son avion tressaute et le secoue. Les jets de feu déchirent le MiG qui explose en une bulle noire et rouge de flammes et de fumée. Pas comme une victoire en l'air, mais quel spectacle! Quelle vision, quelle récompense! Un autre, encore un autre chasseur-bombardier russe, supérieur en l'air au Mirage, mais victime immobile de Luria sur la piste, se désintègre sous ses balles. Il tient ses comptes macabres : un autre, et un de plus, tous éliminés, qui explosent sous ses yeux et ne voleront jamais plus. Ce sont des intercepteurs en alerte permanente. Il y a des chances pour que les pilotes soient à l'intérieur, brûlés vifs... Une idée horrible... mais la mission continue. Passage terminé. Les ordres sont de faire trois passages à la mitrailleuse et de repartir, quelques minutes à peine avant l'arrivée de la deuxième vague.

Tandis qu'il prend son virage pour un autre passage, les autres se reforment, toujours indemnes; d'après ce qu'il peut voir, pas une balle n'a touché leurs fuselages. Les barrages de la DCA se renforcent, les traits rouges et les bouffées noires tourbillonnent autour de son cockpit. Mais la doctrine aérienne d'Israël est inflexible et brutale : ignorer la DCA, démolir les pistes, puis démolir les avions. Se laissant tomber vers la base en flammes pour son second passage en rase-mottes, Luria voit que les trois autres pilotes ont fait eux-aussi des dégâts importants. En comptant vite, dix-huit, dix-neuf, vingt MiG sont en feu sur la piste!

Il reste un tas de cibles, et pendant qu'il pulvérise un avion puis un autre dans un éclair de feu pâli par le soleil, il se rappelle les experts français affirmant que le canon ne convenait pas aux Mirage, qu'il était dépassé, qu'il fallait des missiles. Drôles d'experts! Quel enfer peut déchaîner le canon central, allié à ces terribles mitrailleuses de 30 mm qui crachent mille balles à la minute! Luria avait fait partie de l'équipe israélienne qui l'avait emporté sur les ingénieurs français : Tolkowski, Weizman, Hod – de grands aviateurs, de grands Israéliens. Une décision géniale!

S'élançant au-dessus de l'avalanche de fumée, Benny ne voit encore aucun signe de la deuxième vague. Les ordres : revenir mitrailler l'ennemi. Accumuler les destructions, annihiler cette menace pour la patrie juive. La limite, c'est le carburant. Il réussit deux attaques en rase-mottes, plonge dans le nuage noir et les tirs de la DCA, puis emmène ses gars dans une longue montée en chandelle jusqu'à trois mille mètres. Inutile de se traîner, au retour, dans l'atmosphère épaisse du niveau de la mer.

A cette altitude, sa vision circulaire englobe une bonne part de la riche et verdoyante vallée du Nil, avec l'étendue grise du Caire des deux côtés du fleuve, près des Pyramides et du Sphinx, ressemblant à des jouets, les mouchetures du delta, le bleu de la Méditerranée, et le sable brun du désert qui s'étend à l'est vers le canal de Suez. Des piliers de fumée noire percent l'air translucide du matin et racontent toute l'histoire. Abu Sueir, Fayid, Kabrit, Le Caire Ouest, tous flambés, comme Inchas. Il est traversé par une idée fantastique : *Par Dieu, c'est Midway !*

Benny a étudié l'histoire des raids aériens, et ce qui l'a le plus frappé, c'est la vision de Midway, les porte-avions japonais en feu éparpillés sur l'océan, envoyant vers le ciel le bûcher funéraire de leur propre immolation. Ce cataclysme, en cinq minutes fracassantes, avait changé le cours de la guerre et de l'histoire. « Elohim, on a gagné la guerre, s'écrie-t-il à voix haute, donnant un coup de poing sur la vitre de son cockpit. On a *gagné !* » Il jette un coup d'œil à la pendule. Du début à la fin, ils sont restés sept minutes au-dessus d'Inchas. Benny prend le micro et brise le silence radio. Pourquoi pas, maintenant ?

« Tabor, Tabor, ici Lance-Pierre Deux, revenant de Tournesol... »

Déformée par le haut-parleur, la voix jubilante de Benny Luria résonne dans le poste de commandement souterrain de l'aviation. Des filles en uniforme, casquées, griffonnent avec excitation sur la cloison en verre avec des mines grasses de couleur orange.

« Et maintenant Inchas ! » s'exclame Dayan devant Rabin. Tous les deux sourient et secouent la tête, émerveillés. « Si tout est exact, Yitzhak, cela fait soixante et onze avions détruits jusqu'ici, uniquement par la première vague ! »

Rabin tire très fort sur sa cigarette. les mégots s'entassent dans le cendrier, sur son accoudoir. La tension féroce du réduit souterrain commence seulement à diminuer. « Encourageant, même si c'est vrai à soixante pour cent.

– Miracles et merveilles ! » dit Ezer Weizman, l'ancien chef de l'aviation devenu chef des opérations de Rabin, qui sourit d'une oreille à l'autre. « Les gars ont l'air de pilotes arabes, en annonçant des chiffres aussi fous, mais qui sait ? »

Motti Hod boit à une grosse jarre qu'il a soulevée au-dessus de sa tête. Il la repose avec un choc retentissant et lève la main. Les officiers qui entrent et sortent en courant se figent sur place. Le chef de l'aviation se tourne vers Rabin, qui est assis juste derrière lui. « Dans l'action, Benny Luria est froid comme un poisson, aboie-t-il presque. Son rapport est digne de confiance ! En fait – il agite une main vers la cloison tachée d'orange – « vous pouvez croire à tous ces chiffres. MOKADE se déroule comme prévu.

– Je les crois, dit Pasternak, à côté de Rabin, qui se lève.

– Je dois confirmer DRAP ROUGE.

– Absolument », acquiesce Dayan. Il s'adresse à Pasternak. « Sam, appelle le secteur Nord et le secteur Centre. Même si on leur tire dessus, ne pas entrer en Syrie ni en Jordanie.

– Moshe, ce sont déjà les ordres.

– Oui, oui, mais l'artillerie syrienne va sûrement ouvrir le feu, peut-être aussi la jordanienne. Une fois qu'une de nos unités traverse la frontière, il est trop tard pour la rappeler. Nous retournons le feu, mais uniquement d'une position statique.

– Oui, Moshe.

– Et informe immédiatement Abba Eban de ce qui se passe. Nous sommes déjà dans une nouvelle situation politique internationale. Et Eshkol, bien sûr. »

Là encore, Dayan ignore le protocole et retombe dans leurs rapports de KADESH, quand Pasternak était son assistant. Sam ne s'en formalise pas, bien qu'ils aient chacun suivi leur chemin depuis plusieurs années, et que Dayan se soit essayé sans grand succès à la politique. Bedonnant, devenu chauve, il est ce matin revêtu d'une majesté nouvelle. A le voir, ce n'est pas seulement le ministre de la Défense, mais le véritable Premier ministre, le Numéro Un.

« Et Ben Gourion ? » demande Sam.

Dayan hausse les épaules. « Comme tu veux. Ensuite, les réactions arabes sont cruciales. Je veux savoir ce que disent les radios du Caire et d'ailleurs. Et les leaders vont se téléphoner, ou discuter par radio. Tu les as sous surveillance ?

– Complètement. Tu auras un résumé chaque demi-heure. Quoi que ce soit de spécial, à la minute même. »

Dayan hoche la tête et lui tourne le dos. Dans l'antichambre, Pasternak ferme la porte et fait ses appels. Par la fenêtre, il voit les filles écrire un rapport sur le bombardement du Caire Ouest.

« Tu me surprends en train de m'habiller, dit Levi Eshkol, mais vas-y, vas-y, tu sembles de bonne humeur... Oh, vraiment ? Sam, c'est magnifique ! Sam, Sam, *mi darf makhen shekyanu !* (Il faut bénir ces bonnes nouvelles !) Faut-il que je vienne à Kyria ? Je crois que je vais attendre un peu. As-tu appelé Abba Eban ?

– Dès que j'aurai raccroché.

– Oui, oui, il doit le dire tout de suite à nos gens de Washington et de New York. Il va les réveiller en pleine nuit, mais ça en vaut la peine, ha ? Ils doivent s'attendre à des tas d'histoires. Sam, c'est merveilleux! Félicite Motti pour moi! *Ai*, Sam! Ça devrait finir comme ça a commencé! Et, écoute, appelle Ben Gourion. Il le mérite.»

Voilà Levi Eshkol, pense Pasternak : il respecte le Vieux, son ancien patron qui est devenu son critique le plus venimeux. Il commence par Ben Gourion, avant d'appeler le ministre des Affaires étrangères.

Gorodish émerge de sa caravane. «DRAP ROUGE!» hurle-t-il à son officier des transmissions dans le half-track hérissé d'antennes. «Ouvre tous les canaux et distribue les ordres!»

Dans un effrayant fracas de moteurs et de haut-parleurs, des messagers porteurs d'enveloppes cachetées s'élancent entre les rangées de chars. On abat les filets de camouflage, les équipages s'engouffrent par les écoutilles, les tourelles pivotent de droite à gauche, les canons se lèvent et s'abaissent et les chars commencent à bouger. Les commandants casqués font des signaux avec des fanions à moitié cachés par des tourbillons de poussière.

Yossi Nitzan emmène son groupe, un peloton de Centurions suivis de jeeps et de half-tracks, à un poste près de la frontière, une simple ligne de barbelés tendue sur le sable. La longue colonne de la brigade de Gorodish avance, les Patton en tête, dans un cliquetis de chenilles et des gerbes de sable. Ehud Elad, planté tout droit dans sa tourelle, crie dans le micro de son casque quand son char écrase la barrière. Apercevant Quichotte dans son half-track, il le salue d'un geste. Au même moment, des éclairs illuminent l'horizon, suivis l'instant d'après par les bruits sourds de l'artillerie lourde ennemie. La surprise du raid aérien est éventée, et comme l'a dit Tal un bon millier de fois, pour gagner une guerre, les blindés doivent s'emparer du terrain.

Le soupirant canadien de Shayna l'accompagne à la gare d'autocars de Jérusalem, quand l'air est ébranlé par un gémissement lugubre et terrifiant. «Qu'est-ce que c'est que ça? s'écrie-t-il.

– C'est les Égyptiens, répond aussitôt Arieh. Ils attaquent Jérusalem.»

Elle le serre contre lui sur la banquette arrière. «N'aie pas peur, Arieh.

– Moi? Je n'ai pas peur des Égyptiens.

– Allume la radio, Paul.»

Le mariage d'une amie d'enfance, devenue presque une vieille fille, comme elle-même, avait ramené Shayna à Jérusalem, et elle allait reprendre le car pour Haïfa avec Arieh. C'est le début des informations.

«La voix d'Israël à Jérusalem. Il est dix heures. Ce matin à 07 h 45

des avions égyptiens ont de nouveau violé l'espace aérien israélien. L'aviation les a repoussés et tous nos appareils sont revenus indemnes. Toutes nos forces restent en alerte permanente. »

Le reste des nouvelles, brèves et inoffensives, est suivi par une publicité pour un soda, et Paul coupe la radio. « Bon, on ne dirait pas vraiment que c'est la guerre, crie-t-il pour couvrir le hurlement de la sirène. N'est-ce pas?

– Non, c'est vrai. Peut-être essayent-ils les sirènes. Allons-y. »

Sur la route de Jaffa, la plupart des magasins sont fermés et l'embouteillage habituel ne s'est pas formé, puisque tous les camions du pays sont réquisitionnés à la frontière. Des coups sourds et lointains percent le bruit des sirènes. « Écoute ça! dit-il. C'est peut-être un raid aérien, cette fois.

– C'est l'artillerie.

– Les canons! » Le visage rond et barbu se retourne vers Shayna. « Tu veux dire que nous sommes attaqués par la Jordanie? »

Elle remarque son « nous » tribal. « Eh bien, on dirait qu'ils sont en train de nous bombarder.

– Il vaut peut-être mieux que tu n'essayes pas de rentrer tout de suite à Haïfa, Shayna. Les routes seront bloquées par l'armée, et c'est dangereux. Arieh et toi, vous pouvez habiter chez moi. Je dormirai à la *yeshiva.*

– Pourquoi? S'il le faut, nous irons chez ma mère.

– Entassés dans une seule pièce?

– A Jérusalem, nous vivons très simplement. »

Une explosion au loin, un nuage de fumée. D'autres coups sourds, la sirène continue à hurler. « On va battre les Jordaniens, dit Arieh. On va battre tous les Arabes qui nous attaquent.

– Allons chez ma mère, Paul.

– Okay. »

La mère de Shayna habite une maison arabe aux murs épais dans un vieux quartier religieux. Une fois par semaine, l'Ezrakh lui permet de descendre pour lui préparer le repas de shabbat et nettoyer son antre souterrain tapissé de livres du sol au plafond. Pour cette raison, elle est très enviée et très respectée par les autres vieilles femmes de ce quartier miteux. Paul tourne dans une petite rue où des enfants rieurs se mettent en rang devant l'entrée d'un abri. « Shayna, si c'est la guerre, qu'est-ce que je peux faire, à quoi je peux servir?

– Les garçons des *yeshivas* continuent simplement à étudier la Torah.

– Je ne suis pas un garçon. »

Elle élève la voix, à cause de la sirène. « On raconte une blague sur les étudiants des *yeshivas* en temps de guerre, Paul. Le bombardement commence et le chef rabbin se précipite dans le *beit medrask* en criant : “ Qu’est-ce que vous avez, les gars ? C’est la guerre ! Faites quelque chose ! *Zug tillim !* (Récitez des psaumes !) ”

– Ha ! Pas mal.

– Si tu veux vraiment t’engager, je peux te dire où aller. »

La sirène se tait. Les coups de l’artillerie paraissent se rapprocher. Tout d’un coup, la Hamtana est terminée, et c’est à nouveau la guerre ! La première fois, elle était une petite fille. La seconde fois, elle se tourmentait à cause de Yossi, qui était parachutiste. Maintenant il est officier dans les blindés, et même si elle a son fils dans ses bras, elle s’efforce de ne pas penser à lui. Il peut se débrouiller, et sinon tant pis, tant pis ! Elle n’a pas à s’occuper du mari de Yael, un point c’est tout.

Quand la voiture s’arrête devant chez sa mère, un petit bonhomme bedonnant avec une barbe naissante, un casque en tôle et un brassard rouge, arrive en courant et brandit une matraque en face du Canadien en poussant des cris.

« Quel est son problème, Shayna ? Je ne parle pas assez bien hébreu.

– C’est Chaïm, le gardien de l’abri. Il mourait d’envie d’avoir une guerre, le voilà servi. » Elle lui parle à toute vitesse, et Chaïm s’en va en maugréant.

« Okay, dit Paul. Je vais où ? »

Shayna lui donne une adresse. « Évite les grandes avenues, Paul, il va y avoir des véhicules de l’armée. Le bureau de recrutement est au premier étage, au-dessus du restaurant.

– Compris. » Il démarre.

La porte du logement sans air de l’Ezrakh, à moitié sous le niveau de la rue, est ouverte. Shayna l’aperçoit à sa table, en manches de chemise, couvert d’un long *talit katan*, se balançant au-dessus d’un petit livre. Il ne chante pas sa mélopée talmudique habituelle, mais il récite des psaumes. Shayna connaît par cœur le Livre des Psaumes, et une fois chez sa mère elle murmure quelques vers, malgré elle, pour ce soldat insensé et obstiné, ce Don Quichotte qui ne la concerne pas.

37

La route d'El Arish

Pour le premier jour, la mission du général Tal est de détruire le maximum de forces ennemies dans le Nord, et surtout de s'emparer de la route goudronnée qui court le long de la côte méditerranéenne, de Gaza à El Arish. Car après un seul jour de combat, son « poing d'acier » formé de chars, comme il se plaît à dire, sera comme un jouet mécanique géant dont le ressort est détendu ; il aura besoin, avant de pouvoir continuer le combat, d'être ravitaillé en carburant et en munitions par le convoi de l'intendance. Mais ces engins « mous » ne peuvent pas traverser le sable et la garrigue comme les chars, de sorte que la route est un premier objectif d'importance vitale, le seul endroit où des véhicules montés sur pneus peuvent franchir les étendues rocheuses et les dunes friables, et l'unique point de passage à travers les champs de mines.

El Arish, la jolie capitale du Sinaï en bord de mer, bien défendue et possédant un grand aéroport, est à environ soixante kilomètres du point de départ de Tal. Le général veut pénétrer la croûte extérieure des défenses ennemies et exploiter ce succès en direction d'El Arish, mais il ne serait pas réaliste de prétendre l'atteindre dès le premier jour. La route côtière est barrée par toute une série de défenses, commençant peu après la frontière par le point d'ancrage des lignes égyptiennes au nord, le carrefour de Rafah, tenu par une division blindée au complet. Ce formidable hérisson chevauche cette zone avec de l'artillerie, des fossés antichars, des tranchées et des champs de mines, allant de la route à des dunes d'une hauteur infranchissable.

Trente kilomètres plus loin, il y a un second barrage redoutable, le gantelet allongé du défilé de Jeradi, plusieurs kilomètres à louvoyer entre des dunes imposantes et des terrains cahoteux, avec encore des champs de mines, des canons antichars, des chars camouflés et des tranchées fortifiées. El Arish est à quinze kilomètres, mais sur la route il y a aussi des fortins renforcés pendant la Hamtana.

La division de Tal est la plus puissante qu'Israël puisse aligner. Si elle est bloquée ou forcée à reculer, leur étourdissante victoire aérienne peut être vidée de sa substance, peut-être même annulée, par une preuve de faiblesse au sol en pleine vue des Arabes, des Russes et d'une ONU hostile. Il doit avancer de toutes ses forces, s'approcher autant que possible d'El Arish, quels que soient les risques et quel qu'en soit le prix.

Quichotte, debout dans son half-track, regarde la longue colonne sinueuse des Patton d'Ehud Elad gronder au passage, soulevant une poussière qui vient voiler le soleil encore bas, une vision qui l'exalte et l'inquiète tout à la fois. Un vaillant spectacle, ces chars américains qui ferraillent pendant plusieurs minutes, conduits par des gosses courageux et casqués en tenue de combat, mais qui n'ont jamais connu de bataille. Une belle ligne, ce Patton. Surbaissé, bien suspendu, rapide et facile à diriger – mais son moteur à essence est un risque d'incendie et il est sous-armé : les Patton ne tiennent pas sous les coups à longue portée des T-55 ou des Staline-3, et ne peuvent pas les rendre. Il leur faut ruser pour se rapprocher, ou alors prendre l'ennemi par surprise. Mais Ehud Elad a plus qu'un autre le culot et le talent nécessaires pour des manœuvres aussi risquées.

Après les Patton, les Centurions du 82e bataillon passent lourdement, avec leur ligne haute et leurs tourelles en fonte d'acier d'allure tellement britanniques. Leurs canons sont plus puissants. Autrefois, les tankistes haïssaient les Centurions : peu aptes à faire la guerre dans le désert, se plaignaient-ils, toujours ensablés, en panne, perdant leurs chenilles, et tellement chauds qu'on y était rôti vivant. Israël Tal et d'autres officiers supérieurs tels que Gorodish, Elad et Nitzan avaient imposé des règles féroces pour l'entretien et des punitions sévères pour tout manquement. Maintenant les Centurions marchent bien, et leurs équipages sont contents, voire enviés.

La voix de Tal, précise et glacée, tranche les bavardages du réseau dans les écouteurs de Quichotte.

« *Gorodish, pourquoi ce retard?* »

La voix de Gorodish, enrouée, harassée. « *Axe trop étroit, nombreux obstacles.*

– *Gorodish, passe en force! Ce n'est que le début!*

– *Bien reçu.* »

Dès la première demi-heure, pensa Quichotte, l'opération est déjà désorganisée. Comme Tal l'avait dit, peu de choses se passent comme prévu. On apprend que les bataillons de nouvelles recrues s'égarent sous le feu ennemi dans les ruelles tortueuses et les impasses des premiers villages traversés. Fait pour désorienter et retarder les invasions de cavaliers, ces labyrinthes ont visiblement le même effet sur les chars. Quichotte voit dans ses jumelles un groupe de Centurions bloqué, et décide de s'en occuper. Pourquoi attendre les ordres de Gorodish ?

« En avant ! » Il brandit un fanion pour rassembler l'escadron derrière son half-track. Louvoyant entre les chevaux de frise et les tranchées en zigzag, ils coupent à travers champs jusqu'à l'embouteillage des blindés à l'entrée du village. Quichotte ne voit aucun moyen d'aller plus loin. « Enfonce-moi ça », ordonne-t-il à son chauffeur en désignant au hasard un mur en terre. Faire une incision chirurgicale, pense-t-il, pour voir ce qu'il y a derrière. Avec un regard étonné et un éclair de sa dent en or, le petit caporal yéménite appuie sur l'accélérateur. *Blam !* Dans une avalanche de débris, le half-track se retrouve dans une petite impasse obscure bordée de maisons basses et remplie par des Centurions à l'arrêt, moteurs au ralenti.

« A tous les diables ! » beugle Quichotte vers un capitaine debout dans sa tourelle, qui cligne des yeux en voyant un lieutenant-colonel couvert de poussière lui tomber dessus. « En avant ! Abattez cette maison ! »

Le capitaine crie quelque chose à propos de l'ordre de ne pas maltraiter les civils. Quichotte saute par terre, revolver à la main, et fonce dans l'unique pièce de la maison du fond de l'impasse, à peine meublée et apparemment inhabitée. Il en ressort enragé et fait signe à l'énorme char d'avancer. Le moteur rugit, l'engin fait un bond, la maison s'écroule et le soleil vient transpercer la poussière de la ruelle. Les autres chars suivent en écrasant les débris, crachant une fumée bleue, et la colonne de véhicules s'ébranle.

Pendant ce temps, d'après la cacophonie dans ses écouteurs, Yossi comprend que Tal et Gorodish s'écartent de plus en plus du plan à mesure que la bataille se déroule, et le bataillon de Centurions qui devait attaquer le carrefour de Rafah est envoyé ailleurs. « *Gorodish, je vais à Rafah* », signale-t-il en code. N'ayant pas de réponse, il choisit de prendre cela pour un accord enthousiaste. A l'extérieur du village, il réunit une compagnie de Centurions qu'on lui a donnée en réserve. Debout dans son half-track, tenant un fanion vert, il crie « *Aharai !* » dans son réseau local et prend un chemin poussiéreux à travers champs vers la grande route.

Un quart d'heure après, il transmet à nouveau de la gare de Rafah, déserte, un des premiers objectifs clefs juste après la frontière, entre la bande de Gaza et le Sinaï : « *Gorodish, j'ai conquis le Vatican et j'attends tes ordres.* »

La voix lointaine de Gorodish, dans un brouillard de parasites. « *Quichotte, où es-tu? Au Vatican? Déjà?*

– Au Vatican. La place est sûre. Tous les chars opérationnels. Pertes minimes. Quand l'opposition nous a vu arriver, ils ont sauté hors de leurs tranchées et se sont sauvés comme des souris dans le désert.

– Bien reçu. Vois-tu une activité quelconque dans le passage de Rafah?

– Négatif. Calme plat.

– Ça ne va pas durer. Attends-moi à Naples. »

Bientôt, Gorodish et Quichotte, couverts de poussière et de transpiration, sont côte à côte sous un château d'eau, en haut d'une colline – Naples, en code – derrière la gare ; le point le plus élevé du passage de Rafah, une soucoupe désertique de onze kilomètres de large se rétrécissant en arrivant au carrefour. Toute la zone, coupée par le ruban noir de la route, est apparemment vide, abandonnée. Gorodish balaie le paysage d'un geste. « Dieu sait ce qu'il y a là-bas, en réalité, Yossi. Ces maudits Russes sont les meilleurs du monde, pour le camouflage.

– Oh, on va bientôt le savoir. »

Un peloton des Centurions de Yossi rampe vers le carrefour, pour tester les lieux. A peine a-t-il fait un kilomètre que des flammes jaillissent du sol, tout autour, accompagnées d'explosions, de balles traçantes, d'obus qui vrombissent. Pas du tout étonné, Yossi est soulagé de voir que l'entraînement intense effectué depuis des années a pris racine. Les chars filent se mettre à l'abri derrière des replis de terrain ou des grands buissons de ricin et renvoient un feu nourri, visant les éclairs des armes cachées et les chars ennemis qui ont rejeté leurs filets de camouflage et émergent de leurs abris.

« Ce sont de bons garçons, crie Gorodish par-dessus le fracas. Dis-leur de reculer, Yossi, les renseignements sont justes, la force principale est derrière cette crête de sable. »

La patrouille recule sans pertes, rejoint les autres Centurions au pied de la colline, et Quichotte fait un tour d'horizon avec ses jumelles. Derrière Naples, au nord, la poussière, la fumée et les éclairs de la bataille ininterrompue dans les villages de Gaza ; loin, très loin vers l'est, les nuages de sable soulevés par la brigade parachutiste mécanisée de Raful Eitan, qui traversent le désert en venant d'Israël, droit vers le carrefour de Rafah, pour s'en emparer avec l'aide des chars de Tal ; et vers la mer, venant juste d'apparaître sur la route de la côte, les Patton d'Ehud Elad, grâce à Dieu ! Le plan a plus ou moins fonctionné, après tout.

« Écoute, Gorodish ! Ehud et moi on peut passer le carrefour en force, dit Yossi. Envoie-le avec moi et on continuera sur notre lancée.

– Non, par ta vie. Laisser une poche ennemie de cette importance sur nos arrières ? On s'en tient au plan. Le bataillon d'Ehud va attaquer et détruire ce blocage avant qu'on continue.

– Et moi ?

– Ici, tu es ma réserve. Si Ehud a des ennuis, tu iras quand je te le dirai. »

L'assaut d'Ehud Elad sur la crête est lancé en accord avec la doctrine : une compagnie en attaque frontale pour attirer le feu sur elle, deux compagnies en contournement pour surprendre et briser l'arrière de l'ennemi. Elad, inévitablement, conduit lui-même l'attaque frontale. En règle générale, c'est déconseillé aux commandants de bataillon, mais Gorodish n'a pas discuté – pas avec Ehud. Le voici dans les jumelles de Yossi, une petite silhouette effrangée d'arc-en-ciel, à découvert comme toujours dans sa tourelle, qui précède une compagnie de chars sur la pente de la crête. *(Baisse-toi, Ehud, sur ta vie, baisse-toi !)* Tout le long de la crête, les chars ennemis et les canons antichars tirent sur les Patton et avancent sur eux. Mais les Égyptiens ne peuvent pas voir derrière eux – ce que peut voir Yossi, du haut de sa colline – les deux autres compagnies d'Elad, devançant beaucoup d'autres Patton, en train de ramper au sommet des dunes très friables, du côté de la mer.

Les chars d'Ehud, dans leur assaut frontal, sont touchés et prennent feu... un, un autre, un troisième... ce spectacle désole Yossi et le révolte. Il peut presque sentir la chaleur de ces incendies. Après des années d'entraînements et de manœuvres, c'est la vraie guerre ! Les équipages dégringolent des chars en flammes, sous le feu des mitrailleuses, et tombent sur le sol, peut-être indemnes, peut-être blessés, mais il peut en rester quelques-uns qui rôtissent vivants à l'intérieur, piégés dans l'acier surchauffé ! En tant qu'instructeur des blindés, et maintenant commandant-adjoint, Yossi a ordonné des exercices anti-incendie interminables. Parfois, il s'était réveillé d'un cauchemar claustrophobique, sans jamais le dire, trempé de sueur, remerciant Dieu d'être dans son lit et pas dans un char en feu. A ces moments de la nuit, il regrettait d'avoir quitté les parachutistes, mais jamais le jour. Plus il connaît les blindés, plus il croit qu'ils décideront du sort d'Israël en guerre.

Quand ces Patton vont-ils ouvrir le feu ? A faible portée, oui, c'est la doctrine ! Mais le groupe d'Ehud est si souvent touché, et si Ehud lui-même...

BRRAM! Sur une seule ligne, les Patton qui franchissent les dunes tirent au même instant, et l'écho se répercute. Tout le long de la crête, les chars russes s'enflamment – huit, neuf, dix, onze, arrêtés net dans un nuage de fumée –, quel coup! La formation ennemie, prise par surprise, se désagrège, les chars indemnes et les canons autotractés virent de droite et de gauche, quelques-uns plongent au bas de la pente, d'autres disparaissent, les équipages abandonnent les chars en feu qui roulent encore! Les Patton tirent à nouveau sans s'arrêter, démolissent d'autres chars ennemis, tandis que la formation d'Ehud monte toujours la pente et mitraille les soldats embusqués qui bondissent hors de leurs tranchées.

Gorodish jette un bras sur les épaules de Quichotte. « Ça alors, quelle raclée! Prépare-toi à aller au carrefour. Dieu bénisse Ehud! Quel lion! Je ne peux pas joindre Raful, alors je ne sais pas comment il s'en tire, mais il arrive, je le vois d'ici. Quand Ehud aura ramassé ses blessés, il te suivra, et je serai avec lui.

– Compris.

– Une fois parti, Quichotte, ne t'arrête pas. Je vais ordonner à une partie de ces gars de te suivre, et garder le reste en réserve. »

« Ces gars », c'est une longue, très longue colonne de Centurions qui viennent d'apparaître, venus de la première opération dans le Nord, un spectacle extrêmement réjouissant. « Vas-y! »

Harcelé par des tireurs embusqués et des canons antichars camouflés, les Centurions de Yossi se traînent péniblement vers le carrefour. La résistance a diminué, mais d'après les manuels soviétiques, ils vont sûrement rencontrer une seconde ligne de défense renforcée. Il envoie une patrouille en reconnaissance vers le carrefour, demande par radio à Gorodish un barrage d'artillerie sur les positions ennemies qui ont ouvert le feu. Gorodish s'exécute et envoie une pluie d'obus de son artillerie mobile. Alors, arrive le signal que Quichotte attendait avec impatience : « Avance et traverse le carrefour! »

Il agite son fanion, et ses chars commencent à traverser le carrefour où un grand panneau porte deux inscriptions, en arabe et en anglais : CHEIK ZWEID et EL ARISH. Étrangement, aucune opposition! Aucun bruit, sauf les claquements et les grondements des chars sur le revêtement. L'artillerie a-t-elle totalement réduit l'ennemi au silence?

Pas vraiment. Quand la colonne est presque entièrement passée, un ouragan de balles s'abat de tous les côtés sur les Centurions : des collines, apparemment désertes, des tranchées dissimulées, des canons camouflés, une tempête d'explosifs, de plomb, d'acier et de feu, d'une puissance et d'un volume ahurissants, un tonnerre et un brasier paralysants, omniprésents. Des chars et des half-tracks, touchés, s'enflamment. Un half-track se retourne. Des hommes noircis, dont certains ont les vêtements en flammes, jaillissent des véhicules touchés. Il y a des accidents, des collisions. La colonne s'immobilise. Quichotte saute en haut de son half-track, voit sa formation en déroute d'un bout à l'autre. Les Centurions ressemblent à des éléphants en détresse se tournant pesamment de côté et d'autre, leurs longs canons se levant et s'abaissant comme des trompes inquiètes et affolées.

Yossi prend son chauffeur par l'épaule. « Emmène-moi en haut de cette crête. »

Quand le half-track attaque la pente la plus proche, Quichotte pense que ces jeunes gens rencontrent la guerre pour la première fois, la réalité de la guerre, et que toute l'attaque de Tal est peut-être dans la balance au milieu de ce croisement banal entre un chemin de terre et une route goudronnée, dans un désert de dunes bizarrement sculptées par les vents du Sinaï. Les Égyptiens ont retenu leur feu jusqu'au bon moment, et maintenant ils envoient tout ce qu'ils peuvent. Le carrefour de Rafah est aussi crucial pour eux que pour le général Tal. Ce qui peut arriver ensuite dépend de la formation de Yossi. Ou même, pour ce qu'il en sait, la guerre elle-même.

« Très bien, arrête-toi. » Un virage en montée lui découvre toute la colonne désorganisée. Les équipages des chars voient le lieutenant-colonel Nitzan debout sur son half-track au milieu des balles et des obus qui sifflent, du feu qui jaillit de partout, et qui brandit son fanion de commandement.

« *Okay, c'est pour ça qu'on s'est entraînés, dit-il d'une voix claire et nette dans le micro de son casque. L'avenir d'Israël dépend désormais de nous. Cette colonne va avancer. Si le véhicule qui vous précède est en feu, aidez à l'éteindre. Si c'est impossible, récupérez l'équipage et continuez. Ne laissez aucun blessé derrière vous. Reprenez la formation. Avancez, feu à volonté sur tous les objectifs. Nous devons passer à tout prix. Suivez-moi.* »

Toujours debout, cramponné à son half-track qu'il place derrière les trois premiers chars, il voit ses Centurions se remettre en ligne et suivre la route sous un feu croisé meurtrier. Certains sont touchés, mais ils font aussi exploser les chars ou les canons qui se découvrent l'espace d'un instant.

Dans le flux incessant d'un pareil combat, le temps s'arrête. Il ne sait pas si cinq ou vingt minutes se sont écoulées. A mesure que la colonne dépasse les dunes et que le feu diminue d'intensité, il demande des rapports sur les blessés et les dégâts. Ensuite, seulement, il jette un coup d'œil à sa montre. Gorodish lui a donné l'ordre d'avancer à 11 h 36. La petite aiguille vient d'effleurer 11 h 44. Huit minutes ont passé. Désormais, il commande une formation de vétérans des blindés. Derrière lui, quelques carcasses fumantes, et quelques morts à l'intérieur.

Un panneau routier en anglais et en arabe annonce CHEIK ZWEID 2 KM au moment où Quichotte repère la poussière soulevée par les Patton d'Elad qui le suivent. Ehud a pris une route parallèle, à plusieurs kilomètres de la sienne, car s'ils devaient affronter des chars ennemis, les Israéliens pourraient se tirer dessus à la faveur du nuage de sable soulevé par la bataille, comme cela s'était passé à l'époque de KADESH.

Très vite, Quichotte tombe sur une compagnie de chars géants, des Staline-3 qui protègent le passage, un peu à l'écart d'une halte ferroviaire fortifiée qui s'appelle Cheik Zweid. C'est un combat rapide, féroce, à longue portée, dans des nuages de poussière, et il est fier de voir ses tankistes à peine sortis du baptême du feu se disperser avec agilité, se mettre à couvert, s'indiquer l'un l'autre des cibles et dégommer les chars égyptiens comme si c'étaient des cibles factices dans le Néguev. Quand dix ont pris feu, les équipages des autres chars descendent et s'enfuient dans les dunes. Quichotte compte onze engins intacts abandonnés au bord de la route, un sacré butin pour le corps des blindés ! Sauf qu'il ne sera pas facile de leur trouver des équipages. On est tellement à l'étroit, dans ces chars russes, qu'il faudrait quasiment des nains.

De sorte qu'Ehud Elad arrive avant lui à Cheik Zweid. Les Patton sont garés très loin les uns des autres, autour de la jonction ferroviaire, et les équipages sont déjà sortis des engins pour respirer de l'air frais après avoir étouffé plusieurs heures dans les gaz d'échappement et la fumée des obus. Quelques-uns dorment sur leur char ou sur le sable, d'autres mangent des conserves ou font la cuisine sur des petits feux noirâtres. On déloge encore des Égyptiens abasourdis dans les tranchées, sous des chars ou des camions. Ils ne résistent pas, comme si les Israéliens étaient tombés du ciel. Assis dans sa jeep, couvert de sable des bottes jusqu'aux cheveux, les lunettes relevées sur son front, Gorodish étudie la carte. « Quoi ! Onze Staline-3 en bon état ? *Kol ha'kavod*, Quichotte. Si les Russes alimentent notre budget d'armement, bravo ! Tu as traversé ce carrefour comme la foudre.

– J'ai eu de lourdes pertes. »

Gorodish hoche la tête. « J'allais demander qu'on me fasse un rapport. »

Les officiers supérieurs des deux bataillons, dont certains sont en sang, couverts de pansements, se rassemblent autour de la jeep. Ehud et Quichotte se prennent par le cou et s'embrassent. « Par Dieu, tu es dans un sale état, dit Yossi.

– *S'ritot* (des écorchures) », répond Ehud à travers un bandage, avec un sourire bizarrement tordu de sa bouche blessée. Sa main est couverte de sang noir, coagulé, et des taches rouge vif traversent le pansement improvisé.

Un par un, ils informent Gorodish des morts, des blessés, des chars détruits. Son sourire s'éteint, il s'assombrit. « Bon, jusqu'ici ça a été dur. Nous progressons de façon satisfaisante. Je vais faire mon rapport à Tallik. Attendez. » Il va au half-track des transmissions, d'un pas lourd, et revient quelques minutes plus tard, jubilant, presque radieux. « Écoutez-moi », dit-il aux officiers. Gorodish saute dans sa jeep comme un jeune homme et se lève. « Il y a des nouvelles. Aleph, l'aviation a remporté la plus grande victoire aérienne de l'histoire. En direct de Tallik et Tel-Aviv : l'aviation égyptienne n'existe plus ! »

Les officiers poussent des cris de joie. Ils avaient glané des rapports fragmentaires sur le raid aérien, mais savaient seulement que la couverture aérienne, partie intégrante de toutes leurs manœuvres, n'était pas intervenue. Jusque-là, ils s'étaient débrouillés tout seuls. « Les Syriens, les Jordaniens et les Irakiens, continue Gorodish, nous ont tous tiré dessus, et nos pilotes s'occupent actuellement de leurs aéroports. A la nuit tombée, il n'y aura plus qu'une seule aviation au Moyen-Orient – la nôtre ! Nous allons achever cette campagne sous une couverture aérienne renforcée ! » Il lève un bras pour calmer leur explosion de joie. « Ce sera tout de même un dur combat, mais nous irons plus vite et plus loin, avec moins de pertes. Ce n'est pas tout ! D'autres bonnes nouvelles. Les parachutistes de Raful nous suivent et nettoient le carrefour de Rafah. Il pense que tout sera en ordre d'ici peu.

– C'est la nouvelle qu'il nous fallait avant tout, dit Ehud Elad.

– Maintenant écoutez ça ! Tal affirme que ce que nous avons fait jusqu'ici, notre percée vers Cheik Zweid en cinq heures, équivaut à l'exploit de notre aviation. Cette charge de blindés appartient à l'histoire. Le Haut Commandement a décommandé une attaque d'El Arish par la marine et les parachutistes. Inutile ! La brigade parachutée de Motta Gur est transférée de notre front au secteur Centre, et l'honneur d'avoir pris El Arish revient à la Septième Brigade ! »

Les officiers se regardent avec orgueil et une excitation naissante.

« Voilà les nouvelles. Il n'y a pas plus fier que moi parmi les commandants de brigade de cette armée. Préparez vos unités à reprendre la route à 14 h 30 ! »

Il étale sa carte sur le capot de la jeep et discute avec Elad et Quichotte du plan d'attaque de la passe de Jeradi. Son sergent des transmissions approche. Un appel du général Tal. Gorodish s'éloigne à grands pas.

« Je pars le premier, Yossi, dit Ehud. Les Patton vont plus vite. Une colonne de Patton américains qui entre en rugissant dans Jeradi va leur faire un sacré choc. Même si les défenseurs reprennent leurs esprits, tu pourras toujours les enfoncer avec tes Centurions.

– Ce que tu veux dire, réplique Yossi, c'est que tu veux essuyer le plus dur des ripostes de l'ennemi qui va t'attendre à l'entrée. Rien à faire, Ehud. Si Gorodish accepte, ce qu'on va faire...

– Le voilà. »

Gorodish, brusquement sévère, sec et précis comme toujours. « Les choses ont changé. Raful demande de l'aide à Tal. Il a rencontré une résistance très forte au carrefour de Rafah, et il ne peut pas s'en emparer sans recevoir des renforts. En fait, il se défend désespérément pour sauver sa brigade. » Son regard morose dit ce qu'il reste à dire. Le carrefour de Rafah aux mains de l'ennemi à la nuit tombée, cela signifie que la Septième Brigade sera coupée de tout, sans carburant ni munitions, et restera sans défense devant les blindés égyptiens qui sont tout proches.

« Bon, j'y retourne, dit Ehud. Les Patton vont plus vite, c'est simple. » Il jette un coup d'œil au soleil. « Ce n'est qu'à huit kilomètres. On peut faire l'aller et retour et quand même attaquer Jeradi avant la nuit.

– Pas si le carrefour est trop coriace, réplique Quichotte. Je dirais que je vais faire une attaque frontale avec les Centurions dès mon arrivée. La brigade mécanisée devrait être sur place à cette heure-là, et... »

La brigade mécanisée de Tal avait fait un grand détour par le sud pour prendre Jeradi de flanc, par surprise, à travers les dunes.

« Non, c'est encore un changement, dit Gorodish. La brigade mécanisée est enlisée dans les sables, à court de carburant, et n'arrivera peut-être pas aujourd'hui à Jeradi. »

Un silence. Quichotte frappe la carte du dos de la main. « Gorodish, je peux atteindre Jeradi uniquement avec mes Centurions. Tu sais comment ils se sont battus. Je peux arriver à El Arish cet après-midi. »

Gorodish le regarde dans les yeux. Son visage brûlé par le sable n'est plus qu'un masque. « Yossi, tu vas jusqu'au col de Jeradi, et sur place tu juges par toi-même. C'est ta responsabilité. Pas de bataille à tout va, tu m'entends? Ce n'est plus nécessaire, et je te l'interdis. Nous ne devons pas avoir plus de pertes que nous n'avons déjà subies

Pas avec une supériorité aérienne absolue ! Si ça se présente mal, tu nous attends. Compris ?

– Compris. »

Le désert tremble et résonne au départ des centaines d'engins de la Septième Brigade. Une fois encore, les gaz d'échappement viennent polluer l'air limpide du Sinaï.

« Tu l'as entendu, Quichotte, dit Ehud quand ils se séparent en s'embrassant. Pas de bataille. Si le col est dangereux, *attends-moi.* Je vais revenir. »

Quichotte sent la chaleur du sang d'Ehud qui imprègne le pansement. Il a les larmes aux yeux. « Okay, Ehud. On ira ensemble à El Arish. Avec le drapeau ! »

Les deux colonnes de blindés sortent en grondant de Cheik Zweid : Ehud retourne au carrefour de Rafah, Don Quichotte avance vers le col de Jeradi.

38

Mort d'un lion

« Zev ? Pardon de te réveiller. *Zarkhan !* (Phosphore !) » L'ambassadeur, d'une voix rauque et ensommeillée, prononce le mot de code signalant la guerre.

« Zarkhan ? Oh-ah !

– En combien de temps peux-tu être à l'ambassade ?

– Une demi-heure. » A cette heure-ci, les rues sont désertes.

Ensommeillée, Nakhama se redresse sur un coude pendant qu'il enfile un uniforme propre. « Quoi ? Quelque chose d'important ?

– Ça y est.

– La guerre ? Oh, Dieu, que se passe-t-il là-bas ?

– Je t'appelle dès que je le sais. »

Il file le long de River Road et vire dans Wisconsin Avenue, noire et déserte, où une longue enfilade de feux rouges passe au vert. Une sirène mugit derrière lui, et un clignotant rouge apparaît dans son rétroviseur. En voyant son uniforme, le jeune policier prend un ton poli. « Vous faisiez du cent dix, monsieur, sur River Road.

– Je suis désolé. Une urgence diplomatique. »

Le policier regarde le DPL de la plaque minéralogique. « Très bien. Montrez-moi tout de même votre permis pour mon rapport... Israélien, hein ? J'entends dire qu'on vous fait passer un mauvais quart d'heure, général.

– Oh, nous espérons toujours avoir la paix.

– Pas question ! Allez-y à fond et flanquez-leur une bonne raclée, monsieur. Comme on devrait faire au Vietnam en ce moment même. Bonne chance.

– Merci. »

L'ambassadeur et quelques membres importants de son équipe sont rassemblés autour d'un poste à ondes courtes. Une voix cultivée de la BBC : « ... *Radio Damas annonce, nous citons, une victoire égyptienne massive sur l'agresseur sioniste dans une bataille aérienne qui fait encore rage, avec, fin de citation, quarante-sept avions juifs déjà abattus. L'Égypte n'a pour l'instant reconnu aucune perte. Le roi Hussein a déclaré que la Jordanie, nous citons, est au coude à coude avec son héroïque allié égyptien, et salue la grande victoire aérienne sur l'agresseur sioniste qui est toujours en cours... fin de citation...* »

L'ambassadeur lui fait un sourire épuisé. « Les *bobbeh-mysehs* des Arabes, Zev. On les a surpris au sol, on leur a déjà détruit plus de cent appareils, et nous en avons perdu deux. Des chiffres vérifiés. Et ça continue.

– Prodigieux, laisse échapper Barak. Ahurissant. Dieu merci!

– Oui, mais maintenant les ennuis commencent. Appelle Gideon à New York sur ma ligne personnelle. La standardiste n'est pas encore arrivée. » Pendant que Zev compose le numéro, l'ambassadeur gémit et avale deux cachets. « Il fallait bien sûr que j'aie une dent à dénerver aujourd'hui même! Eh bien, du coup je peux reculer mon rendez-vous. Un maigre bienfait. »

Gideon Rafael, l'ambassadeur à l'ONU, veut que Barak lui donne les dernières estimations des forces alignées sur le terrain. « Bien que nous n'en arriverons probablement pas à ces précisions dès ce matin. Tant que les Égyptiens prétendent être victorieux, l'Union soviétique va naturellement affirmer que le Conseil de sécurité n'a aucune raison de se réunir.

– Rafael, quelle est notre position s'il se réunit?

– Assez simple. Les Égyptiens ont envoyé des vols de reconnaissance à haute altitude au-delà de nos frontières, c'est indiscutable. Nous les avons plusieurs fois prévenus que c'était intolérable, mais ils prétendent être en guerre avec nous, alors tout ce qu'ils font est kasher. Mais comment pouvons-nous être certains que ces appareils ne sont pas des bombardiers lourds dirigés sur Tel-Aviv? Quand les échos ont reparu ce matin sur les écrans des radars, notre aviation a finalement reçu l'ordre de prendre toutes les mesures défensives nécessaires. »

Un silence. Aucun commentaire de Barak.

« C'est clair, Zev?

– Très clair.

– Une bonne position.

– Très bonne, si nous gagnons.

– Bien dit. » Rafael eut un rire sans joie. « Il va y avoir un grand fla-fla sur qui a tiré le premier coup de feu. C'est qu'on entend dire par les Français, les Anglais et bien sûr le Président Johnson : " Quoi que vous fassiez, ne tirez pas les premiers ! "

– Cela n'aura aucune importance, dit sèchement Barak. A part les survols, Nasser a évidemment tiré le premier quand il a fermé le détroit. Selon la loi internationale, un blocus est un acte de guerre. Je te fais un mémo et je l'envoie par courrier sur la première navette.

– Parfait. On viendra le chercher à La Guardia. »

Quand Barak raccroche, l'ambassadeur est en train de se frotter les yeux. « Zev, le problème, c'est les Soviétiques. » Abe Harman voit toujours le mauvais côté des bonnes nouvelles. « Comment peuvent-ils laisser les Arabes perdre une guerre qu'ils les ont poussés à déclencher ? Si ça continue comme ça, ce seront les Russes qui vont se faire arracher une dent.

– Bon, ils en ont peut-être besoin. En tout cas, Abe, *en brera*.

– Je vais probablement être appelé à la Maison-Blanche, gémit l'ambassadeur. Avec toute cette codéine dans le corps, je vais être un golem, un zombie. Zev, je suis tellement content, c'est indescriptible. » Il montre, sur son bureau, une photo de son fils en uniforme. « J'espère seulement qu'il va bien. »

Dans une pièce dont les fenêtres sont d'un noir d'encre, à la lueur de la lampe, Barak griffonne un résumé des forces en présence en vérifiant sur une carte annotée du secteur Sud étalée sur la table. A mesure qu'il écrit, sa joie diminue. Est-ce que la Syrie, la Jordanie et l'Irak ont déjà bondi sur les arrières d'Israël ? Avec le décalage horaire de sept heures et le retard des nouvelles venues du front, il faudra quelque temps pour que la situation soit plus claire. Mais il y avait sûrement déjà des morts et des blessés, avec les blindés de Tal qui devaient s'enfoncer dans les fortifications égyptiennes et l'énorme rassemblement de blindés et d'artillerie russes au nord du Sinaï.

Le plus troublant, c'est encore ce que vient de dire l'ambassadeur à propos de la Russie. Cet ennemi ultime – puissant, menaçant et impuni – peut écraser l'État juif comme une mouche pour s'emparer du pétrole et du territoire du Moyen-Orient, qui contrôlent la planète. Depuis des années, l'Union soviétique essaie de manipuler les Arabes pour accomplir son but, et maintenant que Nasser échappe à tout contrôle, le Kremlin a une véritable guerre sur les bras.

Où cela peut-il finir, une fois que le feu d'artifice héroïque de l'aviation est retombé au sol dans des combats sanglants et prolongés ? Les Américains sont enlisés au Vietnam, et de toute façon ils ne se sont aucunement engagés à défendre Israël. Un cessez-le-feu boiteux, comme en 1956, renverra Israël sur son ruban de terre avec beaucoup de ses fils morts sans avoir rien gagné. D'un autre côté, une nouvelle défaite de l'Égypte pourrait bien forcer les Soviétiques à intervenir –, une possibilité trop sombre pour même y penser – et pourtant, la Russie ne va-t-elle pas être obligée de sauver la face?

« Pourquoi devons-nous le rendre, Abba? On a gagné la guerre », avait dit Noah, à onze ans, pour protester contre le drapeau qu'on amenait à Charm el-Cheik. Maintenant il est officier de marine dans la mer Rouge, vient d'être transféré non loin de Charm el-Cheik et d'être plongé dans une nouvelle guerre...

La voix de l'ambassadeur à l'intercom. « Zev, Sam Pasternak appelle sur la ligne codée. »

Désormais, l'ambassade vibre d'excitation. Il y a des Israéliens qui se précipitent ici et là, exultants, des bavardages animés et des rires. Derrière une porte doublement verrouillée avec INTERDIT marqué en hébreu à l'encre rouge, les femmes officiers du code travaillent sous des tubes fluorescents.

« Allô, Sam? Ici Zev. C'est magnifique! Ça continue! »

Le téléphone à brouillage émet des bruits et des sifflements incohérents, puis se stabilise. « ... incroyable. La guerre n'est pas finie, Zev, et pourtant elle l'est. Nous allons gagner. » Pasternak lui donne les derniers nombres d'avions détruits. « Le reste, c'est des combats sanglants au sol, et des luttes politiques encore plus sanglantes. C'est pour ça que j'appelle. Cette fois nous ne pouvons pas perdre à l'ONU une guerre gagnée sur le terrain.

– Et la Syrie et la Jordanie?

– Jusqu'ici, uniquement des échanges d'artillerie. Eshkol a fait savoir à Hussein, par le général Odd Bull, que s'il se tient à l'écart nous le laisserons tranquille. La bataille de blindés dans le Sinaï, jusqu'ici, est féroce, mais... » Le téléphone retombe dans un couinement suraigu.

« Sam? Sam? Allô? »

Au bout de quelques secondes, la voix revient. « ... Chris Cunningham. Appelle-le tout de suite. Réveille-le. C'est vital. Voilà ce qu'il faut lui dire. Tu notes?

– Je note. »

Barak griffonne les instructions et les renseignements de Pasternak. « Tout ça, Zev, vient directement d'Eshkol et de Dayan, conclut Sam.

– Je ferai de mon mieux.

– Je sais. Je suis terriblement content que tu sois là pour t'en occuper.

– Pas moi. Je donnerais un bras pour être rentré.

– Tu es plus utile là où tu es. Salue Chris de ma part. » A dix mille kilomètres et à travers le codage et le décodage de sa voix, Pasternak réussit à prendre un ton espiègle. « Et sa fille, si elle est là. »

Elle y est. C'est Emily, bien réveillée malgré l'heure matinale, qui décroche le téléphone. Barak sort en trombe, trouve sa voiture coincée par une camionnette de la télévision et arrête un taxi.

Pas de négligé aguichant, cette fois : une blouse d'intérieur foncée avec un vague motif floral. « Voilà Zev, père ! »

Dans un peignoir marron qui fait des plis sur son corps squelettique, Cunningham est enfoui dans un fauteuil près d'un poste à ondes courtes en train de crachoter. « Salut. Notre homme du Caire vient de nous appeler. Emily, fais-nous donc du café. Asseyez-vous, Zev.

– Merci. J'ai un message de Pasternak. Pour commencer, quelques faits.

– *Ach zo* ? » L'homme de la CIA sourit froidement, éteint la radio. « Jusqu'ici ce sont uniquement les radios arabes qui ont annoncé des faits. Si ce sont des faits.

– Ce sont des absurdités. Chris, nous avons remporté la plus grande victoire aérienne de l'histoire. » Cunningham se redresse sur son siège et paraît grandir d'une tête en écoutant Barak. « En moins de trois heures, notre aviation a détruit au sol trois cents appareils égyptiens ! Ils n'ont jamais pris l'air. Un succès total et par surprise.

– Vos pertes ?

– Minimes. Trois ou quatre avions.

– Et les autres aviations arabes ? La Syrie, la Jordanie, l'Irak ?

– A dix heures, heure locale, ils n'avaient pas bougé. Peut-être se laissent-ils endormir par les " faits " égyptiens, mais d'après nos renseignements ils se préparent à attaquer nos bases aériennes aujourd'hui vers midi. Quoi qu'il arrive, l'intention de mon gouvernement est de ne franchir aucune frontière autre que l'égyptienne, à moins que les autres n'avancent les premiers. »

Cunningham hoche la tête à plusieurs reprises, puis se penche vers Barak, ses yeux proéminents grossis par les verres de ses épaisses lunettes. « Que veut Sam ?

– Faire passer ce matin un message d'Eshkol à votre Président. *« Veuillez insister auprès du roi Hussein pour qu'il reste en dehors, et transmettez en retour le serment d'Israël de ne pas l'attaquer. Serment fait au gouvernement des États-Unis et à lui-même. »*

– Je vais le faire passer. C'est tout ce que je peux faire. Quelle est la situation au Sinaï ?

– Je vais vous montrer. »

Les deux hommes boivent leur café debout, devant une grande carte du Moyen-Orient accrochée sur un mur. « Nos chars ont rencontré un feu nourri ici, tout le long. » Barak suit du doigt le détour de Tal par la bande de Gaza pour attaquer le carrefour de Rafah sous un angle inattendu. « Nous avons dû réussir une surprise stratégique globale. Notre poussée principale est par là, mais nous avons préparé une diversion compliquée plus au sud, et il semble que les Égyptiens aient mordu. C'est là où ils ont mis le plus gros de leurs forces. »

Il a une impression bizarre, en dévoilant des secrets militaires extrêmement sensibles devant Christian Cunningham. Ses rapports avec ce goy énigmatique ne remontent pas à un quart de siècle, au contraire de Sam, ni à des opérations clandestines contre les Allemands. Mais les instructions de Pasternak sont sans équivoque. *« Franchise totale, Zev, pour donner à Chris de la crédibilité vis-à-vis de son gouvernement. Fais confiance à son jugement et à sa discrétion. Nous serons souvent obligés de communiquer par les canaux officieux. Cunningham est notre contact le plus sûr, et c'est un ami. »*

« Le plan est-il de marcher sur le canal ?

– Le plan, c'est de détruire l'armée égyptienne du Sinaï. Dayan pense qu'il serait suicidaire d'aller jusqu'au canal, que les Égyptiens se battraient pendant un siècle pour le reprendre.

– Ce n'est pas une mauvaise frontière naturelle.

– Il est arrivé que Dayan change d'avis.

– Bien ! » Cunningham repose sa tasse avec un bruit sec. « Il vaut mieux que j'y aille. Est-ce que je passe par vous ?

– Ce sont les instructions de Sam. » Barak est assez fatigué pour ajouter : « Je ne suis personne et je passe inaperçu.

– Avec moi, ça fait deux.

– Chris, que vont faire les Russes ?

– Ah. Un réveil douloureux ! » La voix de l'Américain devient plus sonore. « Ils se figuraient avoir dans la poche une victoire politique au Moyen-Orient sans verser une goutte de sang. Tant que les Arabes crient victoire et que vous continuez à gagner sans dire un mot, vous êtes en bonne position. Même quand la vérité sortira du puits, les Russes ne pourront pas faire demi-tour sur place. Vous avez deux ou trois jours, me semble-t-il. Mais les braillements, les pressions et les menaces soviétiques vont pleuvoir, et cela va être féroce.

– Vont-ils intervenir ?

– Je ne sais pas.

– Chris, Sam m'a dit de souligner encore une fois que le but d'Israël est un cessez-le-feu, sans condition de retour aux lignes préexistantes. Cette condition, la dernière fois, nous a coûté notre victoire.

– C'est exactement ce que les Soviétiques vont vouloir vous refuser en montrant les dents et en crachant du feu.

– Dès que tu veux rentrer, Zev, je suis prête, dit Emily en apparaissant vêtue d'un imperméable noir. Si ça t'intéresse, il pleut à verse.

– J'arrive. Merci, Em. »

Le gravier de l'allée crépite lorsque Emily démarre comme un lièvre dans la lumière trouble et mouillée du petit matin. Elle lui jette un coup d'œil. « Tu as l'air crevé. Pas dormi ?

– Pas beaucoup. Et tu as l'air de sortir d'un film.

– Oh ? Quel film ?

– N'importe quelle histoire d'amour pendant la Seconde Guerre mondiale, chérie. Jolie femme, manteau noir, chapeau mou, col relevé, pluie...

– Tu ne penses qu'à la guerre, on dirait.

– C'est vrai.

– J'imagine que Nakhama et les filles ne vont pas venir voir les chevaux.

– C'était pour aujourd'hui ?

– Je crains que oui. On a du mal à dire non à ta femme.

– Hmph ! laisse-t-il échapper en riant. Pas possible. » Un silence. « Je ne vois pas pourquoi elles n'iraient pas. Je ne m'en vais pas, ni rien de ce genre. Je suis ici, et j'y reste. Faire des paperasses tard le soir, voilà ce que va être ma guerre.

– Tu voudrais être là-bas.

– Tu peux comprendre ça. »

Elle posa une main mouillée sur la sienne. « Ah, tu as dit un jour que je n'avais rien à voir avec le fait que tu sois venu ici. Oh, mon amour, comme ça m'a fait de la peine !

– Je ne me rendais pas compte...

– Non, non, maintenant je suis contente que tu aies dit ça. Je ne veux pas ajouter au fardeau de ta culpabilité. »

Une sincérité inhabituelle traverse sa lassitude, et il embrasse la main d'Emily. « Ah, Queenie, Queenie, pourquoi fait-on quoi que ce soit ? Une décision est déterminée par cent vecteurs, au moins. Quand j'ai accepté ce poste, je n'étais pas totalement ignorant de ta présence ici. Pouvons-nous en rester là ? De toute façon, j'avais mes ordres. »

Elle lui serre la main, reprend le volant. Ils roulent un moment sans rien dire, ralentissent à cause de la circulation matinale. « C'est fini entre nous ? demande-t-elle.

– Quoi ? » Il est vraiment stupéfait. « Répète ça.

– Tu sais ce que j'ai dit. Tu es déjà très loin, et tu t'éloignes de plus en plus. » Elle le regarde avec de grands yeux humides, et sa tenue improvisée la rend fascinante. « Écoute, mon chou, je ne cherche pas à me faire rassurer. Tu ne vas pas te compliquer plus longtemps l'esprit avec moi, c'est tout. Je peux disparaître avec le soleil levant, comme les fantômes du mont Chauve, et merci, sois béni, et je t'aimerai toujours. Tu dois faire la guerre. Ici ou là-bas, c'est pareil. Compte sur moi quand tu voudras. »

Le cerveau des Cunningham! Même Nakhama ne sait pas mieux lire dans son esprit. Il n'a jamais bien su pourquoi il aime cette bizarre institutrice, mais cela en fait partie. « Okay, tu es renvoyée.

– Oh, sale brute!

– Okay, tu es reprise.

– Espèce de gosse! Et pourtant, très cher, je pense précisément ce que je viens de dire.

– Je sais, Queenie.

– Zev, es-tu inquiet pour ton fils? »

Barak hausse les épaules, fait la moue « Il patrouille dans la mer Rouge, transféré de Haïfa pour prendre le commandement d'une canonnière. Je doute que les navires égyptiens s'aventurent en mer. Mais bon, nous nous inquiétons toujours pour nos enfants. Comme nos parents s'inquiétaient pour nous.

– Cela va te paraître nunuche, dit-elle, mais ton pays a vraiment quelque chose de glorieux.

– Mon pays est un gâchis innommable, crois-moi, Em. Attention, évite le Chain Bridge. A cette heure-ci, mieux vaut passer par le Key. »

Devant l'ambassade, la 22e Rue est maintenant totalement barrée par les voitures de la presse et de la télévision. Il ne pleut plus. Un grand drapeau neuf, bleu vif et blanc, flotte au-dessus des journalistes et des techniciens qui s'entassent à l'entrée. « Laisse-moi là, dit Zev au coin de Florida, en jetant un coup d'œil en haut de la côte, sans quoi tu seras bloquée. »

Elle lui donne un baiser léger, rapide. « Je sais que tu vas être surchargé, alors oublie-moi pour l'instant. Ça ira très bien.

– Écoute, Em, mes filles peuvent monter tes chevaux, les plus tranquilles, mais garde un œil sur elles.

– Je le ferai. »

Il lui faut s'ouvrir le passage à coups d'épaule à travers les gens des médias – les *tanims*, comme il les appelle, les chacals – qui font simplement leur misérable travail. En uniforme de général israélien, à défaut de vraies nouvelles, Barak est « quelqu'un » et ils se jettent sur lui. Il écarte les micros d'une bourrade, ignore les questions qu'on lui crie et fonce à l'intérieur.

Dans l'amas des bandes de télex et des télégrammes, plus les détails s'accumulent et plus le triomphe aérien apparaît écrasant. L'attaque de Tal, au nord, prend forme : des avancées, des replis, des combats acharnés. Barak sait exactement ce que ce doit être, là-bas, à Khan Yunis et à Rafah – un vacarme embrouillé dans les écouteurs, des traçantes rouges qui quadrillent le sable du désert, des nuages de poussière, des canons qui tirent, des obus qui explosent, des communications coupées, des chars en feu, des types qui jurent et crient de souffrance, des manœuvres en aveugle pour trouver l'ennemi et éviter de tirer sur ses amis. De toute son âme, il désire être plongé dans cet enfer.

« Ah, Zev. Bien! Ce qu'il y a, dit l'ambassadeur en pressant la dent qui lui fait mal, c'est que le secrétariat est complètement dépassé. Est-ce que Nakhama peut venir nous aider?

– Je vais l'appeler. » (Tant pis pour les chevaux de Foxdale.)

Elle arrive bientôt, malgré les protestations des filles déçues, et s'occupe aussitôt des demandes et des propositions d'aide faites par les organisations juives. Elles s'amoncellent si vite que le standard est rapidement débordé. Nakhama esquive les questions des sénateurs, attachés militaires, connaissances du Département d'État et de la Défense, voulant tous savoir – quelle que soit leur façon de l'exprimer – qui est vraiment en train de gagner, et quel est le score de la partie. Barak la voit à peine.

Lui-même doit suivre aussi le débat des Nations unies. La réaction soviétique est d'une dureté et d'une rapidité imprévues : la Russie condamne totalement l'action d'Israël, exige un retrait immédiat sur les lignes précédentes, et *« se réserve le droit de prendre toute mesure exigée par la situation »*. En jargon diplomatique, c'est une menace d'intervention. « On dirait que Moscou ne croit pas vraiment les Arabes, fait-il remarquer à l'ambassadeur.

– C'est qu'ils les connaissent. »

A midi, toute l'activité est suspendue quand le personnel de l'ambassade se presse dans la salle de TV pour voir la conférence de presse du Département d'État. Déjà, à l'ONU, l'Inde, la France et la plupart des pays soutiennent les Soviétiques. Quelques pays d'Amérique latine parlent d'un cessez-le-feu sur place sans condition de retrait. Comment se fait-il? A l'instigation des États-Unis? Si oui, il y a de l'espoir. Quelle est *exactement* la position du Président Johnson à propos du retrait sur les lignes précédentes? Y a-t-il des indices d'une attitude amicale? Nakhama est à côté de lui et lui prend la main quand le jeune et beau porte-parole, McCloskey, s'avance vers le micro. Les premières lignes de la déclaration qu'il commence à lire sont des vœux pieux pour un retour de la paix et de la prospérité au Moyen-Orient. Il fait une pause, regarde la foule tendue qui remplit la salle de presse, et souligne fortement la phrase suivante.

« Qu'il soit clairement entendu que, dans ce conflit, les États-Unis restent neutres – en pensée, en paroles et en action. »

La main de Nakhama se resserre, ses ongles s'enfoncent dans la paume de Zev. Un murmure désolé parcourt la pièce bondée. Retour à John Foster Dulles!

Le soleil est encore haut quand Don Quichotte monte sur une dune balayée par le vent pour inspecter l'entrée étroite du col de Jeradi. Il reste assez d'heures de jour pour la traverser, même s'il doit se battre, et il a le temps d'attendre encore un peu Ehud.

Ses Centurions sont alignés plus loin, à l'est, hors de vue, derrière les replis des grandes dunes. Le trajet depuis Cheik Zweid, sur la route qui serpente à travers le désert, le long de la voie ferrée, a été étonnamment tranquille. Sa formation pourrait presque être en train de faire des manœuvres dans le Néguev. Ce qu'il voit maintenant dans ses jumelles, en revanche, est un spectacle inconnu du Néguev : des chars égyptiens sont massés sur les pentes, capot vers le bas, de chaque côté de la route goudronnée, et on ne voit que leurs longs canons pointés vers l'entrée de la passe. Plus haut, il devine des rangées successives de tranchées camouflées par des filets. Qu'y a-t-il d'autre, sous ce camouflage efficace? Selon la doctrine soviétique, des mortiers, des canons antichars et des nids de mitrailleuses appuyés par de l'artillerie lourde. La noix sera peut-être plus dure à casser que le carrefour de Rafah!

D'un autre côté, alors qu'à Rafah l'ennemi était fermement décidé à se défendre, à Cheik Zweid son moral était visiblement en train de se désintégrer. La division blindée égyptienne restée au carrefour, et qui menait la vie dure à Raful, est probablement la meilleure formation ennemie dans le Nord. Est-ce que ce barrage monstrueux de Jeradi serait même encore tenu par des combattants? Les troupes défaites qui avaient fui Cheik Zweid par la route avaient bien pu semer la panique en criant : *« Les Juifs arrivent! »* C'était de cette manière que les Égyptiens s'étaient effondrés lors de KADESH, après s'être courageusement battus, au début.

La responsabilité lui revient. « Pas de bataille importante, ne passe que si cela semble facile. » Des ordres contrariants, et il garde aussi en tête les derniers mots de Tal : *« A la guerre, rien ne se passe conformément au plan, mais rappelez-vous toujours de votre objectif! »* El Arish n'est qu'à quinze kilomètres au-delà du col. Il en a déjà parcouru près de quarante depuis le début de DRAP ROUGE. Ehud Elad n'a pas encore indiqué qu'il revenait de Rafah. Yossi, en fait, n'a plus entendu sa voix ni celle de Gorodish sur le réseau des commandants depuis plus d'une heure.

Il convoque les commandants d'unités, surtout pour jauger leur état d'esprit. Comme lui, visiblement, ils sont étrangement dispos, excités par la bataille, prêts à le suivre n'importe où. Quelle sensation exaltante !

Décision : on avance, feu à tout va.

La colonne longue de quinze cents mètres s'ébranle. Les chars sont hermétiquement fermés, et dans tous les véhicules les tireurs sont à leur poste. Sur son half-track, placé à mi-longueur de la colonne, Quichotte est debout à côté de son mitrailleur, cramponné à l'affût de l'arme, les jumelles braquées, traquant tout signe d'activité ennemie. Plus loin, les éclairs jaunes et le tonnerre grave des Centurions de tête qui tirent à droite et à gauche en entrant dans le défilé. Toujours pas de réaction ! Quichotte est prêt à faire halte et à reculer si l'ennemi commence à se défendre, mais la colonne avance toujours sans rencontrer d'opposition. Une embuscade, comme au col de Mitla ? Un ennemi paralysé, sous le choc ? Des coquilles vides, des machines de guerre abandonnées, des soldats ayant fondu dans le désert par peur des Juifs qui approchaient ?

Quand son propre half-track passe devant les chars égyptiens, la mitrailleuse crépitant d'un côté puis de l'autre, Quichotte cherche dans ces rangées de gros chars soviétiques, follement proches, des traces de vie, de mouvement, d'équipages aux aguets. Rien ! Dans ces superbes T-54 – où s'intercalent quelques Staline géants, des tourelles closes – des canons immobiles, des moteurs silencieux. Devait-il ordonner aux Centurions de tous les faire sauter, d'en priver définitivement l'ennemi ? Une bonne moisson destructrice ! Mais cela en priverait également le corps des blindés. Israël ne peut acquérir ces belles machines de guerre que par capture. *L'objectif, se répète-t-il encore et encore, c'est El Arish !* Il leur reste à passer d'autres positions fortifiées, peut-être prêtes à se battre. Quichotte fait son choix. Abandonner tout ça, continuer à toute allure et foncer du col de Jeradi à El Arish, quoi qu'il arrive.

Quand ses derniers engins dépassent l'entrée, il entend tirer loin derrière lui. Un rapport dans ses écouteurs : un half-track d'arrière-garde a été touché, un Centurion fait demi-tour pour le couvrir et sauver les blessés. On ne s'arrête pas ! En avant.

Dans le centre de commandement souterrain de Tel-Aviv, qu'on appelle le Trou, la préparation d'une contre-attaque vers la Jordanie – qui vient d'entrer en guerre en envoyant des chars au-delà de la ligne d'armistice – est interrompue par un rapport incroyable du quartier général de campagne du général Tal. Une unité avancée de dix-sept

Centurions conduite par le lieutenant-colonel Nitzan a atteint El Arish! Elle a entrepris de s'enterrer et attend que le reste de la brigade Gorodish les rejoigne. Le Ramatkhal est ravi, mais troublé. Comment est-ce possible? Le col de Jeradi est-il vraiment conquis? N'y a-t-il pas des problèmes en arrière jusqu'à Rafah? Tal paraît s'être étiré tout le long de la côte. Les officiers lui assurent que la situation à Rafah s'est améliorée, que les parachutistes de Raful contrôlent le carrefour et que Gorodish retourne vers le col de Jeradi avec ses Patton. Rabin veut bien croire que Tal fait des miracles, mais craint que la division soit trop dispersée. El Arish dès seize heures, c'est incroyable!

Plus tard, les nouvelles de Tal deviennent effectivement plus inquiétantes. Gorodish a failli se faire tuer en voulant pénétrer dans le col. Les Égyptiens, complètement remis du passage en force des Centurions, bloquent l'entrée avec une énorme puissance de feu, et ont fait des ravages parmi les Patton d'Elad. Seuls quelques-uns ont réussi à passer pour se joindre aux Centurions de Nitzan. Toute la formation descendue à El Arish est maintenant coupée du reste de l'armée, exposée à la contre-attaque des nombreuses unités blindées ennemies. Gorodish prépare désespérément une attaque de nuit pour rouvrir la passe, afin que les ravitaillements puissent atteindre à temps les chars encerclés.

Aux petites heures du matin, Quichotte entend les cliquetis et les grondements d'une force blindée qui s'approche. Il met à leurs postes de combat les équipages fatigués des Centurions et des Patton, qui ont formé le cercle pour la nuit. A la lueur blafarde d'un incendie qui monte d'El Arish, les chars survivants de la brigade de Gorodish roulent à l'intérieur du cercle – décimés, noircis par la fumée, défoncés par les obus. Yossi court vers Gorodish, plié en deux dans son half-track. « Par Dieu, s'écrie-t-il, je suis content de te voir.

– Eh bien, nous voilà. » Gorodish lève un visage ravagé, mal rasé, couvert de sable, et demande d'une voix cassée, avec un regard presque dément : « Tu sais, pour Ehud Elad?

– Je sais qu'il s'est fait tuer, répond Quichotte d'un ton lugubre. On me l'a dit quand les Patton sont arrivés, ou ce qui en reste.

– Oui, Ehud est mort. L'infanterie blindée a fini le travail, à Rafah, et maintenant ils nettoient le col. Les ravitaillements sont en route. Tal aussi. Jetons un œil sur tes positions défensives. » Ils vont jusqu'à la jeep de Yossi. « Quel est cet incendie géant à El Arish, Quichotte? Tu avais l'ordre de ne *pas* t'engager! » A ce moment, des obus strient le ciel comme des météores et sifflent au-dessus de leurs têtes.

« Voilà votre réponse, monsieur. Ils se sont mis à nous bombarder, alors nous avons retourné le feu, et nous avons dû toucher un dépôt de munitions. Des explosions fantastiques. L'incendie s'est peut-être communiqué à un dépôt de carburant, et il a continué à brûler. » Ils montent dans la jeep et Quichotte tire sur le démarreur.

« Où en sont tes munitions? demande Gorodish, tendu.

– Peu d'obus, donc les chars ne tirent pas au canon. Les bandes de mitrailleuses sont rationnées. Nous avons abattu des infiltrateurs, mais il n'y a pas eu d'attaque générale.

– Tu as de la chance. Espérons que l'échelon logistique arrivera bientôt. »

Il fait très froid. La jeep passe devant les tankistes éparpillés sur le sol dans leurs sacs de couchage. D'autres raclent les chenilles et tapent sur les moteurs. Des soldats sont assis autour de petits feux à même le sable. Yossi demande à Gorodish ce qui est vraiment arrivé à Ehud, car les équipages des Patton rescapés étaient sous le choc, ou incohérents, et il avait été trop occupé à préparer leurs défenses nocturnes pour insister. Gorodish ne connaît pas encore tous les détails, mais lui raconte ce qu'il sait.

Essuyant un feu nourri dès son arrivée à Jeradi, il avait détaché Ehud pour attaquer l'entrée du col de flanc, par-dessus les dunes, tandis que lui-même essaierait d'emporter la position par une attaque frontale. Les dunes étaient très hautes et très molles. Les Patton s'étaient enlisés. Ils avaient reçu un déluge d'obus, et Ehud s'était retrouvé en position désespérée. Comme toujours, il s'était placé en tête, debout dans sa tourelle. C'est ainsi qu'il était mort, criant des ordres à son chauffeur et à son bataillon, et l'instant d'après s'écroulant sur son char dans une mare de sang, tué sur le coup. Dix-huit de ses Patton étaient tombés en panne sèche et avaient dû être abandonnés dans les dunes. Son second avait récupéré leurs équipages et s'était frayé un chemin dans la passe avec les chars qui avaient survécu.

« Alors, après ça, je me suis lancé dans une attaque frontale avec tout ce qui me restait, dit Gorodish, ce que j'aurais peut-être dû commencer par faire. En tout cas, nous sommes passés en force. L'infanterie blindée nous a suivis, et ils sont encore en train de se battre dans les coins, mais la passe est ouverte. En revanche, l'échelon logistique a du travail pour arriver jusqu'ici. La route est jonchée de carcasses jusqu'à Rafah. Il y a un grand embouteillage devant Cheik Zweid, beaucoup de blessés, et...

– Je suis responsable de la mort d'Ehud, l'interrompit Yossi. Moi, et moi seul. Je m'en souviendrai aussi longtemps que je vivrai.

– Arrête la jeep. »

Yossi obéit. Gorodish le regarde en face. « Explique-toi. »

En quelques mots, Yossi lui raconte son passage sans encombre à Jeradi. « J'ai fait un jugement aussi erroné que possible. Ces Égyptiens avaient juste été momentanément terrorisés en nous voyant. Ils ont commencé à tirer sur la queue de ma colonne, touché un half-track et un char. Mais nous étions passés, alors j'ai continué.

– Tu as fait ce qu'il fallait.

– Non, non. Comment peux-tu dire ça? J'aurais dû détruire ces chars quand j'en avais l'occasion. Les pulvériser.

– Bon, alors, pourquoi ne l'as-tu pas fait?

– Je croyais qu'ils étaient abandonnés, qu'on pourrait les capturer. Et je voulais arriver à El Arish, et y arriver le premier. »

Gorodish ne dit rien pendant un long moment. D'autres obus miaulent en traversant le ciel. « Yossi, ta percée vers El Arish est devenue le fer de lance de la campagne. C'est ce qui a fait la différence et a justifié tous ces morts et ces blessés. C'est un succès international. On s'en souviendra, mais c'est Tallik et moi qui en aurons le crédit. Quant à Ehud, il est mort parce que nous sommes en guerre... Allons manger quelque chose. »

Le général Tal arrive à l'aube avec son groupe. Debout dans son command-car blindé, au lever du soleil, il s'adresse aux officiers supérieurs de la Septième Brigade, d'une voix enrouée qui se brise quand il parle des morts et des blessés. « Le peuple d'Israël est revenu en Terre sainte et ne sera plus jamais chassé de chez lui parce que ces héros, vos amis, mes soldats, ont accepté de saigner et de mourir comme les Macchabées, comme les troupes de David et de Josué. Désormais, ils sont immortels. Ici, dans le Nord, nous avons brisé l'ennemi. Dans le Sud, nos soldats ont commencé à écraser leurs fortifications. Nos pilotes de chasse ont détruit l'aviation ennemie. Une journée comme celle d'hier ne se reproduira pas. Nous avons traversé le pire et nous avons gagné. Je vous salue, hommes des blindés. En avant vers la victoire totale! »

Après une scène de ravitaillement en accéléré, les Patton survivants avancent pour capturer l'aéroport. Quichotte les regarde passer en s'étonnant de voir l'énergie de ces équipages, toujours sur la brèche après plus de vingt-quatre heures de combat et de trajets aller et retour de Rafah à Jeradi, secoués dans leurs boîtes en acier étouffantes et assourdissantes, ne pouvant glaner que de brefs moments de repos.

Les manœuvres ne jugent pas vraiment de la valeur des troupes, pense-t-il. Les stratèges doivent tenir compte des limitations physiques des soldats, sinon la presse et les politiciens accuseraient la dureté inhumaine des militaires. Mais la guerre ne respecte aucune limite, elle est par définition dure et inhumaine, et rien ne vous y prépare. Le choc de la mort d'Ehud l'a déprimé, l'exaltation de sa charge vers El Arish a disparu. Quichotte sent qu'on le prend fermement par le coude. Le général Tal l'emmène vers son camion d'état-major, où ils boivent une chope de café brûlant. « Gorodish me dit que tu te sens coupable, pour Ehud.

– C'est vrai.

– Quichotte, j'ai dû donner des ordres terribles, ces dernières vingt-quatre heures, prendre des décisions risquées, dont certaines ont été des erreurs épouvantables, je m'en rends compte maintenant. Si tu ne peux pas supporter ce genre de choses et vivre avec, tu devrais rentrer dans le civil. Fini avec tout ça, tu comprends?

– Je comprends, général.

– Bon. Pendant que Gorodish prend El Arish et continue vers le sud pour exploiter notre percée, tu dois préparer une course vers l'ouest jusqu'au canal de Suez.

– Le canal, monsieur?

– Tu m'as bien entendu. L'ONU peut nous museler avec un cessez-le-feu dès demain ou même aujourd'hui. Nous devons faire autant de dégâts et prendre autant de territoire que possible en très peu de temps. Atteindre le canal est contre la politique – actuelle – du gouvernement. Cela peut changer. Certains de nos supérieurs pensent que cela peut pousser l'ONU, par panique, à imposer un cessez-le-feu immédiat. Mais d'autres pensent que ce ne serait pas si terrible, de prendre le canal. Le choc peut aussi entraîner l'effondrement et la reddition des Égyptiens, sans les stupidités de l'ONU à propos d'un retrait sur les lignes d'armistice. Alors tu dois être prêt à foncer sur le canal, et à être ensuite obligé ou non de te retirer. »

Quichotte retrouve le moral. « *B'seder*, monsieur. Et supposons que j'y arrive par erreur? Ce genre de stupidités, c'est ma spécialité.

– Eh bien, c'est une idée, te faire précéder par ta réputation. Allez, vas-y! » Tal lui tape sur l'épaule. « Quant à ta charge à travers Jeradi, tu t'es rappelé ton objectif. Tu l'as atteint. Ce que tu as fait pour y arriver, ce n'est pas une erreur. Ne pense jamais ça. Ehud Elad était un lion. Il a disparu, et nous avons toujours cette guerre à gagner. »

Mais Don Quichotte, ce matin-là, avant d'aller très loin en direction du canal, toujours debout dans sa tourelle, est touché par un obus.

39

Nakhama et Emily

Longtemps après minuit, dans le Trou, autour d'une carte horizontale de Jérusalem, le Ramatkhal, son état-major et les officiers supérieurs du Haut Commandement sont réunis pour discuter d'un défi nouveau et capital. Reprendre la Vieille Ville est redevenu une possibilité politique! Car le roi Hussein est entré en guerre, malgré le serment fait par Israël de le laisser en paix s'il s'abstenait. Dix-neuf ans plus tôt, Yitzhak Rabin avait assisté à la reddition du Quartier juif depuis le toit d'un monastère, avec l'entourage de Mickey Marcus. Il commandait alors une brigade Palmakh. Maintenant il commande toute la force armée d'Israël. S'il doit agir sur cette possibilité, cela doit se faire en un clin d'œil : peut-être un jour ou deux, ou seulement quelques heures, avant l'inévitable secousse du cessez-le-feu sur sa laisse, maintenant que les Arabes étaient considérés comme les perdants.

Un assistant s'approche à travers l'épaisse fumée des cigarettes. « Le Premier ministre est là, général.

– Eshkol, ici, au Trou?

– Dans votre bureau du rez-de-chaussée, monsieur. Il dit qu'il peut descendre si nécessaire.

– Je vais monter prendre un peu l'air. » Il se tourne vers les autres. « L'objectif minimum, en bref, c'est de prendre les hauteurs à l'est, du mont Scopus à Augusta Victoria. Ensuite, quand le cessez-le-feu interviendra, nous dominerons la Vieille Ville, au moins. Continuez votre travail, je reviens bientôt. »

Avec un béret noir et un uniforme sanglé sur son gros ventre, Eshkol est en train de faire les cent pas. « Bonjour, Premier ministre.

– Ah, Yitzhak! Je ne pouvais pas dormir, avec le bombardement et le bruit des véhicules dans tout Jérusalem. Le ciel est plein de flammes et de fumée. Alors je suis venu. » Rabin ouvre une fenêtre sur la nuit, laisse entrer l'air marin, tiède et vivifiant. « *Nu*, et la défense passive? s'exclame Eshkol.

– Pas de problème, Premier ministre. Les Arabes ne vont pas envoyer d'avions au-dessus de Jérusalem.

– C'est vrai, c'est vrai, Dieu merci! Cette victoire aérienne est un miracle, une merveille. On ne l'oubliera jamais. Que se passe-t-il maintenant, Yitzhak? Allons-nous reprendre la Vieille Ville?

– Les généraux veulent y aller, mais Dayan n'est pas d'accord.

– Ah? Et que se passe-t-il ailleurs? »

Devant une gigantesque carte murale du Sinaï, Rabin rappelle les exploits de Tal dans le Nord et décrit l'attaque nocturne de Sharon à Abu Agheila, la plus importante place forte du Nord-Sinaï, toujours en cours. Eshkol écoute, une lueur sagace au fond de ses yeux cernés, quand Rabin lui raconte les hélicoptères qui déposent des parachutistes derrière la forteresse d'Abu Agheila, l'assaut complexe et très risqué des chars et de l'infanterie. Ensuite il passe aux combats acharnés qui se déroulent autour de Jérusalem. « C'est la plus grande surprise de cette guerre, Premier ministre. Nous pensions que Hussein ne bougerait pas, ou du moins ne ferait que des attaques symboliques, comme la Syrie jusqu'à présent. Mais en fait les Jordaniens se battent mieux que les Égyptiens, et nous avons là-bas de lourdes pertes.

– Dis-tu que nous ne pouvons pas reprendre la Vieille Ville? Que cela nous coûterait trop cher?

– Je n'ai pas dit ça. » Rabin, machinalement, allume une cigarette, bien qu'une autre se consume dans le cendrier. « Premier ministre, si je peux parler franchement... » Eshkol hoche lentement sa grosse tête. « Le ministre de la Défense, Dayan, m'a donné trois conditions, pour la conduite de la guerre. Ne pas aller jusqu'au canal, ne pas prendre les hauteurs du Golan, et ne pas reprendre la Vieille Ville. Il est devenu la prudence même.

– Compréhensible, Yitzhak. La responsabilité ultime vous assagit.

– La responsabilité ultime, c'est vous qui l'avez, Premier ministre. »

Eshkol fait la grimace. « Vraiment? Je peux convoquer aujourd'hui une réunion du cabinet pour passer outre aux trois conditions de Dayan. Le feront-ils? »

Rabin écarte les mains, tire longuement sur sa cigarette. « Il me harcèle pour arriver à Charm el-Cheik avant le cessez-le-feu. Pour lui, c'est le premier objectif de la guerre.

– Je trouve ça difficile à comprendre. » Eskhol se caresse le menton comme s'il lui était poussé une barbe de rabbin. « A Jérusalem, nous avons le genre d'occasion qui vient tous les mille ans! Les Juifs peuvent revenir dans la cité de David, à Sion! Nasser nous a donné cette chance, et par miracle Hussein lui a emboîté le pas. Si nous manquons à prendre ce don de l'histoire – il sourit, devient ironique –, je veux dire, du Dieu des Juifs, cela peut ne jamais se reproduire. Par comparaison, qu'est-ce que Charm el-Cheik? »

Un téléphone rouge se met à sonner. « Oui?... Oui, je vois... *Quoi?*... Eh bien, il se trouve que le Premier ministre est ici, dans mon bureau... Parfait, dépêche-toi. » Rabin, d'habitude si flegmatique, montre une excitation inhabituelle. « Monsieur, Sam Pasternak arrive avec un renseignement crucial. Il dit que c'est le tournant politique de la guerre. »

En remontant à grands pas Massachusetts Avenue, Barak aperçoit la Pontiac rouge d'Emily garée sous un réverbère. Sa vitre est baissée. « Salut, Em. Où est-il? »

Elle tend le bras. « Là-haut comme convenu, il attend. »

Les étoiles brillent, l'air est tiède, au mois de juin, et les bancs du Cercle Dupont sont surtout occupés par des ivrognes endormis et des amoureux enlacés. Cunningham, en costume gris et chapeau mou, comme toujours, est assis très droit près de quelques jeunes joueurs de guitare vautrés sur l'herbe.

« Ah, vous voilà, Zev. Voyons voir, qu'est-ce que Sam a de si urgent? »

Barak lui donne une enveloppe. « J'ai eu du mal à vous dénicher à La Rive Gauche.

– Mon anniversaire, dit l'homme de la CIA en ouvrant l'enveloppe. Emily m'a invité.

– Rappelez-vous, Chris, ce texte a été télexé en code. C'est une traduction de l'arabe, rapide et approximative. » Barak parle à voix basse, presque dans un murmure, pendant que Cunningham parcourt impatiemment les pages dactylographiées à la lueur du réverbère. « En plus, la réception était brouillée par des parasites. Pourtant, vous voyez le tableau. Pasternak jure que ce sont les voix de Nasser et de Hussein. Il dit qu'ils vont certainement le confirmer dans leurs communiqués du matin, et que votre gouvernement devrait être prévenu, d'où son message urgent. On m'envoie par avion une copie de la bande. »

Cunningham termine sa lecture, frappe le papier du dos de la main et saute sur ses pieds. « Formidable! Voilà une fuite aussi brûlante que celle du discours secret de Khrouchtchev. Une fois de plus, je salue les renseignements israéliens. Dites-le à Sam. Il vaut mieux que je renvoie Emily à son école. Où serez-vous plus tard, Zev?

– A l'ambassade jusqu'à minuit, ensuite chez moi. Appelez-moi à n'importe quelle heure, monsieur.

– Je le ferai, si nécessaire. »

Ils reviennent ensemble à la Pontiac. « Merci pour le dîner d'anniversaire, Em, lui dit son père. Désolé d'avoir dû interrompre la fête. » Il fait signe à un taxi et saute à l'intérieur. « A la Maison-Blanche. Entrée Sud. »

« Eh bien, c'était rapide, dit Emily. Tu dois être affreusement occupé, très cher. Peux-tu me dire comment se passe la guerre, chéri?

– Comme ci, comme ça. Je dois peut-être aller demain à New York, Emily, et je ne sais pas quand je vais rentrer, mais...

– Tu dois y aller? Bon dieu de bois. Par la plus grande des coïncidences, Hester a une exposition dans une galerie de Madison Avenue. Je pensais justement aller me balader là-bas. » Elle lui fait un magnifique sourire.

Barak hésite. Cela fait plusieurs semaines qu'il n'a jamais le temps de la voir, et elle s'est montrée douce et compréhensive. Mais il n'est pas du tout d'humeur pour un rendez-vous d'amour à New York. « Je vois. Tu y passes la journée, c'est ça?

– Oh, mon chou, ça dépend, tu sais... En tout cas, je serai au St. Moritz, la vue sur le parc est sublime. »

Il a vers elle un élan d'affection et de regret. « Okay, alors disons que je t'appelle demain, Queenie, quand j'en saurai plus long?

– Oh, épatant... Non, attends, attends. Demain, c'est mardi, n'est-ce pas? Nakhama amène tes filles jouer avec mes chevaux. Pas monter dessus, l'assurance l'interdit... mais je pourrai prendre la navette de deux heures, je suppose. Et dis-moi, Vieux Loup, si tu ne vas pas à New York, ou si tu es trop occupé, ne t'occupe pas de moi, de toute façon je vais à l'exposition de Hester. Pigé?

– Pigé.

– Parfait. Au revoir, mon chou. Appelle-moi demain. » Elle démarre.

Il doit encore se frayer un chemin à travers les fourgons de la télévision, les cameramen et les gens qui font la queue devant l'ambassade. Dans le vacarme de l'entrée bondée, un grand type aux yeux gris acier le prend par le bras. « Zev Barak!

– Oh, salut! Professeur Quint, n'est-ce pas?

– Alan Quint, oui, et écoutez, Barak, plusieurs d'entre nous, à Harvard, ont formé un comité *ad hoc*, les Universitaires pour la Paix et la Justice au Moyen-Orient. Que pouvons-nous faire pour aider l'effort de guerre ? Nous ne sommes pas sans influence, dans notre style sec et poussiéreux. » Il a un petit rire sec et poussiéreux. Plusieurs années avant, se rappelle Barak, ce type était venu en Israël étudier les effets de leur éducation communautaire sur les soldats des kibboutz. A l'époque, il ne se présentait jamais comme un Juif.

« C'est très gentil. Je ne savais pas que Harvard avait tant de professeurs juifs.

– Franchement, moi non plus. Ils sortent du placard, pourrait-on dire. Je suis le seul qui soit allé en Israël, alors c'est moi le président. »

Barak emmène le professeur Quint voir l'attaché culturel, un certain Gamaliel. « Harvard ? C'est merveilleux ! s'écrie Gamaliel, un petit bonhomme de Haïfa en manches de chemise qui a besoin de se raser et l'air de ne pas avoir vu le soleil depuis un mois. « Dites-moi, professeur, pouvez-vous me suggérer un spécialiste du Moyen-Orient pour l'émission *Today* de demain matin ? Les Égyptiens ont nommé un type de Yale, Peterson.

– Bien sûr. Kermit Peterson. Quelqu'un de compétent, dit Quint. Un arabiste complet, a enseigné des années à Beyrouth, une épouse syrienne. » Il réfléchit, puis fait claquer ses doigts. « Il vous faut Templeton. Brooks Templeton.

– Templeton ? » Gamaliel plisse son nez très blanc. Vous dites Templeton ?

– Son grand-père était rabbin en Pologne.

– Ah.

– Oui. Il me l'a dit ce matin dans la salle commune en prenant son café. Je n'avais pas la moindre idée qu'il pouvait même être juif. Il ne fera qu'une bouchée de Peterson. Brooks J. Peterson, un brillant professeur d'histoire.

– Parfait, un grand service ! » Gamaliel sourit à Barak. « Merci, Zev.

– Remercie Harvard. »

Il envoie un télex à Pasternak : NOTRE AMI RAVI DE SON CADEAU D'ANNIVERSAIRE. Abe Harman est dans son bureau, en train de trier des monceaux de papiers, d'excellente humeur malgré sa mâchoire enflée. L'ambassadeur brandit une poignée de télégrammes. « Des offres de soutien ! Zev, te rends-tu compte que l'argent coule à flots dans les caisses du FJU ? Des millions, des millions ! Beaucoup viennent des chrétiens ! » Il tapote une sacoche marron posée sur son bureau. « Regarde ça ! Une petite dame aux cheveux gris est venue me voir après mon discours. » Il prend l'accent yiddish. « " *Mon fils est le rabbin Marcus Wax de Philadelphie, c'est un bon garçon, il m'a accompagnée ici. Voilà tout l'argent que je possède au monde, trente-sept mille dollars. C'est pour Israël.* Alors, Zev, qu'est-ce que je pouvais faire ? Je l'ai pris, et j'ai pris son adresse. Nous le lui renverrons. »

Barak ferme la porte du bureau, lui tend une copie du texte envoyé par Pasternak et raconte sa rencontre avec un contact de la CIA qui reste anonyme. L'ambassadeur feuillette les pages, s'adosse à son siège, stupéfait, et les lit entièrement en hochant sans arrêt la tête et en louchant, signe qu'il réfléchit. « Ahurissant ! s'exclame-t-il. Sans parler du fait que c'est une gigantesque erreur politique, cela paraît tellement naïf ! Imagine ça, accuser les Américains et les Anglais d'avoir fait pour nous notre attaque aérienne !

– Ils ont en tout cas l'intention de prétendre que des avions transports de troupes ont pris part au raid. Ce n'est pas très clair, dans la transcription. Une partie était inintelligible.

– Mais bon dieu, Zev, comment peuvent-ils être aussi mal informés ? Regarde ça... » Il montre une ligne. « *Nasser parle : Les Anglais possèdent-ils des avions transports de troupes ?* » Le visage de l'ambassadeur, soucieux, retrouve ses rides habituelles. « C'est quand même incroyable. Supposerais-tu que les Russes ont poussé Nasser à ça ? Juste comme prétexte pour leur permettre de sauter à pieds joints dans la guerre ? Voilà une possibilité vraiment affreuse. Qu'en penses-tu ? »

Barak le sait mieux que lui. Cunningham lui a dit, pour le transmettre uniquement à Pasternak, que le télex rouge de la Maison-Blanche s'était réveillé pendant la nuit, pour la première fois depuis son installation, et avait signalé que l'Union soviétique n'avait pas l'intention d'intervenir dans la guerre.

« Abe, je crois que Nasser peut réellement croire que des avions anglais ou américains l'ont fait, ou nous ont aidés. Le temps de redécollage de l'aviation égyptienne est d'environ deux heures, nous le savons. Nos escadrons ont ramené le leur à dix minutes. Peut-être ne peut-il pas concevoir que nous avons en fait effectué plusieurs centaines de sorties en une seule matinée. Ou que nous avons laissé nos villes entièrement sans défense aérienne. Il ne nous restait qu'une douzaine d'avions dans le pays, tu sais, pendant l'attaque. »

L'ambassadeur a le menton posé sur son poing – un *Penseur* de Rodin avec la mâchoire enflée. « Non. Cela doit être de la poudre aux yeux pour la presse mondiale et sa population. C'est tout. Maintenant, Zev, écoute. Gideon Rafael va vouloir avoir sous la main, à l'ONU, des faits et des chiffres sur l'aviation, et les dernières nouvelles sur les combats au sol. Il va peut-être y avoir un sacré feu d'artifice, à New York. Mieux vaut dormir un peu et partir plus tôt. » Il tapote le document de ses gros doigts. « Hussein n'a pas l'air très heureux d'avoir à faire ces accusations.

– A vrai dire, la moitié de ses réponses est noyée dans les parasites. La réception était peut-être meilleure au Caire. En tout cas les Jordaniens y sont plongés jusqu'au cou. Il y a des combats très sanglants tout autour de Jérusalem. »

Driiing, driiing...

« Est-ce qu'il est trop tôt pour téléphoner, Emily? Je vous ai réveillée? » Nakhama paraît joyeuse et pleine de vie.

« Non, non, je suis levée depuis une éternité. » Emily fait de son mieux pour ne pas gémir. Son réveil marque sept heures.

« Très bien. Vous nous attendez? Mes filles dansent dans tout l'appartement depuis cinq heures du matin.

– Bien sûr. » Emily s'était couchée en espérant qu'il pleuvrait, mais naturellement le soleil transperce ses rideaux. « N'êtes-vous pas terriblement tenue par la guerre et tout ça? Je peux envoyer un palefrenier chercher vos filles avec une voiture, vous savez. Vous auriez du mal à trouver l'endroit. Ce serait vraiment beaucoup plus simple. Laissez-moi...

– Non, non, je trouverai. Nous serons là à neuf heures.

– Je parie que oui, marmonne Emily en raccrochant. Neuf heures pétantes. Comment est-ce que je peux aimer un Israélien? »

Dans la cuisine, elle allume la petite télévision en se faisant du café. Le secrétaire d'État, son visage lunaire convulsé de fureur, proclame d'une voix étranglée, devant une salle de presse absolument comble : « *... d'une fausseté et d'une malveillance totales. Notre Sixième Flotte est beaucoup trop loin de cette zone pour le rayon d'action de nos appareils, comme les leaders arabes le savent très bien. Le gouvernement des États-Unis dénonce dans les termes les plus vigoureux ces mensonges flagrants et délibérés qui ne peuvent que retarder les efforts inlassables de notre délégation aux Nations unies en vue d'obtenir un cessez-le-feu immédiat...* » Même en parlant d'Ho Chi Minh, Dean Rusk ne s'est jamais mis dans une pareille colère.

Sur de vagues images de guerre – des chars en marche, des avions en l'air, des canons en train de tirer –, le présentateur annonce que plusieurs pays arabes brisent leurs relations avec les États-Unis et l'Angleterre parce qu'ils auraient participé à cette attaque aérienne. Il cite les « grands succès » dont se vantent les Arabes, remarque que l'armée israélienne ne révèle pas grand-chose. Emily pense que les accusations de Nasser montrent qu'il a des problèmes, et c'est encourageant. Recevoir Nakhama l'est beaucoup moins.

A neuf heures moins cinq, elle se tient sous le portail en pierre, vêtue d'un chemisier blanc et d'une jupe écossaise, avec de gros souliers, des lunettes d'écaille perchées sur le nez, sans bijoux ni maquillage – institutrice terne et asexuée jusqu'au bout des ongles, les nerfs à vif d'avoir trop bu de café, décidée à faire de cette visite une affaire rondement menée. A neuf heures, la voiture de Zev prend le tournant, franchit le petit pont et remonte la colline boisée jusqu'au portail. Nakhama lui fait signe et les filles crient gaiement par les vitres baissées.

« Salut. Laissez la voiture ici, dit Emily. Nous irons à l'écurie à pied.

– Quelle jolie petite maison, s'écrie Nakhama en indiquant la Growerly. Vous habitez ici ?

– Oh, de temps en temps. Je passe beaucoup de temps à la maison, chez mon père. »

En descendant l'allée en gravier, Galia, qui a toujours le poignet bandé, marche dignement tandis que Ruti les précède en folâtrant. Emily se rend compte qu'elle a oublié de prévenir le vieux Connors, leur garçon d'écurie à demeure, d'expédier ces visiteurs en vitesse. Manque de chance, lorsque Connors entend l'accent de Nakhama, il prend les petites pour des filles de diplomate, venues peut-être suivre des cours, et il se met en quatre pour elles. Elles vont caresser les dix chevaux l'un après l'autre, leur tapoter le museau, apprendre leurs noms par cœur, leur donner des morceaux de sucre. Ruti lui demande si elles peuvent monter à cheval. « Pourquoi pas ? Vous avez bien raison, les filles. » Et il décroche deux selles au mur de l'étable.

« Connors, l'assurance...

– Pas de problème, mademoiselle Cunningham. Je vais juste leur faire faire le tour du paddock au pas sur Brown Beauty et Frankie. » Les filles sautent de joie. Elles montent, et Connors les emmène dans un pré entouré d'un grillage.

« Comme cet homme est gentil, dit Nakhama. Les filles sont en bonnes mains. Peut-être qu'entre-temps je vais visiter votre jolie villa. » Elle baisse la voix. « J'aurais besoin de votre salle de bains. »

Là-dessus, impossible de discuter. Mais Emily n'avait jamais prévu de faire entrer Nakhama dans la Growerly. Pendant qu'elles remontent le sentier et que Nakhama admire l'aménagement du terrain, elle inspecte mentalement les lieux au cas où Vieux Loup aurait laissé des traces. Non, rien. Deux livres qu'elle lui avait empruntés ne seraient identifiables qu'en cherchant ses empreintes digitales. Le pull-over qu'il avait laissé un jour avait été récupéré. Rien d'autre, tout va bien... et soudain elle se souvient des pistaches. C'est comme si elle les voyait. Une coupe en laque rouge, pleine de pistaches, posée sur la table basse devant le canapé du salon.

Bon, et puis après, se dit-elle avec irritation. Est-ce que Zev Barak est la seule personne au monde qui mange de ces foutues pistaches? Elle-même s'est mise à aimer ça. Elles lui rappellent des souvenirs piquants et elle adore casser les coquilles. Quelques maudites pistaches n'ont rien de criminel! Pourtant, en approchant de la maison, la coupe rouge prend dans son esprit les dimensions d'un stade olympique, et les pistaches se multiplient comme une foule immense. Une idée, brusquement, la sauve : hier soir, elle a emporté la coupe dans la cuisine pour dîner devant la télévision. Mais l'a-t-elle vraiment fait?

« Peut-être voudrez-vous visiter l'école, elle a un certain intérêt. » Elle prend Nakhama par le coude, à un embranchement du sentier allant au bâtiment principal.

– Plus tard, peut-être », dit Nakhama en l'entraînant vers la Growerly de son grand pas d'Israélienne. Elles entrent donc, et là, sur la table basse du salon, il y a le stade olympique. Nakhama s'exclame sur le charme de l'endroit, admire le lustre fait avec une roue de chariot. « Il n'y a rien de tel en Israël. C'est tellement joli.

– Oui, n'est-ce pas! Quelque chose d'archi-américain. La salle de bains est par là. » Simple comme bonjour, subtiliser cette coupe dès que Nakhama aura le dos tourné.

« Merci. Ah, vous aimez les pistaches, vous aussi », dit Nakhama en entrant dans la chambre. Emily se laisse tomber sur le canapé en fixant la coupe rouge. Pas étonnant que les Israéliens gagnent leurs guerres, pense-t-elle. Le bruit de la chasse d'eau, c'est le glas qui se met à sonner. Nakhama, tout sourire, s'assied à côté d'elle. « Écoutez, tout va bien, dit-elle.

– Qu'est-ce qui va bien? »

Nakhama désigne les pistaches. Emily lui renvoie un regard innocent. « Vous et Zev, dit Nakhama.

– Je n'arrive vraiment pas à vous comprendre. Voulez-vous une tasse de café? Ou une boisson fraîche? » Elle a du mal à garder son air de petite fille sous le regard intelligent et amical de Nakhama.

« Oh, un Pepsi serait très bien, merci. Sans calories, si vous en avez. Je fais éclater toutes mes robes. Ces dîners d'ambassadeurs! »

Emily lui apporte un verre et des glaçons, muette, attendant le prochain coup de Nakhama, qui est de boire une gorgée et de hocher gentiment la tête. « Je vais vous dire, Emily, la vie en Israël n'est pas facile. Pour les officiers de l'armée c'est encore plus difficile. Zev a dû vous en parler dans ses lettres.

– Oh, oui, je pense. *(S'il ne s'agit que des lettres, quel soulagement!)*

– Oui. Ils sont très mal payés, et en même temps ils doivent garder un certain niveau de vie. Ils sont très souvent loin de chez eux. Il y a toujours la guerre ou un danger de guerre. Toujours quelque chose qui se passe. Toujours sous tension. Alors, c'est la nature humaine qui fait que ce ne sont pas tous des maris modèles, pas vraiment. Israël est tout petit. Tout le monde sait ces choses. Tout le monde sait qui fait quoi. Je ne dis pas qu'il n'y ait pas des exceptions, bien sûr. Zev en est une, on ne parle pas de lui. » Elle fait un grand sourire à Emily et s'arrête net.

(A mon tour de parler!) « Cela ne m'étonne pas, il est vraiment inhabituel, votre mari, s'empresse de dire Emily pour combler le silence. Bien sûr, vous le connaissez beaucoup mieux que moi, nous ne sommes que des " amis de plume ", comme on dit en Amérique, notre correspondance a commencé je ne sais comment, nous l'avons maintenue et c'était très agréable. Il a beaucoup lu et il est spirituel, et bien sûr je suis fascinée par ce qu'il écrit à propos d'Israël. Mon père aussi correspond avec lui, mais sur des sujets sérieux. » Une fois lancée, Emily jacasse jusqu'à devoir reprendre son souffle.

« Des amis de plume. C'est une belle expression. Pourtant, je suppose que vous connaissez très bien Zev. » Nakhama regarde les pistaches, puis Emily. « Et comme je disais – c'est pour ça, en fait, que je voulais vous parler, que je suis venue ici avec les filles – ça va bien. Quand vous êtes venue dîner chez nous, vous n'aviez pas l'air à l'aise, et il n'y avait pas de raison. Vous avez donné à Zev quelque chose de très bien. J'ai vu depuis le début le plaisir qu'il prend à vos lettres, et, bon, à tout le reste, ça va bien. »

Emily se sent obligée de répondre très vite et directement. « Nakhama, Zev m'a parlé des pistaches il y a plusieurs années. Il appelait ça son vice caché, alors...

– C'est assez juste.

– Alors je me suis mise à y goûter, à aimer ça, et maintenant j'en mange. *Zev n'a jamais mis les pieds ici*, elles sont pour moi et seulement pour moi. Okay?

– Okay. Mais vous avez de la chance de rester si mince et si jolie.

– Je suppose que j'en mange moins que lui. » Emily ignore complètement si Nakhama accepte sa réponse ou non. La bonne humeur de cette femme est insondable.

« Je parie que non. Eh bien, écoutez, Emily, ne me laissez pas vous persuader d'avoir une histoire d'amour avec mon mari ! » Nakhama éclate de rire. « Surtout pas. Si vous n'êtes que des amis de plume, très bien, et même mieux, bien sûr. Je suis très à l'ancienne mode. Zev aussi, vous savez. Mais c'est un officier, et il y a dans l'armée de véritables vauriens. Trop.

– Nakhama, j'ai une seule chose à dire. Si j'étais vous, et si je soupçonnais Zev de fricoter avec une autre femme, j'aurais envie de lui arracher les yeux, à elle. »

Nakhama prend une expression étrange. Sa bouche se tord, et soudain elle a l'air terriblement vulgaire, triste et cynique. Cela ne dure qu'un instant, vite recouvert par sa bonne humeur habituelle. « Oh, nous venons de mondes si différents, Emily ! Je suis une séfarade, une Marocaine. Du côté de mon père, j'ai deux grand-mères. Au pays, il y a encore des hommes qui ont plusieurs épouses. Une fois, j'ai demandé à grand-mère Leah si elle n'était jamais jalouse de grand-mère Dvora. C'était une vieille dame, à l'époque, bien sûr. Elle a ri et m'a dit, mais pourquoi ? Grand-mère Dvora faisait la moitié du travail, et la moitié du temps elle empêchait grand-père Avram de l'embêter. Elle a dit qu'elle s'était habituée. »

On frappe à la porte. Elles entendent les filles glousser. Connors soulève sa casquette en cuir en les faisant entrer. « Vous avez là deux cavalières, madame, dit-il à Nakhama. J'espère que vous allez les inscrire.

– On a fait la course et j'ai gagné, lance Ruti.

– Une course au pas, renifle Galia. J'ai fait trotter Frankie. »

Emily les raccompagne à leur voiture, les salue de la main et retourne à la Growerly, prise de vertige. Soit Nakhama est très simple, soit c'est elle qui n'est pas de taille. Quand elle entre, le téléphone sonne.

« Salut, dit Barak. J'appelle de l'aéroport. Les filles se sont bien entendues avec les dadas ?

– Merveilleusement. Je me suis même entendue avec Nakhama.

– Voilà, c'est simple. Et je sais que tu en avais peur. Elle est okay, Nakhama.

– Tu peux dire ça.

– Bon, alors où en sont les choses ? Tu seras au St. Moritz ?... Queenie ? Queenie, tu es toujours là ?

– Je suis là.

– Seras-tu au St. Moritz ? Il peut y avoir une pause, à un moment, dans les discussions de l'ONU. » Silence. « Queenie ?

– Je serai au St. Moritz. »

Le passeport diplomatique et l'uniforme de Barak lui font facilement traverser les rangées de policiers autour du bâtiment de l'ONU, entouré par des gens qui attendent sous la pluie au bord du fleuve – une énorme foule venue soutenir Israël par sa seule présence. « Passez, et donnez-leur une bonne leçon, général », dit le flic qui le fait entrer.

Dans la salle du Conseil de sécurité, il fait un tour dans la galerie du public pour sentir l'atmosphère du moment. L'un après l'autre, les orateurs accusent Israël et demandent sa condamnation immédiate, son retrait et des sanctions sévères. Personne ne leur accorde grande attention. Les membres du Conseil sont derrière une grande table courbe, patients, le visage entre les mains. Dans les écouteurs, des phrases comiques et incongrues. Un Algérien barbu, à la table, crie en français une déclaration passionnée, et une voix de femme traduit d'un ton neutre, phrase après phrase : « *...marionnettes sionistes du capitalisme impérialiste... une fois de plus... jouent le sale rôle d'appeau pour le colonialisme... défiant l'opinion mondiale. La seule sanction... appropriée est une expulsion rapide et un embargo des Nations unies imposé à cette... entité criminelle qui n'est pas... une véritable nation, M. le Président, mais une bande... d'assassins errants...* »

Gideon Rafael est à une petite table sur le côté, avec deux assistants, occupé à écrire. Après un certain temps, Barak lui fait passer un mot, et ils se retrouvent dans une antichambre. L'ambassadeur est tendu, mais enthousiaste, et le serre dans ses bras. « Zev, une fois de plus les Arabes nous ont sauvé la mise avec leur absurdité sur le raid aérien ! Qui aurait pu le prévoir ? Les Américains sont écumants. Hier soir, nous a-t-on dit, eux-mêmes et les Soviétiques s'étaient quasiment mis d'accord sur un brouillon de cessez-le-feu avec une vague formulation autour du retrait, absolument terrible pour nous. Les Canadiens devaient le proposer. Mais ce matin on nous dit que le Costa Rica ou l'Équateur vont suggérer une bien meilleure version – évidemment d'inspiration américaine – que les Soviétiques n'aiment pas du tout.

– J'ai tout le matériel sur l'attaque aérienne, Gideon, si tu veux répondre à ces idioties sur les transports de troupes.

– Seulement sur ordre, uniquement si les Américains nous le demandent. Abba Eban arrive demain en avion pour annoncer notre victoire avec un grand discours. Tiens-moi au courant de la situation militaire, Zev, en cas de problème imprévu. Ici, les choses changent d'heure en heure. »

Une fois sorti de la salle du Conseil, Barak tombe sur un attaché militaire soviétique. « Alors, Barak, vous aussi, vous arrivez de Washington ? » C'est un colonel blond, au visage aplati et aux yeux bridés, à peu près du même âge que lui, mais moins grand et beaucoup plus mince, portant une dizaine de décorations alors que Zev n'a que deux rubans, un pour chaque campagne. Parfois ils échangent des plaisanteries, aux réceptions des ambassades, mais aujourd'hui le Russe n'a pas l'air d'humeur agréable.

« Dites-moi, Golovine, vos gens y croient, à cette histoire de transports de troupes?

– Qui pourrait en douter? Votre pilote abattu en Égypte a avoué que des appareils américains y participaient, n'est-ce pas? Et les radars jordaniens ont repéré des avions venant de la Sixième Flotte. Tout cela est bien connu. » Golovine, à la façon des diplomates russes, débite ces phrases tout en faisant comprendre qu'il n'en croit pas un mot.

« Eh bien, alors, les Américains ont été pris la main dans le sac, hein?

– Vous autres, vous vous croyez sur un nuage. Attendez un peu! » Brusquement, Golovine s'en va.

Emily, au téléphone, essoufflée et tendue. « Bien sûr que je suis là. J'avais dit que j'y serais. Combien de temps aurons-nous?

– Bon, disons deux heures.

– Tant que ça? Viens. Est-ce que tu vas bien? Comment ça se passe? Tu as l'air triste. Je me trompe?

– Je ne suis pas triste à l'idée de venir au St. Moritz.

– Je t'attends. »

Pendant que le taxi traverse lentement la ville sous une pluie battante, Zev réfléchit aux dernières nouvelles venues d'Israël : le gouvernement va peut-être infléchir sa politique et laisser l'armée reprendre la Vieille Ville et toute la rive Ouest du Jourdain. C'est une campagne du secteur Centre qu'il a souvent livrée en imagination, et il a fait là-dessus des exercices détaillés, sur maquette, à l'école des officiers. Il aurait été heureux de donner sa vie pour une telle gloire : rendre le Mur aux Juifs, revenir sur ces lieux sacrés à la tête d'une armée juive. Cette gloire, maintenant, sera celle d'Uzi Narkiss et de Motta Gour, deux bons soldats et deux bons chefs, tandis qu'il est à New York et qu'il a rendez-vous avec une Américaine au St. Moritz.

Que s'est-il passé? Comment a-t-il pu se tromper? Assis dans ce taxi en train de ramper sous la pluie au milieu d'un concert de klaxons, tandis que les Beatles hurlent dans la radio du chauffeur, il examine sa vie telle qu'elle s'est révélée au fil des ans : quoi qu'il soit un bon combattant, intelligent, peut-être parmi les meilleurs d'Israël, il a trébuché dans cet épuisant marathon du *maslul* qui l'oppose depuis toujours à des rivaux aux nerfs d'acier, surtout des sabras; il s'est montré un peu trop prudent, voire un peu trop gentleman, pour jouer à fond le jeu impitoyable de Tsahal; après tout il lui reste une bonne dose du Juif viennois transposé au Moyen-Orient, de sorte qu'il s'est senti emprisonné dans les frontières géographiques et culturelles de cet État minuscule et qu'il a gardé, malgré lui, trop de nostalgie pour le vaste monde extérieur. Ce point de vue plus large est peut-être ce qui l'a fait choisir comme émissaire en Amérique. Qui sait? De toute façon, les faits sont là, et il va rendre visite à Queenie alors que les Juifs sont peut-être en marche vers le Mur des lamentations.

Quand elle ouvre la porte de sa suite, charmante, les yeux brillants, sa tête de loup en or épinglée sur un tailleur noir, il tend les bras pour serrer dans ses bras ce corps mince et flexible. Au moins, voilà sa récompense! Elle l'esquive d'un geste rapide de la main. « Doucement, Vieux Loup », murmure-t-elle en le faisant entrer. Il tombe sur une femme gigantesque dans une vaste robe sac orange qui tombe jusqu'à terre. « Voici Hester.

– Eh bien, général Barak! » La montagne accouche d'une petite voix aiguë de souris. « J'ai tellement entendu parler de vous! »

Hester est encore plus grosse qu'il ne l'avait imaginé, mais il ne se souvient pas qu'Emily lui ait dit qu'elle avait une moustache.

40

Maintenant ou jamais

Shayna est réveillée par des bruits de moteurs, des grondements, des vrombissements, des grincements qui se succèdent sans arrêt. Arieh et sa mère dorment encore, mais elle enfile un peignoir et monte sur le toit.

Dans la nuit froide et étoilée, une file d'autobus s'étire le long de la pente habituellement déserte, jusqu'aux barrages de barbelés. Au loin, une bataille d'artillerie clignote, s'enflamme et tonne. En bas, dans la rue, des silhouettes sombres jaillissent des autobus, et à la lueur d'un obus éclairant elle voit des casques couverts d'un filet. Des soldats! Dans ce vieux quartier de Jérusalem, on voit rarement un seul militaire. En général les passants sont des barbus en longs manteaux noirs avec des chapeaux noirs, des femmes en fichu portant des bébés ou des paquets. Si une force d'assaut se rassemble sur la grande côte de la rue Bar-Ilan, ce ne peut être que pour une percée dans le no man's land.

Shayna, en dix-neuf ans, s'est habituée à la partition de Jérusalem : les murs en béton brut et les hautes barrières en bois qui coupent les rues, les postes d'observation sur le toit des maisons, les museaux noirs des mitrailleuses ennemies dépassant des sacs de sable, parfois à quelques mètres. Elle n'espérait plus jamais revoir la maison de son enfance dans la Vieille Ville. Or, d'après les discours de plus en plus réjouis du général Herzog, l'analyste militaire de la radio, il semble qu'après tout un deuxième Holocauste ne soit pas imminent, qu'Israël va peut-être même gagner et qu'elle pourra de nouveau marcher dans ces ruelles antiques. Quand elle descend l'escalier, un soldat blond et robuste monte les marches. « M'dame, l'Ezrakh dit que vous avez un téléphone. Je peux appeler ma mère?

– Bien sûr, venez. »

Elle lui prépare un sandwich pendant qu'il essaie de téléphoner, ce qui prend un certain temps. « Oui, désolé de vous déranger, m'dame, mais voulez-vous appeler Mme Gutman au téléphone, s'il vous plaît? Elle habite au deuxième. Je suis son fils Shmulik. Bien sûr, je vous en prie, réveillez-la... »

Shayna regarde le grand sergent-chef chevelu, bardé de matériel et portant une mitraillette. « Shmulik Gutman? s'écrie-t-elle. C'est toi, Shmulik? »

Il la regarde à son tour. « Oui. Et alors? »

Shayna se tourne vers sa mère, qui fait du café. « Maman, imagine ça! C'est Shmulik, notre voisin de la rue Chabad! Shmulik, je suis Shayna, Shayna Matisdorf.

– Shmulik! » La vieille dame, excitée, le serre dans ses bras. Ce grand type était jadis le mauvais garçon de leur quartier de la Vieille Ville. Son corps fragile, ses longues boucles blondes et sa gabardine noire recouvraient une âme rebelle et moqueuse âgée de neuf ans.

« Eh bien! » Shmulik désigne Arieh, endormi sous un vieil édredon. « C'est ton fils, Shayna?

– Je ne suis pas mariée. C'est moi qui m'occupe de lui. Sa mère est en Amérique. Son père est dans le Sinaï.

– C'est là où devait aller notre brigade, dans le Sinaï. Il y a encore des types qui râlent. On devait tous être parachutés à El Arish, pas rouler en bus pendant des heures et des heures. Moi, je suis content, c'est génial ce qu'on va faire... Allô? Allô? *Maman?* Shmulik! Je vais très bien, non, non, pas blessé, pas de problèmes, et devine quoi, je suis chez Shayna Matisdorf... C'est ça, Shayna, notre ancienne voisine... Bien sûr, sa mère est vivante, elle est là, elles vont très bien toutes les deux. » Après un bref dialogue affectueux, il raccroche et regarde sa montre. « Madame Matisdorf, Maman vous envoie son amitié. Deux heures moins le quart. C'est l'heure. Merci! »

Il redescend en mâchant son sandwich. Shayna emporte une cruche de café avec des tasses, et les soldats s'attroupent autour d'elle. Les autobus sont maintenant garés dans les petites rues, et au bas de la pente les hommes montent dans une colonne de command-cars et de camions blindés. Par la porte ouverte de l'Ezrakh, elle voit le vieil homme se balancer devant un grand volume du Talmud. « Devine, Shayna? dit Shmulik. L'Ezrakh se souvient de mon père, et il vient de me donner sa bénédiction! Là où je vais, j'en aurai besoin! »

La nuit se refroidit. Shayna retourne mettre un manteau, boit le reste du café, et monte sur le toit. A son grand étonnement, elle y trouve l'Ezrakh qui regarde les murailles sombres de la Vieille Ville en chantonnant un air de synagogue. Loin vers le sud, l'artillerie lance des orages d'été dans le ciel étoilé.

Un violent éclair blanc-bleu! Des volées d'artillerie, toutes proches, l'assourdissent à moitié! Elle se plaque les mains sur les oreilles. Les projecteurs éblouissants s'allument en haut du bâtiment de l'Histadrout. Tout en bas, le no man's land est éclairé comme en plein jour, un vaste désert de barbelés, de tas d'ordures et de ruines mangés par les herbes. Des explosions projettent des gerbes de terre, de gravats et de barbelés, des chars sortent de la nuit et s'avancent. Des gros canons commencent à tirer des remparts de la Vieille Ville. L'Ezrakh, frêle silhouette au milieu de ce vacarme incendiaire, chante en se caressant doucement la barbe. Shayna découvre ses oreilles, entend faiblement les paroles d'un psaume de Hallel.

Voilà le jour que le Seigneur a fait,
Réjouissons-nous et soyons satisfaits...

Le visage d'une fille penchée sur lui, qui est la première vision floue que voit Quichotte en ouvrant les yeux, n'a rien de joli : un grand nez, des joues bouffies, un teint brouillé et des cheveux noirs flasques et mal coiffés. « Docteur, je crois que celui-ci est peut-être conscient », s'écrie-t-elle. Un hébreu heurté, avec l'accent américain.

Un homme très maigre avec une tignasse hérissée, vêtu d'une blouse ensanglantée, vient à côté d'elle. « Êtes-vous conscient? demande-t-il en tâtant le poignet de Yossi pour lui prendre le pouls.

– Je ne sais pas. » Yossi a du mal à parler. Il a la bouche et la gorge sèches comme le désert. « Êtes-vous un mauvais rêve? C'est l'un ou l'autre.

– Il est conscient, dit le médecin, et insolent. Bon signe. Le pouls est ferme. Donnez-lui encore un peu de coagulant, et qu'il ne sorte pas de son lit.

– D'abord de l'eau, s'il vous plaît!

– Oui, donnez-lui-en autant qu'il en veut. Je l'examinerai plus tard. On nous apporte encore un chargement de Jérusalem. » Il s'en va très vite.

« Vous devez être une infirmière. Où suis-je? » La fille approche une tasse de ses lèvres. L'eau est d'une fraîcheur merveilleuse. « J'ai affreusement mal à la tête.

– Vous êtes à Tel Hashomer, colonel. On vous a amené du Sinaï en hélicoptère. Vous avez le droit d'avoir mal à la tête. Touchez votre crâne. »

Sa main rencontre une masse de pansements. « Où sont mes lunettes ?

– Écrasées. On a retiré des morceaux de verre de votre front. C'est un miracle que vous n'ayez pas perdu un œil.

– Où est mon uniforme ?

– Vous n'en aurez pas besoin pendant quelque temps.

– J'ai des lunettes de rechange dans mon sac. J'ai le sentiment que vous êtes très belle, d'après le son de votre voix. J'aimerais pouvoir vous voir.

– Vous avez un certain culot, Don Quichotte !

– Quoi ? Est-ce qu'on se connaît ? »

Elle ouvre un petit placard au pied de son lit. « Colonel, mon frère est conducteur de char dans votre brigade.

– Vraiment ? » Sa voix chancelle. « Son nom ?

– Hillel Horowitz.

– Je le connais. Grosse moustache rousse ?

– C'est lui.

– Un bon garçon. Où en est la guerre ? Quelle heure est-il ? Quel jour sommes-nous ? Comment vous appelez-vous ?

– Dans votre sac, dites-vous. Ah, les lunettes. » Elle les lui donne. « Voilà. Je m'appelle Dora et je ne suis pas belle. »

Il faut qu'il glisse malaisément les branches derrière ses pansements, mais il est content de voir que ses bras et ses doigts fonctionnent normalement. Yossi cligne des yeux. « Pour moi, vous êtes très jolie. » Et c'est vrai. Elle a un regard plein de douceur et un gentil sourire timide.

Le soldat du lit voisin se met à gémir et se retourne dans son sommeil. C'est un sergent-chef en uniforme, le bras en écharpe. « Ce type a été blessé à Jérusalem, dit Dora. Une terrible bataille a eu lieu toute la journée, les hôpitaux de Jérusalem sont tellement pleins qu'ils nous envoient des victimes. Nous sommes mardi soir, le six, et il est bientôt dix heures. » Elle prend son carnet. « Vous rappelez-vous du moment où vous avez été blessé ?

– Rien. Maintenant que vous en parlez, je me souviens d'un hélicoptère, mais comme dans un rêve.

– Vous avez été touché devant El Arish. La campagne du Sinaï est une grande victoire. On nous dit seulement maintenant que les aviations arabes ont été détruites au sol hier matin. Donc nous sommes en train de gagner la guerre, mais les combats de Jérusalem sont très durs.

– Et les Syriens ?

– Pas de nouvelles.

– J'ai envie de dormir.

– Bien. Dormez. »

Quand il rouvre les yeux, le sergent-chef mange un bol de soupe posé sur un plateau, apparemment de très mauvaise humeur. « *B'tay'avon* » (Bon appétit), lui dit Quichotte.

– Oh, vous êtes réveillé? Comment va votre tête, colonel?

– Je ne me plains pas, elle est sur mes épaules. La soupe est bonne?

– La soupe! A l'*Azazel*, la soupe. Ma brigade va entrer dans la Vieille Ville, là où je suis né, et je me retrouve dans ce lit pourri en train de manger de la soupe.

– Quelle brigade?

– La cinquante-cinquième parachutée. »

Quichotte s'assied. La tête lui tourne. La salle obscure et sa trentaine de lits entassés les uns sur les autres décrivent lentement des cercles, accompagnés par des ronflements dissonants. Il aperçoit les étoiles par une fenêtre ouverte.

« Entrer dans la Vieille Ville? Vraiment? Miracle. Dans le Sinaï, nous n'avions que des rumeurs.

– J'ai eu le bras abîmé sur la colline des Munitions, on est tombés sur une sale bagarre, je peux vous le dire. On allait vers le mont Scopus – peut-être que les gars y sont arrivés. » Sur le mont Scopus, qui domine la Vieille Ville au nord-est, une enclave de bâtiments universitaires abandonnés est aux mains des Juifs depuis la trêve de 1949. « Moi, j'ai été sauvé par miracle. Il faisait noir comme dans un four, j'ai trébuché sur un caillou, j'ai roulé sur la pente et une seconde plus tard une grenade est tombée juste là où j'avais trébuché. Alors j'ai pris des éclats dans le bras et c'est tout. Je devrais être répandu sur toute la colline comme des bouts de hamburger. Vous avez entendu parler de l'Ezrakh?

– Je le connais.

– Eh bien, l'Ezrakh m'a béni juste avant qu'on essaie d'entrer. C'est pour ça que j'ai trébuché, j'en suis sûr. Je suis athée, mais c'est quand même un miracle. »

Le soldat décrit le transfert surprise des parachutistes sur le front de Jérusalem, en autobus, et leur concentration dans le vieux quartier religieux de l'Ezrakh. De là, dit-il, ils avaient attaqué le no man's land à deux heures du matin. A l'époque de son enfance dans la Vieille Ville, l'Ezrakh était un de leurs voisins, et il lui avait demandé sa bénédiction avant l'assaut. Deux femmes très aimables, dans le même immeuble, lui avaient donné un sandwich et du café.

Quichotte, alerté, l'interrompt. « Une vieille et une jeune, dis-tu?

– Bon, de mon âge. Je la connaissais, jadis. Pourquoi?

– Est-ce qu'elle était avec un gosse?

– Le gosse dormait. Pas le sien, mais elle s'occupe de lui.

– Écoute un peu, s'écrie Don Quichotte, exalté par ce hasard de la guerre, que diable faisons-nous dans un lit alors que l'armée juive va libérer la Vieille Ville? » Il se lève, va vers le placard en s'appuyant au lit, et sort son uniforme. « Allons-y.

– C'est exactement ce que je pensais, dit Shmulik. Mais est-ce qu'ils vont nous laisser sortir?

– Qui va nous en empêcher? Ils sont trop occupés avec les nouveaux arrivants. On se fera prendre par un véhicule de l'armée et après on se trouvera une caisse. »

L'hôpital paraît désert, à peine éclairé, mais le médecin chevelu débouche à l'angle du couloir, avec Dora Horowitz, et manque leur rentrer dedans. Elle porte un bassin plein d'urine. « Où croyez-vous aller comme ça? demande le docteur en colère.

– Aux toilettes, répond Quichotte. Il me montre le chemin.

– Pourquoi êtes-vous habillé, tout d'un coup?

– Je suis pudique.

– Retournez vous coucher. Elle s'occupera de vous.

– Je suis trop pudique pour me servir du bassin, insiste Quichotte. Je n'arriverai à rien.

– Écoutez, lieutenant-colonel Nitzan, c'est juste une blessure superficielle, heureusement pour vous, mais vous avez une commotion cérébrale. Vous êtes resté inconscient plusieurs heures, vous avez peut-être un caillot dans le cerveau, ou Dieu sait quoi. Il vous faut passer un tas d'examens. Pour l'instant, nous n'avons pas le temps. Voulez-vous tomber raide mort?

– Non, mais je veux aller aux toilettes. »

Un autre médecin apparaît. « Avi, on a besoin de toi tout de suite dans la salle 4.

– Remets-les au lit, Dora. » Les deux médecins s'éloignent rapidement.

« Allons-y. » Dora prend Quichotte par le bras.

« *Hamoodah*, dit-il, tu dis que tu n'es pas belle, mais je n'oublierai jamais ton regard quand je me suis réveillé. Tu as des yeux magnifiques et très tendres. Ce type est de Jérusalem depuis cinq générations. On va dans la Vieille Ville, où sa brigade est en train de se battre.

– Sergent, vous êtes fou? dit-elle en fronçant sévèrement les sourcils, avec un geste abrupt qui manque renverser le bassin. Que pouvez-vous faire avec un seul bras? Ce Don Quichotte veut tomber raide mort, c'est son affaire, mais...

– Je peux faire plus avec un bras, infirmière, dit Shmulik en le pliant, que certains types avec les deux. Tirer au fusil, lancer des grenades...

– Avant qu'un autre médecin n'arrive, Dora, dit Quichotte, aide-nous à sortir de là. De quel côté, *hamoodah*? »

Les yeux de la fille se remplissent de larmes. « Je n'aurais jamais dû venir dans ce pays. C'est mon frère Hillel qui m'a persuadée. Je n'en ai pas la force. Je ne peux pas le supporter... L'entrée est gardée, vous ne passerez jamais. Suivez-moi. » Elle leur fait descendre un escalier obscur et ils se retrouvent sur un terrain pavé où sont garés en désordre des command-cars, des jeeps et des ambulances.

« Ah, un moyen de transport, s'écrie Quichotte. Trouvons-en un qui ait les clefs...

– Choisissez votre char, monsieur, dit le sergent. Je peux faire démarrer n'importe quoi sur quatre roues.

– Dieu vous aide tous les deux », dit l'infirmière.

Yossi lui envoie un baiser. « Je t'adore, et je me souviendrai de tes yeux. » Elle sourit tout en sanglotant.

Le petit ami canadien de Shayna arrive chez elle au petit matin dans une blouse blanche tachée de sang. « Je n'ai aucune expérience médicale d'aucune sorte, dit-il d'une voix lasse, devant la tasse de café qu'elle lui a servi. Tu le savais?

– Alors quel est l'idiot qui t'a nommé infirmier à Hadassah?

– Tu veux toute l'histoire? Il faut que je sois rentré à Ein Kerem à cinq heures. Je voulais juste être sûr que tu allais bien.

– Parle à voix basse, c'est tout. » Elle regarde Arieh qui dort sur le canapé. Sa mère est dans le grand lit qu'elles partagent, derrière un rideau. « J'étais terriblement inquiète pour toi, Paul, tu as disparu d'un seul coup.

– D'abord, tu m'as envoyé au mauvais bureau. C'est pour les volontaires israéliens.

– Dieu, comme c'est bête de ma part!

– C'est okay. Alors j'ai fait la queue, et tout le monde parlait hébreu. J'ai trouvé ça bizarre, pas de volontaires étrangers. Je me suis dit que j'étais le seul *galutnik* courageux, tant mieux pour moi. Quand je suis arrivé au bout de la queue, une fille m'a dit d'aller dans un autre bureau, dans un autre immeuble.

– Je me sens très coupable, pour ça.

– Ça? Ce n'est rien? Je suis revenu à ma voiture, que j'avais garée dans un terrain vague, et quelqu'un m'avait volé les roues.

– Les roues? Pas les pneus?

– Les roues. L'autre immeuble n'était pas très loin, alors...

– Mais, *les roues!*

– Oui. J'y suis allé à pied, j'ai trouvé une autre queue où tout le monde parlait anglais. Des tas d'étrangers courageux, après tout. Quand j'ai fini par arriver au bout, il y a une grosse dame irritable qui m'a demandé mon passeport. J'ai dit qu'il était à la *yeshiva*, de l'autre côté de la ville. « Eh bien, allez le chercher, a-t-elle dit. Vous avez une voiture, n'est-ce pas? Les Américains ont tous des voitures, pas comme nous. » J'ai dit oui, j'ai une voiture, mais elle est posée sur les moyeux, quelqu'un vient de me voler les roues. Et là, Shayna, elle m'a sauté dessus. « C'est absurde, a-t-elle aboyé. Quel mauvais prétexte! Tous ceux qui sont capables de voler des roues sont au front en train de se battre. Allez chercher votre passeport, et arrêtez de bloquer la queue. »

Shayna essaie de s'empêcher de rire, mais lâche un gloussement joyeux. « Par ta vie, j'y crois tout à fait.

– Pourquoi j'aurais inventé quoi que ce soit? Ma voiture est toujours dans le terrain vague, mais maintenant il n'y a plus ni phares ni pare-chocs. Je suis assuré, c'est juste très désagréable. En bref, je suis passé devant un immeuble touché par un obus, et on transportait des blessés dehors. J'ai aidé les types de l'ambulance, et l'un d'eux était un Canadien que je connais. Il m'a dit de venir avec lui à l'hôpital. Ils manquent énormément de personnel. Depuis j'y suis resté jour et nuit, en faisant ce qu'on me disait de faire. » Il s'assombrit. « J'ai vu des choses terribles, terribles, Shayna. Dans un hôpital, on voit vraiment ce qu'est la guerre. »

On frappe à la porte, et voilà qu'entrent Shmulik et Quichotte. Shayna pousse un cri bref. On dirait que ces deux hommes en vert, couverts de pansements, remplissent la pièce, apportant une odeur où se mêlent la poudre, le sang et le désinfectant. Elle a un choc en voyant Quichotte la tête bandée, pleine de sang, avec une barbe noire de quatre jours, malgré son sourire joyeux et la lueur indomptable qui n'a pas quitté ses yeux. *« Shayna, ma nishma? »* Il jette un coup d'œil à Paul. « Ah, le Canadien. » Il lui tend la main. « Yossi.

– Salut, je suis Paul Rubinstein.

– Abba! » Arieh saute du canapé en pyjama, court vers lui et s'arrête brusquement en voyant les bandages. Quichotte lui tend les bras. *« Ani b'seder, Kfotze! »* (Je vais très bien. Saute!) Le garçon saute et enroule ses jambes autour de son père comme il fait depuis qu'il est tout petit. Désormais ses jambes sont longues et osseuses, et Quichotte sent avec plaisir la force des muscles de son fils de dix ans.

« D'où venez-vous? hoquette Shayna. Yossi, qu'est-ce qui t'est arrivé? »

La mère, en chemise de nuit, glisse un œil derrière le rideau. « *Ai!* Yossele! Juste une minute. »

Très vite, elle fait frire les précieux derniers œufs qu'elle réservait pour le repas de shabbat. Yossi et le sergent racontent leur rencontre à Shayna en traitant leurs blessures à la légère. Le Canadien, d'abord silencieux, les interrompt. « On ne vous a sûrement pas laissé sortir de Tel Hashomer avec des blessures pareilles. Ni l'un ni l'autre. »

Les soldats échangent un regard. « Êtes-vous médecin? demande Yossi. Je ne savais pas.

– Il n'est pas médecin, dit Shayna.

– Infirmier volontaire, répond Paul. Je pousse des chariots et je porte des plateaux à Ein Kerem.

– Okay, on est partis, dit Shmulik.

– C'est-à-dire, vous vous êtes évadés?

– Si vous insistez. On s'est évadés.

– C'est ce que je pensais. Les blessés n'arrêtent pas de s'évader d'Ein Kerem, également. »

Yossi hausse les épaules. « Comment les blâmer? Il arrive souvent qu'une armée juive libère Jérusalem? Tous les deux mille ans? Lui va retrouver sa compagnie de parachutistes, et en ce moment ils se battent pour reprendre la Vieille Ville.

– Et toi? demande Shayna. Tu ne peux pas retourner au Sinaï. »

Yossi a pris Arieh sur ses genoux. « Bien sûr que non. Shmulik m'a dit que tu lui avais donné un sandwich, alors je me suis dit que j'allais juste l'accompagner pour venir vous voir, toi et Arieh.

– Venez manger », dit la mère.

Shayna et Paul n'ont pas faim. Les soldats dévorent tout très vite. Arieh reste près de son père, un bras autour de son cou, et le regarde avaler chaque bouchée.

« Vous êtes une vraie mère juive, dit le sergent à la vieille dame en se levant. Je dirai à ma mère que vous m'avez donné de quoi manger, et la force de combattre pour Jérusalem. »

Quichotte se lève aussi. « Tu ne t'en vas pas aussi, s'exclame Shayna. Quichotte, ça suffit!

– Écoute, Shayna, tout est okay. C'est Motta Hud qui commande la brigade de ce type. Motta était autrefois mon commandant de compagnie. Je vais seulement aller lui dire bonjour à son quartier général.

– Non! Assez de folies! » Elle le prend par le coude.

« Colonel, dit le Canadien, avec une blessure à la tête non diagnostiquée, est-ce qu'il est judicieux d'aller dans une zone de combat? »

Arieh prend la main de son père et le regarde en ouvrant de grands yeux. « Abba, est-ce que ta blessure est grave?

– Je me sens très bien.

– Mais pourquoi aller là où on se bat quand tu es blessé?

– Bonne question, Arieh. Pour que, pendant le restant de tes jours, quand on parlera de la bataille de Jérusalem, tu puisses dire : Abba y était. »

Arieh jette un coup d'œil vers Shayna. « Eh bien alors, Abba, sois prudent. »

Yossi se penche, le serre dans ses bras et l'embrasse. « *B'seder*, dit le sergent, on y va. » Il ouvre la porte.

Quichotte passe un bras sur les épaules fragiles de Shayna, la serre contre lui, à la fois tendre et bourru. « Shayna, prends soin de lui.

– Qu'est-ce que j'ai donc fait? » dit-elle d'une voix amère et tremblante. Elle prend un instant sa main entre les siennes. « Prends soin de toi. »

Il embrasse la mère. « Merci pour les œufs, Imma. Pense un peu, des œufs! Quel luxe. »

Les soldats s'en vont. Dans la pièce silencieuse, on entend leurs bottes marteler les marches de l'escalier.

Sam Pasternak est presque en train de s'endormir sous une douche tiède, comme l'est toujours l'eau de Tel-Aviv au mois de juin. A part quelques siestes dans sa voiture, à côté du chauffeur, il n'a pas dormi et n'a même pas enlevé son uniforme depuis plusieurs jours. Il doit maintenant affronter une autre réunion du petit matin avec Eshkol – étonnant comme ce gros vieillard sédentaire peut rester en alerte jour et nuit, et suivre tranquillement la guerre de très près, tout en laissant dans les mains de Moshe Dayan les rênes dont il s'était emparé avec une telle publicité. A travers le bruit de la douche, Sam entend la sonnette de la porte – sûrement un coursier du Mossad. Il se sèche en vitesse et s'approche lourdement de la porte, une serviette autour des reins.

« Salut, Sam. Eh bien! Quelle décontraction. » Il voit Yael Nitzan dans un tailleur en lin blanc tout froissé, la même tenue qu'elle portait à Washington, une valise à ses pieds. « Désolée de te déranger.

– Toi ici? Bienvenue, entre!

– Merci. C'est ridicule, mais je ne peux pas rentrer chez moi. Je viens d'arriver, je n'ai pas de clef, et le propriétaire est sur le front syrien, il conduit un camion. Sa femme est je ne sais où. » Elle l'embrasse sur la joue. « *Hugh*, tu piques comme un hérisson, mon cher. Sommes-nous vraiment en train de gagner la guerre? Les nouvelles sont meilleures, n'est-ce pas?

– Tu arrives de New York?

– Comme tu me vois.

– Yael, je dois aller voir le Premier ministre. Tu veux rester? Je peux faire quelque chose pour toi? Il faut que je m'habille.

– Laisse-moi juste me servir de ton téléphone. »

Quand il revient, rasé de près et dans un uniforme propre, Yael boit du café. « Ah, c'est mieux comme ça. Très élégant. Sam, il faut que je trouve Arieh. L'appartement de Shayna Matisdorf, à Haïfa, ne répond pas. J'ai appelé de New York, de l'aéroport de Londres, je suis très inquiète. Lundi, à Londres, c'était affreux, la presse disait que Haïfa était en flammes, Tel-Aviv bombardée...

– Des stupidités arabes. Essaie le Technion à l'ouverture des bureaux. Quelqu'un devrait savoir où elle est. Haïfa n'a pas été touchée du tout, et le gosse doit très bien se porter. » Il lui lance un regard admiratif. « Je m'en vais. Fais comme chez toi. La guerre a bonne allure. Toi aussi, *motek.*

– Mensonge, je suis sale et en sueur. Moi aussi, je vais prendre une douche.

– Vas-y, la place est libre.

– Merci. Tu n'aurais pas par hasard des nouvelles de Quichotte?

– Sa brigade a écrasé les blindés égyptiens du Sinaï. C'est un grand héros, il a foncé droit sur El Arish, lundi après-midi, avec un seul bataillon. Il est peut-être déjà au canal. »

Yael, penchée sur sa tasse, se redresse d'un coup. « Bon! Eh bien, c'est son affaire, les batailles. Depuis toujours.

– Il sera nommé général, Yael. S'il continue et se calme un peu, il pourrait être sur la très courte liste des futurs Ramatkhals. Sûre de vouloir divorcer?

– Il ne m'aime pas, Sam. Mais, mon Dieu, j'espère qu'il va bien.

– Moi aussi. Ils se sont durement battus et ont eu de lourdes pertes, alors je ne sais pas. » Il se penche pour l'embrasser. « Voilà une clef. C'est comme au bon vieux temps. Ou presque.

– Presque. » Elle lui caresse légèrement la joue, l'air inquiète et fatiguée.

Le chauffeur de Pasternak file dans les rues obscures et désertes jusqu'à un hôtel près de Kyria. Eshkol, en bras de chemise, mange une cuisse de poulet et boit du thé dans le brouillard de fumée dégagé par une pipe. Une assiette de viande froide est posée à côté d'une carte photographique aérienne de Jérusalem annotée un peu partout. Ygal Yadin fume la pipe et étudie la carte avec Ygal Allon.

Les deux éminents Ygal sont en défaveur. A peine une semaine plus tôt, Allon et Dayan rivalisaient pour le ministère de la Défense, après que Yadin eut refusé ce poste. Eshkol préférait Allon, un de ses favoris de l'époque du Palmakh. De sombres manœuvres en coulisses au parti travailliste, et la soudaine popularité de Dayan, avaient fait pencher la balance. Maintenant Allon et Yadin – comme aussi bien Eshkol et Rabin – étaient éclipsés par la splendeur de Dayan, qui avait indubitablement aiguillonné le pays et lui avait rendu son humeur combative.

« Mange quelque chose, lui dit Eshkol.

– Non merci, Premier ministre.

– Tu te trompes. Manger, ça aide à tenir. Quoi de neuf à l'ONU ? Combien de temps nous reste-t-il ?

– Le Conseil de sécurité est toujours en train de discuter sans arrêt. La session reste ouverte jusqu'à l'arrivée d'Eban.

– Quand son avion doit-il atterrir à New York ? A minuit, heure locale ?

– Peut-être avant. Gideon Rafael dit qu'ils pourront voter sur le cessez-le-feu juste après son discours. Mais Zev Barak pense que Washington va gagner du temps pendant que le Président Johnson évaluera les réactions au discours d'Eban. Jamais une session des Nations unies n'a été suivie par autant de téléspectateurs. Dans le monde entier, dit Zev ! Alors, si Rafael a raison, nous n'avons guère plus de douze heures. Si c'est Barak, encore un jour ou deux.

– En admettant que Nasser accepte le cessez-le-feu, dit Allon, une fois qu'il est voté.

– S'il croit vraiment les émissions de la radio du Caire, précise Yadin, pourquoi l'accepterait-il, puisqu'il nous bat à plates coutures ? Peut-être ses généraux n'osent-ils pas lui dire ce qui se passe sur le terrain.

– Combien de temps tout cela peut-il durer ? demande Pasternak.

– *Rabotai* (Messieurs), je veux prendre une décision ici et maintenant. » Eshkol pose l'os de la cuisse et prend une bouchée de blanc. « Je retrouve le cabinet à cinq heures, ce matin, pour discuter d'une seule question. Donnons-nous ou non l'ordre aux parachutistes de Motta d'entrer dans la Vieille Ville ? »

Allon tapote la carte de l'index. « Quelle est la question ? Il va dégager le mont Scopus à l'aube. C'est prévu. Ensuite on ne l'arrêtera plus.

– Dayan est contre, dit le Premier ministre. Il affirme que les combats maison par maison vont être sanglants, et que si nous endommageons les Lieux saints le monde entier se retournera contre nous, alors que pour une fois nous bénéficions d'une certaine sympathie.

– C'est un argument », admet Yadin.

Eshkol continue. « Et Moshe prétend qu'entrer est inutile, de toute façon. Nous avons encerclé la Vieille Ville. Des drapeaux blancs vont sortir à toutes les fenêtres. Une reddition sans effusion de sang. » Il se tourne vers Allon. « Il a raison?

– Raison sur quoi? Sur l'encerclement de la Vieille Ville? Oui. Les blindés jordaniens de la rive Ouest sont écrasés. L'aviation interdit le passage du fleuve aux renforts. Il ne reste que des tireurs embusqués et des unités isolées. » Sa voix résonne d'une autorité martiale. « Ben Ari et Amitai vont refermer le cercle au nord et au sud, Motta va prendre la crête du Scopus, et les drapeaux blancs vont sortir, sans aucun doute. Quant à envoyer Motta jusqu'au mont du Temple, jusqu'au Mur – ça, c'est une question qui concerne la haute politique, la diplomatie, peut-être même la religion. Voire l'archéologie! Militairement, c'est possible. Autrement, je m'en remets à nos archéologues. »

Yadin a un petit rire sec. Il a quitté l'armée après avoir servi comme Ramatkhal, pour reprendre sa carrière universitaire. Depuis, sauf en tant que conseiller des Premiers ministres, il n'a plus joué aucun rôle dans l'armée.

« Premier Ministre, Motta a lancé une attaque de nuit qui a laissé l'aviation en dehors de l'équation, dit-il, uniquement pour préserver les Lieux saints. Un travail bien fait, qui nous a coûté très cher. Il y a eu des combats terribles sur la colline des Munitions, mais nos gars se sont battus comme des lions et elle est à nous. Si les Jordaniens étaient encore là au moment du cessez-le-feu, l'ONU décréterait certainement que Jérusalem reste divisée du fait que cette colline commande la Vieille Ville. Mais j'affirme que la cité restera divisée, Premier ministre, même avec nos chars sur cette colline et des drapeaux blancs sur toutes les maisons à l'intérieur de l'enceinte, tant que des pieds juifs ne marcheront pas sur le mont du Temple.

– Et quelles seront les pertes? Le prix de ces pas? »

Yadin jette un coup d'œil à Allon, tire sur sa pipe.

« Des pertes légères, répond Allon. Sans le problème des Lieux saints, nous pourrions faire donner l'aviation et nous frayer un passage presque sans pertes.

– Je prévois une clameur internationale, si nous entrons, dit Yadin, même si les Lieux saints sont intacts jusqu'à la dernière pierre. Le pape, d'une part, ne peut pas tolérer la souveraineté juive sur Jérusalem. Pas jusqu'au Deuxième Avènement – comme l'a dit à Herzl un pape précédent –, quand il aura le bonheur de tous nous baptiser et de nous recevoir à nouveau dans Sion. Moshe a peut-être raison, pour les combats maison par maison. S'emparer de ce labyrinthe de ruelles peut devenir sanglant.

– D'après Shapira – Eshkol se réfère au chef du parti religieux –, il vaudrait peut-être mieux ne pas prendre la Vieille Ville. Mais uniquement prier pour elle. Le Messie n'est pas là pour nous conduire, et une fois que nous aurons pris le mont du Temple nous ne pourrons jamais l'abandonner.

– Shapira et le pape ne sont pas si éloignés l'un de l'autre, remarque Allon. Intéressant.

– Mais, pour parler maintenant en archéologue, reprit Yadin, je trouve inconcevable qu'une armée juive arrive aux portes de Jérusalem, capable d'entrer et de la rendre après deux mille ans à la nation juive, et qu'elle s'arrête. Pour quelque raison que ce soit! »

Eshkol regarde Pasternak. Derrière la tête du Premier ministre, les premières lueurs de l'aube colorent la fenêtre en bleu-vert. « Sam?

– *Akh'shav, oh l'olam lo!* » (« Maintenant ou jamais! ») Sam Pasternak lance les mots hébreux comme des balles. *« Akh'shav, oh l'olam lo! »* Dans les douze prochaines heures, Premier ministre, ou peut-être plus jamais pendant deux mille ans. »

Eshkol se lève, s'essuie les mains et la bouche avec une serviette. « Je vais passer outre Moshe Dayan. »

41
Le jour du Seigneur

Le colonel Motta Gour, buvant du thé brûlant sur le toit du musée Rockefeller, éclairé par les rayons rougeoyants du soleil levant, est surpris de voir monter par la trappe la tête de nul autre que son vieil ami Yossi Nitzan, pâle et la tête bandée.

« Quichotte, par tous les diables ! » Gour bondit pour l'aider à monter l'échelle en fer, sous le regard étonné de ses officiers. « Aux dernières nouvelles, tu étais dans le Sinaï et tu avais capturé El Arish à toi tout seul. »

Haletant et pris de vertige d'avoir monté trop vite l'escalier en colimaçon de la tour, Yossi adopte le ton badin de Gour. « Oh, Motta, mon chauffeur est si bête, il a tourné du mauvais côté, et me voilà.

– Je vois. Ça m'arrive tout le temps. » Gour indique les pansements. « Grave, Yossi ?

– Pas grand-chose. Je ne vais pas rester au lit à Tel Hashomer, mon vieux, pendant que tu prends la Vieille Ville à toi tout seul. »

Le visage lunaire de Gour redevient sérieux. « Si on m'en donne l'ordre.

– La question se pose-t-elle ? Merci. » Une fille soldat, ouvrant de grands yeux, tend à Quichotte une tasse de thé fumant. « Seigneur Dieu, quel panorama ! » C'est la première fois qu'il a une vision complète du vieux Jérusalem et de ses collines, bornées à l'est par la crête allant du mont Scopus au mont des Oliviers, éblouissante sous un soleil à peine levé, et de ce côté par les remparts de la Vieille Ville, étonnamment proches, qu'il n'avait encore pu voir qu'à travers la vaste étendue du no man's land.

« Tu n'es jamais monté ici ?

– Motta, je suis descendu du bateau en 1948, et de là directement à Latroun.

– Bien sûr. Eh bien, pendant le Mandat, on faisait venir ici des écoliers de Jérusalem, dont j'étais. Et aussi sur le mont des Oliviers. Bon, ça, c'est un paysage, et ma mission, ce matin, c'est d'avancer jusqu'au mont des Oliviers, de nettoyer la crête et de refermer le cercle. »

Un assistant lui tend un micro. « Colonel ! Le Haut Commandement, à propos du raid aérien.

– Reste avec mes officiers, Yossi, on va bientôt trouver une meilleure place. Et ne va pas par là, les tireurs jordaniens pullulent sur les remparts.

– *B'seder.* »

Plus chancelant qu'il ne veut bien l'admettre, Quichotte s'appuie au parapet. En bas, on entend une fusillade sporadique. Une demi-douzaine d'officiers en tenue de combat et casque à treillis sont sur le toit. Certains inspectent le terrain avec des jumelles, d'autres parlent très vite dans des talkies-walkies. Gour, comme Gorodish, est tête nue – la marque, ou l'affectation, des commandants de brigade. Solide, large d'épaules, ambitieux, Motta est fait pour libérer Jérusalem, pense Yossi en le voyant discuter calmement avec le Haut Commandement, ses cheveux bouclés soulevés par le vent. La chance l'accompagne. Quelle différence entre la guerre du désert, dans les vastes espaces du Sinaï, et les combats dans cette petite cuvette montagneuse ! A l'école des officiers, un jour, il s'était exercé à la prise de Jérusalem avec Motta Gour et d'autres collègues, un jeu guerrier mesuré en centaines de mètres, alors que les simulations du Sinaï couvraient des centaines de kilomètres.

Yossi a vu les preuves du prix déjà payé pour le vieux Jérusalem, quand il a traversé en voiture le no man's land, à l'aube, dépassant des sapeurs occupés à déminer le terrain sous le feu des tireurs isolés, puis les rues de Jérusalem-Est, étrangement vides, qu'ils n'avaient encore jamais vues, puisqu'elles étaient interdites aux Juifs depuis 1948. Des chars incendiés, des véhicules renversés, beaucoup de morts jordaniens en kaki ; beaucoup des jeunes de Tsahal avaient dû se faire tuer, également, mais on avait aussitôt enlevé leurs corps – une règle absolue. Partout, l'odeur de brûlé et l'odeur de mort évoquent des combats acharnés. Mais, sur place, il n'y a pas trace du géant maussade, le Russe qui soutient les Arabes. Les chars jordaniens détruits sont des Sherman et des Patton. Les véhicules retournés sont des Land Rover, des camions Mack et des jeeps. Pas de vastes étendues désertiques, ici, jusqu'à l'horizon. Autour du toit du musée, tout est très proche, très vert, construit, magnifique ; les villages arabes sont blottis contre les collines avoisinantes, et la nouvelle Jérusalem juive scintille à l'ouest. Juste en dessous, la Vieille Ville est à découvert, mais seul un reflet de la coupole dorée de la mosquée d'Omar, au-dessus des maisons et des arbres du quartier arabe, indique le mont du Temple. Pris de vertige, à cause de sa blessure et peut-être aussi de sa joie, Yossi contemple cette scène avec avidité.

A l'hôpital, il s'était réveillé furieux et désespéré d'être privé du Sinaï, de Gorodish, de Tal, de ses tankistes. Mais, d'après la radio, la bataille est presque finie. Le Sinaï sert de cimetière à plus de mille chars et véhicules égyptiens. L'ennemi abandonne le matériel qui lui reste et s'enfuit sur le sable par milliers vers le canal, pieds nus, à moitié morts de faim et de soif. Désormais le nœud de la guerre est ici, dans ce Retour à Jérusalem, et si Yossi ne peut pas se battre, il peut du moins le voir de ses propres yeux.

Gour s'approche. « Quichotte, sérieusement, tu es okay?

– A cent pour cent. Ou disons quatre-vingt-dix. Pourquoi?

– Yaffe est sur le mont Scopus avec mon 66ᵉ bataillon. Les communications sont pourries, je ne sais pas pourquoi. » Gour sort un calepin et dessine rapidement au crayon bille tout en parlant. « Maintenant, voilà ce qui est important, Yossi. Regarde là. L'Est de la crête est fortement miné et barré par des tranchées. L'hôpital Augusta Victoria – ici – est le pivot...

– Il l'a toujours été.

– Exact. Bon, maintenant... » Leur dialogue, en jargon militaire, tient en peu de mots. Un raid aérien, dit Gour, précédera l'attaque de la crête par deux bataillons, un venant du mont Scopus, l'autre de la vallée en dessous de la Vieille Ville. Si leurs mouvements ne sont pas coordonnés et précisément minutés, les avions et l'artillerie pourraient toucher les soldats juifs, ou les chars pourraient finir par se tirer dessus, tellement la zone de combat est resserrée. Gour ne veut pas envoyer un de ses officiers au mont Scopus, il a besoin d'eux. Quichotte peut les aider en faisant la liaison avec le bataillon.

« Je vais y aller, Motta.

– Bien. » Gour lui donne son croquis, un rébus de flèches, de cercles et d'horaires. « Montre ça à Yaffe et explique-le-lui. Appelle-moi sur le réseau de commandement s'il y a une confusion. Nous ne pouvons pas nous permettre des pertes non inévitables, la percée a suffi, ça a été très dur. Sérieusement, as-tu un chauffeur?

– Oui. Le type qui est sorti de l'hôpital avec moi. Né à Jérusalem.

– Parfait, il connaît le chemin. Des armes?

– Bien sûr.

– Il y aura des tireurs tout le long du trajet. Mais Dayan y est passé hier, alors c'est faisable.

– Je pars maintenant. »

Gour le prend par l'épaule. « Rendez-vous sur le mont des Oliviers. Ah, ça c'est une vue, Quichotte! Baisse bien la tête.

– Oui, c'est ce que j'ai oublié de faire dans le Sinaï. » Gour a un petit rire sec.

La jeep passe devant des marchés et des maisons arabes, plonge dans la vallée et remonte la côte abrupte du mont Scopus au milieu du gazouillis des oiseaux. Le chauffeur conduit d'une main. Yossi a son Uzi prête à tirer. Bizarrement, Moshe Dayan supporte aisément – à moins qu'il n'aime ça – le sifflement des balles autour de sa tête, mais Don Quichotte n'est pas comme lui, et c'est sur cette route qu'un jour les Arabes ont pris en embuscade et massacré tout un convoi de médecins et d'infirmières se rendant à l'hôpital de Hassadah. Comme prévu, à mi-chemin, CRACK! Un méchant miaulement beaucoup trop près, une silhouette de tireur à la porte du cimetière. Yossi envoie une rafale et arrache des éclats de pierre au portail. Silence, et à nouveau les oiseaux.

« C'est impossible. » Le major Yaffe, qui commande le bataillon du mont Scopus, abat sa paume sur le croquis de Gour. « Motta doit reporter le raid aérien.

– De combien de temps? demande Quichotte.

– Regarde autour de toi. » Yaffe montre un énorme embouteillage de half-tracks, chars, jeeps et véhicules de ravitaillement garés en désordre dans les hautes herbes. La plupart des soldats dorment par terre ou dans leurs engins. « Sais-tu ce que ces types ont subi? Entendu parlé de la colline des Munitions? Dis à Motta que je peux bouger à dix heures, si le reste des chars d'Uri arrive jusqu'ici.

– Je lui dirai. »

Bientôt le soi-disant Roi du mont Scopus fait son apparition – un petit major coriace avec une moustache broussailleuse et une voix rocailleuse qui est sur place depuis des années. Autrefois, Yossi a été son commandant de peloton. Le major Sharfman lui fait fièrement visiter son domaine, une enclave mélancolique de bâtiments abandonnés, une université en ruine et un ancien hôpital. « Les historiens vont demander pendant mille ans, Quichotte, pourquoi les Jordaniens n'ont pas essayé de m'écraser pour prendre le mont Scopus. Le monde n'en aurait pas été trop ému. Le moral d'Israël aurait été brisé! Cela aurait pu décider du sort de la guerre!

– Menakhem, tu es là depuis trop longtemps.

– Je parle sérieusement! Trois misérables kilomètres carrés, une centaine de soldats, les Jordaniens tout autour avec des tanks, de l'artillerie, des brigades entières! Mais tu sais quoi? Ils ont eu des renseignements, j'en suis certain. J'ai fait passer ici en fraude un arsenal dont l'ONU n'a pas idée. Ha!

Ils y auraient sacrément perdu des plumes. Tiens, voilà la tour Magnes. Tu veux y grimper? La plus belle vue du pays.

– D'ici, ce n'est pas mal.» Plus bas, les collines de Judée s'enfoncent vers l'est, et par une brèche entre les crêtes il aperçoit un reflet de la mer Morte.

« Pas de comparaison. »

Quichotte examine la tour, nommée d'après le premier président de l'université hébraïque. « Judah Magnes. Le type qui croyait que les Arabes et nous pourrions coexister pacifiquement en Palestine.

– Il était cinglé. Pas avant mille ans.

– Non, il avait raison, il faut juste les convaincre une fois pour toutes que nous sommes là pour y rester. Libérer Jérusalem est peut-être le bon moyen.

– Rien ne les convaincra, pas avant mille ans.

– Et si on disait neuf cent quatre-vingt-dix-sept ans, Menakhem? »

Le major, surpris, se met à rire. « Bon, okay. Les colombes arabes pourraient l'emporter, à ce moment-là. Tu vois, je suis flexible. »

Son walkie-talkie lui relaie un message pour Quichotte. Le raid aérien sera retardé, mais seulement jusqu'à neuf heures. Menakhem va monter sur la tour. « Le meilleur poste d'observation, dit-il à Yossi qui s'en va, quand ça commence à tirer. »

Devant un énorme agrandissement de la zone de Jérusalem, Benny Luria donne ses instructions à l'escadron Bat, des types fatigués et mal rasés, à propos du raid aérien. « Maintenant, pilotes, faites attention. Le haut état-major est sur mon dos. J'ai affirmé que cet escadron n'a jamais bombardé ou mitraillé nos propres forces, mais nous savons tous ce qui a failli se passer à Jebel Libni. Pas de ce genre de *balagan*, aujourd'hui! L'objectif est minuscule. Les forces en présence sont à quelques mètres. C'est un exercice de précision. »

Une main se lève, et un jeune pilote couvert de taches de rousseur demande d'un ton maussade : « Précision avec du napalm? C'est une contradiction.

– Non, le napalm est réservé aux places fortes de ce secteur isolé. » Benny suit sur la photo un contour tracé en rouge. « Le mitraillage de ces tranchées – ici, dans le bois de pin le long de la crête – est notre objectif principal. Maintenant écoutez-moi bien. » Sa règle balaie toute la Vieille Ville. « Cette zone est totalement interdite. Compris? Si un seul des Lieux saints est détruit ou endommagé, attendez-vous à un scandale mondial, et aussi à une cour martiale générale et publique. »

Luria abaisse la règle, s'assied sur le bureau et grimace un sourire à ses aviateurs.

« Désolé, *hevra* (camarades), c'est le boulot pour aujourd'hui. Avant-hier, nous avons décidé toute cette foutue guerre en trois heures. Hier, nous avons écrasé les brigades blindées jordaniennes venues de Jéricho, ce qui a rendu possible la libération du vieux Jérusalem. Mais le haut état-major a la mémoire courte. Aujourd'hui, nous ne sommes que ces cinglés d'aviateurs qui ne distinguent pas les Arabes des Juifs. Alors faisons très attention pendant cette sortie, *b'seder* ? »

Benny Luria avait survolé d'innombrables fois le petit losange de la Vieille Ville : ce labyrinthe de ruelles tortueuses, de maisons basses, de taches de verdure encloses par d'épaisses murailles, paraissait habituellement désert, sauf sur le mont du Temple, où des silhouettes minuscules entraient et sortaient des deux grandes mosquées. Mais aujourd'hui, pendant qu'il décrit un cercle avant de perdre de l'altitude, le paysage est bouleversé. Les forces blindées israéliennes s'avancent de tous les côtés, de la fumée monte des remparts, les éclairs jaunes et rouges de l'artillerie clignotent le long des parapets, beaucoup de gens courent dans les rues étroites et sur la grande place du mont. C'est ce qu'il a le temps de voir avant de piquer dans le voile noir soulevé par les bombes au napalm et de commencer à tirer.

Quand lui et ses pilotes ont bruyamment labouré plusieurs fois les profondes tranchées à l'abri du bois de pin, le bataillon de Yaffe avance sur la route de le crête, renforcé par des tanks venus d'une brigade basée au nord. Malgré l'attaque aérienne, ils sont accueillis par un feu nourri. Ultra-prudents, après les avertissements de Luria, les pilotes n'ont pas touché aux églises, aux mosquées, ni aux Israéliens, mais n'ont pas non plus totalement anéanti les Jordaniens enterrés. Quichotte, dans le half-track des transmissions, regarde gronder au passage les chars et les transports de troupes qui s'enfoncent dans la fumée noire et puante du napalm. Perché sur un camion, il voit passer le sergent-chef Shmulik, qui le salue de son bras valide. « J'ai retrouvé ma compagnie, colonel, crie-t-il, et je rentre chez moi ! Merci de m'avoir sorti de ce foutu lit.

– Baisse la tête », lui crie Quichotte. Shmulik rit et se laisse retomber dans le véhicule.

« Quichotte, Quichotte, ici Talmid. Où es-tu ? »

Talmid (étudiant), c'est Motta Gour. C'est dû à la chance ou au destin, pense Yossi, mais Motta a un nom de code prédestiné pour le premier commandant à entrer dans Jérusalem depuis Bar Kochba.

« Talmid, ici Quichotte. Je suis dans le nuage noir du mont Scopus. Comme Moïse sur le mont Sinaï.

– B'seder, Moïse. Mon groupe de commandement est en route. Rendez-vous dans un quart d'heure sur le mont des Oliviers.

– B'seder. »

La jeep où il saute passe devant des véhicules en feu et des soldats s'occupant des blessés. Malgré la fumée, la fusillade et les haut-parleurs crachant du jargon militaire, Quichotte sent son cœur bondir quand la jeep arrive au mont des Oliviers et débouche sur une terrasse balayée par le vent et encombrée par les véhicules de Gour. Gour lui-même surveille avec de grosses jumelles le terrain en contrebas, éclairé par le soleil : toute la Vieille Ville à l'intérieur de ses remparts, le mont du Temple couvert de gazon et les deux coupoles grandioses de ses mosquées, l'une dorée, l'autre argentée. Plus loin, à l'extérieur des murailles antiques, les vertes collines et les vallées parsemées de villages arabes, et encore plus loin l'étendue urbaine de la nouvelle Jérusalem. Des colonnes israéliennes avancent sur toutes les routes.

« Quichotte, tu es là! Bien. » Gour lui tend une carte annotée. « Jette un coup d'œil là-dessus.

– Tu as reçu l'ordre d'entrer?

– Non, mais ça vient. Je le sens. Il faut que je sois prêt. Bon, ceci n'a rien à voir avec le plan d'attaque de l'état-major ou ceux des manœuvres. Rien ne s'est passé comme prévu. »

Parmi les salves d'artillerie, la brutale cacophonie des signaux et le rugissement des chars, malgré la fumée et la poussière qui lui piquent les yeux, Quichotte examine le croquis. A première vue, c'est extrêmement déconcertant. Les trois bataillons parachutés de Gour, avec une unité blindée, leurs itinéraires clairement indiquées par des couleurs différentes, arriveront aux portes et aux remparts de la Vieille Ville en suivant un schéma bizarrement compliqué. Puisque les rares défenseurs jordaniens seront écrasés sous le nombre, pourquoi ce tourbillon de manœuvres militaires? Mais bientôt Yossi comprend – et sourit. Ce bon vieux Motta! Si les politiques retardent l'attaque, si l'ordre n'arrive pas à temps, si le cessez-le-feu entre en vigueur alors que les Israéliens occupent la crête du mont des Oliviers, alors Motta y sera, sur le mont des Oliviers. Si, en revanche, la 55e brigade parachutiste de Motta a le feu vert pour pénétrer dans la Vieille Ville, les quatre formations approcheront dans un ballet complexe d'hommes et de machines calculé pour que le premier à franchir la porte des Lions, le premier Juif à poser le pied sur le mont du Temple, soit Motta Gour.

« Alors, qu'en penses-tu? demande Gour quand Yossi lui rend son dessin.

– *Motta, magiya l'kha* » (Tu le mérites).

Gour lui répond par un sourire en coin et un grognement amusé.

Le major Sharfman arrive dans une jeep équipée d'une mitrailleuse. Quichotte lui emprunte ses jumelles pour inspecter un pont, dans la vallée, où des chars et des véhicules israéliens écrasés et incendiés sont entassés dans tous les sens. « C'est un foutu gâchis, Menakhem. Qu'est-ce qui s'est passé ?

– Un *balagan* terrible. Des types en reconnaissance ont tourné du mauvais côté dans le noir, hier soir, et ont été bloqués par le pont. Les Jordaniens les ont mis en pièces depuis les remparts. Un massacre. C'est à l'endroit que les chrétiens appellent Gethsémani.

– Gethsémani. *Gat shmanim* (le pressoir à huile), hein ? Et l'endroit où nous sommes n'est-il pas celui où Jésus a prêché devant la multitude ? Ici même, sur le mont des Oliviers ?

– C'est ça. Le Sermon sur la Montagne. » Sharfman désigne les arcades en façade de l'hôtel Intercontinental, juste en dessous. « Et là où il a fait son sermon, on sert maintenant des cocktails de cinq heures à sept heures trente, petits fours à volonté. »

Quichotte fronce les sourcils. « Qui a permis qu'on construise à cet endroit ?

– Qui pouvait l'empêcher ? Les Anglais étaient partis et on ne pouvait pas entrer. Et puis, regarde en bas, et dis-moi qui a pu permettre *ça*. »

Le major montre du doigt la pente juste en dessous de la terrasse où ils sont. Le flanc de la colline ressemble à une carrière, avec des hectares de pierres brisées et de dalles éparpillées. Quichotte reconnaît l'ancien cimetière d'après les photos qu'il a vues quand il était petit, et il étouffe de rage.

L'officier des transmissions pousse un cri, appelle Motta Gour. « Monsieur, le Haut Commandement ! Le général dit qu'il a une bonne nouvelle. »

Gour le rejoint à grands pas. Il prend l'appareil, et sa posture satisfaite télégraphie la substance de ce qu'on lui dit. *« Ken, ken. Mi'yad !* (Oui, oui. Tout de suite !) Nous sommes prêts, et nous y allons. » Il se tourne vers l'officier. « Je vais m'adresser à tout le bataillon et aux commandants de compagnie. » L'homme branche les circuits sur son émetteur.

« Brigade parachutée 55 – Gour, dans une bouffée d'orgueil, abandonne les noms de code et parle en clair –, *nous sommes sur la crête dominant la Vieille Ville. Nous allons pénétrer dans le vieux Jérusalem, dont nous rêvons et que nous désirons depuis des générations ! Nous serons les premiers à entrer. Chars, avancez vers la porte des*

Lions! Bataillon 28, bataillon 75, vers la porte. Bataillon 66, après eux. En avant, en avant. Nous ferons la revue d'inspection sur le mont du Temple! »

Le croquis rudimentaire de Gour s'anime et devient réalité. Dans la poussière et la fumée, les bataillons dévalent le mont des Oliviers, envahissent les chemins des vallées et foncent vers les remparts d'où vient encore un feu sporadique. Le groupe de commandement de Gour, jeeps et half-tracks, prend la route qui tourne au sud, autour du cimetière profané, avant de revenir au nord et à la porte des Lions. Sharfman surveille la progression des troupes dans ses jumelles. « Est-ce qu'un soldat juif a le droit de pleurer? dit-il d'une voix enrouée.

– Tu as oublié les Psaumes, répond Quichotte. *Quand Dieu nous a fait revenir à Sion, nous étions comme dans un rêve. Nos bouches, alors, étaient remplies par le rire...* »

Le major complète la citation. *« Et nos langues par les chants.* Okay. On ne pleure pas. »

Quichotte répète : *« Comme dans un rêve. Comme dans un rêve. »* Il indique les milliers de tombes fracassées, et plus loin l'armée juive qui marche sur le vieux Jérusalem. « Et *ils* nous regardent, je te le dis, Menakhem. Ils nous regardent, et ils rient, et ils chantent. Ceci est leur résurrection. Voilà pourquoi ils ont voulu être enterrés ici. Pour y être quand viendrait le grand jour, le jour du Seigneur, et le voir de leurs propres yeux. C'est leur jour. » Il serre très fort le bras de Sharfman.

« Amen, dit le major, mais c'est mon bras blessé, Yossi, blessé lors de KADESH. »

Quichotte le lâche en riant. « J'ai perdu l'esprit, je délire. Pardon.

– Du délire? Sais-tu ce que je ressentais, en haut de la tour Magnes, en regardant ce cimetière tout au long de l'année? En les voyant cogner avec leurs barres à mine et leurs masses? »

Le groupe de Motta Gour, précédé par un char, approche de la porte des Lions. Un grand véhicule en flammes barre la route étroite menant au portail voûté. Le char écarte la carcasse incendiée et fracasse les portes en bois massif. Le half-track de Gour s'engouffre dans la poussière et les gravats de l'ouverture.

« Ça y est. » Sharfman lui tend les jumelles. « Regarde. C'est arrivé! » Il éclate d'un rire exubérant. « Quichotte, on l'a fait. J'ai contemplé cette porte pendant des années, depuis le mont Scopus. Maintenant nos gars y sont entrés.

– Et, par Dieu, voilà Motta. » Dans les jumelles, il aperçoit la silhouette robuste du colonel Gour courir sur la place du mont du

Temple, devant la grande coupole dorée du Rocher, suivi au trot par plusieurs soldats. « Les voilà, Menakhem, nos gars sur *Har Ha'bayit!* » (le mont du Temple). Les véhicules s'engouffrent sous la porte des Lions – chars, half-tracks, transports de troupes – et de plus en plus de soldats, l'arme à la main, courent sur l'immense place entre les deux mosquées grandioses.

« Incroyable, incroyable! dit le major à voix basse, impressionné. *Comme dans un rêve.* »

Yossi murmure la bénédiction des bonnes nouvelles. Sharfman l'entend et lui tape sur l'épaule. « Amen et amen. Par Dieu, Don Quichotte, on connaît ton secret! Tu es religieux. Ne le nie pas.

– J'étais un gosse de *yeshiva*, Menakhem, et je suis juif. »

Le major se met à rire, indique les soldats qui s'attroupent sur le mont du Temple. « Regarde ça, veux-tu! Quand Nasser a fermé Charm el-Cheik, il ne se doutait pas du résultat!

– Nasser n'y pouvait rien, répond Quichotte. La main de Dieu était sur lui. »

Sharfman pousse un cri, collé aux jumelles. « Motta Gour appelle un sergent des transmissions. » Il court à la jeep, augmente le volume du récepteur, et change rapidement de fréquence.

« Commandement central, ici Talmid, parlant de la Vieille Ville. Je suis sur la place de la mosquée du Rocher. HAR HA'BAYIT B'YADENU! Le mont du Temple est à nous! HAR HA'BAYIT B'YADENU! HAR HA'BAYIT B'YADENU! »

La voix du général Narkiss au Commandement central. *« J'arrive immédiatement. Honneur à tous! Honneur à tous! A cent pour cent! »*

Don Quichotte et le Roi du mont Scopus s'étreignent et s'embrassent. Une moustache pique la joue de Yossi, et celles de Menakhem sont mouillées de larmes, bien qu'il ait promis de ne pas pleurer.

הר הבית בידינו !!

LE MONT DU TEMPLE EST A NOUS!

Dans tout l'État juif, une flamme court de la frontière syrienne à la mer Rouge, une flambée solaire d'allégresse et de gloire nationale. Pères et fils, mères et enfants, épouses et maris, amoureux et jeunes mariés, compagnons d'armes sur le champ de bataille, tous sont unis dans un élan spirituel comme il arrive une fois par vie, une fois par millénaire. Partout en Terre sainte les Juifs s'embrassent, dansent et chantent : « C'est le jour que le Seigneur a fait... »

הר הבית בידינו !!

Levi Eshkol raccroche le téléphone et tourne des yeux brillants vers Pasternak. « *Har Ha'bayit b'yadenu!* Allons à Jérusalem.

– La route sera pleine de véhicules militaires. Je vais demander une escorte de police.

– Peu importe, pas de grand *tsimmes*, on y arrivera. » Le Premier ministre baisse les yeux sur son uniforme fripé. « Pour ça, je vais mettre une veste et une cravate. »

Benny Luria est prévenu au moment où il tourne au-dessus de Tel Nof. Son contrôleur de vol, qui débite des instructions dans ses écouteurs pour sa descente, a soudain un cri de joie adolescente : « Tous appareils, écoutez ça. *Har Ha'bayit b'yadenu!* »

Benny jette un coup d'œil autour de lui, pousse des hurlements sauvages et se lance dans un tourbillon victorieux.

« Tante Shayna! Tante Shayna! » Arieh arrive en courant sur le toit. « Imma dit de descendre tout de suite! »

Shayna regarde les flammes et la fumée s'élever de la Vieille Ville. Sur les toits voisins, les gens s'entassent pour contempler le spectacle et leurs radios portables font un vacarme incompréhensible.

Dès qu'elle ouvre la porte, sa mère s'exclame : « Ah, te voilà! Une nouvelle importante annoncée par le porte-parole de l'armée! » Presque aussitôt, une voix de militaire, grave mais pas vraiment calme, interrompt un disque américain de rock-and-roll. « Ici le porte-parole de l'armée. Le commandant du secteur Centre vient de signaler : *Har Ha'bayit b'yadenu!* »

Ils s'embrassent les uns les autres, et Arieh danse autour de la pièce en criant : « Abba y était! Abba était le premier sur le mont du Temple! »

Riant et pleurant tout à la fois, Shayna le prend dans ses bras. « Par ma vie, tu as probablement raison. »

Yael l'entend chez elle en se rhabillant après avoir fait un somme. « Dieu merci, je suis là! » s'écrie-t-elle à voix haute, puis se laisse tomber sur une chaise pour réfléchir. Pas longtemps. Il n'y a qu'une seule chose à faire.

42

Le Mur

Quichotte saute de la jeep qu'il a réquisitionnée et se fraie un passage parmi les véhicules et les parachutistes qui encombrent la porte des Lions. Les lions légendaires sont bien là, en effet, sur l'arche de pierre, deux bas-reliefs effrités montrant deux grands fauves raides et stylisés. Des léopards, peut-être. Dépassant la carcasse fumante de l'autobus, encore chaude et dégageant une odeur infecte, à moitié porté par les soldats en liesse, Quichotte entre dans la Vieille Ville.

VIA DOLOROSA – c'est la plaque de rue signalant un passage obscur bloqué par des chars. Les parachutistes s'engouffrent avec lui dans l'ouverture d'une haute barrière en planches, et d'un seul coup il se retrouve sur la grande place herbeuse du mont du Temple. Quichotte a très fortement l'impression de vivre un rêve, et ne serait pas étonné de se réveiller dans un lit d'hôpital. Devant lui, la grandiose mosquée d'Omar en faïence bleue, avec son énorme coupole dorée qui se dresse dans le ciel, et à côté des soldats israéliens mal rasés, l'arme à l'épaule, qui se regroupent autour de Motta Gour, toujours tête nue. Quichotte entend des échos de coups de feu isolés en traversant le groupe casqué. « Alors, Motta, comment ça fait, d'être immortel ? »

Gour a le visage empourpré, les yeux rayonnants. « Salut ! Les gars font toujours la chasse aux tireurs embusqués, Quichotte, jusqu'à la porte de Damas. C'est une saleté de perdre des hommes, maintenant, mais les soldats sont superbes. Tu sais ce que vient de me dire l'un d'entre eux ? Colonel, quand est-ce qu'on s'occupe des Syriens ? C'est un gosse de la compagnie qui a pris la colline des Munitions.

– A propos de munitions... ! » Quichotte pointe son pouce vers une montagne de caisses empilées sur près de cinq mètres contre le dôme de la mosquée d'Omar. Inscrits en arabe et en anglais, on voit des codes militaires : toutes sortes d'obus, de grenades, d'obus de mortiers, de fusées, des chargeurs de mitraillettes, même de la dynamite. Avec un coup d'œil cynique vers ce butin, Gour hausse les épaules. « Plutôt négligent, ça, non ? Écoute, Quichotte, Eshkol vient ici. Ce serait bien si tu étais à la porte des Lions pour son arrivée. » Il montre les bandages qui lui entourent la tête. « Tu as l'air héroïque, tu es pittoresque, et en tout cas, par Dieu, tu es un héros. Et on peut compter sur toi. Le major Shimon va nous amener des hommes de la sécurité.

– Quand arrive Eshkol ?

– Il est déjà parti de Tel-Aviv. Les routes sont encombrées par l'armée, alors ça va prendre un certain temps.

– Je suis à tes ordres, mais je meurs d'envie d'aller voir le Mur.

– Tu seras déçu. Quand j'étais gosse, j'ai été déçu, la première fois. Il n'y a pas grand-chose à voir. Mais vas-y, descend l'escalier après la barrière, là-bas. »

Quichotte descend des marches en pierre usées, puis un escalier en bois branlant qui donne sur une ruelle sombre bordée par de pauvres maisons arabes. Quelques soldats portant des phylactères expédient très vite la prière du matin, des châles jetés par-dessus leurs uniformes, l'arme en bandoulière, devant des blocs obscurs, antiques et gigantesques, taillés dans la pierre de Jérusalem. En haut, dans les interstices, poussent des mauvaises herbes. Le meneur de prière est en train de chanter.

Laisse-nous sanctifier Ton Nom en ce monde, comme il est sanctifié dans les cieux. Comme il a été écrit par ton prophète,

ET ILS S'APPELÈRENT LES UNS LES AUTRES ET DIRENT…

Dans un réflexe de gosse de *yeshiva,* Quichotte se fige sur place, rapproche les pieds et se joint à la réponse du chœur.

BÉNI, BÉNI, BÉNI SOIT LE SEIGNEUR DES ARMÉES, LE MONDE EST REMPLI DE SA GLOIRE.

Comme les autres soldats, il se dresse sur la pointe des pieds à chaque « Béni » pour imiter le vol des anges. Quelle sensation étrange, d'être ainsi piégé par un vieux rituel Kedushah dans une ruelle glacée à ciel ouvert ! La dernière réponse lui rend sa liberté de mouvement.

PUISSE LE SEIGNEUR RÉGNER ÉTERNELLEMENT, TON DIEU, Ô SION, ALLÉLUIA.

Il s'approche du mur, s'appuie sur les pierres froides et embrasse un rebord de roche rosâtre, essayant vainement d'éprouver une émotion quelconque, quand une petite silhouette barbue en uniforme descend les marches à grand bruit et fait irruption dans l'allée, portant un rouleau de la Loi recouvert de velours et une corne noire de bélier. Derrière lui se précipitent des photographes de presse et des soldats munis d'appareils photo, car c'est l'aumônier-chef de l'armée. Il embrasse le Mur, porte la corne de bélier à ses lèvres et souffle vigoureusement. Des flashes crépitent, mais aucun son ne sort de la corne. Il essaie encore, n'émet qu'un grincement intermittent. « Ils se sont trompés de *shofar* ! écume-t-il de rage. Maudits *shleppers* ! Je leur avais dit de me donner le jaune ! Satan est dans cette corne, personne ne peut en tirer un son. »

Quichotte s'avance d'un pas. « Rabbin, laisse-moi essayer. A la *yeshiva* c'est moi qui soufflait dans le *shofar*.

– Un *buk'her* (garçon) de *yeshiva* ! A cent pour cent, vas-y, essaie ! Chasse-moi ce Satan ! »

L'embouchure mouillée est trop étroite, Yossi s'en aperçoit. Il s'était servi d'un *shofar* tout aussi récalcitrant à Chypre, dans le camp, pour le service de Rosh ha-Shana. Il reprend son souffle, puis pousse une note aiguë, si perçante que les soldats en prière s'arrêtent pour le foudroyer du regard et qu'une bande d'oiseaux s'envole du haut du mur en poussant de grands cris.

« A cent pour cent ! Que tu aies la santé ! Souffle, souffle, *buk'her* ! »

Le rabbin se met à danser, entonne le chant de joie des vacances.

David, Roi d'Israël,
Vivant, vivant, et demeurant...

Les soldats qui remplissent la ruelle chantent eux aussi, entourent le rabbin. « Souffle, *buk'her*, continue à souffler », crie le barbu. Quichotte fait sonner le *shofar*, le rabbin virevolte et gambade avec la Torah, les soldats chantent et dansent autour de lui. Au loin, on entend toujours des coups de feu. Dans le ciel, un hélicoptère tourne en rond et ses pales brassent l'air de Jérusalem.

« Tante Shayna, je ne sais *pas* la valeur de *x*, et je m'en *fiche* ! »

Arieh est plus buté que d'habitude. Shayna essaie de lui apprendre l'algèbre, et il comprend vite, étant très en avance pour son âge, mais aujourd'hui il n'arrive à penser qu'à Abba, au flash *Har Ha'bayit* de la radio suivi de *Hatikvah* et *Jérusalem la Dorée.* Quand on frappe deux coups, il saute sur ses pieds et court vers la porte en criant : « Abba,

Abba!» C'est un soldat, mais pas Abba, un lieutenant parachutiste avec un gros nez brûlé par le soleil, qui pèle, et une barbe rousse de quatre jours.

« Shalom, petit. » Il se tourne vers Shayna. « On demande votre mère en bas, madame, chez l'Ezrakh.

– Ma mère? Ma mère est au lit avec un lumbago. Elle ne peut pas bouger. Qu'y a-t-il?

– Qui dit que je ne peux pas bouger?» Une voix querelleuse derrière le rideau. « L'Ezrakh me demande, j'y vais, Shayna...Ooof! Oh!» Un choc sourd sur le plancher.

« Maman!

– Ça va bien. Je suis tombée du lit. Aide-moi à m'habiller!»

Mais sa mère est réellement handicapée, et Shayna la recouche dans son lit malgré ses violentes protestations.

« Mon commandant de compagnie est très religieux, dit le parachutiste à Shayna pendant qu'ils descendent l'escalier. Il a suggéré au colonel Gour de faire venir l'Ezrakh au Mur. On m'a envoyé le chercher. Il a demandé que votre mère l'accompagne. »

L'Ezrakh porte son plus beau costume de shabbat, un manteau de satin noir et luisant qui lui tombe aux genoux, avec un chapeau noir et plat moins rouillé que son chapeau des jours de semaine. Il a peigné sa longue barbe d'un blanc immaculé. « Je viens avec vous, Rabbin, dit Shayna. Ça ira? Ma mère ne va pas bien. »

L'Ezrakh acquiesce d'un signe, dit qu'il priera pour elle au Mur des lamentations.

« J'ai l'ordre de vous dire, Rabbin, ajoute le lieutenant, qu'on tire encore, dans la Vieille Ville. Vous n'avez pas besoin de prendre ce risque si vous n'en avez pas envie. »

L'Ezrakh sourit et avance vers la jeep. Shayna le suit. « Il faut enlever ce matériel », dit-elle au lieutenant. Un gros poste émetteur est sur le siège avant. « Il va s'asseoir là.

– Pourquoi? C'est plus confortable à l'arrière.

– Il ne peut pas s'asseoir à côté de moi. »

Le lieutenant a un sourire ironique. « Un genre de superstition?

– Enlevez ça, c'est tout, voulez-vous?

– Je me mettrai à côté de vous quand vous voudrez, madame. » Il pose l'émetteur à l'arrière. « Mais je ne suis pas un saint homme, c'est vrai.

– Par hasard, lui demande-t-elle quand il aide l'Ezrakh à s'installer, avez-vous rencontré là-bas un certain lieutenant-colonel Nitzan? Le garçon, là-haut, c'est son fils.

– Vous parlez du type des blindés? Don Quichotte?

– C'est ça. Le type des blindés.

– Bien sûr. Pendant que l'aumônier-chef dansait avec la Torah, il soufflait dans le *shofar*.

– Lui ? Une minute. » Shayna court chez elle dire à Arieh que son père va bien.

Des soldats entourent le dépôt de munitions avec des barrières et des cordes. « Il nous faudra quinze jours pour enlever ces trucs du mont du Temple, dit Gour à Quichotte. Il doit y en avoir cinquante tonnes.

– Mieux vaut le faire garder jour et nuit, Motta.

– J'en ai donné l'ordre. » Il consulte sa montre. « Dis-moi, cet hélicoptère s'est posé depuis un bout de temps. Le Premier ministre devrait arriver. Pas bête, l'hélicoptère, au lieu d'essayer de passer en voiture. Écoute, dis au major Shimon de m'amener Eshkol ici, et je l'escorterai moi-même au Mur. » Il indique la montagne de caisses. « Je veux qu'il voie ça.

– *B'seder.* »

Les soldats s'entassent sous la porte des Lions, et tendent le cou, empêchant Quichotte de rien voir. « Dayan ! C'est Moshe Dayan ! Il est venu en hélicoptère ! » Le ministre de la Défense, le chef d'état-major, Rabin, et le commandant en chef, Uzi Narkiss, passent sous le portail, précédés par des soldats et suivis par une bande de journalistes et de photographes. Dayan porte un casque à treillis avec la mentonnière attachée, comme s'il allait au combat. Narkiss a une casquette, Rabin est tête nue. Dayan dit à un assistant : « Apportez aussitôt un casque au Ramatkhal.

– Pas nécessaire », dit Rabin, l'air agacé, mais quand l'assistant prend le casque d'un soldat et le lui tend, il le pose sur sa tête d'un geste las et fixe la mentonnière.

« Très bien, allons-y », dit Dayan. En théorie, c'est un ministre et un civil, mais il est en grand uniforme et a vraiment une allure de conquérant. Flanqué de Narkiss et de Rabin, il bombe le torse et avance d'un pas raide, les poings serrés. Les cameramen de l'armée et les photographes de presse reculent en le mitraillant à chaque pas. Abrité sous un porche de la via Dolorosa, Quichotte se dit, *Magiya l'kha*, Moshe – tu le mérites ! La nomination de Dayan a fait une grande différence, après tout. Alors que la Hamtana terrorisait le pays et sapait le moral de l'armée, il a rallié et unifié le peuple comme nul autre n'aurait pu le faire.

Derrière lui, les soldats envahissent le mont du Temple. Sur la via Dolorosa, attendant le Premier ministre, il ne reste que l'escouade de sécurité. Quichotte franchit le portail et lève les yeux vers les lions légendaires. En tant que sculpture, c'est peu de chose. Étonnant comme cette porte est déjà familière, après être restée vingt ans invisible pour les Juifs ! Quichotte a des ennuis avec sa tête; sa blessure le lance et il a de temps en temps des vertiges. Est-ce pour cette raison que le Mur l'a laissé si froid ? Motta avait raison : une vraie déception. A la *yeshiva,* on lui avait appris, et il l'avait cru, que le Mur était la porte du ciel, l'endroit où les prières montaient tout droit de la terre jusqu'au Trône. Mais en posant les lèvres sur la pierre, ses pensées étaient restées rivées à la terre, dans une ruelle puante et obscure où quelques soldats religieux marmonnaient le rituel matinal. Peut-être éprouvaient-ils une émotion mystique, avaient-ils l'impression de se joindre aux Juifs qui étaient venus se lamenter ici durant des siècles sur la chute du Temple. Pas lui. Au contraire, il avait pensé à Ehud Elad, mort avant d'avoir pu embrasser le Mur.

Bon, ça doit être Eshkol, pense-t-il en voyant une voiture de l'armée descendre la route en lacets venant du musée Rockefeller. Effectivement. Sam Pasternak descend le premier, puis Eshkol, en costume noir, chemise blanche et cravate bleue. Une surprise, ça ! Comme la plupart des politiciens travaillistes, Eshkol porte habituellement une chemise à col ouvert, le signe de l'égalitarisme socialiste. Dans les grandes occasions – les funérailles d'une personnalité, la réception d'un chef d'État, le mariage d'une fille de ministre – il lui arrive de mettre une cravate. Aujourd'hui, semble-t-il, est une de ces occasions.

Sam est stupéfait de tomber sur Quichotte, pâle et la tête bandée. « Yossi ! *Ma nishma?* Premier ministre, voici un de nos meilleurs officiers combattants, le lieutenant-colonel Nitzan.

– Où en sommes-nous, ici, Yossi ? » Le Premier ministre parle d'un ton bref et sévère, mais il sourit largement, et ses yeux ridés sont pleins de joie.

Se rappelant le plan d'attaque de Gour, Quichotte lui fait très vite un tableau concis de la situation : les unités qui ont pris la porte Ashpot, la porte de Sion, la porte de Jaffa, les secteurs qu'elles occupent dans la Vieille Ville. Eshkol hoche la tête à plusieurs reprises, regarde la porte des Lions avec un sourire étrange. « *B'seder.* J'ai vu ces lions pour la première fois, Yossi, quand je suis arrivé en Palestine à l'âge de dix-neuf ans, un inconnu qui s'appelait Shkolnik. Maintenant c'est Eshkol qui les revoit, le Premier ministre de l'État juif. Un grand changement, que Son Nom soit béni.

– Le colonel Gour vous attend sur le mont Sion, Premier ministre.

– Oui ? Et Dayan ? »

Quichotte hésite. « Nous savons qu'il est là, dit Pasternak. Nous avons vu passer l'hélicoptère.

– Il est peut-être au Mur, Premier Ministre.

– Eh bien, allons-y », dit Eshkol, légèrement ironique.

Le détachement de sécurité traîne sous le portail. Il n'y a plus de photographes. La via Dolorosa est déserte, les maisons bouclées. Un bruit de walkie-talkie vient du mont du Temple, des ordres qu'on crie, le tumulte d'une foule. « C'est le plus grand moment de ma vie », dit Eshkol d'un ton très ordinaire en passant la porte. Les soldats le saluent et se regroupent autour de lui. Sur le mont, le colonel Gour, casqué et sanglé à la Dayan, salue le Premier ministre. Eshkol lui rend nonchalamment son salut. « Voilà un beau spectacle, Motta. » Il montre l'étoile de David qui flotte sur un mât improvisé au centre de la place.

« Quelqu'un est entré dans la mosquée et a planté le drapeau là-haut, Premier ministre. » Gour désigne le sommet de la coupole dorée. « Moshe Dayan était furieux. Il a ordonné qu'on l'enlève, et alors je l'ai mis là.

– Oui, il a beaucoup de bon sens, Dayan. Un geste plein de tact. Eh bien, eh bien, voyons voir ça. » Eshkol s'approche du dépôt de munitions et lit les inscriptions. « Excellent, tout peut nous servir. Du matériel très coûteux. De très bonne qualité. » Il remarque le sourire acide de Gour. « Trésorier un jour, Motta, trésorier toujours.

– Ils ont eu de la chance qu'un de nos obus ne tombe pas dessus, Premier ministre, dit Pasternak. Les deux mosquées auraient sauté.

– C'est peut-être nous qui avons eu de la chance, répond Gour. Le monde entier se serait retourné contre nous.

– Ça va arriver de toute façon, dit Eshkol. En attendant, nous sommes là.

– Un vrai *shlepper* de général jordanien doit en être responsable, remarque Pasternak.

– Et maintenant, au Mur, Motta », dit Eshkol.

Pasternak et Quichotte restent en arrière. « Par tous les diables, Yossi, qu'est-ce qui t'est arrivé?

– Qu'est-ce qui se passe à New York, Sam, à propos du cessez-le-feu?

– Ils continuent à bavasser. Allons, qu'est-ce que tu fais à Jérusalem? Et comment as-tu été blessé?

– C'est une longue *megillah.* »

Pasternak pense lui raconter l'arrivée surprise de Yael, puis décide de s'abstenir. Encore une longue *megillah.* Laisse faire, il le saura bien assez tôt.

« Sam, est-ce qu'on va s'occuper aussi des Syriens ? Prendre les hauteurs du Golan ? Ou est-ce que les kibboutznik de Galilée vont encore devoir labourer sous les obus, même après cette guerre ?

– Rabin veut y aller, Dayan l'en empêche. Cela peut faire venir les Russes, dit-il, on perdrait tout ce qu'on a gagné et ce serait encore pire.

– Que dit Eshkol ?

– Il ne dit rien. »

Le soleil de midi effleure désormais le Mur, fait ressortir sa belle couleur rose et son usure particulière : certains blocs géants sont en partie désintégrés, d'autres semblent sortir de la carrière. Toute une compagnie de parachutistes s'engouffre dans la ruelle à grand bruit et contemple joyeusement le Mur ensoleillé avec respect. L'arrivée du Premier ministre passe presque inaperçue.

« Je devrais porter un chapeau, je suppose », dit Eshkol. Sur un mot de Gour, un soldat lui offre son casque. Il le met en laissant pendre la mentonnière, ce qui est excessivement bizarre sur ce gros vieillard en costume noir et cravate. D'une rue voisine, on entend des voix d'hommes hilares qui entonnent un chant nuptial, aux paroles tirées de Jérémie :

Alors on entendra dans les villes de Judée
Et dans les rues de Jérusalem
Des voix joyeuses et des voix qui célèbrent...

Une poignée de soldats dansent à reculons dans la ruelle et claquent des mains, escortant l'Ezrakh au Mur des lamentations comme une fiancée dans une *yeshiva* est escortée vers le dais. Le vieil homme marche lentement, le sourire aux lèvres, et Shayna Matisdorf est derrière lui dans une robe noire toute simple, un foulard sur la tête. Quichotte agite le bras, attire son attention, et elle lui sourit timidement.

... La voix du fiancé et la voix de la femme...

L'Ezrakh avance jusqu'au Mur, écarte ses bras vêtus de noir sur la pierre. Le chant faiblit, s'arrête, et le silence retombe dans la ruelle, on n'entend que les cris des oiseaux qui tournent dans le ciel. Un long silence. Tous les yeux sont fixés sur la frêle silhouette noire qui étreint le Mur, et Don Quichotte ressent enfin la vague d'émotion qu'il avait vainement évoquée en embrassant la pierre. Un picotement lui réchauffe le dos.

Dans l'ombre, adossé à une maison arabe, Sam Pasternak se rappelle sa première visite au Mur avec son père kibboutznik. Le robuste sioniste, tête nue, tenant son garçon de cinq ans par la main, avait jeté un regard hostile sur les Juifs en noir qui gémissaient et se frappaient la poitrine. « Si jamais j'arrive au pouvoir, avait-il dit, ou si c'est toi, mon fils, la première chose à faire est d'abattre ce mur, ou de le faire sauter. Nous ne sommes plus des victimes. Nous travaillons notre terre. Notre histoire recommence à zéro. Le passé n'est que poussière. » Il avait parlé avec force, et Sam sait ce que son père antireligieux aurait pensé de cette scène. Elle se déroulait parce que beaucoup de bons garçons juifs étaient morts en tuant beaucoup, beaucoup plus de bons garçons arabes induits en erreur. Aucun Messie n'avait conduit le vieil homme jusqu'ici, et les bavardages des goys, à New York, pouvaient à nouveau interdire le Mur aux Juifs dès demain.

L'Ezrakh se retourne vers les soldats, et son visage ridé, barbu, est rayonnant. Il parle à voix basse, mais dans le silence revenu, tout le monde l'entend. « Pourquoi avez-vous arrêté de chanter, les enfants? » Il reprend l'air de sa voix faible et nasillarde, levant les deux bras en l'air.

... Des voix joyeuses et des voix qui célèbrent...

Bientôt tous les soldats se mettent à chanter, à brailler, à se presser autour de lui, et il commence à danser d'un pas mal assuré. Presque en titubant, il écarte les soldats et se dirige vers Levi Eshkol. Le Premier ministre ouvre de grands yeux étonnés, puis a un sourire gêné. L'Ezrakh lui prend la main. Les deux vieux se prennent par le bras et tournent ensemble au rythme de la chanson.

... Des voix joyeuses et des voix qui célèbrent,
La voix du fiancé et la voix de la femme...

Don Quichotte se faufile entre les parachutistes qui jubilent et rejoint Shayna, restée seule à l'entrée de la ruelle. « Viens, Shayna!

– Tu es fou! » Elle lui arrache sa main. « Ce n'est pas un endroit pour moi.

– Pourquoi pas? Regarde-les. » Trois filles-soldats qui viennent d'arriver ont formé une ronde, les bras sur les épaules de leurs voisines.

« Non!

– Comment va Arieh?

– Il ne veut pas faire son algèbre. » Tout cela en criant pour couvrir le bruit.

« Tant mieux pour lui. C'est un jour de fête. » Quichotte la traîne près du Mur, où l'Ezrakh et Eshkol tournent toujours bras dessus, bras dessous. Le Premier ministre a rejeté en arrière sa tête encore casquée, et il a l'air en extase. Yossi sort un mouchoir de sa poche et le jette à la jeune femme. « Tu vas danser avec moi ! C'est permis ! Nous sommes à un mariage, pas vrai ? »

Malgré elle, Shayna éclate de rire. Il lui propose une danse nuptiale d'Europe de l'Est mal vue par les orthodoxes stricts : les filles et les garçons célibataires peuvent parfois danser sans se toucher, tenant chacun le coin d'un mouchoir. Le chant remplit la ruelle, sortant des poumons de plus de cent soldats, dont certains gambadent joyeusement en cercle autour de l'Ezrakh et du Premier ministre, et Shayna Matisdorf ne peut plus résister.

« Bon, très bien, cela fera deux lunatiques au lieu d'un, pour une fois. Dansons. »

Et ils se lancent, se mettent à tournoyer, reliés par le mouchoir tendu, souriants et les yeux dans les yeux. « Je t'aime », crie-t-il pardessus les chanteurs, puis il tombe en lui arrachant le mouchoir de la main.

« Qu'est-ce que c'est ?

– Tais-toi. Ne bouge pas. »

Il est allongé sur une sorte de banc ; la banquette latérale, comprend-il, d'un command-car en train de cahoter. Il a la tête sur les genoux de Shayna. Une explosion assourdissante, tout près, et un gros infirmier à lunettes, sur la banquette d'en face, s'adresse à lui. « On fait sauter les mines, monsieur.

– Les mines ? Par tous les diables, Shayna, que se passe-t-il ? Où allons-nous, et pourquoi ?

– Tais-toi, je t'ai dit, Yossi. Nous sommes dans le no man's land.

– Monsieur, vous vous êtes évanoui devant le Mur, dit l'infirmier. Le colonel Gour m'a ordonné de vous escorter à Tel Hashomer.

– Par ta vie, non. » Quichotte essaie de s'asseoir. Shayna le repousse. Il y a d'autres explosions, le command-car peine et rugit sur un terrain inégal. « Shayna, je vais très bien. Je n'ai rien mangé depuis plusieurs jours, c'est tout.

– Maman t'a fait une grande omelette, ce matin. Tu as perdu la tête, et tu retournes à l'hôpital.

– Tout de suite ?

– Nous raccompagnons d'abord l'Ezrakh. Pour que tu puisses voir Arieh, mais ensuite tu vas à Tel Hashomer. Je viens avec toi.

– Bon, d'abord je vois Arieh. Bien. Ensuite on négocie, *hamoodah.* » Il pousse un petit gémissement.

« Monsieur, je peux vous donner des analgésiques, propose l'infirmier.

– Pas pour ce qui me fait mal. *Soutiens-moi avec des flacons, guéris-moi avec des pommes : car je suis malade d'amour.* Qu'avez-vous comme flacons et comme pommes, infirmier ?

– J'ai de la codéine, monsieur.

– Ne faites pas attention à lui. » Le vers du Cantique des Cantiques fait rougir Shayna. Elle se penche et lui effleure les lèvres avec les siennes. « Voilà. Maintenant ne parle plus de flacons et de pommes. »

Quand la voiture s'arrête devant l'immeuble, il s'assied bien droit, saute sur la chaussée et aide l'Ezrakh à descendre du siège avant. Le vieil homme prend la tête de Yossi entre ses mains et l'embrasse sur la joue. « Homme de valeur, sois béni par une prompte guérison.

– Amen », répond Quichotte. Puis il marmonne à l'infirmier, une fois l'Ezrakh et Shayna rentrés : « Donne-moi cette codéine. »

Il suit Shayna dans l'escalier, et en haut des marches, quand elle ouvre la porte, il aperçoit Yael assise sur le canapé râpé avec un bras autour d'Arieh. « Abba ! » Le garçon bondit et court vers lui. « Imma est là, Imma est revenue. » Il serre son père dans ses bras, presse la tête très fort contre l'uniforme. « Abba, étais-tu à Har Ha'bayit ?

– Je suis allé à Har Ha'bayit, et au Mur. Je t'y emmènerai bientôt. »

Yael se lève. La mère de Shayna s'affaire dans la cuisine, où une bouilloire bout à grand bruit. « Salut, Shayna. Ta mère a insisté pour faire du thé. Je l'ai suppliée de ne pas prendre cette peine. Yossi, Arieh m'a dit que tu étais blessé. » Elle vient lui caresser doucement le visage. « Mais je te connais, tu es indestructible.

– Par Dieu, c'est une surprise, Yael ! Comment es-tu revenue ? Quand ?

– Ce matin, par le premier avion que j'ai pu prendre à New York. Oh, Quichotte, quelle victoire ! *Har Ha'bayit b'yadenu !* Le monde doit être devenu fou ! Nasser est foutu. Les Arabes sont en déroute. Je suis si fier de toi, de l'armée, du pays ! Je suis chez moi, et je ne partirai plus jamais. » Elle pose une main sur la tête d'Arieh. « Comme il a grandi !

– Où sont les sardines, gémit la vieille Mme Matisdorf. Et les bonbons, Shayna ? Pourquoi mets-tu les choses là où personne ne peut les trouver ? »

Rien n'y fait, ils doivent tous s'asseoir à la table. Mme Matisdorf, qui se plaint à chaque pas et donne sans cesse des ordres à Shayna, leur sert du thé, une boîte de sardines, des gâteaux secs et une assiette de bonbons acidulés rouges et jaunes. « Je n'attendais personne, s'excuse-t-elle en haletant péniblement, et c'est la guerre. »

Shayna est effondrée, tant par l'allure de Yael que par son retour foudroyant. C'est une beauté américaine des pieds à la tête, avec des cheveux blonds coupés mode, des bijoux élégants et sobres, un tailleur blanc fripé mais du dernier chic. Elle a peut-être pris quelques kilos, mais elle est d'autant plus séduisante.

Pendant qu'il boit son thé pour faire passer la codéine, Quichotte prend lui aussi la mesure de Yael. Sans avoir le regard femelle de Shayna, il ne voit pas les détails, mais il comprend l'ensemble. De même que l'armée a repris Jérusalem, Yael est venue le reprendre. Pour lui, sa beauté est une vieille histoire, et la force de sa volonté aussi, mais cette attaque éclair l'éblouit, et il n'est pas en état d'y répondre. Essayons de la ralentir, en tout cas! Pauvre amour de Shayna...

« Bon, regarde, Yael, voilà un infirmier en bas qui attend pour me ramener à Tel Hashomer, alors – juste pour un examen », ajoute-t-il pour Arieh qui le regarde avec angoisse et oublie de remplir ses poches de bonbons.

« Parfait. Je t'accompagne, dit Yael. On va voir ce que c'est. Je parlerai aux médecins, j'en connais la moitié. Et je ramènerai Arieh à la maison, et je ferai un peu de ménage. »

Quichotte jette un coup d'œil vers Shayna, qui prend un paquet de livres et les donne à Yael. « C'est un élève assidu, Yael. Je m'arrangerai pour qu'il soit transféré de l'école de Haïfa, dès que tu me diras.

– Tante Shayna, j'ai fini mon algèbre.

– Très bien. Tes habits...

– Je les ai emballés, dit Yael. Je veux te remercier, Shayna. Arieh t'adore et je ne le blâme pas. Tu as été comme une parente. Tu es vraiment Tante Shayna!

– Bon, c'est un garçon qui promet. Et il est sage.

– Personne n'a mangé les sardines, ronchonne la mère. Les Américains ne mangent pas de sardines, madame Nitzan?

– Au revoir, *Sabta* » (Grand-mère.) » Arieh court vers elle, la serre dans ses bras, retourne près de Yael.

Quichotte tend la main à Shayna pendant que Yael referme la petite valise de son fils. « Je n'ai pas de mots pour te remercier, chuchote-t-il. Il n'y a pas de mots.

– Flacons et pommes, murmure Shayna.

– Ah oui. Flacons et pommes.

– Pour l'amour du ciel, Quichotte, prends soin de toi. Fais ce que disent les médecins. Nous avons gagné cette guerre. »

Quand les Nitzan sont partis, Shayna s'assied devant la table, se ressert du thé et se penche sur sa tasse, la tête entre les mains. Ses cheveux noirs recouvrent son visage.

« Bon, au moins on leur a donné du thé, grogne Mme Matisdorf. Les invités sont les invités. Je me remets au lit.

– Je vais ranger, dit tante Shayna d'une voix étouffée, des larmes brûlantes filtrant entre ses doigts. Et je mangerai les sardines. Je suis vide. »

43

Banzaï !

Quand la navette décolla, Zev Barak contempla encore une fois Manhattan au soleil du matin – les gratte-ciel élancés, les fleuves étincelants, la toile d'araignée des ponts et des quais, la dalle oblongue des Nations unies –, un beau spectacle, mais il avait beaucoup de travail après le tumulte fantastique de la veille, à l'ONU, qui avait suivi la conquête israélienne du mont du Temple. Dans la pile des journaux entassés sur le siège voisin, il prit le *Cleveland Plain Dealer* et se mit à entourer des citations à l'encre rouge. Sous le grand titre

ISRAËL PRÈS DU CANAL, LE VIEUX JÉRUSALEM REPRIS ! LA JORDANIE ACCEPTE LE CESSEZ-LE-FEU, L'ÉGYPTE CONTINUE A SE BATTRE

l'image extraordinaire reprise un peu partout : les parachutistes en sueur, mal rasés, le casque sous le bras, regardant avec allégresse et respect le Mur des lamentations. L'article principal était un hymne à la gloire des victoires israéliennes. Les autres, et l'éditorial, exprimaient une admiration incrédule et un soutien total.

« Es-tu si en colère contre moi ? »

Il leva les yeux, stupéfait. Emily Cunningham était devant lui, dans une robe d'été jaune avec un grand chapeau de paille rouge et jaune.

« Bonté divine. *Toi !*

– Tu es passé devant moi sans un mot. Si c'est ce que tu veux, à partir de maintenant, okay.

– Comment aurais-je su que tu prenais cet avion ? Je pensais que tu étais rentrée hier. Je ne t'ai pas vue, sous ton chapeau. »

L'hôtesse, assise non loin d'eux, dit d'un ton sévère : « Madame, le voyant des ceintures est allumé. »

Barak ôta les journaux du siège. « Assieds-toi, Queenie. »

Elle s'assit, et aboya. Il la regarda par en dessous. « Je fais la roue, aussi, dit-elle. Comme tu pourrais le savoir. » Zev lança un coup d'œil gêné vers l'hôtesse, qui avait l'air de vouloir attacher cette femme qui aboyait. « Je suis allée faire des courses, hier, et j'ai acheté ce maudit chapeau chez Bonwit, uniquement pour me remonter le moral après le fiasco de Hester. C'est juste un fiasco de plus. J'ai l'impression de porter une pizza.

– C'est un joli chapeau. Très enjoué.

– Oh, tu aimes ça ? » Son air tendu laissa la place à un sourire tremblant. « Écoute, il faut que je t'explique, pour Hester. Mais il faut que tu lises tous ces journaux, j'imagine.

– Oui, il y a une réunion à l'ambassade sur les réactions de la presse après la guerre.

– Mon Dieu, Zev, la presse est magnifique. J'ai lu le *Times* dans le taxi. Israël, Israël, Israël ! Les nouveaux héros de la planète.

– Emily, tu te rappelles ce qu'a dit à Napoléon sa vieille mère corse quand on l'a couronné empereur ? *Pourvu que ça doure.*

– Ça va durer, n'aie crainte. Il n'y a pas eu une histoire pareille de tout le siècle. Les Juifs renaissent de leurs cendres, deux millions vainqueurs de soixante-dix millions... »

Il repoussa ses journaux, écarta de son esprit, avec un certain effort, la guerre et le destin d'Israël, pour repenser à cette idiotie au St. Moritz. « Qu'y a-t-il à expliquer à propos de Hester ? J'ai pris plaisir à visiter cette galerie.

– Certainement pas.

– Bon, il y avait beaucoup d'araignées, mais c'étaient des araignées très artistiques. Surtout le grand tableau avec des gens partout...

– *Arachnides fornicatrices,* précisa Emily.

– C'est ça.

– Eh bien, en fait, le problème est venu de celui-là. Hester est arrivée chez moi comme une hystérique pendant que tu partais de l'ONU, et je n'ai pas pu la jeter dehors...

– Quel était le problème avec *Arachnides fornicatrices* ?

– Oh, pour résumer une longue histoire, le Guggenheim ne l'a *pas* acheté. Le conservateur a seulement demandé le prix. L'agent de Hester a dit au critique du *Times* qu'il était vendu. Il l'a publié, et le Guggenheim a démenti. Ensuite le critique a écorché vive Hester dans sa rubrique...

– Un sacré boulot, écorcher Hester.

– Oh, chut. Elle est venue pleurer sur mon épaule, et tu es arrivé tout affolé de gitchi-gitchi, mais qu'est-ce que je pouvais faire ?

– Je nie avoir été affolé de quoi que ce soit. Je trouve seulement qu'on aurait été mieux seuls dans ce restaurant grec.

– Très cher, je plaignais Hester, elle était tellement bouleversée...

– Bouleversée? Cette femme a dévoré un chevreau tout entier.

– Un petit. Hester mange, quand elle est bouleversée. Je vais retourner à ma place, Zev. Mais j'ai envie de te parler. Vraiment. C'est urgent.

– Donne-moi une vingtaine de minutes avec ces journaux. Pourquoi ne m'as-tu pas dit que tu prenais cet avion?

– Je l'ai décidé vers cinq heures du matin, quand j'en ai eu assez de me retourner dans mon lit. » Emily s'en alla. Une trace de son parfum flotta près de lui, évoquant de tendres souvenirs de la Growerly, puis fut emportée par un courant d'air, et à la place il sentit l'encre fraîche des journaux.

La première page du *Chicago Tribune* montrait les trois généraux pénétrant dans la Vieille Ville : Dayan sévère et triomphant, le Ramatkhal, sur sa gauche, ironique et tendu, et sur sa droite Uzi Narkiss, là où Barak ne put s'empêcher de se voir lui-même. Une photo complètement mise en scène, bien sûr. Pourtant, en une seule image brutale, c'était le Retour. Cette image resterait dans l'histoire du monde, et Zev n'était pas dessus. Mais il lui restait à vivre le reste de sa vie, et un travail urgent à faire. Les journaux qu'il feuilleta, pour une fois, parlaient d'une seule voix. L'opprimé, menacé d'un deuxième Holocauste, s'était retourné contre ses exterminateurs, leur avait livré bataille et les avait battus. Parfois ouvertement, parfois de façon implicite, les articles en faisaient le contraire d'Auschwitz, une renaissance du peuple juif, d'une grandeur biblique. Pour une fois, Israël n'avait pas de raison de se plaindre de la presse.

La réaction des Juifs américains était frappante, elle aussi. Jusqu'ici, aux États-Unis, les sionistes étaient une minorité bruyante, mais marginale. Maintenant les Juifs se resserraient comme un poing derrière Israël, envoyaient un torrent de dollars, se portaient volontaires en nombre incalculable (et inutilisable) pour combattre ou pour servir, inondaient Washington pour exiger qu'on soutienne le droit d'Israël à survivre, face aux menaces et aux coups de dents des Russes aux Nations unies. L'acceptation du cessez-le-feu par la Jordanie, humiliée, avait suscité hier soir les applaudissements du public à l'ONU, et les acclamations de la foule massée à l'extérieur. La délégation israélienne avait fait des commentaires cyniques. *« Rien n'a autant de succès que le succès », « Les Américains aiment les vainqueurs »,* et ainsi de suite. Mais Barak pensait que cette explosion des Juifs américains venait des profondeurs, qu'elle était irréversible. Le

Retour avait parlé à l'âme de la diaspora, et son centre de gravité se déplaçait.

Le chariot descendit la rangée de sièges. « Vous êtes un général israélien ? » La jolie hôtesse regarda longuement sa carte de crédit et son uniforme. « Pourquoi ne faites-vous pas la guerre ?

– Je suis attaché militaire à Washington.

– Cela vous dérange, si je dis au commandant que vous êtes à son bord ?

– Pas du tout. »

Elle remonta la rangée en courant, revint les yeux brillants et les joues rouges. « Le commandant O'Kane vous invite dans la cabine, général. »

En passant devant le chapeau d'Emily, il se pencha vers elle. « Salut, retourne à ma place, je reviens tout de suite.

– Okay, bout de chou. »

Bedonnant et grisonnant, le commandant O'Kane ressemblait plus à un directeur de banque qu'à un pilote de ligne. « Général, j'ai piloté des Helldivers dans le Pacifique Sud, dit-il en lui serrant la main, et monsieur, vous avez une aviation de premier ordre. Quelle victoire ! Asseyez-vous, général. » Jusqu'à l'apparition à l'horizon du monument de Washington, Barak fut régalé d'histoires de la Seconde Guerre mondiale criées par-dessus le langage codé des contrôleurs aériens. « Un plaisir de vous avoir rencontré, général. Je tire mon chapeau à votre pays. Désolé que vous deviez reprendre votre siège. »

Quand il ressortit, la jeune hôtesse s'adressa aux passagers des premiers rangs. « Le voilà. » Quelques-uns se mirent à applaudir. Il descendit l'allée parmi des visages souriants et respectueux et quelques applaudissements. Zev se laissa tomber à côté d'Emily. *« Pourvu que ça doure,* marmonna-t-il.

– Oh, allons donc, c'est passionnant.

– C'est ça. Tu voulais me parler ? »

« Nous approchons de l'aéroport National. Veuillez attacher votre ceinture et remettre votre siège dans sa position initiale. »

« Oui, écoute, Zev. Quand Nakhama est venue à l'école, elle est entrée dans la Growerly.

– Vraiment ? Comment se fait-il ?

– Elle a dit qu'elle devait se servir de la salle de bains. Qu'est-ce que j'allais faire, lui dire d'aller dans les rhododendrons ? J'ai essayé de la traîner au bâtiment principal. Elle a foncé vers la Growerly comme un bulldozer.

– Et puis quoi ? »

« Veuillez éteindre vos cigarettes, nous nous préparons à atterrir. »

« Elle a vu les pistaches. »

Un silence. « Et alors? Le monde entier mange des pistaches.

– Zev, est-ce qu'elle t'a jamais dit quoi que ce soit sur moi? Sur nous?

– Non. Absolument pas. Elle t'aime bien.

– Oui, elle l'a dit. Mais elle a aussi dit autre chose.

– Quelles choses?

– Des choses. J'ai fichtrement failli ne pas venir au St. Moritz. A vrai dire, Loup, j'étais *contente* que Hester soit venue. Voilà. »

Barak consulta sa montre. « On continue ça au café, d'accord? »

Elle referma une main moite sur la sienne. « Génial. C'est bien, que j'aie pris cet avion. Je suis complètement sens dessus dessous. »

Ils atterrirent durement, et rebondirent. « Aïe! s'écria-t-elle en sursautant.

– Du calme, Queenie. » En détachant sa ceinture, il se dit qu'il devrait égayer l'humeur d'Emily. « Dis, à propos de ces deux araignées fornicatrices...

– Oui, très cher. » Elle réussit à sourire. « Quoi donc?

– Pourquoi a-t-elle fait le mâle si malingre? Et pourquoi il a l'air tellement malheureux?

– Zev, le mâle est vraiment malingre, et la femelle le dévore après le coït. C'est la biologie des araignées. Tu aimerais ça, hé, bout de chou? Un moment d'extase, et crunch, crunch, crunch. »

Dans le terminal, il baissa brusquement la voix. « Écoute, précède-moi au café. Je te retrouve là-bas. J'ai vu mon assistant à la porte.

– D'accord. » Elle se fondit parmi les passagers qui sortaient.

« Mordechaï, *ma nishma*? » Son assistant, un solide capitaine des parachutistes, avait l'air bizarrement morose, étant donné les nouvelles. « Pourquoi cette triste mine? »

Mordechaï répondit en hébreu, d'une voix grave et gutturale. « Ultra-secret. Nous avons coulé un navire-espion soviétique. »

Dans la rue encombrée, devant l'ambassade, ce n'était qu'allégresse et bonne humeur, même parmi les journalistes et les techniciens de la télévision. A l'intérieur, on s'affairait et on bavardait gaiement dans les couloirs et l'escalier, mais le bureau privé de l'ambassadeur était plongé dans un silence funèbre. « Mais rien de tout cela n'est une preuve! » Barak étudiait le rapport reçu par télex. « Il n'est même pas sûr que le navire ait coulé. Peut-on vérifier?

– Le téléphone à brouillage est en panne, répondit Mordechaï. Voilà le dernier télex. »

L'ambassadeur, écroulé, poussa un grognement. « A Kirya, ils doivent être en train de courir en rond comme des souris empoisonnées. Notre plus beau jour, et voilà! *Yiddisheh mazel* (la chance juive).

– Si c'est vrai, dit Mordechaï, Dieu nous aide. »

L'ambassadeur décrocha le téléphone qui sonnait. « Oui?... Ne quittez pas. Zev, c'est personnel et urgent, de Philip, qui que ça puisse être. »

La main de Zev jaillit vers l'écouteur. « Ici Barak.

– Pouvez-vous me retrouver au Club Cosmos dans dix minutes? » Chris Cunningham n'avait jamais eu une voix aussi préoccupée.

« Oui. » Il raccrocha. « Abe, n'aie pas l'air aussi inquiet. Ce genre de choses arrive, et...

– Qu'est-ce qui te fait croire que je suis inquiet? » L'ambassadeur posa la main sur une pile de journaux. « Lis ça, et tu croiras qu'on peut même battre l'Union soviétique. »

Le club était à cinq minutes à pied. Les deux hommes montèrent dans la grandiose bibliothèque, déserte à cette heure-ci, et s'installèrent dans des fauteuils en cuir rouge à côté d'une énorme mappemonde. Cunningham portait son costume gris habituel à col boutonné, avec son éternel gilet et sa chaîne de montre, malgré la chaleur accablante. Il frotta nerveusement ses mains sur ses genoux osseux, puis éclata : « Dites-moi, Zev, est-ce que vos gars là-bas ont perdu la tête? Est-ce qu'ils sont dérangés? Enivrés par la victoire? Qu'est-ce qui a pris à votre aviation d'attaquer un navire de guerre de la marine américaine?

– Américaine? hoqueta Barak. C'est un de *vos* navires?

– Un navire de surveillance électronique. Il désobéissait aux ordres de l'état-major interarmées, en longeant le Sinaï, mais tout de même...

– Mais il portait des inscriptions en russe, Chris.

– Du diable, non.

– D'après les dernières nouvelles que nous ayons reçues. Soupçonné d'être égyptien, il a refusé de s'identifier, et le pilote a tiré. Ensuite il est passé en rase-mottes et a vu à travers la fumée des caractères russes sur la coque.

– Les pilotes de chasse voient de drôles de choses. Je vais vous dire ce qui s'est passé. Il arborait un gigantesque drapeau américain. Beaucoup de victimes. Ça va vous coûter très cher.

– Il n'a pas coulé?

– Il n'a pas coulé et ne coulera pas. Par contre...

– C'est épouvantable. Laissez-moi appeler sur-le-champ mon ambassade, Chris. » Il dégringola le grand escalier jusqu'à une cabine, eut un bref dialogue à mots couverts avec l'ambassadeur et remonta en courant auprès de Cunningham. « Écoutez, nous avions peur que les Russes ne se saisissent de ce prétexte pour entrer en guerre. C'est très différent. L'ambassadeur est effondré, sincèrement désolé. C'est une erreur colossale et mon gouvernement va réparer ses torts, c'est évident, mais...

– Très bien, très bien. » Cunningham leva les deux paumes en l'air. « Pendant la Seconde Guerre mondiale nous avons bombardé nos propres soldats, coulé nos propres navires, et nous avons eu d'horribles méprises au Vietnam. Dans une guerre, ce genre de choses arrivent. Ce qui ne diminue en rien la culpabilité de votre pays. » Son ton sec et glacial s'adoucit un peu. « Bon, ensuite. Nous sommes stupéfaits que Nasser n'ait pas accepté le cessez-le-feu. Il aurait pu stopper votre armée à mi-chemin du canal. Elle doit maintenant y être arrivée. Que se passe-t-il?

– Nous croyons que ses généraux lui ont menti.

– Oui, c'est ça, ou il est sous le choc. » Ses yeux se fermèrent presque entièrement. « Alors qu'est-ce que vous allez faire, vous autres, à propos de la Syrie? Il y en a, par ici, qui voudraient bien le savoir. »

Une fois de plus, Barak se retrouvait à une place d'émissaire clandestin, mal préparé à son rôle. C'était quelque chose dont Pasternak aurait dû s'occuper. Sam était son supérieur, il était plus proche de Cunningham, c'était un professionnel du renseignement. « Eh bien, je peux essayer de le savoir.

– Ne me faites pas lanterner, Zev, aboya presque l'homme de la CIA. Nasser a fait cadeau à votre pays d'un jour et d'une nuit supplémentaires pour faire la guerre. Allez-vous vraiment laisser passer la chance d'éliminer la menace des hauteurs du Golan?

– Votre gouvernement comprendrait-il ce genre de mesures? »

Un silence, puis Cunningham eut un hochement de tête presque imperceptible.

« Est-ce un message, Chris, ou seulement votre opinion?

– Que mon opinion, bien sûr.

– Où puis-je vous joindre?

– A mon bureau.

– Je vous appelle d'ici une heure ou deux. »

En sortant, Cunningham le prit par le bras. « Vous avez stupéfié le monde, vous autres, Juifs, savez-vous, en retournant sur votre terre selon les prophéties d'Isaïe. Nous approchons peut-être de la fin des temps, du jour du Seigneur. A mon humble niveau professionnel, vous infligez au communisme russe sa première défaite majeure sur le champ de bataille et dans la politique mondiale depuis Yalta. Seul le peuple de Dieu en était capable.

– Chris, je sais que mon ambassadeur se ronge les sangs au sujet de ce navire. J'en suis malade. Dieu sait ce que nous avons encore fait comme erreurs, mais du moins nous avons gagné la guerre et sauvé notre pays.

– Sans discussion. »

Le même soir, Barak et Emily étaient à une table d'un petit restaurant grec, « Le Pirée », sur Connecticut Avenue, l'endroit de Washington qu'elle préférait. Emily aimait la cuisine grecque, et surtout le vin grec. « Je suis tendue comme un chat sauvage. » Elle était habillée en institutrice : pas de chapeau, un chignon, des grosses lunettes, un chemisier et une jupe marron. « Où est donc ta femme? Je vais prendre un autre verre, même si tu n'en veux pas. » Il fit signe au serveur de remplir leurs verres. « Comment peux-tu quitter l'ambassade, alors que ça doit être l'enfer? Est-ce que la nouvelle résolution soviétique va passer?

– Nous forçant à nous retirer sur les lignes d'armistice? Pas si les Américains restent fermes. Autrement... » Il haussa les épaules. « Mais c'est impensable. Les Russes font les fanfarons pour cacher leur débandade.

– Leur cul, dit Emily. C'est moi qui dit ça, et je suis une dame très convenable. »

Nakhama arriva, essoufflée, dans une robe d'intérieur à fleurs toute froissée. « J'ai dû habiller Ruti pour un anniversaire, et elle faisait des chichis comme une nouvelle mariée. Désolée d'être en retard. Où sont les toilettes, Emily?

– Venez avec moi. C'est difficile à trouver, il faut passer par la cuisine. »

Elles s'éloignèrent en bavardant, le sourire aux lèvres, laissant Zev réfléchir à la façon de conduire ce dîner. Son idée avait été de rassurer Queenie, de lui prouver que Nakhama n'avait pas l'ombre d'un soupçon au sujet de leur liaison furtive et malheureuse. Une affaire délicate, à expédier très vite. Avec de la chance, un coup de téléphone de l'ambassade pourrait l'abréger. Au retour des dames, un serveur s'approcha, vêtu d'une jupe bouffante et de collants noirs, surmontés d'une moustache féroce et d'yeux étincelants. Emily écarta les menus d'un geste. « J'ai téléphoné. Nous prenons le chevreau Farsala, pour trois.

– Ah, madame, la fille qui vous a répondu est une nouvelle. Chevreau samedi et mercredi. Aujourd'hui nous sommes jeudi. Calmar farci.

– Oh? » Emily haussa les épaules, regarda Nakhama. « Désolée.

– Non, non, ça va très bien. » Nakhama se tourna gaiement vers le serveur. « Du calmar farci avec quoi?

– Du calmar, madame.

– Comment ça? Vous farcissez un gros calmar avec des petits calmars? »

Emily éclata d'un rire nerveux, et Nakhama se mit à glousser. Le serveur lui expliqua avec force gestes expressifs. « Non, madame. Le calmar, il est vidé, haché avec des olives, des raisins secs, du citron, du vin, et farci avec lui-même.

– Nakhama, je vous conseille le *katsikaki*, dit Emily.

– Qu'est-ce que c'est?

– C'est du chevreau, répondit le serveur.

– Du chevreau adolescent, je suppose », ajouta Emily. Nakhama lui lança un coup d'œil et elles recommencèrent à rire. Il n'y a pas plus de tension entre ces deux femmes, pensa Barak, que si elles travaillaient ensemble dans un bureau. Jusqu'ici, tant mieux!

« Ah non, madame. Très jeune chevreau. » Un éclair des dents blanches sous la moustache noire. Le serveur se mettait au diapason. « Enfant. Comme pour les gants de chevreau.

– Nous, les Marocains, on adore le chevreau, dit Nakhama. Je vais essayer. »

Ils parlaient de la guerre, quand le serveur arriva en hâte près de leur table. « Général, un coup de téléphone pour vous. »

Barak sauta sur ses pieds. « Merci. Servez dont un peu de vin aux dames, s'il vous plaît.

– Vous aimerez ça, dit Emily à Nakhama pendant que l'homme débouchait la bouteille. Une spécialité de la maison. Du vin de Samos. Un vin très romantique! Byron en a parlé dans ses livres.

– Lord Byron! Oh, très romantique. Une fois j'ai essayé de lire Lord Byron en hébreu, mais c'était trop dur. Peut-être que la traduction ne valait rien. »

Emily fit tourner dans son verre le liquide rouge foncé, le flaira, le goûta, hocha la tête. Le serveur remplit leurs verres et se retira. Emily leva le sien. « Eh bien, à la merveilleuse victoire d'Israël.

– La guerre n'est pas encore finie, mais merci. Et à nos merveilleux amis américains, comme votre père. » Elles pouvaient voir Barak en train de gesticuler dans la cabine du téléphone. « Regardez, je crois qu'il y a des nouvelles.

– Vous aimez ce vin?

– Oh, très bon. Mais il vaut mieux que je n'en boive pas trop.

– Le vin ne vous réussit pas?

– Oh non, non, juste le contraire. » Nakhama glousssa, prit un air malicieux et baissa la voix. « En fait, je ne tiens pas l'alcool. Même un peu, ça me rend... vous savez bien... très affectueuse. »

Emily espéra que son sourire n'était pas trop forcé. « Eh bien, mais tant mieux.

– Oui, sauf s'il se trouve que ton homme est trop occupé pour être affectueux. » Elle indiqua le téléphone. « Alors cela peut être très frustrant. Mieux vaut rester sobre. »

Souhaitant être n'importe où, sauf à cette table avec l'épouse de Barak – au pôle Sud, par exemple –, Emily, trop embarrassée pour se montrer subtile, dit ce qui lui passa par la tête. « Un mari ne devrait jamais être occupé à ce point.

– Ah, ce que devraient être les maris, et ce qu'ils ne sont pas...! » Nakhama sourit et but une grande gorgée. « C'est délicieux. Du vin de Samos. Il faudra que je m'en souvienne. »

(Pourquoi diable Loup Gris n'arrête-t-il pas de jacasser?)

« De toutes les femmes mariées que je connais, vous devez être celle qui a le moins à s'inquiéter.

– Je n'ai pas dit inquiète, j'ai dit frustrée, quand je suis ivre et qu'il est occupé. Inquiète? Écoutez, Emily, notre armée est pleine de jolies jeunes filles qui font de l'œil aux officiers. Des tas de dames élégantes leur courent après, surtout les officiers brillants, ceux qui sont en pointe. Tout le monde sait qui c'est, et les Israéliens idolâtrent leur armée. J'ai appris à ne pas m'inquiéter. » Elle regarda la cabine, but encore du vin. « Oh, ça va. Qu'il s'occupe. Le vin est bon. Vous ne buvez pas?

– Oh, mais si. » Emily but très vite une gorgée.

« Bien sûr, ces femmes ne sont pas comme vous, Emily, continua Nakhama entre deux lampées. Les Israéliennes sont des Israéliennes. Elles sont toutes pareilles, plus ou moins. Vous êtes une Américaine, vous êtes très cultivée, vous connaissez Lord Byron et le vin de Samos, vous avez tout lu! Zev dit aussi que vous pouvez être très drôle. Je m'en aperçois. Mais ce qui compte, c'est que nous vivons dans un tout petit monde, en Israël, et que vous venez du vaste monde. *Ha'olam ha'gadol,* disons-nous. Pourtant, comme je vous l'ai dit à l'école, je ne suis pas inquiète, tout va bien. Oh, j'ai fini mon verre, n'est-ce pas? Que je suis bête. Plus de vin. » Elle regarda Emily dans les yeux.

« Mesdames, vous avez beaucoup de chance! » Le serveur, souriant, arriva au trot. « Le chef a trouvé un bébé chevreau! Il est très, très petit, nous pouvons le préparer en quarante minutes.

– Eh bien, je vais demander à mon mari, dit Nakhama. En attendant, je reprendrai du vin, s'il vous plaît.

– Votre mari ?» Le serveur, perplexe, jeta un coup d'œil à la cabine. « Oh. Oui. Votre mari. Oui, madame, bien sûr. » Il les servit toutes les deux et repartit.

« Comme c'est comique, s'écria Nakhama. Vous êtes arrivée avec Zev et vous avez commencé à boire, alors le pauvre homme s'est trompé. Dites donc, on pourrait facilement vous prendre pour un couple marié. »

Emily vida son verre d'un trait, et se jeta à l'eau, désespérée. « Voyons un peu, Nakhama, supposons que le général Barak et moi-même ayons une liaison, ce qui est *follement* impossible. Pas avec cet homme, votre mari. Et supposons que vous me fassiez comprendre que vous êtes au courant, mais que vous ne vous opposez pas à partager son affection, comme vous semblez presque le faire. Cela signifierait la mort immédiate de toute cette affaire, peut-être pas pour une autre femme, mais sûrement pour moi. J'ai ma fierté, et je suis certaine que vous le comprenez ! Pour une dame venue d'un tout petit monde, comme vous dites, vous êtes okay. Comme nous disons, les mouches ne se posent pas sur vous.

– Une drôle d'expression. Mais je ne vous suis pas. Je n'ai pas offert de partager Zev avec vous, bien sûr que non, et en fait...

– Des nouvelles prodigieuses. » Barak revint à grands pas et tomba sur sa chaise. « L'Égypte abandonne !

– Ah, enfin, dit Nakhama.

– Abandonne ? demanda Emily. Qu'est-ce qui s'est passé, exactement ?

– Désolé d'avoir mis si longtemps. Une scène fantastique au Conseil de sécurité. Federenko faisait son discours le plus féroce, insinuant que si Israël ne se retirait pas aussitôt sur les lignes d'armistice, la Russie enverrait des troupes. Mais le délégué égyptien a brusquement demandé la parole et lu quelques phrases sur un bout de papier. Il s'étouffait, arrivait à peine à lire. L'Égypte accepte un cessez-le-feu sur place, *sans retrait !*

– Eh bien, eh bien ! s'écria Nakhama. Les généraux de Nasser ont fini par lui dire la vérité. »

Emily éclata d'un rire un peu fou. « Bon, voilà des nouvelles magnifiques ! Prenons une autre bouteille de vin. »

Les sourcils broussailleux de Barak se levèrent. « Vous n'avez pas déjà sifflé la première ?

– Nous avons pris un bon départ, n'est-ce pas, Nakhama ?

– C'est sûr. » Elle passa un bras autour de son mari et l'embrassa longuement sur la bouche. « Quelles bonnes nouvelles ! Nous allons bien dîner.

– Oh, plus vite on nous sert, mieux ça vaudra, dit Zev. Il faut que je retourne en vitesse à l'ambassade. »

Les Barak échangèrent rapidement quelques phrases en hébreu. « Et le front syrien ? demanda-t-elle.

– Rien de neuf. » Beaucoup, en fait, mais qui ne la regardait pas. « Emily est très maligne. Nous avons eu une bonne conversation. Ce vin est merveilleux, goûte-le.

– Bon, ne bois pas trop, tu diras des bêtises.

– N'aie crainte, je ne te ferai pas honte. » Nakhama gloussa.

Emily lui lança un regard perçant. Zev parla très vite en anglais. « Nous sommes très grossiers. Nous parlions simplement de la guerre.

– Pas seulement, dit Nakhama. Il m'a dit de ne pas trop boire de vin.

– Eh bien, il est très occupé », répliqua Emily. Elles se mirent à rire avec ce ton spécial et ces regards en coin qui excluent à jamais les hommes.

Plaisanter, c'était ce qu'elle pouvait faire de mieux. Emily s'en voulait d'avoir accepté ce dîner, mais était-ce vraiment si important ? Une fois Nakhama à Washington, combien de temps aurait-elle pu tenir ? Pas de mouches, en effet, sur cette épouse israélienne ! Nakhama avait avancé lentement, sûrement, comme un duelliste samouraï dans un film japonais. Elle avait attendu le moment, s'était mise en position et avait frappé. Pif, paf, touchée à mort ! Il ne restait à Emily, éventrée, qu'à se laisser tomber par terre au ralenti. Zev leur versait du vin. Elle leva son verre.

« Nakhama, banzaï !

– Banzaï ? » Elle jeta un coup d'œil à son mari. « Ce n'est pas du japonais ? »

Il hocha la tête. « Cela signifie victoire.

– Comme c'est gentil. Victoire sur les Égyptiens, oui ? » Elle leva son verre. « Banzaï, Emily. »

Elles trinquèrent et burent. Zev Barak était ravi, quoiqu'un peu perplexe, de voir que ces deux femmes s'entendaient si bien. Donc le dîner s'était passé comme prévu. Il pouvait retourner à son travail avec une inquiétude en moins.

44

L'ours gronde

Zev rentra de l'ambassade avec sous son bras une liasse de cartes et de documents, comme d'habitude, et trouva sa femme vautrée dans un fauteuil, une bouteille de vin israélien à côté d'elle, un verre à moitié plein dans la main. Elle finit son verre d'un coup, tituba jusqu'à lui, prit cartes et papiers et les jeta sur une chaise. « Bonsoir, général Barak. Je croyais que tu ne rentrerais jamais. Est-ce que tu m'aimes ? » Elle le serra pesamment dans ses bras, l'embrassa lourdement.

« Adom Atik, dit-il.

– Oui. Prends-en un peu, et plus de travail la nuit ! Tu n'as pas dormi une nuit entière de toute la semaine.

– Et tu as bu beaucoup d'Adom Atik.

– Une goutte ou deux, oui. Je vais au lit, même si tu n'y vas pas.

– Je te suis.

– Ah, parfait. » La démarche errante de Nakhama la mena dans la chambre, et elle ferma la porte en lui jetant une œillade langoureuse par-dessus son épaule. Zev emporta la bouteille à moitié pleine dans la cuisine, et fut surpris d'en trouver une autre, complètement vide. Qu'est-ce que voulait Nakhama ? Célébrer la victoire ?

En tout cas, pour lui, pas de vin. Il mit ses lunettes, étala des cartes et des documents sur la table de la salle à manger. En premier, le télex en code qu'il avait envoyé à Pasternak, proposant une action immédiate contre la Syrie.

> ... Notre ami mutuel, Philip, insinue fortement que la Maison-Blanche ne sera pas du tout mécontente si nous terminons cette guerre en donnant à la Syrie, le principal client des Russes, un œil au beurre noir qu'elle a bien mérité. Tu sais que Philip est une source sûre.

> J'insiste pour que tu en parles à nouveau avec Eshkol et Rabin pendant qu'il est encore temps!
>
> Je comprends l'inquiétude de Dayan concernant les Russes, mais quand retrouverons-nous une occasion pareille? Depuis les bunkers des hauteurs du Golan, la Syrie peut continuer à déverser dix tonnes d'obus à la minute sur les communautés de Galilée, sans parler d'une pluie de Katiouchkas. Combien de temps pourrons-nous cultiver cette vallée fertile sous une telle menace? Comment pouvons-nous demander aux paysans d'y élever leur famille?
>
> Toute l'opération peut devenir un *fait accompli* en 24 heures. Les bavardages du Conseil de sécurité commencent à peine. Une fois que nous tiendrons ces hauteurs, nous pourrons au moins marchander une démilitarisation. Dado peut le faire. Il devrait le faire.

Un bon argument, mais hélas, il arriverait trop tard, déjà dépassé! Les événements s'étaient accélérés, la Syrie et Israël acceptaient tous les deux, sous conditions, le cessez-le-feu. Il mit le texte de côté avec un haussement d'épaules désenchanté et se pencha sur les cartes. Les lignes de cessez-le-feu avec la Syrie déjà indiquées étaient provisoires. Des nuages de gaz politique exploseraient à l'ONU sur chaque mètre carré de terrain disputé. Il fallait qu'il se prépare à rester derrière Gideon Rafael au Conseil de sécurité pour lui fournir des faits, lui donner de l'autorité...

Le téléphone sonna. « Zev? Mordechaï. Télex urgent de Pasternak. En clair.

– Lis-le-moi.

– *Patron changé d'avis et se rend à la fête citée dans ton télex à propos de Philip. Parlons-nous d'urgence sur ligne sûre.*

– Appelle-le et dis-lui que j'arrive. »

Il alla dans la chambre pour prévenir Nakhama; pas la première fois qu'elle aurait ce genre de déception, ni la dernière. La lumière était allumée, la pièce empestait le parfum, du Joy acheté dans une boutique sous douane et qu'elle mettait pour ce qu'elle appelait les « grands soirs ». Nakhama était assise dans le lit, ses cheveux noirs et luisants étalés sur un négligé luxueux de chez Garfinckel, son cadeau d'anniversaire, également réservé aux « grands soirs ». « Nakhama? » Inutile, elle dormait profondément. Il éteignit la lumière.

Zev rentra chez lui plusieurs heures plus tard, à la fois épuisé et exalté par le flot des événements, et alluma la lumière. Elle était exactement dans la même position, n'avait pas bougé d'un cheveu, respirait vite et bruyamment. « Nakhama! »

Elle ouvrit des yeux larmoyants. « Hmmm? Oh, tu viens finalement te mettre au lit? Il est grand temps. » Elle se redressa et retomba avec un grand cri. « Oh! Ma tête! Zevi, ma tête! » Nakhama pressa ses mains sur ses tempes. « Mon pouls, il bat à toute vitesse ! Aïe ! J'ai la bouche sèche comme du carton. Zev, je dois avoir ce qu'on appelle la grippe asiatique.

– Tu as ce qu'on appelle une gueule de bois. » Il se pencha et l'embrassa sur la joue en souriant. « Je vais te donner quelque chose. »

Elle avala le Bromo-Seltzer effervescent tout en le regardant de ses grands yeux injectés de sang. « C'est l'Adom Atik, hoqueta-t-elle entre deux gorgées. Je n'ai pas arrêté d'en boire en t'attendant. Zev, est-ce que je suis aussi affreuse que j'en ai l'impression ?

– Tu as l'air très bien. Écoute, nous attaquons la Syrie. Les chars de Dado doivent commencer à escalader le plateau du Golan à Kefar Szold en ce moment même. Et ce n'est pas tout.

– Quoi d'autre ? Zev, pourquoi mon cœur bat-il si fort ? Je suis peut-être en train de mourir.

– Pas du tout. Écoute ça ! Il semble que Noah a pris Charm el-Cheik !

– Noah a fait *quoi ?*

– Il n'aura pas de médaille, il s'est aperçu que les Égyptiens avaient évacué leurs positions. Mais il a tout de même conduit le premier groupe de débarquement qui est entré dans le fort. C'est Pasternak qui me l'a raconté. Il y a une photo de Noah dans Ha'aretz, en train de clouer notre drapeau sur le bâtiment principal.

– Magnifique ! Et il va bien ?

– Pas une égratignure. Nakhama, il faut que je dorme. Deux ou trois heures, ensuite je file à New York par le premier avion. Le Conseil de sécurité va cracher des flammes, et Gideon Rafael veut que j'y sois. »

Nakhama grinça des dents, se lécha les lèvres et se mit à gémir. « Ma bouche, quel goût affreux ! Ça dégoûterait un vautour ! Bon, viens te coucher, mais ne t'approche pas de moi. C'est merveilleux, pour Noah.

– N'est-ce pas ? Tu sais, quand il avait onze ans et que je l'ai emmené à la cérémonie du Retrait, il m'avait dit qu'il reprendrait Charm el-Cheik, et par ma vie, c'est ce qu'il a fait ! » Barak était en sous-vêtements.

« La Syrie ! s'écria Nakhama. Et les Russes ?

– C'est ça. Dado doit foncer comme la foudre, et le Golan est un sale endroit. Les chars doivent escalader des parois rocheuses de trois cents mètres de haut en file indienne sous le feu de l'artillerie, puis affronter des champs de mines, des barbelés, des bunkers en béton, et peut-être cinq cents T-54 et T-55 qui les attendent dans des trous.

– Oh-ah! Est-ce qu'ils peuvent y arriver, Zev?
– Il le faut bien. Et en une seule journée, en plus. »

Assis au milieu des conseillers de Rafael, le vendredi matin, Barak passait inaperçu. Pas d'uniforme, juste un costume gris en tissu léger. Avant la crise, il n'arrivait plus à y rentrer; maintenant il y était à l'aise. La tension permanente, les repas oubliés, les nuits sans sommeil et le manque d'appétit l'avaient fait maigrir. Ce jour-là non plus, il n'avait pas faim, même s'il n'avait pris qu'une tasse de café dans l'avion. Entendre accuser son pays par d'autres comme la Bulgarie, la Yougoslavie, la Libye et l'Algérie, ce n'était que du bruit, mais du bruit qui lui retournait l'estomac.

Il était obligé d'admirer les nerfs de Rafael et ses ripostes décapantes. Plus on attaquait Israël, plus Rafael, avec ses réponses, pourrait gagner du temps pour Dado Elazar sur le Golan. Vers midi, lorsque Federenko débita un long discours menaçant qui comparait « l'agresseur », Israël, à l'Allemagne nazie, Rafael reçut les applaudissements du public en rétorquant qu'il était étrange d'entendre ces paroles venant d'une nation qui s'était partagé la Pologne avec le Reich de Hitler, avait du même coup occupé les pays Baltes et approvisionné pendant deux ans la guerre de l'Allemagne nazie contre les Alliés. Federenko le foudroyait du regard, faisait tourner un crayon entre ses doigts ou parlait avec ses aides en ignorant l'orateur.

Pendant ce temps Barak suivait les combats sur une carte annotée et faisait passer des notes à Rafael. Le débat du Conseil de sécurité n'était qu'un bourdonnement vide de sens, car l'action, la rédaction au forceps d'une résolution de cessez-le-feu, se passait en fait dans une antichambre. Les Russes voulaient que les Israéliens redescendent aussitôt du plateau du Golan, les Américains proposaient calmement que les deux camps restent sur leurs positions, et leurs clients respectifs en Europe de l'Est et en Amérique latine suggéraient divers compromis. Un bulletin d'informations, vers le soir, fit vibrer tout le bâtiment des Nations unies, ranimant provisoirement les orateurs et les négociateurs épuisés. Pour expier le fait d'avoir manqué à son peuple, Nasser abandonnait la présidence égyptienne! Ceci entraîna force discours à la tribune sur l'incomparable leader arabe – gagnant un peu plus de temps, à la grande satisfaction de Gideon Rafael – et ces discours duraient encore lorsque Barak fut appelé au téléphone, sur une ligne sûre, dans le bureau de la délégation israélienne.

« Zev, Dado ne va pas y arriver aujourd'hui, dit Pasternak sans préambule. Je viens d'y aller en hélicoptère, pour parler avec lui et les commandants de brigade.

– Sam, à Kyria on nous a dit le contraire.

– Bon, maintenant je te décris les faits. Les communications sont dans la pagaille depuis que Dayan s'est contredit et a donné l'ordre à Dado d'y aller. Rabin lui-même ignorait qu'il l'avait fait.

– Quoi !

– Zev, par ma vie, le Ramatkhal dormait chez lui. Dayan avait dit à tout le monde de rentrer à la maison, que la guerre était finie, et Rabin était crevé. Alors il est rentré, et s'est réveillé en découvrant que la guerre durait toujours.

– Pourquoi Dayan a-t-il changé d'avis?

– Personne ne sait. Théoriquement, le Ramatkhal était le seul à pouvoir ordonner cette attaque, mais tu connais Dayan. Dado dormait, lui aussi, en plus, mais ils l'ont réveillé, les brigades étaient déjà prêtes, et ils sont partis. Un départ en désordre, et je peux te dire que les héros ont été les types des bulldozers ; ils ont grimpé sur les pentes pour tailler le chemin des chars, pendant que l'artillerie les dégommait du haut des crêtes. C'est une opération brillante, mais qui avance lentement. Ils n'atteindront pas Kuneitra ce soir. Il faut retarder le cessez-le-feu. C'est ce que dit Eshkol. Préviens Rafael.

– Les Américains ne vont pas suivre, Sam.

– Nous pensons que si. Eban a envoyé à Rafael une déclaration qu'ils peuvent soutenir. Dado a besoin d'avoir environ jusqu'à midi. Le soleil se lèvera tout juste, à New York. Vont-ils blablater toute la nuit? Fais seulement en sorte que Gideon obtienne un ajournement jusqu'au matin, et ça ira.

– Que pense Eshkol de la démission de Nasser?

– Tu n'as pas regardé la télévision? Les foules du Caire hurlent dans les rues pour qu'il se rétracte. *Na-sser! Na-sser!* Ce qu'il pouvait faire de plus malin. Pas question, il va rester. Bon, as-tu ta carte sous la main? Note ces positions. »

Quand Barak revint dans la salle, le président du Conseil de sécurité, un Danois aimable mais harassé, donnait des coups de marteau. « La présidence reconnaît le représentant d'Israël. »

« Je viens d'être autorisé par mon gouvernement à déclarer – d'une voix lente et solennelle, Rafael lisait une bande de télex – qu'Israël accepte un nouveau cessez-le-feu (sensation dans le public, surprise et murmures parmi les délégués et leurs équipes) et demande que le représentant des Nations unies sur place, le général Odd Bull, contacte immédiatement les deux camps en présence pour faire observer le respect strict et mutuel du cessez-le-feu. »

Des applaudissements sporadiques parvinrent des galeries. Plusieurs délégués demandèrent à répondre. Parlant le premier, Federenko dénonça cette manœuvre visiblement dilatoire. Le délégué britannique dit qu'il devait consulter son gouvernement. Le délégué français parla pendant vingt minutes avec une éloquence sans faille, et Barak comprit chaque mot, mais quand l'homme eut terminé il n'avait pas la moindre idée de la position française. L'Américain, un ancien juge de la Cour suprême, juif, salua ce geste comme un pas sérieux vers l'arrêt des combats.

Mais le Conseil, dans l'ensemble, était loin d'être satisfait. La discussion continua bien au-delà de minuit, et le président danois, épuisé, demanda un ajournement de quelques heures. Même Federenko était trop vidé pour s'y opposer. Il faisait déjà grand jour sur le Golan, sept fuseaux horaires plus à l'est, et la dernière note de Barak à Rafael disait que les troupes de Dado avaient repris leur avance. Le délégué le remercia d'un faible sourire et l'invita à venir se reposer chez lui.

« Je pars de Washington. Je serai là dans une demi-heure. » A neuf heures du matin, la session avait déjà repris. Cunningham parlait d'une voix étouffée, et il y avait un grondement étrange sur la ligne. Barak devait tendre l'oreille.

« Comment pouvez-vous arriver si vite?

– Je suis dans un appareil militaire. Pouvez-vous me retrouver à l'aéroport?

– Désolé. Il faut que je reste collé à Gideon Rafael. Le Conseil est chauffé au rouge.

– Je m'en doute! » Le bruit haché émis par l'homme de la CIA était peut-être un rire. « Très bien. Rendez-vous dans le salon de la délégation américaine à neuf heures quarante-cinq. »

L'atmosphère du Conseil avait changé. Federenko était silencieux, le visage lisse, comme un masque slave. Le délégué bulgare, un laquais des Soviétiques, avait la parole. Le délégué syrien l'interrompait sans arrêt d'une voix stridente, pendant que ses assistants entraient et sortaient en courant pour lui chuchoter à l'oreille. Barak commençait à s'inquiéter sérieusement des réactions russes. Le Conseil de sécurité était composé à quatre-vingt-quinze pour cent de duplicité, de manœuvres ennuyeuses et de bluff, avec environ cinq pour cent d'éléments dangereux. Le danger, ce matin, planait dans l'air vicié de la salle, comme un nuage sombre où on aperçoit des éclairs. Même les pantins des Soviétiques modéraient leurs vitupérations et laissaient transparaître une vraie peur. Les porte-parole, très pâles, parlaient d'une voix tremblante, comme ce Bulgare moustachu aux yeux exorbités.

« Pour conclure, bourdonna la traduction simultanée dans l'oreille de Barak, je demande au Conseil de contraindre l'ambassadeur israélien à révéler tout ce qu'il sait de la situation sur le champ de bataille, de sorte que le Conseil puisse agir à la lumière des faits disponibles. Les criminels agresseurs sont la meilleure source de tels faits, et doivent les révéler.

– Ceci est sans précédent, répondit le Danois d'un ton poli mais fatigué, et je ne vois rien dans la charte me permettant de contraindre l'ambassadeur israélien à faire une déclaration de quelque nature que ce soit. »

On lui tapa sur l'épaule. Un Américain blond et rose, les cheveux en brosse, lui faisait signe. Barak replia sa carte et le suivit en haut d'un large escalier. Il faillit ne pas reconnaître Cunningham, au début. Debout près d'une fenêtre, avec un chapeau mou gris et un imperméable noir, sans lunettes, l'homme de la CIA regardait les gratte-ciel de Manhattan sous la pluie. Le jeune homme s'en alla. Ils étaient seuls dans le salon de la délégation américaine.

« De combien de temps avez-vous besoin? lui demanda Cunningham de façon abrupte. Il vaudrait mieux que ce ne soit pas trop longtemps. »

Encore mal habitué à divulguer des secrets à ce goy excentrique, même si Pasternak l'avait poussé à cette place, Barak temporisa. « Pas beaucoup. Quand tous ces discours seront finis, il se peut que...

– Général, combien? Encore une heure? Deux heures? » Le ton coupant de Cunningham était nouveau. « Si vous l'ignorez, dites-le. Si vous devez parler avec Pasternak, faites-le. Kossyguine a appelé le Président sur le téléphone rouge à neuf heures du matin. Il a dit notamment : *La situation frise la catastrophe*, et *Une action militaire est imminente.* » Cunningham le regarda de biais. « Je suis là pour apprendre l'état des choses sur le champ de bataille, Zev, et je ne plaisante pas. Les Syriens prétendent que vous menacez Damas. Est-ce vrai?

– Ridicule. La clef du plateau, c'est Kuneitra. » Barak déplia sa carte, tendit le doigt. « Vous connaissez la topographie des hauteurs du Golan?

– Je commence à la connaître.

– Nos brigades ont fait une triple attaque pour débarrasser le plateau de l'armée syrienne. Elle se referme sur Kuneitra, et à cette heure-ci la ville est peut-être prise.

– Alors pourquoi ne pas rester sur place et cesser de tirer?

– Le brouillard de la guerre est très épais, là-haut, Chris. Les Syriens ont fait attendre un cessez-le-feu au général Odd Bull, espérant que les Russes obtiendraient une résolution de retrait. En attendant, ils tirent toujours. »

Cunningham hocha la tête en se mordant ses lèvres minces. « Très bien. Maintenant, c'est entre nous. Pas pour Rafael. Ni pour Pasternak. Je veux que *vous* compreniez la gravité de ce qui se passe, Barak. Le Président a répondu à ce message du téléphone rouge par de bonnes paroles. Il a aussi ordonné à la Sixième Flotte de changer de cap pour aller deux fois plus près qu'avant de la zone de guerre. Voilà sa vraie réponse. Les navires soviétiques surveillent les moindres mouvements de la Sixième. Kossyguine va recevoir le message. Ce que les Russes vont faire ensuite, c'est l'inconnu. Je reste ici jusqu'à la fin de cette crise. J'ai besoin que vous m'indiquiez les faits exacts à la minute où vous les apprenez.

– Compris. »

Il alla reprendre sa place. Par un hasard du protocole de l'ONU, les ambassadeurs syriens et israéliens se côtoyaient, leurs assistants étaient au coude à coude derrière leurs sièges. Un assistant syrien se laissa tomber à côté de Barak, essoufflé, et demanda en arabe une carte à un aide. « Non, non ! » Il repoussa la carte de Syrie qu'on lui tendait, soixante-dix mille milles carrés. « Seulement le plateau du Golan. N'avons-nous pas une carte de ce maudit plateau ? » On en étala une deuxième devant lui, une carte militaire comprenant le mont Hermon, le plateau du Golan et les montagnes, avec les anciennes lignes d'armistice tracées en rouge. « Très bien. Maintenant où diable est ce bled qu'on appelle Kuneitra ? »

Personne ne répondit, alors Barak se pencha, posa un doigt sur la carte et dit dans son arabe rudimentaire : « Ici, monsieur. »

En arabe. « Ah, ici, hein ? Merci. »

En arabe. « De rien, monsieur. »

Alors seulement, le Syrien cligna des yeux, regarda Barak et lui tourna le dos.

Federenko sortit de la salle en tirant sur sa pipe recourbée à la manière de Staline, jetant derrière lui un regard glacial sur Rafael. Zev ne croyait pas que la Troisième Guerre mondiale menaçait d'éclater pour ce minuscule piton qu'on appelait les hauteurs du Golan, et qui n'était d'aucune utilité à la Syrie, sinon pour bombarder la vallée israélienne. Mais, quand il était petit, il avait entendu les adultes affirmer que la guerre n'arriverait sûrement pas à cause de Dantzig. Ses nerfs se tendirent.

Une commotion parcourait l'équipe syrienne, avec force chuchotements et notes manuscrites. Le délégué français était à la tribune, exposant la position du général de Gaulle comme quoi les quatre superpuissances devraient agir pour résoudre cette crise. (Barak avait entendu le commentaire de Johnson là-dessus : *« Où diable sont les deux autres? »*) L'ambassadeur syrien envoya une note au président, qui hocha la tête et le fit venir, avec l'accord du Français, pour annoncer des nouvelles graves.

« Kuneitra est tombée. » Le Syrien, la voix cassée par l'émotion, parlait anglais avec un accent très prononcé. « La route de Damas est ouverte aux agresseurs israéliens, puisque nos forces armées ont de bonne foi déposé les armes. Mon gouvernement exige une action immédiate pour arrêter, faire reculer et punir ces criminels agresseurs. »

L'ambassadeur américain sortit très vite au milieu des murmures du public et des diplomates. Le Français continua à expliquer comment les quatre superpuissances pourraient ramener la paix. Rafael fit passer à Barak un griffonnage en hébreu, et la feuille de papier fit l'aller et retour de l'un à l'autre.

Cela peut-il être vrai?
Oui, facilement.
Quelle était notre dernière position?

A quelques kilomètres. Nos éclaireurs ont signalé que Kuneitra était abandonnée depuis plusieurs heures. Cela a même été annoncé à la radio syrienne, puis démenti. Le balagan *ignore les frontières.*

Alors ce pourrait être une mascarade des Syriens pour forcer les Russes à agir.

Je pense que c'est ça.

Puis Rafael lui montra un mot manuscrit qui venait d'arriver.

Gideon :
Devons impérativement nous rencontrer aussitôt.

Arthur Goldberg.

Goldberg était le Juif aux cheveux blancs qui, aux instances du Président Johnson, avait quitté la Cour suprême pour conduire la délégation américaine aux Nations unies. Il était amical, mais coriace, et strictement fidèle aux intérêts américains. « Zev, appelle Jérusalem, lui chuchota Rafael en se levant, et sur ta vie, trouve ce qui se passe ! » Barak sortit de la salle, et dans le salon des délégués il rencontra le blond coiffé en brosse qui lui fit signe sans rien dire. Il entraîna Barak dans un couloir, puis un autre. Cunningham l'attendait dans une impasse obscure, près d'un équipement anti-incendie peint en rouge.

« Écoutez attentivement, général. » L'homme de la CIA posa une main décharnée sur le bras de Barak. « Le Président vous dit *stop.* Arrêtez immédiatement. Arrêtez-vous là où vous êtes. Annoncez maintenant au Conseil que votre armée s'est arrêtée. Ou ce sera grave pour la sécurité actuelle de votre pays, et pour ses rapports futurs avec les États-Unis.

– Rafael est en ce moment avec Goldberg, Chris.

– Très bien. Mais ce n'est pas une intervention russe qui préoccupe le Président – pas encore. Notre surveillance est excellente. Les Russes ne sont pas organisés pour intervenir. Ce que prépare Kossyguine, c'est un remake de Suez. Un ultimatum sabre au clair. L'ours gronde. Une bombe internationale! La guerre s'arrête, le client soviétique est sauf! Un chef-d'œuvre politique naît d'une catastrophe militaire! Compris?

– Très clair.

– Okay. En ce moment, Federenko reçoit probablement le texte de l'ultimatum par télex, et gribouille un discours pour aller avec. Comprenez seulement cela, général, *cette guerre ne doit pas finir, comme celle de Suez, sur un ultimatum soviétique!* Votre ambassadeur doit y aller tout de suite, avant que Federenko ne revienne dans la salle, et annoncer que l'armée israélienne a cessé son avance et arrêté de tirer. *Maintenant!*

– Compris. »

Cunningham se détendit, sa voix se fit moins dure. « Avez-vous pris Kuneitra?

– Les Syriens ont évacué la ville ce matin. A cette heure-ci, nos chars ont dû l'atteindre.

– Alors désamorcez cette bombe, général, et vous avez gagné une guerre contre la Russie et ses États-clients. Et *certains cercles dirigeants* – sa citation du cliché soviétique dégoulinait de sarcasme – ne seront pas profondément mécontents de vous. »

Barak se hâta vers le bureau de Rafael, d'où il appela le ministère des Affaires étrangères sur la ligne directe pour Jérusalem. « C'est toi, Gideon? » L'hébreu d'Abba Eban avec son bel accent d'Oxford. « J'ai déjà eu Washington, et j'ai parlé avec Dayan...

– C'est Zev Barak, monsieur le Ministre.

– Ah, Zev! L'homme qu'il faut. Je vais te lire ce que j'ai déjà rédigé. »

Avec son habileté habituelle, le ministre avait traduit en termes honorables leur obligation de céder sous la pression américaine. En substance, Dayan s'était déjà mis d'accord avec le général Odd Bull sur un cessez-le-feu inconditionnel des forces israéliennes sur le

Golan, à n'importe quelle heure, sujet à toute supervision décidée par le commandant des forces de l'ONU. Le reste incombait à Bull. Pour Israël, la guerre était finie.

« Parfait, monsieur, dit Barak en sortant un crayon et un calepin. Je vais le copier et le donner à Gideon, mot pour mot...

– Non, non, il a besoin d'être retouché ici et là.

– Ministre, le temps presse. Federenko...

– Je suis au courant. Dis à Gideon que la déclaration va venir. »

En traversant le salon des délégués, Barak aperçut Federenko, pipe au bec, en conférence avec des délégués arabes et communistes, et prenant des notes. Il courut dans la salle, où le délégué anglais pérorait avec presque la même voix qu'Abba Eban. Zev tira une chaise près de celle de Rafael et lui parla du brouillon de déclaration.

« Bien, génial. Mais où est ce texte? Goldberg m'a donné un avertissement sacrément dur, directement de Johnson.

– Il vient. Eban est en train de le retoucher. Écoute, Gideon, demande à être reconnu!

– Pour quoi faire? Tant que je ne l'ai pas, je n'ai rien à dire. »

Le délégué anglais céda la place au Français qui exprima son admiration pour les vues de son collègue mais insista pour que les quatre superpuissances agissent de concert.

« Eh bien, dit que ça vient! Résume la déclaration. Dis qu'on est en train de la traduire. Si Federenko entre ici – et je viens de le voir au salon en train de discuter avec sa bande –, il va demander la parole et l'obtenir.

– Et si on me met au défi de produire les instructions de mon gouvernement, et que je ne les ai pas, que se passe-t-il? Est-ce que je récite des psaumes en attendant?

– Cela vaudrait mieux, Gideon, que l'ultimatum de Federenko. »

Rafael leva la main, et demanda que le représentant de la France cède son tour pour un message crucial du gouvernement israélien.

« Monsieur le Président, dit le Français, depuis qu'Israël a tiré le premier coup de feu et provoqué cette guerre, ses messages sont malheureusement suspects. Néanmoins, par courtoisie envers mon collègue, je vais terminer d'exposer mon idée et lui laisser la parole. »

Son idée était que cette catastrophe pouvait encore être une occasion bénéfique grâce à une action avisée des quatre superpuissances. Il développait ce point quand Federenko entra, prit sa place et demanda brusquement à être reconnu.

« Je cède la tribune au représentant de l'Union soviétique, dit aussitôt le Français en se rasseyant.

– Comme l'ambassadeur israélien a précédemment demandé la parole, la présidence va l'appeler en premier, répondit le Danois.

« Mon gouvernement a accepté toutes les conditions posées par le général Bull », annonça aussitôt Rafael, qui sauta sur ses pieds avant que Federenko ou le Français puissent argumenter. Cette phrase suscita un brouhaha général et il continua. « Il y a accord complet entre le général Odd Bull et le général Dayan comme quoi le général Bull fixera l'heure et les modalités de la supervision du cessez-le-feu dès qu'il aura communiqué avec l'autre camp. Du côté israélien, donc, le conflit armé a pris fin, en accord avec la résolution 211 de ce conseil. Le conseil peut désormais consacrer ses efforts à l'établissement d'une paix durable, ce qui est tout ce qu'Israël a jamais recherché. »

Les journalistes se précipitèrent hors des travées de la presse, mais la voix dure de Federenko couvrit les applaudissements du public. « Quelles sont ces paroles vagues? M. Rafael parlerait-il de sa propre initiative? Son gouvernement lui a-t-il donné autorité pour annoncer cette capitulation tardive devant la condamnation du monde entier? Si oui, pourquoi ne produit-il pas ses instructions? Est-ce encore une maladroite manœuvre dilatoire?

– Il s'agit difficilement d'une capitulation, étant donné les faits, répliqua Rafael. Et voici les instructions de mon gouvernement, ajouta-t-il en brandissant une feuille que Barak venait de lui glisser. J'implore la patience du Conseil pendant que je traduis ce document au fur et à mesure. Le texte officiel en anglais sera très bientôt disponible. »

Lorsqu'il commença à lire lentement les formulations précises de la déclaration d'Eban, Barak put voir la tension se dissiper et le nuage de peur se dissoudre dans toute la salle. C'était sans aucun doute la fin de la guerre. Les ambassadeurs, à la table ronde, s'adossaient à leurs sièges, se détendaient, échangeaient des regards soulagés et des hochements de tête; il semblait qu'ils avaient réellement craint que l'armée israélienne ait pu marcher sur Damas. Federenko rayait ses papiers avec un stylo, en faisant la grimace, et griffonnait des corrections.

Arthur Goldberg se leva pour féliciter le gouvernement israélien de la cessation unilatérale des hostilités, et promit le soutien des États-Unis pour obtenir une paix juste et durable. Federenko révisait encore son discours, alors l'ambassadeur britannique fit écho aux paroles de Goldberg. Le Français souligna ensuite qu'Israël avait sans nul doute accompli ce geste sage pour apparaître à son avantage à la conférence de paix dirigée par les quatre superpuissances, et que son gouvernement accepterait... mais Federenko leva la main, et l'autre lui céda la parole au beau milieu d'une phrase.

Quand Federenko déversa son mépris amer pour le futile effort de dernière minute de l'agresseur afin d'échapper au juste châtiment de ses crimes, Barak commença lui aussi à se détendre, à sentir disparaître une angoisse dont il se rendait seulement compte maintenant. Il avait été hanté par la vision des majestueux croiseurs et porte-avions gris acier de la Sixième Flotte des États-Unis se dirigeant vers l'est, des navires soviétiques lançant des messages vers Moscou, des sombres autocrates du Kremlin mal habillés débattant du prochain coup qu'ils allaient jouer. Le bon vieux Grand Jeu, en bref, et cette fois un affrontement entre l'Amérique et la Russie, tandis que, sur les hauteurs du Golan, le jeu subordonné qui entraînait la vie et la mort des soldats israéliens et syriens se déroulait sur un champ de bataille de quelques kilomètres carrés.

Rafael répondit à Federenko. « Je suis peiné de remarquer, monsieur le Président, que le représentant de l'Union soviétique ne semble pas très heureux d'apprendre que les combats sont enfin terminés. » Le Russe tourna la tête pour adresser à Rafael un sourire méprisant qui lui découvrit les dents.

Une tape sur l'épaule de Barak. Encore les cheveux en brosse, avec un mot de l'écriture précise de Cunningham.

> Je rentre à Washington. Très bien exécuté. Un peu de justesse. Espère vous voir bientôt. Pourquoi ne pas passer chez moi pour dire au revoir à Emily, avant qu'elle ne parte faire son tour du monde !

45
Rencontre à Growlery

C'était une vraie journée de juin à Washington, chaude et humide. L'uniforme de Barak lui permit de fendre la foule étonnamment dense qui attendait au soleil, avec patience et bonne humeur, et de pouvoir entrer dans la salle de bal de l'hôtel. Les meetings sionistes rassemblaient habituellement des assistances éparses dans des salles à moitié pleines. Pas aujourd'hui! Les cyniques de l'équipe de Rafael avaient vu juste. Les Américains aiment les vainqueurs.

La vaste salle de bal était déjà remplie, elle bourdonnait. Sur le grand mur, derrière la tribune, un énorme agrandissement en couleurs de Moshe Dayan en couverture du *Times* sous les drapeaux israéliens et américains entrecroisés, flanqué des portraits plus petits, en noir et blanc, de Herzl et de Ben Gourion. Du Premier ministre Eshkol et du chef d'état-major Rabin, aucune trace. Barak doutait qu'une personne sur vingt, dans la salle, ait jamais entendu parler d'eux. Il n'y avait qu'un seul vainqueur dans cette guerre – le général juif au bandeau noir – et à travers lui, ce soir, tous les assistants faisaient partie des vainqueurs. A la tribune s'étaient installés d'éminents sionistes venus de tous les États-Unis. Au cours de ses discours itinérants, Barak en avait rencontré la plupart, et ils le saluèrent par son nom, leurs visages rayonnants d'excitation, quand il alla s'asseoir à côté de l'ambassadeur.

« Zev, tu parles après moi. Ces diapos des cartes des batailles sont arrivées?

– Nous sommes parés. Quelle foule!

– Oui, incroyable. » L'ambassadeur eut un sourire morose. Il avait le visage grisâtre, la voix réduite à un croassement, et il était tassé sur sa chaise. Barak se demanda s'il pourrait jamais se lever pour faire son discours. « Le reste de la foule est dans une autre salle de bal où on a mis des haut-parleurs. C'est pareil dans tout le pays, mais ici c'est le grand truc.

– Tu dois parler le premier?

– Bon, le président de l'OSA va me présenter, dit Abe avec un petit sourire narquois. Cela va bien prendre une minute ou deux. »

Cela en prit vingt, et les bavardages de la salle ne diminuèrent guère, pendant ce temps-là. Ce dont la foule était avide, c'était d'applaudir un Israélien. « J'ai une nouvelle pour nos bons amis du Kremlin », commença Avraham Harman d'une voix enrouée. Il fit une pause pour laisser les gens s'installer sur leurs sièges et attendit que le silence se fasse. « Je soupçonne que ces beaux messieurs n'ont pas vraiment saisi à quel point l'opinion mondiale a changé. Au Conseil de sécurité, ils ont perdu. Maintenant ils demandent une session extraordinaire de l'Assemblée générale. Là, ils ont les votes, et ils sont sûrs de nous écraser et de nous voler notre victoire. Ma nouvelle, c'est... » – Abe était passé maître à ce genre de choses; on aurait dit que le public retenait son souffle – « Gospodin Kossyguine, à l'Assemblée générale aussi, vous allez perdre. » *(Applaudissements et acclamations.)*

Pendant que Harman se lançait dans son discours, Barak regardait l'heure. Au cours d'un bref coup de téléphone qu'il avait donné hier de New York, après l'ajournement du Conseil de sécurité, il avait promis qu'il serait aujourd'hui à la Growerly, et pas après cinq heures.

« Qu'est-ce que c'est que ça, Queenie? l'avait-il provoquée. Tu vas vraiment faire le tour du monde?

– Oh, Dieu, qui te l'a dit? Oh, Dieu, c'est Chris, bien sûr, qu'il aille au diable.

– Alors c'est vrai?

– Eh bien, oui, mais...

– Alors je viens te voir demain. Il faut que je parle à un meeting sioniste, mais ce sera fini vers quatre heures. Disons cinq heures à la Growerly?

– Vieux Loup, il se trouve que cela ne me convient pas. Le lendemain, peut-être?

– Le lendemain je rentre dans mon pays, Em.

– Quoi, en Israël? Tu n'es plus attaché?

– Non, non. Juste pour des consultations. »

Un long silence.

« Queenie? Tu préfères ne pas me voir? Allons, qu'y a-t-il?

– A cinq heures, dis-tu?

– Oui. Il y a une réunion à sept heures à l'ambassade, alors je ne pourrai pas rester longtemps, mais on pourra au moins se dire au revoir, n'est-ce pas?

– Okay, on se voit à cinq heures, Zev. Pas beaucoup plus tard. Ce qu'il y a, c'est que je vais dîner avec Fiona et son ex-révérend.

– Queenie, est-ce que j'entends la voix de Donald Duck?

– Écoute, Vieux Loup mangé aux mites, tu seras là demain à cinq heures ou pas?

– A demain, chérie. »

Quatre heures, et les applaudissements coupaient presque chaque phrase de la longue péroraison de l'ambassadeur, ponctuée par des poings brandis vers le ciel.

« Plus de cessez-le-feu! Plus de lignes d'armistice! La paix! Qu'il y ait enfin la paix dans notre région! Nos voisins ont essayé la terreur. Ils ont essayé le boycott. Ils ont essayé la guerre. Leur politique est en ruine. Maintenant faites qu'ils essaient leur dernier recours, le bon sens! Faites qu'ils s'assoient avec nous, face à face, pour négocier des traités. Ils ne peuvent même pas rêver de ce qu'Israël donnerait pour la paix. Pour *moins* que la paix, pour RIEN. Nous avons payé trop chèrement pour cette victoire! Pour la paix, notre générosité stupéfiera le monde. Seulement pour la paix. Pour SHALOM! »

L'audience était debout et l'acclamait. C'était maintenant au tour de Barak de donner une description militaire de la victoire, avec des diapositives, prévue pour durer une demi-heure. Ensuite il pourrait s'éclipser et disparaître... mais, l'*Azazel*! Le sénateur américain Wyndham entrait dans la salle, le public l'applaudissait, et le président le faisait venir sur l'estrade pour le serrer dans ses bras. Lui céder le micro! Bon Dieu, ce sac à vent était bon pour une demi-heure d'ardente amitié envers Israël, et Zev allait se trouver coincé. Mais quel problème, après tout, si Emily était un peu en retard pour dîner avec Fiona et son ex-révérend?

Pourtant, Zev avait bien entendu la voix de Donald Duck, parce que le problème d'Emily, c'était le colonel Halliday. Il venait de Floride dans un avion de chasse, et pensait arriver à la Growerly vers sept heures et demie. Zev devait venir à cinq heures, et être de retour à l'ambassade à sept, de sorte qu'elle aurait normalement tout le temps de les voir l'un après l'autre.

Et pourtant, alors qu'elle rangeait la maison en prévision des visiteurs, Emily se sentait mal à l'aise. S'il fallait quitter un ancien amour et en commencer un nouveau, il ne fallait surtout pas que ces deux messieurs se rencontrent, du moins pas tout de suite. Le colonel, venu en permission d'Allemagne de l'Ouest, avait appelé par hasard le lendemain de son fiasco avec Nakhama au restaurant grec. Impulsivement, elle avait dit oui, qu'elle serait ravie de le voir; donc, d'une façon que le colonel Halliday n'apprendrait jamais, il devait ce rendez-vous à Nakhama Barak. Seulement, il était sacrément gênant que le mari de Nakhama ait voulu venir, lui aussi. Elle se sentait presque revenue à l'adolescence, en train de jongler avec ses soupirants.

Quatre heures et demie. S'habiller, se maquiller? La robe d'intérieur marron avec des liserés bleus mise pour faire le ménage irait très bien pour Zev Barak – en plus elle s'était brossé les cheveux et s'était vaguement maquillée. Pas de séduction, pas de grand style, ils avaient dépassé tout ça. Mais pour le nouveau, un type aussi cérémonieux que ce Halliday... le minimum absolu pour un maquillage sérieux et une toilette soignée, c'était trois quarts d'heure. Mieux, même, une heure. Variable inconnue : à supposer que le meeting dure plus longtemps, comme il était possible? Bon, si à cinq heures et demie Zev n'était pas là, ce serait réglé, il ne pourrait pas retourner à temps à l'ambassade pour sa réunion. Tôt ou tard il l'appellerait, et ils se feraient des adieux téléphoniques, pas pour la première fois. Entretemps, il valait mieux qu'elle se prépare pour le colonel Halliday, qui avait parlé de dîner au Red Fox. L'important, maintenant, c'était de bourrer le réfrigérateur de bière, et elle s'y employa.

D'après Jack Smith, Bud Halliday pouvait boire plus de bière que n'importe qui sur cette terre sans que cela n'ait d'effet sur sa conduite ou son tour de taille. Le tour de taille, elle l'avait vu. On pouvait repasser une robe dessus. La conduite, elle ne pouvait que la deviner, mais la présence grave et intimidante du personnage suggérait un contrôle absolu. En un sens, il ressemblait beaucoup à son père, Chris, mais Halliday était très grand, avec d'épais cheveux noirs et des yeux verts et perçants. Elle pouvait imaginer que la femme qu'il avait perdue avait été heureuse avec ce redoutable professionnel, mais il paraissait tout de même dénué d'humour, au contraire de Chris. Jack Smith prétendait que non, que Halliday adorait plaisanter, mais qu'avec les femmes il était réservé. Il fallait apprendre à le connaître.

Emily prit des ciseaux et alla cueillir des fleurs. Le soleil sombrait derrière les pins. Les lilas et les rosiers avaient des masses de fleurs, et chacune de ses respirations, chaque pas qu'elle faisait, en plongeant ses mains dans les buissons pour donner un coup de ciseaux, lui rappelait douloureusement Zev Barak. Leur histoire d'amour s'était surtout passée par correspondance, après tout. Chaque année, à la saison des lucioles et des nuits d'été parfumées par les fleurs, les lettres d'Emily étaient plus chaleureuses, et les réponses aussi. Elle ne regrettait rien, sinon que cela dût finir, et même cela était dans l'ordre. L'Israélien lui avait appris que faire l'amour n'est pas nécessairement un inconvénient de la vie conjugale, une sottise désagréable, mais un moment glorieux de la vie humaine.

Elle n'était pas le moins du monde amoureuse du colonel Halliday, pas encore, mais – au contraire de Jack Smith – l'idée de coucher avec lui ne lui paraissait pas ridicule, simplement lointaine. Il n'y aurait jamais un autre Loup Gris, mais il n'était pas pour elle. Nakhama avait bien enfoncé le clou, et c'était ainsi! Peut-être, un jour, reprendraient-ils leur correspondance – Héloïse et Abélard jusqu'au bout, sans la malheureuse infirmité d'Abélard.

« Une autre bière?

– Bien sûr. »

Elle sentit le regard de Halliday posé sur elle quand elle se leva pour aller dans la cuisine. Le shantung mauve avait du succès, aucun doute, la jupe pas trop courte, comme elle l'avait craint. Même enfoncée dans le canapé, à côté de lui, elle laissait voir sa jambe mais pas son genou. Les jambes, ça passait.

« Je me sens chez moi, ici, l'entendit-elle dire. Marylin et moi avions un endroit comme celui-ci sur Blue Ridge, au-dessus de Front Royal. Un plafond cathédrale, des lustres en roue de chariot, une cheminée en pierre de taille, le même genre. On l'a vendu parce qu'on y allait trop peu. Les écureuils et les ratons laveurs y entraient, et une fois les hippies aussi. Quelle saleté. C'est là que Marylin a dit de vendre, alors j'ai vendu... Merci. Quel est le vin que vous buvez?

– Du Brunello. Vous en voulez? »

Il secoua la tête, sourit et but sa bière à petites gorgées. « Glacée. Génial. Nous n'avions pas d'aussi jolies fleurs à Blue Ridge. Chez nous, c'était la jungle.

– Oh, j'ai les jardiniers de l'école. Vous dites que les Allemands pensaient que les Israéliens allaient gagner.

– Oui, mais personne n'aurait cru à six jours, Emily. L'estimation de leurs experts était proche de la nôtre. Un mois.

– Ils doivent avoir des sentiments mitigés envers les Israéliens.

– Les Allemands? Plutôt, oui. Même dans une conversation banale, il y a une sorte de gêne, un drôle de regard dans les yeux... » Halliday but et ne dit plus rien. Emily ne se sentait pas obligée d'entretenir la conversation. C'était chez lui quelque chose qu'elle aimait bien. « Votre ami israélien, dit-il un peu plus tard, doit être malheureux d'avoir manqué cette guerre. »

Elle répondit très vite, d'un ton léger. « Son travail, ici, est important.

– Je m'en rends compte. Peut-être plus qu'un commandement sur le terrain. Les rapports avec Washington doivent être une des premières préoccupations des Israéliens. Pourtant... » Il haussa les épaules et but.

« Je n'ai jamais compris ce besoin de combattre. Est-ce parce que je suis une femme ?

– Voyez-vous, Emily, on est entraîné à ça, pendant des années. A mesure qu'on monte en grade, on s'occupe d'armements, d'effectifs, de doctrine. On dirige la vie de milliers de jeunes gens. Tout fait croire à de l'énergie gaspillée, à un faux-semblant, jusqu'à ce qu'il y ait une guerre. Alors, toutes ces années perdues prennent leur sens. Je ne suis pas un amoureux de la guerre, la guerre est de la démence. Mais il arrive que des volontés nationales entrent en conflit. Et l'emploi de la force, ça existe. Je n'ai jamais été si heureux que lorsque je commandais un escadron de chasseurs, en mission au-dessus de la Corée, alors que je savais que cette guerre était particulièrement pourrie. C'est comme ça. »

Elle se disait qu'avec une veste en tweed marron et un pantalon gris – il était passé se changer chez lui, à Oakton – il avait toujours l'air d'un militaire en uniforme : droit, sérieux, formidable. Quand Zev ôtait son uniforme, il rejetait l'armée et redevenait lui-même : chaleureux, blagueur, aimant la musique et les livres – comme il le disait parfois en se moquant de lui-même : rien qu'un Juif des cafés viennois.

« Intéressant, dit-elle. Je peux voir ça. Quant à mon ami israélien, colonel, par ailleurs, il ne s'est jamais passé grand-chose, et de toute façon c'est terminé.

– Oh. » D'un ton uni. « Il est rentré chez lui ?

– Non, il est toujours là. Mais sa femme et ses enfants sont arrivés. Ça change tout. » Elle se versa un peu de vin. « Je ne me souviens pas vraiment de ce que j'ai pu vous dire sur cette histoire anodine, colonel...

– Bud. »

Elle sourit, mais il lui était encore impossible de se montrer familière avec un homme pareil. « Okay. En tout cas, Jack Smith m'avait fait boire du punch comme une folle à ce bal d'anciens élèves, et puis au bout d'un moment on s'est retrouvés, vous et moi, dans cette alcôve...

– Eh bien, c'est moi qui ai commencé, Emily, en parlant de Marylin. Ce qui est étrange, parce que cela m'arrive rarement. Ce n'est pas que vous me rappeliez ma femme. Elle était très conventionnelle, vous savez. Nièce de général, vieille famille de Richmond, Junior League...

– Et je suis plutôt ordinaire. »

Le rire de Halliday la rassura : franc et ouvert, avec presque une lueur adolescente dans les yeux. « On peut continuer là-dessus au Red Fox. Prête à venir dîner ?

– Quand vous voulez, colonel.

– Alors allons-y. Où sont vos toilettes ? »

Elle tendit le bras. « Vous verrez. En passant par la chambre. »

Emily éteignait la lumière de la cuisine et rangeait la bouteille de vin quand elle entendit le heurtoir de la porte – *tap, tap, tap.* A cette heure-ci ? Peut-être le gardien avec un problème, ou un télégramme à propos de ses billets d'avion. Quelque chose. Elle ouvrit la porte. Abélard entra et s'empara d'elle. « Queenie ! As-tu pensé que j'étais mort ? Me voilà.

– Loup ! Je... tu... c'est trop tard... tu as une réunion, j'ai cru...

– Renvoyée. Ce meeting va durer jusqu'à minuit. La circulation, en sortant, c'était tuant. Maintenant, première chose, je t'aime. Ça va ?

– Très bien, mais » – elle essaya de se libérer – « Zev, très cher, tu me serres trop. Je t'en prie...

– Pourquoi ne m'as-tu pas dit que tu partais ? Qu'est-ce qui ne va pas ? Es-tu en colère contre moi ? Queenie, arrête de te tortiller comme une anguille. » Barak la retenait avec une tendresse d'acier.

« Zev, écoute-moi...

– Je vous demande pardon. » Derrière Emily, le colonel Halliday parla d'une voix de baryton comme à la parade.

Barak la lâcha, et ils restèrent tous les trois à se fusiller du regard. « Colonel Halliday, voici le général Barak. Vous devriez vous connaître, gazouilla Emily, vous avez beaucoup de choses en commun.

– J'en suis persuadé, dit Halliday, et une autre fois je serais charmé, mais comme vous le savez je dois partir.

– Diable non. » Emily se sentit poussée par son instinct de préservation. Ce crack de l'aviation buveur de bière n'allait pas sortir en douce de sa vie comme ça ! « Asseyez-vous, Bud. Une autre bière ? »

Un épais sourcil se haussa quand elle employa son surnom. « Oh ? Eh bien, je refuse rarement.

– Zev ?

– Pourquoi pas ? »

Elle fila dans la cuisine, comme dans le sas d'un sous-marin. Les deux hommes s'installèrent, Halliday sur le canapé, Barak sur un fauteuil dont le rembourrage s'effilochait.

« J'ai l'avantage sur vous, général. Je sais que vous êtes l'attaché militaire de votre pays. Je reviens d'un poste à l'état-major de Wiesbaden et je vais bientôt emmener une escadrille de chasseurs-bombardiers au Vietnam.

– Wiesbaden. J'y suis allé. J'ai travaillé avec leur armée pour acquérir et améliorer des M-48.

– Vous êtes dans les blindés, alors.

– C'est ma branche.

– N'était-ce pas une expérience étrange?

– Que voulez-vous dire?

– Vous, un Israélien, d'avoir affaire avec l'armée allemande? »

Barak hocha la tête. « Très déprimante.

– Je parie.

– La bière, messieurs. »

Elle remplit leurs verres, regardant les deux hommes à travers les lunettes en écaille qu'elle avait mises, soulagés qu'ils ne se soient pas entre-dévorés comme chien et chat. Emily plongeait tête la première dans cette situation, absolument tourneboulée mais obscurément ravie. Elle était prise dans une position gênante, entre deux types à qui elle plaisait. Il pouvait arriver pire, à une institutrice ayant dépassé la trentaine.

Halliday leva son verre. « Au beau combat de votre pays, général. Cette attaque aérienne est un classique. Nous allons l'étudier de près. Toutes les aviations du monde vont en faire autant, pendant des années.

– Merci. C'est la deuxième fois de ce siècle que nous étions menacés d'extermination. Mais cette fois nous étions capables de nous défendre.

– Vous étiez menacés d'extermination? » Halliday prit le ton sec d'un professeur à l'école de guerre. « Ce n'était pas notre estimation, à Wiesbaden.

– Nos ennemis proclamaient que c'était le but de cette guerre. Notre peuple y croyait, et il a passé une période très difficile. Il est vrai que l'armée a toujours pensé qu'elle pourrait défendre le pays. Et elle l'a fait.

– Elle l'a fait, et brillamment. Mais combien de temps pourrez-vous tenir des lignes aussi étendues?

– Contre nos ennemis, indéfiniment, jusqu'à ce qu'ils fassent la paix. Contre l'Union soviétique, c'est un autre problème. » Barak le regarda droit dans les yeux. « Nous avions aussi gagné la guerre en 1956, vous savez. Mais la Russie a proféré des menaces, Eisenhower et Dulles ont fait pression sur nous, et nous n'avions pas le choix. Nous avons dû abandonner tout ce que nous avions conquis. Je ne peux pas prévoir ce que va faire le Président Johnson. Le pouvez-vous?

– Il va agir dans notre intérêt national.

– Lequel est-ce, dans cette situation?

– Eh bien, il y a dans le monde une sorte de marée révolutionnaire qui monte, général Barak, et on pourrait soutenir qu'avec cette défaite des Soviétiques, votre pays est le petit garçon qui a mis son doigt dans la digue. » Halliday vida son verre. « Ainsi donc, le Président Johnson peut ne pas agir exactement comme l'ont fait Eisenhower et Dulles. Merci pour la bière, Emily. » Il se leva. « Général, dans notre protocole, c'est l'officier de plus haut grade qui quitte le premier une réunion. Vous êtes mon supérieur, alors je dois implorer votre indulgence. »

C'était le premier signe d'humour, ou du moins d'ironie, qu'Emily ait jamais détecté chez Bradford Halliday. Son ton était cérémonieux, mais une lueur étincelait dans son regard sévère.

« Nous sommes un pays jeune, dit Barak en se levant. Et nous ne sommes pas des as du protocole.

– Vous êtes la courtoisie même, et je vous souhaite une bonne soirée. »

Emily l'accompagna dehors et revint très vite, menaçante. « Loup, pourquoi diable es-tu arrivé avec deux heures de retard? Espèce de maudit butor, de... d'Israélien, tiens!

– Très joli, ce tailleur. » Barak ne se fâcha pas, et ne parla pas de son prétendu dîner avec Fiona. Procédure standard pour les dames, et il n'était pas vraiment étonné.

Plus calme. « Oh, tu l'aimes?

– Écoute, Queenie, je pars vraiment demain matin. Je voulais te voir, et te demander pourquoi tu allais globe-trotter sans me dire un mot. »

Emily rougit, détourna les yeux, puis secoua la tête. « Je t'ai écrit une lettre. Elle est toujours là. Tu la veux?

– Dis-moi seulement ce qu'il y a dedans.

– Un peu de Brunello?

– Okay. »

Emily posa ses jambes sur le canapé, devant un verre de vin, et ne dit rien pendant longtemps. « Écoute, mon cœur, ça revient à ça. Je peux être une maîtresse mais pas une concubine. Nakhama sait tout. Elle y a fait allusion de façon très tolérante et pas tellement subtile en disant que c'est okay, et que je peux continuer. Ça, je ne le supporte pas.

– Impossible qu'elle sache. Elle n'a pas pu te le dire. C'est dans ta tête.

– Ne me mets pas en colère! Tu n'as pas entendu notre conversation au Pirée, Zev, pendant que tu passais une éternité au téléphone. Elle sait. C'est toi qui es obtus. Je ne crois pas que tu comprennes ta propre femme, ni moi, d'ailleurs, ni les femmes en général. Tu es trop charmant, bon dieu, et nous t'avons rendu la vie trop facile.

– C'est une belle lettre que tu m'as écrite?

– Pas très, mais mieux que ce que je fais en ce moment. Maintenant, écoute, est-ce qu'on peut continuer à correspondre? Est-ce que ça peut gêner Nakhama? Je veux dire, cher Loup Gris, que ça a toujours été le meilleur... Seigneur Dieu, regardez comme cet homme a sursauté!

– Je n'ai pas sursauté.

– Si, comme si je t'avais donné un coup d'épingle à chapeau. L'ego des mâles. Dieu, comme c'est ridicule. Mon amour, j'ai encore mes bagages à faire, alors je vais te donner mon itinéraire. J'écrirai, et tu m'écriras d'avance là où je serai. J'adorerai ça.

– Ce colonel Halliday a l'air d'un sacré type.

– Oh, difficile à savoir.

– Je t'ai poussée à te marier pendant des années, Queenie, tu le sais bien, et...

– Zev Barak, s'étouffa-t-elle, fiche le camp d'ici.

– Très bien, Queenie. » Il regarda la pièce familière. « La Growlery va me manquer. Donne-moi cet itinéraire. Et ta lettre. »

Dehors, dans l'obscurité parfumée, ils s'embrassèrent. « As-tu jamais vu autant de ces maudites lucioles? chuchota-t-elle d'une voix rauque.

– On va continuer à s'écrire, Emily. C'est sûr. Au moins ça.

– Parfait. Va-t'en, Loup Gris! Je ne veux pas pleurer. Dis à Nakhama *Banzaï!»* de la part d'Emily Cunningham. »

Emily fut réveillée le lendemain matin par les geais et les cardinaux qui s'en donnaient à cœur joie près de sa fenêtre. Elle avait eu une sale crise de cafard, au plus profond de la nuit. Zev Barak était parti, renvoyé avec des mots aimables pour cacher la souffrance qu'elle éprouvait. Le colonel Halliday les avait laissés à la Growerly, croyant sûrement qu'ils allaient passer une furieuse nuit de gitchi-gitchi. Au diable l'aviation. Trop grand pour elle, de toute façon. Trop impassible. Elle avait son père qui l'aimait, autrement, si elle attrapait au cours de son voyage une horrible maladie tropicale comme la pauvre Marylin Halliday et mourait en cinq jours, quelle importance? Et ainsi de suite. Elle avait mis fin à cette déprime de trois heures du matin avec une bonne dose de bourbon. La tête embrumée, elle cligna des yeux sous le soleil, écouta les oiseaux chanter.

Driiing. Loup Gris, pour un mot d'adieu? Un chic type, ce Zev, un amour. Elle s'éclaircit la gorge et se força à dire gaiement: « Allô?

– Ici Bud Halliday. Je n'appelle pas trop tôt?

– Quoi? Non, non, pas du tout, colonel.

– Emily, j'ai une réunion à midi au Pentagone. Ensuite je repars en Floride. Si on prenait le petit déjeuner au Red Fox? Disons à neuf heures? Ils font d'excellents feuilletés.

– Des feuilletés? Oh... eh bien, qui pourrait refuser des feuilletés? D'accord, Bud.

– Splendide. Par ailleurs, votre ami israélien m'a impressionné. » Emily resta sans voix. Un silence. « A neuf heures, alors, au Red Fox. »

Elle raccrocha. Au diable la maladie tropicale.

46

Le col de Jeradi

« En parlant de Don Quichotte, ce n'est pas lui qui entre ? » Moshe Dayan loucha de son œil valide vers la porte de chez Fink, un bar mal éclairé de Jérusalem réservé aux habitués, les murs couverts de photos d'officiers et de journalistes connus. « Avec Benny Luria et une dame américaine ?

– Moshe, cette dame américaine, c'est Yael », grommela Pasternak. Il était assis avec Dayan et Barak dans une salle obscure, et au bar tous les regards n'arrêtaient pas de se tourner vers eux.

« Yael ? Tiens, tiens. » Dayan fit signe au trio. « Très élégante, n'est-ce pas ? »

Yael prit Benny et Yossi par le coude. « Regardez, c'est Dode Moshe lui-même, il veut qu'on se joigne à lui. Un honneur inespéré ! » Sur un hochement de tête de Dayan, le barman se précipita pour apporter des chaises. « Asseyez-vous, asseyez-vous. Qu'est-ce qui vous amène dans Jérusalem unifiée, vous trois ? » Son sourire en biais et ses manières, pensa Barak en écoutant Dayan citer avec délectation le nouveau terme journalistique, avaient quasiment une allure impériale. Le vieux dicton yiddish lui convenait très bien : *Il a une nouvelle peau.*

« C'est l'anniversaire de Yael, répondit Benny. On fait la fête. Et où aller ? Chez Fink. »

« Yael, fit Dayan en lui tapotant la main, tu vivras cent vingt ans !

– Merci, monsieur le Ministre.

– On m'a dit que tu étais millionnaire à Los Angeles, et que tu fréquentais toutes les stars de cinéma. »

Elle se mit à rire. « Des bêtises. Je suis revenue pour de bon, oncle Moshe. » Elle toucha le pansement sur la tempe de Quichotte. « Pour m'occuper de mon cinglé de mari et de mon fils. »

Dayan quitta brusquement le ton de la plaisanterie. « Quichotte, on parlait justement de l'article du *Jerusalem Post* d'aujourd'hui. C'est stupide, n'en tiens pas compte ! Ta percée vers El Arish était brillante.

– Eh bien, c'est généreux de votre part, monsieur le Ministre. J'ai eu de lourdes pertes, et j'ai été pris au piège quand le col de Jeradi a été bloqué. Tout cela est assez juste. Et la percée de Gorodish pour me rejoindre a été très sanglante.

– C'est à côté de la question. » Moshe Dayan secoua la tête, interdisant toute contradiction. « Quand les Égyptiens du Sinaï ont su que nos blindés avaient atteint El Arish dès l'après-midi, ils ont été atterrés. Ce choc a commencé à démolir toute leur défense. » Il se tourna vers Barak, et le surprit en train de bâiller. Dayan fronça les sourcils. « Zev, on a parlé de la chute d'El Arish en Amérique ? »

Barak se frotta les yeux. « La grande affaire, c'était l'attaque aérienne, monsieur le Ministre, dès qu'on l'a appris. »

Benny Luria découvrit ses dents blanches dans un sourire de fierté. « Oui, on a réussi à étouffer la chose, au début. Ça faisait partie du plan. »

Dayan leva un doigt, et le barman bondit pour prendre leur commande. « Mon attaque sur Lod et Ramle en 1948 ressemblait à la tienne, Quichotte. Improvisée. Coûteuse. Ben Gourion a même appelé ça une farce. Mais elle est venue le premier jour après la fin de la trêve, et le moral de l'ennemi a été brisé par la rapidité du coup. Il a semé la panique et la confusion, et ils ne s'en sont jamais remis. Ton exploit a été extraordinaire... Zev, tu devrais peut-être aller te coucher. » Barak recommençait à bâiller.

« Pardon, monsieur le Ministre. Je vais très bien. Long trajet en avion, longues réunions.

– J'ai promis d'emmener Zev au Mur, dit Pasternak. C'est pour ça que j'ai gardé mon chauffeur.

– Au Mur ? J'y vais, dit Benny. Je n'ai pas encore eu le temps de le voir.

– Moi non plus », ajouta Yael.

Pasternak lui lança un regard froid. « Interdit aux beautés américaines. Couvre-feu et black-out dans la Vieille Ville, et des patrouilles très strictes.

– Je t'y emmènerai, Yael, dit Dayan, qui la jaugea d'un regard amusé. Demain, peut-être. » Le décolleté carré de son tailleur en lin s'écartait de sa poitrine, découvrant la naissance des seins et un liseré de dentelle rose.

« Ce serait merveilleux, oncle Moshe. » Son effronterie frisait l'insolence – le ton d'une belle femme consciente de sa beauté, à qui le pouvoir ne fait pas peur.

Voilà une drôle d'affaire où je n'ai guère ma place, pensa Barak dans un brouillard de fatigue. Mais c'est tellement israélien! Coude à coude, le mari de Yael et son ancien amant, puis son frère Benny, qui détestait toujours Sam à cause de cette liaison, et Moshe Dayan, leur seigneur à tous. Dans le bar, tout le monde jetait des coups d'œil à la dérobée vers la table des stars : le ministre de la Défense, Don Quichotte – l'objet d'une controverse –, le chef supposé du Mossad, le commandant de l'attaque aérienne et une rutilante Américaine. Et lui, un vague général inconnu, un attaché militaire ou Dieu sait quoi.

Le visage rond de Dayan, taché de noir par son bandeau, devint sérieux. « Étais-tu en Amérique, Yael, quand Abba Eban a parlé devant le Conseil de sécurité?

– Non, j'ai pris le premier avion que j'ai trouvé dès le début de la guerre. Mais mes amis de Californie m'en ont parlé au téléphone. Il a été fantastique. Des grands titres partout! »

Barak savait que ce n'était pas ce que Dayan voulait entendre. Eban repartait à New York, cette fois pour s'adresser à l'Assemblée générale. Kossyguine venait diriger la délégation soviétique, et Dayan voulait accompagner Eban pour lui faire face. Mais le ministre des Affaires étrangères se dérobait, et Barak pouvait très bien le comprendre. Même si Eban faisait un discours, et même un excellent discours, il serait complètement éclipsé par le célèbre général au bandeau noir. Tous les yeux de l'Assemblée et toutes les caméras de télévision seraient braqués sur Moshe Dayan.

« Oh, j'ai entendu de bonnes choses sur son discours, moi aussi, et je l'ai lu. Beaucoup de rhétorique. Bien sûr, sa façon de parler fait toute la différence. Pourtant, je me demande si un doyen d'Oxford, ce qu'on croit entendre quand il parle, peut tenir tête à Kossyguine.

– C'est peut-être mieux, dit Yael. Maintenir notre image d'opprimé, ce qui n'est pas facile, oncle Moshe, après ta fantastique victoire. »

Barak et Pasternak échangèrent un bref coup d'œil, presque imperceptible. Cette question élémentaire, parmi d'autres, avait été discutée à la réunion du cabinet restreint. Eshkol n'avait rien dit, et la décision n'était pas prise.

« Un bon argument, Yael. » Dayan haussa les épaules. « Nous verrons. En tout cas, l'Assemblée générale n'a aucun pouvoir, c'est une assemblée de délibération, et peut-être qu'il nous faut surtout un bon orateur. »

Yael, comme toujours, alla un peu trop loin. « Eh bien, tout de même, c'est une résolution de l'Assemblée générale qui a créé Israël.

– C'est idiot de dire ça, et ne le répète jamais! » Dayan devint glacial. *Nous* avons créé Israël. »

Elle encaissa cette rebuffade avec un petit sourire affecté vers les autres, mais elle fut secouée. Sam en voulut à Dayan d'avoir rembarré Yael – c'était un géant, elle n'était qu'une femme – et se demanda pourquoi son mari, pâle et muet, ne prenait pas sa défense. Yossi Nitzan n'était pas dans son assiette – sa blessure, peut-être, ou les attaques des journaux. C'est Zev Barak qui prit la parole. « Monsieur le Ministre, une assemblée générale qui vote aux deux tiers contre nous serait une très mauvaise chose pour Israël. » Dayan écarta cette idée d'un geste. « Avec votre permission, monsieur le Ministre, je vais aller au Mur avec Sam, tant que je peux garder les yeux ouverts.

– Bien sûr, Zev. » Dayan redevint beaucoup plus agréable. « Et, écoute, ce que tu as fait à Washington était extraordinaire. Tu vaux deux brigades sur le terrain.

– Vous exagérez, monsieur le Ministre, mais je vous remercie. »

Pasternak, Luria et Barak se levèrent. « Oh, vas-y, vas-y, Yossi, s'écria Yael. Je vois que tu meurs d'envie d'y aller. Je me débrouillerai pour rentrer à Tel-Aviv.

– Pas de problème, dit Dayan. Je te ramène. »

Les quatre officiers s'en allèrent. « Prends un verre de vin avec moi, Yael, avant qu'on parte. » Ils buvaient tous les deux du Tempo. « Merci, avec plaisir, répondit-elle, soulagée, avec un sourire provocant.

– Alors. Tu vas vraiment abandonner Los Angeles la Dorée? Pourquoi?

– Parce que tu as enfin donné aux Juifs une grande patrie, oncle Moshe, et que je veux y vivre. »

C'était le ton qu'il fallait prendre avec lui. Dayan eut un sourire à la fois paternel et admiratif. Il commanda du vin. « En tout cas, Yael, la Californie t'a fait du bien. Je me souviens quand tu courais dans tout le moshav, une petite fille au visage crasseux. Tu es une très belle dame.

– Tu es trop bon. Israël m'a manqué tous les jours de l'année. Et à la fin mon fils n'y tenait plus. »

Elle répondit à ses questions sur son affaire de confection, qu'elle avait l'intention de mettre en vente, et on leur apporta le vin. « Eh bien, dit-elle en caressant son verre, inutile de boire en ton honneur, oncle Moshe. Tu es l'honneur du monde. »

Dayan leva son verre. « A la santé de ton Don Quichotte. Prends soin de lui, Yael. Il a de l'avenir. »

Des soldats en permission remplissaient la rue étroite, devant le bar, se promenaient avec des filles ou entre camarades – une foule de jeunes gens très gais et très bruyants. Barak connaissait cette gaieté qui vous prend, après une guerre, tandis que la mort des amis vous ronge le cœur. Il aimait ces jeunes vêtus de vert, sentait leur tristesse, à cause des disparus, partageait leur bonheur d'être vivants après la fin des combats - pour le moment. Cette fois, il avait tout manqué. *Zeh mah she'yaish!*

« Où est ton chauffeur? demanda-t-il à Sam.

– Devant chez Goldenberg. »

Benny s'adressa à Quichotte. « Un sacré compliment que t'a fait Dayan.

– Il a été trop dur avec Yael, dit Sam.

– Ah, Yael peut se défendre toute seule, répondit Quichotte, avec Moshe Dayan ou avec n'importe qui.

– Elle a trop fait la maligne avec lui, ajouta Luria. Ma sœur est comme ça.

– Pourquoi trop maligne? Elle avait raison », lança sèchement Pasternak. Les quatre officiers marchaient sans prêter attention aux soldats. « Dayan à l'Assemblée générale, ce serait Samson chez les Philistins. Ils mourraient d'envie de le tuer avec un vote.

– Et Eban? demanda Luria.

– L'agneau qui a repoussé les loups », dit Quichotte.

L'aviateur se mit à rire. « Pas mal.

– C'est un orateur hors pair, ajouta Barak. Eshkol va l'envoyer sans Dayan. C'est mon avis.

– Le mien aussi. » Pasternak tendit le bras. « Voilà ma voiture. Goldenberg est encore allumé.

– Les gens font la fête, dit Luria, même ceux qui sont kasher. »

Les dîneurs sortaient du restaurant et Don Quichotte aperçut Shayna. C'était elle, sûrement, mais vêtue d'une robe de satin bleu vif avec de la dentelle, et les cheveux relevés sur la tête comme si elle s'était fait coiffer dans un institut de beauté. Sans réfléchir, il courut vers elle et lui prit la main. « Shayna! » Le Canadien apparut à son tour avec un homme aux cheveux gris et une très grosse dame. Les deux hommes portaient de grands chapeaux noirs.

Shayna resta bouche bée. « Par ta vie, Yossi! Ne me saute pas dessus comme ça, comme un léopard ou je ne sais quoi! » Elle l'examina, les yeux grands ouverts et l'air inquiet. « Est-ce que tu vas bien? Est-ce que tu te soignes? Yossi, tu es si pâle.

– Salut, colonel, dit le Canadien. Maman, papa, voici un de nos grands héros de la guerre, Don Quichotte. Je vous ai montré l'article qui parle de lui. Colonel Nitzan, mes parents venus de Toronto, M. et Mme Rubinstein. »

Les deux vieux sourirent, le regardèrent fixement. Le père tendit la main et dit avec l'accent yiddish : « Arthur Rubinstein, mais je ne joue pas du piano. » Il fut seul à rire de sa plaisanterie habituelle. « Eh bien, le célèbre Don Quichotte ! Je ne m'attendais pas à vous rencontrer, monsieur. »

Un peu plus loin, les officiers montaient dans la voiture de Pasternak. Luria l'appela. « Quichotte ! *Zuz !* (bouge-toi).

– Shayna, nous serons à l'arrêt des taxis, dit le Canadien, qui prit ses parents par le bras et s'éloigna.

– Qu'est-ce qui se passe ? demanda Yossi.

– Quoi ? Bonne nuit, Yossi. » Elle ne bougea pas.

– Es-tu fiancée ? Vas-tu te marier ? Quoi ?

– Ils sont venus me voir, ma mère et moi.

– C'est sérieux, alors.

– Pas tes affaires. Je pars au Canada le mois prochain.

– Shayna, pour de bon ?

– Pour visiter. Tu crois que je quitterai Israël ? Comment va Arieh ?

– Génial. Sa tante Shayna lui manque.

– Où est Yael ?

– Chez Fink avec Moshe Dayan.

– Je te croirais presque.

– C'est bien là qu'elle est, *hamoodah.* » Pasternak se pencha par la portière pour lui faire signe. « Elle a grandi dans son *moshav*, tu sais.

– Et elle est vraiment revenue pour de bon ?

– C'est ce qu'elle dit.

– Sois heureux, Quichotte. » Elle hésita, se pencha très vite pour l'embrasser sur la bouche, puis courut dans la foule et descendit la rue.

« Sha'ar Mandelbaum, Shimon », dit Sam quand Yossi monta en voiture. La porte Mandelbaum était le point de passage fortifié où, depuis dix-neuf ans, les diplomates et les envoyés spéciaux avaient pu passer d'Israël en Palestine sous domination jordanienne.

« *B'seder*, Sha'ar Mandelbaum, dit le jeune chauffeur avec un sourire entendu.

– Zev, par ma vie, n'est-ce pas merveilleux, Jérusalem à nouveau éclairée ? Le black-out était terrible ! dit Pasternak. Des obus qui éclataient dans le ciel, des projecteurs, des balles traçantes. On se retrouvait en 1948. Mais six jours au lieu de six mois, et pas de camions-citernes.

– Et une fin différente, précisa Luria.

– Quand mon avion est arrivé, ce soir, dit Barak, le soleil se couchait, et Tel-Aviv était déjà illuminée comme un Luna Park. »

« En vérité la lumière est douce. » Pasternak cita les Écritures. « Après un black-out, on s'en rend compte. »

Après les rues familières et brillamment éclairées, la voiture plongea tout d'un coup dans une obscurité trouée seulement par le faisceau des phares. « Nous y voilà, dit Sam par-dessus son épaule. La Jérusalem unifiée. »

Barak s'efforça de percer les ténèbres. « Mais où est la porte Mandelbaum ?

– Quelle porte Mandelbaum ?

– Elle n'est plus là ?

– Pas une trace. Jérusalem est une seule ville. Disparue.

– Et les fortins, les redoutes, les barricades ?

– Fini ! Démolis ou en train de l'être, dans tout Jérusalem. » Sam leur tendit des revolvers. « Prenez ça. Juste par précaution. »

Le chauffeur louvoya adroitement dans les rues noires aux volets clos et les phares éclairèrent soudain les murailles de la Vieille Ville. Il freina. « De quel côté, monsieur ? demanda-t-il à Pasternak. Sha'ar Jaffa ? Sha'ar Sion ?

– Sha'ar Jaffa. »

En passant sous la haute voûte antique de la porte de Jaffa, qui était restée murée depuis 1948, seulement visible à travers le golfe du no man's land, Zev Barak eut enfin jusqu'au plus profond de lui-même l'impression que la guerre était gagnée.

Juste après la porte, une lumière aveuglante troue le pare-brise et un haut-parleur crache brutalement. « Halte ! » Un soldat casqué armé d'une Uzi avance dans la lumière bleutée. « Papiers, dit-il au chauffeur.

– Ce sont des officiers supérieurs, deux généraux et...

– Papiers ! » D'un ton plus dur.

Pasternak se penche devant le chauffeur et tend sa carte avec un salut. « Nous allons au Mur. »

Le soldat se redresse et salue. « Je vais en parler à mon commandant de peloton, monsieur. »

Bientôt apparaît un lieutenant barbu qui rend la carte et salue à son tour. « Nous allons vous escorter, général.

– Pourquoi ? Nous sommes armés.

– Un couvre-feu très strict, monsieur.

– Très bien. »

Une jeep surmontée d'une mitrailleuse et d'un projecteur conduit leur voiture sous les arcades et le long des rues pavées. Le faisceau du projecteur éclaire une file de bulldozers bloquant la descente vers le Mur. Le lieutenant revient les voir. « A partir d'ici, monsieur, il faut marcher.

– Pas de problème. »

Un caporal les précède, une Uzi dans sa main droite, une lampe torche dans la main gauche, dans des ruelles étroites bordées d'anciennes maisons arabes. La Vieille Ville est étrangement silencieuse. Pendant longtemps, les quatre hommes restent muets, chacun plongé dans ses pensées.

Don Quichotte est hanté par la vision de Shayna Matisdorf qui s'enfuit sur le trottoir de la rue de Jaffa dans sa robe en satin bleu. Peut-être l'a-t-il vue pour la dernière fois, car qui sait si elle va jamais revenir du Canada, une fois qu'elle aura goûté à la vie facile d'Amérique du Nord? Pasternak a en tête l'image de Yael, au bar, aussi élégante qu'une star de cinéma, laissant entrevoir sa poitrine et sa lingerie, ignorant Sam et faisant de l'œil à Moshe Dayan. Et Zev Barak, presque halluciné de fatigue, a des visions incongrues de Queenie à la Growerly, Queenie dans la nuit au milieu des lucioles, des lilas et des roses...

Seul Benny Luria reste professionnel, et se sent triomphant. Il se dit avec un profond orgueil qu'ils peuvent désormais aller au Mur des lamentations parce que l'aviation a gagné la guerre en trois heures, ou même, si on voulait savoir la vérité, pendant les sept minutes de la première frappe de son escadron. En tout cas c'est ainsi qu'il voit de très haut la guerre des Six-Jours, qu'il la verra toujours.

Barak brise le silence en désignant les maisons arabes barricadées. « Ces gens vivent une tragédie.

– Pourquoi? demanda Benny.

– Parce que leur mode de vie a pris fin.

– Je ne te suis pas. Ils doivent accepter que nous sommes revenus pour de bon, c'est tout. Ensuite nous pourrons vivre ensemble en paix, et ils auront tous les bénéfices d'être des Israéliens. Où donc des Arabes pourraient vivre aussi bien qu'ici?

– Tu rêves, dit Pasternak.

– Les Arabes n'ont pas perdu, dit Quichotte. Nous avons seulement traversé la passe de Jeradi. »

Leurs pas résonnent sur les vieilles marches de pierre. « S'il a si bien compris, Sam, dit Barak au bout d'un moment, préparons-le au poste de Ramatkhal.

– Absolument.

– Sam, je parle sérieusement.

– Pas moi, tu crois?

– Dieu m'en protège, dit Yossi. Moi, Ramatkhal? Pour quoi faire? Pour que le *Jerusalem Post* me traite de *pisher* pendant quatre ans?

– Don Quichotte chef d'état-major d'Israël, répond Sam. Ça va. Ça colle.

– C'est toi qui rêves, intervient Benny. Un outsider comme Yossi? Juste parce que Dayan lui a donné ce soir une tape sur l'épaule? Oublie ça.

– Ça pourrait arriver, dit Barak.

– Voilà le Mur», annonça le lieutenant.

La lampe torche éclaire le haut des pierres géantes du temps d'Hérode, derrière une longue file de bulldozers garés dans une allée pleine de gravats. Deux soldats patrouillent dans la ruelle, et à l'autre bout il y a une jeep munie d'une mitrailleuse. Dans le peu de clair de lune que laisse filtrer la fuite des nuages, le Mur semble presque abandonné, sauf pour un groupe de religieux barbus et vêtus de noir qui se balancent en priant. Plus loin, un petit homme rondelet en bras de chemise avec un grand chapeau noir presse son front contre la pierre.

« Qu'est-ce qui se passe ici, Sam? » Barak désigne les bulldozers.

« On dégage une place pour que le Mur puisse respirer et que les Juifs puissent venir par milliers, pas seulement par petits groupes.

– On va en entendre parler aux Nations unies.

– Ce sera fait avant que l'ONU puisse dire quoi que ce soit. »

L'homme en bras de chemise s'éloigne du Mur, tête basse, monte dans la jeep et enlève son chapeau. Des mèches blanches et un crâne chauve luisent au clair de lune.

« Par Dieu, le Vieux », chuchote Pasternak.

La jeep disparaît dans la nuit. *Une génération s'en va, une autre arrive,* pense Barak. Quinze jours plus tôt les gens demandaient en criant le retour au pouvoir de Ben Gourion. Ce soir il n'est plus qu'un personnage qui s'estompe dans le passé, noyé dans l'ombre de Moshe Dayan. « Je le connais depuis toujours, dit-il, et je ne l'ai vu qu'une seule fois porter ce genre de chapeau, à l'enterrement de Chaïm Weizmann. »

Les autres ne disent rien, et au bout d'un moment il continue. « Je vais sur le mont du Temple.

– Monsieur... intervient le lieutenant.

– Ça va bien, lieutenant. Je me souviens très bien du chemin. J'aurais dû y venir pendant la guerre, mais une chose en a entraîné une autre. Je ne serai pas long. »

Quelque chose, dans sa voix, pousse Pasternak à faire signe au lieutenant. Barak monte jusqu'en haut du vieil escalier. Les deux mosquées se dressent devant lui, énormes et toutes proches. Quelques soldats israéliens arpentent l'immense place, et un vent frais apporte une odeur d'herbe coupée. Eh bien, voilà qu'il se trouve là où les prêtres des deux temples détruits ont adoré le Seigneur Dieu pendant mille ans, où s'élève maintenant la mosquée du Rocher depuis mille trois cents ans, à l'endroit légendaire où Abraham a offert Isaac en sacrifice. *Har Ha'bayit b'yadenu?* Ou Don Quichotte aurait-il raison, et n'avons-nous fait que traverser le col de Jeradi ? Voilà à quoi pense Zev Barak, né Wolfgang Berkowitz, en marchant enfin sur la terre sacrée qu'il était destiné à ne pas conquérir.

NOTES HISTORIQUES

L'histoire est finie. Le rideau est tombé.

Pour écrire un roman historique sur Israël, on ne peut prétendre qu'à une exactitude relative. Le brouillard des batailles, après quarante-cinq ans, flotte toujours sur le paysage. Il y a encore peu de sources arabes dignes de confiance traduites en anglais. Par comparaison, les matériaux israéliens sont abondants, surtout en hébreu, que je peux lire et parler. Néanmoins, ces événements sont trop récents et trop sensibles pour être traités à froid par les participants, arabes ou israéliens, ou même par les historiens. L'histoire racontée dans ce livre est le produit d'une minutieuse comparaison des sources, d'une estimation des possibilités, et d'entretiens avec des personnes impliquées dans ces événements, qui ont parfois des vues très différentes sur « ce qui s'est vraiment passé ».

La licence artistique est définie, dans la neuvième édition du Webster, comme « une déviation factuelle... par un artiste ou un écrivain en vue de produire un effet ». Dans la fiction historique, les personnages imaginaires occupent souvent des charges ou des postes qui étaient occupés, à l'époque en question, par des personnes réelles avec lesquelles ils n'ont aucune espèce de ressemblance. Ce cas peut se retrouver dans *Israël*, mais je suis sûr que les Israéliens ainsi supplantés estimeront que j'ai sacrifié de façon responsable à la licence romanesque. Sauf pour des personnages reconnaissables par la plupart des Israéliens connaissant leur propre histoire – David Ben Gourion, Yigal Yadin, Yigal Allon, Moshe Dayan et quelques autres, qui apparaissent toujours sous leurs vrais noms – j'affirme que le récit ne comporte le portrait d'aucune personne vivante, et toute tentative de deviner la « véritable » identité des personnages imaginaires ne serait qu'un commérage absurde.

Pour les Israéliens, la guerre d'Indépendance, la guerre de Suez et la guerre des Six-Jours sont chacune des épopées; mais afin de faire vivre la lutte d'Israël pour sa survie, j'ai trouvé que ces trois guerres devaient se fondre en un seul récit qui ne soit pas d'une longueur disproportionnée. L'impératif artistique était de comprimer, de simplifier, de clarifier, et, le plus difficile de tous, de faire des omissions. Les lecteurs israéliens s'en rendront beaucoup mieux compte, naturellement, que le grand public en général.

Dans l'enseignement talmudique, deux phrases ne cessent de revenir : *shanuy b'makhloket*, « toujours controversé », et *tsorikh iyyun*, « nécessitant des études plus approfondies ». La plupart des événements principaux de ce roman tombent dans l'une ou l'autre de ces catégories. Suivent quelques notes plus spécifiques, pour les lecteurs s'intéressant à séparer les faits des inventions propres à l'auteur.

Première partie : L'INDÉPENDANCE

Les batailles de Latroun, la « Route de Birmanie » et l'histoire du colonel David « Mickey » Marcus sont des sujets historiques, mais c'est là que commence le remplacement des personnes réelles par des personnages imaginaires.

Le numéro deux du colonel Shamir n'était pas le Sam Pasternak de la fiction, mais le colonel Chaïm Herzog, qui devint général, puis un historien militaire très populaire, puis le délégué d'Israël aux Nations unies; et il vient d'accomplir deux mandats remarqués en tant que président d'Israël. Le bravache et fantomatique Pasternak n'a pas la moindre ressemblance, bien sûr, avec l'illustre Chaïm Herzog. Il apparaît dès le début du récit, uniquement pour faire avancer l'intrigue.

Dans cette version, le récit de la Route de Birmanie est grandement simplifié. Herzog, Shamir et le commandant de la brigade Harel, Amos Horev, ont été les principaux promoteurs de cette route qui a soulagé et sauvé Jérusalem. Les articles de presse enthousiastes envoyés par des correspondants de guerre accompagnant le convoi ont été paraphrasés. La mort de Marcus et le transport de son corps en Amérique, escorté par Moshe Dayan, pour être enterré à West Point avec les honneurs militaires, furent une réalité. La location d'un avion de transport pour chevaux est un fait avéré.

L'épisode de l'*Altalena* est préservé dans l'ambre susceptible des controverses israéliennes. Après avoir étudié les documents existants, j'en ai donné un récit dépouillé, aussi simple et clair que possible. Un consultant israélien m'a prévenu : « L'*Altalena* est un champ de mines. Pourquoi ne pas l'écarter ? » Mais rien n'est plus caractéristique de la vie et de la politique israéliennes que l'affaire de l'*Altalena*; elle montre le revers de la médaille, dans les débuts troublés, bien qu'héroïques, de cette petite nation unique au monde.

La ruée de Moshe Dayan à travers Lod et Ramle et l'épisode du Terrible Tigre se sont passés comme je le décris, bien qu'il y ait naturellement des personnages de fiction dans le Tigre.

La route romaine dans le Néguev, et son parcours par le bataillon des commandos lors de l'avance du général Allon vers El Arish, ont existé. Vers la fin de la guerre d'Indépendance, Ezer Weizman, actuellement président d'Israël, et d'autres pilotes ont effectivement abattu cinq chasseurs de la Royal Air Force qui avaient pénétré dans l'espace aérien d'Israël depuis l'Égypte. L'incident a suscité une menace de guerre de la part du gouvernement britannique, comme il est indiqué.

Deuxième partie : SUEZ

La scène d'amour farce à Paris vient en contrepoint de la farce politique que fut le « scénario » de la guerre de Suez concocté ici par les ministres. Ces manœuvres diplomatiques absurdes ont réellement eu lieu ; c'est l'unique raison d'y croire. Le récit du roman suit de près les sources disponibles.

La bataille du col de Mitla est une très importante question « toujours controversée ». Cette version a été établie en comparant des sources diverses. La course héroïque de Kan-Dror en jeep pour attirer le feu ennemi est une histoire vraie.

Les péniches de débarquement furent effectivement transportées par terre de Haïfa à Eilat pour ravitailler la brigade de Yaffe dans sa marche sur Charm el-Cheik. Il a fallu démolir des constructions le long de la voie de chemin de fer, mais l'incident du fermier russe est imaginaire.

La course entre Raful Eitan et Avraham Yoffe vers Charm el-Cheik marqua en fait la fin de la guerre du côté israélien.

NOTE : Les noms de code à transformation pour les débarquements anglais et français – OMELETTE, MOUSQUETAIRE ET TÉLESCOPE – sont les noms qui furent employés. Du début à la fin, ce scénario voué à la ruine a été hanté par un aspect de basse comédie.

Troisième partie : MISSIONS EN AMÉRIQUE

L'épisode d'Idi Amin est apocryphe. Il a réellement effectué un entraînement de parachutiste en Israël, et portait fièrement son insigne argenté lorsqu'il était dictateur de l'Ouganda. Pour des raisons évidentes, les sources officielles israéliennes démentent que son saut ait été truqué. J'espère que le lecteur trouvera cette histoire divertissante et plausible, même si elle n'a pas de valeur historique.

Les efforts prolongés d'Israël pour obtenir des chars, afin de pouvoir s'opposer aux chars soviétiques livrés aux armées arabes, sont une vérité historique. Les assurances faites à Golda Meir par le Président John Kennedy, citées mot pour mot dans le roman, sont dans les archives ; et la mort du Président Kennedy intervint effectivement à un moment crucial de la mission de Rabin à Washington.

Quatrième partie : LES SIX-JOURS

La « guerre de l'eau » a eu lieu comme il est écrit.

Le récit de la guerre des Six-Jours est fondé sur les meilleures archives politiques et militaires, et je le considère comme sérieux. Le message verbal de Dwight Eisenhower au Président Johnson est un fait. L'attaque aérienne de MOKADE, la ruée des blindés sur El Arish, la marche sur la Vieille Ville de Jérusalem et la conquête du plateau du Golan se sont déroulées comme le livre les décrit. Le débat des Nations unies, où se décidèrent les suites politiques de la guerre, est montré avec le suspense qui l'a effectivement caractérisé à l'époque.

En résumé : quelles que soient les libertés fictionnelles prises pour entremêler les fantômes de mon imagination avec les événements réels, *Israël* est présenté à mes lecteurs comme une honnête description historique des débuts d'Israël, aussi véridique et responsable que l'ont permis mes recherches. Que le roman lui-même plaise ou non, ils sont seuls à pouvoir en juger.

L'AUTRE TYPE

Un dernier mot. Dans le jargon dépassionné des manœuvres et des stratégies militaires, l'ennemi reçoit habituellement le code ROUGE, ORANGE ou BLEU, au hasard. En tant que commandant suprême des Forces alliées occidentales lors de la Seconde Guerre mondiale, le général Eisenhower avait coutume de désigner l'ennemi par une expression neutre « l'autre type ». « L'autre type », dans ce roman, est bien sûr le monde arabe.

Le but artistique de ce récit est de plonger le lecteur dans la vie passionnée des premières années d'Israël. « L'autre type » est à peine entrevu dans un épais brouillard d'hostilité mutuelle et de malentendus, encore alourdi par la poussière et la fumée des guerres, des raids terroristes, et les cruelles souffrances infligées des deux côtés. Comme mon père avant moi, je suis sioniste depuis toujours, néanmoins je fais à mes lecteurs le serment de n'avoir aucunement l'intention, dans *Israël*, de caricaturer, déformer ou salir « l'autre type ». Au contraire, bien que j'aie pris de nombreuses libertés en improvisant les conversations et les discours des leaders israéliens, j'ai pris soin de m'assurer que *chaque mot attribué à un leader arabe soit directement tiré des archives historiques ou du journalisme de l'époque.*

En outre, j'ai senti qu'une part de mon entreprise était d'apprendre ce que je pourrais sur « l'autre type ». J'ai renoncé à apprendre l'arabe, qui est pourtant une langue riche et brillante, me dit-on, mais j'ai tenu à lire attentivement le Coran du début à la fin, dans la traduction anglaise recommandée par les spécialistes de l'Islam, aussi bien que la littérature arabe plus tardive. J'ai étudié l'histoire arabe, ancienne et moderne. J'ai beaucoup appris, en particulier des œuvres de Naguib Mahfouz, le grand prix Nobel égyptien. J'ai eu de nombreuses conversations approfondies avec des experts – israéliens, américains et arabes – et je crois comprendre l'arrière-plan historique du conflit judéo-arabe. En un mot, cela revient à la résurgence de deux nationalismes presque au même moment historique.

Dans ce conflit, je crois voir germer les graines de l'espérance. Mais dire cela, c'est déjà outrepasser la tâche d'un romancier, et je laisse la question ouverte, *« shanuy b'makhloket »*. J'ajouterai ceci, pour clore ces notes historiques : au Moyen-Orient, la réconciliation peut survenir si et seulement si Tsahal, la force armée d'Israël, reste puissante et monte la garde pendant la longue nuit de l'hostilité, jusqu'à l'aube de la paix divine. Puisse-t-elle venir promptement et de notre vivant.

Herman Wouk
1987-1993

Table des matières

TROISIÈME PARTIE : MISSIONS EN AMÉRIQUE

QUATRIÈME PARTIE : LES SIX JOURS

Cet ouvrage a été composé et réalisé par la
SOCIÉTÉ NOUVELLE FIRMIN-DIDOT (Mesnil-sur-l'Estrée)
pour le compte de LA LIBRAIRIE PLON
76, rue Bonaparte, 75006 Paris

Achevé d'imprimer en avril 1994

Imprimé en France
Dépôt légal : avril 1994
N° d'édition : 12411 – N° d'impression : 26658